감은사지 서탑 사리구 사천왕상(광목천)(부분) 〔통일신라, 신문왕 2년, 682〕

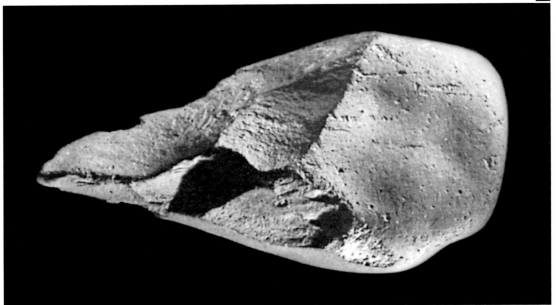

찌르개(첨두기)(석장리 출토)〔구석기시대〕

빗살무늬토기(즐문토기)(암사동 출토)〔신석기시대〕

패면(동삼동 출토)〔신석기시대〕

4

반구대 암각화 〔청동기시대〕

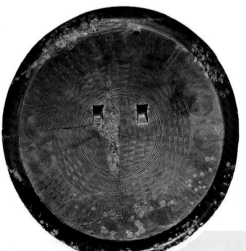
다뉴세문경 〔청동기시대〕

황해도 은율 고인돌(지석묘) 〔청동기시대〕

광개토왕릉비〔고구려, 장수왕 2년, 414〕

수렵도(부분)〔고구려, 6세기〕

장군총〔고구려, 5세기〕

봉황무늬벽돌〔백제, 6~7세기〕

무령왕릉 출토 왕관장식〔백제, 성왕 3년, 525〕

서산 마애삼존불상〔백제, 7세기〕

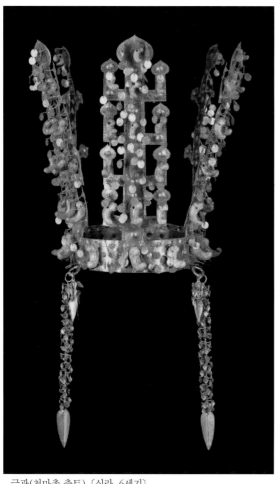

금관(천마총 출토) 〔신라, 6세기〕

미륵반가상 〔신라, 7세기〕

천마도(천마총 출토) 〔신라, 6세기〕

불국사 다보탑 〔통일신라, 경덕왕 14년, 755〕

석사자상(정혜공주묘 출토) 〔발해, 문왕 44년, 780〕

와당 〔발해, 8·9세기〕

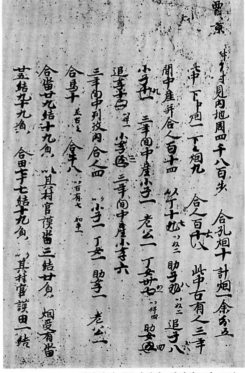

신라장적 〔통일신라, 헌덕왕 7년, 815〕

청자과형화병(인종릉 출토) 〔고려, 인종대, 12세기〕

월정사 8각9층석탑 〔고려, 11 · 12세기〕

부석사 무량수전 〔고려, 13세기〕

하회탈(양반탈) 〔고려, 12세기〕

수월관음도(양류관음도) (혜허) 〔고려, 13·14세기〕

大方廣佛華嚴經卷第二 唐于闐三藏實叉難陀譯 垂

世主妙嚴品第一之三

一切法真實相智慧海解脫門不動
光自在天王得與衆生无邊安樂大

초조 고려대장경 〔고려, 현종∼선종 4년, 1009∼1087〕

백자항아리 〔조선, 15세기〕

측우기 〔조선, 18세기〕

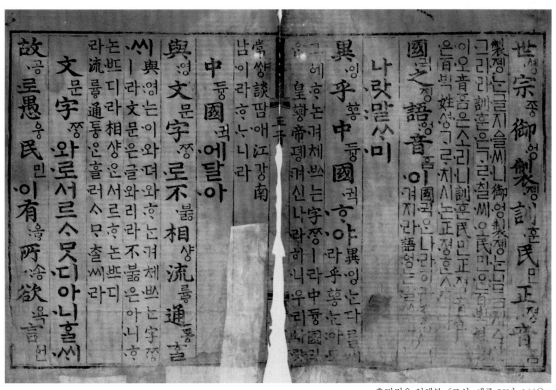

훈민정음 언해본 〔조선, 세종 28년, 1446〕

인왕제색도(정선) 〔조선, 영조 27년, 1751〕

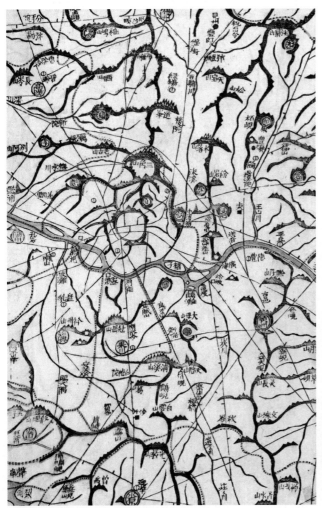

대동여지도(부분) (김정호) 〔조선, 철종 12년, 1861〕

무악도(김홍도) 〔조선, 18세기〕

독립신문 〔건양 원년, 1896〕

의병 〔대한제국, 20세기 초〕

3·1운동(덕수궁 앞에서의 시위) 〔1919〕

한국사신론

이기백 지음

일조각

한글판 머리말

『한국사신론』은 1967년에 초판이 간행된 이래, 1976년에 개정판, 1990년에 신수판의 두 차례 수정을 거치면서 오늘에 이르고 있다. 수정을 할 때마다 학계의 새로운 연구성과를 힘닿는 데까지 수용함과 동시에, 한문을 줄여서 일반 독자가 쉽게 접근할 수 있도록 노력해 왔다. 그러나 한국사의 성격상 한문으로 된 고유명사와 특수용어가 있게 마련이어서 여전히 불편이 남아 있는 것도 사실이었다. 이에 독자의 소리에 응해서 한글 전용으로 하되 필요한 한문은 괄호 안에 처리하는 한글판을 내기에 이른 것이다.

『한국사신론』을 저술하면서 저자가 가장 뜻을 둔 바는 크게 둘이었다고 할 수가 있다. 그 하나는 역사적 사실을 정확하게 전달하는 것이었다. 정확한 구체적 사실은 올바른 역사가 성립하는 토대이다. 그런데도 우리나라에서는 섣불리 남이 거부하기 힘든 이런 이유 저런 이유를 들어서 역사적 사실을 왜곡하는 예가 종종 있어 왔다. 저자는 이 같은 풍조에 대항해서 일종의 투쟁을 해 왔고, 그 점을 『한국사신론』에 반영시켰다. 둘째는 구체적 사실들의 시대적·사회적 연결관계를 찾아서 이를 체계화하는 일이었다. 그러나 과거의 고정된 틀에서 벗어나서 살아 있는 역사를 생동감 있게 이해할 수 있도록 하기에 힘썼다. 이에 따라서 『한국사신론』에는 저자 나름의 독자적 시대구분이 시도된 것이다.

학문의 이상은 진리를 찾아서 이를 세상에 밝혀 드러내는 데 있다. 학문의 세계에서 진리는 다른 어떤 것과도 바꿀 수 없는 절대적인 값어치를 지닌다. 진리를 저버리면 학문은 곧 죽는 것이며, 죽은 학문은 민족을 위하여 아무런 쓸모도 없는 헛것에 지나지 않는다. 이를 다른 말로 바꾸어 말하면, 민족에 대한 사랑과 진리에 대한 믿음은 둘이 아니라 하나인 것이다. 이러한 신념에서 한국사의 올바른 인식을 방해하는 낡은 틀을 과감히 깨버릴 필요가 있다고 생각해 왔고, 이러한 신념이 『한국사신론』에서 구체화되었다고 할 수가 있다. 물론 여전히 옛 틀에 기준을 두고 비판하는 주장이 있다는 것을 저자도 잘 알고 있다. 그러나 구구한 이야기를 늘어놓으려고 하지 않는다. 미켈란젤로가 그러했듯이, 저자도 "10세기 뒤에 보라"고 할 수밖에 없을 듯하다.

저자는 꼭 20년째 간염에 시달리고 있다. 초기에는 무척 조심하였으나, 어느덧 방심하게 되어 병을 키우는 결과가 되었다. 그래서 이 한글판의 간행은, 거의 허물이 없이 지내는 사이가 된 일조각에 일임하다시피 하였다. 그 과정에서 노용필 · 김태욱 두 분의 도움을 받아 일이 더욱 쉽게 진행되기에 이르렀다. 모두에게 고마운 뜻을 전하고자 한다.

이 한글판이 저자와 독자와의 거리를 더욱 좁히고, 나아가서 한국사의 올바른 이해를 위하여 조금이나마 도움이 되기를 빌 뿐이다.

1998년 가을

지은이 씀

차례

제3장　중앙집권적 귀족국가의 발전

제4장　전제왕권의 성립

제7장　무인정권

제8장　신흥사대부의 등장

제11장　광작농민과 도고상인의 성장

제12장　중인층의 대두와 농민의 반란

제13장 개화세력의 성장

제14장 민족국가의 태동과 제국주의의 침략

종장　한국사의 발전과 지배세력

한국사신론

서장 한국사의 새로운 이해

제1절 근대 한국사학의 전통

식민주의사관의 청산

한국사의 올바른 이해를 위하여 우리가 힘써야 할 일들이 많이 있지만, 그 중에서도 우선적인 과업은 식민주의사관(植民主義史觀)을 청산하는 일이다. 식민주의사관은 한마디로 말하면 일제의 한국에 대한 식민정책을 정당화하기 위한 왜곡된 한국사관이었다. 그러므로 그들의 주장은 한국민족의 자주정신·독립정신을 말살하는 방향으로 짜여진 것이었다. 한국사의 객관적 진리를 존중하기보다는 현실적인 정치적 목적을 위하여 역사적 진실을 외면한 것이었다.

그들은 한국이 대륙에 붙어 있는 작은 반도였다는 지리적 조건―이것은 실은 고려 이후의 일에 지나지 않았지만―을 들어서 한국의 역사는 대륙이나 섬나라에 의하여 타율적으로 움직여 온 역사였다고 강조하였다. 말하자면 한국의 독립성, 한국사의 자율성을 근본적으로 부인한 것이다. 그러나 그 주장이 디디고 서 있는 지리적 결정론(地理的 決定論)은 이론적으로 용납될 수가 없다. 역사는 인간이 만드는 것이지 지리가 만드는 것은 아니기 때문이다. 또 실제 역사의 구체적 전개과정에서도 한국은 밖으로부터의 침략자에 대하여 끈질긴 항쟁을 하여 왔다. 그러므로 이론에 있어서나 실제에 있어서나 그들이 말하는 반도적 성격은 아무런 근거가 없는 허위였던 것이다.

그들은 한국이 논농사를 하는 사회였다든지, 혹은 지방분권적인 봉건제도가 없었다든지 하는 이유를 들어서, 한국은 스스로의 힘으로 사회발전을 이룩하지 못한 정체성(停滯性)의 사회였다고 주장하였다. 그러나 그들이 정상적인 발전을 했다고 말하는 일본도 논농사를 하는 사회였다. 또 지방분권적인 봉건사회이어야 스스로의 힘으로 근대적인 자본주의사회로 넘어간다는 주장도 이를 뒷받침할 학문적 근거를 찾을 수가 없다. 요컨대 정체성이론은 학문적인 근거가 있는 것이 아니며, 그들의 식민지 지배라는 현실을 정당화하기 위한 억지 주장이었다.

그들은 또 한국민족이 선천적으로 혹은 숙명적으로 당파적(黨派的) 민족성을 지니고 있으며, 이것이 민족적 단결을 파괴하여 독립을 유지할 수가 없게 되었다고 주장하였다. 그러나 근본적으로 말한다면 민족성이 역사의 산물인 것이지 역사가 민족성의 산물인 것은 아니다. 그러니까 그들의 주장은 거꾸로 되어 있는 것이다. 게다가 국내의 대립항쟁이 없는 민족이란 어디에서도 찾아볼 수가 없는 것이며, 한때 지방분권적이었던 일본에서 이 점은 더욱 심하였다. 그리고 흔히 조선시대의 붕당(朋黨)을 말하지만, 그것이 선천적인 민족성의 소산이었다면 한국사의 시초부터 있었어야 옳았을 것이다. 그런데 붕당은 16세기에 이르러서야 발생하였다. 이것은 붕당의 발생이 역사적 산물이었음을 말하여 주는 것이다. 그리고 그 붕당은 한국사의 발전에 긍정적인 측면을 갖고 있다는 것이 최근의 연구성과이다.

그들은 또 한국의 문화는 독창성이 없는 모방적인 것이었다고 주장한다. 불교나 유교를 비롯한 중요한 사상들이 모두 외래사상임을 그 예로 들기도 한다. 그러나 이것은 문화가 근본적으로 보편성을 기반으로 하고 성립된다는 사실을 모르는 데서 오는 잘못이다. 일반적으로 말해서 순수하게 고유한 문화란 어느 민족에게서도 찾아보기가 힘들다. 또 설혹 있다고 하더라도 그것이 그 민족의 우수성을 증명해 주는 것은 아니다. 유럽 여러 나라의 종교가 외래종교인 기독교였다고 해서 그들을 독창력이 없는 모방적 민족이라고 하지는 않는다. 민족문화는 인류문화의 보편성을 근거로 하고 자기 민족의 역사적 현실에 적합하도록 창조적 노력을 기울임으로써 이루어지는 것이다. 그리고 그러한 창조적 노력의 성과를 한국사에서 많이 찾아볼 수가 있다.

요컨대 일제 어용학자들의 식민주의적 한국사관은 한마디로 현실적인 정치적 목적을 위하여 객관적 진리를 압살한 것이었다. 그러므로 그것은 진리의 추구를 그 생명으로 삼는 학문이라고 할 수가 없는 것이다. 이 왜곡된 한국사관을 타파하지 않고서는 새로운 한국사학이 올바로 발전할 수 없으리라는 것은 명백한 일이다. 그리고 나아가서, 객관적 진리를 두려워할 줄 모르고 정치적 목적을 위하여 봉사하는 또 다른 유형의 왜곡된 한국사관은, 식민주의사관의 사생아와 같은 것으로서, 한국사학의 정상적인 발전을 위하여 이를 경계해야

마땅한 일이다.

근대사학의 전통

현대의 한국사학은 일제 어용사가들의 식민주의적 한국사관을 타파하는 한편, 한국학자들 자신이 쌓아올린 근대사학의 전통을 계승 발전시킴으로써 성장하였다. 일제의 식민통치라는 악조건 밑에서도 한국의 사학자들은 올바른 한국사학을 키우기 위하여 피나는 노력을 계속해 왔다. 그렇게 해서 성립된 여러 학파를 크게 정리한다면 민족주의사학(民族主義史學)·유물사관(唯物史觀) 그리고 실증사학(實證史學)의 셋이라고 할 수가 있다.

민족주의사학은 한국사의 발전을 민족의 정신적 측면에서 설명하려 하였다. 한국사의 근원이 되는 것은 한국민족의 혼이요 정신이므로, 이 혼이나 정신이 왕성할 때에는 한국사도 찬란한 발전을 하였으나, 그것이 약해지면 역사도 또한 약해졌다고 믿었다. 따라서 비록 국가의 외형은 잃었을망정 그 근원이 되는 혼이나 정신을 지켜 나간다면, 언젠가는 다시 국권을 회복할 날이 온다고 주장하였다. 한편 유물사관은 민족 속에는 경제적으로 지배하는 자와 지배받는 자의 대립이 있어 왔고, 그 대립의 양상은 일정한 공식에 의해서 역사적으로 발전해 왔다고 주장하였다. 이에 대해서 실증사학은 한국사의 발전을 어떤 선입견을 가지고 이에 맞추어서 보는 것에 반대하였다. 오히려 실증적인 태도로 객관적인 사실을 정확하게 인식함으로써 한국사의 올바른 이해에 접근할 수 있다고 주장하였다.

이러한 세 학파는 각기 그 입장과 주장이 달랐으나, 모두 그들이 짊어진 일정한 역사적 구실을 담당하였다. 즉, 민족주의사학은 민족의 독립운동을 정신적으로 뒷받침하여 주었으며, 유물사관은 전통적인 양반사회의 개혁을 정당화하여 주었으며, 또 실증사학은 한국사학을 독립된 학문으로 정립시키는 데 공헌하였다. 이러한 우리 자신이 이루어 놓은 학문적 전통 속에서 오늘의 한국사학은 성장 발전하였던 것이다.

전통의 계승과 발전

민족주의사학·유물사관 및 실증사학은 뚜렷한 각자의 특징을 지니고 현대

한국사학의 성장에 큰 구실을 하였다. 그러나 이들 세 학파는 각기 결점도 지니고 있었다. 민족주의사학은 민족정신을 강조하는 나머지 지나치게 추상적이고 관념적일 뿐 아니라 심지어는 국수주의적인 경향으로 흐르게 되어, 결과적으로 한국사의 실제를 외면하는 결과를 나타내었다. 유물사관은 서양사를 기준으로 하고 얻어진 특수한 역사이론을 절대적인 것으로 믿고, 이를 일방적으로 한국사에 적용하는 것이 곧 한국사의 과학적 연구라고 생각하여, 실제와는 다른 틀에 박힌 한국사를 만들었다. 또 실증사학은 개별적인 사실의 천착에 골몰하여 한국사의 전체적인 흐름을 체계적으로 인식하는 데 소홀함으로써, 학문이기보다는 취미로 전락하는 경향을 지니고 있었다.

이와 같이 이들의 어느 하나만으로는 현대 한국사학의 바람직한 모습을 제시해 줄 수가 없었다. 그러므로 이들 여러 학파의 전통을 비판적으로 계승하여 보다 높은 차원의 한국사학을 발전시켜야 했던 것이다. 이러한 노력은 이미 여러 방면에서 있어 왔다. 가령 민족주의사학으로부터 출발하여, 민족의 정신이나 사상을 민중을 토대로 하여 이해하고, 나아가서 연구의 방법을 실증사학에서 취하려고 하는 것이 그러하였다. 또 실증사학으로부터 출발하여 민족 구성원 전체의 균등한 행복을 기준으로 하는 한국사의 체계적 이해를 꾀한다든지 하는 것도 그러하였다. 이러한 노력은 오늘의 한국사학이 성장한 밑거름이 되었다고 할 수 있다.

이제 한국사학은 단순히 식민주의적인 견해를 비판하는 데 그칠 수는 없다. 또 우리 자신의 전통을 그대로 계승한다는 태도만으로 만족할 수도 없다. 객관적인 사실과 부합하지 않는데도 불구하고, 그것이 식민주의사관을 비판하였다거나 혹은 또 우리의 전통을 계승하였다는 한 가지 사실로 해서 높이 평가되는 어리석음은 되풀이될 수가 없다. 이러한 소극적인 태도에 만족하고 있는 한 한국사학에는 오직 퇴보가 있을 뿐이다. 다시 말하면 전통의 비판적인 계승이 필요하다. 민족적인 입장에서 실증을 통하여 얻어진 정치·경제·사회·외교·문화의 여러 사실을 독자적으로 체계화하려는 노력이 필요하다. 이제 한국사학은 적극적으로 새로운 경지를 개척해 나가야 할 단계에 도달하고 있는 것이다.

제2절 한국사의 체계적 인식

인간 중심의 이해

역사는 곧 인간의 역사이며, 한국사는 곧 한국인의 역사이다. 이것은 다툴 수 없는 진리이다. 그런데 종래 한국사의 서술은 종종 인간이 없는 역사인 경우가 많았다. 특히 개설서의 경우에 그러하였다. 누가 역사를 만들고 움직여 왔는가 하는 사실을 전혀 고려하지 않고, 사건과 제도의 서술로써 만족하여 왔던 것이다.

한국의 근대사학에는 인간을 중요시하는 전통이 전혀 없었던 것이 아니다. 민족주의사학에서 민족을 중요시한 것, 유물사관에서 계급을 중요시한 것 등은 그러한 예에 속한다. 그리고 이러한 민족이나 계급의 중시는 모두 일정한 한계가 있는 것이긴 하였지만 한국사의 이해에 크게 공헌하였다. 그러나 추상화된 민족이나 공식화된 계급에 의한 서술은 한국사의 실제 움직임과 거리가 있는 것이었고, 따라서 한국사를 올바로 이해하는 데 적지 않은 결함을 지니고 있었다.

이런 점에서는 사회를 구성한 여러 신분층(身分層), 혹은 같은 신분층 안에서의 여러 혈족집단(血族集團) 등에 대한 분석에 관심을 쏟고 있는 최근의 경향은 크게 주목된다. 이렇게 함으로써 사회의 구성이라든지 정치기구의 운영이라든지의 실제에 보다 더 접근할 수가 있기 때문이다. 또 시대의 전환기에 새로이 대두하는 사회세력에 대한 관심은 한국사 발전의 양상을 밝혀 주는 데 크게 공헌하였다. 그리고 여러 인간집단의 사회적 태도를 표시한 사상의 동향에 대한 관심도 한국사의 이해에 새로운 국면을 열어 주었다.

이러한 고무적인 경향에도 불구하고 아직 한국사학은 제도사학(制度史學)의 범주를 크게 벗어나지는 못하고 있다. 유교적인 개인 중심의 역사 이해에 대한 비판의 일환으로서 중요시된 것이 제도사학이었다. 물론 군주(君主)이건 영웅(英雄)이건 간에 개인 중심의 역사관은 청산되어야 한다. 그렇다고 제도가 인간 없이 운영되었는가 하면 그런 것은 아니다. 따라서 누가 필요로 해서 그런 제도를 만들었는가 하는 데 대한 해명이야말로 그 제도를 이해하는 핵심 문제가 아닐 수 없다. 또 비록 같은 제도를 채용했다 하더라도 누가 실권을 쥐고 있었는가에 따라서 운영의 실제가 달라진 점을 생각할 필요가 있게도 된다. 이 경우에 실권 장악자는 개인이 아닌 사회세력으로서의 인간인 것이며, 이 사회세력으로서의 인간에 대한 재인식은 한국사를 생명력이 넘치는 역사로 만들 것이다.

요컨대 한국사를 그 근본으로부터 이해하기 위하여는 한국사에서 인간을 재발견하려는 노력이 필요하다. 이러한 노력이 없이는 한국사에 대한 이해가 알맹이 없는 껍데기를 붙드는 데 그치고 말 염려가 있다. 그러므로 한국사를 인간의 역사로서 파악하려는 의식적인 노력이 오늘의 한국사학에서는 무엇보다도 필요하다.

보편성과 특수성

한국사의 주인공은 결국 한국인이다. 이 한국인은 물론 한국민족이란 말로 대치시킬 수가 있다. 그런데 이 한국인 혹은 한국민족을 개인과 같은 단일한 존재로서 추상화시키는 것은 한국사의 진실을 이해하는 데 오히려 방해가 된다. 한국민족도 하나의 사회적 존재인 것이며, 거기에는 각기 역사적인 역할이 다른 여러 인간집단이 존재하고 있었기 때문이다.

그런데 이들 여러 인간집단이 존재하는 양상이나 변화해 온 과정을 다른 민족의 경우와 비교하여, 어떤 점이 같았고 어떤 점이 달랐는가를 생각해 보는 것이 필요하다. 왜냐하면 한국민족도 결국은 인류의 한 구성원이고, 따라서 거기에는 인류의 다른 구성원들과 공통점이 있는가 하면 또 차이점도 있는 것이기 때문이다. 그리고 이 공통점과 차이점을 인식하는 것이 한국민족의 역사를 명확하게 이해하는 하나의 길이 되기 때문이다. 이러한 공통점과 차이점의 인식은 다른 말로 한다면, 그 보편성(普遍性)과 특수성(特殊性)의 인식이 되겠다.

한국사의 보편성과 특수성에 대한 문제도 한국의 근대사학에서 이미 논의되어 온 오래된 숙제이다. 대체로 본다면 민족주의사학이 특수성을 강조한 반면, 유물사관은 보편성을 강조해 왔다. 전자는 한국의 고유한 것을 인식하는 것이 곧 한국사의 이해라고 생각한 반면, 후자는 이른바 보편적인 역사 발전의 공식을 적용하는 것이야말로 한국사 연구의 핵심 문제라고 강조해 왔다. 그리고 이 두 개의 견해는 서로 대립된 채로 오늘에 이르고 있는 실정이다. 한편, 실증사학에서는 특수성을 띤 구체적인 사실의 인식을 통하여 보편성을 이해해야 한다고 주장하였다.

한국사를 세계사의 보편성 속에서 인식하려는 것은 한국사학의 일단의 진전이었다. 그러나 종래에는 보편성을 강조했을 경우, 그것은 일원적(一元的)인 입장에 선 것이었다. 즉, 역사는 단 하나의 법칙에 의해서 지배되었고, 그것이 모든 민족에게 그대로 적용된다고 주장했던 것이다. 그러므로 이 일원적인 보편적 법칙에서 어긋나는 점들이 곧 특수성으로 인식되어 왔다. 그러면 여기서 특수성이라고 인식된 사실들은 원칙이 없는 우연으로 처리되게 마련이다. 그러나 한국사가 한국사로서의 면목을 드러내는 그 특수성이 우연에 의해서 설명된다는 것은 결코 학문적으로 바람직한 결론이 되지 못한다. 특수성이라고 해서 그것을 아무런 법칙성이 없는 무질서한 것으로 생각할 수는 없기 때문이다.

이 잘못을 시정하는 길은 보편적인 법칙을 다원적(多元的)인 것으로 파악하는 길밖에 없다. 즉, 역사에 작용하는 법칙은 다원적인 것이지만, 그 여러 법칙들은 어느 민족에게나 다 적용될 수 있는 보편적인 것이라는 말이다. 다만 많은 법칙들이 어떤 민족의 역사에서 구체적으로 나타날 때에, 그 결합하는 양상이 다른 민족의 경우와 같아질 수 없고, 그것이 곧 그 나라 역사의 특수성으로 나타나는 것이다. 한국사의 보편성과 특수성도 이러한 원칙에 입각해서 이해되어야 할 것이다.

그러므로 역사에 작용하는 보편적인 여러 법칙들에 대한 이해가 깊으면 깊을수록 한국사에 대한 이해도 깊어진다는 말이 된다. 이 목적을 위하여는 구체적으로 한국사와 다른 민족의 역사와를 비교해 보는 방법이 필요하다. 따라서 한국사의 보다 깊은 이해를 위하여는 비교사학(比較史學)의 방법이 더 널리 적용되어야 하리라고 믿는다.

한국사의 시대구분

그러면 이러한 보편성과 특수성의 이론에 입각하는 경우에 한국사 발전의 구체적 양상은 어떻게 이해될 수 있는 것일까. 이것은 결국 한국사를 체계화하는 작업이라고 할 수 있다.

한국사를 일관하는 어떤 법칙을 찾아내서 이를 체계화하려는 노력도 일찍부터 있어 왔으며, 그것이 시대구분론으로 구체화되었다. 시대구분의 기준은 때

로는 민족정신의 강약이기도 하고, 또 때로는 생산력의 발전이기도 하였다. 그
런데 이러한 체계화의 노력에는 몇 가지 공통된 특징이 있었다. 우선 그들은
모두 일원론적인 관점에 서 있었다. 그 당연한 결과이지만 그들은 심히 배타적
이었다. 그리고 그들이 신봉하는 이론을 일방적으로 한국사에 적용하는 방식
이 취해졌다.

이러한 관점에 서 있는 시대구분론은 객관적인 사실에 입각하여 한국사를
체계화하려는 노력과는 어긋나는 것이었다. 따라서 학문의 생명인 독창성을
말살시키는 결과를 초래하였다. 기왕의 역사이론들이 되도록 존중되어야 할
것임은 분명하지만, 그렇다고 그 이론들이 언제 어디서나 절대적인 기준이 될
수가 없다는 사실도 또한 알아야 한다. 고정된 선입관에서 벗어나 새로운 관점
을 개척하려는 노력이 곧 한국사를 새롭게 이해하는 길이 되는 것이다.

가령 인간이 역사에 참여하는 양상을 기준으로 한 체계화를 시도할 수도 있
다. 이 경우에 거기에는 여러가지 가능성을 생각할 수가 있다. 예컨대 사회의 상
층을 구성하는 귀족세력의 변화를 기준으로 한다든지, 혹은 반대로 사회의 기층
을 이루는 민중을 기준으로 한다든지 하는 따위이다. 이것은 약간의 예에 지나
지 않지만, 그러한 방식으로 생각한다면 수없는 시대구분의 가능성이 전망되는
셈이다. 이러한 시대구분들은 그것이 한국사의 실제와 일치하는 한 모두 유용
한 것이며, 서로 보완하여 한국사의 보다 완전한 이해를 도와줄 것이다. 이같이
산 인간을 중심으로 한 새로운 관점에 섬으로 해서, 한국사의 발전 과정은 생명
력 있고 활기에 넘치는 것으로 나타나리라고 믿는다. 그리고 그렇게 정리된 대
세를 파악하는 것이야말로 한국사를 이해하는 데 무엇보다도 중요한 일이다.

이상과 같은 생각에 입각해서 이 책에서는 독자적인 시대구분이 시도되었
다. 이 책에서 시도된 시대구분의 기준은 사회적 지배세력(주도세력)에 놓여 있
다. 즉, 사회적 지배세력의 변천 과정에 기준을 두고 한국사의 큰 흐름을 파
악해 보려고 한 것이다. 이러한 입장에서 짜여진 장(章)들은 곧 그대로 독립된
하나의 시대이며, 이 독립된 시대들은 앞뒤의 시대와는 차이가 있는 정치·경
제·사회·문화를 지니고 있는 것으로 파악되었다. 그리고 이러한 여러 분야의
인간활동을 그 시대의 주인공인 사회적 지배세력과의 연관 속에서 이해하도록
하였음은 물론이다. 나아가서 그렇게 설정된 시대들의 교체 과정을 전진적인
자세에서 파악하도록 노력하였다. 즉, 낡은 시대의 잔재들보다는 다음 시대의
새 요소들의 성장 과정을 중요시하는 입장을 취하였던 것이다.

제1장 원시공동체의 사회

제1절 구석기시대

구석기시대

인류의 활동무대인 지구의 역사는 원생대(原生代)·고생대(古生代)·중생대(中生代)를 거쳐 신생대(新生代)로 이어져 내려왔다. 신생대는 제3기(紀)와 제4기로 나누어지며, 제4기는 또 홍적세(洪積世)와 충적세(沖積世)로 구분되고 있다. 인류가 발생하기는 신생대의 제3기 말인 것으로 생각되고 있지만, 사람이 연장(도구)을 만들어 사용하게 된 것은 지금으로부터 약 250만 년 전에 시작된 신생대 제4기의 홍적세부터이다. 이때에 인류는 돌을 깨뜨려서 만든 뗀석기(타제석기, 打製石器)를 썼기 때문에, 훗날 간석기(마제석기, 磨製石器)를 만들어 쓰던 신석기시대(新石器時代)와 구분하여 구석기시대(舊石器時代)라고 부르고 있다. 그러므로 인류의 역사는 고고학상으로는 구석기시대부터 시작되는 셈이다.

한국의 역사도 물론 구석기시대부터 시작되며, 이것은 오늘날 하나의 움직일 수 없는 학문적 상식으로 되어 있다. 그러므로 왕조를 중심으로 해서 고조선(古朝鮮)의 건국으로부터 한국사를 시작하려는 것은 잘못된 낡은 생각이다. 널리 알려진 바와 같이 홍적세에는 4번의 빙하기(氷河期)가 있었지만, 한국에는 거의 빙하가 덮인 곳이 없었으므로, 빙하기에도 다른 지방보다는 생활조건이 좋은 편이었다. 그러나 한국의 구석기시대가 확실하게 알려진 것은 그리 오랜 옛날 일이 아니다. 얼마 전만 하더라도 구석기시대의 유적으로는 1933년에 조사된 함북 종성(鐘城)의 동관진(潼關鎭)유적이 보고되었을 뿐이었다. 이 유적에서는 홍적세에 살다가 이미 멸종한 맘모스, 코뿔소(서, 犀) 등 포유동물의 화석과 함께, 인공이 가해졌다고 생각되는 몇 개의 석기와 골각기(骨角器)가 발견되었던 것이다. 그런데 부근의 신석기시대 유적의 유물과 혼동될 가능성이 있다고 하여 이를 구석기시대 유적으로 인정하는 것을 꺼리는 견해가 있었다. 그러나 한국인의 조상이 오래 전부터 살고 있던 만주에서는 1931년에 조사된 흑룡강성(黑龍江省) 하얼빈의 고향둔(顧鄉屯)유적을 비롯하여 많은 구석기시대 유적이 발견되고 있다. 그리고 동관진에서 그리 멀지 않은 두만강 북쪽 길림성(吉林省) 안도(安圖)의 석문산촌(石門山村)동굴에서도 구석기시대 유적이 발견되었다. 그러므로 동관진의 유적도 구석기시대의 것임이 확실하다고 생각된다.

한국의 구석기시대 유적에 대한 조사 발굴이 활발하게 진행된 것은 1960년대에 들어와서의 일이다. 즉, 1962년에는 함북 웅기의 굴포리(屈浦里)에서, 1964년에는 충남 공주의 석장리(石壯里)에서 각기 구석기시대의 유적이 발견되었다. 그 이후 각지에서 많은 유적이 조사되었는데, 위의 두 유적을 제외한 중요한 것을 북으로부터 차례로 들어보면, 평남 덕천의 승리산(勝利山)동굴, 평양의 만달리동굴, 평양 상원(祥原)의 검은모루동굴, 황해도 평산의 해상(海上)동굴, 경기도 연천의 전곡리(全谷里), 충북 단양의 상시리(上詩里), 청원의 두루봉동굴 등이 있다. 그리고 이 밖에도 강원도 명주의 심곡리(深谷里) 등 이미 조사되었거나 조사가 진행 중에 있는 구석기시대 유적이 여러 군데 있다. 이들 유적에 대한 조사 보고에 의하면 구석기시대의 유적은 전국적으로 분포되고 있으며, 따라서 구석기인은 전국 각지에 널리 분포되어 살고 있었음을 알 수가 있다.

한국 구석기시대의 연대에 대해서는 여러가지 학설이 나오고 있으나, 아직 단정해서 말할 단계에까지는 이르지 못하고 있다. 다만 석장리의 후기 구석기시대에 속하는 두 문화층의 연대가 각기 약 3만 년 전과 2만 년 전의 것으로 판명되었다. 그러나 전기 구석기시대의 유적도 여럿이 보고되고 있으며, 그 연대는 50만 년 전 정도까지 올라갈 수 있을 것으로 추정되고 있다. 그러므로 구석기인은 수십만 년의 오랜 세월을 거치는 동안에 점점 그들의 생활과 문화를 향상시켜 나갔던 것이다.

구석기인의 생활과 문화

구석기시대에 살던 사람의 뼈도 여럿 발견되었다. 덕천의 승리산동굴에서는 두 개의 이빨이 박혀 있는 35살 가량 되는 남자의 아래턱뼈 1점이 발견되었고, 평양의 만달리동굴에서는 24~30살 가량 되는 남자의 거의 완전한 머리뼈 1점과 아래턱뼈 2점이 발견되었으며, 청원의 두루봉동굴에서는 3~4살 되는 어린

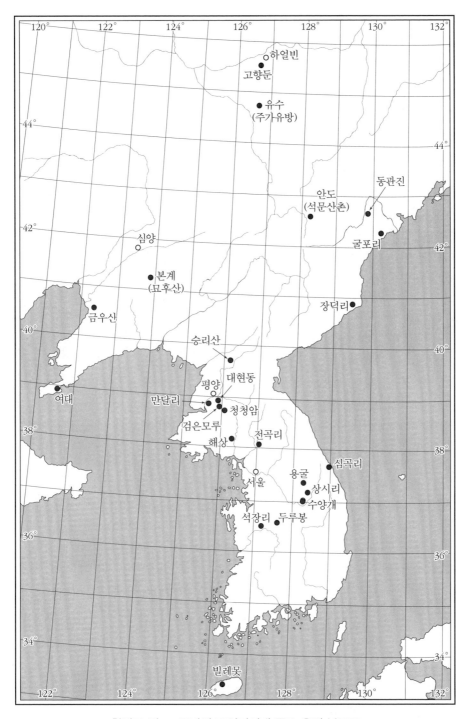

한반도 및 그 주변의 구석기시대 중요 유적 분포도

이 두 사람의 모든 뼈가 발견되었다. 이 밖에도 인골의 파편이 더 발견되고 있으므로 점차로 구석기시대에 살던 사람들의 모습이 발전하여 온 양상도 알 수가 있게 될 것으로 기대된다. 그러나 이들 구석기인의 혈통이 오늘의 한국인에게 계승되어 내려온 것인지 어떤지는 분명하지가 않으며, 오히려 부정적인 견해가 지배적이다.

구석기인들은 동굴이나 바위그늘에 살든지 혹은 평지에 집을 짓고 살았다. 동굴의 예로는 상원의 검은모루동굴이나 청원의 두루봉동굴 등이 있으며, 바위그늘의 예로는 상시리의 경우가 있으며, 평지의 예로는 석장리의 집자리가 있다. 석장리의 집자리는 후기 구석기시대의 것이며, 담을 두른 자리인 듯한 테두리 안에 화덕자리(노지, 爐址) 등이 남아 있다. 화덕자리는 불을 이용하여 따뜻한 기운을 취하고 요리도 했으리라는 것을 말해 준다. 이러한 집자리들은 모두 햇빛이 잘 비치고 강이나 못에 가까운 곳에 자리잡고 있다. 아마 짐승들이 자주 물 마시러 내려오는 장소 같은 데서 거주지로 적절한 곳을 선택한 것이 아닐까 짐작된다.

이들은 과일이나 나무뿌리 같은 것을 채집하는 한편, 동물을 사냥하여 먹고 살았을 것이다. 사냥을 하고 요리를 하는 데 필요한 도구로는 동물의 뼈나 뿔을 다듬어서 만든 골각기도 사용하였으나, 돌을 다듬은 석기를 더 많이 사용하였다. 이 시대의 석기가 뗀석기라는 것은 이미 언급한 바와 같다. 뗀석기는 처음 몸돌(석핵, 石核)을 깨뜨려서 쓰다가 뒤에는 거기서 떼어낸 격지(박편, 剝片)들을 다듬어 썼다. 격지를 다듬는 데도 처음에는 한쪽 면만을 다듬었으나, 뒤에는 양쪽 면을 모두 다듬어서 날을 만들게 되었다. 이렇게 만들어진 석기에는 사냥도구인 주먹도끼(양면핵석기, 兩面核石器, hand axe)・찍개(타절기, 打截器, chopper)・찌르개(첨두기, 尖頭器, point)・요리도구인 긁개(소기, 搔器, scraper)・밀개(삭기, 削器, end-scrapper), 공구(工具)인 새기개(각도, 刻刀, graver) 등 용도에 따라서 여러가지가 있었다. 수양개유적에서는 이러한 석기를 만들던 넓은 석기 제작지(製作址)가 발견되었으며, 전곡리에서 발굴된 주먹도끼는 동부 아시아에서는 거의 발견된 일이 없는 아프리카의 아슐리안형 주먹도끼와 유사한 것으로 인정되어 주목을 받고 있다.

사냥을 하기 위하여는 집단적인 협동이 필요하였을 것이므로 일정 규모의 공동체적(共同體的) 생활이 영위되었을 것이다. 그러나 현재 그 구체적인 모습을 알 수는 없다. 또 후기에는 돌로 동물의 조각을 하거나 혹은 돌에다 동물을 새겨넣은 선각화(線刻畫)로 보고된 것도 발견되고 있다. 이러한 보고는 아직 학계에서 공인되기에 이르지는 못하고 있으나, 그 같은 예술활동이 행해졌을 것임은 의심이 없다고 하겠다. 이것들은 아마도 사냥을 위해서나 혹은 신변의 보호를 위해서 주술(呪術)의 힘에 의지하려는 목적으로 만들어진 것으로 생각된다.

제2절 신석기인의 등장

신석기인의 등장

B.C. 8000년경에 홍적세는 끝나고 충적세가 시작되었으며, 동시에 빙하기도 끝나고 기후가 따뜻해졌다. 이에 따라 빙하가 녹은 물로 말미암아서 해면이 점점 상승하게 되었고, 맘모스와 같은 짐승은 북쪽 한대(寒帶)로 옮아간 대신 토끼와 같은 빠른 짐승이 등장하였다. 이러한 빠른 짐승을 잡기 위하여 활을 만들어 쓰게 되었고, 또 잔석기(세석기, 細石器)를 뼈나 나무에 판 홈에 꽂아서 낫이나 작살처럼 사용하는 모듬연장(복합도구, 複合道具)도 만들어 쓰게 되었다. 이 시기를 중석기시대(中石器時代)라고 하는데, 구석기시대로부터 신석기시대로 넘어가는 과도기에 해당한다. 한국에서는 아직 확실한 중석기 유적이 발견되지 않고 있으나, 그것이 존재했을 것임은 거의 의심이 없다. 경남 상로대도(上老大島)의 조개더미(패총, 貝塚)의 최하층 유적 같은 것이 그러한 예의 하나로 지목되고 있다.

빙하기가 끝났으나 아직 차가운 기운이 남아 있던 기후는 점점 오늘날과 같이 따뜻하게 되고, 해면도 현재와 같은 양상을 지니게 되었다. 이 시기를 전후하여 한국에는 신석기인(新石器人)이 등장하여 신석기시대가 시작되는 것으로 보인다. 신석기시대를 알려 주는 중요한 지표가 되는 것은 간석기(마제석기)와 토기(土器)이다. 간석기는 숫돌에 갈아서 표면을 매끄럽게 만든 석기인데, 인류는 이 숫돌을 발명하는 데 수백만 년 혹은 수십만 년의 긴 세월을 필요로 했던 셈이다. 토기는 요리를 하거나 물건을 저장하기 위하여 흙을 빚어서 불에 구운 것으로, 간석기와 함께 신석기시대를 알려주는 중요한 증거물이 되고 있다. 그리고 이 토기의 양식 변천을 가지고 신석기 시대의 역사적 변천과정을

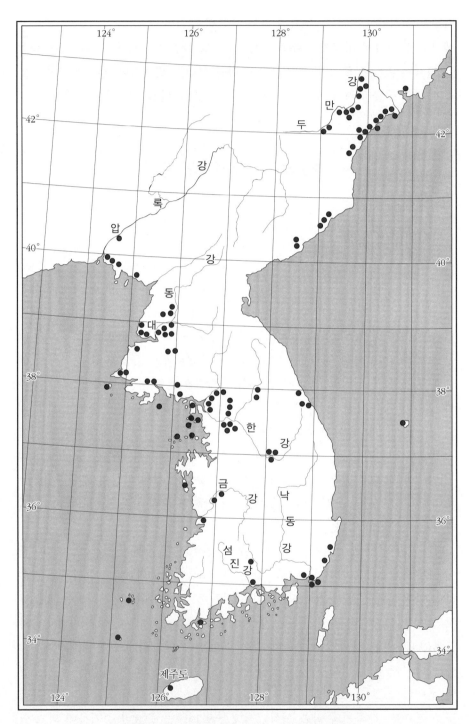

빗살무늬토기(즐문토기, 櫛文土器) 유적 분포도

논하는 것이 고고학에서의 관례로 되어 있다.

한국의 신석기시대는 대체로 세 시기로 나누인다. 신석기시대 전기는 원시민무늬토기(원시무문토기, 原始無文土器)와 덧무늬토기(융기문토기, 隆起文土器)를 사용하던 시기이다. 원시민무늬토기는 알이 약간 굵은 돌이 섞인 진흙을 손으로 빚어서 만든(수날법, 手捏法) 비교적 소형의 투박한 토기이며, 덧무늬토기는 표면에 띠 모양의 흙을 덧붙여서 무늬를 만든 토기를 말한다. 이들 토기는 함북 굴포리(屈浦里), 평북 만포(滿浦), 강원도 오산리(鰲山里), 부산 동삼동(東三洞), 경남 상로대도 등의 신석기시대 유적 맨 밑바닥에서 발견되었다. 이와 유사한 토기들이 만주 흑룡강(黑龍江) 중류와 일본 대마도(對馬島) 등에서도 발견되었으므로 대략 그 계통을 짐작할 수가 있다. 이 전기의 상한 연대는 아직 분명하지 않으나, 대략 B.C. 6000년경으로 보고 있는데, 이보다 더 빠른 B.C. 8000년경일 가능성도 제시되고 있다.

신석기시대 중기는 빗살무늬토기(즐문토기, 櫛文土器)를 주로 사용하던 시기로서, 대략 B.C. 4000년경부터 시작된다. 한국 신석기시대의 대표적 토기인 이 빗살무늬토기는 돌이 섞이지 않은 진흙을 빚어서 테를 쌓아 올리거나(윤적법, 輪積法), 혹은 긴 띠를 만들어 감아올려서(권상법, 捲上法) 만든 것으로, 그 제작법이 전기보다 더욱 발전한 것이다. 이 토기는 대개 밑이 뾰족하거나 둥글고, 위가 수평으로 잘린 모양을 하고 있는데, 회갈색을 띠고 있는 표면에 빗으로 그은 것 같은 평행선의 무늬가 있다. 이 빗살무늬토기가 출토되는 유적으로서 널리 알려진 것으로는, 함북 웅기의 굴포리, 평남 대동의 청호리(淸湖里), 서울 강동의 암사동(岩寺洞), 경기도 양주의 미사리(渼沙里), 부산 영도의 동삼동 등이 있다. 그런데 그 유적은 전국 각지의 바닷가나 강가에 널리 퍼져 있어서, 빗살무늬토기 사용인들이 전국에서 활발한 생활을 하고 있었음을 알 수가 있다. 이 빗살무늬토기는 반도에서뿐 아니라 만주의 요동반도(遼東半島)나 송화강(松花江) 유역, 내몽고(內蒙古) 및 시베리아의 연해주(沿海州) 지방에서도 발견되고 있으며, 일본의 소바다식(증전식, 曾畑式) 토기에도 그 영향이 인정되고 있어서, 이 토기 사용자들의 활동 범위를 짐작하게 한다.

그러다가 B.C. 2000년경부터 중국 칠무늬토기(채문토기, 彩文土器)의 영향을 받으면서 새로운 변화가 일어나, 신석기시대 후기로 접어들게 되었다. 빗살무늬토기의 바닥이 납작하게 되고(평저즐문토기, 平底櫛文土器), 문양에는 물결무늬가 있는 물결무늬토기(파상문토기, 波狀文土器), '회(回)'자 모양의 무늬가 있는 번개무늬토기(뇌문토기, 雷文土器)가 나타났다. 이 새로운 문화의 유적으로는 함 북 청진의 농포동(農圃洞), 평남 온천의 궁산리(弓山里), 황해도 봉산의 지탑리(智 塔里), 경기도 부천의 시도(矢島), 강원도 춘천의 교동(校洞) 등이 알려져 있다.

이 같은 토기의 변화를 통하여 미루어 볼 때에 한국의 신석기시대는 세 차례 의 큰 변화를 겪었던 셈이다. 현재 이 신석기인, 특히 빗살무늬토기인을 고(古) 아시아족으로 보는 경향이 농후하지만, 아직은 확실하게 증명된 사실이 아니 다. 다만 중국과는 다른 북방계통의 인종인 것만은 분명하다. 그들은 필시 여 러 차례에 걸쳐 파상적인 이동을 해 왔을 것으로 생각된다. 이들 신석기인의 혈통은, 구석기인과는 달리 끊기지 않고 계승되어 한국민족의 형성에 참여한 것으로 보인다. 이들은 오랜 역사적인 과정을 거치는 동안에 서로 융합되고 또 청동기시대의 새 요소들과 결합되어서 한국민족을 형성하기에 이르렀을 것 이다.

신석기인의 생활

신석기인들은 대체로 물가에서 살고 있었다. 그들이 살던 유적은 주로 바닷 가나 강가에서 발견되는 것이다. 그러나 후기에 이르면 그들은 내륙 지방으로 진출하기도 하였다.

주로 물가에서 살던 신석기인은 그들의 식생활을 고기잡이(어로, 漁撈)에 크 게 의존하였다. 흔히 발견되는 돌로 만든 그물추(석추, 石錘)는 그물을 사용하 여 고기잡이를 하였음을 나타낸다. 또 작살로 물고기를 찍어서 잡기도 하고, 낚시로 물고기를 잡기도 하였으며, 한편 조개 종류를 채집해다 먹기도 하였다. 한편 이들은 사냥(수렵, 狩獵)도 하였는데, 그들이 잡아먹은 사슴·노루·멧돼 지 등의 뼈가 발견되고 있다. 돌로 만든 화살촉(석촉, 石鏃)이나 창(석창, 石槍) 등의 석기는 사냥에 사용되던 유물들이다. 그리고 도토리알 같은 것이 발견되 는 것을 보면, 과일을 채집해다 먹기도 하였음을 알 수 있다. 이렇게 처음 식 생활을 사냥·고기잡이·채집 등에 의존하던 그들도 뒤에는 농경을 시작하게 되었다. 이것은 후기의 유적에서 땅을 일구는 데 쓰던 돌로 만든 괭이(석초, 石 鍬), 추수할 때 쓰던 반달돌칼(반월형석도, 半月形石刀) 등과 함께 피(직, 稷)라고 생각되는 낟알이 발견되는 것으로 알 수 있다. 피 이외에도 기장·조 같은 밭 곡식이 재배되었을 것으로 추측된다. 곡식이나 도토리는 갈판(연석, 碾石)에 갈아서 가루를 만들어 먹기도 하였다. 이 같은 채집경제(採集經濟)로부터 생산경제(生産經濟)로의 전환은 경제생활면에서의 커다란 발전을 의미하는 것이다.

신석기인들은 주로 움집(수혈주거, 竪穴住居)에서 살았다. 신석기시대의 움집은 처음 대개 둥글거나 혹은 이에 가까운 네모진 모양으로 땅을 파고, 둘레에 기둥을 세워 비바람을 막기 위한 이엉을 덮어 만든 것이었다. 크기는 직경이 6미터 정도의 것이 보통이고, 깊이는 60센티 정도였다. 대개 움 한가운데 화덕자리가 있는데 이것이 취사장의 구실을 하였을 것이다. 이 화덕자리 옆에는 반드시 저장구덩(저장혈, 貯藏穴)이 있어서 이 또한 취사를 위하여 이용되었음을 알 수 있게 한다. 이 시기의 움집은 쉬고 잠자고 식사를 하는 등의 주거지로서의 기본기능만을 하였던 것으로 보인다. 그러나 후기에 가면 움집 안의 공간이 약간 넓어지고 평면 모양이 정방형 혹은 장방형으로 변하였으며 화덕자리는 한쪽으로 치우쳐서 설치되었다. 이것은 움집 안에서의 생활이 다양화하여 주거지로서의 기본적인 기능 이외에 작업장소가 마련되었던 것임을 알게 한다. 그러나 이 당시의 움집들이 모여서 이루어 놓은 취락(聚落)의 양상은 아직 밝혀져 있지가 않다. 한편 신석기인은 때로 자연 또는 인공의 동굴에서도 살고 있었다.

옷은 처음 짐승의 가죽에서 돌칼(석도, 石刀)로 살을 갉아 낸 다음, 뼈바늘(골침, 骨針)로 꿰매어서 만들어 입었을 것이다. 그러나 뒤에는 짐승의 털이나 삼(마, 麻) 등의 재료를 써서 돌이나 흙으로 만든 가락바퀴(방추차, 紡錘車)를 이용하여 옷감을 짜서 옷을 만들기도 하였다. 그리고 옷에는 조개나 구슬 같은 꾸미개(장신구)를 달고 다니기도 하였다.

제3절   신석기시대의 사회와 문화

씨족공동체의 사회

신석기인들의 사회 상태를 알려 주는 직접적인 자료는 거의 없다. 그들의 집자리가 한군데에 여럿이 모여 있는 것으로 보아서, 이미 취락을 이루고 집단생활을 하였다는 것은 짐작이 간다. 그러나 취락에 대한 조사가 행해져 있지 않은 오늘에 있어서는 이를 통하여 당시의 사회조직을 알 수는 없다. 그런데 후대의 문헌에 나타나는 신화·전설·유습 등에는 이 시대의 사회상을 반영해 주는 것들이 있다. 이러한 자료들을 현대의 미개사회에 대한 연구와 비교해 보면 어느 정도의 윤곽은 파악할 수가 있다.

신석기시대의 기본적인 사회 단위는 씨족(氏族)이었다. 혁거세(赫居世)의 전설에 나타나는 6촌(村) 같은 것은 이러한 예가 될 것이다. 한 씨족은 대개 한 촌락을 이루고 살았는데, 이 촌락에는 여러 개의 움집이 있는 것으로 보아, 씨족은 여러 가족, 아마도 수십의 가족으로 구성되어 있었음을 알 수 있다. 움집의 크기로 보아서 이때의 가족은 성인 부부가 2~3명의 자녀를 거느리고 사는 핵가족(核家族)이었던 것 같다. 이렇게 여러 가족으로 구성되어 있기는 하였지만, 촌락의 주민들은 모두 혈연(血緣)을 중심으로 뭉쳐진 집단이었다. 그러므로 씨족이 지니는 기본적인 특징의 하나는, 그것이 혈연을 중심으로 한 사회였다는 점이다. 같은 핏줄기에 의하여 엉킨 이 사회는 어떤 자연물과의 친근관계를 믿는 토테미즘(totemism)을 지니고 있는 토템씨족이었던 것으로 생각된다. 가령, 혁거세의 박씨족은 말을, 그리고 알지(閼智) 및 알영(閼英)의 김씨족은 닭을 각기 그들의 토템으로 생각했던 것 같다. 이 토테미즘은, 자기 씨족을 다른 씨족과 구별지음으로써 자기 씨족 내부의 결속을 굳게 하는 구실을 하였다.

이 씨족사회는 하나의 공동체를 이루고서 중대한 일들을 씨족회의(氏族會議)에서 결정하였다. 신라의 화백(和白)이 그 전통을 지니고 있음은 널리 알려진 사실이다. 물론, 씨족을 대표하는 씨족장(氏族長)이 있었으나 그는 선거된 것이며, 잘못이 있으면 언제든지 물러나야 했다. 이 점은 부여(扶餘) 초기에 있어서의 국왕의 성격에 비추어서 짐작이 된다. 그리고, 후대 농촌에서 찾아볼 수 있는 '두레'의 협동 노동에서 짐작되는 바와 같이, 사냥·고기잡이·농경 등의 중요한 생산 활동은 공동으로 했을 것이다. 뿐만 아니라 종교적인 의식과 같은 것도 이를 공동으로 하였음이 후대의 영고(迎鼓)·동맹(東盟)·무천(舞天) 등의 습속에서 짐작이 된다. 그리고 무덤이 씨족공동묘(氏族共同墓)였을 것임도 옥저(沃沮)에서 큰 덧널(곽, 槨)에다 온 가족을 모두 매장하던 풍속에서 짐작할 수 있다.

씨족은 자급자족하는 경제적인 독립체였다. 다른 씨족의 영역 안에서 채집이나 사냥·고기잡이 등의 경제적인 활동을 하는 것은 허락되지가 않았다. 만일, 그러한 위법적인 일이 있었을 경우에 배상을 지불해야 했던 것은 동예(東

濊)의 책화(責禍)라는 풍습으로 추측이 된다. 그러나 씨족 상호간에는 교역이 행해져 있어서 비교적 먼 거리로부터 혹요석(黑曜石) 같은 석재를 가져다가 석기를 제작하던 예를 찾아볼 수가 있다.

혈연 중심의 씨족은 지극히 폐쇄적인 성격을 지니고 있었음은 위의 설명에서 알 수 있을 것이다. 그러나 결혼의 상대는 자기 씨족 안에서 구할 수가 없고, 반드시 이를 다른 씨족에서 구해야 하는 족외혼(族外婚)이 행해지고 있었다. 이것은 동성끼리 결혼하지 않았다는(동성불혼, 同姓不婚) 동예의 풍속에서 짐작할 수 있다. 그리고 신석기시대의 일정한 시기에는 모계제(母系制)가 행해졌던 것으로 믿어져 왔다. 결혼한 뒤에 남자가 여자집에 가서 여자 부모의 허락을 받아야 신부집의 뒤꼍에 사위를 위해 지은 조그만 집(서옥, 壻屋)에서 아내와 같이 잘 수 있고, 자식을 낳아 큰 뒤에야 아내를 데려갈 수 있었다는 고구려의 서옥제(壻屋制) 같은 것은 그 유제일 것으로 생각되었다. 그러나 최근에는 이 모계제의 존재에 회의적인 의견들이 제시되고 있다.

이상은 우리가 현재 짐작할 수 있는 씨족사회의 대체적인 모습이다. 하지만, 씨족은 신석기시대의 유일한 사회 형태였던 것은 아니다. 인구의 증가로 인하여 분열된 씨족이나, 혼인관계로 해서 가까운 사이에 있는 씨족 등이 연결하여서 부족(部族)이라는 보다 큰 사회를 이루게 되었기 때문이다. 이 부족은 지연적인 경향을 지니게 되었으나 그 사회 구성의 원칙은 씨족과 대체로 마찬가지였다. 즉, 부족 전체에 관계되는 일들은 모두 씨족장들로 구성된 족장회의(族長會議)에서 결정하였던 것이다. 그리고 부족을 대표하는 부족장(部族長)은 이 족장회의에 의하여 선거되었다. 신라의 6촌 촌장(村長)들이 모여서 혁거세를 추대하였다거나, 가야의 9간(干)이 모여서 수로(首露)를 추대하였다거나 하는 것 등은 이러한 부족장 선거의 사실을 설화화한 것으로 생각된다. 최근에는 이 부족이 신석기시대의 기본적인 사회조직인 것으로 보는 견해가 나오고 있다. 그러나 신석기시대의 기본이 되는 사회단위는 가족이나 부족이 아니며, 종래와 같이 씨족이었다고 보는 것이 정당하다고 생각한다.

무술신앙

신석기인들은 우주의 만물이 영혼을 지니고 있다는 애니미즘(animism)의 신앙을 가지고 있었다. 즉, 산이나 강이나 나무와 같은 모든 것이 영혼을 지니고 있다고 믿었다. 물론, 인간도 영혼을 지니고 있으며, 그 영혼은 멸하지 않는 다는 영혼불멸(靈魂不滅)의 신앙을 가지고 있었다. 그러므로 죽은 사람의 시체 를 매장하는 데에 여러가지 주의를 기울였던 것이다. 그들은 시체의 주위에 돌 을 둘러서 이를 보호하려 하기도 하고, 혹은 살았을 때 쓰던 물건들을 함께 묻 어 주기도 하고, 또 머리를 해가 떠오르는 동쪽으로 두기도 하였다.

산이나 강이나 나무와 같은 자연물들의 영혼도 인간의 그것과 마찬가지인 것으로 생각하였다. 그러므로 그들은 스스로의 생각을 가지고 활동을 하며 인 간과 접촉을 하는 것으로 생각하였다. 그런데 그들 중에는 인간에게 행복을 가 져다주는 선한 것이 있는가 하면, 인간에게 불행을 가져다주는 악한 것도 있 는 것으로 믿었다. 그리고 때로는 그런 것들이 신격화(神格化)되는 경우도 있 었다. 그런데 종래 태양신(太陽神)은 인간에게 행복을 가져다주는 선신(善神)의 대표적인 것으로 신석기인들이 믿었으리라고 일반적으로 생각해 왔다. 그러나 최근에는 이러한 태양숭배의 신앙이 신석기시대에 존재했으리라는 데에 회의 적인 견해도 나타나고 있다.

어떻든 신석기인들은 인간에게 불행을 가져오는 악신을 물리치고 행복을 가 져다주는 선신을 가까이 맞아와야 한다고 생각했고, 따라서 그런 능력을 가진 주술사(呪術師 ; 무당)를 필요로 하였다. 이 주술사는 노래와 춤으로써 악신에 의하여 초래된 질병과 같은 불행을 없애기 위한 의식을 행하였던 것으로 생각 되는데, 삼한(三韓)의 천군(天君)이나 신라의 차차웅(次次雄 ; 자충, 慈充) 등에서 그 전통을 찾아볼 수가 있다. 이를 무술신앙(巫術信仰)이라 부르는 것이 적절하 게 생각되는데, 이와 동일한 유형의 원시적인 종교형태를 동북아시아 일대에 서는 일반적으로 샤머니즘(shamanism)이라 부르고 있다. 그러나 이와 비슷한 종교형태는 세계 어디서나 공통적으로 발견되는 것으로서 반드시 동북아시아 에 국한된 현상은 아니다.

원시예술

신석기시대의 미술품으로서는 우선 빗살무늬토기를 들 수가 있다. 약간 배 가 부른 V자 모양의 토기 표면에 평행으로 사선을 그어서 장식을 하였는데, 선 의 방향을 줄에 따라서 엇갈리게 하기도 하였다. 가지런한 선은 서로 대칭을 이루고 통일된 조화의 아름다움을 나타내고 있다. 그러나 이러한 토기의 무늬는 미적인 관점보다도 종교적인 의미가 더 컸던 것 같다. 보통 원시미술에서 평행의 사선은 물을 상징한다고 하므로, 빗살무늬토기도 그들의 중요한 식량인 물고기가 사는 물을 생각하며 장식한 것이 아닌가 한다. 그러나 농경이 시작된 이후 직선적인 무늬는 곡선적인 것으로 발전하고, 선을 꺾어 돌리는 번개무늬(뇌문, 雷文)도 나타나게 되었다. 번개무늬는 만물을 생겨나게 하는 천둥을 상징한 것으로 생각된다.

　조각품으로서는 암사동에서 조그마한 동물토우(土偶)의 머리가 하나 발견되었는데, 무슨 동물인지는 잘 모르겠으나 퍽 사실적인 수법으로 조각되어 있다. 최근 오산리에서는 흙으로 빚어 만든 작은 안면상(顔面像 ; 토면, 土面)이 하나 발견되었는데, 눈·코·입을 단순하게 처리한 극히 소박한 것이다. 그리고 두 눈과 입을 뚫어 놓은 패면(貝面)이 동삼동에서 발견되었고, 장식용으로 썼을 구슬도 발견되었다. 이들 조각품 등도 모두 식량의 풍요나 악귀의 축출을 비는 따위의 종교적인 필요에서 만든 것이라고 짐작된다.

　음악과 무용을 즐기는 것이 그들 신석기인의 중요한 생활의 일부분이었음은 후대의 영고·동맹·무천 등의 경우에 비추어 짐작할 수가 있다. 그리고 그것이 또한 종교적인 제의(祭儀)와 관계가 있으리라는 것도 쉽게 알 수가 있다.

　이같이 신석기시대의 예술은 종교와 밀착된 것이었다. 그리고 미술품은 사실적이기보다도 오히려 추상적인 수법으로 어떤 상징적 의미를 나타내는 데에 그 특징이 있었다.

제2장 성읍국가와 연맹왕국

제1절 청동기의 사용과 성읍국가의 성립

청동기의 사용

몇 차례의 파상적인 인종과 문화의 변동으로 인하여 얼마간의 동요가 있었다 하더라도, 신석기인(新石器人)은 오랫동안 조용하고 평화로운 생활을 즐기어 왔다. 이 신석기인의 평화는 그러나 청동기(靑銅器)가 사용되기 시작하면서 깨져 버리고 말았다.

청동기를 처음 사용하기 시작한 연대는 대체로 B.C. 10세기쯤으로 짐작되고 있다. 그러나 이를 더 올려보거나 혹은 내려보는 견해도 있다. 이 청동기시대는 대개 B.C. 4세기경까지 계속된 것으로 보인다. 청동기시대가 시작되거나 끝나는 연대가 지역에 따라서 약간의 차이가 있었던 것은 물론이다.

이 시기의 청동기문화는 송화강(松花江)과 요하(遼河) 유역으로부터 한반도(韓半島)에 걸쳐서 하나의 독자적인 문화권을 형성하고 있었다. 이때에 사용된 비파형동검(琵琶形銅劍)과 다뉴조문경(多鈕粗文鏡) 같은 청동기는 대체로 위의 지역에 한정되어서 출토되고 있다. 역시 이 시기에 사용된 밑바닥이 좁고 아가리를 뒤집어 겹으로 만든(이중구연, 二重口緣) 적갈색을 띤 민무늬토기(무문토기, 無文土器)도 이 지방에서 나올 뿐이다. 가끔 흑도(黑陶)와 같은 중국 계통의 토기도 나오고는 있으나, 이 시대의 지배적인 토기는 민무늬토기였다. 그리고 고인돌(지석묘, 支石墓)이 또한 이 지역에서 집중적으로 발견된다는 것은 널리 알려진 사실이다. 그러므로 이 시대의 주인공인 청동기인의 활동무대는 남만주와 한반도에 걸쳐 있었다고 하겠다.

이들 청동기인과 신석기인과의 관계는 분명하지가 않다. 다만 빗살무늬토기 유적과 민무늬토기 유적은 아무리 거리가 근접해 있는 경우라도 서로 뚜렷이 구별되고 있다. 이 사실은 양자가 다른 생활 조건 밑에서 살았으며, 종족상으로도 차이가 있었으리라는 추정을 내리게 한다. 한편 이 두 토기가 섞여서 나오는 경우가 있는 것은 교체기의 접촉 현상을 나타내 준다. 빗살무늬토기의 무늬가 비파형동검이나 다뉴조문경의 무늬에 계승되는 것도 양자의 문화적 전승관계를 말해 준다. 그러나 본격적인 청동기시대에 들어서면 빗살무늬토기의 유적이 자취를 감추고 만다. 이것은 결국 청동기인이 새로운 사회의 주인공이 되었음을 의미하는 것으로 해석된다. 이러한 교체 현상을 고(古)아시아족으로부터 알타이족으로의 변화로 보는 견해가 현재 비교적 널리 행해지고 있으나, 아직은 이를 증명할 확실한 근거를 찾기는 힘들다. 이것은, 같은 알타이족 내부에서의 다른 종족의 교체 현상으로 이해할 수도 있는 것이어서, 장차의 남은 숙제로 되어 있다.

청동기인의 생활

비파형동검과 다뉴조문경 및 무문토기의 출토를 특징으로 하는 청동기인의 유적은 주로 강을 따라 벌어진 평야를 앞에 둔 언덕진 곳에서 발견되고 있다. 이로 미루어 보아 청동기인은 빗살무늬토기를 사용하던 신석기인과는 달리 구릉지대의 생활자였음을 알 수 있다.

이러한 입지조건은 청동기인의 식생활이 농경(農耕)에 크게 힘입고 있었음을 나타낸다. 청동으로 만든 농구는 발견되지 않고 있지만, 청동제의 도끼나 칼 같은 연장(공구, 工具)은 그들이 나무로 각종 농구를 만들었을 것임을 말하여 준다. 이미 벼(도, 稻)농사가 이때에 시작된 것은 반달돌칼(반월형석도, 半月形石刀)이나 홈돌자귀(유구석부, 有溝石斧)를 사용한 사실로써 알 수 있다. 이 반달돌칼은 벼를 추수할 때에 손에 쥐고 이삭을 자르는 데 사용했던 것이며, 홈돌자귀는 땅을 가는 농구였다. 이 둘은 모두 중국에서 벼농사에 쓰이던 농구들이며, 따라서 이때에 이미 중국으로부터 벼가 전해졌다고 생각된다. 벼는 여주 흔암리(欣岩里) 등 여러 유적에서 그 실물이 발견되고 있다. 한편 조·수수·보리 등도 출토되고 있어서, 이들 농작물도 경작되었음을 알 수 있다. 그들은 물론 사냥이나 고기잡이도 하였을 것이지만, 벼농사를 할 정도로 농경생활에 익숙해지고 있었다.

청동기로서는 무기가 있다. 청동으로 만든 검(청동검, 靑銅劍)이나 화살촉(청

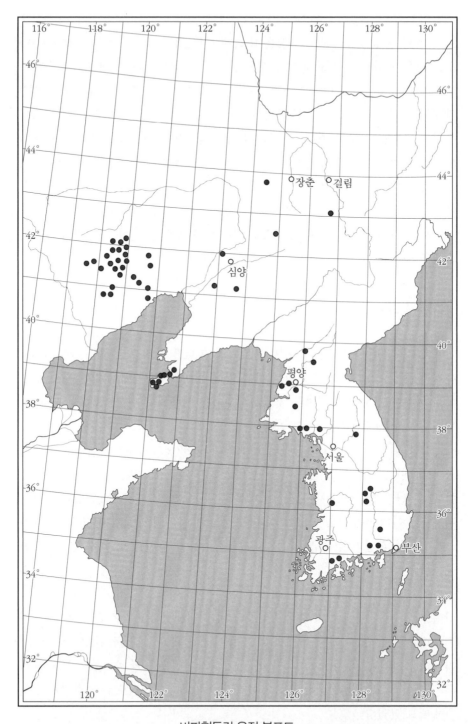

비파형동검 유적 분포도

동촉, 靑銅鏃) 같은 것이 대표적인 것이다. 이 청동무기들은 전쟁에 의한 정복을 활발히 행하였음을 말하여 준다. 그들은 이로써 석제무기밖에 모르는 신석기인을 쉽게 지배할 수 있었을 것이다. 청동기로서는 그 밖에 다뉴조문경 같은 청동거울이나 또 청동방울(청동령, 靑銅鈴), 그리고 방패 모양을 한 동기(방패형동기, 防牌形銅器) 등도 있다. 이들의 용도는 분명하지가 않으나 종교적인 의식에 쓰는 의기(儀器)이거나 권력의 상징물이었던 것으로 해석되고 있다.

　청동기인도 주로 움집(수혈주거, 竪穴住居)에 살고 있었다. 집은 신석기시대 후기에 생겨난 장방형 모양의 것이 지배적이 되었다. 깊이는 보통 50센티미터 전후이나 30센티미터 정도의 것도 있어서 지상가옥에 가까워지고 있는 셈이다. 화덕자리는 대개 움집의 한쪽에 치우쳐 있으며, 큰 움집의 경우에는 두 개가 나오기도 한다. 일반적으로 깊숙한 곳에 토기를 두는 여성의 활동처가 있고, 출입구 가까이에는 야외 활동기구를 놓아두는 남성의 생활 공간이 자리잡고 있었다. 집자리는 물론 취락의 형태로 모여 있으나 그 양상은 자세히 밝혀지지 않고 있다. 다만 집자리가 밀집하여 많이 발견되고 있는 것으로 보아 취락이 점점 커져 가고 있음이 짐작된다. 이때의 집자리는 화재를 입은 것이 많아지고 있는데, 불의 사용도가 높아짐에 따라서 실수로 불이 나는 경우도 있었겠지만, 한편 정복을 위한 전쟁으로 말미암아 불타 버리는 경우도 있었으리라고 짐작된다.

　이 시대의 무덤으로는 고인돌(지석묘)과 돌널무덤(석관묘, 石棺墓)이 지배적이었다. 고인돌은 선돌(입석, 立石)과 함께 거석문화(巨石文化)로 알려지고 있는 것이다. 전국 각지에서 널리 발견되고 있는 고인돌의 형식은 탁자식(卓子式)과 기반식(碁盤式)의 둘이 대표적이다. 네 개의 판석을 네모지게 짠 위에 널따란 덮개돌(개석, 蓋石)을 올려 놓은 탁자식(북방식, 北方式)은 한강 북쪽에 많이 분포되어 있고, 매장의 주체부를 지하에 두고 그 위에 작은 돌이나 돌무지(적석, 積石)로 지탱된 덮개돌을 올려 놓은 기반식(남방식, 南方式)은 한강 남쪽에 많이 분포되어 있다. 한편 전혀 받침돌이 없이 덮개돌을 직접 매장부 위에 올려 놓은 고인돌(개석식, 蓋石式)도 있는데 이것은 전국에 다 분포되어 있다. 이 고인돌의 부장품으로서는 간돌검(마제석검, 磨製石劍)이 흔히 발견되는 것이 하나의 특징이다. 그러나 청동기도 발견되고 있으며, 최근 전남 승주 우산리(牛山里) 고인돌에서는 비파형동검이 출토되기도 하였다. 돌널무덤은 지하에 널찍한 돌로 상자 모양의 널(관, 棺)을 만든 것인데, 때로는 고인돌과 결합되어 있기도 하

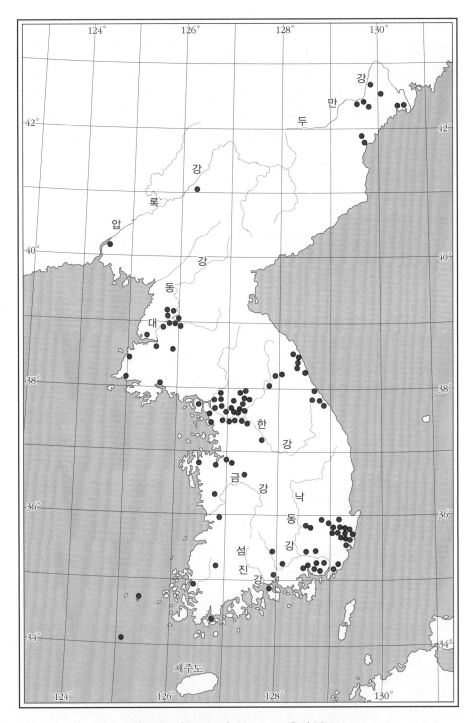

민무늬토기(무문토기, 無文土器) 유적 분포도

다. 이 밖에 돌널 위에 돌을 쌓아 올린 돌무지무덤(적석총, 積石塚)도 있기는 하나, 현재까지 한 군데가 알려져 있을 뿐이다.

성읍국가의 성립

청동기시대에 있어서도 석기와 목기 등을 많이 썼으며 청동기는 오히려 얻기 어려운 귀중품이었다. 비파형동검이나 다뉴조문경·청동방울·방패형의기 같은 것은 일부 특수층의 소유물에 지나지 않았다. 따라서 그들 청동기의 소유자는 소수의 권력자였으며, 청동기는 그들의 권력을 상징하는 것이 되었다.

이러한 사정은 고인돌의 경우에도 마찬가지였다. 고인돌은 한 사람의 시체를 묻은 개인묘였다. 때로는 그 길이가 9미터, 무게가 70톤까지에 이르는 거대한 덮개돌을 얹은 고인돌이 개인을 위해서 만들어진 것이다. 그것도 수십 리의 먼 곳에서 운반해 온 것이었다. 이것은 그 속에 묻힌 사람이 상당한 수의 인간을 동원할 수 있는 힘의 소유자였음을 말하여 준다. 그의 권력은 또 그 당대에 그치는 것이 아니라, 대를 이어 세습이 된 듯하다. 그것은 고인돌이 한 곳에 적으면 3~4개, 많으면 수십 개 혹은 수백 개씩 무리를 이루고 있으며, 때로는 일직선으로 정연하게 나열되어 있기도 한데, 이들은 시대를 달리하여 만들어졌다고 추측되기 때문이다. 그러므로 이 고인돌에 묻힌 사람은 공동체의 대표자가 아니라 권력의 소유자였음을 알 수 있다.

그러면 청동기를 권위의 상징물로 소유하고 고인돌에 묻힐 수 있는 특권을 지닌 것은 어떤 사람들이었을까. 그들은 아마도 신석기시대의 부족장의 후예로서 그 전통을 이어받은 자였을 것이다. 그러나 이제 정치적 지배자로 등장한 그들은 농경에 의한 생산물을 보다 많이 거둬들이고, 또 전쟁에 의하여 얻은 전리품을 보다 많이 점유할 수 있었을 것이다. 이리하여 그들은 경제적인 재부를 누릴 수 있었을 것으로 보인다. 이들 정치적 지배자가 다스리는 영토는 그리 넓지가 못했을 것이다. 나지막한 구릉 위에 토성(土城)이나 목책(木柵)을 만들고 스스로를 방위하면서 그 바깥 평야에서 농경에 종사하는 농민들을 지배해 나가는 정도의 것이었다고 생각된다.

이러한 정치적 단위체를 종래 흔히 부족국가(部族國家)라고 불러 왔다. 그러나 부족국가는 원시적 개념인 부족과 그와는 상치되는 새 개념인 국가와의 부자연스런 결합이어서, 이는 학문적으로 부적합하다는 것이 현 학계의 일반적인 견해이다. 그 대신 도시(都市)국가 혹은 성읍(城邑)국가라는 용어를 새로이 사용하였고, 최근에는 일부 인류학자들이 국가 형성의 앞 단계를 지칭하는 데 사용한 chiefdom의 번역인 족장(族長)사회·추장(酋長)사회·군장(君長)사회 등의 용어도 사용하고 있다. 그런데 도시국가는 인구가 밀집한 도시다운 면모를 필요로 한다는 점에서 호응을 얻지 못하고 있다. 또 chiefdom은 국가의 앞 단계로 추정되고 있으나 실상 국가와의 차이가 명백하지 못한 흠을 가지고 있다. 그래서 최근에는 군장(君長)국가라고도 하고 있으나, 이는 문자상 왕국(王國)과 별로 차별이 없는 것이어서 왕국의 앞 단계를 표현하는 용어로서는 부적당하다. 그 대신 성읍이란 말은 우리나라의 옛 기록에 초기국가를 멸하고 개편한 행정구획의 명칭으로 사용된 예가 있기 때문에, 그 앞 단계의 국가를 지칭하는 데 이를 사용하는 것이 매우 자연스럽다. 마치 신라의 신분제도를 카스트제라고 하지 않고 골품제(骨品制)라고 부르듯이, 우리나라의 초기국가를 성읍국가라고 부르는 것이 가장 적절하다고 생각한다. 이 성읍국가는 한국에서의 최초의 국가였으며, 따라서 한국에서의 국가의 기원은 성읍국가로부터 잡아야 할 것이다.

제2절 고조선의 성립과 발전

고조선사회의 성장

청동기의 사용과 더불어 형성된 성읍국가를 기본으로 하고 각지에 정치적 사회가 탄생하였다. 북쪽 송화강 유역의 부여(扶餘), 압록강 중류 지역의 예맥(濊貊), 요하와 대동강 유역의 고조선(古朝鮮), 동해안에 있는 함흥평야의 임둔(臨屯), 황해도 지방의 진번(眞番), 그리고 한강 이남의 진국(辰國) 등이 그러한 것이었다. 이들은 대체로 B.C. 4세기경에는 이미 중국에까지 그 존재가 알려질 정도로 성장하고 있었다. 그리고 그들 중에서도 청동기의 유물을 제일 많이 남기고 있는 요하와 대동강 유역에 자리잡고 있던 고조선이 가장 선진적인 것이었다.

성읍국가로서의 고조선은 아사달(阿斯達)에 건국하였다고 한다. 아사달은 곧 훗날의 왕검성(王儉城)일 터이지만, 그 위치는 원래 대동강 유역의 평양(平壤)이었던 것으로 전해져 왔다. 그런데 최근에는 요하 유역이었다고 주장하는 설도 대두하고 있으며, 혹은 처음 요하 유역에 있다가 뒤에 대동강 유역으로 옮겼다는 설도 나타나고 있다. 이 고조선 성읍국가는 아사달 일대의 평야를 지배하는 조그마한 정치적 사회였을 것이다. 그 정치적 지배자는 단군왕검(檀君王儉)이라고 칭했던 것 같은데, 그는 곧 제사를 겸해서 맡은(제정일치, 祭政一致) 존재가 아니었던가 한다. 단군왕검이 하늘에 있는 태양신을 나타내는 것으로 여겨지는 환인(桓因)의 손자였다는 것은, 그가 정치적 지배자로서의 위엄과 권력을 가지고 있음을 상징코자 한 것 같다. 하늘에 대한 신앙, 태양에 대한 신앙이 이렇게 해서 발생하였다는 주장은 매우 흥미롭다.

이 고조선 성읍국가는 이어 대동강과 요하 유역 일대에 흩어져 있는 여러 성읍국가들과 연합해서 하나의 커다란 연맹체를 형성하게 되었는데, 이러한 성장과정에서 그 통치자를 일컫는 왕의 칭호는 '기자'라고 부르게 되었던 것으로 생각된다. 중국의 은(殷)이 망했을 때 기자(箕子)가 한국으로 왔다는 설화는 이 양자의 발음이 동일한 데서 말미암은 잘못된 전승이다. 이 단계의 고조선은 연맹왕국(聯盟王國)이라고 부르는 것이 적합할 것이다.

따라서 같은 고조선이라고 하지만 여기에는 커다란 사회적 발전이 있었음을 알 수 있다. 고조선이 마치 건국 초기부터 만주와 한반도 북부에 걸친 대제국이었다고 생각하는 것은 역사의 발전을 무시한 잘못된 생각이다. 이러한 사회적 발전의 시기를 확인하기는 힘드나 B.C. 4세기 이전이었을 것임은 분명하다. 그것은 주(周)가 쇠약해지고 연(燕)이 '왕(王)'을 칭할 무렵에 고조선에서도 스스로 '왕'을 칭하였다고 하였기 때문이다. 이 B.C. 4세기경에는 중국의 철기문화(鐵器文化)를 받아들이게 되었으므로, 고조선은 더 한층 국가적인 발전을 이룩하였다고 생각된다. 그러나 연맹왕국의 골격은 그대로 유지되었다고 보이는데, 후일 위만(衛滿)에 대한 처우 같은 것을 보면 이를 대강 짐작할 수가 있다. 이즈음에 고조선은 연을 칠 계획을 하고 있었다고 하는데, 이것도 연맹왕국으로의 성장 없이는 불가능한 일이다. 이때 연과는 요하 내지 대능하(大凌河)를 경계선으로 하고 서로 대립하고 있었으며 연이 고조선을 교만하고 잔인하다고 한 것을 보면 고조선이 독자적인 세력을 자랑하며 강한 군사력을 갖고 있었음을 알 수가 있다.

철기의 사용

B.C. 4세기에 한족(漢族)과 흉노족(匈奴族)의 활발한 움직임과 짝하여 한국에는 새로운 금속문화인 중국의 철기문화(鐵器文化)가 들어오게 되었다. 이 철기문화는 종래의 청동기문화와 만주에서 혼합되어 압록강 중류와 청천강 상류를 거쳐 대동강 유역으로 들어왔다. 이리하여 대동강유역은 새로운 금속문화의 저수지와 같이 되었으며, 이 저수지로부터 다시 사방으로 번져 나가게 되었다. 그리고 이 물결은 바다 건너 일본으로까지 가서 야요이(彌生)문화를 낳게 하였다.

철기의 사용은 생활의 양상을 여러모로 변화시켰다. 우선 농업이 크게 발달하였다. 이는 철로 만든 괭이(철초, 鐵鍬)뿐 아니라 보습(철려, 鐵犂)·낫(철겸, 鐵鎌) 등의 발달된 농구가 발견되는 것으로써 알 수가 있다. 보습은 어쩌면 동물의 힘을 이용하여 땅을 경작했을 가능성을 나타내 주고 있는 것인지도 모르겠다. 그러나 일반적으로는 따비나 괭이 같은 것으로 사람이 경작하는 게 보통이었던 것으로 생각되고 있다. 그러므로 아마 보습도 동물보다는 사람에 의하여 사용되었을 가능성이 크다. 그리고 낫은 추수할 때에 벼이삭을 하나씩 자른 것이 아니라, 여러 포기를 한꺼번에 베곤 하였음을 말하여 준다. 이리하여, 경제적인 생활이 청동기시대보다 훨씬 발달하게 되었다. 그러나 그로 말미암아 증가된 재부는 사회 전체에 고루 나누어졌다기보다도 지배층에 의하여 더 많이 점유되었던 것으로 생각된다. 따라서 빈부의 차이는 점점 확대되어 갔을 것이다.

농구 이외에 이 철기시대의 유적에서 흔히 발견되는 것은 철로 만든 철검(鐵劍)·철모(鐵鉾) 및 청동으로 만든 청동검(靑銅劍)·청동모(靑銅鉾)·청동과(靑銅戈) 등의 무기이다. 특히 비파형동검으로부터 발전한 날카로운 세형동검(細形銅劍)과 그리고 청동과는 주위의 민족들에게서는 발견되지 않는 독자적 양식의 것으로 유명하다. 그리고 철로 만든 등자(鐙子)·재갈(철비, 鐵轡)과 청동으로 만든 방울(동탁, 銅鐸) 등의 마구(馬具)와 멍에(거형, 車衡) 등의 거여구(車輿具)가 있다. 이러한 금속제품이 일부 지배층만의 소유물이었을 것임은 분명하다. 날카로운 금속무기로 무장을 하고 말이나 마차를 타고 위세를 부리던 그들의 모습을 충분히 짐작할 수가 있다. 그리고 거친 무늬에서 정교한 무늬로 발전한 다뉴세문경(多鈕細文鏡) 같은 것이 그들의 권위를 상징하는 구실을 하였을 것임도 분명하다.

가옥으로는 움집에다가 난방을 위하여 온돌 장치를 한 것이 나타나기 시작하였다. 이때에는 또 지상에 목조가옥(木造家屋)을 짓고 살기도 하였다. 복식용으로는 허리띠에 사용된 말이나 범과 같은 동물 모양의 띠고리(동물형대구, 動物形帶鉤)가 주목되고 있다. 무덤으로는 길이 3미터, 너비 1미터 정도의 구덩이에 시체를 묻는 널무덤(토광목곽묘, 土壙木槨墓)과 두 개나 세 개의 항아리를 맞붙여서 관으로 사용하는 독무덤(옹관묘, 甕棺墓)이 유행하였다. 그리고 토기로는 견고한 중국식 회색토기(灰色土器)가 나타나고 있다. 지상가옥이나 동물 모양의 띠고리 및 널무덤 같은 것은 물론 지배층의 차지였을 것이다.

이 새로운 금속문화가 중국문화의 영향을 농후하게 받고 있음은 무엇보다도 명도전(明刀錢)과 같은 중국화폐의 발견이 이를 증명해 주고 있다. 그러나, 이를 근거로 해서 고조선이 철기문화의 전래와 함께 중국의 정치적 지배를 받은 것같이 생각하여, 기자조선(箕子朝鮮)의 전설을 새로운 의미로 해석하려는 것은 잘못이다. 독자적인 세형동검이나 청동과 및 다뉴세문경 등이 이 시기의 문화적 주류를 이루고 있고, 또 스키타이 계통의 동물 모양의 띠고리와 같은 많은 북방문화의 요소가 존재하는 사실이 이를 반증하고 있다. 그리고 이들 금속도구를 만든 거푸집(용범, 鎔范)이 많이 발견되는 것도 이 금속문화가 식민지문화가 아닌 토착문화였음을 말해 준다.

위만조선

고조선은 B.C. 4세기 말에 요동으로 침입해 오는 연의 세력에 밀리면서부터 점점 쇠약하여 갔다. 연의 침략은 진개(秦開)에 의하여 크게 진전되었는데, 그는 요동 지방을 침탈하고 거기에 요동군(遼東郡)을 설치하였다. 요동군은 연에 이어 진(秦)의 지배하에 들어갔지만, 그 동안 중국인 관리·군대·상인 등 내왕하는 자가 많았다. 그러나 진은 중국을 통일한 지 불과 10여 년 만에 망하고 한(漢)이 이에 대신하였다. 이때 한은 노관(盧綰)을 옛 연의 땅에 연왕으로 봉하였는데, 노관은 한에 반하여 북쪽 흉노(匈奴)의 땅으로 망명하여 버렸다. 이렇게 정국이 뒤바뀌는 동안, 중국으로부터 동쪽으로 망명하여 오는 자가 더욱 많아졌다. 그러한 망명자 중의 한 사람인 위만(衛滿)은 천여 명의 무리를 이끌고 왔다고 한다. 위만은 처음 고조선의 준왕(準王)으로부터 변경을 수비하는 임무를 맡더니, 유망민들의 세력을 기반으로 그 힘이 커지자 준왕을 축출하고 스스로 왕이 되었다(B.C. 194~180). 이때 준왕은 남쪽 진국(辰國)으로 가서 한왕(韓王)이라고 칭하였다 한다.

B.C. 4세기에서 3세기로 바뀔 무렵에 행해진 연의 침략에서 비롯하여 중국의 정치적·군사적·경제적 세력은 쉬지 않고 침투해 들어오고 있었다. 이러한 대세의 추이가 드디어는 위만으로 하여금 중국인 유망민 세력을 배경으로 하는 새로운 왕조를 건설케 한 것이다. 그러나 위만은 중국으로부터의 망명인이었을 뿐이므로 그의 왕조는 중국의 식민정권은 아니었다. 그는 자기의 허약한 왕권을 유지하기 위하여 고조선의 토착세력과 결합할 필요가 있었다. '상(相)'이라는 직명으로 나오는 인물들이 바로 그러한 토착세력가였던 것으로 생각된다. 그러므로 위만조선은 비록 철기문화에 보다 친숙한 중국인 유망민의 세력을 배경으로 했다고 하더라도 중국인의 식민정권일 수는 없다. 오히려 고조선인의 세력을 바탕으로 한 연맹왕국적인 정권이었다.

위만조선은 주위의 여러 나라들이 가지지 못한 우세한 군사력과 경제력을 가지고 이들을 정복하였다. 이리하여 진번(眞番 ; 자비령, 慈悲嶺 이남 한강 이북)·임둔(臨屯 ; 함남, 咸南) 등을 모두 복속시켜 사방이 수천 리에 이르는 지역을 지배하기에 이르렀다. 이렇게 세력이 강대하여진 위만조선은 진(辰 ; 한강 이남) 등의 여러 나라가 한과 직접 교역하는 것을 금하였다. 중간무역의 이익을 독점하려 함이었다. 이러한 위만조선의 행동을 한은 좋아하지 않았다. 더구나 몽고로부터 만주로 뻗어 오는 흉노가 위만조선과 연결하는 경우에 받을 위협을 한은 두려워하고 있었다. 이에 한은 예군(濊君) 남여(南閭)의 내속을 계기로 하여 예(濊 ; 압록강 중류와 동가강, 佟佳江 유역 일대)의 땅에 창해군(滄海郡)을 설치하고(B.C. 128) 위만조선에 압력을 가하려고 하였다. 그러나 이 침략 행위는 아마도 예인(濊人)의 반항으로 인하여 수년 만에 중단되고, 사실상 지도상의 계획으로 그치고 말았다.

이같이 대립되어 오던 위만조선의 한과의 관계는 정치적 교섭이 실패하자 조선 장수를 살해하고 달아난 섭하(涉何)를 조선군이 보복 살해함으로써 위기의 절정에 다다르게 되었다. 이를 계기로, 사방에 침략의 손길을 뻗치고 있던 한 무제(武帝)는 드디어 무력에 의한 침략을 해 오기에 이르렀다(B.C. 109). 위만조선은 이에 저항하여 1년 동안 잘 싸웠으나, 토착세력을 중심으로 한 일부

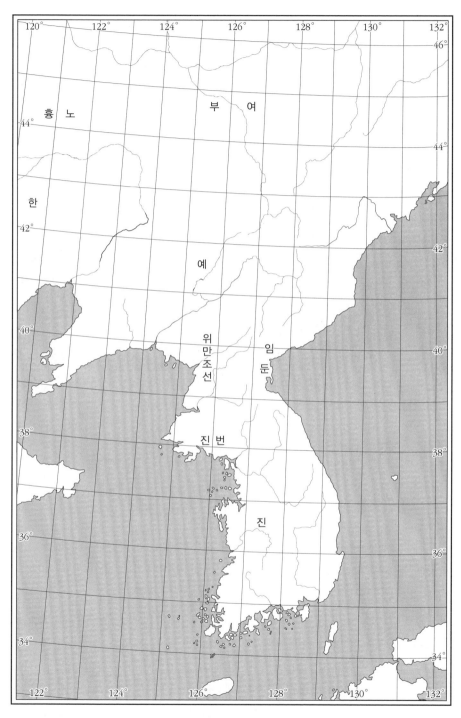

위만조선시대도

주화파(主和派)의 투항이 있었고, 그중의 한 사람에 의하여 우거왕(右渠王 ; 위만
의 손자)은 살해되었다. 그 후 대신(大臣) 성기(成己)가 최후까지 저항을 꾀하였
으나 지탱해 나가지 못하고, 수도 왕검성(王儉城)이 함락되어 위만조선은 멸망
하였다(B.C. 108).

한의 군현

한(漢)은 위만조선을 멸망시킨 그 해(B.C. 108)에 위만조선의 판도 안에다 낙
랑(樂浪) · 진번 · 임둔의 세 군(郡)을 두고, 그 다음해(B.C. 107)에 예의 땅에 현
도군(玄菟郡)을 두어 소위 한의 4군이 성립되었다. 그 위치는 낙랑군이 대동강
유역의 고조선 지방, 진번군이 자비령 이남 · 한강 이북의 옛 진번 지방, 임둔군
이 함남의 옛 임둔 지방, 현도군이 압록강 중류 · 동가강 유역의 예 지방이었던
것으로 생각된다. 이 설에 의하면 4군은 한강 이북의 지역에 한하였으며, 각기
일정한 독립된 사회들을 단위로 설치되었다는 결론에 도달하는 셈이다.

이 4군은 그러나 각기 그 지방 사회의 반항을 받아 후퇴를 강요당하였다. 즉
4군 설치 후 불과 20여 년 만에 한은 진번과 임둔의 2군을 폐하고, 그 관할하의
여러 현을 각기 낙랑과 현도의 2군에 맡기었다(B.C. 82). 이때에는 필시 일부
먼 지역이 포기되었던 것으로 생각된다. 그 후 또 10년도 못 가서 현도군이 예
의 땅으로부터 만주의 홍경(興京) 방면으로 이동하였다(B.C. 75). 그것은 이 지
방에서 고구려(高句麗) 신흥세력의 반항에 부딪힌 때문으로 생각된다. 그 결과
낙랑군은 본래 임둔군에 속해 있던 지역의 관할을 현도군으로부터 다시 물려
받았다.

그러나, 낙랑군에서도 평온한 통치만이 계속된 것은 아니었다. 후한(後漢) 때
낙랑의 토호인 왕조(王調)의 반항 같은 사건이 일어났기 때문이다. 이 반항은
새로 파견된 낙랑태수(太守) 왕준(王遵)에 의하여 평정되었으나(A.D. 30), 일대
파란을 야기시켰다. 이즈음 남방의 진(辰)에서 한(韓)의 새로운 흥기를 보게 되
었는데, 이 이후 낙랑군 지배하의 고조선인들은 많이 한으로 흘러들어가 버렸
다. 이 사태를 수습하기 위하여 후한 말에 요동 지방에서 독립된 세력을 펴고
있던 공손씨(公孫氏)는 낙랑군의 남부 옛 진번군의 땅에 대방군(帶方郡)을 설치
하게 되었다(A.D. 204경). 그러다가 A.D. 313년에 고구려에 의하여 낙랑군이,
이어 백제에 의하여 대방군이 소멸되고 말았다.

한의 군현이 그들의 식민정책을 수행한 중심지는 낙랑군이었다. 그 낙랑군에는 군태수 이하의 관리와 상인 등 한인이 와 살면서 일종의 식민도시를 건설하고 있었다. 그들의 생활상의 대략은 낙랑군치(郡治)로 생각되는 평양(平壤) 서남쪽 강 맞은편의 토성리(土城里) 유적이 발굴 조사된 결과 짐작할 수 있게 되었다. 또, 그 부근에 있는 그들의 목곽분(木槨墳)과 전축분(塼築墳)에서 나오는 각종 부장품을 통하여 식민도시에서 번영한 한인 관리나 상인들의 생활이 호화로운 것이었음도 알 수 있게 되었다. 이러한 유물 중에는 군치에서 만들어진 것도 있었지만 오히려 중국에서 가져온 것이 대부분이었다. 그러므로 이 낙랑문화는 한인에 의한 문화였으며, 만일 그 제작 과정이나 사용자만을 문제로 한다면 고조선인과는 아무런 관계도 없는 것이었다.

호화로운 식민도시의 건설에도 불구하고, 한의 식민정책은 심한 정치적 압박을 수반하는 것은 아니었던 듯하다. 그들은 고조선인의 거주지와는 따로 떨어져 살면서 어느 정도의 통제를 가할 뿐, 비교적 관대한 정치적 자유를 고조선인은 누리고 있었다고 생각된다. 낙랑왕(樂浪王) 최리(崔理)는 그러한 존재의 하나였던 것으로 보인다. 그러나 경제적인 관심은 지극히 컸던 것 같다. 낙랑군에서 1,500명을 동원하여 한(韓) 지방에 가서 목재를 베어 오게 하였다든지, 한의 상인들이 밤에 도둑질을 하였다든지 하는 이야기는 비록 단편적이나마 그러한 사정을 풍겨 주는 것이다. 소금(염, 鹽)이나 철(鐵)은 한나라 정부의 전매품이었던 만큼 관심이 컸을 것으로 생각되는데, 변한(弁韓)의 철이 낙랑군과 대방군에 공급되고 있었다. 이같이 군현의 영역 이외로부터 필요한 생산물을 취하기 위하여는 관작(官爵)·인장(印章) 등을 주어 조공(朝貢) 관계를 맺는 것이 보통이었다.

한 군현의 영향은 한인들의 직접적인 지배를 받게 된 지역에서 특히 심하였다고 할 수 있다. 그들의 사회제도나 생활양식이 점차 고조선인의 사회에 침투하였기 때문이다. 고조선시대에 8조목밖에 없던 법금(法禁)이 그들의 영향으로 60여 조목에 달하게 되었다는 것은 이러한 사회적 영향을 말하여 주는 대표적인 예이다. 한의 상인들은 고조선인들이 물건을 창고 같은 데 간수해 두지 않는 것을 보고 밤에 도둑질해 갔는데, 이에 자극을 받아서 그들의 풍속도 각박하게 되고, 그로 말미암아 보다 많은 법 조목이 필요하게 되었다고 한다. 사유재산 제도가 발달한 한인들과의 접촉이 고조선 사회에 분해작용을 일으키고 있는 모습을 엿볼 수가 있다. 그리고, 일부 고조선인들도 한인과 같은 식기로 식사를 하였다는 것은 친한적(親漢的)인 세력층·부유층이 새로 성장하고 있다는 것을 뜻하는 것으로 생각된다. 다만, 이 지역에서는 고조선인의 독자적인 정치적 발전을 기대할 수가 없었다.

한 군현의 영향은 그 주변의 여러 나라에도 번져 갔다. 이러한 지방에 있어서 무엇보다도 중요한 것은 문화적인 영향이었다. 한 군현의 고도한 문화가 그들의 동경하는 바가 되었기 때문이다. 그러한 사실은 한(韓)의 지배자들이 대부분 낙랑의 관작·인장 등을 받았다고 하는 데에 나타나 있다. '부조예군(夫租薉君)'인(印)은 아마 함흥 지방의 토착세력가에게 준 인장이었을 것이다. 이렇게 정치적으로 독립을 지켜 내려오면서 한 문화를 받아들인 지역에서, 비록 때로 시련이 따르기는 하였지만, 새로운 사회적 발전이 이루어질 수 있었던 사실은 주목되어서 좋을 것이다.

제3절　여러 연맹왕국의 형성

부여

부여(扶餘)는 송화강(松花江) 유역을 무대로 하고 성장하였다. 그 중심지는 대체로 농안(農安) 지방일 것으로 생각되고 있지만, 이 지역은 평야가 대단히 넓은 곳이다.

부여에 관한 확실한 기록이 나타나기는 B.C. 4세기경의 일이었는데, A.D. 1세기 초부터 그 명칭이 역사상에 자주 나타나고 있다. 이때 부여는 흉노(匈奴)나 고구려(高句麗)와 함께 왕망(王莽)이 세운 신(新, A.D. 8~23)에게 위협적인 존재로 비칠 만큼 큰 세력으로 성장하고 있었다. 그러므로 늦어도 이즈음에는 부여가 연맹왕국을 형성하였다고 보아야 하겠다. 그보다 얼마 안 가서 A.D. 49년에 중국식 '왕(王)'의 칭호를 사용한 기록이 나타나고 있는 것도 그 하나의 증거가 된다.

이 부여의 등장은 중국측으로서는 환영할 만한 일이었던 것 같다. 그것은 부여가 북쪽 선비(鮮卑)와 동쪽 고구려와의 중간에 끼여 있었으므로, 중국은 부여와 연맹함으로써 그들을 견제할 수 있을 것이기 때문이었다. 한편, 부여도 일찍부터 남쪽 고구려나 북쪽 유목민족들과는 적대적인 관계에 놓여 있었으므로 역시 중국과의 우호 관계를 바라고 있었다. 중국인들이 부여인을 평화적인 성품의 소유자로 생각한 것은 그 때문이었다. 이러한 동향은 다음과 같은 역사적 사실에 잘 나타나 있다.

부여가 중국에 사신을 파견한 기록은 A.D. 49년의 것이 처음인데, 그 후 매년같이 사신이 갔다고 한다. 비록 몇 차례 중국 군현과의 충돌이 있었다고 하지만 일반적으로 부여와 중국과의 관계는 밀접하였고, 또 중국은 부여의 사신을 극진히 후대하였다. 후한 말에 공손씨가 요동에 웅거하여 동방의 왕자로 임했을 때에는 부여와 혼인동맹을 맺기도 하였다. 위(魏)의 장군 관구검(毌丘儉)이 고구려를 침략했을 때(A.D. 244) 부여는 위의 군대에 군량을 제공해 주어 그 동맹관계를 고수하였다. 그리고 선비족인 모용외(慕容廆)의 침략을 받아 의려왕(依慮王)이 자살하고 그 자제는 옥저(沃沮)로 망명하여 부여가 국가적인 위기에 처한 일이 있었다(A.D. 285). 이때 진(晋)은 부여 왕족의 한 사람인 의라(依羅)를 도와 그를 왕에 즉위시켜서 국가를 부흥시킬 수 있게 하였다. 그러나, 이어서 이번에는 남쪽으로부터 고구려의 침략을 받았던 것이다.

이같이 부여는 북방의 유목민족이나 남쪽의 고구려와 대항하기 위하여 중국과 통하여 그를 배경으로 왕권의 신장과 유지를 도모하여 왔다. 그러나 진이 북방민족에게 쫓겨서 남천하게 되면(A.D. 316), 부여는 국제적인 고립 상태에 빠지지 않을 수 없었다. 이리하여 A.D. 346년에는 모용황(慕容皝)의 침략을 받아 현왕(玄王) 및 5만여 명의 부여인이 포로로 잡혀가는 사건이 벌어졌다. 그러다가 모용씨가 쇠망하자(A.D. 370), 부여는 고구려의 보호 밑에 놓이게 되었다. 그 뒤 물길(勿吉)이 일어나매 그에 몰리어서 드디어 왕족이 고구려에 항복하고 마니 그 여맥마저 꺼져 버리게 된 것이다(A.D. 494).

고구려의 등장

전설에 의하면 고구려(高句麗)는 B.C. 37년에 주몽(朱蒙)이 이끈 부여의 일파가 압록강 중류 동가강 유역의 환인(桓仁) 지방에 자리잡고 일으킨 것으로 되어 있다. 그러나, 이 지방에서는 이미 B.C. 4세기경에 고구려의 선구적인 세력이 결집되고 있었다. 예맥(濊貊)이라고 불리던 것이 그것인데, B.C. 2세기에 28만의 인구를 거느리고 있었다는 예군(濊君) 남여(南閭)는 이 정치적 사회의 군장이었을 것이다. 고구려는 그 지배세력이 다른 지역으로부터 이동해 온 자라 하더라도 이 토착세력과의 타협 위에 성립되었을 것이다.

예군 남여가 위만조선의 지배에 반항하여 한에 의지하자 한은 여기에 창해군(滄海郡)을 두었으나 이는 지도상의 계획으로 그치고 말았다. 그 후 다시 현도군(玄菟郡)이 설치되었는데(B.C. 107) 이도 30여 년 만에 북쪽으로 쫓기어 갔다(B.C. 75). 이 현도군의 이동은 곧 그 지방 세력의 반항에 의하였을 것이므로, 고구려의 연맹왕국 형성은 이미 이때에 시작되어 있었다고 보아야 하겠다.

이같이 고구려는 중국민족과의 투쟁 과정에서 성립하였고 또 성장하여 갔다. 그러므로 그들에게는 강한 군사력이 필요하였다. 이러한 과정에서 고구려 지배층의 군사적 조직이 더욱 견고해졌다. 그들은 평상시에 다른 생업에 종사하지 않고 전투적인 훈련에 전심한 것 같다. 그러나, 사실은 전투 자체가 가장 커다란 생산행위였다. 토지·인간·가축 등의 전리품에 대한 그들의 깊은 관심이 이를 말하여 주고 있다. 그들은 국내에서 만족할 수 없는 생산의 부족을 전쟁에 의하여 보충해야만 하였다. 이러한 고구려인이 기력이 있고 전투적이며 침략을 좋아하는 성품의 소유자로 중국인에게 비쳤음은 당연하다고 하겠다.

이미 A.D. 1세기 초에 '왕(王)'의 칭호를 사용할 정도로 발전한 고구려는 사방으로 그 출로를 개척하려 하였다. 고구려가 진출을 꾀하고자 한 곳은 요하 유역이나 대동강 유역이 아니면 송화강 유역이나 동해안의 평야 지역이었다. 이러한 지역은 모두 당시 중국의 직속령이거나 그 영향 밑에 있었으므로, 고구려와 중국민족과의 투쟁은 필연적인 일이었다. 그중에서도 극적인 사건은 왕망(王莽)이 세운 신(新)과의 충돌이었다. 왕망은 흉노(匈奴)의 정벌에 고구려의 군대를 동원시키려 하다가 오히려 이를 거부하는 고구려 군대와의 사이에 충돌이 일어나고, 왕망은 고구려를 하구려(下句麗)라 불러 그의 자존심을 만족시키려 하였던 것이다(A.D. 12).

고구려의 중국과의 충돌은, 강력한 대외 발전을 꾀한 태조왕(太祖王) 때부터 더욱 심하였다. 그는 동으로 옥저(沃沮 ; 함흥, 咸興 지방)를 복속시켜 중국민족과의 투쟁에 하나의 후방기지를 얻게 되었다. 옥저와 이에 이웃한 동예(東濊)가 위치하고 있던 동해안 지역은 일찍이 임둔이 자리잡고 있다가 뒤에 임둔군(臨屯郡)의 설치로 인하여 한의 식민지가 되었던 곳이다. 그러다가 이들은 모두 고구려의 지배 밑에 놓이게 되었던 것이다. 그러나 토착 지배자들의 세력은 존속되었고 그들을 통하여 공물(貢物)이 징발되었다. 옥저 사람들은 포목·물고기·소금 등을 짊어지고 천리의 먼 길을 지나 고구려에 가져갔다고 한다. 태조왕은 또 요동과 현도의 두 군을 자주 공격하여 서쪽으로의 진출을 꾀하였는데, 요동 지방에 대한 공격은 그 뒤에도 여전히 계속되었다. 특히 공손씨가 요동에 근거를 두고 그 세력을 떨치자 고구려는 이와 치열한 전투를 거듭하였다.

진국과 삼한

한강(漢江) 유역 이남의 지역에서는 고인돌의 발생과 더불어 하나의 문화적인 통일성을 가진 정치적 세력이 형성되어 가고 있었던 것으로 보인다. 그것은 간돌검의 부장을 특징으로 하는 기반식(碁盤式) 고인돌이 한강 유역 이남 지역에 널리 분포되어 있는 데서 짐작이 된다. 이것이 아마 진국(辰國)이 형성되는 원초적 모습이었을 것이다.

진국이 기록에 처음 나타나기는 대동강 유역에 위만조선이 있던 B.C. 2세기의 일이었다. 이때 진국은 한(漢)에 글을 보내어 직접적인 통교를 하고자 하였다. 이것은 진국이 중국의 금속문화에 대하여 강한 욕구를 가지고 있었음을 나타내는 것이다. 그러나 이 진국의 희망은 당시 국제무역의 주도권을 쥐고 있던 위만조선의 방해로 인하여 좌절되었다. 하지만, 금속문화의 혜택을 보다 많이 입은 고조선 지방으로부터의 유이민은 쉬지 않고 진국 사회로 들어왔다. 위만에게 쫓겨 남쪽으로 망명한 준왕(準王)이라든지, 위만조선 말기에 2천여 호를 거느리고 진국으로 이주한 조선상(朝鮮相) 역계경(歷谿卿) 같음은 그 두드러진 예라고 하겠다. 진국 사회는 이들 유이민을 통하여 더욱 발달된 철기문화의 혜택을 받았고, 이에 따라 사회적 변화도 급속히 진전되었다.

철기문화의 광범한 전파는 한강 이남 지역의 사회적 발전에 중요한 구실을 하였다. 김해패총(金海貝塚)에서 탄화(炭火)된 쌀이 나오는 것으로 알 수 있듯이, 이즈음 벼농사가 더욱 발달한 것도 이와 아울러 주목되어야 할 것이다. 최근 B.C. 1세기로 추정되는 경남 창원 다호리(茶戶里)의 널무덤(토광목곽묘, 土壙木槨墓)에서 나온 철제농구(鐵製農具)나 청동검(靑銅劍)·칠기고배(漆器高杯)·붓 등도 이미 농경이 크게 발달하고 문자를 사용할 줄 아는 이 시기의 높은 문화수준을 증명하여 주는 것이다. 한편, 유이민의 이주도 더욱 증가되었다. 이들 유이민은 그들이 지닌 정치적 방법과 금속문화에 대한 지식으로써 진국의 토착세력과 결합하여 점차 그 힘을 키워가게 되었다. 이러한 결과 새로

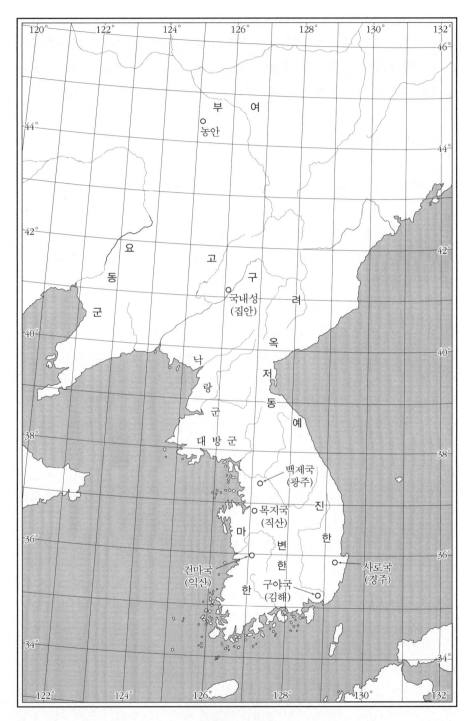

연맹왕국시대도

개편된 것이 마한(馬韓)·진한(辰韓)·변한(弁韓)의 삼한(三韓)이었다. 삼한의 위치에 대하여는 논의가 거듭되고 있는데, 종래 마한은 경기·충청·전라도 지방, 진한은 경상도의 낙동강 동쪽, 변한은 경상도의 낙동강 서쪽으로 생각되어 왔었다. 그러나 진한을 한강 유역에 있었다고 보는 견해도 있다. 이 시기를 국가 형성 이전의 chiefdom 단계로 보는 견해도 있으나, 이 견해는 경남 다호리 유적의 발굴 결과로, 이 지역에 이미 국가가 형성되었을 것임이 거의 확실하게 되었으므로, 이제는 그 설 땅을 잃었다고 해도 지나친 말이 아니다.

제4절   연맹왕국의 사회와 정치

촌락과 농민

청동기시대가 되면서 농업의 중요성은 점점 커지게 되었다. 밭에서 잡곡을 재배하는 것은 말할 것도 없고, 논에서 벼농사(도작, 稻作)를 짓기도 하였다. 벼농사는 특히 삼한에서 성하였으며, 이를 위해서 수리(水利)를 위한 저수지가 이미 만들어졌던 것으로 생각된다. 농업이 당시의 주된 산업이었음은, 부여에서 흉년이 되면 왕이 이에 책임을 지고 물러나거나 죽음을 당하였다는 사실이 이를 단적으로 말하여 주고 있다. 또 5월에 씨를 뿌린 뒤의 기풍제(祈豊祭)와 10월에 추수가 끝난 뒤의 추수감사제(秋收感謝祭)가 가장 큰 축제였다는 사실도 농업의 중요성을 증명해 준다.

물론 농업 이외에도 여러가지 경제 활동을 하였다. 가령 부여에서는 목축(牧畜)이 크게 행해지고 있어서, 관직의 이름에도 소·말·돼지·개 등의 가축 이름이 붙여질 정도였다. 남쪽 삼한에서도 소와 말이 가축으로 길러졌으며, 그 뼈가 김해패총(金海貝塚)에서도 발견되었다. 또 삼한에서는 꼬리가 긴 닭이 있었다고도 전한다. 한편 사냥(수렵, 狩獵)도 널리 행해졌는데, 고구려와 같이 산이 많은 지역에 자리잡고 있는 나라에서 특히 그러하였다. 김해패총에서 멧돼지·사슴 등 동물의 뼈가 나온다든지, 울주(蔚州)의 반구대(盤龜臺) 암각화(岩刻畵)에서 이와 같은 종류의 동물 그림이 발견되는 것도 사냥을 중요시한 증거가 된다. 반구대 암각화에는 고래나 그 밖의 물고기 그림도 나오며, 따라서 해안

지역에서는 고기잡이(어로, 漁撈)도 했음을 말해 준다. 동해안에 자리잡고 있던 옥저나 동예 같은 나라에서 고기잡이가 특히 중요시되었음은 당연한 일이다.

　　그러나 이 시대의 주된 산업은 역시 농업이었다. 그리고 촌락은 농업을 영위하는 기본적인 단위로서의 구실을 하였다. 촌락을 구성하는 대부분의 농민은 중국인들이 하호(下戶)라고 부른 양인(良人) 신분의 소유자들이었다. 이 양인농민의 위에는 호민(豪民)이 있었고, 밑에는 노비(奴婢)가 있었다. 농민의 개인적인 토지 사유는 이미 생겨나 있었을 것이다. 그러나 촌락의 주된 구성 분자인 이들 양인농민은 촌락의 공유지를 경작하기도 하였을 것으로 생각된다. 이 같은 촌락의 공동체적인 성격은, 촌락민의 집회소와 같은 큰 집터(주거지, 住居址)의 존재라든지, 삼한에서 미성년집회(未成年集會)나 공동노동의 모습을 전한다고 생각되는 기록이 나타나는 것들에서 추측된다. 물론 촌락공동체(村落共同體)에서 이탈한 농민들도 있었으며, 이들은 용민(傭民)으로 전락한 게 아닌가 한다. 그러나 이것은 예외적인 일이며, 보통 농민은 양인으로서 촌락공동체 속에서 농업에 종사하고 있었다. 국가에 대한 조세(租稅)와 역역(力役)의 부담이 커서 이들은 중국인에게는 노복(奴僕)과 같이 부림을 받는 존재로 비치었다. 또 전투에 있어서는 무기를 들고 싸우지 못하고 군량을 운반할 뿐인 존재였다. 성읍국가 내지 연맹왕국시대의 사회는 이 농민들의 거주지인 촌락을 기반으로 하고 그 위에 서 있었다. 그러므로 이 사회를 노예제사회(奴隷制社會)였다고 하는 것은 사실과 일치하지 않는다. 비록 소수의 지배층이 많은 노예를 순장(殉葬)하였다 하더라도, 그들이 그 사회의 주된 생산담당자였다고는 할 수가 없을 것이기 때문이다.

성읍국가의 구조

　　촌락에 사는 농민을 지배한 것은 성읍국가의 지배자였다. 성읍국가의 지배계층은 원래 농민과 동등한 같은 씨족의 구성원에 지나지 않았겠지만, 이제 이들은 일반 촌락과 구별되는 성읍 안에 사는 지배자로 성장한 것이다. 비록 이들 위에 자리잡은 왕권이 성장했다 하더라도, 이 시대의 실질적인 지배 세력은 이들 성읍국가의 지배자들이었다.

　　이러한 성읍국가의 지배자로 추정되는 것으로는, 위만조선시대에 상(相)의 지위를 가진 자들을 들 수 있다. 위만(衛滿)이 처음 고조선(古朝鮮)으로 망명해

왔을 때에 준왕(準王)은 그에게 100리의 땅을 주어 서쪽 변경을 지키게 했다는
데, 이것은 당시 고조선이 성읍국가에서 모범을 취한 것으로 생각된다. 고구려
초기에 그가 정복 혹은 연맹한 국가들은 비교적 선명하게 성읍국가의 모습을
드러내고 있다. 고구려에 항복한 비류국(沸流國)이나 갈사국(曷思國) 같은 나라
가 그것이며, 또 관나(貫那)·조나(藻那)·환나(桓那)·주나(朱那)·연나(椽那) 등
여러 나가 역시 그러한 것이다. 이 나를 중국인들은 소노(消奴 ; 연노, 涓奴)·절
노(絶奴)·순노(順奴)·관노(灌奴) 등 노로 표기하였지만, 원래는 독립된 국가들
이었다가 고구려의 연맹왕국에 항복해 옴으로써 하나의 행정구획으로 개편된
것들이었다.

78개에 달했다고 중국측 기록에 전해지는 삼한의 여러 국가들도 성읍국가였
을 것이다. 이러한 성읍국가는 우리나라 기록에는 사벌국(沙伐國)·조문국(召
文國)·압독국(押督國)·이서국(伊西國)·골벌국(骨伐國) 등의 이름으로 나타나
고 있다. 이러한 성읍국가의 지배자들은 그 국가 규모의 대소에 따라 신지(臣
智) 혹은 읍차(邑借) 등으로 불리었다. 이러한 성읍국가 중에는 백제국(伯濟國 ;
광주, 廣州)과 사로국(斯盧國 ; 경주, 慶州)이 있었다. 후일 백제(百濟)로 발전하는
백제국은 북방으로부터의 유이민에 의하여 건설된 것으로 그 시조는 온조(溫
祚)라고 전해 오고 있다. 뒤에 신라(新羅)로 발전하는 사로국은 혁거세(赫居世)
가 건설했다고 전해 오고 있는데, 그 내부의 사회 상태를 알 수 있게 하는 약간
의 기록이 전해지고 있다.

경주평야에 자리잡은 사로국은 급량(及梁)·사량(沙梁)·본피(本彼)·모량(牟
梁)·한지(漢祇)·습비(習比) 등 6개 씨족(氏族)의 후예들로 구성되어 있었던 것
같다. 이 사로국의 최초의 지배자로 추대된 것이 혁거세였다고 전설적으로 전
해지고 있다. 혁거세는 급량 출신이었으므로 처음은 급량에서 사로국의 지배
자가 선출된 셈이다. 혁거세의 왕비였다는 알영(閼英)은 사량 출신이었으므로
사량은 급량 다음가는 유력한 존재였을 것이다. 그 후 동해안 지대로부터 진출
한 야무적(冶巫的) 성격을 지닌 탈해(脫解)가 주도권을 잡게 되었다. 이때에는
이미 경주평야의 테두리를 벗어나서 주위의 여러 성읍국가와 연맹 관계를 맺
고 있었던 것 같다. 이 시대에 지배자의 칭호도 거서간(居西干)·차차웅(次次雄)
등을 거쳐 이사금(尼師今)으로 통용되었다. 이러한 칭호들은 각기 존장자(尊長
者)·무(巫)·계군(繼君) 등의 뜻을 가지는 것으로 해석되며, 후대와 같은 중앙
집권적 귀족국가의 왕자(王者)와 같은 뜻으로는 취할 수가 없다.

이러한 사로국의 상태가 다른 여러 성읍국가의 상태와 어느 정도로 부합되
는 것인지는 모르겠으나 대체로 마찬가지였을 것이다. 대구(大邱) 지방에 있는
고인돌이나 고분에 대한 연구의 결과 이 지방에도 몇 개의 유력한 세력에 의하
여 지배되는 성읍국가가 있었음이 알려졌다. 그러므로, 다른 여러 성읍국가의
상태도 대략 짐작할 수 있을 것으로 믿는다.

왕권의 성장

여러 성읍국가의 연맹에 의하여 형성된 연맹왕국이라 하더라도, 지역에 따
라서 발전에 선후의 차이가 있었다. 아마도 『삼국지(三國志)』 동이전(東夷傳)에
나타나는 삼한의 경우가 연맹왕국의 전형적인 경우가 아닐까 한다. 마한인(馬
韓人)이 공동으로 옹립했다는 목지국(目支國)의 진왕(辰王)을 중심으로 하고, 삼
한의 여러 성읍국가들이--비록 변한(弁韓) 12국은 이로부터 이탈되어 있기는
하였지만--연맹관계에 있었던 것이다. 한의 군현은 그들 성읍국가와 개별적인
외교관계를 맺고 통일을 방해하는 분열정책을 써서 이들의 정치적 성장을 방
해하였다. 옥저나 동예와 같이 고구려의 직접적인 정치적 지배를 받는 나라들
은 더욱 후진적이었다. 여기서는 애초에 연맹체의 구성조차 이루어지지가 못
했다.

이에 비해서 부여나 고구려의 정치 조직은 상당히 앞선 것이었다. 부여나 고
구려에서도 처음에는 왕이 선거에 의하여 선출된 것으로 보인다. 부여에서 흉
년이 들면 그 책임을 왕에게 돌려 혹은 갈자느니 혹은 죽이자느니 했다는 사
실, 또 고구려에서 후대에 수상인 대대로(大對盧)를 선거한 사실 등이 이를 말
하여 주고 있다. 따라서 왕실이 교체되었을 가능성이 있다. 고구려에서 왕위
가 소노부(消奴部)로부터 계루부(桂婁部)로 바뀌었다는 것이 그 구체적인 예가
된다. 이러한 왕실의 교체 현상은 신라가 아직 연맹왕국의 단계에 머물러 있을
때에도 나타나고 있다. 그리고 이 시기에 왕위는 대개 형제상속(兄弟相續)의 원
칙에 의하여 계승되는 것이 그 특징의 하나가 되고 있다.

그러나 뒤에 왕실은 점점 고정되어 갔다. 또 왕위도 부자상속(父子相續)에
의해 세습되기에 이르렀다. 활발한 정복활동을 진행함에 따라서, 새로 정복
한 토지와 인간을 속민(屬民)으로 지배하여 공납(貢納)을 받게 되고, 이에 따라
서 왕권이 신장된 결과였다. 부여의 의려왕(依慮王, ?~285)이 6세에 부왕(父王)

의 자리를 계승했다든지, 산상왕(山上王, 196~227) 이후 고구려의 왕위가 부자 상속에 의하여 계승되는 사례가 나타나는 것 등이 이를 말하여 준다. 이와 거의 때를 같이하여 중앙집권적인 지방통치 체제가 채용되기 시작한 것으로 보인다. 부여의 사출도(四出道) 제도라든지, 고구려의 동(東)·서(西)·남(南)·북(北)·중(中)의 방향을 표시하는 이름을 가진 5부(部)가 고국천왕(故國川王, 179~196) 때에 성립된 사실 등이 이를 말하여 준다.

그러나 이들은 아직도 연맹체적인 유제(遺制)를 지니고 있었다. 고구려의 대가(大加)들이 각기 왕과 마찬가지로 사자(使者)·조의(皂衣)·선인(先人)의 가신(家臣)을 거느리고 있고, 부여의 마가(馬加)·우가(牛加)·저가(猪加)·구가(狗加) 등의 대가가 또한 각기 왕과 마찬가지로 사자라는 가신을 거느리고 있었다고 생각되는 점이 이를 말하여 준다. 따라서 정치의 실권은 왕에게보다는 오히려 왕족(王族)이나 왕비족(王妃族) 등의 여러 가계(家系)의 장(長)이라고 생각되는 대가들에게 있었다고 해서 좋다. 이들 대가는 정치적인 권력의 소유자일 뿐 아니라 경제적인 재부의 소유자였다. 촌락의 농민들로부터 호민(豪民)을 통하여 거둬들인 재물은 그들에게 우선적으로 분배되었을 것임이 틀림없다. 이들은 비단 옷과 중국인이 부러워하는 값비싼 털옷을 입기도 하였으며, 모자를 금은(金銀)으로 장식하는 사치한 차림을 하기도 하였다. 뿐만 아니라, 제사 때 음식을 담는 조두(俎豆)라는 고급 식기를 그들은 사용하였다. 그들은 또 때로는 100명에 달하는 많은 사람을 순장(殉葬)할 수 있는 사람들이었다. 그러므로 적지 않은 노비(奴婢)를 소유하고 있었을 것임이 분명하다. 이리하여 자연히 이들에 대한 사회적인 존대관념이 발생하게 되었다. 무릎을 꿇고 절하는 예절을 알고 있었고, 꿇어앉아서 손을 땅에 짚고 조용히 말을 하기도 했다는 사실이 이를 말하여 준다.

이같이 부여나 고구려의 대가가 사회적 지배 세력을 형성하고 있었다고는 하지만, 이들 대가가 곧 삼한의 신지(臣智)나 읍차(邑借)와 마찬가지인 성읍국가의 지배자 자체일 수는 없다. 이들은 다분히 중앙의 귀족적 정치세력으로 성장하고 있었다. 그러므로 연맹왕국의 조직은 크게 변형되고 있으며, 그 과정에서 왕권이 강화되고 있었다. 부여에서 대사(大使)의 정치적 비중이 커지는 사례가 나타나는 것은 이를 말하여 주는 하나의 예가 된다. 그러므로 왕권을 중심으로 한 중앙집권적 귀족국가로의 전환이 이미 이루어져 가고 있었다고 할 수 있다.

제5절   연맹왕국시대의 문화

법률

이 시대 법률의 특징은 단순하고 또 엄격하였다는 데에 있다. 이 시대의 사람들은 사회 질서의 기본을 유지하는 데 필요한 최소한도의 법률로써 만족하고 있었다. 그들은 사회 질서를 유지하는 데 필요한 것을 선(善)이라 하고, 거기에 위반되는 것을 악(惡)이라 생각하여 처벌하였으며, 정도의 차이에 의한 처벌의 등급에는 소홀하였다. 선과 악은 곧 신(神)의 뜻이라고 생각하였기 때문에, 법률은 종교적 의미를 지니기도 하여 종교의 제의를 거행할 때에 재판이 행해지곤 하였다.

우선 고조선에는 8조목의 법률이 통용되고 있었다는데, 그중에서 현재 우리가 정확하게 알 수 있는 것은 다음의 3조목이다.

1. 사람을 죽인 자는 즉시 사형에 처한다.
2. 남에게 상해를 입힌 자는 곡물로써 배상한다.
3. 남의 물건을 훔친 자는 데려다 노비로 삼는다. 단, 스스로 속죄하려는 자는 1인당 50만 전(錢)을 내야 한다.

그리고 부인들은 정숙해서 음란하지 않았다고 하는데, 이 사실로 미루어서 간음을 금하는 1조목이 있지 않았을까 하는 추측은 수긍할 수 있는 견해이다.

부여에서는 다음과 같은 4조목의 법률이 있었다고 전한다.

1. 사람을 죽인 자는 사형에 처하고, 그 가족은 데려다 노비로 삼는다.
2. 절도를 한 자는 12배의 배상을 갚는다.
3. 간음을 한 자는 사형에 처한다.
4. 부인의 질투를 특히 미워하여 이를 사형에 처하되 그 시체를 서울 남쪽 산 위에 버려서 썩게 한다. 단, 그 여자의 집에서 시체를 가져가려고 하면 소와 말을 바쳐야 한다.

이같이 고조선과 부여의 법률에는 그 조목에 약간의 출입이 있으나, 두 나라에 모두 공통되는 조목이 많이 있다. 또 현재 그 법률 조목이 간단하게밖에 전해 오지 않고 있는 고구려와 삼한 및 옥저·동예에서도 이 두 나라에서와 마찬가지 법조목들이 있었을 것으로 생각된다. 결국 이 시대에는 살인·상해·절도·간음·질투의 다섯 죄목에 대한 금법(禁法)이 공통적으로 존중되었던 것으로 생각된다.

이들 법조목은 이 시대의 사회상을 이해하는 중요한 자료가 된다. 우선 살인과 상해에 대한 처벌은 개인의 생명과 노동력을 존중한 사실을 말하여 준다. 그리고 절도에 대한 처벌은 사유재산을 존중한 사실을 나타내 주고 있다. 특히 고조선에서는 절도죄에 대한 관심이 커서 비록 속죄하는 대가를 치르고 자유민이 되더라도, 오히려 일반은 이를 부끄러이 여겨 결혼의 상대를 구할 수가 없었다고 한다. 그리고 간음과 질투의 처벌은 가부장적(家父長的)인 가족제도를 옹호하기 위한 것으로 생각된다. 특히 부여에서는 가족제도에 관한 규정이 중요시되었음이 눈에 띄는데, 질투죄에 대한 가혹한 규정은 일부다처제(一夫多妻制)의 풍습이 상류층에 일반적으로 행해지고 있었던 결과일 것이다. 그러나 물론 이러한 규정도 부여에만 있었던 것은 아니어서, 고구려의 장발미인(長髮美人)으로 유명한 관나부인(貫那夫人)이 왕비를 모함하여 죽이려다가 도리어 자기가 사형을 받은 것은 질투죄에 대한 처벌의 산 예에 속한다.

종교

종교는 처음 대체로 제정일치(祭政一致)의 형태를 지니고 있었다고 생각되나, 정치적 권력이 성장하면서 종교는 정치로부터 분리되었다. 정치적 지배자들은 세속적인 권력에 만족하고, 종교적인 의식은 제사장(祭司長)에게 맡기었기 때문이다. 삼한에서 이 제사장은 천군(天君)이라고 불리었는데, 이들은 소도(蘇塗)라고 부르는 별읍(別邑)을 주관하였다 한다. 소도에는 큰 나무를 세우고 거기에 방울과 북을 달아서 종교적 의식에 사용하였다고 한다. 마치 무당이 굿하는 모습을 연상케 한다. 그런데, 이 소도 안에 죄인이 들어가면 잡아가지를 못하였다. 이 소도에 대하여는 몇 가지 설이 있지만, 아마도 신성지역(神聖地域)이었던 듯하다. 이리하여 원시적인 무술신앙(巫術信仰)은 변화를 초래하였다. 자기의 힘으로 신을 움직일 수 있다고 생각한 주술사(呪術師)로서의 임무보다도 신에게 기원하는 제사장으로서의 임무가 강하여진 것이다. 그리고, 그러한 임무는 왕의 정치적 권력이 확대됨에 따라 왕 자신이 맡을 필요는 없었다. 이리하여 종교와 정치는 분리된 것으로 보인다.

　종교적 의식 중에서 가장 큰 것은 추수감사제(秋收感謝祭)였다. 부여의 영고(迎鼓), 고구려의 동맹(東盟), 동예의 무천(舞天), 삼한의 시월제(十月祭) 등이 그 것이었다. 이들은 모두 추수가 끝나는 10월에 행해졌는데, 부여에서만이 12월인 것은 아마 원시시대 수렵사회(狩獵社會)의 전통을 이어온 때문인 것 같다. 추수감사제 못지않게 중요한 것이 봄의 기풍제(祈豊祭)였다. 삼한에서 씨를 뿌리고 난 뒤인 5월에 기풍제를 행한 것이 그 일례이다. 이러한 종교적 의식에는 온 나라 사람들이 크게 모여서 연일 음식과 술과 노래와 춤을 즐겼다 한다.

　이렇게 상하의 구별 없이 함께 종교적 의식에 참여할 수 있었던 것은, 아직 종교적인 면에 있어서는 씨족공동체(氏族共同體)의 전통이 남아 있었던 것을 말해 준다. 그러나 종교적인 면에서도 귀족화·개인화하는 경향은 나타나고 있었다. 가령 고구려에서 국왕이 종묘(宗廟)를 세우고 국조(國祖)를 제사한 것 같음이 그것이다. 이 종묘는 국왕뿐 아니라 옛 왕족인 소노부(消奴部)의 적통대인(適統大人)도 세울 수 있었다는데, 이러한 데에도 왕권의 성장이 제약을 받고 있던 모습을 엿볼 수 있다.

　영혼(靈魂)의 불멸을 믿고 장례(葬禮)를 후하게 하였음은 이 시대의 또 하나의 공통된 풍습이었다. 부여에서는 보통 사람이 죽은 뒤 5개월에 이르러서야 장례를 치렀으며, 되도록 오래인 것을 영광으로 알아 여름에는 얼음을 써서 시체의 부패를 막았다 한다. 상주(喪主)는 남의 강권에 의하여 장례를 행하는 것을 예절로 알 정도였다. 많은 물건을 부장(副葬)하였고 심지어 사람을 함께 묻는 순장(殉葬)까지 하였는데, 많을 때에는 100명에까지 달하였다. 고구려에서도 후장(厚葬)을 하여 많은 부장품을 묻었는데, 무덤은 석재(石材)를 피라미드식(式)으로 쌓아 올린 석총(石塚)을 만들었다. 그리고 삼한에서도 후장을 하여 소와 말을 모두 장례에 사용하였다고 한다. 또, 죽은 사람의 영혼이 날아갈 수 있게 하기 위하여 큰 새 날개를 장례에 사용하였다고 한다. 영혼의 불멸을 믿는 그들의 신앙심을 말하여 주는 흥미 있는 사실이다. 이러한 후장이 조상숭배(祖上崇拜)의 신앙을 표시하는 것임은 물론이다. 그들은 조상의 영혼이 현세의 후손들과 항상 밀접한 관계를 가지고 있는 것으로 믿었다. 그리고 가장(家長)이나 왕위(王位)가 부자상속에 의하여 계승됨에 따라서, 조상에 대한 제사도 그 후계자의 권리와 의무로 변해 갔던 것으로 생각된다. 이 전통이 삼국(三國)시대에 이르러서 왕실의 시조묘(始祖廟) 혹은 신궁(神宮)으로 발전하게 되었다.

끝으로, 점복(占卜)의 습관이 있었다. 부여에서는 전쟁이 있을 때에도 제천(祭天)의 의식을 행하고 소(牛)를 죽여 굽(제, 蹄)이 벌어지면 흉(凶), 합쳐지면 길(吉)한 것으로 생각했다. 이러한 점복은 은(殷)의 갑골점법(甲骨占法)과 동일한 성격의 것으로 생각된다. 처음 왕의 임무이던 이 점복도 왕의 권력이 확대됨에 따라 점차 제사장의 임무로 전문화되었을 것으로 짐작된다.

예술

청동기를 사용하게 되고 농업이 크게 발전하면서 예술적인 활동도 또한 발달하였다. 그러나 크게 본다면 신석기 시대의 전통이 농후하게 남아 있어서, 그들의 예술은 종교와 밀착된 성격을 띠고 있었다.

청동기 중에는 그 모양이나 장식에 아름다움을 나타내기 위한 노력이 엿보이는 것이 많다. 새나 말의 조각을 붙이거나 혹은 쌍방울을 붙인 칼자루끝장식(검파두식, 劍把頭飾), 말이나 범의 모양을 한 띠고리(대구, 帶鉤), 둘이나 다섯 혹은 여덟의 방울을 단 의기(儀器), 사슴 등의 동물 무늬를 새겨넣은 견갑형구(肩甲形具), 동물이나 농경문(農耕文)을 조각해 넣은 방패(防牌) 모양을 한 의기, 그리고 다뉴세문경(多鈕細文鏡)같이 정밀한 기하문(幾何文)을 장식한 청동거울(청동경, 靑銅鏡), 말 모양이나 사슴머리 모양을 한 드리개(패식, 佩飾) 등 실로 다양한 청동기들이 나타나고 있다. 대체로 동물의 조각은 사실적이며, 선으로 새긴 무늬는 기하문의 특징을 지니고 있다. 이들 청동기 중에는 종교적인 목적을 지닌 의기들이 많으며, 아마도 천군(天君)을 위시한 제사장이 어떤 의식을 행하는 데 썼을 것으로 생각된다. 그리고 정치적 지배자들의 실용품에 부착된 장식들이라 하더라도 주술적인 의미를 지니고 있었을 것이므로, 결국 종교적 성격의 것이었다고 할 수 있다.

토우(土偶)는 그리 많이 발견되지가 않았다. 다만 사람의 모양을 한 작은 토상(土像)이 몇 개 알려져 있는데, 여신상(女神像)일 것으로 추측되고 있다. 이와 유사한 것으로는 뼈로 만든 작은 인상(人像)이 몇 개 발견되었다. 또 흙으로 빚은 돼지(토돈, 土豚)도 몇 개 발견되었는데, 이 또한 돼지의 번식을 기원하는 뜻이 담겨 있는 듯하다. 작고 소박한 솜씨의 것들이지만 종교적인 의미를 지닌 조각으로서 주목된다.

이 시대의 미술품으로서 최근 학계의 큰 주목을 끌고 있는 것은 암각화(岩刻

畵)이다. 고령 양전동(良田洞)의 암각화는 동심원(同心圓)·십자형(十字形)·가면(假面) 등이 마치 도안과 같이 그려져 있다. 울주 천전리(川前里)의 암각화도 원(圓)·삼각형(三角形)·능형(菱形) 등의 도안 무늬에 동물의 그림이 곁들여져 있다. 그리고 같은 울주의 반구대(盤龜臺) 암각화에는 고래·거북 등의 물고기, 사슴·범·곰·멧돼지·토끼 등의 짐승과 사람 등이 그려져 있고, 사냥하는 장면이나 배를 타고 고래잡이를 하는 장면들도 그려져 있다. 아마도 동심원은 태양을 상징한 듯하며, 다른 농업사회에서의 태양숭배(太陽崇拜)와 같이 풍요를 비는 뜻이 담겨 있을 것이다. 다른 도안무늬들도 동심원과 유사한 어떤 종교적 의미를 나타냈을 것으로 보인다. 동물의 그림들은 대개 쌍으로 그려져 있고, 생식 활동을 상징하는 것도 있어서, 풍요한 생산을 비는 뜻이 담겨져 있음이 분명하다. 그리고 사냥이나 고기잡이의 그림은 성공적인 성과를 빌기 위하여 그렸을 것으로 생각된다. 바위면을 쪼아서 새긴 이 암각화들은 그 시대 사람들의 활기 있는 생활상을 전해 주고 있다.

기풍제나 추수감사제와 같은 종교적인 축제에서 노래와 춤은 필수의 것이었다. 삼한에서는 수십 명이 어울려서 혹은 높게 혹은 낮게 땅을 밟았다고 하는데, 이때에 손발을 박자에 맞추어 움직였다고 한다. 아마 이러한 노래와 춤은 부여의 영고, 고구려의 동맹, 동예의 무천 등에서도 마찬가지로 행해졌을 것이다. 이 노래와 춤은 단순한 오락이 아니라 종교적 의식이며, 씨족사회 이래의 전통이었을 것이다.

제3장 중앙집권적 귀족국가의 발전

제1절 중앙집권적 귀족국가의 성장

고구려의 성장과 백제의 흥기

태조왕(太祖王, 53~146?) 때에 계루부(桂婁部) 고씨(高氏)의 왕위 계승권이 확립된 이후, 고국천왕(故國川王, 179~196) 때에 이르러 왕권의 강화와 통치체제의 중앙집권화는 더욱 진전되었다. 첫째로 부족적인 전통을 지녀온 5족(族)은 동·서·남·북·중의 방향을 표시하는 이름을 가진 5부(部)로 개편되었다. 이것은 중앙집권적인 체제의 강화를 의미한다. 둘째로 왕위의 계승이 형제상속(兄弟相續)으로부터 부자상속(父子相續)으로 바뀌었다. 이러한 왕위계승법의 변화는 왕권이 보다 강화되었다는 것을 뜻한다. 셋째로 연나부(掾那部 ; 절노부, 絕奴部) 명림씨(明臨氏) 출신의 왕비(王妃)를 맞이하는 관례가 생겼다. 이것은 왕권에 대항하는 여러 세력을 억제하기 위하여 왕실이 연나부 명림씨와 결탁한 것으로 해석된다. 이러한 배경 속에서 고구려는 요하(遼河)와 대동강(大同江) 유역으로의 진출을 서둘렀던 것이다. 그리고 미천왕(美川王) 14년(313)에 드디어 낙랑군(樂浪郡)을 축출하고 대동강 유역을 차지하는 데 성공하였다. 그러나 이와 동시에 대방군(帶方郡)을 차지하고 북으로 뻗어 오는 백제(百濟)와 날카로운 대립을 하게 되었다.

백제(百濟)는 원래 진왕(辰王)이 지배하는 마한(馬韓)을 구성하는 성읍국가의 하나인 백제(伯濟)가 발전한 것이었음은 이미 언급하였다. 백제(伯濟)가 언제부터 한강(漢江) 유역 일대의 여러 성읍국가를 거느리는 연맹왕국 단계를 거쳐 중앙집권적 귀족국가로 성장하였는지 확실하지가 않다. 그런데 위(魏) 지배하의 낙랑군과 대방군이 대규모 침략을 해 오던 A.D. 246년에는 이미 한강 유역에 새로운 세력이 크게 성장하고 있었다. 그것은 위의 침략이 새로운 세력의

결집을 무너뜨리려는 분열정책에서 나온 것이었음으로써 알 수 있다. 이때 대
방태수 궁준(弓遵)은 전사하였는데, 이는 그 결집된 세력이 강대했음을 증명해
준다. 이 새 세력은 마한이 아니라 백제였을 것이며, 이때 활약하던 백제의 왕
은 고이왕(古尒王, 234~286)이었을 것이다.

　고이왕은 백제가 훗날 그 시조(始祖)로 추대하고 1년에 네 번씩 그를 제사
하였다는 구이(仇台)와 같은 인물일 것으로 생각되고 있다. 이 고이왕은 27년
(260)에 6좌평(佐平)을 두어 각기 직무를 나누어 맡게 하고, 16등의 관등을 설
정하고, 또 등급에 따라 그 복색(服色)을 정하였다고 한다. 그는 또 29년(262)에
관리로서 재물을 받은 자와 남의 것을 도둑질한 자는 3배를 바치게 하는 동시
에 종신 금고(禁錮)에 처한다는 법령을 내리었다고 한다. 그리고는 눈부신 옷
차림을 하고 신하들을 대하는 위엄을 부리기도 하였다. 위대한 정치적 지배자
로서의 면목을 여실히 나타내고 있다.

　백제가 중앙집권적인 귀족국가로서의 체제를 완성하게 되는 것은 근초고
왕(近肖古王, 346~375) 때로 생각된다. 그는 위대한 정복군주였다. 그는 24년
(369)경에 남쪽 익산(益山)으로 그 중심지를 옮긴 듯싶은 마한을 멸하여 그 영
토를 전부 차지하였다. 그리고 26년(371)에는 고구려의 평양성(平壤城)까지
쳐들어가서 고국원왕(故國原王)을 전사케 하였다. 이로써 백제는 현재의 경
기·충청·전라 3도의 전부와, 강원·황해 양도의 일부까지를 점유하는 큰 영
토를 차지하게 되었다. 뿐만 아니라 근초고왕은 서쪽으로 동진(東晉), 남쪽으
로 왜(倭)와 통하여 국제적인 지위를 확고히 하였다.

　이 정복군주 근초고왕 때부터 백제의 왕권이 더욱 강대해지는 과정을 밟게
된 것은 기이할 것이 없다. 부자상속에 의한 왕위 계승이 정착된 것은 근초고
왕 때부터인 것으로 생각된다. 또, 진씨(眞氏)를 왕비로 맞아 소위 진씨왕비 시
대라고 부를 수 있는 시기가 시작되는 것도 근초고왕 때부터였다. 그가 박사
(博士) 고흥(高興)으로 하여금 백제의 국사(國史)인 『서기(書記)』를 편찬케 하였
다는 것은 강화된 왕권과 정비된 국가의 면모를 과시하려고 한 것임이 분명하
다. 이어 근구수왕(近仇首王, 375~384)을 거쳐 침류왕(枕流王) 원년(384)에는 불
교를 받아들여 새로운 관념체계를 수립하기에 이르렀다.

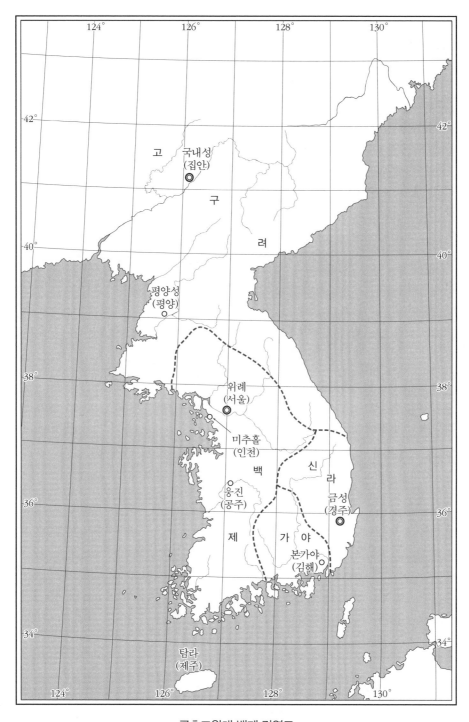

근초고왕대 백제 강역도

고구려의 융성

고국원왕(故國原王, 331~371) 때에 있은 전연(前燕 ; 모용씨, 慕容氏)과 백제의
침입은 고구려에 큰 타격을 가하였다. 이를 극복하기 위하여 고구려는 국가의
체제를 재정비할 필요가 있었다. 이러한 임무를 맡고 등장한 것이 소수림왕(小
獸林王, 371~384)이었다. 이리하여 소수림왕 2년(372)에 불교를 수용하고, 태학
(太學)을 설립하였으며, 또 다음해(373)에는 율령(律令)을 반포한 것이다. 불교
가 국가의 정신적 통일에 이바지한 것이라면, 태학은 새로운 관료체계를 위하
여 필요하였을 것이고, 율령의 반포는 바로 국가조직 그 자체의 정비였을 것이
다. 우리는 불행히도 이때에 반포된 율령의 내용을 알지 못하고 있다. 그러나,
이것이 고구려가 일단 중앙집권적 귀족국가의 체제를 완성하였음을 말하는 것
임은 의심할 바 없다.

안으로의 정비는 장차 이루어질 밖으로의 발전의 터전을 이루게 하였다.
고구려의 대외적인 정복활동을 강력하게 추진시킨 것은 광개토왕(廣開土王,
391~413)이었다. 문자 그대로 영토를 널리 개척한 이 왕의 위대한 정복 사업
은, 당시 고구려의 서울이던 국내성(國內城 ; 집안, 集安)에 남아 있는 거대한 광
개토왕릉비(廣開土王陵碑)에 의하여 상세히 알 수가 있다. 이 비문(碑文)에 의
하면 그는 일대(一代)에 공파(攻破)한 성(城)이 64, 촌(村)이 1,400이었다고 한
다. 동서남북으로 그의 말발굽이 미치지 않은 곳이 없었지만, 그중에서도 특기
할 것은, 중국민족과의 투쟁의 목표이던 요동을 차지하고 동북의 숙신(肅愼)을
복속시켜 만주의 주인공이 되고, 남쪽의 백제를 쳐서 임진강(臨津江)과 한강(漢
江) 어간까지 영토를 확대시키고, 또 신라(新羅)에 들어온 왜의 군대를 낙동강
(洛東江) 유역에서 섬멸시킨 것이었다. 광개토왕이 영락(永樂)이라는 연호를 세
워 중국과 대등한 입장을 과시하고, 그가 죽은 뒤에 그에게 국강상광개토경평
안호태왕(國岡上廣開土境平安好太王)이란 시호(諡號)를 주어 그 위업을 추모한
것은 모두가 까닭이 있음을 알겠다.

광개토왕의 뒤를 이은 장수왕(長壽王, 413~491)은 79년 동안 재위 중 광개토
왕의 사업을 계승하여 고구려의 극성기를 현출하였다. 그는 중국의 남(南)·북
(北) 양조(兩朝)와 모두 통하여 대립된 두 세력을 조종하는 외교 정책을 써서 중
국을 견제하였다. 그리고는 그의 15년(427)에 서울을 평양(平壤)으로 옮기어

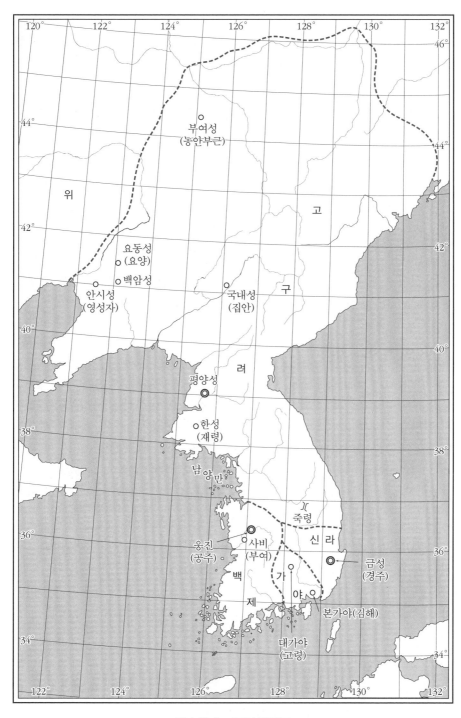

부여성
(농안부근)

위

고

요동성
(요양)

백암성

안시성
(영성자)

국내성
(집안)

구

려

평양성

한성
(재령)

남양만

죽령

신 라

웅진
(공주)

사비
(부여)

금성
(경주)

백

제

가

야

본가야(김해)

대가야
(고령)

장수왕대 고구려 강역도

새 국도를 경영하였다. 이 천도는 협착한 산골짜기의 야영도시(野營都市)로부터 넓은 평야에 자리잡은 정치도시·경제도시·문화도시로 그 수도가 발전했음을 뜻하는 것이다. 고구려가 정치·경제 등 가장 완비된 제도를 갖추게 된 것도 이 시기에 속하는 일이다.

  고구려의 평양 천도가 백제와 신라에게 큰 위협이 된 것은 물론이다. 백제와 신라가 동맹을 맺고(433), 또 백제가 중국 북조의 위(魏)에 사신을 보내어 고구려의 남침을 호소하고 군사를 청한 것은(개로왕 18년, 472) 이러한 절박한 상황 속에서 이루어진 것이었다. 그러나 결국 장수왕 63년(475)에 고구려는 백제의 서울 한성(漢城)을 함락시키고 개로왕(蓋鹵王)을 붙잡아 목베었다. 백제는 서울을 남쪽 웅진(熊津 ; 공주, 公州)으로 옮기고 겨우 나라의 명맥을 이어나가게 되었다. 이리하여 고구려의 영토는 죽령(竹嶺) 일대로부터 남양만(南陽灣)을 연결하는 선까지 뻗치게 되는 것이다. 고구려는 이에 만주와 반도에 걸친 광대한 영토를 차지하고 안팎으로 그 제도가 완비된 대제국을 형성하게 되었다.

신라의 흥기와 가야

  신라(新羅)의 모체는 이미 이야기한 바와 같이 진한(辰韓) 12개 성읍국가 중의 하나인 사로(斯盧)였다. 이 사로는 주위 여러 성읍국가와의 연맹체 형성을 위한 움직임을 나타내게 되었는데, 석씨(昔氏)의 출현은 그러한 움직임의 표현으로 생각된다. 그러다가 나물마립간(奈勿麻立干, 356~402) 때에 이르면 이미 낙동강(洛東江) 동쪽의 오늘날 경북(慶北) 일대를 지배하는 상당히 큰 연맹왕국을 형성하고 있었다. 사로는 정복과 동맹의 과정을 통해서 신라로 비약하는 단계에 이르렀던 것이다. 이러한 발전 과정에서 각광을 받으며 등장한 나물은 그의 새로운 지위에 어울리는 칭호를 가지게 되었다. 즉, 지금까지의 계군(繼君)이라는 의미의 이사금(尼師今) 대신에 마루 즉 높은 곳에 있는 우두머리를 의미하는 마립간이라는 왕호를 사용하게 되었다. 이 나물마립간 이후 3성(姓)이 교대해서 왕위에 오르는 현상은 없어지고 김씨(金氏)가 왕위를 독점하고 세습하였던 것이다. 이러한 성장 과정에서 나물마립간은, 가야(加耶)와 왜를 동원해서 신라를 괴롭히는 백제의 세력을 물리치기 위하여 고구려의 후원을 받게 되었는데, 이것은 동시에 신라의 발전에 제약이 되기도 하였다.

  가야가 위치한 낙동강 하류 지방에는 원래 변한(弁韓) 12국이 있었던 것으로 되어 있다. 이들은 진왕(辰王)의 지배를 받지 않고 연맹 형태를 가지고 독립된 세력을 이루고 있었다. 그중에는 구야국(狗邪國; 김해, 金海)·미오야마국(彌烏邪馬國; 고령, 高靈) 등이 있었는데, 구야국은 수로(首露)를 시조로 받들고 본가야(本加耶)로 발전하였고, 미오야마국은 이진아시(伊珍阿豉)를 시조로 받들고 대가야(大加耶)로 발전하여, 이 지방의 다른 여러 성읍국가들과 연합하여 소위 가야연맹(聯盟)을 형성하기에 이르렀다.

가야는 낙동강 하구에 위치한 본가야를 중심으로 활발히 해상활동을 하여, 서해안으로는 낙랑·대방 등 한의 군현과, 동해안으로는 예와, 그리고 남으로는 왜와 교통하고 있었다. 그러나 백제와 신라의 중간에 위치하는 가야는 두 나라의 압력으로 말미암아 정치적·사회적으로 큰 발전을 이룩하지 못하고 말았다. 더구나 백제가 왜의 군대를 끌어들여 가야를 거쳐 신라를 공격하자 신라와 가야의 관계는 날카로운 대립을 이루게 되고, 드디어는 신라를 후원하는 고구려 광개토왕의 파병을 초래하게 되었다. 그 뒤 가야는 신라의 압력에 시달리다가 법흥왕 19년(532)에 본가야가, 진흥왕 23년(562)에 대가야가 각각 신라에게 망하고, 나머지 여러 국가들도 같은 운명에 놓이어 가야연맹은 무너져 버리고 말았다.

신라의 융성과 백제의 중흥

나물마립간 때에 김씨왕권의 확립을 위한 첫발을 내디딘 신라는 눌지마립간(訥祇麻立干, 417~458) 때에 왕위의 부자상속제를 확립하였다. 이어 6촌(村)을 6부(部)로 개편하여 중앙집권화를 위한 정책에 일단의 진척을 가져왔다. 이 개편이 행해진 연대는 분명치가 않으나, 5세기 후반기의 자비마립간(慈悲麻立干, 458~479)이나 소지마립간(炤知麻立干, 479~500) 때가 아닌가 한다. 사방에 우역(郵驛)을 설치하였다든지, 서울에 시사(市肆)를 열어 사방의 물품과 재화를 유통케 하였다든지 하는 것은 그러한 결과일 것이다. 한편, 밖으로는 고구려의 압력을 배제하기 위하여 백제와의 동맹을 체결하였다(눌지마립간 17년, 433). 고구려의 간섭을 완전히 배제할 수 있었던 것은 아마 자비마립간 때인 것으로 생각되는데, 이러한 과정에서 백제와의 동맹은 더욱 굳어졌다. 백제가 웅진(공주)으로 서울을 옮긴 뒤에는 동성왕(東城王)과 혼인을 통하였음은 유명한 이야기이지만, 그 후에 양국의 군사적 공동작전이 여러 차례 행해졌다.

　이상과 같은 대내·대외의 발전을 거쳐서 신라가 중앙집권적인 귀족국가로
서의 체제를 갖추게 된 것은 지증왕(智證王) 뒤의 법흥왕(法興王) 때에 이르러서
였다. 우선 지증왕(500~514) 때에는 신라의 산업에 커다란 발전이 있었다. 즉,
우경(牛耕)이 시작되고, 또 이즈음부터 수리사업(水利事業)이 활발히 진행된 것
이다. 이러한 생산력의 발달은 신라사회의 전진에 하나의 추진력이 되었을 것
이다. 한편, 정치적인 개혁으로 국호를 '신라(新羅)'로 결정하고, 마립간 대신
에 중국식인 '왕(王)'의 칭호를 사용하였다. 국명 및 왕호의 한화정책(漢化政
策)은 단순한 명칭의 변경에 그치는 것이 아니라, 중국의 고도한 정치조직 자
체를 받아들이려는 표시였다. 그리고 박씨(朴氏)가 왕비족(王妃族)으로 등장하
는 것도 이때의 일이었다.

　이러한 개혁을 거친 뒤의 법흥왕(514~540)에 의해서 신라는 중앙집권적인
귀족국가로서의 통치체제를 완성하게 되었다. 이 점에서 먼저 주목되는 것이
법흥왕 7년(520)의 율령(律令) 반포이다. 비록 율령의 내용을 정확히 모른다 하
더라도 거기에는 아마 17관등, 백관(百官)의 공복(公服), 골품제도(骨品制度) 등
에 대한 중요한 규정이 포함되어 있었을 것으로 생각된다. 다음은 23년(536)에
'건원(建元)'이라는 독자적인 연호를 세운 것이 주목된다. 이것은 신라가 대내
적으로는 왕권이 확립되고, 대외적으로는 중국과 대등한 국가라는 자각을 갖
고 있었다는 증거이다. 끝으로 14년(527) 내지 22년(535)경에 불교가 공인된
사실을 기억해야 할 것이다. 이것은 국가의 통일을 위한 사상적 뒷받침이 되
었다.

　신라도 이제는 밖으로 비약할 수 있는 태세를 이룩하였다. 물론, 신라의 대
외 발전은 오랜 과정을 거쳐서 이루어진 것이었다. 지증왕 때에는 우산국(于山
國 ; 울릉도)을 정복하였다. 법흥왕 때에는 김해의 본가야를 정복하여 낙동강 유
역 진출의 계기를 마련하였다. 그러나, 신라의 대외 발전을 비약적으로 추진
시킨 것은 진흥왕(眞興王, 540~576)이었다. 그는 12년(551)에 백제 중흥의 영주
(英主) 성왕(聖王)과의 공동작전으로, 귀족 사이의 내분에 의하여 방위력이 약
화된 고구려를 쳐서 그가 점유하고 있던 한강 유역을 차지하고, 한강 상류 지
역의 10군(郡)을 점령하였다. 그러나 신라는 이어 한강 하류 지역을 점령한 백
제의 군대를 또다시 축출한 뒤에 한강 지역 전부를 독점하였다. 이에 분격한
백제의 성왕은 신라를 직접 쳤으나 도리어 관산성(管山城 ; 옥천, 沃川)에서 전
사하고 말았다. 120년 간이나 계속하던 두 나라의 동맹은 마침내 깨져 버린 것

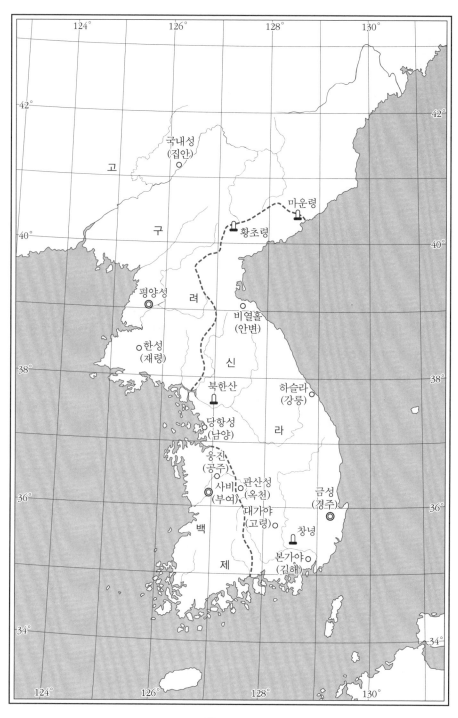

진흥왕 척경도

이다. 신라의 한강 유역 점유는 풍부한 인적 · 물적 자원의 획득 이외에 서해를
거쳐 중국과 통할 수 있는 문호를 얻게 되었다는 점에 그 중요성이 있다. 진흥
왕은 또 23년(562)에 고령의 대가야를 멸하여 기름진 낙동강 유역을 완전히 차
지하였다. 그는 또 동북으로 멀리 함흥평야(咸興平野)에까지 진출하였다. 이 같
은 진흥왕의 정복 사업은 창녕(昌寧) · 북한산(北漢山) · 황초령(黃草嶺) 및 마운
령(磨雲嶺)에 있는 네 개의 순수비(巡狩碑)가 웅변으로 말하여 주고 있다.

　이보다 앞서 웅진으로 서울을 옮긴 백제는 다난한 시기에 처해 있었으나, 동
성왕(東城王, 479~501)과 무령왕(武寧王, 501~523)의 노력으로 점차 부흥의 기
운이 일어나게 되었다. 지방에 22담로(檐魯)를 설치하고 여기에 왕자 · 왕족을
봉하여 국가의 통일을 강화한 것은 이즈음의 일이었다. 또 종래의 진씨(眞氏)
와 해씨(解氏) 이외에 연씨(燕氏) · 백씨(苩氏) · 사씨(沙氏) 등의 그 지방 출신의
신진세력을 등용하여 그 균형 위에서 왕권을 강화하여 갔다. 그러나, 백제가
새로운 발전의 터전을 마련하기 위하여는 웅진 같은 산골짜기를 벗어나서 넓
은 벌에 새로운 도읍을 경영할 필요가 있었다. 이러한 목적을 위하여 성왕(聖
王, 523~554)은 16년(538)에 사비(泗沘 ; 부여)로 천도하고 국호를 남부여(南扶
餘)라 개칭하였던 것이다. 아마도 그의 천도와 더불어 22부(部)의 중앙관부와
5부 · 5방(方)의 지방제도가 갖추어진 것으로 생각된다. 그는 또, 겸익(謙益)과
같은 승려를 등용하여 불교의 진흥을 꾀하고 국가의 정신적 토대를 굳게 하였
다. 한편, 밖으로는 중국 남조와의 연결을 더욱 강화하였다.

　이렇게 길러지고 조직된 힘을 가지고서 성왕은 한강 유역의 옛 땅을 회복하
려고 노력하였다. 이를 위하여 성왕은 신라 진흥왕과 동맹하여 고구려의 내분
을 틈타서 북진을 하였던 것이다. 일시 한강 하류를 점령하고 그 목적에 성공
하였으나, 도리어 신라의 공격을 받아 오랫동안의 노력의 결정으로 이루어진
공이 실패로 돌아갔다. 이에 분격한 성왕이 신라를 치다가 전사하였음은 이미
언급한 바와 같다. 이후에 백제는 신라를 최대의 적으로 생각하고 지난날의 적
인 고구려와 연결해서 공격의 화살을 늦추지 않았다.

제2절 대외적인 정복활동과 한족과의 투쟁

대외관계의 전개

삼국의 대외관계는 중국과의 관계가 주축을 이루고 있었다. 중국에 대한 외교정책의 특징은 대략 다음과 같은 몇 가지 점으로 요약할 수 있다. 첫째로 삼국은 모두 정복을 위한 팽창정책을 강력히 펴 나갔으므로 중국에 대하여도 종종 군사적 공격을 감행하였고, 이에 따라 자연히 중국의 침략 세력과 맞서 항쟁을 하지 않으면 안 되었다. 특히 중국과 국경을 접하고 있는 고구려가 그러하였다. 그리고 이러한 항쟁이 중국과의 관계의 주조를 이루고 있었다. 둘째로 삼국은 각기 통일을 위한 전략을 꾸며 나가는 과정에서 중국 남북조의 대립을 적절히 이용하였으며, 뿐만 아니라 북방의 유목민족 혹은 남방의 왜 등도 이를 외교적으로 이용하였다. 셋째로 그러나 자신의 발전에 필요한 중국의 문화를 섭취하는 데 있어서는 주저함이 없었다. 삼국의 중국과의 관계는 대체로 이러한 특징을 지니고 전개되었다.

고구려가 중국의 지배하에 있는 요하와 대동강 유역에 대한 공격을 시도하였음은 이미 설명한 바가 있지만, 동천왕(東川王, 227~248) 때에는 압록강 입구의 서안평(西安平)을 공격하여 중국 본토와 낙랑군과의 통로를 차단하려 하였다. 이에 동천왕 18년(244)에 위(魏)는 관구검(毌丘儉)으로 하여금 고구려를 침략하게 하여 서울 환도성(丸都城 ; 국내성, 國內城)이 함락되었다. 그 다음해(245) 왕기(王頎)가 재차 침입하였을 때에는 동천왕이 멀리 동해안에까지 피난을 가는 위기를 맞았다. 위가 망하고 진(晋)에 의하여 통일되면서 중국은 북방민족의 침입으로 곤경에 처하였는데, 이 틈을 타서 고구려는 요동에 대한 공격을 늦추지 않는 한편, 낙랑군을 축출하고(미천왕 14년, 313) 대동강 유역의 옛 고조선 지방을 차지하기에 이르렀다.

그러나, 이어 중국은 진(晋)이 양자강(揚子江) 유역으로 쫓겨가고 5호(胡)·16국(國)이 난립하는 세상이 되었다. 그들 북방민족의 하나인 선비족(鮮卑族)의 전연(前燕 ; 모용씨, 慕容氏)이 만주로 진출하여 오자 고구려는 요하 유역을 사이에 두고 전연과 혈투를 계속하지 않으면 안 되었다. 그 결과 고국원왕 12년(342)에는 모용황(慕容皝)이 침입하여 궁궐을 불사르고, 선왕(先王 ; 미천왕)의 시체를 파헤쳐 가고 왕의 생모와 남녀 5만을 포로로 잡아가는 국난을 당하였다. 뒤이어 같은 왕 41년(371)에는 백제 근초고왕의 군대가 평양까지 침입하여 고국원왕이 전사하는 비극이 또 생기었다. 이러한 위기를 극복하기 위하여 소수림왕의 국가 체제 재정비 운동이 있었음은 이미 설명한 바와 같다. 이를 토대로 하고 광개토왕 때에는 드디어 요동을 완전히 차지하고, 동북으로는 숙신(肅愼)까지 정벌하여, 만주와 반도에 걸친 대제국을 건설하기에 이르렀던 것이다.

고구려는 이렇게 국경을 접한 중국 북조의 나라들과 치열한 투쟁을 계속하는 한편, 바다를 통하여 남조와 교섭을 계속하여 원교근공(遠交近攻)의 외교정책을 썼다. 또 북방의 유목민족과도 외교관계를 맺어 중국을 견제하였던 것이다. 한편, 백제는 중국의 남조뿐 아니라 북조의 나라와도 외교관계를 수립하여 고구려를 견제하려 하였다. 뿐만 아니라 남으로는 우리나라의 유이민들이 건설한 왜의 여러 나라 군대를 동원하여 신라를 침공하기도 하였다. 이 사실이 일본측 기록에는 임나일본부(任那日本府)라는 왜의 통치기구가 가야에 설치되어 있었던 것처럼 전해지고 있다. 그러나 왜는 당시 아직 일본이란 국호를 사용하지도 않고 있던 시대여서 이것은 허구에 지나지 않는 것이다. 백제의 압력에 대하여 신라는 고구려의 후원을 얻어 이와 대항하였는데, 광개토왕의 군대는 신라까지 와서 왜의 군대를 축출하였다. 그러나 고구려의 압력이 강화되자 신라는 그로부터 벗어나기 위하여 오히려 백제와 동맹을 맺기에 이르렀다(눌지마립간 17년, 433).

비록 3국의 중국과의 항쟁이 치열하였다고는 하지만, 중국의 문화를 받아들이는 데 있어서는 이를 거리끼지 않았다. 율령과 같은 제도의 도입이라든지, 불교나 유교와 같은 사상의 수용이라든지, 또 한문(漢文)의 사용이라든지는 그 두드러진 예이다. 한편, 삼국 특히 백제는 그 문화를 일본에 전해 주어 일본의 정치 · 경제 · 문화의 발전에 이바지한 바가 컸다. 이같이 평화적인 외교관계나 문화적인 접촉이 행해졌음에도 불구하고, 삼국의 대외관계는 정복과 항쟁의 역사가 그 주류를 이루고 있었다. 그리고 이 투쟁의 역사의 정점을 이루고 있는 것이 고구려의 수(隋) · 당(唐)과의 항쟁이었다.

고구려의 수·당과의 투쟁

6세기 후반기에 이르면 3국의 정세는 크게 변하였다. 그것은 신라가 한강 유역 전체를 점유하여 반도의 중앙지대로 진출하였기 때문이다. 이것은 신라로 하여금 고구려와 백제의 양자를 모두 적으로 돌릴 수밖에 없는 고립된 존재로 만들었다. 이제는 고구려와 백제가 동맹하여 신라, 특히 중국에의 통로인 당항성(黨項城 ; 남양, 南陽)을 공격하였다. 고구려의 명장인 온달(溫達)이 신라를 공격하다가 전사한 것도 이즈음의 일이었다.

이렇게 반도에서의 정세가 변화하던 6세기 후반 이후는, 또 동양 전체의 국제정세에도 긴장이 조성되던 시기였다. 그것은 중국에서 오랫동안 지속되어 오던 남북조를 수(隋)가 통일하는 데 성공하고(589), 또 북방의 초원 지대에서는 돌궐(突厥)의 신흥세력이 일어나 수를 위협하였기 때문이다. 만주와 반도의 북쪽에 걸친 대제국을 건설한 고구려는 이 돌궐과 연결하여 수에 대항하려 하였다. 한편, 고구려와 동맹 관계에 있는 백제는 바다 건너 왜(倭)와 통하고 있었다. 이렇게 남북으로 연결되는 돌궐·고구려·백제 및 왜와 대항하기 위하여 수와 신라의 동서 진영이 악수를 하였다. 이 같은 남북세력 대 동서세력의 대립은 장차 풍운을 불러올 조짐이었다. 그리고, 이 양대 진영을 대표하여 나서서 대결한 것이 고구려와 수였다.

공격은 먼저 고구려에 의해 이루어졌다. 영양왕(嬰陽王) 9년(598) 고구려는 요하를 넘어 요서(遼西)에 대한 공격을 감행하였다. 이에 대하여 수 문제(文帝)는 고구려에 침략하여 왔으나 실패하고 중도에 돌아가고 말았다. 그러나, 양제(煬帝)에 이르러서 일찍이 없었던 대규모의 침략이 시도되어 100만이 넘는 대군으로 쳐들어온 것이다. 양제는 고구려의 일선 근거지인 요동성(遼東城 ; 요양, 遼陽)을 공격하였으나 성공하지 못하였으므로, 30만의 별동부대로 하여금 수도 평양(平壤)을 직접 치게 하였다. 그러나, 을지문덕(乙支文德)의 유도 작전에 빠져 살수(薩水 ; 청천강, 淸川江)에서 대패하고 마니, 압록강을 넘어온 30만 중에서 목숨을 건지고 돌아간 자는 겨우 2,700명이었다 한다. 이에 양제는 완전히 싸울 의욕을 잃고 퇴각하여 버렸고(영양왕 23년, 612), 이어 수는 곧 망하고 말았다.

수가 망하고 당(唐)이 서자, 고구려는 그 침략이 있을 것을 예상하고 국경에 천리장성(千里長城)을 쌓아 국방을 엄히 하였다. 이즈음 고구려에는 귀족 간에

내분이 일어나 연개소문(淵蓋蘇文)은 국왕과 반대파를 대량으로 학살하고 무단
적인 독재 정치를 시작하였다(보장왕 원년, 642). 한편 그는 강력한 대외정책을
써서, 당이나 신라에 대항하였다. 그는 백제의 공격에 대항하기 위하여 구원
을 바라는 신라의 김춘추(金春秋)의 청을 거절하고 한강 유역의 반환을 요구하
였다. 또, 신라에 대한 공격 중지를 권하는 당의 간섭을 물리쳤다. 이를 계기로
드디어 당 태종(太宗)의 고구려 침략이 있게 된 것이다(보장왕 4년, 645).

당 태종은 요하를 건너 요동성 등 몇 성을 쳐서 함락시켰으나, 안시성(安市
城 ; 영성자, 英城子)에서 크게 패하고 돌아가지 않을 수 없었다. 안시성은 비록
조그마한 산성에 불과하였고, 당군은 전력을 다하여 하루에도 6·7회의 공격
을 가하며 60여 일을 포위하였으나, 고구려의 군대는 이에 완강히 저항하여 끝
내 성을 지켜냈던 것이다. 당시의 성주(城主)는 양만춘(楊萬春)이라고 전하고
있다. 뒤에 당 태종은 몇 차례의 고구려 침략을 행하여 왔으나 이도 모두 격퇴
되고 말았다.

수·당의 침입에 대한 고구려의 승리는 이민족의 침략에 대한 민족항쟁사상
에서 특기할 만한 사실이라 하겠다. 당시 수나 당의 야심은 고구려를 정복함으
로 해서 동양에 있어서의 패권을 쥐자는 데에 있었다. 그러므로, 만일 고구려
가 패하였던들 고구려뿐만이 아니라, 백제나 신라까지도 그 지배 밑에 놓이게
되었을지도 모른다. 그러나, 고구려는 이들 침략자를 물리침으로 해서 이 민족
적 위기를 구출하는 방파제의 구실을 다하였다. 고구려의 승리가 지니는 민족
사적 의의를 높게 평가하게 되는 까닭이 여기에 있다.

제3절　정치와 사회

중앙귀족의 탄생

고구려·백제·신라는 모두 여러 단계의 진통기를 거치면서 중앙집권적인
귀족국가를 형성하였다. 이 세 나라에서 각기 사회의 중심세력이 된 것은 서울
에 사는 왕경인(王京人)이었으며, 왕경인 중에서도 신분제(身分制)에 의하여 특
권이 부여된 귀족들, 그중에서도 왕족(王族)과 왕비족(王妃族)이 주로 정치·경

제·문화의 주도권을 쥔 것이 아니었던가 한다. 이렇게 극히 제한된 소수의 귀족가문이 사회적인 지배세력을 형성하고 있었다.

고구려의 신분제에 대해서는 잘 알 수 없으나 수상인 대대로(大對盧)에 취임할 수 있고, 또 이를 선거할 수 있는 일정한 귀족층이 있었던 것 같다. 아마도 그것은 왕족과 왕비족이 중심이 되었을 것으로 생각된다. 왕족인 계루부(桂婁部) 고씨(高氏)와 함께 고추가(古雛加)의 존칭을 받을 자격을 가지고 있는 것은, 옛 왕족인 소노부(消奴部)와 왕비족인 절노부(絶奴部 ; 연나부 명림씨)였다는 중국측 기록을 통해서 이를 짐작할 수가 있다. 그 밑으로는 또 여러 신분층이 갈려지고 있었고, 다른 신분 사이에서는 결혼이 자유롭지 못했던 것 같다.

백제에는 유명한 가문으로서 사(沙)·연(燕)·협(劦)·해(解)·진(眞)·국(國)·목(木)·백(苩) 등 8성(姓)이 있었다고 한다. 그러나 국가의 중요한 관직은 왕족 부여씨(扶餘氏)와 왕비족인 진씨나 해씨가 독점하다시피 하였고, 22담로(檐魯)와 같은 지방 요지의 장관직도 왕족이 독점한 것을 보면, 백제에서도 왕족과 왕비족이 중요한 지위를 차지하고 있었음을 짐작할 수가 있다. 재상(宰相)을 투표에 의하여 선거한 것으로 해석되는 정사암회의(政事巖會議) 같은 데에도 일정한 제한된 귀족들이 참가할 뿐이었다고 생각된다. 백제의 16관등을 3구분하는 색복제도(色服制度) 같은 것도 신라에서와 같이 신분제와 관계가 있었을 것으로 보인다.

이 시대 귀족사회의 실태를 가장 잘 나타내 주는 것은 신라의 골품제(骨品制)였다. 골품제는 골의 등급 즉 혈통의 존귀함과 비천함에 따라 정치적인 출세나 일상생활에 이르기까지 여러가지 특권과 제약이 부여되는 제도였다. 골품에는 성골(聖骨)·진골(眞骨)의 두 골과 육두품(六頭品)으로부터 일두품(一頭品)에 이르는 여섯 두품이 있었다. 성골은 김씨왕족 중에서도 왕이 될 자격을 가진 최고의 골품이었으나 뒤에는 소멸되었다. 진골도 왕족(김씨)이었으나 왕이 될 자격은 없었는데, 성골이 소멸된 뒤에는 진골이 왕위에 올랐다. 그리고 옛 왕족이자 왕비족이기도 한 박씨(朴氏)나 본가야(本加耶)의 왕실인 신김씨(新金氏)도 진골에 포함되어 있었다. 같은 왕족이면서도 성골과 진골로 구분되는 이유는 확실치 않으나 모계(母系)에 의한 것인 듯하다. 육두품·오두품·사두품은 일반 귀족이지만 그중에서 육두품은 득난(得難)이라고도 하여 진골 다음가는 신분이었다. 삼두품·이두품·일두품 등의 골품들은 뒤에 소멸되어 평인(平人) 혹은 백성(百姓)이라 불린 것을 보면 일반 평민층이었을 것이다.

　이상의 여러 골품은 이미 말한 바와 같이 정치적·사회적으로 그들이 누릴
수 있는 특권에 차등이 있었던 것이다. 이제 그중에서도 가장 기본이 되는 관
등 및 관직과 골품과의 관계를 표로 제시하면 아래와 같다. 즉, 진골은 최고 관
등인 이벌찬(伊伐湌 ; 각간, 角干)까지 승진할 수가 있으나 육두품은 제6관등인
아찬(阿湌)까지, 오두품은 제10관등인 대나마(大奈麻)까지, 사두품은 제12관등
인 대사(大舍)까지 그 승진의 한도가 제한되어 있었다. 이러한 관등의 제한은
자연히 관직에도 영향을 미쳤다. 즉, 부(部)의 장관인 영(令)은 대아찬 이상이
어야 취임할 수 있었으므로 장관급은 결국 진골만이 차지할 수 있는 셈이었다.
부의 차관인 경(卿)은 나마~아찬이 되었으므로 육두품이나 오두품도 차지할
수 있었으나, 또 그들이 차지할 수 있는 최고 관직이기도 하였다. 부의 대사(大

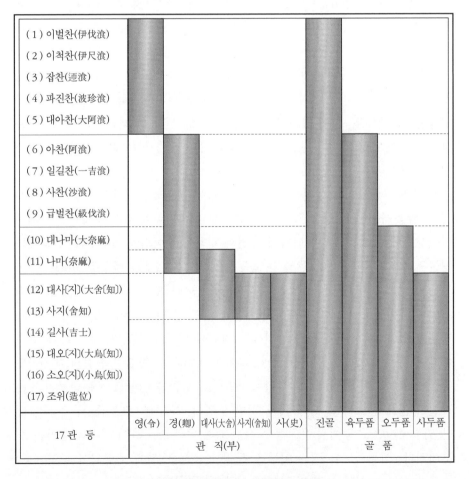

신라의 골품과 관등·관직과의 관계

舍)·사지(舍知)·사(史)는 사두품도 차지할 수 있게 되어 있었다. 그리고, 6정(停)을 비롯한 군부대(軍部隊)의 최고 지휘관인 장군(將軍)은 급벌찬~이벌찬이 되었지만, 진골만이 되도록 규정되어 있었다.

이같이 골품은 개인의 정치적 출세와 깊은 관계를 가지는 것이었다. 뿐만 아니라, 그들이 거주할 수 있는 가옥의 규모가 달랐다. 가령, 진골은 실(室)의 길이와 넓이가 24척(尺)을 넘지 못하고, 육두품은 21척을, 오두품은 18척을, 사두품과 평민은 15척을 넘지 못하게 되어 있었다. 또, 색복(色服)·거기(車騎)·기용(器用)의 제도가 골품에 따라 다르게 규정되어 있었다. 이러한 신라사회에서 주도권을 쥐고 있는 것이 최고의 특권을 누리고 있는 진골이었음은 물론이다. 그리고 진골이란 곧 왕족과 왕비족이 중심이었으므로, 신라는 왕족과 왕비족이 지배하는 사회였다고 할 수 있다. 고구려의 고추가(古雛加)에 해당되는 갈문왕(葛文王)에 왕족과 왕비족만이 임명된 것도 이를 말하여 주는 사실로 볼 수 있다.

정치조직

고구려·백제·신라는 과거의 다원적인 조직을 청산하고 국왕을 중심으로 한 일원화된 관등(官等) 체계를 가지고 있었다. 가령 고구려의 관등은 시대에 따라서 그 수의 차이가 있었으나, 대체로 수상인 대대로(大對盧) 이하의 14등급으로 정리되었다. 그중에서 특히 눈에 띄는 것은 태대형(太大兄)·조의두대형(皂衣頭大兄)·대형(大兄)·소형(小兄)·제형(諸兄) 등 형의 존재이다. 형은 연장자의 뜻이지만 지난날 족장적인 성격을 지니고 있던 것이, 중앙집권적 귀족국가로 전환하는 과정에서 각기 그 지위에 상응하는 여러 형으로 개편된 것으로 생각된다. 다음으로 주목되는 것은 태대사자(太大使者)·대사자(大使者)·수위사자(收位使者)·상위사자(上位使者)·소사자(小使者) 등 사자의 명칭이 붙은 관등이다. 이들은 족장적인 형과는 달리 가신(家臣)으로서 성장한 존재인 것 같다. 이리하여 과거의 복수적인 관등체계는 해소되고 단일한 관등체계가 성립되었다. 백제의 관등은 좌평(佐平) 및 달솔(達率)로부터 나솔(奈率)까지의 여러 솔(率)과 장덕(將德)으로부터 대덕(對德)까지의 여러 덕(德), 그리고 문독(文督) 이하로 크게 3구분된다. 이들은 각기 자복(紫服)·비복(緋服)·청복(靑服)으로 그 복색이 구분되어 있었다. 아마 이들 3구분은 신라의 경우에서와 같이 신

삼국의 관등

고구려

(1) 대대로(大對盧)	(2) 태대형(太大兄)	(3) 울절(鬱折 ; 주부, 主簿)	(4) 태대사자(太大使者)
(5) 조의두대형(皁衣頭大兄)	(6) 대사자(大使者)	(7) 대형(大兄)	(8) 수위사자(收位使者)
(9) 상위사자(上位使者)	(10) 소사자(小使者)	(11) 소형(小兄)	(12) 제형(諸兄)
(13) 선인(先人)	(14) 자위(自位)		

백제

(1) 좌평(佐平)

(2) 달솔(達率)   (3) 은솔(恩率)   (4) 덕솔(德率)   (5) 간솔(扞率)   (6) 나솔(奈率)   ┐ ·········· 자복(紫服)

(7) 장덕(將德)   (8) 시덕(施德)   (9) 고덕(固德)   (10) 계덕(季德)   (11) 대덕(對德) ·············· 비복(緋服)

(12) 문독(文督)   (13) 무독(武督)   (14) 좌군(佐軍)   (15) 진무(振武)   (16) 극우(剋虞) ············· 청복(靑服)

신라

(1) 이벌찬(伊伐飡)   (2) 이척찬(伊尺飡)   (3) 잡찬(迊飡)   (4) 파진찬(波珍飡)   (5) 대아찬(大阿飡)··· 자복(紫服)

(6) 아찬(阿飡)   (7) 일길찬(一吉飡)   (8) 사찬(沙飡)   (9) 급벌찬(級伐飡) ·························· 비복(緋服)

(10) 대나마(大奈麻)   (11) 나마(奈麻) ·· 청복(靑服)

(12) 대사지(大舍知)   (13) 사지(舍知)   (14) 길사(吉士)   (15) 대오지(大烏知) ┐ ····················· 황복(黃服)

(16) 소오지(小烏知)   (17) 조위(造位)

분에 의한 관등의 차이와 관계가 있는 듯하다. 어쨌든 이러한 일원화된 관등의
정비가 중앙집권적인 귀족국가를 형성하는 데 따르는 조치였을 것임은 이해할
수가 있다. 신라에 있어서는 찬(飡 ; 간, 干)이나 지(知)의 족장적 전통을 지닌 용
어가 특히 눈에 띄는데, 그것이 일원화된 체계를 갖추게 된 뜻은 고구려나 백
제와 마찬가지였을 것이다.

관부(官府)에 대하여는 고구려의 경우에 이렇다 할 기록이 없으나, 백제에는
한성시대(漢城時代)의 내신(內臣)·내두(內頭)·내법(內法)·위사(衛士)·조정(朝
廷)·병관(兵官)의 6좌평(佐平)에서 사비시대(泗沘時代)의 내관(內官) 12부(部),
외관(外官) 10부의 22부에 이르는 비교적 정비된 관부들이 갖추어져 있었다.
신라에 있어서는 필요에 따라 병부(兵部)·사정부(司正府)·품주(稟主) 등의 관
부가 생겨나서 국무를 나누어 맡았다.

그러나, 이 시대의 정치에서 가장 기억해야 할 것은 회의제도(會議制度)에 의
한 정치가 행해진 사실이다. 고구려에서는 수상인 대대로의 임명이 귀족들의
선출에 의하였고, 또 제5관등인 조의두대형 이상이 국가의 기밀 사무를 맡고
정사를 도모했다고 한 것은, 고위 귀족관료의 회의제도를 말해 주는 것으로 생
각된다. 백제에서는 재상을 역시 투표에 의하여 선거한 것으로 해석되는 정사

암회의(政事巖會議) 같은 데서 이 사정을 알 수 있다. 그러나 제일 분명한 것은 신라의 화백(和白)이라고 하겠다. 화백은 진골 출신으로 생각되는 대등(大等)으로써 구성되고, 상대등(上大等)을 의장으로 하는 회의체이며, 여기서 왕위의 계승, 대외적인 선전포고, 불교의 수용과 같은 종교적 문제 등 국가의 중대사가 결정되었다. 화백회의는 만장일치에 의하여 의결하는 것이 원칙이었고, 특히 국가의 중대한 일을 의논할 때에는 청송산(靑松山 ; 동) · 우지산(于知山 ; 남) · 피전(皮田 ; 서) · 금강산(金剛山 ; 북) 등 신령한 장소를 택하였다고 한다. 이러한 회의제도의 존재는 당시의 정치를 귀족연합적인 성격을 지니게 하였던 것이다. 이러한 한편으로 내성(內省)과 같은 근시기구(近侍機構)를 중심으로 왕권의 전제화(專制化) 경향이 싹터 나기도 하였다.

한편, 중앙정부의 권력은 지방에까지 미쳐서 행정적인 구획이 설정되기에 이르렀다. 과거에 부족들이 웅거하던 지역에는 성(城)을 쌓고 이것을 지방통치의 중심으로 삼았는데, 이는 나중에 군(郡)이라고 불리었다. 그 장관을 고구려에서는 처려근지(處閭近支), 백제에서는 군장(郡將), 신라에서는 군태수(郡太守)라고 하였으나 오히려 일반적으로는 성주(城主)라고 불렀다. 뒤에는 이 여러 성을 통괄하는 커다란 행정구획이 생겼는데, 이것이 고구려의 동(東) · 서(西) · 남(南) · 북(北) · 내(內)의 5부(部)였고, 백제의 중(中) · 동 · 남 · 서 · 북의 5방(方)이었으며, 신라의 상(上) · 하(下) · 신(新) 등 여러 주(州)였다. 여기에는 각기 욕살(褥薩) · 방령(方領) · 군주(軍主) 등의 장관이 있었다. 그리고 중앙귀족들의 근거지인 왕경(王京)은 고구려와 백제에서는 모두 5부로, 신라에서는 6부로 나누는 특별한 행정구획을 갖고 있었는데, 여기에 거주하는 왕경인은 지방인에 대해 지배적 지위에 있었다.

군사조직

고구려 · 백제 · 신라가 중앙집권적 귀족국가로 발전함에 따라서 군사조직도 정치제도에 있어서와 마찬가지로 국왕의 지휘하에 놓인 전국적인 군대를 편성하게 되었다. 이런 의미에서, 국왕은 곧 군대의 최고 사령관이었던 셈이다. 실제로 국왕은 스스로 군사를 이끌고 전투에 참여하는 일이 흔히 있었다. 국왕지휘하의 부대 편성의 구체적인 모습은 확실치 않으나, 신라에서는 처음 왕경의 6부(탁평, 啄評)와 지방의 52성(읍륵, 邑勒)에 법당(法幢)이 설치되어서 군사

조직의 기본이 되었다. 그러나 뒤에는 주(州)를 단위로 설치된 6정(停)이 중요
한 구실을 담당하였다. 이들 부대는 그것이 설치된 지역인을 군인으로 편성하
고 있었다. 다만 지휘관은 왕경인(王京人)이었으며, 특히 6정은 진골 출신의 장
군이 그 지휘관이 되었다. 이들 군대는 명망군(名望軍)의 성격을 지닌 것으로서,
이 군대에 속하게 되는 것을 명예로운 권리로 생각하고 있었다. 신라에는 이 핵
심적인 부대 이외에 모병(募兵)에 의한 것으로 생각되는 서당(誓幢)이 있었다.

　이 시대에 왕경의 중앙군을 보충하는 것은 신라의 화랑도(花郎徒) 같은 청년
단체였던 것 같다. 이 화랑도는 미성년집단(未成年集團)이라는 공동체적인 전
통을 계승하였다는 데에 특색이 있다. 씨족사회의 미성년집단에 있어서 그랬
던 것과 같이, 여기서는 국가가 필요로 하는 도의(道義)를 연마하였다. 화랑도
가 원광(圓光)이 가르친 세속오계(世俗五戒)를 받들었다고 믿어지는 것이 이를
말해 준다. 또 화랑도는 명산(名山)·대천(大川)을 돌아다니며 노래와 춤을 추
어 나라의 평안과 발전을 비는 종교적인 성격을 지니고 있기도 하였다. 그러나
역시 가장 중요한 것은 군사적 기능이었다. 그들은 평상시에 무술을 연마하였
다가 위급한 때에는 국가를 위한 전투에 참가하였던 것이다. 화랑도가 사다함
(斯多含)·김유신(金庾信)·관창(官昌) 등 화랑 출신들의 많은 무용담을 전하여
주어서 유명함은 누구나 다 아는 사실이다. 그러므로 김대문(金大問)이 『화랑
세기(花郎世紀)』에서,

　　현명한 재상과 충성된 신하가 여기서 솟아나오고, 훌륭한 장수와 용감한 병사가 이
　로 말미암아 생겨났다.

고 한 것이 화랑도의 실상을 잘 말하여 주고 있음을 알 수가 있다.

　한편 이들 세 나라는 모두 지방군을 조직하고 있었다. 지방의 행정조직은 곧
그대로 군사조직이기도 하였던 것이다. 지방의 기본적인 행정 단위인 성(城)에
는 일정한 수의 군대가 주둔하고 있었는데, 이 같은 지방군의 보충을 위한 것
이 고구려의 경당(扃堂)이었다고 생각된다. 경당도 미성년집단의 전통을 이은
것이며, 여기서 미혼청년들이 도의를 닦고 무술을 연마하였다. 그러므로 성의
장관인 성주는 곧 군대의 지휘관이었다. 그리고 그 성주들을 위에서 거느리는
욕살·방령·군주들이 또한 군대의 지휘관이었다. 따라서, 국가 전체가 마치
하나의 군사조직체인 듯한 느낌을 주는 것이다.

촌주와 농민

왕권을 중심으로 한 중앙집권적인 귀족국가의 성장에 따라 전국의 모든 국토는 왕토(王土)요, 모든 국민은 왕신(王臣)이라는 사상이 나오게 되었다. 주(州)·군(郡)·현(縣)뿐 아니라, 향(鄕)·부곡(部曲)의 주민도 별 차별 없이 그렇게 생각되었다. 이것은 그 이전의 시대에서는 찾아볼 수 없는 새로운 현상이었다. 그렇다고 모든 국민의 개별적인 토지 소유가 없었다든지, 혹은 모든 국민이 한결같이 국왕에게 예속되어 있었다는 것을 뜻하는 건 아니다. 전쟁에 공이 있는 장군이나 관직을 가지고 있는 귀족에게 식읍(食邑)이나 녹읍(祿邑)과 같은 명목으로 많은 토지와 그리고 포로들이 주어졌고, 그 결과 귀족들이 사적으로 소유하는 토지와 노비가 증가되어 갔다. 국왕도 예외는 아니었으며, 이는 백제의 궁내관부인 내관(內官) 소속 관부가 대부분 양곡과 수공업 관계의 것이었던 점에서 알 수 있다.

그러나, 신분적으로 양인(良人)인 자영농민(自營農民)들이 차지하는 사회적 비중은 절대적인 것이었으며, 이들은 각기 자기들의 자영지를 경작하고 있었다. 이러한 자영농민들은 국가에서 직접 파악하고 있었으며, 조세(租稅)·공부(貢賦)와 역역(力役)의 부과대상이 되었다. 즉, 처음에는 인두(人頭)를 단위로 해서, 뒤에는 재산을 기준으로 3등으로 나뉜 호(戶)를 단위로 해서 국가에 포(布)와 곡(穀)을 냈으며, 일정한 기간 국경에 나가 지키는 방수(防戍)나 성이나 제방을 쌓는 축성(築城)·축제(築堤)와 같은 역역(力役)에도 동원되었다.

촌락에 거주하는 농민들은 마전(麻田)의 경우에서와 같이 아직 공동경작을 하기도 하였으므로 공동체적인 전통을 계승하고 있은 셈이다. 그러나 이들은 원칙적으로 각자의 자영지를 경작하는 자영농민이었고, 따라서 농민층의 사회적 분화가 크게 진행되었다. 농민들 중에는 그 결과 때로 토지를 잃고 용민(傭民)으로 전락되기도 하였다. 고구려의 을불(乙弗 ; 미천왕, 美川王)이 수실촌(水室村)의 호민(豪民)이었을 음모(陰牟)의 집에서 용작(傭作)하던 때의 모습에서 이를 짐작할 수 있다. 이들은 용작에 의해서 그들의 생활을 이어나가는 빈민이었으며, 고구려의 유인(遊人) 같은 것은 그런 층이었을 것이다. 그러므로, 이들에 대한 세금징수도 자영농민보다는 가벼웠던 것이다. 춘궁기에 곡식을 빌려 주었다가 추수기에 받아들이는 진대법(賑貸法) 같은 것이 행해지게 되는 것도 이러한 사회적 배경 속에서 이해되어야 할 것이다. 그러나 유인에 대해서는 이를 말갈(靺鞨)·거란(契丹) 등의 부용민(附庸民)을 말하는 것이라는 주장도 있다.

농민이 거주하는 기본 단위인 촌락(村落)은 지방 행정기구의 말단에 위치하였다. 촌락은 촌주(村主)를 통하여 중앙정부로부터 통제가 가해졌다고 생각되는데, 신라의 경우는 어느 정도나마 그 실제를 더듬어 볼 수가 있다. 신라의 촌주는 지방에 토착하는 지방인으로서 왕경인과는 구별되는 신분체계 속에 놓여 있었다. 이들은 그 신분이 진촌주(眞村主)와 차촌주(次村主)로 구별되어 왕경인의 오두품(五頭品)과 사두품(四頭品)에 해당되는 신분적 특권을 누렸다. 또 왕경인의 관등인 경위(京位)와는 별개의 외위(外位)를 받았는데, 그들이 오를 수 있는 관등의 상한은 진촌주와 차촌주라는 신분의 차에 따라서 각기 달리 규정되어 있었다. 이에 상응하여 그들의 정치적 출세나 일상생활에도 제약이 있었음은 물론이다.

제4절　귀족문화의 발전

문자의 보급

일찍이 철기문화와 함께 이미 전래하였을 한자(漢字)가 더욱 널리 사용되게 된 것은 고구려·백제·신라에서였다. 그러나, 외국 문자인 한자를 그대로 사용하는 것은 여러가지 불편이 따랐으므로, 자연히 독특한 표기법이 생겨나게 되었다. 즉, 한자의 표음적(表音的) 기능을 취하거나 혹은 표의적(表意的) 기능을 취하여 우리말을 기록하는 방법이 생겨난 것이다. 이 표기법에는 일정한 법칙이 있었던 것이며, 그것이 일본의 만엽가명(萬葉假名)에 영향을 미치고 있다. 처음 고유명사를 기록하는 데 사용되던 이 표기법은 뒤에 문장을 짓는 데 이용되기에 이르렀다.

문장을 짓는 데 있어서는 처음 한자를 우리말의 순서대로 배열하는 방법이 사용되었던 것 같다. 비록 연대가 약간 뒤지는 것이긴 하지만 임신서석기(壬申誓石記)의 표기법이 그러한 예가 될 것이다. 그러나 뒤에는 여기에 석독(釋讀; 훈독, 訓讀)되는 한자로써 문법의 형태를 보충하여 문맥을 명확하게 하였다. 이것이 이두(吏讀)였던 것이다. 그러다가 향가(鄕歌)에서와 같이, 실질적인 의미를 표시하는 어간(語幹)은 석독으로 표기하고, 문법적 요소인 접미사(接尾辭)는 음독으로 표기하는 향찰(鄕札)로 발전하였다. 그런데 이 향찰은 지극히 복잡하였고, 그러면서도 우리말을 만족스럽게 표시하지 못했던 관계로 오래 계속되지는 못했다.

한편 순수한 한문식 문장을 짓기도 하였다. 고구려의 광개토왕릉비(廣開土王陵碑)나 백제의 사택지적비(砂宅智積碑) 같은 것은 그 예가 될 것이다. 그런데 이 한문을 읽을 때에 문법적 관계를 표기하기 위하여 삽입하는 요소가 구결(口訣 ; 토, 叱)이었다. 설총(薛聰)이 방언(方言)으로 9경(九經)을 읽었다고 한 것은 이 구결을 말하는 것으로 생각된다.

사학과 유교

문자가 사용됨에 따라 이를 이용하여 여러가지 기록을 하게 되었다. 그러한 중에는 국가적인 편찬사업도 있었는데, 그 대표적인 것이 국사(國史)의 편찬이었다. 고구려는 국초(國初)에 『유기(留記)』100권을 지은 바 있었다고 하는데, 이것은 영양왕(嬰陽王) 11년(600)에 이문진(李文眞)에 의하여 『신집(新集)』5권으로 개수(改修)되었다. 백제에서는 근초고왕(近肖古王, 346~375) 때에 고흥(高興)에 의하여 『서기(書記)』가 편찬되었는데, 이 밖에 일본의 『일본서기(日本書紀)』에는 『백제기(百濟紀)』・『백제본기(百濟本紀)』・『백제신찬(百濟新撰)』같은 역사책이 인용되고 있으나, 이들은 모두 백제가 망한 뒤 일본에서 편찬된 것으로 백제시대의 저술은 아니다. 그리고 신라에서는 진흥왕(眞興王) 6년(545)에 거칠부(居柒夫)에 의하여 『국사(國史)』가 편찬되었다. 이들 사서(史書)는 모두 전하지 않으나, 추측건대 건국의 시조(始祖)를 위시한 역대 국왕과 귀족들 조상의 초인간적인 위대한 업적들이 주로 기록되었던 게 아닌가 한다. 이같이 고구려・백제・신라가 모두 율령(律令)을 반포하여 국가의 제도를 정비하고 대외적인 발전을 하기 시작할 무렵에 각기 이 같은 제 나라의 역사를 편찬한 것은, 안으로 국왕의 권위를 높이고 밖으로 국가의 위신을 과시하려는 의도에서였다고 믿어진다. 따라서 국사의 편찬은 국왕을 중심으로 한 중앙집권적 귀족국가 건설의 문화적 기념탑이라고 할 수가 있다.

고구려・백제・신라는 모두 귀족사회의 질서를 유지하는 사회도덕으로서 유

교(儒敎)를 중요시하였다. 고구려에서는 이미 소수림왕 2년(372)에 태학(太學)
을 세우고 여기서 유교를 교육하였다. 또 지방 각처의 경당(扃堂)에서도 결혼
전의 미성년자들을 모아다가 밤낮으로 독서를 하고 활쏘기를 익히게도 하였
다. 고구려인들은 이미 5경(五經)과 같은 유교 경전이나 『사기(史記)』·『한서
(漢書)』등의 역사책,『옥편(玉篇)』등의 사전,『문선(文選)』같은 문학서를 읽
고 있었다고 한다. 백제에서는 이미 박사(博士)의 제도가 있었으므로 유교 교
육기관이 있었을 것이며, 경(經)·자(子)·사(史) 등의 서적도 읽었다고 한다.
신라에서는 유교가 위의 두 나라보다는 뒤늦었으나 유교도덕이 널리 국민에게
권장되고 있었다. 특히 화랑도(花郞徒) 사이에서 중요시되던 신(信)에 의하여
옆으로 사회적인 결합을 이루고, 그것이 충(忠)을 통하여 위로 왕권과 연결됨
으로 해서, 유교는 국민을 결합시키는 중요한 사회도덕으로서의 구실을 하였
다. 원광(圓光)의 세속오계(世俗五戒)나 임신서석기(壬申誓石記)에 나타난 사상
은 이러한 관점에서 이해되어야 할 것이다. 그리고 이러한 점은 고구려나 백제
에서도 마찬가지였다고 생각된다.

불교의 수용

불교가 처음 수용된 것은 널리 알려진 바와 같이 고구려 소수림왕 2년(372)
전진(前秦)에서 순도(順道)가 와서 불상과 불경을 전한 때였다. 그보다 12년 뒤
인 침류왕 원년(384)에는 동진(東晉)으로부터 마라난타(摩羅難陀)가 와서 백제
에 불교를 전하였다. 이 두 나라에서는 문화적으로 동경의 대상이 되어 있고,
또 우호 관계에 있는 전진 및 동진으로부터 각기 국가적인 사절을 매개로 전하
여졌다. 그러므로, 이렇다 할 알력을 빚어냄이 없이 왕실에 의하여 받아들여
졌던 것이다. 그러나, 신라에서는 늦어도 눌지마립간(訥祗麻立干, 417~458) 때
에는 고구려를 거쳐 온 아도(阿道 ; 묵호자, 墨胡子)에 의하여 불교가 파급되었지
만, 그것은 지방에 있어서의 개인 전도로서 박해 속에 끝나고 말았다. 그러다
가 양(梁)의 사신인 승려 원표(元表)에 의하여 비로소 신라 왕실에 불교가 알려
졌던 것이다. 그 후 법흥왕(法興王)은 불교의 수용을 위하여 노력하였으나 귀족
들의 반대로 실패하고 그 결과 이차돈(異次頓)은 순교하였다(법흥왕 14년, 527).
그러나, 이를 계기로 하여 결국 신라에서도 법흥왕 22년(535)에 불교가 공인되
기에 이른 것으로 생각된다.

세 나라에서 모두 불교를 받아들이는 데 선봉적 역할을 한 것은 왕실이었다. 신라의 경우에 그것은 더욱 뚜렷이 나타나 있다. 민간에 침투한 지 1세기 뒤에 양(梁)으로부터 신라 왕실에 전해지고 나서야 비로소 불교는 공인의 길이 마련되었다. 또, 귀족들의 반대를 뿌리치고 공인을 강행한 것은 국왕과 그 측근세력이었다. 이같이 왕실에 의하여 불교가 강력히 지지·발전하게 된 것은 왕권중심의 지배체제를 유지하는 정신적인 지주로서 적합한 때문이었다고 믿어진다. 하나의 불법(佛法)에 귀의하는 같은 신도(信徒)라는 신념은 하나의 국왕을 받드는 같은 신민이라는 생각과 함께 국가의 통일에 큰 역할을 하였을 것이다. 그러나 한편 귀족세력과의 타협 없이는 불교가 받아들여지지 않았을 것이라는 점도 기억해야 한다. 아마도 불교의 윤회전생(輪廻轉生)의 사상이 귀족들의 신분적 특권을 인정해 주는 이론으로서 환영되었다고 믿어진다. 그러므로 불교는 왕권을 중심으로 한 중앙집권적 귀족국가의 사상체계로서 받아들여졌다고 할 수가 있다.

　이러한 결과 이 시대의 불교에 호국적(護國的)인 성격이 강한 것은 당연한 이치였다. 병을 고친다든지 자식을 구한다든지 하는 개인의 복을 비는 경우도 있었지만, 국가의 발전을 비는 호국신앙이 더욱 강하게 나타나 있었다. 그러므로, 호국경(護國經)으로 유명한『인왕경(仁王經)』같은 것은 지극히 존중되었다. 그『인왕경』의 설에 의해 백좌강회(百座講會 ; 인왕회, 仁王會)라는 국가의 평안을 비는 의식이 행하여졌다. 팔관회(八關會)도 백좌강회와 마찬가지로 호국적인 의미를 가진 것이었다. 허다한 사찰들 중에서도 백제의 왕흥사(王興寺)·미륵사(彌勒寺)나 신라의 황룡사(皇龍寺) 같은 것은 모두 호국의 중심사찰로서 그 규모가 굉장한 것이었다. 더욱이 황룡사9층탑(皇龍寺九層塔)은 9개국을 정복하여 그 조공(朝貢)을 받을 상징이었다는 것이 신라인의 신념이었다. 미륵불(彌勒佛)이 인간세계에 태어나서 화랑(花郎)이 되었다는 신념도 이러한 호국신앙의 표시였다. 비단 호국만이 아니라 호법(護法)을 위하여 전쟁에 용감하기를 권하는 승려들의 설교는 국가를 위한 전쟁에 국민의 용기를 북돋워 주었을 것임에 틀림없다.

　이러한 점은 이 시대의 종파를 보더라도 알 수가 있다. 이 시대에 가장 중요한 종파는 계율종(戒律宗)이었다. 백제의 겸익(謙益)이나 신라의 자장(慈藏) 등이 그 대표적 인물이지만, 특히 자장은 대국통(大國統)으로서 신라의 불교를 총관하였다. 승려들이 지켜야 할 생활 기준으로서의 계율(戒律)을 강조하는 것은

종교를 통한 인심(人心)의 통일이라는 정치적인 의의를 가지는 것이다. 신라가
국통(國統)·주통(州統)·군통(郡統) 등 승관(僧官)을 두어 계율을 통하여 전국
의 사찰과 승려를 통제한 것도 이와 같은 효과를 노린 것이었다. 또 밀교(密教)
가 크게 성하여 병을 고치고 적국을 물리치는 등의 기적을 행한 것으로 믿어진
것도 그 당시의 불교에 대한 관념을 잘 말해 주고 있다. 그러나, 고구려나 백제
의 말기에는 불교도 변모하고 있었다. 보덕(普德)이 도교(道教)의 불로장생사
상(不老長生思想)에 대항하기 위하여 금강석과 같이 영원히 깨지지 않는 불성
(佛性)을 일체 중생이 모두 가지고 있다는 열반종(涅槃宗)을 제창한 것은 그 예
이다.

　이렇게 불교가 국가적 지지를 얻음으로써 승려들은 때로 정치적인 고문의
역할을 담당하기도 하였다. 국왕이 정치하는 방법을 맡기었다고 하는 원광, 대
국통으로서 황룡사 9층탑을 세우도록 건의한 자장 같은 이가 그 대표적인 예
이다. 이들은 또한 문화적으로는 중국문화 수입의 선구적 역할을 담당하였다.
이 시기에 서학(西學)이라 하여 중국에 유학하는 자의 대부분이 승려였다. 이
들은 온 국민의 정신적인 교사이기도 하였다. 원광이 세속오계를 말하고 화랑
도 속에 승려가 섞여 있어서 도의면의 교육을 담당한 것은 그러한 데에 말미암
은 것이다.

시가와 음악

　고구려나 백제에는 어떠한 형식의 시가(詩歌)가 있었는지 분명하지 않지만,
가야에서는 원시적인 전통을 이은 주가(呪歌)로서「구지가(龜旨歌)」가 전해 오
고 있다. 그리고 이와 마찬가지 맥을 이었다고 할 수 있는 것에 신라의「회소
곡(會蘇曲)」이 있다. 이러한 주가는 신라에서 향가(鄉歌)로 발전하였는데, 그 소
박한 노래 속에 담긴 부드러운 가락이 국문학상에서 높이 평가되고 있다. 그러
나, 이 향가에 대한 올바른 이해를 위하여는 그가 지니는 종교적인 성격을 알
아야 한다. 즉, 향가는 주로 화랑이나 승려들이 지은 주원적(呪願的) 의미를 지
닌 것이었다. 그러므로, 이것은 원시적인 주가에 대치되는 불교적인 것이었다.
노래로써 혜성을 사라지게 하고 일본병(日本兵)을 물리쳤다는 융천사(融天師)
의「혜성가(彗星歌)」는 현존하는 삼국시대의 대표적인 향가로서, 그러한 종교
적 성격을 잘 나타내고 있다.

시가와 밀접한 관계를 가지고 있는 음악과 무용도 또한 종교적인 성격을 농후하게 지닌 것이었다. 화랑도가 노래와 춤을 즐겼다든지, 진흥왕(眞興王)이 거칠부(居柒夫)로 하여금 한강 유역을 공격하게 할 때 낭성(娘城 ; 충주, 忠州)에 가서 우륵(于勒)과 그 제자 이문(尼文)을 불러 음악을 시켰다든지, 또 의성(擬聲)에 의하여 어떤 힘을 나타낼 수 있다고 믿은 듯싶은 백결선생(百結先生)의 대악(碓樂) 같은 것은 모두가 이러한 음악의 종교적 기능을 말하여 주는 것이다. 그러므로, 고구려·백제·신라의 어느 나라에서나 음악은 성하였다.

당시 악기(樂器)로는 관(管)·현(絃)·타(打)악기를 합하여 수십 종이 있었는데, 그중에는 서역(西域)으로부터 받아들인 것도 있었다. 여러 악기 중에서 특히 유명한 것은 고구려의 왕산악(王山岳)이 진(晉)의 칠현금(七絃琴)을 개량하여 만든 현학금(玄鶴琴)이었다. 왕산악은 그 악곡으로 100여 곡을 지었다고 하는데, 현학금은 뒤에 신라로 전하여 훗날 옥보고(玉寶高) 같은 대가를 낳았다. 백제의 음악에 관하여는 기록이 적어서 상세히 알 수 없으나, 일본에 악공(樂工)·악사(樂師)·악기를 전한 사실로 보아 고구려나 신라 못지않게 발달하였을 것이다. 또 가야의 가야금(加耶琴)도 유명한데, 우륵에 의하여 신라에 전해졌다. 우륵은 계고(階古)에게 가야금을, 법지(法知)에게 노래를, 그리고 만덕(萬德)에게 춤을 각각 가르쳤다고 하는데, 이로써 보면 가야금 음악은 노래·춤·악기의 셋으로 구성된 종합적인 공연예술로 이해된다. 이러한 사정은 다른 나라에서도 별로 다름이 없었을 것으로 믿어진다.

미술

고구려·백제·신라의 미술은 소박한 아름다움을 지닌 예술이었다. 토우(土偶) 같은 데에 아직도 치기 어린 괴기성을 보존하고 있지만, 대체로는 이를 청산하고 있었다. 그러나 무르익은 기교의 산물도 아니었다. 그것은 건강한 아름다움을 지닌 사실적인 미술이었다. 때로는 지나치게 힘이 노출되기조차 하는 미술이었다. 중앙집권적인 귀족국가가 형성·발전하는 사회적 성장기에 생산된 미술품이 소박하고 건강한 미를 지니고 있었다는 것은 지극히 당연한 일이다. 그리고, 불교의 발전과 함께 사상적 내용이 풍부해지고 기술이 고도화함에 따라 높은 미의 감각을 엿볼 수 있는 작품들도 나타나게 되었다.

고구려는 지상건축물을 남기고 있지 않다. 다만 고구려의 옛 서울이던 집안

(集安)과 평양(平壤) 부근에 허다하게 남아 있는 고분(古墳)을 통하여 간접적으로 그 모습을 헤아릴 수 있을 뿐이다. 고구려의 고분에는 석총(石塚)과 토총(土塚)의 두 종류가 있다. 석총은 피라미드식으로 석재(石材)를 쌓아 올린 형식의 분묘로서 태왕릉(太王陵)과 장군총(將軍塚)은 그 대표적인 것이다. 이들은 억센 힘의 소유를 표시하는 듯한 느낌을 주는 분묘이다. 이에 대해서 토총은 석재로 널방(현실, 玄室)을 만든 위에 흙을 덮어서 봉분을 만든 것인데, 쌍영총(雙楹塚) 같은 것은 그 대표적인 예에 속한다. 그중에는 널방 입구의 8각쌍주(八角雙柱)나, 또 그림으로 나타낸 네 귀퉁이의 기둥·두공(斗拱)·동량(棟樑) 등 고구려의 건축 양식을 엿보게 하는 것이 있다. 한편, 고구려에 불교 관계의 건축물이 없는 것은 당탑(堂塔)이 모두 목조(木造)였던 때문일 것이다. 백제에서도 처음 귀족의 무덤은 고구려와 같이 피라미드식의 것이었는데, 현재 서울 석촌동(石村洞)에 남아 있다. 그러나 뒤에는 내부를 벽돌(전, 塼) 혹은 석재로 쌓은 횡혈식(橫穴式) 토총으로 바뀌며, 내부에 벽화를 그리기도 하였다.

한편, 호사스런 궁실과 누각을 비롯하여 왕흥사(王興寺) 같은 대규모의 사찰을 지은 기록이 있다. 그러나 현존하는 대표적인 건축물은 석탑(石塔)이다. 석탑으로 유명한 것은 부여의 정림사지(定林寺址)탑과 익산의 미륵사지(彌勒寺址)탑이다. 미륵사지탑은 목조탑(木造塔)의 형식을 보존한 거대한 탑이고, 정림사지탑은 간결한 형식 속에 미를 응결시킨 탑이다. 신라에도 허다한 거대한 사찰이 기록에 남아 있으나 그 유지를 살필 수 있을 뿐이요, 백제인 아비지(阿非知)가 건축했다는 유명한 황룡사9층목탑도 몽고(蒙古)의 병란 때 타서 없어지고 말았다. 그러나 웅대한 분황사(芬皇寺)의 마치 벽돌을 쌓아 올린 것 같은 모전탑(模塼塔)과 아름다운 곡선미를 지닌 천문(天文)관측을 위한 첨성대(瞻星臺)에서 그 건축의 모습을 찾을 수 있다. 이 시대의 사원은 처음 1탑3금당식(一塔三金堂式)이었으나 뒤에 1탑1금당식(一塔一金堂式)으로 변해 갔다.

조각(彫刻)은 불상(佛像)이 거의 전부를 차지하고 있다. 고구려 불상으로는 연가7년명금동여래입상(延嘉七年銘金銅如來立像)과 금동미륵반가상(金銅彌勒半跏像)이 대표적이며, 신비한 미소를 머금은 우수한 작품들이다. 백제의 불상은 서산(瑞山)의 마애석불(磨崖石佛)이나 낮고 간소한 4화관(四花冠)을 쓴 금동미륵반가상과 같이 우아한 얼굴과 너그러운 미소를 지닌 것을 만들어 백제적인 특색을 나타내고 있다. 신라의 불상으로는 탑형(塔形)이 새겨진 높은 보관(寶冠)을 쓴 금동미륵반가상 같은 걸작이 있다. 백제의 것보다도 예리해진 이

반가상에는 정신적인 힘이 나타나 있는 것으로 일컬어지고 있다. 그런데 세 나라가 모두 석가상(釋迦像)이나 미륵반가상을 많이 조각한 것이 하나의 공통적인 특색을 이루고 있다. 신라의 조각가로는 양지(良志)라는 승려가 있어서, 불상·신장(神將)·와전(瓦塼) 등을 많이 만들었다고 한다. 한편, 와전에는 아름다운 문양이 조각되어 있어서 유명하다.

회화(繪畫)로 가장 유명한 것은 고구려 고분의 벽화이다. 토총의 널방(현실, 玄室) 4면벽(四面壁)과 모줄임의 천장(天障) 등에 그려진 고분벽화는 그들의 사상·풍속 등을 나타내는 각종 제재를 갖고 있어서 귀중한 역사 연구의 산 재료가 되고 있다. 이러한 벽화분은 그 그림의 제재에 의하여 사신총(四神塚)·각저총(角抵塚)·무용총(舞踊塚)·수렵총(狩獵塚) 등으로 불리는 것이 보통이다. 벽화 중에서 특히 유명한 것은 우현리대묘(遇賢里大墓)의 청룡(靑龍)·백호(白虎)·주작(朱雀)·현무(玄武)의 사신도(四神圖)이다. 패기에 넘치는 선이나 색채는 살아서 꿈틀거리는 것 같은 박력을 느끼게 하고, 바로 눈앞에 말을 달리는 고구려 무사의 모습을 대하는 듯한 느낌을 가지게 한다. 백제에도 고구려로부터의 영향에서 고분벽화가 그려졌는데, 공주 송산리(宋山里) 전축분(塼築墳)과 부여 능산리(陵山里) 석실분(石室墳)의 것이 제일 유명하다. 단지, 백제의 고분벽화는 고구려의 것에 비하여 훨씬 우아한 맛을 지닌 것이 다르다고 하겠다. 그런데, 고구려의 담징(曇徵)이나 백제의 아좌태자(阿佐太子) 같은 화가들이 일본으로 가서 법륭사(法隆寺) 벽화나 성덕태자상(聖德太子像) 등 유명한 그림을 그린 것으로 전하고 있다. 신라에는 솔거(率居) 같은 위대한 화가가 있었다고 하지만 작품이 전하지 않고, 널방을 갖지 않은 수혈식(竪穴式) 적석총(積石塚)의 성질상 고분벽화도 남기지 않고 있다. 그런데 최근 천마총(天馬塚)에서 마구(馬具)의 다래(장니, 障泥)에 그린 천마도(天馬圖)가 나와서 신라의 그림이 패기에 찬 수준 높은 것임을 보여 주고 있다.

고구려나 백제의 횡혈식(橫穴式) 고분은 도굴이 쉽기 때문에 그 부장품은 거의 남아 있지 않다. 다만 최근 공주 송산리의 무령왕릉(武寧王陵)이 완전한 형태로 발견되어 금관식(金冠飾) 등의 우수한 백제 공예품들을 볼 수 있게 되었다. 그러나 가장 많은 공예품을 남겨 주고 있는 것은 신라이다. 그것은 신라의 수혈식 적석총은 도굴이 거의 불가능하기 때문이다. 부장품들 중에는 금관(金冠)·금신(금니, 金履)·금띠(금대, 金帶)·금귀고리(금이당, 金耳璫)·금가락지(금지환, 金指環)·금팔찌(금완환, 金腕環) 등 순금의 제품을 비롯하여 구슬(패옥, 佩

玉)·유리(파리, 玻璃) 등 우리의 눈을 황홀하게 하는 것이 많다. 특히 금관과 같은 것은 금관총(金冠塚)·서봉총(瑞鳳塚)·금령총(金鈴塚)·천마총(天馬塚)·황남대총(皇南大塚) 등 여러 곳에서 출토되었는데, 신라 특유의 형식을 가진 것으로 지적되고 있다. 그러나 이들은 그것이 미적으로 뛰어났다기보다도 왕권의 상징물이었다는 데에 오히려 더 의의가 있다.

　3국의 건축·조각·회화·공예 등은 모두 일본으로 전파되어 일본 고대문화의 발전에 크게 이바지하였다.

제4장 전제왕권의 성립

제1절 신라의 반도 통일과 발해의 건국

신라의 반도 통일

고구려가 중국의 수 및 당과 혈투를 계속하고 있는 동안 백제는 신라에 대한 공격을 급히 서둘렀다. 특히, 해동증자(海東曾子)라고 칭송을 받던 의자왕(義慈王)의 공략이 심하였다. 그는 신라의 백제에 대한 일선 요지인 대야성(大耶城; 합천, 陜川)을 비롯한 40여 성을 함락시켰던 것이다. 이에 신라는 방어의 일선을 낙동강까지 후퇴시켜야 하는 위기에 처하였다. 후일의 무열왕(武烈王)이 되는 김춘추(金春秋)가 적국인 고구려에 구원을 청하러 가는 외교적 모험을 하게된 것은 바로 이때의 일이었다. 당시에 고구려의 정권을 쥐고 있던 연개소문(淵蓋蘇文)은 출병의 대가로 한강 유역의 반환을 요구하였기 때문에 그는 아무런 성과를 거두지 못하였다. 이에 김춘추는 당으로 가서 동맹을 요구하기에 이르렀다. 이 요구를 받아들여 당은 먼저 백제를 정복한 후 고구려를 남북에서 협공하는 전략을 세우기에 이르렀다.

이리하여 당 고종(高宗)은 소정방(蘇定方)으로 하여금 백제를 치게 하였다(의자왕 20년, 660). 신라는 이에 호응하여 김유신(金庾信) 등으로 하여금 백제로 진격하게 하였다. 이때 당의 군대는 백강(白江; 금강 입구) 좌안(左岸)에 상륙하고, 신라의 군대는 탄현(炭峴; 대전 동쪽)을 넘어서게 되었다. 성충(成忠)·흥수(興首) 등 충신의 건의를 물리친 백제는 계백(階伯)으로 하여금 신라의 군대를 막게 하였으나, 그가 거느린 결사대가 황산(黃山; 연산, 連山)에서 중과부적으로 패하자 신라와 당의 군대는 수도 사비(泗沘; 부여, 扶餘)로 밀려오게 되었다. 결국 사비는 함락하고 웅진(熊津; 공주, 公州)으로 몸을 피했던 의자왕도 항복하여 백제는 멸망하고 말았다(의자왕 20년, 660).

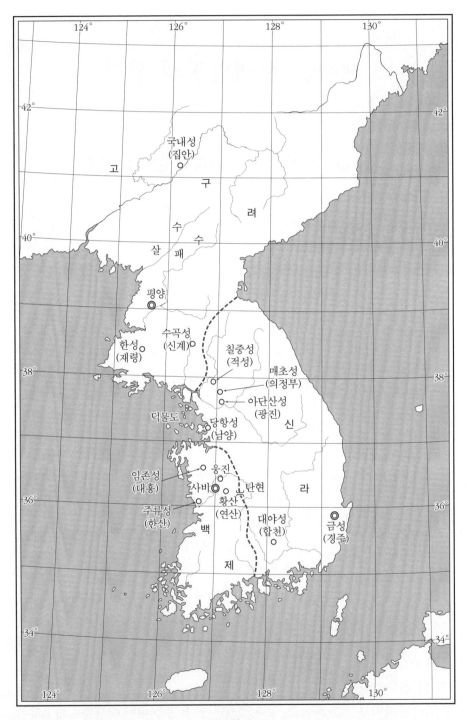

삼국항쟁도

그러나 침략군에 대항하여 왕족인 복신(福信)과 승려인 도침(道琛) 등이 주류성(周留城 ; 한산, 韓山)에 웅거하여 군사를 일으켰다. 부흥군의 기세는 한때 크게 떨쳐서 200여 성을 회복하기에 이르렀다. 이들은 일본으로부터 왕자 풍(豊)을 맞아다가 국왕을 삼고, 사비성·웅진성 등을 포위하여 주둔하는 당의 군대를 괴롭혔으며, 여러 차례 당과 신라의 군대를 격파하였다. 이러한 부흥운동의 상황을 살펴보면, 정부가 국민의 지지를 얻고 있었던들 백제가 그렇게 쉽게는 망하지 않았을 것으로 생각된다. 그러나 이 부흥운동도 복신이 도침을 죽이고, 풍이 또 복신을 죽이는 내분이 생기어 와해하게 되었다. 신라와 당의 연합군은 이 기회를 포착하여 부흥군의 본거지인 주류성을 함락시켰으므로(663), 부흥군은 계속 항복하였다. 그리고 지수신(遲受信)이 끝까지 항거하던 거점인 임존성(任存城 ; 대흥, 大興)도 함락되어(665) 4년에 걸친 부흥운동은 종막을 고하였다.

백제를 멸망시킨 당은 신라와 연합하여 공격의 화살을 고구려로 돌렸다. 이것은 물론 예정된 계획의 실천이었다. 보장왕(寶藏王) 20년(661)에는 소정방이 대동강 입구를 거쳐 평양을 공격하였다. 비록 연개소문에게 패하여 퇴각하고 말았으나(662) 고구려의 저항력은 훨씬 약화되고 있었다. 거듭되는 전쟁에 의한 전력(戰力)의 소모와 연개소문의 독재정치에 의한 민심 이반이 이에 작용하고 있었을 것이다. 연개소문이 죽은 후 그의 동생 및 아들들 사이에 벌어진 권력쟁탈전은 더욱 고구려의 운명을 재촉하였다. 즉, 맏아들 남생(男生)은 둘째 아들 남건(男建)에게 쫓겨 국내성(國內城 ; 집안, 集安)에 가서 당에 항복하였고, 동생 연정토(淵淨土)는 신라에 투항하였다. 당은 이 기회를 놓치지 않고 이적(李勣)으로 하여금 고구려를 침략케 하였고, 신라도 이에 호응하여 출동하였다. 이때 남생은 당의 전도(前導) 역할을 담당하였다. 고구려는 1년간 항쟁을 계속하였으나 지탱하지 못하고 드디어 멸망하고 말았다(보장왕 27년, 668). 그 후 보장왕의 서자(庶子) 안승(安勝)을 받든 검모잠(劍牟岑)의 부흥운동이 약 2년 동안 계속되었으나 성공하지 못하였다. 안승은 신라로 망명하여 고구려왕(高句麗王 ; 뒤에 보덕왕, 報德王)으로 임명되었다(670).

신라의 당 축출

당이 백제와 고구려를 멸망시킨 것은 우리나라 전체를 자기의 지배하에 넣

으려는 의도에서였다. 그러므로, 옛 백제땅에는 5방(方)에 해당하는 지역에 5
도독부(都督府)를 두어 이를 관할케 할 계획이었다. 다만, 이 계획은 뜻대로 실
현되지 못하고, 웅진도독부(熊津都督府)만을 두어 그 밑에 7주(州)를 관할하게
하였다. 한편, 신라에는 계림대도독부(鷄林大都督府)를 두고 문무왕(文武王)을
계림주대도독(鷄林州大都督)에 임명하였는데, 백제의 옛 땅에서도 유민들을 무
마할 목적으로 의자왕의 아들 부여륭(扶餘隆)을 웅진도독으로 삼아 이를 관할
케 하였다. 그리고는 신라 문무왕과 부여륭으로 하여금 웅진(공주) 취리산(就利
山 ; 취미산, 鷲尾山)에서 화친을 맹약케 하였다. 이러한 당의 행동은 비단 백제
유민을 무마하려는 것만이 아니라, 신라의 백제 옛 땅에 대한 욕망을 억제하려
는 의도도 있었던 것이다. 그 뒤 고구려를 멸망시키자, 당은 그 옛 땅에 9도독
부를 두고 동시에 평양에는 안동도호부(安東都護府)를 두어(668) 비단 고구려만
이 아니라 백제·신라 등을 포함한 동방 전체를 총관케 하였다. 이리하여 신라
는 그 기대와는 반대로 멸망한 고구려나 백제와 동등한 대우를 당으로부터 받
게 되는 결과를 가져오고 말았다.

이러한 사실을 신라가 받아들일 수는 없었다. 이리하여 고구려가 멸망한 직
후부터 신라는 고구려의 옛 땅에 대한 지배권을 차지하기 위하여 당과 새로운
전투를 벌이게 되었다. 신라는 검모잠의 부흥군을 원조하여 당의 축출을 꾀하
였고, 안승을 맞아다가 고구려왕에 봉하였다. 그리고는, 또 백제 지방에 군대
를 출동시켜 부여륭의 백제군과 당군을 각처에서 격파하였다. 신라는 결국 사
비성을 함락시키고 여기에 소부리주(所夫里州)를 설치함으로써 백제의 옛 땅
에 대한 지배권을 완전히 장악하였다(문무왕 11년, 671). 이에 당은 김인문(金仁
間 ; 문무왕의 동생)을 일방적으로 신라왕에 임명하고 군대를 동원하여 신라에
대한 침략을 해 오게 된 것이다. 그러나, 신라군은 매초성(買肖城 ; 의정부, 議政
府)의 전투(문무왕 15년, 675)를 위시한 한강(漢江) 유역 일대의 전투에서 당군을
축출하는 데 성공하였다(문무왕 16년, 676). 당은 결국 안동도호부를 평양으로
부터 요동성(遼東城 ; 요양, 遼陽)으로 옮김으로써 한반도에 대한 신라의 지배권
을 실질적으로 인정하게 되었다. 이리하여 신라는 대체로 대동강(大同江)과 원
산만(元山灣)을 긋는 선 이남의 땅을 점유하게 된 것이다.

이같이 신라가 당의 침략을 무력으로 물리치고 독립을 쟁취하였다는 사실은
커다란 의의를 지니는 것이다. 당이 백제와 고구려를 멸망시키고 신라까지를
정복하여 만주와 한반도 전부를 그들의 지배권으로 편입시키려는 야심은 한사

군(漢四郡)의 설치 못지않은 민족적 위기였다. 당의 정치적 간섭 밑에서 사회나
문화의 정상적인 발전이 이루어질 수 없을 것임은 명백한 일이다. 그러나 신
라는 당의 침략에 항거하고 정치적인 독립을 지키는 데 성공하였다. 이것이 곧
통일신라(統一新羅)의 사회와 문화가 발전하는 기초가 되었고, 나아가서 한국
민족의 독자적인 역사 발전의 터전이 되었다.

　물론 신라의 통일은 불완전한 것이었다. 과거 3국의 활동 무대에 속하던 만
주의 넓은 지역이 그 영역에서 벗어났고, 거기에는 고구려의 유민들이 발해(渤
海)를 건국하였기 때문이다. 그러므로 신라는 실제로는 한반도를 통일하는 데
그치고 말았다. 그러함에도 불구하고 이 신라의 반도 통일은 중대한 역사적 의
의를 지니고 있다. 그것은 무엇보다도 독립된 기반 위에서 한국민족의 형성을
위한 토대를 마련하였기 때문이다. 비록 신라가 발해와 함께 남북국(南北國)의
형세를 이루며 대립하고 있었다 하더라도, 결국 신라의 영토와 주민 및 그들이
이루어 놓은 사회와 문화가 한국사의 주류를 형성하기에 이르렀다. 이런 의미
에서 신라의 반도 통일은 커다란 민족사적 의의를 지닌다고 해야 하겠다.

발해의 건국

　고구려가 멸망한 뒤에 그 일부가 신라의 지배 밑으로 들어갔음은 이미 언급
한 바이지만, 그 나머지의 방대한 영토는 통일된 국가에 의하여 지배되지를 못
하였다. 요동 지방은 당의 지배 밑에 들어가서 안동도호부 관할 아래 놓였다.
그러나, 당은 고구려의 유민을 무마하기 위하여 보장왕을 요동도독·조선군왕
(朝鮮郡王)으로 봉하여 요동에 가게 하였던 것인데, 그는 반란을 꾀하였기 때문
에 곧 소환되어 버렸다. 뒤에 그의 아들 덕무(德武)가 또 안동도독으로 임명되
어 왔는데, 그의 자손은 같은 직을 계승하여 점점 독립적인 지위를 확보하기에
이르렀다. 소위 소고구려국(小高句麗國)이라고 부르기도 하는 것이다.

　이에 대해서 역시 고구려의 지배 밑에 있던 송화강(松花江) 유역의 너른 평
원, 즉 옛날 부여(扶餘)가 있던 지역을 중심으로 새로 건국된 것이 발해(渤海)
였다. 발해를 건국한 것은 부여 계통으로 생각되는 고구려의 장군 대조영(大祚
榮; 고왕, 高王)이었다. 고구려가 멸망할 때에 영주(營州; 조양, 朝陽) 지방에 옮
겨졌던 대조영은 거란인(契丹人)의 반란을 계기로 무리를 거느리고 동쪽으로
와서 동모산(東牟山; 돈화, 敦化)을 근거로 자립하고 진국왕(震國王)이라 칭하였

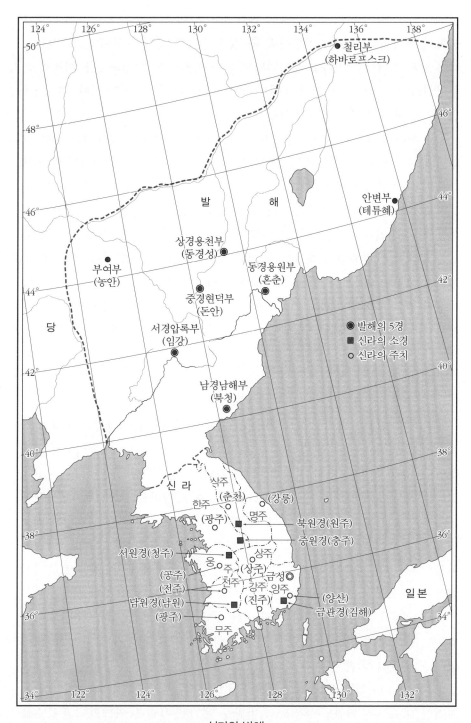

신라와 발해

다(698). 그의 밑에는 고구려의 유민뿐만 아니라 북만주 일대에 거주하던 말갈민(靺鞨民)이 많이 예속되었다. 이들은 고구려가 만주를 지배할 때에 그 지배 밑에 있었지만, 이제 발해가 건국되자 이에 예속하게 된 것이다. 비록 발해를 형성한 주민 속에는 말갈민이 상당히 있었다 하더라도, 그 지배층인 고구려의 유민들은 고구려를 부흥한다는 뚜렷한 자각을 가지고 있었다. 발해가 일본에 보낸 국서(國書)에서 스스로를 고려국(高麗國)이라고 칭한 것은 그러한 면을 잘 나타내고 있다.

이러한 발해가 국제적으로 차지하는 위치도 극히 미묘하였다. 당의 압력을 배제하면서 건국한 발해는 처음 당과 적대적이었다. 심지어 무왕(武王, 719~737) 때에는 해군을 보내어 당의 등주(登州 ; 산동반도, 山東半島)를 공격한 일도 있었다(732). 한편, 발해는 신라와도 대립적인 위치에 있어서 신라는 그 북경에 장성(長城)을 쌓은 일까지 있었다(721). 신라가 그 국경선을 대동강과 원산만으로 국한시키지 않을 수 없었던 것은 이러한 발해의 압력에 원인이 있었던 것 같다. 그러므로 신라와 당이 연합하여 발해를 협공한 것은 당연하다고 하겠다(733). 이같이 신라와 당의 연합 세력의 압력을 받는 발해는 북으로 돌궐(突厥)과 통하고, 남으로는 멀리 바다를 건너 일본과 연결하였다. 그러나 국제관계가 안정된 뒤에는 신라와도 자주 교류관계를 가졌던 것으로 보인다.

이러한 국제정세하에서 무왕은 영토를 확대하여 북만주 일대를 차지하는 강대한 독립왕국으로서의 존재를 뚜렷하게 하였다. 뿐만 아니라, 문왕(文王, 737~794) 때에는 당에서 안녹산(安祿山)의 난이 일어나는 것을 계기로 소고구려국에도 힘을 뻗어 요동반도까지 지배하였다. 그리고는 당과도 통하여 그 제도와 문화를 섭취하기에 이르렀다. 이러한 발해가 영토에 있어서나 문화에 있어서 극성기를 이룩한 것은 선왕(宣王, 818~830) 때였다. 이 시기에 발해는 동으로 연해주(沿海州), 서로 요하(遼河), 남으로 함남(咸南), 북으로는 흑룡강(黑龍江)에 이르는 방대한 영토를 차지하게 되었다.

대외정책의 전환

삼국시대에 있어서의 고구려·백제·신라의 중국과의 관계는 주로 항쟁의 역사였다. 물론, 외교적인 동맹이나 문화의 수입과 같은 접촉도 있기는 하였으나, 크게 보면 무력적인 항쟁이 주가 되어 왔다. 그러나 당의 침략적 야욕이 분쇄되어 그 세력이 후퇴하자, 신라와 발해는 모두 당과 평화적인 외교 관계를 유지하게 되었다. 이리하여 중국과의 관계는 큰 전환을 맞이하게 되었던 것이다.

신라와 발해의 중국과의 관계는 크게 두 가지 면에서 생각할 수가 있다. 그 하나는 경제적인 교역이었다. 조공(朝貢)의 형식을 빌려 행해진 당과의 교역에 있어서 수출품은 처음 원료적인 것이 많았으나, 점차로 견직물(絹織物)이나 만불산(萬佛山)으로 대표되는 공예품 등 수공업제품이 증가하는 추세를 나타내고 있다. 그러나 아무래도 당으로부터의 수입품에 대한 욕구가 강하였고, 그 수입품의 대부분은 각종 의료(衣料)·의류(衣類)·공예품 등 귀족이 필요로 하는 사치품이었다. 이러한 때문에 뒤의 흥덕왕(興德王) 9년(834)에는 사치를 금하는 영(令)을 내리기조차 하였다.

그 둘째는 문화의 수입이었다. 신라나 발해는 모두 당으로부터 많은 서적이나 미술품을 수입하였다. 뿐만 아니라, 승려나 유학자들이 당으로 가서 종교나 학문을 닦고 귀국하여 문화적인 발전에 공헌하기도 하였다. 대체로 처음에는 승려들의 유학(留學)이 더 두드러져 있었으나, 뒤에는 점점 유학자의 유학이 늘어나게 되었다. 이러한 당 문화의 수입이 신라나 발해의 문화를 꽃피게 하는 데 크게 이바지하였다. 이리하여 문화의 역류 현상이 나타나기도 하였는데, 원효(元曉)의 불교사상이 당의 현수(賢首)에게 영향을 끼친 것과 같은 경우를 예로 들 수가 있다.

한편, 남쪽 일본과도 경제적·문화적인 면에서 서로 교섭이 있었는데, 특히 발해는 신라와 대항하기 위하여 일본과 자주 교통하였다. 일본은 특히 신라의 문화를 받아들이기 위한 열의가 컸으며, 그 결과 율령·불교·미술 등 여러 방면에 걸쳐서 신라는 일본의 문화적 발전에 영향을 끼치었다. 한편 신라에는 아라비아 상인(商人)을 통하여 그 방면의 문화가 흘러 들어오기도 하였다.

제2절 전제주의하의 신라사회

전제왕권과 귀족

신라가 반도를 통일하여 막대한 영토와 인구를 지배하게 되는 것과 때를 같이하여 안으로도 새로운 정치적·사회적 발전을 이룩하게 되었다. 신라인 자신은 이러한 발전을 상대(上代) 혹은 중고(中古)가 끝나고 중대(中代) 혹은 하고(下古)가 시작하는 것이라고 생각하였다. 그러면 이러한 새로운 발전이란 어떠한 성질의 것이었는가.

우선 가장 두드러진 변화발전은 왕권의 전제화(專制化)였다. 삼국시대의 신라, 즉 상대의 신라에 있어서 왕위는 성골(聖骨)의 차지였다. 그러나 성골은 선덕여왕(善德女王)과 진덕여왕(眞德女王)의 두 여왕을 마지막으로 끊어져 버렸다. 그리고, 뒤를 이은 것은 진골(眞骨) 출신인 태종무열왕(太宗武烈王, 654~661)이었다. 태종무열왕은 상대등(上大等) 비담(毗曇)의 반란을 진압하고, 또 상대등 알천(閼川)과의 경쟁에서 승리를 거두고 왕위에 올랐다. 말하자면 그는 상대등으로써 대표되는 귀족세력을 누르고 왕위를 차지한 것이다. 그런데 그의 어머니는 김씨(金氏)였고, 더욱이 왕비는 신김씨(新金氏) 김유신의 누이였다. 그리고 그 이후 왕비는 원칙적으로 같은 왕족인 김씨가 되었다. 박씨(朴氏)를 어머니로 가져야 하고 박씨를 왕비로 맞아야 하는 사회적 제약을 벗어난 것이다. 이것은 그만큼 왕권의 전제적인 힘이 커졌음을 뜻한다. 태종무열왕 이후 그의 직계 자손이 계속 왕이 되었다든가, 또 왕제(王弟) 등에게 특별한 사회적 의의를 인정해 주던 갈문왕(葛文王)의 존재가 자취를 감추게 되는 것도 이러한 왕권의 전제화에 따르는 다른 한 면인 것이다.

신라에서 전제적인 왕권을 확립한 왕은 신문왕(神文王, 681~692)이었다. 신문왕은 전제왕권의 확립을 위하여 과감한 귀족세력의 숙청을 단행하였다. 그는 즉위하던 그 해에 왕비의 아버지인 김흠돌(金欽突)의 반란 사건을 계기로 많은 연루자를 샅샅이 찾아 죽였다. 그리고 드디어는 이 반란 사건을 사전에 알고도 고발하지 않았다는 죄목으로 전상대등 군관(軍官)을 또 사형에 처하였다.

이 신문왕의 숙청은 지극히 대담한 것이었고, 이 이후 왕권의 전제화는 결정적인 단계에 도달하였다고 믿어진다. 이를 계기로 신문왕은 왕권을 옹호하는 정치 및 군사 등에 관한 제도의 정비에 박차를 가하였다. 그리고 성덕왕(聖德王, 702~737) 때에 이르러 신라의 전제왕권은 안정되고, 그 기반 위에,

　　이 피리를 불면, 군사는 물러나고, 병이 낫고, 가뭄에는 비가 오고, 오던 비는 개고, 바람은 가라앉고, 물결은 평온해진다.

는 위력을 가졌다는 만파식적(萬波息笛)으로써 상징되는 평화를 누리게 되었다.
　　왕권이 전제화되었다고 해서 신라 사회의 근본이 되는 골품제도(骨品制度) 자체가 흔들린 것은 아니었다. 여전히 진골은 지배적인 신분층을 형성하고 있었다. 다만, 같은 진골 안에서도 왕족인 김씨가 거의 배타적으로 정치적 특권을 독점하게 되었다는 데에 차이가 있었다. 그리고 왕족이라도 왕권을 제약하는 세력으로서보다 왕권의 옹호자로서의 기능이 더 중요시되었다는 데에 또한 차이가 있게 된 것이다.
　　이렇게 진골 귀족의 세력이 일반적으로 약화되는 반면에, 육두품(六頭品) 귀족의 세력은 상대적으로 부각되게 되었다. 여기에도 이 시대의 사회적 변화의 일면이 엿보인다. 육두품 귀족은 그들의 신분적인 제약 때문에 상대등이나 중시(中侍)는 물론이요 각부(各部)의 영(令 ; 장관)에도 임명될 수 없었음은 이전이나 마찬가지였다. 그러나 그들은 신분의 권위에 집착하는 진골 귀족에 대항하여 왕권과 결합하였다. 이러한 관계로 신분적인 장애에도 불구하고 왕권과 육두품은 가까워졌으며, 이에 따라서 육두품 세력이 점점 사회적으로 두각을 나타내게 되었다. 특히, 학문적 식견에 의하여 국왕의 정치적 조언자가 됨으로써 중요한 정치적 구실을 담당하였던 것이다.

정치기구의 정비

　　전제적 왕권이 강화됨에 따라서 이를 중심으로 신라의 정치기구가 정비되었다. 그러므로, 이 시기에 신라의 율령제도(律令制度)가 보다 정비되었을 가능성이 있다. 문무왕(文武王)이 그의 유조(遺詔) 속에서 율령격식(律令格式)을 적절히 개정하라고 한 것은 그러한 의도에서였던 것 같다. 그러나 정치기구가 형식상으로는 대체로 삼국시대의 것을 답습하였다고 할 수 있다. 가령 병부(兵

部)·창부(倉部)·예부(禮部)·조부(調府)·사정부(司正府)·이방부(理方府) 등 중요 관부들은 여전히 그대로 존속하였다. 그러나 각 관부의 관직체계가 영 (令)·경(卿)·대사(大舍)·사지(舍知)·사(史)를 기본으로 하는 5단계 조직으로 정비된 것이 보다 관료적 성격을 나타낸 것으로 보인다. 또 법흥왕 18년(531) 에 설치된 이래 화백회의(和白會議)의 의장으로서 귀족의 대표자 같은 위치에 있던 상대등(上大等)도 여전히 존재하였다. 하지만, 상대등보다도 삼국시대 말 기인 진덕여왕 5년(651)에 설치된 집사부(執事部)가 핵심적인 행정관부로서 중 요시되는 새로운 변화가 엿보인다. 집사부는 귀족적인 전통보다도 왕권의 지 배를 받는 행정부적 성격의 것이었다. 그러므로, 집사부의 장관으로서 수상의 직위에 해당하는 중시(中侍 ; 뒤에 시중, 侍中)는 상대등과는 대조적인 위치에 있 은 셈이다. 그리고, 중시가 정치적으로 상대등보다 중요시되었다는 것은 신라 의 정치체제가 전제주의적으로 되었음을 나타내는 것이다.

신라의 발전 과정은 동시에 영토의 확대 과정이었다. 확대된 영토를 통치하 기 위하여는 지방조직의 정비가 필요하였다. 신라의 지방통치조직의 기본이 된 것은 주(州)·군(郡)·현(縣)이었다. 주는 통일 후의 신문왕(神文王) 5년(685)에 9 주로 정비되었다. 9주는 옛 신라 및 가야의 땅에 사벌주(沙伐州 ; 상주, 尙州)·삽 량주(歃良州 ; 양주, 良州)·청주(菁州 ; 강주, 康州)의 3, 백제의 옛 땅에 웅천주(熊 川州 ; 웅주, 熊州)·완산주(完山州 ; 전주, 全州)·무진주(武珍州 ; 무주, 武州)의 3, 고 구려의 옛 땅에 한산주(漢山州 ; 한주, 漢州)·수약주(首若州 ; 삭주, 朔州)·하서주 (河西州 ; 명주, 溟州)의 3이 할당되었는데, 이것은 우(禹)의 9주(州)를 모범으로 하 여 의식적으로 계획된 것 같다. 주의 장관은 문무왕(文武王) 때에 군주(軍主)에서 총관(摠管)으로 되었는데(뒤의 원성왕 때에 도독으로 또 개칭되었다), 이것은 아마 도 군사적인 성격에서 점차 행정적인 성격으로 변화해 감을 말하는 것 같다. 주 밑에는 군(태수, 太守)이 있고, 군 밑에는 현(영, 令)이 있었으며, 그 현이 다시 촌 (村)으로 나뉘었다. 그 밖에 향(鄕)·부곡(部曲)이라는 행정구획도 있었다.

신라는 신문왕 9년(689)에 수도를 달구벌(達句伐 ; 대구, 大邱)로 옮기려고 하 였다. 이것은 아마도 왕권을 강화하기 위한 계획이었던 것으로 생각된다. 그 러나 이 계획은 끝내 실천에 옮겨지지 못하고 말았는데, 필시 지배귀족인 진골 세력의 반발에 부딪친 때문인 것으로 보인다. 신라는 정복한 국가의 귀족들을 강제로 이동시켜 거주케 하여 이를 소경(小京)이라 하였다. 그것이 신문왕 5년 (685)에 9주의 정비와 때를 같이하여 중원경(中原京 ; 충주)·북원경(北原京 ; 원

주)·금관경(金官京 ; 김해)·서원경(西原京 ; 청주)·남원경(南原京 ; 남원)의 5소경
으로 정비되었다. 소경제도는 피정복 국민을 회유하고 통제하는 한편, 수도가
동쪽에 치우쳐 있는 약점을 보충하기 위하여 필요했던 것 같다. 그 때문이었겠
지만 중앙의 귀족들을 소경에 이주시키기도 하였다. 이러한 결과 소경은 신라
에서 사회적으로나 문화적으로 독특한 위치를 차지하게 되었다.

지방조직의 정비 과정은 결국 신라가 새로 점유한 지역에 대한 통치기구의
정비 과정이었다. 대부분의 경우에 새로 점유한 토지와 주민은 주·군·현의
가장 보편적인 행정 구획 속에 편입되었다. 때로는 향·부곡에 편입되기도 하
였는데, 그 성격은 주·군·현이나 별로 다른 것이 없었다. 물론, 주의 총관(도
독)으로부터 현령에 이르기까지는 중앙귀족이 임명되었다. 그러나, 그 밖의 촌
주(村主)라든지 주·군·현의 이직(吏職)에는 토착세력가 출신이 임명되었다.
그러므로 국가에서는 이들 세력가에 대한 일정한 대책이 필요하였다. 그들을
교대로 상경시켜 시위(侍衛)케 한 상수리(上守吏) 제도는 이러한 필요에서 생겨
난 것으로 믿어진다.

귀족경제의 변화

원래 신라의 귀족들은 국가로부터 식읍(食邑)·사전(賜田)·마거(馬阹 ; 목마
장, 牧馬場)·조(租 ; 곡물, 穀物) 등을 받아 막대한 재부의 소유자가 되었다. 가
령, 김유신(金庾信)은 식읍 500호(戶), 전(田) 500결(結), 그리고 마거 6소(所)를
받고 있다. 이 마거는 모두 174소 중에서 왕궁(王宮)에 22소, 관(官)에 10소를
할당한 이외에는 김유신·김인문(金仁問) 이하의 귀족들에게 분배하여 주었던
것이다(문무왕 9년, 669). 이들은 모두 국가에 대한 일정한 공로에 대하여 주어
지는 것이었다. 이에 대해서 일반 관료에 대하여는 녹읍(祿邑)을 지급하였다.
녹읍은 그 수급자가 토지로부터 조를 받을 뿐 아니라 그 지역의 주민을 노역
(勞役)에 동원할 수 있는 성질의 것으로 생각되고 있다.

그런데 전제왕권이 강화되면서 녹읍을 폐지하고(신문왕 9년, 689), 이에 대신
하여 조의 수취만을 허락하는 관료전(官僚田)이 주어졌고(신문왕 7년, 687), 한
편, 일정한 양의 곡식이 세조(歲租)로서 또한 주어졌다(신문왕 9년, 689). 이러한
개혁은 되도록 귀족들의 농민에 대한 직접적인 지배를 제한하려고 한 데서 말
미암은 것이며, 전제주의의 성장과 짝하는 현상인 것이다. 그러나, 뒤에 다시

녹읍이 부활되고 관료전과 세조는 폐지되었다. 이것은 귀족들이 전제주의의
지배를 벗어나려고 하는 새로운 움직임을 나타내는 것이며, 그만큼 그들의 세
력이 다시 커졌다는 표시이기도 하다. 이리하여,

> 재상가(宰相家)에는 녹(祿)이 끊이지 않고 노동(奴僮)이 3천 인이요, 갑병(甲兵)과
> 우(牛)·마(馬)·저(豬)가 이와 비슷하였다.

고 하는 상태에까지 달하게 되었다.

이러한 귀족들의 중심지는 왕경(王京)인 금성(金城)이었다. 왕경은 당(唐) 장
안성(長安城)의 조방제(條坊制)에 따른 새로운 도성제(都城制)가 채택되었고,
그 유제를 아직도 발견할 수가 있다. 전국으로부터 재물이 모여든 왕경은 신
라 귀족의 낙원과도 같았다. 오늘날 경주에서 그 유적을 찾을 수 있는 임해전
(臨海殿)·포석정(鮑石亭) 등은 모두가 그들의 사치와 환락의 옛 모습을 말해 주
는 것이다. 또 왕경에는 178,936호(戶)·1,360방(坊)·55리(里)·35금입택(金入
宅)·4절유택(節遊宅) 등이 있었다고 하며,

> 성중(城中)에는 하나의 초가집도 없이 지붕과 담이 연하였으며, 노랫소리가 길에
> 가득하여 밤낮을 그치지 않았다.

는 기록도 역시 그러한 호사스런 모습을 나타내 주는 것이다.

군제의 개편

신라의 전제주의적 성격은 군사조직면에서도 뚜렷이 나타나 있다. 삼국시대
신라의 중요한 군단은 6정(停)이었다. 그 조직면에서 부족적인 전통을 이어 내
려왔다고 생각되는 6정은 통일과 함께 그 이상의 발전을 정지하고 말았다. 그
리고, 새로운 사회적 변화에 대비하기 위하여 새로운 군사조직이 이루어졌다.
그 대표적인 것이 9서당(誓幢)과 10정(停)이었다.

9서당은 신문왕 7년(687)에 완성된 중앙의 군단이었다. 원래 모병(募兵)에 의
하여 조직되었다고 생각되는 서당은 점차로 증가하여 통일 뒤에 옷깃(금, 衿)
의 색깔에 의하여 구분된 녹금(綠衿)·자금(紫衿)·백금(白衿)·비금(緋衿)·황
금(黃衿)·흑금(黑衿)·벽금(碧衿)·적금(赤衿)·청금(靑衿)의 9개 서당으로 정비
되었던 것이다. 9서당의 특징은 신라인뿐 아니라 고구려·백제·말갈 등의 이
국민까지를 포함하는 점에 있는데, 이들은 왕에게 충성을 맹세한 왕의 직속부

대였던 듯하다. 귀족들이 그 지휘권을 장악하고 있던 6정 대신에 9서당이 군
제의 핵심이 되는 군단으로 등장한 것은 전제왕권의 강화책의 결과라고 할 수
있다.

　중앙의 9서당에 대해서 지방에 배치된 가장 중요한 부대가 10정이었다. 10
정은 제일 지역이 넓고, 또 국방상의 요지인 한산주(漢山州)에 설치된 남천정
(南川停 ; 이천, 利川)과 골내근정(骨乃斤停 ; 여주, 驪州)의 2개의 정을 비롯하여,
다른 8개의 주에 1개 정씩 배치된 음리화정(音理火停 ; 상주, 尙州)·고량부리정
(古良夫里停 ; 청양, 靑陽)·거사물정(居斯物停 ; 남원, 南原)·삼량화정(參良火停 ;
달성, 達城)·소삼정(召參停 ; 함안, 咸安)·미다부리정(未多夫里停 ; 나주, 羅州)·벌
력천정(伐力川停 ; 홍천, 洪川)·이화혜정(伊火兮停 ; 청송, 靑松)을 말하는 것이다.
이같이 전국에 고루 배치된 군단들이 국방만이 아니라 경찰의 임무도 담당하
였을 것임은 상상하기가 어렵지 않다. 이도 또한 전제왕권을 중심으로 한 신라
의 집권적 성격을 말해 주는 것이다.

　이 밖에도 특별히 다섯 주에만 배치된 5주서(州誓), 9주의 주치(州治)에 각기
2개의 당(幢)이 고루 배치된 것으로 생각되는 만보당(萬步幢) 등 여러 군단이
있었으나 중앙의 9서당과 지방의 10정은 그 중심적인 존재였다. 이 같은 용의
주도한 군사조직은 9주·5소경과 함께 전제주의적인 통치조직의 중요한 고리
를 이루고 있었다.

민중생활

　통일을 전후하여 일반 민중의 생활은 점점 가난으로 기울어져 갔다. 빚을 갚
지 못하여 노비가 되는 예가 늘어갔다. 사회계층의 분열이 점차로 커져 간 것
이다. 특히, 귀족의 근거지인 수도 금성(金城 ; 경주)에는 많은 노비가 있었다.
왕궁에는 의식주(衣食住)를 비롯하여 여러가지 일에 종사하는 많은 노비가 있
었다. 또, 이미 말한 바와 같이 재상의 집에는 노동(奴僮)이 3천 명이나 되었다
고 전하는데, 귀족들이 상당한 노비를 거느리고 있었음을 짐작케 하는 것이다.

　지방의 농민들은 보통 촌이라고 하는 말단 행정구획에 편입되어 있었다. 촌
은 대략 10호 가량의 혈연집단이 거주하는 자연촌락을 기준으로 편성된 것이
었다. 이들 촌은 몇 개의 촌을 관할하는 촌주(村主)를 통하여 집단적으로 국가
의 지배를 받았는데, 이 목적을 위하여 촌 단위의 장적(帳籍)이 작성되었다. 최

근에 일본의 정창원(正倉院)에서 헌덕왕 7년(815)에 작성된 것으로 믿어지는
서원경(西原京 ; 청주) 및 그 부근 4개 촌의 장적이 발견되었다. 3년마다 작성되
는 것으로 여겨지는 이 장적에는 촌의 호수(戶數)·인구수(人口數)·우마수(牛
馬數)·토지면적(土地面積), 뽕나무(상, 桑)·잣나무(백, 柏)·호두나무(추, 楸)의
그루수 및 호구(戶口)·우마(牛馬)의 감소 등이 기입되어 있다.

  이에 의하면 인구는 연령에 의하여, 정(丁 ; 정녀, 丁女)·조자(助子 ; 조녀자, 助
女子)·추자(追子 ; 추녀자, 追女子)·소자(小子 ; 소녀자, 小女子)·제공(除公 ; 제모,
除母)·노공(老公 ; 노모, 老母)의 6등급으로 나뉘어 있었다. 이러한 구분은 역역
(力役) 징수의 기준을 세우기 위한 것이었는데, 징수의 대상인 정의 수가 많고
적음을 기준으로 연(烟 ; 호, 戶)의 등급을 매기었다. 공연(孔烟)이라 부른 일반
호(戶)는 상상호(上上戶)로부터 하하호(下下戶)에 이르기까지 9등급으로 나뉘어
있었다. 그런데 이 공연의 정의 수를 합계하여 일정한 단위마다를 1계연(計烟)
으로 계산하여 촌에서 역역을 징수할 수 있는 정의 총수를 파악하였다. 그런데
최근에는 호를 9등급으로 나눈 기준이 정의 수에 있는 것이 아니라 호의 재산
의 정도에 있었다는 새로운 주장이 나와서 주목되고 있다.

  또 이들 촌에는 관모답·전(官謨畓·田)·내시령답(內視令畓)·마전(麻田) 등이
할당되어서 촌민에 의하여 경작되었다. 촌주는 국가로부터 촌주위답(村主位畓)
을 받았으며, 촌민은 호에서 받은 논이란 뜻의 연수유답(烟受有畓)을 받았는데,
후자는 곧 성덕왕 21년(722)에 처음 주어졌다는 정전(丁田)이었던 것으로 추측
된다. 위의 관모답과 마전에서의 수확은 국가의 수입이 되었을 것이나, 일종의
관료전(官僚田)으로 생각되는 내시령답과 촌주위답은 각기 내시령과 촌주의 수
입이 되고, 연수유답에서의 수확은 농민의 수입이 되었을 것이다. 토지뿐 아니
라, 뽕나무·잣나무·호두나무의 그루수가 기입된 것을 보면 여기에도 세(稅)
가 부과된 것임을 알 수 있다. 중앙귀족들은 가능한 한 농민으로부터 많은 것
을 거둬들이려고 한 것으로 보인다.

  신라에는 촌만이 아니라, 향·부곡 등으로 불리는 지방행정구획이 또한 설정
되어 있었다. 종래 군·현·촌이 양인(良人)의 거주지인 데 대하여, 향·부곡은
노비적인 신분을 가진 천민의 거주지로 생각되어 왔다. 그러나 향·부곡에도
군·현에서와 마찬가지 장관이 임명되고 그 주민도 군·현의 주민과 마찬가지
로 인식되고 있었다는 주장이 나와서 주목되고 있다. 그러므로 신라에서 농경
에 종사하는 노동인구의 대부분을 차지한 것은 일반 자유민인 자영농민(自營

農民)이었음이 분명하다. 또 건축이나 주종(鑄鐘) 등 기술직에 종사하는 사람들
도, 강고내미(强古乃未)가 나마(奈麻)의 관등을 받고 있는 것과 같이 그 신분이
하급 귀족에 속하고 있는 경우도 있을 정도여서, 결코 천민만은 아니었다. 따
라서 이 시대를 노예사회라고 하는 주장은 잘못된 것임을 알 수가 있다.

제3절   전제주의하의 신라문화

불교의 발전

통일신라에 있어서의 지배적인 사상은 불교였다. 불교는 위로는 국왕으로부
터 밑으로는 일반 민중에 이르기까지 모든 신라인들이 한결같이 우러러 받드
는 종교로서 중대한 사회적 역할을 담당하였다. 그러므로, 당이나 혹은 멀리
인도에까지 가서 불법을 구하는 많은 승려들이 있었다. 일찍이 원광(圓光) 이
래로 자장(慈藏)·의상(義湘)·원측(圓測) 등의 명승이 중국에 가서 불교를 배웠
는데, 원측 같은 승려는 길이 당에 머물러 역경(譯經)과 저술(著述) 등으로 중국
불교의 발전에 공헌한 바가 컸다. 한편, 혜초(慧超)는 인도에까지 가서 성적(聖
跡)을 순례한 여행기인 『왕오천축국전(往五天竺國傳)』을 남기어 유명하다.

이렇게 당에 유학하고 돌아오는 승려의 수가 많아질수록 당에서 성립된 여
러 종파가 신라에도 전하여지게 되었다. 이리하여 열반종(涅槃宗)·계율종(戒
律宗)·법성종(法性宗)·화엄종(華嚴宗)·법상종(法相宗) 등 교종(敎宗)의 5교가
성립되게 되었다. 이들 여러 교파 중에서 귀족사회에서 가장 두터운 존신을 받
은 것은 화엄종이다. 신라의 화엄종을 처음 하나의 종파로서 성립시킨 의상은
중국 화엄의 대종사(大宗師)인 지엄(智儼)의 제자였다. 귀국 후 부석사(浮石寺)
를 창건하고, 이를 중심으로 화엄종을 널리 전하였는데, 그의 밑에서 많은 제
자가 배출되었다. 화엄사상은 일(一)이 곧 다(多)요, 다가 곧 일이라는 원융사
상(圓融思想)이며, 일심(一心)에 의하여 만물을 통섭하려는 것이었다. 이러한
사상은 전제왕권을 중심으로 한 중앙집권적 지배체제와 일치하는 것이며, 귀
족사회에서 크게 환영된 까닭도 여기에 있었을 것이다.

이에 대해서 원효(元曉)는 여러 종파의 대립 의식을 배격하였다. 원효는 당대

의 고승 중에서는 예외적으로 당에 유학하지 않았으나, 그의 학승으로서의 위대함은 당에서조차 존경을 받을 정도였다. 그는 법성종 계통의 사상을 주로 하였다고 하지만, 그러나 불경 연구의 범위는 지극히 넓어서 『화엄경(華嚴經)』에 조예가 깊어 때로는 화엄종이라 불릴 정도이며, 그 밖에도 『반야경(般若經)』·『법화경(法華經)』·『열반경(涅槃經)』·『아미타경(阿彌陀經)』·『무량수경(無量壽經)』·『금강삼매경(金剛三昧經)』·『대승기신론(大乘起信論)』 등 여러 경(經)·논(論)에 주소(註疏)를 달았다. 그는 한 경론에만 집착하지 않고 여러 종파의 모순이 보다 높은 입장에서 융화통일되어야 할 것을 주장하는 독특한 사상체계를 수립하였다. 『십문화쟁론(十門和諍論)』은 이러한 그의 사상을 담은 저서였는데, 이러한 까닭으로 해서 그는 후일에 화쟁국사(和諍國師)라는 시호를 받기에 이르렀다. 이 원효의 사상은 그 시대의 전제주의가 내포하는 사회적 모순을 사상적으로 해소시키려는 노력의 소산으로 보인다. 원효의 『대승기신론소』는 중국에 전해져서 중국 화엄학에, 『십문화쟁론』은 범어(梵語)로 번역되어 인도의 불교계에 각기 영향을 미치었다.

위의 귀족불교와 함께 주로 민중에게 환영을 받은 것은 정토신앙(淨土信仰)이었다. 정토신앙은 위로는 국왕으로부터 밑으로는 노비에 이르는 온 국민의 신앙의 대상이 되었으나, 이에 열성을 나타낸 것은 가난하고 억압받는 민중이었다. 그것은 우선 불경의 깊은 교리를 터득하지 못하더라도 아미타불에 귀의한다는 뜻의 '나무아미타불(南無阿彌陀佛)'을 외는 염불(念佛)만으로 아미타불이 산다는 서방정토(西方淨土), 즉 극락(極樂)으로 왕생할 수 있다는 단순한 교리를 가지고 있기 때문이었다. 정토신앙이 민중불교인 것은 그것이 또 압박받는 자에게 환영받는 불교였기 때문이었다. 정토신앙은 현세에 만족하는 것이 아니라, 현세를 괴로운 세계라 생각하고 내세인 극락에 왕생하기를 기원하는 것이었다. 이러한 이유로 해서 정토신앙이 크게 풍미하여 허다한 민중들이 현세를 등지고 입산(入山)하였으며, 육신의 산 몸으로 하늘을 날아 서방정토로 왕생했다는 설화까지 전하게 되었다. 전제주의하의 사회적 모순이 발전함에 따라서 나타난 민중의 염세적 경향을 반영하는 것이라고 해야겠다. 그러므로 이 정토신앙의 유행은 전제주의적인 사회체제에 대한 민중의 소극적인 사상적 반항이라고 할 수가 있다. 이 정토신앙의 유행은 신라 불교계에 있어서 하나의 큰 변화라 하겠는데, 이 정토신앙을 널리 전도한 것이 원효였다. 원효는 학승으로서도 위대했지만, 파계한 뒤에는 방방곡곡의 촌락을 돌아다니며 범부왕생

(凡夫往生)의 정토신앙을 전파한 유행승(遊行僧)으로서 오히려 더 위대하였다. 그의 정토신앙은 『유심안락도(遊心安樂道)』에 잘 나타나 있는데, 거기서 그는,

　　정토의 깊은 뜻은 본래 범부(凡夫)를 위함이지 보살(菩薩)을 위함이 아니다.

라고 하였다. 그의 전도 이후에 신라인의 10 중 8·9가 불교를 믿게 되었다고 하니, 그가 민중불교의 대전도자였음을 여실히 찾아볼 수 있다.

　한편, 왕경(王京)에서 멀리 떨어진 지방사회에서는 법상종의 미륵신앙(彌勒信仰)이 크게 유행하였다. 이 미륵신앙은 장차 미륵불이 이 지상에 와서 현세에 이상사회를 실현해 줄 것을 믿는 신앙이었다. 이 신앙을 크게 떨치게 한 것은 경덕왕(742~765) 때에 김제(金堤)의 금산사(金山寺)를 중심으로 활약하던 진표(眞表)였다. 그는 백제의 유민으로서 이 미륵신앙을 통하여 백제의 정신적 부흥운동을 일으킨 것으로 이해된다. 그러므로 백제 유민들 사이에서 크게 환영을 받았으며, 더욱 나아가서 고구려의 유민들 사이에서도 환영을 받기에 이르렀다. 이같이 미륵신앙이 백제와 고구려의 유민들 사이에서 환영을 받은 것은 신라의 중앙집권적인 전제주의 통치 밑에서 억압받던 그들이 사상적으로 백제와 고구려의 부흥운동에 호응한 것이며, 그 전통이 견훤(甄萱)과 궁예(弓裔)에까지 이어졌던 것으로 믿어진다.

유교의 대두

　신라에서 전제왕권이 강화되면서, 유교가 불교에 대항하는 독립된 사상으로서 대두하기 시작한 것은 새로운 경향이었다. 이러한 경향에서 신문왕 2년(682)에는 국학(國學)이 설립되었다. 그 후 성덕왕 16년(717)에는 당으로부터 공자(孔子)·10철(哲)·72제자(弟子)의 화상(畵像)을 가져다 국학에 안치하였다. 이어 경덕왕 때에도 국학을 태학감(太學監)이라 개칭하고 박사(博士)와 조교(助敎)를 두어 교수를 담당케 하였다. 이 국학에서는 3과(科)로 구분하여 교수하였는데, 3과의 과목은 다음과 같았다.

　　(가)『논어(論語)』·『효경(孝經)』·『예기(禮記)』·『주역(周易)』
　　(나)『논어』·『효경』·『좌전(左傳)』·『모시(毛詩)』
　　(다)『논어』·『효경』·『상서(尙書)』·『문선(文選)』

이에 의하면 『논어』와 『효경』은 3과 공통의 필수 과목이었고, 오경(五經)과 『문선』은 과에 따르는 선택 과목으로 되어 있었다. 이 국학에 입학할 수 있는 자격은 대사(大舍) 이하 무위자(無位者)에 이르는 귀족들로 되어 있는데, 주로 육두품(六頭品) 출신이 많이 입학하지 않았을까 추측된다.

이러한 교육기관의 정비를 기초로 하고 원성왕 4년(788)에는 독서삼품과(讀書三品科)라는 관리 채용을 위한 일종의 국가시험제도가 설정되었다. 이에 의하면 독서의 성적에 따라 3등급으로 나누어 채용하였는데, 국학에서 배운 책들이 시험의 대상이 되었다. 그러나, 오경·삼사(三史)·제자백가(諸子百家)의 책에 모두 능통한 자는 순서를 뛰어 등용하였다고 한다. 이러한 독서삼품과의 설치는 관리 채용의 기준을 골품제의 신분보다도 유교적인 교양에 두자는 것이었다고 생각된다.

이같이 점점 국가의 관심을 크게 한 유교는, 대체적으로 말한다면, 진골(眞骨)을 중심으로 짜여진 골품제도와 이를 옹호하는 불교에 대항하는 성격을 띠고 있었다. 이 유교를 주로 신봉한 것은 육두품 출신들이었으며, 이들은 현세적인 도덕지상주의를 내세우고 불교의 불토(佛土) 중심의 이원적 세계관에 비판을 가하였다. 이 시기 유교의 대표적 인물인 강수(强首)나 설총(薛聰)이 모두 그러하였다. 강수는 임나(任那) 출신의 육두품으로서 외교문서의 작성에 공이 큰 것으로 유명하지만, 불교를 세외교(世外敎)라 하여 이를 비판하고 도덕을 사회적인 출세보다도 더 중요시하였다. 설총은 원효의 아들로서 역시 육두품의 신분이며, 구결(口訣 ; 토, 吐)로써 경서(經書)를 읽는 법을 마련하였다고 하는데, 그는 「풍왕서(諷王書 ; 화왕계, 花王誡)」에서 국왕도 향락을 배격하고 도덕을 엄격히 지켜야 한다고 주장하였다. 그러므로 유교는 전제정치하에서 진골에 대항하고 있었고, 오히려 왕권과 결합하여 성장하여 갔다고 할 수 있다.

학문과 기술

우선 사학(史學)에 있어서는 김대문(金大問)이 주목된다. 성덕왕(聖德王, 702~737) 때의 학자인 그는 『계림잡전(鷄林雜傳)』·『고승전(高僧傳)』·『화랑세기(花郞世記)』·『악본(樂本)』·『한산기(漢山記)』 등 신라의 역사와 지리에 관한 저술을 하여 당(唐)의 문화를 동경하는 당시에 있어서 독자적인 지위를 자랑하고 있다. 그러나 불행히 이들 저서는 전하지를 않고, 그 일면을 『삼국사기(三國

史記)』나『삼국유사(三國遺事)』에서 찾을 수 있을 뿐이다. 진골 출신인 김대문은 전제왕권에 대항하여 전통문화에 기반을 둔 공동체적 정신에 대한 인식을 새롭게 하려고 노력하였던 것으로 생각된다. 이 밖에 김장청(金長淸)의『김유신행록(金庾信行錄)』등 전기물이 많이 저술된 것도 대개 같은 이유에서일 것으로 미루어진다.

정치란 음양(陰陽)을 조화시켜서 자연현상으로 하여금 인간에게 행복을 주도록 하는 데 있다고 믿었으므로, 원시적인 점성술(占星術)과 연결되어 천문학(天文學)과 역학(曆學)이 발전하였다. 그 결과로 선덕여왕(善德女王, 632~647) 때에 이미 첨성대(瞻星臺)가 세워졌던 것이다. 여기에는 해시계나 관측기 등이 설치되어 간단한 천문 관측이 행해졌을 것으로 생각된다. 시계로서는 물시계(누각, 漏刻)도 널리 사용되어 국가에서 성덕왕 17년(718)에 누각전(漏刻典)을 설치하여 이를 관장하게 하였다. 천문학자로서 이름을 남긴 사람은 혜공왕(惠恭王, 765~780) 때의 김암(金巖)인데, 그는 당에서 음양가법(陰陽家法)을 배워『둔갑입성법(遁甲立成法)』을 저술하였다고 하며, 귀국한 뒤에는 사천대박사(司天大博士)에 임명되었다. 또 김암은 패강진두상(浿江鎭頭上)으로 재직할 때 육진병법(六陣兵法)을 가르쳤다고 하는데, 이로써 그가 병학(兵學)에도 능하였음을 알겠다.

수학(數學)도 크게 발달하여 이를 각 방면에 실제로 응용하고 있었다. 석불사(石佛寺, 석굴암)의 평면 구성이나 천장 돔(궁륭, 穹窿), 석가탑(釋迦塔)이나 다보탑(多寶塔) 등 여러 탑의 균형 잡힌 비례 구성 등은 모두 정밀하게 수학적 지식을 응용한 것들이었다. 그 밖에 습기를 방지하기 위하여 용의주도하게 통풍 장치를 하는 등의 자연과학적 지식이 건축에 이용되기도 하였다. 또 만불산(萬佛山)이라 하여 바람의 힘으로 종이 울리면 중들이 엎드려 절을 하도록 만든 장치를 갖춘 조각물도 만들었는데, 이를 본 당(唐)의 대종(代宗)은,

신라의 기교는 하늘이 만든 것이지 사람의 재주가 아니다.

라고 하며 감탄하였다 한다. 신라 기술의 발달을 여실히 말해 주는 사실이라 하겠다. 한편, 동(銅)으로 불상(佛像)이나 범종(梵鐘)을 주조하는 기술도 크게 발달하여, 기포(氣泡)가 매우 적은 아름다운 동불(銅佛)이나 동종(銅鐘)을 만들 수가 있었다.

또 불교나 유교의 경전을 비롯한 각종 서적을 출판하기 위하여 목판인쇄술(木板印刷術)이 발달하게 되었다. 석가탑에서 발견된『다라니경(陀羅尼經)』은

그 탑을 세우던 경덕왕 10년(751) 이전의 것으로서 현존하는 세계에서 가장 오래된 목판인쇄물로서 유명하다.

향가와 한문학

향가(鄕歌)는 이미 말한 바와 같이 불교 혹은 일반적으로 종교와 관련을 가지는 문학작품이다. 삼국시대의 신라에서 이미 발생한 향가는 통일 이후에 더욱 발달하여서, 「모죽지랑가(慕竹旨郞歌)」를 지은 득오(得烏), 「도솔가(兜率歌)」와 「제망매가(祭亡妹歌)」를 지은 월명사(月明師), 「찬기파랑가(讚耆婆郞歌)」와 「안민가(安民歌)」를 지은 충담사(忠談師) 등 많은 작가를 배출하였다. 그리고, 이들의 작품이 진성여왕(眞聖女王, 887~897) 때에 대구화상(大矩和尙)과 위홍(魏弘)에 의해서 『삼대목(三代目)』으로 집대성되었다. 향가는 처음 4구체(句體)로 되어 있었으나, 뒤에는 10구체의 정형시(定型詩)로서 그 형태가 완성되었다. 향가의 작가들은 때로는 국가의 평안을 위하여, 때로는 불덕(佛德)을 찬양하기 위하여, 때로는 죽은 사람을 사모하며 극락왕생을 비는 뜻에서 향가를 지었다. 이같이 향가는 처음 종교적인 성격을 띤 종교문학으로 발전하였으나, 한편 점차 「제망매가」에서 풍기는 것과 같은 서정시(抒情詩)의 경향도 띠어가게 되었다. 이제 「제망매가」의 현대어역을 실으면 다음과 같다.

> 생사(生死) 길은
> 여기에 있으매 두려워하고,
> 나는 간다는 말도
> 못다 이르고 가는가.
> 어느 가을 이른 바람에
> 여기저기 떨어지는 잎처럼,
> 한 가지에 나고
> 가는 곳 모르는구나.
> 아아, 미타찰(彌陀刹)에서 만나볼 나
> 도(道) 닦아 기다리겠노라.

한문의 사용 빈도가 늘어나고 불교와 유교가 널리 보급됨에 따라서 한문학(漢文學)도 크게 발전하였다. 강수(强首)는 외교문서를 맡아 통일에 큰 공헌을 하였다고 하는데, 그가 지은 「김인문을 놓아주기를 청하는 글(청방인문서, 請放仁問書)」을 보고 당(唐) 고종(高宗)은 눈물을 흘리며 이에 응하였다고 하므로,

그 문장력을 가히 짐작할 수가 있다. 또 설총(薛聰)이 국왕으로서의 도리를 적은 「풍왕서(화왕계)」도 유명하며, 역시 그가 지은 「감산사조상기(甘山寺造像記)」가 전하고 있다. 그 밖에 많은 비문(碑文)이 있었으나 현재 온전하게 전하는 것은 없고, 김필오(金弼奧)가 지은 「성덕대왕신종명(聖德大王神鐘銘)」이 무게 있는 탁월한 문장력을 나타내 주고 있다.

음악과 무용

음악은 악기(樂器)가 다양화한 것이 그 특징이라고 할 수가 있다. 신라의 음악은 원래 가야금(伽倻琴) 한 가지를 쓰고 있었으나, 통일시대에 이르러서 고구려와 백제의 악기들을 받아들여 가야금·거문고(현금, 玄琴)·향비파(鄕琵琶)의 3현(鉉)과 대금(大笒)·중금(中笒)·소금(小笒)의 3죽(竹), 그리고 박판(拍板)과 대고(大鼓) 등 많은 악기를 사용하게 되었다. 이렇게 여러 악기로 합주되는 향악(鄕樂)은 가야금 하나로 연주되던 시대에 비교하여 악기의 편성이 대단히 풍부하여진 셈이고, 이에 따라서 상당히 쾌활한 음악이 되었다. 여기에 노래와 춤이 어울리는 것이었으므로 그것은 더욱 신나는 것이 되었다고 생각된다.

이 향악에 맞추어서 추는 무용으로는 처용무(處容舞)·상염무(霜髥舞) 등이 있었던 것으로 전해지고 있다. 처용무는 처용설화와 관련된 것인데, 궁성에서 악귀를 내쫓기 위하여 행하는 나례(儺禮)에서 행해지던 가면무(假面舞)였다. 상염무는 왕이 포석정(鮑石亭)에 갔을 때 남산신(南山神)이 나타나서 춘 것이라고 하는데, 이것 역시 악귀를 내쫓는 목적을 가진 가면무였을 것이다. 그리고 원효(元曉)가 촌락을 두루 돌아다니며 추었다는 무애무(無㝵舞)는 노래에 곁들인 불교적인 춤으로서, 그 노래는 거사(居士)소리의 시초가 되는 것인 듯하다. 이 밖에 음악을 곁들인 가면무가 많이 있었으며, 최치원(崔致遠)이 지은 「향악잡영(鄕樂雜詠)」이란 시에는 그 신나는 장면들이 잘 묘사되어 있다.

이 향악과는 달리 당으로부터 받아들인 당악(唐樂)이 또 있었다. 이 당악은 대체로 궁중의식이나 혹은 불교의식에서 사용되었으며, 당비파(唐琵琶)나 횡적(橫笛) 같은 악기가 주로 사용되는 조용한 음악이었을 것이다. 그리고 불교의식에서는 범패(梵唄)라는 노래도 널리 불리어졌다.

미술

통일신라시대의 미술은 무르익은 기교의 산물이었다. 삼국시대 미술의 소박한 티를 벗고 높은 미적 감각을 드러내고 있다. 이 시대 미술은 비록 사실적인 기법을 쓰고는 있지만, 그것은 실물 그대로를 표현하려는 것이 아니라 이상적인 미의 세계를 구현하려는 것이었다. 뿐만 아니라, 작품 속에서 통일된 조화의 세계를 창조하려는 노력을 나타내고 있다. 무르익은 기교로써 이상적인 조화의 미를 창조하려는 것이 곧 통일신라시대 미술의 특징이었다.

이 시대 미술의 대표적인 것은 불국사(佛國寺)와 석불사(石佛寺, 석굴암)라 하겠다. 불국사와 석불사는 경덕왕 10년(751)에 재상(宰相 ; 중시, 中侍)으로 있던 김대성(金大城)이 지은 것이라 한다. 불국사는 원래 2,000간(間)이 넘는 큰 절이었으나 목조 건물은 임진왜란(王辰倭亂) 때 불타 없어졌던 것을 최근 복원하였다. 그중에서 정문인 자하문(紫霞門)으로 올라가는 백운교(白雲橋 ; 하단)와 청운교(靑雲橋 ; 상단)의 아름다운 구름다리 층계, 자하문 바른편(서편)에 있는 범영루(泛影樓) 기주(基柱)의 기발한 구조, 대웅전(大雄殿) 앞의 좌우에 쌍을 이루고 있는 석가탑(釋迦塔)과 다보탑(多寶塔)의 균형잡힌 구조, 이 모두가 대웅전을 중심으로 질서정연하게 배열되고 또 무르익은 기술을 나타낸 조화미의 표현이라 하겠다. 특히, 신라의 석탑(石塔)은 중국의 탑이나 일본의 목탑(木塔)과 대조적으로 그 독특한 발전을 이룩하여 널리 일컬어지고 있지만, 허다한 석탑 중에서도 석가탑과 다보탑은 화엄사(華嚴寺)의 사자탑(獅子塔)과 함께 통일신라시대 석탑의 최고 걸작품으로 일컬어지고 있다.

석불사는 중국의 석굴사원(石窟寺院)의 양식을 받아들여 만든 것이긴 하나, 중국의 그것이 자연적인 바위벽에 이루어진 것인 데 대하여, 신라의 것은 인공의 석굴을 만들어서 불상을 모신 데에 차이가 있다. 석불사는 사각형의 전실(前室)과 원형의 후실(後室)로 되어 있고, 후실 천장은 돔(궁륭, 穹窿)으로 돌을 쌓아 올린 것이다. 기술적으로 교묘할 뿐 아니라, 역학적으로도 든든하게 설계되어 있다. 그러나, 석불사가 석불사인 점은 그 조각(彫刻)에 있다. 후실 중앙의 석가상(釋迦像)을 비롯하여, 둘레의 벽에 부조(浮彫)된 11면관음(十一面觀音)과 여러 보살(菩薩) 및 나한(羅漢), 그리고 전실의 8부신장(八部神將)과 인왕(仁王), 연도(羨道)의 사천왕(四天王) 등 모두가 각기 특색을 지니고 조화된 미의 세

계를 이루고 있다. 비록 둥근 얼굴이나 풍만한 몸에는 당(唐) 불상의 영향을 받
은 바가 있다고 하더라도, 이 석불사의 조각에는 그보다 더 정신적인 미가 깃
들여 있다. 이 밖에 조각으로는 굴불사(堀佛寺)의 4면석불(四面石佛), 감산사(甘
山寺)의 아미타불상(阿彌陀佛像)과 미륵보살상(彌勒菩薩像) 등이 유명한데, 이
시대에는 아미타불상을 조각한 예가 많이 나타나고 있다.

불교미술로서 잊을 수 없는 것에 범종(梵鐘)이 있다. 신라의 범종으로 현재
남아 있는 것 중 가장 오랜 것은 상원사종(上院寺鐘 ; 성덕왕 24년, 725)이지만,
제일 유명한 것은 성덕대왕신종(聖德大王神鐘 ; 봉덕사종, 奉德寺鐘, 혜공왕 7년,
771)이다. 이 종은 구경(口徑)이 7척(尺) 5촌(寸), 높이가 11척인 현존하는 최대
의 종일 뿐더러, 그 모양이나 비천상(飛天像)·연화문(蓮花文) 등의 장식이 아름
다워 가장 우미한 것이기도 하다. 전하는 바로는 황룡사종(皇龍寺鐘)은 50만 근
(斤)의 거대한 것이었다고 하나 지금 남아 있지가 않다. 신라의 종은 중국 고
대의 종과 탁(鐸)을 합친 독특한 형식을 가지고 있고, 또 아름다운 무늬를 새긴
것으로, 중국이나 일본의 종이 따를 수 없는 미를 가지고 있다. 이 밖에 석등
(石燈)·석부도(石浮屠)·석조(石槽)·당간지주(幢竿支柱)·와당(瓦當)·벽돌(전,
塼) 등에 있어서도 우수한 것이 많이 있다.

불교와 관계가 없는 신라 미술의 보고(寶庫)는 분묘(墳墓)이다. 통일 전의 신
라고분은 수혈식(竪穴式) 적석총(積石塚)이었기 때문에 도굴이 곤란하여, 금관
을 비롯한 각종 호화로운 부장품을 보존하여 주었음은 이미 이야기한 바와 같
다. 그러나, 통일 후에는 이미 삼국시대 법흥왕대(法興王代) 무렵부터 시작된
횡혈식(橫穴式) 석실분(石室墳)이 크게 발전하였다. 이 분묘에 있어서는 봉토(封
土)를 호석(護石)으로 두르고, 그 호석에는 12지신상(支神像)을 조각하였다. 쥐
(자, 子)·소(축, 丑)·범(인, 寅) 등의 동물이 무기를 들고 죽은 사람의 혼을 지키
게 되어 있는 것이다. 이것은 중국의 12지(支)사상을 받아들인 것이었으나, 중
국의 분묘에서는 볼 수 없는 신라의 독특한 것이었다. 자칫하면 웃음거리가 되
기 쉬운 동물들의 조각이 능란한 솜씨로 처리되어 신라인의 예술이 뛰어났음
을 증명해 주고 있다. 12지신상의 대표적인 것은 김유신묘(金庾信墓)와 괘릉(掛
陵)의 것인데, 특히 괘릉은 문무석(文武石)과 석사자(石獅子)까지 갖춘 가장 형
식이 완비된 분묘이다.

끝으로, 서예(書藝)에 있어서는 김인문(金仁問)이 쓴 태종무열왕비(太宗武烈王
碑)의 비액(碑額), 화엄사(華嚴寺)의 화엄경석경(華嚴經石經) 및 여러 사찰에 남

아 있는 비문(碑文) 등에서 그 모습을 짐작할 수 있다. 신라의 명필로서 가장 유명한 인물은 김생(金生)이었다. 그의 필적은 중국인이 왕희지(王羲之)의 것으로 오인할 정도의 달필이었다 한다. 그러나 왕희지의 글씨가 규격을 벗어나지 않은 단아한 것인 데 비하여 김생의 글씨는 규정보다 멋을 중요시하여 보다 생동감을 느끼게 하는 것으로 평가되고 있다. 현재 그의 친필은 남은 게 없으나 그의 글씨를 모아놓은 낭공대사비(郎空大師碑)가 그 모습을 전하여 주고 있다.

제4절 발해의 사회와 문화

정치와 사회

발해는 이미 언급한 바와 같이 고구려의 유민들이 건설한 국가였다. 따라서 정치적인 지배권은 이 고구려의 유민들이 독차지하였다. 가령, 외국에 파견된 사신의 성을 보더라도 고구려 왕실의 성인 고씨(高氏)를 비롯한 한식(漢式) 성(姓)을 가진 사람이 대부분을 차지하고 있는데, 이들은 모두 고구려 계통의 인물들로 생각된다.

피지배층은 말갈민이 대부분이었다. 이들 중에는 지배층으로 상승한 부류도 있었다. 특히, 대조영(大祚榮)의 건국에 협력한 걸사비우(乞四比羽)가 거느린 무리들이 그러하였을 것이다. 이들은 대개 수령(首領)이라고 일컬어져서 발해의 지배조직에서 중요한 한 모퉁이를 담당하고 있었다. 극히 적은 수이긴 하지만 외국에 가는 사절단에 끼는 말갈의 성을 가진 사람들도 그러한 계층의 인물들로 생각된다. 그러나 말갈민의 대부분은 피지배층을 형성하고 있었다. 이들 중에는 때로 부곡민(部曲民)이나 노비(奴婢)로 전락하여 비자유민으로서 고구려계 지배층에 예속되기도 하였다. 아마 이들이 순장(殉葬)의 대상이 되기도 하였던 듯하다. 발해는 이러한 사회적 토대 위에 세워진 국가였기 때문에, 비록 상층사회에서 당의 높은 문화를 받아들여 정연한 지배체제를 이루어 놓았다 하더라도 사회구성의 취약성을 감출 수가 없었다.

발해는 중앙에 선조성(宣詔省 ; 문하성, 門下省) · 중대성(中臺省 ; 중서성, 中書省) · 정당성(政堂省 ; 상서성, 尙書省)의 3성과 충부(忠部 ; 이부, 吏部) · 인부(仁

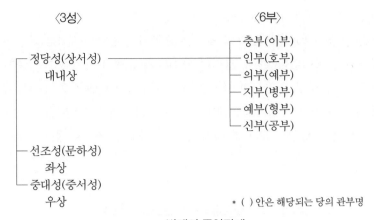

발해의 중앙관제

部 ; 호부, 戶部) · 의부(義部 ; 예부, 禮部) · 지부(智部 ; 병부, 兵部) · 예부(禮部 ; 형부, 刑部) · 신부(信部 ; 공부, 工部)의 6부를 기본으로 하는 행정기구를 갖고 있었다. 이 3성 · 6부는 그 형식에 있어서 당의 제도를 모범으로 취하고 있음을 알 수 있다. 그러나 정당성 장관인 대내상(大內相)이 선조성과 중대성의 장관인 좌(左) · 우상(右相)의 위에 자리잡고 있어서 오히려 당의 경우와는 반대이며, 따라서 반드시 당의 실제와 부합하는 것은 아니었다. 또 그 명칭이 짙은 유교적 색채를 띠고 있는 것도 당의 제도와 차이가 있다. 발해는 국왕과의 친근성을 나타내 주는 것으로 보이는 정당성의 대내상이 행정기구의 최고위를 점유하고 있는 점에 비추어, 그 정치가 전제주의적인 성격을 띠고 있었음을 알 수 있다고 생각한다. 이러한 정치제도는 전제주의적이었다는 측면에서는 신라와 같다고 하겠으나, 신라가 전통적인 여러 관부를 그대로 두고 이를 총관하는 집사부(執事部)를 설치함으로써 만족하고 있는 것과는 다르다. 아마도 발해는 유교적으로 장식된 명칭을 지닌 정연한 정치제도를 채택함으로써, 통치조직의 권위를 과시할 필요를 느끼고 있었던 것으로 보인다.

발해는 지방에도 정연한 행정구획을 정비하였다. 국도(國都)인 상경(上京 ; 동경성, 東京城)을 중심으로 중경(中京 ; 돈화, 敦化) · 동경(東京 ; 혼춘, 琿春) · 남경(南京 ; 북청, 北靑) · 서경(西京 ; 임강, 臨江)의 5경(京)이 있었으며, 이 밖에도 중요한 도시가 사방에 건설되어 15부(府)라 일컬어졌고, 외국과 연결하는 5도(道)의 교통망이 정비되었다. 그러나 이 지배망 밑에 있는 말갈민의 실제는 반드시 이처럼 정연한 것은 못 되었다. 대체로 전통적인 촌락에 거주하면서 촌장(村長)인 수령(首領)을 통하여 국가의 지배를 받고 있었던 것으로 보인다.

문화의 양상

발해는 당과 평화적인 외교 관계를 수립한 이후 그 문화를 적극적으로 받아 들였다. 많은 유학생이 당에 파견되었고, 당에서 과거(科擧)에 합격하는 자도 신라와 같이 많이 있었다. 이러한 관계로 정치제도 이외에도 당의 것을 모범으로 하고 이룩된 것이 많았다. 가령 도성(都城)이던 상경의 규모는 당의 장안성(長安城)에서 모범을 취한 것이었다. 외성(外城 ; 나성, 羅城)을 두른 중앙의 북편에는 내성(內城 ; 황성, 皇城)을 쌓고, 그 안에 궁전(宮殿)이 있었다. 궁전의 기단은 외벽을 벽돌로 쌓아 올리고, 그 위에 난간이나 돌기둥이 있고, 거기에는 석사자상(石獅子像)이 안치되어 있었던 듯하다. 궁전의 동쪽에는 금원(禁苑)이 있었다. 여기에는 인조의 못을 파고 못 속에 섬을 만든 것 등이 마치 신라의 안압지(雁鴨池)를 연상시키고 있다. 그리고 내성 남문(南門)에서 외성 남문을 연결하는 주작대로(朱雀大路)를 중심으로 좌우로 조방(條坊)이 구획되어 있었다.

발해의 사상으로는 불교가 널리 행해지고, 유교 또한 지배층에서 중요시되었음을 알 수 있다. 그러나 그 사상의 내용은 잘 알려지지 않고 있는 실정이다. 다만, 사원지(寺院址) 등 유적에서 나오는 불상·석등 등의 유물이나, 중앙관부의 명칭, 정혜(貞惠)·정효(貞孝) 두 공주(公主)의 묘지(墓誌), 당 유학생의 빈번한 파견 등을 통해서 그 대체의 상황을 짐작할 수 있을 뿐이다.

조각으로는 불상이 대부분을 차지하고 있으나, 궁전지(宮殿址)와 분묘(墳墓)에서 발견된 석사자상(石獅子像)도 많이 있다. 그리고 상경 용천부지(龍泉府址)인 동경성(東京城)에는 석등(石燈)이 거의 완전한 형태로 하나 남아 있는데, 간석(竿石)이 약간 굵은 것이 힘찬 인상을 안겨주고 있다. 귀면와(鬼面瓦)·치미(鴟尾)의 조각 솜씨도 또한 힘차고 뛰어난 것이다.

발해의 문화에는 고구려적인 요소가 많이 포함되어 있었다. 가령 5경제(京制)는 고구려의 5부제(部制)에 기초를 두었던 것 같다. 또 상경의 내성 안 궁전 자리에서 발견된 온돌(溫突) 장치라든지, 혹은 고분의 횡혈식(橫穴式) 석실분(石室墳)의 구조 등도 고구려적인 요소였다. 그리고 절터에서 발견된 불상의 양식이나 와당(瓦當)의 연꽃무늬도 고구려적인 색채를 뚜렷이 드러내고 있다. 발해의 음악도 또한 고구려의 음악을 계승한 것이었다. 발해의 문화적 유산이 후세에 많이 전해져 있지 않아서 제대로 설명할 수 없는 것은 유감이지만, 그 적

은 유물 속에서도 고구려 문화와 연결지을 수 있는 것이 적지 않다는 것은 발
해문화의 계통을 짐작게 하기에 충분하다고 하겠다.

발해의 역사적 위치

　발해는 해동성국(海東盛國)의 칭호를 들을 정도로 고도의 문화국가를 건설하
였다. 그러나 지배층인 고구려 유민과 피지배층인 말갈인과의 이질적인 요소
가 결합하여 이루어 놓은 이 국가는 내부에 취약성을 지니고 있었다. 이러한
취약성이 926년 거란에 의하여 쉽게 멸망하게 되는 원인을 이루었다.

　뿐만 아니라, 발해가 망한 뒤에 그 문화는 후대에 계승되지를 못하고 말았
다. 그것은 이 문화를 담당한 발해의 지배층인 고구려 유민이 고려로 망명하여
버렸고, 이 지방에 거주하던 말갈인은 그를 계승할 능력이 없었기 때문이었다.
이 말갈인들은 이후 거란의 지배를 받게 되지만, 뒤에 금(金)을 건국하고 거란
을 축출함으로써 만주의 주인공으로 등장하게 되었다. 발해는 말갈인의 이러
한 발전에 대한 자각을 일으키는 데 이바지하였던 것으로 생각된다.

　그러므로 발해의 멸망과 함께 만주는 한국민족의 역사무대에서 떠나 버리고
말았다. 발해는 한국민족이 정치적으로나 문화적으로 만주를 지배한 최후의
국가였던 셈이다. 이 같은 데에 발해가 차지하는 민족사적 위치가 있는 것이
다. 발해가 망한 뒤에 고구려 계통의 지배층은 고려로 와서 고려에 의한 민족
의 통일에 이바지하였다. 그러나 그들은 정치적으로나 문화적으로나 한국사의
주류에서 큰 구실을 하지는 못하였다. 이러한 관계로 해서 발해가 신라와 함께
남북국(南北國)의 형세를 이루고 있었음에도 불구하고, 후대에는 신라를 한국
사의 정통으로 생각하는 사관이 오랫동안 유지되게 된 것이다.

제5장 호족의 시대

제1절 골품제도의 모순

진골귀족의 분열

경덕왕대(景德王代, 742~765)는 신라의 문화가 절정기에 도달한 때였지만, 그 속에서 사회적으로는 새로운 변화가 싹트고 있었다. 즉, 진골 귀족들 사이에서 전제주의(專制主義) 타도를 위한 운동이 일어났던 것이다. 경덕왕은 이 움직임을 막기 위하여 한화정책(漢化政策)을 중심으로 하는 정치개혁을 실시하였으나, 이렇다 할 실효를 거두지 못하고 드디어 혜공왕대(惠恭王代, 765~780)의 대혼란을 초래하게 되었다.

정치적 혼란은 혜공왕 4년(768)에 일어난 대공(大恭)의 난으로부터 비롯하였다. 대공의 반란은 전국의 96각간(角干)이 서로 싸웠다고 전할 정도로 일찍이 보지 못하던 대란으로 확대되어 3년 동안을 계속하였다. 혜공왕 10년(774)에는 드디어 귀족파인 양상(良相)이 정권을 탈취하는 데 성공하여 혜공왕은 헛되이 빈자리를 지키다시피 하였다. 이에 김은거(金隱居) 등이 몇 차례에 걸쳐서 왕권의 회복을 꾀하였으나 모두 실패로 돌아가고 결국 양상 등에 의하여 혜공왕은 죽음을 당하였다. 혜공왕의 뒤에는 양상(선덕왕, 宣德王)이 즉위하였는데(780) 그는 나물왕(奈勿王)의 10대손이라고 하였고, 선덕왕의 뒤에는 경신(敬信 ; 원성왕, 元聖王)이 즉위하였는데(785) 그는 나물왕의 12대손이라고 하였다. 그 뒤에는 모두가 원성왕의 계통에서 왕위에 오른 것이다. 이리하여 중대(中代)에 왕위를 이어오던 태종무열왕계(太宗武烈王系)는 끊어지고 원성왕계(元聖王系)가 왕위를 차지하게 된 것이다. 그리고, 이 이후를 보통 하대(下代)라 부르고 있다.

이러한 중대에서 하대로의 변동은 왕권의 전제주의에 대한 귀족들의 반항에 의해서 초래된 것이었다. 그 결과 하대의 신라는 귀족연립적(貴族聯立的)인 방

향을 걷게 되었다. 집사부(執事部)의 중시(中侍) 대신에 상대등(上大等)이 다시
시대적 각광을 받게 되었다. 그러나, 이러한 시대적 조류에 대한 반동이 일어
났다. 헌덕왕(憲德王) 14년(822)의 김헌창(金憲昌)의 난은 그러한 것이었다. 김
헌창은 무열왕계로서 선덕왕이 죽은 뒤에 당연히 왕이 될 것이었으나, 귀족들
의 반대로 인하여 원성왕에게 그 자리를 빼앗긴 김주원(金周元)의 아들이었다.
그 불만이 폭발하여 김헌창은 웅주(熊州 ; 공주)를 근거로 하고 국호를 장안(長
安), 연호를 경운(慶雲)이라고 할 정도로 대규모의 난을 일으켰던 것이다. 한때
무진주(武珍州 ; 광주), 완산주(完山州 ; 전주), 청주(菁州 ; 진주), 사벌주(沙伐州 ; 상
주) 등의 광범한 지역이 이에 호응하였으나, 중앙 귀족들의 연합세력에 의하여
실패로 돌아가고 말았다. 그 뒤 그의 아들 범문(梵文)이 또다시 한산(漢山 ; 서
울)에 도읍을 정하고 반란을 계속하려고 하였으나 역시 실패하였다.

　그러나, 전제적인 왕권을 타도하는 데 힘을 같이한 귀족들 상호간에도 대립
과 항쟁이 일어났다. 녹읍(祿邑)을 부활시키는 데 성공한(경덕왕 16년, 757) 귀족
들의 개인적인 재산의 증대가 이러한 경향을 가속화시켰다. 그들은 정치적 권
력의 증대를 목적으로 자기 휘하에 문객(門客)을 모으고 또 사병(私兵)을 양성
하기도 하였다. 그들이 소유하고 있는 노동(奴僮)이나 사방으로 흘러다니는 유
민(流民)을 모집하여 무장한 것이다. 이제 왕위는 혈통에 의하는 것이 아니라
정치적 실력과 무장력의 우열로 결정되었다. 흥덕왕(興德王)이 죽은 뒤에 벌어
진 왕위계승전은 그 표본이었다.

　처음, 흥덕왕의 4촌동생인 균정(均貞)이 궁성으로 들어가서 왕이 되었으나
균정의 조카인 제륭(悌隆)은 실력으로 균정을 내쫓고 즉위하여 희강왕(僖康王)
이 되었다(836). 그러나, 희강왕도 죽음을 당하고 그의 6촌형제인 민애왕(閔哀
王)이 그 뒤를 이었다(838). 이때 균정의 아들 우징(祐徵)은 청해진(淸海鎭) 대사
(大使) 장보고(張保皐)의 군대를 빌려 가지고 서울로 쳐올라와 민애왕을 축출하
고 즉위하였다(신무왕, 839). 이러한 상태였으므로, 비록 왕위에 오른다 하더라
도 그는 과거와 같이 귀족 전체의 대표자일 수는 없었다. 그를 추대한 일파의
대표자일 뿐이었다. 그러므로, 반대파의 보복을 받기가 일쑤였다. 비록 중사성
(中事省) 같은 근시기구(近侍機構)를 통하여 왕권의 강화를 꾀하였으나 성공을
거두지는 못한 것으로 보인다. 하대(下代) 약 150년 사이에 20명의 왕이 즉위
하였고, 그중 상당한 수의 왕이 내란에 희생되었다는 것은 이 시대의 사회상을
단적으로 말하여 주고 있다.

육두품 세력의 대두

육두품은 그의 신분적인 제약으로 말미암아 정치적인 실권을 장악할 수 있는 기회가 허락되어 있지 않았다. 이러한 사회적 처지가 그들로 하여금 정치적 지위의 승진보다는 학문적인 식견에 의한 정치적 참여의 길을 밝게 하는 경향을 나타내게 하였다. 강수(强首)나 설총(薛聰)과 같이 왕의 극진한 사랑을 받은 유학자를 비롯해서, 원성왕의 꿈 해몽을 잘하여 유명한 여삼(餘三)이나, 상대등 충공(忠恭)의 인사행정에 대한 고민을 적절한 충고로써 풀어 준 녹진(祿眞), 혹은 또 진성여왕(眞聖女王)에게 10여 조의 「시무책(時務策)」을 건의한 최치원(崔致遠) 등이 모두 이 육두품 출신이었다.

이들은 당에서 과거제도(科擧制度)에 의하여 개인의 능력에 따라 관리를 등용하는 사실을 알고 있는 사람들이었다. 그러므로, 이들에게서는 점차 신라의 골품제도에 대한 비판이 싹트고 있었다. 최치원이 건의했다고 하는 10여 조의 「시무책」에는 과거제도에 의한 인재의 등용과 같은 주장이 포함되어 있었을 것이다. 그러나 이것은 받아들여질 수 없는 것이었고, 따라서 최치원은 벼슬을 버리고 유랑생활을 하게 되었다. 최치원뿐만이 아니라 다른 육두품 출신 학자들에 있어서도 그들의 골품제도에 대한 비판적 태도는 마찬가지였으며, 심지어는 반신라적이기도 하였다. 최승우(崔承祐)가 후백제(後百濟)에서 벼슬을 하고, 최인연(崔仁渷 ; 최언위, 崔彦撝)이 고려의 신하가 된 것은 이러한 사정을 말하는 것이다. 육두품 귀족 속에서 자라나는 신라 진골 귀족에 대한 반항을 역력히 찾아볼 수가 있다.

제2절   호족의 대두

해상무역의 발달

9세기 중엽의 문성왕(文聖王, 839~857) 이후에는 진골 귀족들 사이에서 벌어지고 있던 왕위의 쟁탈을 에워싼 심한 정치적 투쟁은 식어가는 경향을 나타내고 있다. 일단 귀족들 사이에서 타협이 이루어졌음을 나타내는 것으로 보인다. 그리고, 이러한 타협은 이때에 점점 그 힘을 과시하기 시작하는 지방세력들의 위협에 대처하기 위한 필요에서 일어났던 것 같다. 이제 신라의 역사무대가 중앙에서부터 지방으로 바뀌는 새로운 전환점에 다다른 것이다.

골품제에 의하여 중앙의 정치 무대에 참여할 수 있는 길이 막혀 있는 이들 지방세력은 그 눈을 해외로 돌렸다. 이리하여 그들은 자기들의 중요한 활동 무대를 해상무역에서 찾게 되었던 것이다. 지금까지 신라의 대외무역은 공적인 조공(朝貢)의 형식을 빌려서 행해졌다. 그러나, 이제 민간무역이 성행하게 된 것이다. 이것은 말할 것도 없이 사사로이 무역을 행할 수 있는 세력들의 성장을 뜻한다. 이들은 당(唐)뿐 아니라 일본(日本)과도 활발히 교역을 하였으며, 이에 따라서 일본은 대마도(對馬島)에 신라와의 통역을 맡은 신라역어(新羅譯語)를 증설하기까지 하였다.

이리하여 신라인의 왕래가 빈번한 산동반도(山東半島)나 대운하(大運河)·회수(淮水) 유역 같은 곳에는 신라인의 거류지가 생겼는데 이를 신라방(新羅坊)이라 불렀다. 이들 거류지에는 그들을 관할하기 위한 신라소(新羅所)라는 행정기관이 설치되고, 그 직원에는 신라인이 임명되고 있었다. 이들 거류민은 거기에 사원(寺院)을 세워 항해의 안전을 기원하기도 하였다. 이들은 신라원(新羅院)이라고 불리었는데, 장보고(張保皐)가 문등현(文登縣) 적산촌(赤山村)에 세운 법화원(法花院)이 가장 유명하였다. 문성왕 2년(840)에 당으로 갔던 일본인 승려 자각(慈覺)의 『입당구법순례행기(入唐求法巡禮行記)』에 의하면 법화원에 강도(講道)를 듣기 위해 모여든 신라인은 일시에 250명이나 되었다고 한다.

크게 해상무역 활동을 벌인 대표적 인물은 청해진(淸海鎭 ; 완도)의 장보고였다. 그러나 그 밖에도 강주(康州 ; 진주) 지방의 왕봉규(王逢規)나 송악(松岳 ; 개성) 지방의 작제건(作帝建 ; 왕건의 조부)같이 그 이름이 알려진 자가 있다. 비록 이름은 알려지지 않았다 하더라도 남양(南陽)이나 나주(羅州)같이 해상무역을 활발히 하던 근거지에는 그와 비슷한 세력가들이 있었을 것이라고 생각된다.

군진세력의 대두

신라의 군진(軍鎭)은 본래 변경의 수비를 위하여 육지에 설치된 것으로, 북진(北鎭 ; 삼척, 三陟)이나 패강진(浿江鎭 ; 평산, 平山)이 그런 것이었다. 그러나, 해상

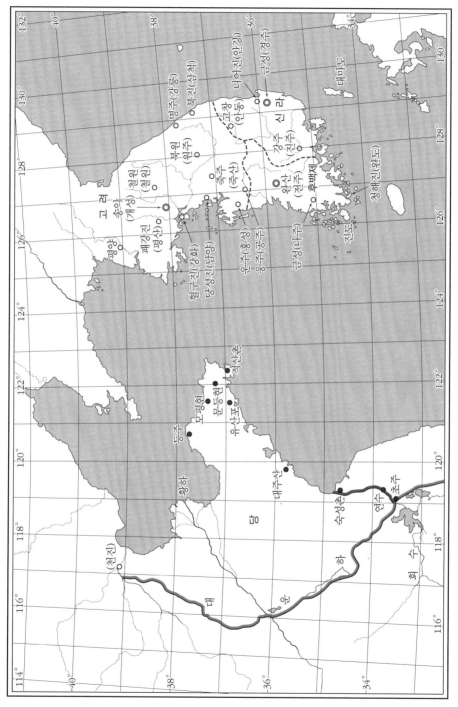

주요 신라방 소재지 및 신라말 형세도

에서 해적(海賊)들의 활동이 심해지자, 이에 대비하여 청해진(완도)·당성진(唐
城鎭 ; 남양, 南陽)·혈구진(穴口鎭 ; 강화, 江華) 등 해안의 요지에도 차례로 군진이
설치되기에 이르렀다. 그중에서도 가장 대표적인 것이 패강진과 청해진이었다.

　패강진은 선덕왕(宣德王) 3년(782)에 설치된 것으로서 예성강(禮成江 ; 패강, 浿
江) 이북, 대동강(大同江) 이남의 광범한 지역의 군사적 임무를 담당하는 군진
이었다. 그러므로 패강진은 평산(平山)을 중심으로 신라의 서북 변경지대의 국
방을 담당하는 중요 군사기지였던 셈이다. 그러면서도 한산주(漢山州)와는 별
도로 이와 동등한 지위를 누리는 독립된 행정구역으로서의 구실을 담당하였
다. 그리고 이 지역의 토착세력가들은 뒤에 반신라적인 세력으로 성장하여 궁
예(弓裔)나 왕건(王建)과 결탁하기에 이르렀다.

　청해진은 홍덕왕 3년(828)에 장보고에 의하여 설치된 것이었다. 장보고는 본
래 당에 가서 군인으로 출세하였다. 그러나, 해적이 성행하여 신라인을 잡아다
가 노비로 매매하는 일이 있음을 분개한 그는, 본국에 돌아와서 홍덕왕에게 청
하여 남해의 요해지인 완도에 청해진을 두고 그 대사에 임명된 것이다. 그는
사병적(私兵的)인 성격을 지닌 1만의 해군을 거느리고 해안 지대를 경비하여
당 해적의 출몰을 제압하였다. 뿐만 아니라, 당 및 일본과 활발히 무역을 하여
황해의 왕자가 되었다.

　장보고는 비단 해상의 왕자가 될 뿐 아니라, 중앙의 정치에도 간여하였다.
그는 왕위쟁탈전에 패하여 보호를 청하여 온 우징에게 군대를 제공하여 민애
왕을 축출하고 왕위에 오르게 하였다(신무왕, 神武王). 그러나, 문성왕(文聖王)
때에 장보고의 딸을 왕비로 들이려는 문제를 계기로 해서 중앙귀족들에 의하
여 암살을 당하고(문성왕 8년, 846), 청해진은 이어 폐지되고 말았다(문성왕 13
년, 851).

　장보고의 청해진 세력은 일시 대단한 것이었다. 그러나, 아직 중앙의 정치무
대에 직접 등장하거나 혹은 이와 대항하는 새로운 정권을 세우기까지에는 이
르지 못하고 있었다. 비록 갈라지고 무너져 가는 중앙귀족들이었지만, 그들의
세력 기반인 골품제도를 보존하기 위한 충분한 힘을 가지고 있었다. 이리하여
신라사회의 이단자인 해도인(海島人) 장보고는 몰락하였다. 그의 지휘 아래 있
던 1만의 군대는 벽골군(碧骨郡 ; 김제, 金堤)에 옮기어 그 세력의 재생이 억제되
었다. 그러나, 청해진이나 마찬가지 위치에 놓여 있던 다른 여러 군진들은 장
차 지방세력가들에게 군사적인 힘을 제공하여 주는 근거지가 되었던 것이다.

성주의 자립

장보고는 완도를 고향으로 하는 호족 출신이었던 것 같다. 그는 자기 고향에
다가 근거지를 설치하고 아마도 일족의 무리를 중심으로 사병을 길러 군진을
설치한 것으로 보인다. 그런데, 그와 비슷하게 지방에서 일정한 지역에 대한
실질적인 지배권을 대를 이어가며 행사하는 세력가들이 허다하게 나타나게 되
었다. 그들은 보통 성(城)을 쌓고 그 주인으로 자처하여 성주(城主)라 칭하였고,
그 성을 중심으로 조직된 사병의 지도자였기 때문에 장군(將軍)이라고도 칭하
였다.

성주들 중에는 지방으로 몰락해 내려간 중앙귀족 출신들이 있었던 것 같다.
이러한 중앙귀족 중에는 진골 출신도 있었지만, 또 육두품 출신도 있었다. 그
들은 일족을 거느리고 지방으로 내려가서 새로운 기반을 닦아 갔을 것이다. 한
편, 오랫동안 지방에 토착해서 살던 촌주(村主) 출신도 있었다. 이들은 군현의
행정 체제 밑에서 지방민을 통제하는 구실을 담당해 왔으나, 이제 강력한 촌주
들은 주위의 여러 지역을 지배하여 그 세력을 확장하였던 것이다. 이렇게 성장
한 성주들은 실질적으로 군·현의 장관을 대신하는 지위를 차지하기에까지 이
르렀다.

성주들은 자기 세력 안에 있는 촌락들에 대하여 경제적인 지배력을 갖고 있
었다. 그들은 독자적인 농법(農法) 개량을 통해 농업생산량을 증가시키는 한편,
촌락민에게 일정한 조세(租稅)와 역역(力役)을 부과하였다. 성주에 의한 촌락민
의 경제적 지배는 결국 중앙정부의 경제적 기반을 좀먹어 가는 것을 의미한다
고 하겠다. 그리고, 이것은 신라의 존망을 가늠하는 중요한 문제가 되었다.

제3절 후삼국

농민의 봉기

지방 성주들의 대두는 신라 중앙정부의 지방에 대한 지배력을 약하게 하였

으며, 이것은 농민으로부터 조세를 거둬들일 수 없게 하였다. 더구나 신라 말
기에 귀족들의 사치와 향락은 늘어갔고, 이에 따르는 비용도 증가하였지만, 이
를 충족시킬 만한 재원은 반대로 줄어들었던 셈이다. 이 재정적인 위기를 타개
하기 위해서 정부는 지방의 주·군에 대하여 조세를 독촉하기에 이르렀다(진성
여왕 3년, 889). 그러나, 이러한 조세의 독촉은 결국 농민들에게 이중적인 부담
을 가하게 하는 결과를 가져왔다. 농민들은 자기가 속하여 있는 성주에게뿐 아
니라, 중앙정부에도 조세를 납부해야 하였기 때문이다.

　원래, 농민들은 신라의 융성기에 있어도 조세와 역역의 부담 때문에 유망하
는 경향을 갖고 있었다. 이들은 유민(流民)이 되어 사방으로 흘러다니거나, 혹
은 무리를 지어 도적이 되어서 질서를 교란하기도 하였다. 그러나, 한편 호족
의 보호 속에서 그들의 새로운 생활을 영위하기도 하였다. 이 새로운 변화는
왕경(王京 ; 경주)을 중심으로 한 신라의 옛 질서에 대한 타격을 의미하는 것이
다. 조세의 독촉은 말하자면 신라 귀족의 마지막 발버둥이었던 셈이다. 그리고
이것은 농민들을 반란의 도가니 속으로 몰아넣었다.

　반란의 첫 봉화를 든 것은 사벌주(沙伐州 ; 상주) 지방의 원종(元宗)과 애노(哀
奴)였다(진성여왕 3년, 889). 이들의 반란 세력은 상당히 강한 것이어서 이를 평
정하러 나선 정부군은 그들의 기세에 눌려 감히 싸울 생각조차 못하였다 한다.
그 뒤 각지에서 반란이 연이어 일어났는데, 북원(北原 ; 원주)의 양길(梁吉), 죽
주(竹州 ; 죽산)의 기훤(箕萱), 완산(完山 ; 전주)의 견훤(甄萱), 양길의 부하인 궁예
(弓裔) 등이 두드러진 반란군의 두목들이었다. 또 왕경 서남 방면에서는 적고
적(赤袴賊)이라 하여 붉은 바지를 입은 반란군들이 휩쓸기도 하였다. 이 밖에도
초적(草賊)이라고 하여 이름없는 농민반란군이 수없이 일어났다.

후백제와 태봉

　원종·양길·기훤 등은 아직 지방의 한낱 반란군 두령에 지나지 않았다. 그
러나 이들 속에서 새로운 정권을 수립하여 신라와 대항하는 인물이 나타나게
되었다. 그것이 견훤과 궁예였다. 이들은 각기 백제와 고구려의 부흥을 부르짖
으며 건국하여 신라와 대립하게 되었으므로 이를 후삼국(後三國)이라 부르고
있다.

　견훤은 상주(尙州) 지방의 호족 출신으로 생각되는데, 서남해(西南海) 방면

의 방수(防戍)에 공을 세워 출세의 길을 열었다. 각지에서 반란이 일어나자 그는 무리를 이끌고 무진주(武珍州 ; 광주)를 점령하고 실질적으로 건국하기에 이르렀다(진성여왕 3년, 889). 그리고 의자왕(義慈王)의 원한을 갚는다는 구호 아래 스스로 왕이라 칭하더니(진성여왕 6년, 892), 나아가 완산주(전주)를 근거로 삼고 국호를 후백제(後百濟)라 하고 정치제도를 정비하기에 이르렀다(효공왕 4년, 900). 견훤은 비록 군인세력을 배경으로 하고 그 지방 일대의 호족들과 연합하여 크게 그 세력을 키워 갔지만, 그가 건국한 뒤에는 미륵신앙(彌勒信仰)에 근거한 전제군주로서 행세하였던 것으로 보인다. 그가 훗날 넷째 아들 금강(金剛)을 특히 사랑하여 그에게 왕위를 물려주려 했던 것은 그러한 성격의 소치였겠지만, 그것이 결국 그를 몰락시킨 것이다. 그는 또 신라를 원수와 같이 생각하였는데, 의자왕의 원수를 갚는다고 한 것이라든가, 금성(金城 ; 경주)을 습격하여 경애왕을 죽이고 왕의 동생과 재상 그리고 여러 기술자들을 잡아가고 또 진기한 보배와 무기를 거두어 간 사실에서 알 수 있다. 만일, 궁예나 왕건의 적대세력이 없었던들 그는 벌써 신라를 타도하였을 것이다.

궁예는 신라의 왕자로서 아마도 정권 다툼에 희생이 되어 지방으로 몰려난 자였던 것 같다. 일찍이 중이 되었다가 세상이 소란하여지자 기훤에게 투신하였는데(진성여왕 5년, 891), 뒤에 양길의 부하가 되었다. 그는 양길의 일부 군사를 거느리고 나성(奈城 ; 영월)·명주(溟州 ; 강릉)·철원(鐵圓)·패서(浿西 ; 황해도) 일대를 공략하여 많은 군사를 모으는 데 성공하였다. 이에 양길을 타도하고 송악(松岳 ; 개성)을 근거로 자립하여, 고구려의 부흥을 구호 삼아 후고구려(後高句麗)를 건국하였다(효공왕 5년, 901). 그러나, 뒤에 국호를 마진(摩震)으로 고치고 도읍을 철원으로 옮기더니, 다시 국호를 태봉(泰封)으로 개칭하였다. 궁예는 나라의 정치를 총리하는 광평성(廣評省 ; 장관은 시중, 侍中)을 비롯하여 병부(兵部)·대룡부(大龍部 ; 창부, 倉部)·수춘부(壽春部 ; 예부, 禮部) 등의 여러 관부를 정비하였고, 또 정광(正匡)을 비롯한 9관등을 설정하여 당당한 국가의 면모를 갖추게 되었다.

왕자의 지위에서 몰려난 궁예에게는 애초부터 신라에 대한 적개심이 강하였다. 그는 나라 사람들로 하여금 신라를 멸도(滅都) 즉 멸망하는 나라라 부르게 하고 신라로부터 항복하여 오는 자는 모조리 죽였다 한다. 궁예가 전제군주 행세를 하였다는 점도 또한 견훤과 서로 통하였는데, 그도 자기의 전제군주로서의 지위를 합리화하기 위하여 스스로 미륵불(彌勒佛)이라 칭하고 그의 아들은

모두 보살(菩薩)이라고 칭하였다. 이러한 전제군주들의 통례대로 그는 의심증
이 심하여 많은 신하를 희생시켰다. 이리하여 폭군으로 전락한 궁예는 결국 부
하들에 의하여 축출되고 말았다.

고려의 건국

궁예의 뒤를 이어 북방의 왕자로 추대된 것은 왕건이었다. 왕건은 송악(개성)
지방의 호족 출신이었다. 그는 패강진·혈구진 등 신라의 변경에 설치된 군진
의 무력을 배경으로 사회적인 진출을 꾀하였다. 더욱이 혈구진을 중심으로 한
해상세력과는 밀접한 관계를 가졌던 것 같다. 왕건은 처음 궁예의 예하 장군
으로서 여러 전선에서 활약하였으나, 특히 서남해 방면의 공략에 공을 세웠다.
그는 금성(錦城 ; 나주)·진도 등을 점령하여 후백제의 중국·일본과의 통로를
막고, 또 북방에 대한 정면공격을 견제하였다. 이러한 작전은 왕건이 일찍부터
해상활동에 익숙하였기 때문이었을 것이다. 그는 공에 의하여 시중(侍中 ; 수상,
首相)에 임명되더니, 궁예를 축출한 여러 장군의 추대를 받아 왕위에 오른 것이
다(경명왕 2년, 918).

왕건은 국호를 고려(高麗), 연호를 천수(天授)라 하고 도읍을 송악(개성)으로
옮기었다. 고구려의 후계로 자처하는 데 있어서 왕건은 궁예와 다름이 없었다.
그러나, 왕건은 새로운 국가로서의 면목을 일신하기를 원하였으며, 그 목적으
로 수도를 자기의 본거지로 옮겼던 것이다. 이렇게 함으로써 스스로의 정치
적·군사적 기반을 확고히 하였을 뿐만 아니라, 그의 호족으로서의 성격을 뚜
렷이 나타내 주었다. 궁예나 견훤과는 달리 그가 호족이었다는 것은 그를 뒷받
침해 주는 토착세력이 있었으며, 또 한번의 정변으로는 흔들리지 않는 확고한
기반을 갖고 있었음을 말하여 준다. 또, 여러 호족들과도 굳게 연결할 수 있는
성격을 그가 지니고 있었음을 뜻하는 것이기도 하다. 그리고 이러한 조건이 그
가 후삼국을 통일할 수 있는 바탕이 되었다.

왕건은 또 대외정책에 있어서 궁예와는 달리 친신라정책을 썼다. 견훤을 타
도하기 위하여 신라와 우호를 맺은 것이다. 이는, 또 한편 신라의 전통과 권위
의 계승자로서의 지위를 얻으려고 한 것이기도 하였다. 견훤이 신라의 국도에
침입하여 경애왕을 죽일 때에도 왕건은 스스로 군대를 거느리고 견훤과 싸웠
다. 그가 신라의 서울 금성(경주)을 방문하였을 때에는 신라인으로부터 부모를

대함과 같다는 칭송을 받았다 한다. 그러나, 왕건이 신라에 대하여 군사적인 작전을 소홀히 한 것은 아니었다. 그는 금성 북쪽 50리의 곳에 니어진(昵於鎭 ; 신광진, 神光鎭)을 설치하여 고려의 군사를 주둔시켜 신라를 감시하였던 것이다.

제4절   고려의 통일

후삼국의 통일

고려는 일시 후백제와 인질을 교환하고 휴전을 모색한 일이 있었다. 그러나 양국은 대체로 쉴 새 없는 교전상태에 놓여 있었다. 그들의 전선은 고창(古昌 ; 안동)으로부터 강주(康州 ; 진주)에 이르는 낙동강(洛東江)의 서부 일대였다. 신라의 쟁탈을 위하여 그 외곽 일대가 전선으로 되었던 것이다. 이미 지방에 대한 통제력을 완전히 상실한 신라는 이러한 양국의 전투에 전혀 속수무책이었다. 지방호족의 여러 성은 그 독자적인 입장에서 혹은 왕건의 고려와, 혹은 견훤의 후백제와 통하고 있었다.

고려나 후백제는 모두 중국과의 교통을 소홀히 하지 않았다. 후백제가 주로 남중국과 통하는 데 대해서 고려는 주로 산동반도(山東半島)를 거쳐 북중국과 교통하였다. 우리나라가 후삼국의 내란기일 뿐 아니라, 중국도 오대(五代)의 혼란기였음에도 불구하고 상호간의 교통은 빈번하였다. 이러한 교통이 무역을 목적으로 하는 면도 있었지만, 동시에 일종의 외교전의 양상을 띠고 있었다. 그러나, 문제의 해결은 국내에 있었다. 오대와 같이 혼란한 시대의 중국이 후삼국의 정세에 영향을 끼쳐 줄 수는 없었다.

균형을 잡고 있던 전선은 태조 13년(930)의 고창(안동) 전투를 계기로 고려측의 승리로 기울게 되었다. 이로 인하여 후백제는 신라의 외곽에서 후퇴를 강요당하였던 것이다. 고려는 이에 후백제의 정면에 위협을 가하여 태조 17년(934)에는 운주(運州 ; 홍성, 洪城)에서 후백제군을 격파한 것이다. 전선은 완전히 고려에 유리하게 전개되었다.

전투뿐만 아니라 국내의 정세도 후백제에 불리하였다. 견훤이 그의 아들 신검(神劍) 등에 의해 금산사(金山寺 ; 김제, 金堤)에 유폐되는 사건이 발생했기 때

문이다. 견훤은 고려에 망명하여 그의 적이던 왕건에 의탁하여 아들에 대한 복
수를 꾀하였다. 이러한 정세 속에서 좁은 경주를 중심으로 명목만을 유지하던
신라의 마지막 왕인 경순왕(敬順王)은 고려에 항복함으로써 스스로의 운명을
결정짓고 말았다(경순왕 9년, 태조 18년, 935). 왕건은 이리하여 신라의 전통과
권위의 계승자로서의 지위를 확보하는 데 성공하였다. 그 다음해에 견훤을 앞
장세운 고려의 군대는 후백제까지도 멸망시켰다(태조 19년, 936). 드디어 태조
(太祖) 왕건(王建)은 후삼국의 통일에 성공한 것이다.

이즈음 거란에게 멸망한 발해(渤海)의 유민들은 압록부(鴨綠府 ; 임강, 臨江) 일
대를 중심으로 대씨(大氏)의 새 정권을 세우고 발해부흥운동을 일으켰다. 소위
후발해(後渤海)라고도 일컬어지고 있는 것이다. 그러나 이 후발해는 열씨(列氏)
의 정안국(定安國)으로 바뀌고, 대씨를 비롯한 고구려계 지배층은 고려로 망명
하여 왔다. 태조는 이들을 따뜻하게 맞아들여 토지와 가옥을 주어 우대하였다.
그 세자인 대광현(大光顯)에게는 왕계(王繼)라는 성명을 줌과 함께 종적(宗籍)에
넣어 동족의식을 분명히 하였고, 그 조상에 대한 제사를 받들게 하였다. 이리
하여 고려는 후삼국뿐만이 아니라 발해의 고구려계 유민까지를 포함한 통일을
이룩하게 되었다.

호족연합정책

태조 왕건은 후삼국의 혼란을 수습하고 새로운 통일 왕조를 건설하는 데 성
공하였다. 그는 고구려의 계승자임을 자처하여 북진정책을 써서 청천강(淸州
江)까지 국경을 넓히었고, 신라사회를 얽어 매고 있던 골품제의 사슬을 풀어
버렸다. 그러나 한편 또 신라가 지니는 전통적인 권위의 탈을 쓰려고 하였다.
그리하여 신라 왕실의 여자를 아내로 맞이하였고, 경순왕 김부(金傅)를 비롯한
신라 귀족들을 극진히 우대하였다. 그렇기 때문에 고려의 관료들 속에는 신라
계통 인물이 많이 있었다. 이것은 후백제인들이 냉대를 받은 것과는 큰 차이가
있는 것이다. 이리하여 고려는 어엿한 신라의 후계자가 되었다. 태조는 단순한
변방의 이름없는 성주 출신인 것이 아니라 오랜 역사의 전통을 이어받은 존재
가 된 것이다.

그러나, 태조의 통일은 대립되는 정권의 소멸을 말할 뿐이었다. 여전히 지방
의 성주들은 후삼국의 혼란시대나 조금도 다름없는 반독립적 상태를 유지하고

있었다. 따라서 중앙으로부터 지방관은 파견되지를 못하였다. 또 왕건을 추대했고 그와 전장에서 고락을 같이한 호족 출신의 여러 장수들도 전쟁에 의한 포로·노획물 등의 이익을 점유하고 사병(私兵)을 거느린 채 강한 세력을 자랑하고 있었다. 태조는 이들과의 타협과 연합 속에서 그의 정권을 유지해 나가고 있었다. 그는 정주(貞州)의 유씨(柳氏), 평산(平山)의 유씨(庾氏)나 박씨(朴氏), 광주(廣州)의 왕씨(王氏) 등등 전국의 20여 호족들과 혼인을 통하였고, 또 때로는 그들에게 왕씨의 성을 주어 의제가족적(擬制家族的)인 관계를 맺음으로써 이 연합을 굳게 했다. 한편 정광(正匡)·원보(元甫)·대상(大相)·원윤(元尹) 등 전국적으로 통일된 관계(官階) 제도를 실시하여 국가적인 통일을 기하려 하였다.

이러한 정책에도 불구하고 호족들의 존재는 태조 왕건의 적지 않은 우려의 대상이 되었다. 그가 「정계(政誡)」 1권, 「계백료서(誡百寮書)」 8편을 지어서 반포한 것은 이러한 우려에서 나온 것으로 보인다. 비록 지금 그 내용을 알 수는 없을망정 신하로서 받들어야 할 규범을 말한 것임이 분명하기 때문이다. 그러나, 태조는 왕권의 안정을 이루어 놓지 못한 채 자손에 대한 「십훈요(十訓要)」만을 남기고 돌아갔다. 「십훈요」는 정치·사상 등에 관하여 후대 국왕이 지켜야 할 것들을 적어 놓은 것이다.

과연 태조가 죽은 지 2년 뒤에 왕규(王規)의 난이 일어났다. 왕규는 왕실의 외척으로서, 그의 2녀가 태조의 제15비·제16비로 들어가 1자(子) 광주원군(廣州院君)을 낳았다. 그런데, 왕규는 다시 1녀를 혜종(惠宗)에게 들이는 한편 광주원군으로 하여금 왕위를 계승케 하기 위하여 혜종과 그 동생들 간의 중상을 일삼고, 드디어는 혜종을 해하려고 하기에 이르렀다. 이런 상황 속에서 혜종은 항상 갑사(甲士)로 신변을 호위하는 불안한 생활을 하다가 죽은 것이다. 결국 왕규는 혜종의 뒤를 이은 정종(定宗) 초에 서경(西京 ; 평양)을 지키던 왕식렴(王式廉)의 군사력에 의하여 제거되고 말았지만, 당시의 왕권의 불안한 모습을 잘 전하여 주고 있다.

왕권과 호족

왕규의 난을 진압하고 즉위한 정종은 연약한 왕권을 강화하기 위하여 서경(평양)으로 천도하려고 하였다. 여기에는 태조가 「십훈요」 속에서도 강조한 바 있는 풍수지리설(風水地理說)에 대한 신앙심도 작용하고 있었다. 그러나 개경

(開京 ; 개성)을 중심으로 세력을 뻗고 있는 개국공신(開國功臣)들의 포위망 속
에서 탈출하려는 의도가 보다 강했던 것으로 생각된다. 하지만, 재위 4년 만에
정종은 죽고 천도는 실현되지 못하였다.

　고려 왕권의 안정은 광종(光宗)의 개혁을 기다려서 비로소 새로운 전망이 서
게 되었다. 그 첫 착수가 노비안검(奴婢按檢)의 실시였다(광종 7년, 956). 후삼국
의 혼란기에 여러 장군과 호족들은 포로나 전재민 등을 강제로 노비로 삼았었
다. 이 노비의 증가는 그들의 경제적·군사적인 세력의 증대를 말하는 것이다.
이러한 세력의 증대를 억제하기 위하여는 노비의 수를 감소시킬 필요가 있었
다. 이 목적을 위하여 본래 양인(良人)이던 자를 조사하여 방량(放良)케 한 것이
노비의 안검이었다.

　그리고, 이어 중국인 쌍기(雙冀)의 건의에 따라 과거제도(科擧制度)를 실시하
였다(광종 9년, 958). 이것은 개국공신 계열의 옛 무신(武臣) 대신에 학문을 하는
새 문신(文臣)을 관리로 등용하려는 것이었다. 새로운 인물들이 새로운 기준에
의하여 등용된 것이다. 그러므로 과거제도의 실시는 왕권의 강화를 위한 새로
운 관료체계 설정의 기초 작업이었다. 이 새로 설정된 관료체계의 안정을 위
하여 백관(百官)의 공복(公服)을 제정하였다(광종 11년, 960). 자(紫)·단(丹)·비
(緋)·녹(綠)으로 계급적인 차이가 지어진 이 복색(服色)의 제정은 관리들의 질
서를 확립하려는 것이었다. 그리고 광종이 스스로 칭제(稱帝)하고, 개경을 황
도(皇都), 서경을 서도(西都)라 칭하고, 광덕(光德)·준풍(峻豊)의 연호를 세우는
등의 일련의 행동도 위의 개혁과 표리를 이루는 왕권강화운동이었다.

　이러한 여러 개혁에 대하여 가장 불만을 가진 것은 건국에 공이 있는 장상(將
相)과 그 자손들이었다. 그 결과가 무자비한 숙청으로 나타나게 되었다. 광종
은 비록 태조 왕건과 함께 전장에서 고락을 같이한 무장들이라 하더라도 왕권
에 순종치 않는 자는 모조리 숙청하였던 것이다. 이리하여 적어도 개경의 중앙
귀족들에 대하여 왕위를 떨칠 수가 있게 되었다. 그에 이어 즉위한 경종(景宗)
이 전시과(田柴科)를 제정한 것은 이러한 개혁의 토대 위에 서서 개편된 중앙관
료들의 경제적 뒷받침을 위한 것이었다.

제5절 호족의 문화

유교의 성장

신라에 전제주의가 융성할 때에 유교는 도덕적 정치이념을 가지고 점차 그 독자적 위치를 굳혀 갔다. 그러나 유교는 아직 그 정치이념을 펴기 위하여 강력한 개혁을 주장할 수 있을 정도로 성장하지는 못했다. 그러던 것이 하대(下代)가 되면서 유교는 정치개혁의 이념으로서 부각되기에 이르렀다.

원래 유교는 국학(國學)을 본거지로 하고 성장하여 왔다. 그러나, 하대에 이르면 직접 당(唐)에 유학(留學)하여 유교를 배워 오는 유학자의 수가 크게 증가하였다. 최치원(崔致遠)은 그 대표적인 인물이라고 하겠는데, 최치원과 함께 삼최(三崔)로 불리는 최승우(崔承祐)와 최인연(崔仁渷 ; 최언위, 崔彦撝)도 또한 그러하였다. 특히 최치원은 당에서도 문장으로 이름을 떨칠 정도로 유명하였으며, 『중산복궤집(中山覆簣集)』·『계원필경(桂苑筆耕)』·『제왕연대력(帝王年代曆)』 등의 많은 저술을 하기도 하였다.

이들은 골품보다는 학문에 기초를 두고 인재를 등용할 것을 주장하였던 것으로 보인다. 그리고 이러한 유교적 교양을 지닌 인재를 중심으로 중앙집권적인 귀족국가를 건설할 것을 바라고 있었다. 최치원의 「시무책(時務策)」은 불행히 현재 전하지 않기 때문에 잘 알 수가 없으나, 그러한 내용의 건의가 담겨져 있었을 것이다. 그러나, 이러한 건의는 그 멸망시까지 골품제도의 유지를 고집한 신라에서 용납될 수가 없었다. 그 결과 이들 유학자 사이에서 신라의 낡은 골품체제를 비판하는 소리가 높아갔다. 진성여왕 때에 은어(隱語)로 정치를 비판했다는 혐의로 체포되었던 왕거인(王巨仁) 같은 인물이 그런 존재였다. 최치원도 그의 건의가 받아들여지지 않자 관직을 버리고 유랑생활로 일생을 마치었다. 이러한 결과로 지방호족들이 세운 지방학교(地方學校)를 통하여 유교는 지방사회로까지 확산되어 갔다. 그리고 드디어는 유학자들이 새 왕조 고려의 정치이념을 제공하는 구실을 하기에 이르렀다.

선종의 유행

신라 하대에 있어서의 불교계의 새로운 경향은 선종(禪宗)의 유행이었다. 선종은 경전(經典)에 의하여 그 종파를 구별하는 교종(敎宗)과는 대조되는 입장에 서 있었다. 즉, 선종은 불립문자(不立文字)라 하여 문자를 세워 말하지 않는다고 주장하고, 복잡한 교리를 떠나서 심성(心性)을 도야하는 데 치중하였다. 그러므로, 선종에서 주장하는 바는 인간의 타고난 본성이 곧 불성(佛性)임을 알면 그것이 불교의 도리를 깨닫는 것이라는 견성오도(見性悟道)에 있었다. 견성오도의 방법은 선(禪), 즉 마음을 한곳에 모아 고요한 경지에 들어가는 데 있었다. 선을 통하여 각자의 마음 속에 태어날 때부터 갖추고 있는 불성을 깨달을 수 있다는 것이었다. 그러므로 선종은 개인주의적인 경향을 띠고 있었다고 하겠다.

선종이 처음 들어온 것은 7세기의 선덕여왕(632~647) 때라고 하나, 이때에는 이렇다 할 이해를 얻지 못하였다. 그러다가 9세기 초의 헌덕왕(809~826) 때에 도의(道義)가 가지산파(迦智山派 ; 보림사, 寶林寺)를 엶에 미쳐 점차 널리 퍼지기 시작하여, 홍척(洪陟)의 실상산파(實相山派 ; 실상사, 實相寺), 혜철(惠哲)의 동리산파(桐裏山派 ; 태안사, 泰安寺), 현욱(玄昱)의 봉림산파(鳳林山派 ; 봉림사, 鳳林寺), 도윤(道允)의 사자산파(師子山派 ; 흥녕사, 興寧寺), 범일(梵日)의 사굴산파(闍崛山派 ; 굴산사, 崛山寺), 무염(無染 ; 낭혜, 朗慧)의 성주산파(聖住山派 ; 성주사, 聖住寺), 도헌(道憲)의 희양산파(曦陽山派 ; 봉암사, 鳳巖寺), 이엄(利嚴)의 수미산파(須彌山派 ; 광조사, 廣照寺) 등 소위 선종 9산(山)이 성립되기에 이르렀다.

선종이 크게 유행하게 된 것은 지방의 호족들로부터 환영을 받았기 때문이었다. 선종 9산은 대부분 호족들과 밀접한 관계를 지니고 있었다. 가령 봉림산파는 김해(金海)의 호족인 김율희(金律熙 ; 소율희, 蘇律熙)의 후원을 받았고 사굴산파는 명주(溟州 ; 강릉) 호족인 왕순식(王順式)의 후원을 받았으며, 수미산파는 송악(松岳 ; 개성) 호족인 왕건(王建)과 관계가 깊었다. 또 9산을 처음 연 승려들도 호족 출신이 많았다. 비록 그 선조가 중앙귀족인 경우라 하더라도, 그들 자신은 이미 낙향(落鄉)하여 호족화한 인물들이었다. 그러므로 자연히 9산은 모두 그들을 후원하는 유력한 호족의 근거지와 가까운 지방에 자리잡게 되었다.

선종은 요컨대 호족의 종교로서 성장하였다. 선종의 개인주의적 경향은 중

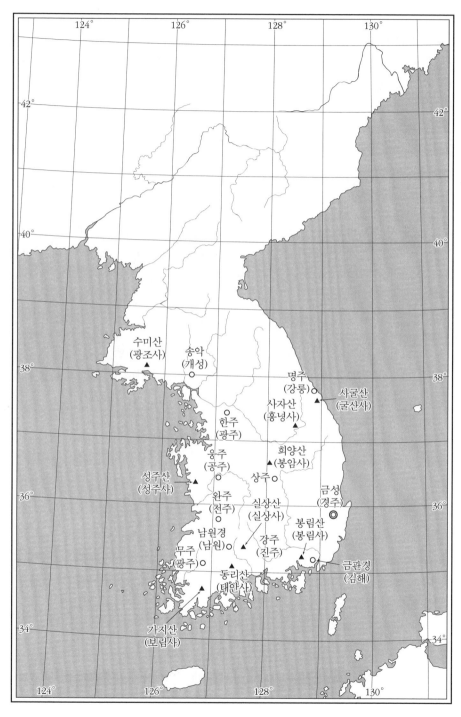

선종 9산도

앙집권적인 지배체제에 반항하여 일어나는 호족들에게 그들이 독립할 수 있는 사상적 근거를 제공하였다고 할 수가 있다. 비록 무너져가는 중앙집권적인 지배체제를 회복하기 위하여 신라 왕실이 선종을 포섭하려고 하였다 하더라도, 그것은 이 시대의 선종이 지니는 기본적인 특징과는 거리가 있는 것이었다.

풍수지리설

호족들의 대두와 함께 널리 퍼지게 된 사상에는 또 풍수지리설(風水地理說)이 있었다. 풍수지리설을 크게 선양한 것은 도선(道詵)이었는데, 그는 불교의 선근공덕사상(善根功德思想)에다가 음양오행설(陰陽五行說) 등을 결합해서 이를 폈던 것이다. 그에 의하면 지형이나 지세는 국가나 개인의 길흉(吉凶)과 밀접한 관계를 가지는 것이다. 지리에는 땅 기운이 왕성하고 순조로운 곳과 쇠약하고 거슬리는 곳이 있는데, 땅 기운이 왕성하고 순조로운 곳 즉 명당(明堂)을 택하여 양택(陽宅 ; 주택)이나 음택(陰宅 ; 무덤)을 지으면 국가나 개인이 행복을 누릴 수 있다는 것이다. 반면에 땅 기운이 쇠약하고 거슬리는 곳은 불행을 가져다 주므로 사람의 몸에 쑥을 놓고 뜸을 뜨듯이 비보사찰(裨補寺刹)을 세워 재앙을 막아야 한다는 것이다. 그는 반도를 백두산(白頭山)을 뿌리로 하고 가지가 뻗어나간 나무에 비기기도 하고, 혹은 배 모양에 비기기도 하였다. 그리고 그는 전국의 각지를 돌아다니며, 산수(山水)의 기운을 살폈다고 전해지고 있다.

이 풍수지리설에 입각해서 각지의 호족들은 저마다 자기들의 근거지를 명당으로 생각하고, 그들의 호족으로서의 존재를 정당화하려고 하였던 것 같다. 송악 왕씨의 경우는 그 대표적인 예라고 할 수 있는데, 왕건의 후삼국 통일은 마치 송악의 지덕(地德) 탓인 것으로 믿어졌다. 즉, 왕건의 조상은 송악산에 소나무를 심어 이를 푸르게 하고 집을 그 남쪽으로 옮기면 자손 중에 삼국을 통일할 영웅이 나오리라는 풍수지리설을 그대로 믿어 실천했고, 그 결과로 왕건의 통일이 이루어진 것이라고 믿었다. 왕건 자신도 풍수지리설의 돈독한 신자여서, 그의 「십훈요(十訓要)」제5조에는,

짐(朕)은 삼한(三韓) 산천(山川)의 음덕(陰德)에 힘입어서 대업(大業)을 이룩하였다.

고 할 정도였다.

모든 호족들은 저마다 자기들의 근거지를 명당으로 생각했겠지만, 그 세력

의 크고 작음에 따라 명당에도 등급이 매겨졌을 것이다. 나무에 큰 꽃이 피는 곳에 비유된 대화세(大花勢)는 곧 가장 훌륭한 명당을 말하였다. 한편, 반대세력의 근거지는 이를 땅기운이 거슬리는 곳으로 규정하였다. 태조가 「십훈요」속에서 자기에게 끝까지 반항하던 후백제의 땅을 땅기운이 배반하고 거슬릴 곳이라고 말한 것은 그 대표적인 예에 속한다.

미술

신라의 하대는 보통 통일신라시대 미술의 쇠퇴기로 인식되고 있다. 그러나 이 시대의 사회나 사상과 관련해서 몇 가지 새로운 경향이 나타난 사실을 간과해서는 안 되겠다.

먼저 귀족들의 원탑(願塔)이 유행한 사실이 주목된다. 왕위쟁탈전을 에워싼 정권의 교체가 빈번한 현실 속에서, 진골(眞骨) 귀족들은 그들의 행복을 기원하기 위해서 다투어 원탑을 세웠던 것이다. 문성왕(文聖王)을 위한 경주 창림사(昌林寺)의 3층석탑(三層石塔), 민애왕(閔哀王)을 위한 팔공산(八公山) 동화사(桐華寺) 비로암(毘盧庵)의 3층석탑, 헌안왕(憲安王)을 위한 장흥(長興) 보림사(寶林寺) 3층쌍탑(雙塔) 등이 그 예에 속한다. 이러한 원탑은 국왕뿐 아니라 중앙귀족이나 호족들에 의해서도 건립되었다.

불상의 조각에 있어서는 비로자나불(毘盧舍那佛)의 조상이 크게 유행한 것이 이 시대의 특색이었다. 이들 불상은 종전과는 달리 철불(鐵佛)로 주조된 것이 많은데, 장흥 보림사와 철원(鐵原) 도피안사(到彼岸寺)의 철조비로자나불좌상(鐵造毘盧舍那佛坐像)이 그 대표적인 것이다. 그리고 함안(咸安) 방어산(防禦山)의 약사여래입상(藥師如來立像)이나 논산(論山) 관촉사(灌燭寺)의 미륵보살입상(彌勒菩薩立像 ; 소위 은진미륵, 恩津彌勒)과 같은 거대한 마애(磨崖) 또는 원조(圓彫)의 석불(石佛)들이 제작된 것도 이 시대의 특색으로서 주목된다.

한편 이 시대에 부도(浮屠)와 탑비(塔碑)가 유행하기 시작하였다. 부도는 선사(禪師)들의 유골을 안치한 묘탑(墓塔)으로 만들어진 것이었다. 선종은 불립문자(不立文字)의 원칙에서 이심전심(以心傳心)으로 깨우치는 것이었으므로, 스승과 제자의 계승 관계가 중요시되었고, 이로 인해서 스승이 죽은 뒤에 그 유파를 상징하는 그의 유골이 유달리 존중되었던 게 아닌가 한다. 이리하여 염거화상탑(廉居和尚塔 ; 현재 국립중앙박물관 소재)을 비롯한 많은 부도가 만들어지게

되었다. 대개 팔각형(八角型)을 이루는 것이 보통인 부도들 중에서, 선종 9산의
하나인 사자산의 개조(開祖) 도윤의 부도인 화순(和順) 쌍봉사(雙峰寺) 철감선사
탑(澈鑒禪師塔)이나, 누구의 것인지 모르는 공주(公州) 갑사(甲寺) 부도 등이 가
장 우수한 것으로 일컬어지고 있다. 부도와 함께 선사의 행적을 적은 탑비가
서는 것이 보통인데, 이 탑비 중에도 충주(忠州) 월광사(月光寺)의 원랑선사탑
비(圓朗禪師塔碑 ; 현재 국립중앙박물관 소재)와 같이 뛰어난 것들이 많다. 이러한
부도나 탑비의 귀부(龜趺)는 외형상 통일적인 형태보다는 다극적(多極的)인 형
태를 취하고 있고 또 소용돌이치는 듯한 물결무늬가 격동적으로 조각되어 있
어서 이 시대의 사회상을 잘 반영하고 있다.

그리고 이 탑비에 새겨진 글들은 선종의 발전상을 전하는 사료로서나 서예
(書藝)의 모습을 알려주는 자료로서 중요하다. 그중에서도 최치원(崔致遠)이 지
은 사산비명(四山碑銘)이 가장 널리 알려지고 있다.

제6장 문벌귀족의 사회

제1절 고려 귀족사회의 성립

귀족정치의 지향

광종(光宗)의 개혁은 호족 출신의 장상(將相)들에게 큰 타격을 주었다. 광종은 과거(科擧)에 합격한 문벌 없는 학자들이나 고려에 세력 근거를 갖고 있지 않은 중국인을 주로 등용하여 썼다. 그러나, 이들의 세력은 광종이 죽자 제거되고 말았다. 그 뒤를 이어 정치의 주도적 역할을 담당한 것은 신라 육두품 계통의 유학자들이었다. 그리고 그 대표적 인물이 최승로(崔承老)였던 것이다.

최승로는 중앙집권적인 귀족사회를 실현하는 것을 목표로 하고 있었다. 그는 신라가 항복할 때에 고려의 신하가 된 사람으로서 지방호족과는 달리 지방에 자기의 근거지를 갖고 있지 않은 학자였다. 그러므로, 그는 중앙의 관료로서 출세하는 데에 관심을 가지고 있었고, 이것은 자연 그의 정치적 견해를 중앙집권적인 것으로 만들었다. 그러나, 그는 또 왕권의 전제화에 반대하였다. 그는 귀족들의 의견을 무시하는 전제주의 군주를 미워하였다. 그는 귀족 중심으로 정치가 운영되어 나가는 귀족사회의 건설을 원하였다. 이상과 같은 최승로의 입장을 잘 나타내 주고 있는 것이 그가 성종(成宗)에게 건의한 28조의 「시무책(時務策)」이었다.

성종(981~997)은 광종의 개혁에 뒤이은 정치적 수습을 이 유학자들의 견해에 의존하였다. 그는 처음으로 중앙에서 지방관을 파견하고, 고려 향리(鄕吏) 제도의 실시를 의미하는 향직(鄕職) 개혁을 실시하여 지방호족들의 지위를 격하시켰다. 한편, 지방호족들을 되도록 중앙귀족으로 흡수하려고 하여 그 자제들의 교육에 노력을 아끼지 않았다. 그리고, 중국의 고전(古典)에 밝은 중앙 귀족관료들의 의견을 받아들여 이를 정치에 반영시키려고 노력하였다. 이리하여

고려 귀족사회의 터전이 잡혀 가고 있었다. 최근 고려를 출신과 상관없이 누구
나 개인의 능력을 발휘하여 관직에 나갈 수 있었다고 하여, 관료제사회(官僚制
社會)로 보는 새 견해가 제기되고 있다. 그러나, 고려는 혈통(血統)을 존중하는
신분제사회(身分制社會)였고, 상위 신분층이 사회의 지배세력을 형성하고 있었
으므로, 이를 귀족사회라고 이해하는 것이 옳다고 생각한다.

귀족사회의 확립

신라 육두품 계통의 귀족들은 고려의 사회와 정치의 질서를 개편하는 데 많
은 공헌을 하여 그 지위를 굳게 하였다. 그러나, 또 개경(開京)에서 가까운 지
방의 호족 출신자들도 점차 문신으로서 중앙의 정치 무대에 진출하는 수가 늘
어갔다. 이리하여 고려는 신라가 왕족인 진골(眞骨) 중심의 정치를 했던 것과
는 달리, 여러 이성귀족(異姓貴族)들에 의한 정치를 해 나갔던 것이다. 이 이성
귀족들은 신라의 서울이던 경주(慶州)나 원래 호족이던 때의 출신지를 본관(本
貫)으로 칭하였고, 이 본관은 그들의 세력을 상징하는 것이 되었다. 이리하여
문벌(門閥)이라는 것이 중요시되고, 호적(戶籍)이 평민과는 별도로 작성되게 되
었다.

그들은 자기 가문의 세력을 확장시키기 위하여 혼인정책을 사용하였다. 통
혼의 대상이 되는 가문이 사회적으로 유력한 존재이면 일수록 명예로운 일이
었고, 또 스스로의 가문을 높이고 출세를 빨리 할 수 있는 길이었다. 그러므로,
고려 최고의 귀족인 왕실과의 통혼은 가장 바라는 바였다. 이것은 가문으로서
의 최고의 영예일 뿐만이 아니라, 곧 정권을 장악하는 첩경이기도 하였던 것이
다. 그리하여 왕실의 외척으로서 정권을 독차지하는 명문세족(名門世族)들이
탄생하였다.

이러한 존재로서 대표적인 자가 안산(安山) 김씨(金氏)와 인주(仁州) 이씨(李
氏)였다. 안산 김씨는 김은부(金殷傅)가 그의 세 딸을 현종(顯宗)의 왕비로 들인
이후 문종(文宗)에 이르는 4대 50여 년간 외척으로서 정권을 독차지하였다. 그
리고 인주 이씨는 안산 김씨와 인척 관계에 있었으나, 이자연(李子淵)의 세 딸
이 문종의 왕비로 들어간 후부터 안산 김씨를 대신해서 정권을 독차지하게 되
었다. 그 후 인종(仁宗) 때까지 7대 80여 년간은 인주 이씨의 세상이었다. 후일
이자겸(李資謙)이 스스로 왕이 되어 인주 이씨의 새로운 왕조를 꿈꾸게까지 된

것만 보더라도 그 세력이 얼마나 강한 것이었는가를 알 수 있다. 그 밖에도 윤관(尹瓘)을 대표로 하는 파평(坡平) 윤씨(尹氏)라든가, 최충(崔沖)을 대표로 하는 해주(海州) 최씨(崔氏)라든가, 김부식(金富軾)을 대표로 하는 경주(慶州) 김씨(金氏) 등도 모두 당대에 이름있는 가문이었다. 이리하여, 고려에서는 새로운 문벌귀족 중심의 사회가 이루어지고, 이들에 의하여 정치가 움직여 나가게 되었다.

이들 귀족의 중심지는 물론 수도인 개경이었다. 개경은 고려를 움직이는 인물이 집중하고 있는 전국의 심장부였다. 중앙관직을 차지하는 귀족은 모두 개경에 거주하는 개경인이었으며, 죄를 지어 관직에 나갈 수 없는 자들은 귀향(歸鄕)케 하였다. 풍수지리설(風水地理說)에 의하여 명당(明堂)으로 일컬어지는 송악산(松岳山) 기슭의 만월대(滿月臺)에 자리잡은 궁성을 중심으로, 부(部)·방(坊)·리(里)로 구분된 시가는 허다한 관부와 사원 및 민가로 메워져 있었다. 비록 민가는 대개가 초가집들로서 벌집이나 개미집같이 자리잡고 있었다지만, 궁성·관부·사원 등은 기와집으로서 호화로운 자태를 자랑하고 있었다. 그리고 그 둘레를 30여 만의 장정을 동원하여 현종 20년(1029)에 완성한 나성(羅城)이 에워싸고 있었던 것이다.

신분체제의 재편성

신라의 진골 출신이 아닌 새로운 사회신분층의 인간들이 역사의 주인공으로 등장한 고려에서 신분제도는 재편성될 수밖에 없었다. 개경에서 가까운 근기지방(近畿地方) 호족 출신과 신라 육두품 계열의 귀족을 지배세력으로 하는 고려는 이들을 기준으로 한 새로운 신분체제를 짜게 되었던 것이다.

고려 신분체제의 특징은 우선 신분제가 정치조직과 밀접한 관계를 맺고 있었다는 점이다. 즉, 일정한 정치적 기능을 나타내는 몇 개의 반(班)을 설정하고, 거기에 소속되는 가문에게 원칙적으로 그를 세습할 권리와 의무를 부과시키었다. 가령 문반(文班)은 문관직(文官職)을, 무반(武班)은 무관직(武官職)을, 남반(南班)은 궁중직(官中職)을, 그리고 군반(軍班)은 군인직(軍人職)을 세습케 하는 따위였다. 비록 지방통치의 말단을 맡은 향리(鄕吏)나 관청에 소속된 하급관리인 이속(吏屬), 특정한 물건을 만드는 장이인 공장(工匠) 등은 반이란 명칭으로 불리지는 않았으나, 그 실제는 이와 마찬가지였다. 그리고 관직을 차지할 수 없는 농민은 백정(白丁)이라 불리었고, 그 밑에 천민인 노비(奴婢)가 있었다.

　이같이 짜여진 여러 신분은 일정한 범위의 친족(親族)을 단위로 해서 세습되었다. 현재 그 친족의 범위는 분명치 않으나 종족(宗族)보다는 좁은 가문(家門) 혹은 가계(家系)라 부를 수 있는 성질의 것이었는 듯하다. 이들의 신분 세습을 보장하기 위하여 몇 가지 방안이 마련되었다. 문·무반에게는 5품(品) 이상이면 그 한 아들이 관직을 받을 수 있는 음서(蔭敍)제도를 마련하였다. 또, 군반이나 향리들도 그 자손이 그 직책을 세습토록 하였다. 그리고 이러한 신분적 세습을 뒷받침하기 위하여 경제적으로는 국가로부터 자손에게 세습되는 것이 허용된 토지인 영업전(永業田)이 지급되었다.

　고려의 신분제도가 세습을 원칙으로 하고는 있었지만, 한편 신분의 변동이 부단히 행해지고 있었다. 특히 낮은 신분으로부터 보다 높은 신분으로 상승하는 현상이 자주 일어났다. 그중에서도 두드러진 것이 향리로부터 문반이 되는 경우와 군반으로부터 무반이 되는 경우였다. 원래 문반귀족은 대부분이 호족 출신이었고, 이런 관계로 해서 문반과 향리는 혈통을 같이하는 경우가 많았다. 향리가 문반으로 쉽게 상승할 수 있었던 것은 이러한 데에 말미암은 것이었다. 그러나 음서의 혜택을 받을 수 없는 향리들은 과거시험의 관문을 거쳐야만 했다. 고려의 과거시험은 이러한 신분변동에 중요한 기능을 발휘하였다.

　또 군반 출신인 군인 중에서 군사적인 공로에 의하여 무반으로 출세하는 경우가 많아서 이 또한 신분변동의 한 예가 되었다. 더구나 군인은 양인 농민인 백정뿐 아니라 노비 출신으로부터도 보충되었으므로, 백정이나 노비가 군반을 거쳐 무반으로 상승하는 경우도 있었다. 비록 신분의 세습이 원칙이었지만, 이렇게 부단히 신분의 변동이 행해지고 있었다는 것은 신라시대에는 찾아볼 수 없는 현상으로 고려 신분제도의 특징이 되었다.

제2절　귀족적 통치기구

정치기구

　고려의 정치기구는 성종 2년(983)에 새로 정비되기 시작하여 문종 30년

(1076)에 완비되었다. 고려의 정치제도는 삼성체제(三省體制)라고 부를 수 있을 정도로 3성을 중심으로 짜여져 있었다. 3성은 중서성(中書省)·문하성(門下省)·상서성(尙書省)의 셋을 말하는 것이다. 그러나 3성 중에서 가장 중요한 것은 중서성과 문하성이었으며, 이를 합쳐서 중서문하성이라 부르고 혹은 또 재부(宰府)라고도 불렀다. 중서문하성의 관직은 2품 이상의 재신(宰臣)과 3품 이하의 낭사(郎舍)로 구분되어 있었는데, 재신은 국가의 정책을 결정하였고, 낭사는 정책을 건의하고 그 잘못을 고치도록 간쟁하는 기능을 담당하였다. 이에 대해서 상서성은 정책의 시행을 담당하였는데, 상서성에 속해서 실무를 담당한 것이 6부(部)였다. 6부는 이(吏)·병(兵)·호(戶)·형(刑)·예(禮)·공(工)의 여섯 부를 일컫는 것이지만, 이부는 문관(文官)의 인사, 병부는 무관(武官)의 인사와 군사(軍事)·우역(郵驛), 호부는 호구(戶口)와 조세(租稅), 형부는 법률(法律)과 소송(訴訟), 예부는 의예(儀禮)·외교(外交)·교육(敎育)·과거(科擧), 공부는 산택(山澤)·공장(工匠)·영조(營造) 등을 각기 맡고 있었다.

 3성과 나란히 하여 중요한 지위를 지니고 있는 것이 중추원(中樞院 ; 뒤에 추밀원, 樞密院)이었다. 추부(樞府)라고도 불리는 중추원은 성종 때에 처음 설치된 것인데, 그 맡은 바 임무는 국왕의 명령을 전하고 신하들의 상소를 국왕에게 전달하는 왕명의 출납과 군사상 기밀인 군기(軍機)의 장악이었다.

 위의 중서문하성(재부, 宰府)과 중추원(추부, 樞府)은 양부(兩府) 또는 재추(宰樞)라고도 칭하며, 양부의 고관, 즉 재신(宰臣)·추신(樞臣)이 함께 모여 국가의 중대사를 회의로 결정짓는 것을 재추회의(宰樞會議 ; 도당, 都堂)라고 하였다. 이같이 국정 일반에 관한 회의기관의 존재는 고려 귀족정치의 특징을 잘 나타내주는 것이다.

 양부 이외의 중요한 관부로는 정치의 잘잘못을 논하고 관리의 잘못을 규탄

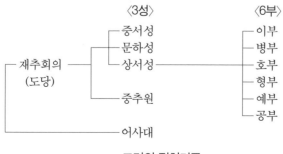

고려의 정치기구

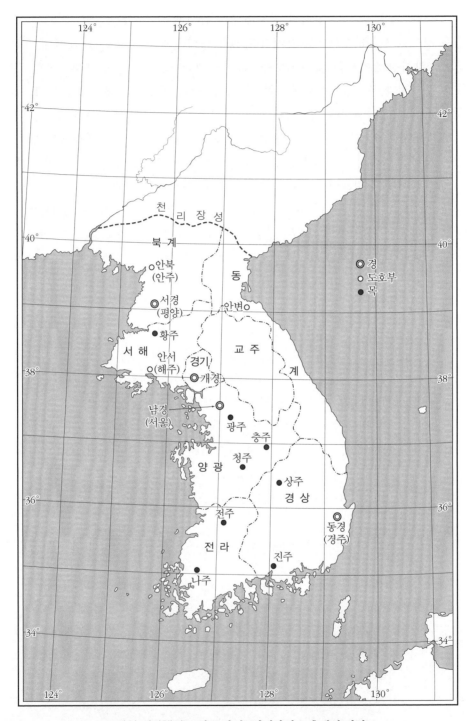

고려의 **지방행정도**(현종 말년)(천리장성은 후대의 것임)

하는 임무를 맡은 어사대(御史臺 ; 뒤의 사헌부, 司憲府)가 있었다. 어사대와 중서문하성 소속의 낭사(郎舍)는 합하여 대성(臺省)이라고도 불리었는데, 관리의 임명이나 법률의 개폐 등에 찬성과 반대를 서명(署名) 여부로써 표시하는 서경(署經)의 권한이 있어서 왕권의 전제적 행사에 상당한 제약을 가하였다.

지방에는 성종 2년(983)에 12목(牧)을 둔 것이 중앙관을 파견한 지방관제의 시초였다. 그 뒤에 몇 차례의 개폐 과정을 거쳐서 현종 9년(1018)에 일단락을 지었다. 이를 보면, 전국을 도(道)와 계(界)로 크게 나누고, 그 안에 경(京)·도호부(都護府)·목(牧)을 위시하여 군(郡)·현(縣)·진(鎭) 등을 설치하였다. 도는 일반행정구획으로서 경우에 따라 증감이 있었으나 뒤에 5도로 낙착되었다. 이에 대하여 북방의 국경지대에는 북계(北界 ; 서계, 西界)·동계(東界)의 양계(兩界)를 설치하였는데 이는 군사적인 특수 지역이었다. 그러므로, 각기 도와 계의 지방장관으로 임명되는 안찰사(按察使)와 병마사(兵馬使)는 그 임무에 차이가 있었다. 또, 도에는 군·현이 설치되었으나, 계에는 원칙적으로 진이 설치되는 점도 달랐다. 경은 풍수지리설과 밀접한 관계가 있는 것으로, 처음은 개경(開京 ; 개성)·서경(西京 ; 평양)·동경(東京 ; 경주)을 3경이라 칭하였으나, 뒤에는 동경 대신에 남경(南京 ; 서울)이 들어갔다. 도호부는 안동(安東)·안남(安南)·안서(安西)·안북(安北)·안변(安邊)의 5도호부가 있었는데, 이들은 원칙적으로 사방(四方)의 요지를 차지하여 군사적인 방비의 중심지적인 역할을 하였다. 그러다가 남쪽의 군사적 긴장상태가 해소되자 안동·안남의 두 도호부는 없어지고, 북쪽의 세 도호부만이 남았다. 목은 지방에서의 일반행정의 중심과 같은 역할을 담당하였으며, 이 목을 중심으로 도가 형성되고 있는 실정이었다.

위의 모든 지방행정 단위에는 중앙관이 그 장관으로 파견되었다. 이들은 상피(相避)라 하여 고향 지방에 장관으로 임명될 수 없었으며, 또 일정한 임기가 규정되어 있었다. 그것은 지방세력의 성장을 두려워한 때문이었다. 그런데 그들 밑에는 호장(戶長) 이하의 장리(長吏 ; 향리)가 있어서 일반 국민과 접촉하는 실제적인 행정사무를 담당하였다. 이 호장 등은 그 지방 본래의 호족 출신인 토착세력가들이므로, 짧은 기간을 두고 교체하는 주·부·군·현의 장관들보다 지방 사정에 능통하여 그 끼치는 바 영향이 컸다. 이를 억제하기 위하여 그 지방 출신의 중앙관리를 사심관(事審官)으로 임명하기도 하고, 혹은 그 자제들을 인질로 상경(上京) 숙위(宿衛)케 하는 기인제(其人制)를 설정하기도 하였다. 그리고 군·현·진 밑은 촌으로 구분되었는데, 이 촌에는 토착인의 촌장(村長)

등이 있어서 그들이 촌민의 지배에 대한 중개 역할을 하였다.

군사조직

　고려가 군사적인 세력을 배경으로 성장하였고, 또 후백제의 강적을 무력으로 멸망시켜야 했으며, 게다가 북쪽 거란과의 군사적 충돌이 잦았던 만큼, 군사조직에 대한 관심은 큰 바가 있었다. 태조는 송악 근방의 군사력으로 조직된 강한 직속부대를 거느리고 있었는데, 이것이 후삼국 통일의 중심 병력이 되었다. 그리고 이 직속군이 근간이 되어서 2군(軍)·6위(衛)의 중앙군 조직이 편성되었다. 6위는 좌우위(左右衛)·신호위(神虎衛)·흥위위(興威衛)·금오위(金吾衛)·천우위(千牛衛)·감문위(監門衛) 등의 여섯 부대를 말하는 것으로 성종 14년(995)경에 형성된 것으로 생각된다. 6위 중에서 가장 핵심을 이루는 것은 좌우·신호·흥위의 3위로서, 수도인 개경의 수비는 물론 변방에 대한 방수(防戍)의 임무까지도 맡고 있었다. 이에 대하여 금오위는 경찰, 천우위는 국가적인 의식 때 열을 지어 참석하는 의장, 감문위는 궁성 안팎 여러 대문의 수위를 그 임무로 하고 있었다. 이 6위보다 약간 늦게 형성된 응양군(鷹揚軍)과 용호군(龍虎軍)의 2군은 국왕의 친위군으로서 6위보다 우위에 있었다.

　2군·6위에는 각기 정(正)·부(副) 지휘관으로 상(上)·대(大)장군(將軍)이 있었다. 이 무신(武臣)들의 최고위를 차지하는 상·대장군들은 그들의 회의기관인 중방(重房)을 가지고 있어서 문신(文臣)들의 도당(都堂)과 대조되었다. 그러나, 문신 지배하에 있는 고려에서 중방의 권력은 도당에 비할 바가 아니었다. 2군·6위는 모두 1천 명의 군인으로 조직된 영(領)으로 구성되어 있었다. 영은 병종에 의하여 보승(保勝)·정용(精勇)·역령(役領)·상령(常領)·해령(海領)·감문위령(監門衛領) 등으로 구분되었는데 도합 45령이 있었다. 영의 지휘관은 장군이었으며, 이들도 그들의 회의기관인 장군방(將軍房)을 갖고 있었다.

　2군·6위는 그 신분과 군역의 의무를 세습하는 군반씨족(軍班氏族) 출신의 전문적 군인으로 구성되었으며, 이들은 군호(軍戶)를 형성하고 군적(軍籍)에 따로 올려졌다. 이들에게는 군인전(軍人田)이 지급되어 2인의 양호(養戶)로 하여금 이를 경작하여 군인의 장비와 생활비를 제공케 하였다. 군인에 결원이 생기는 경우에는 선군(選軍)을 하여 이를 보충하였는데, 선군을 하는 동시에 군호로 편입하여 군인전을 주었다. 이 선군은 백정과 같은 농민 중에서 젊고 용력 있는 자를 대상으로 하는 것이 보통이었다. 그러나, 천민도 뽑았으며 이것은 군인의 사회적 신분을 저하시키는 하나의 원인이 되었다.

지방에는 처음 호족들의 군대를 연합하여 중앙에서 통제해 나가던 광군(光軍)이 조직되었으나(정종 2년, 947), 뒤에 주현군(州縣軍)으로 개편되었다. 주현군은 도(道)와 계(界)에 따라 차이가 있었다. 계는 국경지대의 군사지역이었던 만큼 행정단위인 진(鎭)마다에 초군(抄軍)·좌군(左軍)·우군(右軍)을 중심으로 한 정규군이 주둔하고 있었다. 그러므로 오히려 주진군(州鎭軍)이라 불러 마땅한 것이었다. 이들은 평시에는 농사를 짓다가 일단 유사시에는 언제나 싸울 수 있는 둔전병적(屯田兵的)인 상비군이었다. 도의 주현군은 보승(保勝)·정용(精勇)·일품(一品)으로써 구성되었는데, 보승·정용은 치안(治安)·방수(防戍)의 역(役)을 지니고 있었고, 일품군은 노동부대로서 공역(工役)에 동원되었다.

과거와 음서

관리의 등용시험인 과거시험은 제술업(製述業)·명경업(明經業)·잡업(雜業)의 셋으로 나뉘었다. 제술업은 시(詩)·부(賦)·송(頌)·책(策) 등의 문학(文學)으로 시험하는 것이며, 명경업은 『서(書)』·『역(易)』·『시(詩)』·『춘추(春秋)』등의 유교의 경전으로 시험하는 것이었다. 이들은 모두 문신(文臣)을 등용하기 위한 것이었으나, 양자 중에서도 특히 제술업이 중요시되었다. 고려 일대에 제술업 합격자의 수가 6천여 명이나 되는 데 대해서, 명경업의 합격자는 겨우 450명 정도인 것으로도 알 수가 있다. 당시의 귀족들이 경학(經學)보다 문학을 숭상하던 풍조를 이해할 수 있을 것이다.

이에 대해서 잡업이라 함은 명법업(明法業)·명산업(明算業)·의업(醫業)·주금업(呪噤業 ; 복업, 卜業)·지리업(地理業) 등 기술관 등용을 위한 시험이었다. 그러므로, 위의 둘보다 그 격이 떨어졌던 것이다. 그리고, 무신(武臣) 등용을 위한 과거시험은 공양왕(恭讓王) 때에야 비로소 생겼으므로 고려시대에는 없었다고 하는 것이 옳겠다.

고려에서는 양인(良人)이라면 누구나 수험자격을 갖고 있었다. 그러나, 천민(賤民)이나 승려(僧侶)의 자식은 응시할 수가 없었다. 또 비록 규정상에는 양인이면 좋다고 하지만 일반 농민은 거의 응시하지를 못하였을 것이다. 시험관은 지공거(知貢擧)라 하였는데 이에 임명되는 것은 지극히 명예롭게 생각되었다.

지공거와 급제자(及第者)는 좌주(座主)와 문생(門生)의 관계를 맺어 그 관계는
일생을 통하여 계속되었고, 이를 중심으로 한 개의 사회적인 집단이 형성되기
에 이르렀다. 이러한 집단은 그들의 출세에도 배경의 힘이 되었던 것이다.

  골품제도(骨品制度)하의 신라에서는 관리 등용의 기준이 신분에 있었으므로,
따로 관리를 등용하기 위한 시험제도가 필요치 않았다. 그러나 고려에서는 여
러 문벌귀족들이 같은 귀족의 신분으로서 정치에 참여할 수가 있었다. 뿐만 아
니라 지방의 향리들에게도 중앙관료로 진출하여 귀족이 될 수 있는 길을 열어
주고 이를 장려하고 있었다. 말하자면 고려에서는 신라 때와는 비교도 안 될
정도로 많은 수의 사람들이 관리가 될 수 있었다. 이러한 사정은 새로운 관리
등용 방법을 필요케 하였는데 그것이 곧 과거시험이었다. 향리층에게 가장 매
력을 안겨주었을 과거시험은, 요컨대 여러 문벌귀족의 정치참여를 허락하여
그들의 공동 이익을 보장하는 관리등용제도였던 것이다.

  고려의 과거제도는 그러나, 관리등용에 있어서 절대적인 중요성을 차지하는
것은 아니었다. 그것은 고려 귀족사회가 아직도 조선(朝鮮)시대의 양반사회(兩
班社會)만큼 넓은 사회적 기반을 가지고 있지 못했기 때문이었다. 고려의 문벌
귀족들은 그들의 특권을 유지하기 위한 관리등용제도를 동시에 갖기를 원했
다. 그것이 음서제도(蔭敍制度)였다. 음서는 5품(品) 이상 관리의 자손에게 관
직을 허락하여 주는 문음(門蔭)과, 특별한 공훈이 있는 관리의 자손에게 관직
을 허락하여 주는 공음(功蔭)을 말하는 것이다. 이것은 결국 고려의 관료제도
가 강력한 귀족제도에 의해서 뒷받침되고 있었음을 말하여 준다. 고려가 문벌
을 존중하는 귀족사회였음을 여기서도 찾아볼 수가 있다. 이 음서제도는 인주
(仁州) 이씨(李氏)의 경우에서와 같이, 권력을 장악한 가문에 의하여 남용되어
서 특정 가문의 세력을 확대시키는 구실도 하게 되었다.

교육기관

  일찍이 태조 때에 개경과 서경에 학교가 있었지만, 성종 11년(992)에 국자감
(國子監)을 창설함으로써 고려 교육제도의 터전이 잡히기에 이르렀다. 일종의
종합대학인 국자감에는 여러 단과대학이 속해 있었는데, 인종(1122~1146) 때
에 경사(京師) 6학이라고 하여 국자학(國子學)·태학(太學)·사문학(四門學)·율
학(律學)·서학(書學)·산학(算學)이 정비되었다. 단과대학이라고 하지만 반드

시 학과별의 원칙이 모두에 적용된 것은 아니었다. 즉, 국자학·태학·사문학의 셋은 모두 오경(五經)과 『효경(孝經)』·『논어(論語)』 등 경학(經學)을 주로 배우는 곳으로, 학과목이 같았던 것이다. 다만 학생의 자격에 차별이 있어서 국자학에는 문무관(文武官) 3품(品) 이상, 태학에는 5품 이상, 사문학에는 7품 이상 관리의 자제가 입학하게 되어 있었다. 그리고, 학과목이 다른 율학·서학·산학 등 잡학(雜學)의 기술교육기관에는 8품 이하 관리의 자제 및 서인(庶人)이 입학하였다. 이러한 입학자격의 규정은 고려 귀족사회의 일면을 말하여 주는 것이다.

지방교육기관은 언제 정비되었는지 확실하지가 않다. 그러나, 성종의 지방교육에 대한 열성은 큰 것이어서 처음 지방 자제들을 상경시켜 학업을 닦도록 하더니, 이것이 실패하자 경학박사(經學博士)·의학박사(醫學博士) 등을 지방에 파견해서 교육을 실시케 하였다. 아마 이때에 지방에는 향교(鄕校)가 설치된 것이 아닌가고 생각되는데, 뒤에 이 향교는 더욱 발전하였다. 고려가 과거제도를 실시한 것은 지방의 호족 출신들을 중앙의 관료기구에 흡수하여 중앙귀족화시키는 데에도 한 목적이 있었던 만큼 지방교육에 열성을 가진 것은 당연한 일이었다.

제3절 귀족사회의 경제구조

토지제도

고려 토지제도에서 중요한 위치를 차지하는 것은 전시과(田柴科)였다. 전시과는 태조 23년(940)의 역분전(役分田)에 기초를 둔 것이었는데, 역분전은 통일 뒤의 논공행상적인 것이었다. 경종 원년(976)에 이르러 처음으로 전시과라 칭하였으나 아직 이러한 경향을 탈피하지 못했다. 즉, 관품(官品)뿐 아니라 인품(人品)도 고려하여 복잡하게 짜여진 다원적인 원칙하에 토지와 땔감나무를 채취할 수 있는 시지(柴地)의 지급이 결정되어 있었다. 그러다가 목종 원년(998)에 비로소 성종 때의 관제를 기준으로 관직의 고하에 따라 18과(科)로 구분하여 토지(농토, 農土)와 시지를 나누어 주는 일원적인 제도가 성립되었다. 전시과의 규정에 따라 주어지는 토지 즉 과전(科田)은 관리에 대한 보수였던 셈이다. 따라서, 그가 죽으면 국가에 반납하게 되어 있었다. 또 조(租)의 수취도 국가에서 관장하고 관리들은 조부(租簿)를 받아 국가의 창고에 수송된 뒤에 받아가는 제도여서, 농민으로부터의 직접적인 수취가 허락되지 않았다. 이 전시과 속에는 군인에 대하여 지급하는 군인전(軍人田)의 규정도 포함되어 있었다.

전시과 이외에 중요한 것이 공음전(功蔭田)이었다. 공음전은 대체로 5품(品) 이상의 관리에게 일정한 토지를 주어 이를 자손에게 세습시키는 것을 허락한 영업전(永業田)이었다. 공음전은 전호(佃戶)에 의하여 경작되고, 그 조는 수급자가 자신의 책임하에서 거둬들였다. 그러므로 이것은 사유지(私有地)의 성격이 강한 토지이며, 관직보다는 귀족의 신분을 뒷받침해 주는 토지였다고 하겠다. 5품 이상 관리의 자손에게 자동적으로 관리가 될 수 있는 길을 열어 준 음서(蔭敍)와 마찬가지 취지였던 것이다.

과전과 공음전 이외에 중요한 것으로는 향리와 군인에게 주어지는 외역전(外役田)과 군인전이 있었다. 향리들이 받는 외역전은 그들이 짊어지는 향역(鄕役)의 대가였다. 이 향역이 세습되는 것과 마찬가지로 외역전도 세습되었으며, 그 조도 그들 스스로가 거둬들일 수 있었다. 그러므로 이 외역전도 영업전이라고 할 수 있다. 그리고, 군인전은 군역(軍役)의 대가로 주어지는 토지였다. 군인전의 규정은 비록 전시과 속에 포함되어 있었으나 그 성질은 과전과는 달랐다. 군역이 세습이었으므로 군인전도 역시 세습되었고, 군인마다에 양호(養戶)가 딸려서 그들이 이를 경작하였던 것으로 보인다. 단지, 군역을 이을 자손이 없으면 늙은 뒤에 이를 반납케 하고 약간의 구분전(口分田)을 주어서 생활을 유지하게 하였다. 구분전은 또 전쟁미망인 등 생계를 유지할 수 없는 관리나 군인의 유족에게도 주었다.

이 밖에 궁성(宮城)에 소속되어 있는 내장전(內莊田)이 있었다. 이는 왕실의 사유지와 마찬가지였으나, 그 관리가 특정한 행정구획을 통하여 행해졌다는 특색이 있었다. 그리고, 관아(官衙)의 비용에 충당하기 위하여 할당되는 공해전(公廨田), 사원이 소유하는 사원전(寺院田) 등이 있었다.

귀족의 경제기반

고려의 토지제도는 국가의 모든 토지가 왕토(王土)라고 하는 사상 위에 서서 짜여지고 있었다. 그러므로, 그 토지를 공전(公田)이라고 부르든 사전(私田)이라고 부르든 간에, 그 모두가 왕토라는 생각을 가지고 있었다. 그러나 이 왕토사상은 지극히 관념적인 것이어서, 반드시 모든 토지가 국유였다는 것을 뜻하지는 않는다. 물론 민전(民田)의 조는 국가에서 직접 받아들여서 조운(漕運)에 의하여 개경으로 운반하여 관리의 녹봉(祿俸)을 위시한 국가의 공적인 지출에 사용하였다. 그러나 민전에서 받는 10분의 1의 조는 이를 지대(地代)라고 할 수가 없으므로, 그것이 국가의 소유지는 아닌 셈이다. 다만 과전은 그 조가 관리 개인에게 돌아가기는 하지만, 국가에서 조를 거둬 주고 죽으면 국가에 바쳐야 하는 토지였으므로, 이를 국유지라 할 수가 있다. 그러니까 이 과전은 말하자면 귀족 전체의 경제적 이익을 공동으로 보장하는 성질의 것이었던 셈이다.

이에 대해서 귀족들 개인의 이익에 부합하는 성격의 토지가 있었는데, 그 대표적인 것이 공음전이었다. 공음전도 형식상으로는 과전과 마찬가지로 국가에서 지급하는 토지의 일종으로 되어 있었다. 그러나 공음전은 이를 받은 사람이 세습할 수 있으며, 조도 직접 거둬들일 수 있었다. 그러므로 사유지적 성격이 짙은 것이었으며, 이를 영업전이라고도 한 까닭이 여기에 있었다. 영업전에는 외역전이나 군인전도 있었는데, 이들은 역(役)의 대가로 받는 것이었으므로, 역이 세습되는 것과 마찬가지로 이들 토지도 세습되었다. 사원전은 비록 영업전이라고 부르지는 않았으나 성질상 이와 마찬가지였을 것이다.

귀족들의 세력이 강대해지면서 과전도 점점 공음전과 마찬가지로 세습되고, 그 조도 귀족들이 직접 수취하는 토지로 변하여 갔다. 귀족들은 또 황무지를 개간하거나, 국왕으로부터 특별히 사전(賜田)을 받거나, 혹은 권력으로 남의 토지를 빼앗음으로써 사유지를 더욱 늘려 갔다. 이들 사유지의 조는 병작제(並作制)에 의해서 수확고의 2분의 1이었는데, 귀족들의 재부는 이러한 토지를 기반으로 하여 점점 더 비대하여 갔다.

귀족들의 재부는 식리(殖利)를 위하여 이용되었다. 그들은 장생고(長生庫)를 만들어서 조를 수장하고 이를 고리(高利)로 대부하여 식리를 한 것이다. 장생고는 귀족 개인의 것뿐 아니라 국가의 것이라든가 혹은 사원의 것도 있었다. 같은 이자의 취득을 위한 것에 보(寶)가 있었다. 보에는 국자감(國子監) 학생의 장학을 위한 학보(學寶), 승려들의 장학을 위한 광학보(廣學寶), 가난한 사람을 구제하기 위한 제위보(濟危寶), 팔관회(八關會)의 경비를 위한 팔관보(八關寶) 등 그 사업의 성격에 따라 여러가지 종류가 있었다.

이러한 식리 활동은 곡물(穀物)이나 포(布)로써 하였다. 일반적으로 상업은 그리 발달하지 못하였기 때문에 화폐(貨幣)가 크게 이용되지 못하는 상황이었다. 성종 때에 주전(鑄錢)을 한 이래 숙종(肅宗) 때에도 해동통보(海東通寶) 등을 만들었으나 널리 사용되지는 못하였다. 다만 숙종 때에 은(銀) 1근(斤)으로 우리나라 지형(地形)을 본떠서 병을 만들어 화폐로 사용한 은병(銀瓶 ; 활구, 濶口)은 귀족들 사이에서 대규모 거래를 하거나 뇌물을 주고받는 데 많이 이용되었다.

민중의 생활

농업경제가 주축을 이루고 있는 고려에서 사회의 기층을 이루고 있는 것은 토지를 직접 경작하는 농민들이었다. 농민의 대다수인 양인농민(良人農民)은 보통 백정(白丁)이라 불리었는데, 그것은 특정한 직역(職役)이 없었기 때문이다. 따라서 국가로부터 토지의 급여를 받을 수가 없었다. 그들이 경작하는 토지는 보통 민전(民田)이었으며, 이는 수확의 10분의 1을 조로써 국가에 바치는 것이었다. 그들은 또 귀족의 사유지를 경작하기도 했으며, 그 지대는 2분의 1이어서 민전의 경우와는 부담에 큰 차이가 있었다. 농민들은 조뿐만이 아니라 대개는 포로써 바치는 공부(貢賦)도 부담하였다. 공부는 때로 금·은·소금·우피(牛皮) 등 특산물로써 바치는 경우도 있었다. 또 16세 이상 60세까지의 장정(壯丁)들은 요역(徭役)의 의무가 있어서 각종 공사에 동원되었다. 이러한 요역에는 식사를 스스로 마련해야 했으며, 그 때문에 가난한 사람은 점심을 굶으며 노역에 종사하는 예도 있었다.

이들 양인농민보다 천대받는 계층으로는 향(鄕)·부곡(部曲)·소(所)·역(驛)·진(津)·관(館) 등의 특수 행정 구역에 사는 주민들이 있었다. 향과 부곡은 농업에 종사하는 사람들의 집단 거주지인 데 대해서, 소는 대체로 금·은·동·철·종이·도자기 등을 채굴·제조하는 수공업에 종사하는 사람들의 집단 거주지였다. 역이나 진은 육상(陸上)이나 수상(水上)의 교통 요지에 설치된 교통기관이었고 관은 숙박소였지만, 이곳 주민들도 모두 양인보다 낮은 신분의 소유자들이었다. 그러나 점차 그 특수성이 소멸되어 양인화(良人化)해 가고 있었음이 주목된다.

사회의 맨 밑바닥에 깔려 있는 신분층이 노비였다. 노비는 국가에 속하는 공노비(公奴婢)와 개인에 속하는 사노비(私奴婢)가 있었다. 공노비는 궁전·관청 등에서 잡역에 종사하거나 문무관인(文武官人)에게 배당되어서 그들의 시중을 들게 되어 있었다. 같은 공노비라도 이러한 공역(供役)노비 이외에 주인과 따로 살며 농경에 종사하는 외거(外居)노비가 있었는데, 이들은 일정한 액수의 조를 납부하였다. 사노비는 왕공(王公)·귀족(貴族)·사원(寺院) 등에 속하여 취사(炊事)·초목(樵木) 등에 종사하였다. 이들은 물론 그 신분을 세습하며 매매의 대상이 되었다. 사노비에도 이 같은 솔거(率居)노비 이외에 지방에서 주인의 토지를 경작하는 외거(外居)노비가 있었다. 그런데 이 외거노비들은 자기의 재산을 갖고 있었으며 주인에게는 조를 바칠 뿐이었다. 그러므로 공노비건 사노비건 간에 외거노비는 그 성격이 전호(佃戶)와 같은 존재였으며, 이 외거노비는 그 수가 점차 늘어가는 추세를 보였다. 뿐만 아니라 그들 중에는 재산을 축적하여 양인으로 신분적인 상승을 하기도 하는 데에 고려사회의 새로운 양상이 엿보이고 있다. 한편, 화척(禾尺 ; 양수척, 楊水尺, 조선시대의 백정, 白丁)이나 재인(才人 ; 조선시대의 광대, 廣大) 등도 사회적으로 노비와 같은 대우를 받으며 천시되었다.

　양인농민을 위시한 이들 생산을 직접 담당하는 민중은 대체로 가난한 생활을 하였다. 생활의 빈곤은 이들을 고향을 떠나 다른 지방으로 이산케 했고, 그 결과는 국가 경제의 근본을 흔들리게 하였다. 국가에서 이들을 위한 사회정책이 필요하게 된 것은 이러한 사실에 대한 최소한도의 구제책이나마 마련해야만 했기 때문이다. 고려시대의 구제기관으로는 일정한 재화(財貨)를 원본(元本)으로 해서 그 이식으로 가난한 사람을 구제하는 제위보(濟危寶), 빈민으로 병든 자를 구호 요양하는 동서대비원(東西大悲院), 약을 제공하는 구제기관인 혜민국(惠民局), 그리고 평시에 양곡을 저축했다가 흉년에 빈민을 구제하는 의창(義倉)이나 물가를 조절하기 위한 상평창(常平倉) 등의 창제(倉制)가 있었다. 또, 사원도 이러한 구제기관의 역할을 맡는 경우가 많아서, 개경(開京)의 개국사(開國寺)나 임진(臨津)의 보통원(普通院) 같은 곳은 유리 걸식하는 무리에게 식사를 제공하는 곳이었다. 그러나, 이러한 고식적인 사회정책이 가난을 구제하는 근본적인 대책이 될 수는 없었다.

제4절 대외정책

거란과의 항쟁

고려의 거란(契丹)과의 교섭은 태조(太祖) 때부터 시작되었다. 즉, 거란은 발해(渤海)를 멸하고(태조 9년, 926) 고려와 국경을 접하게 되자, 사신을 파견하여 낙타 50필을 바친 일이 있었다(태조 25년, 942). 그러나 태조는 거란을 무도한 나라라 하여 그 사자를 섬으로 귀양보내고 낙타는 만부교(萬夫橋) 밑에 붙들어 매어 굶어죽게 하였다. 그리고는 발해의 유민을 받아들이는 한편, 고구려의 옛 서울인 서경(평양)을 중요시하여 그 복구에 노력하고, 또 고구려의 옛 영토를 회복하려는 목적을 실현시키고자 하였다. 그 결과 태조 때 이미 청천강(淸川江)까지 국경선을 확장시킬 수 있었던 것이다.

이러한 태조의 북진정책은 후대의 여러 국왕에게 그대로 계승되었다. 정종(定宗)은 서경 천도를 계획하여 토목사업을 크게 일으킨 일도 있고, 또 거란의 침입에 대비하여 광군(光軍)을 조직하기도 하였다. 한편, 광종(光宗) 등 여러 국왕은 압록강을 향하여 활발히 진출해서 청천강 너머에 많은 진성(鎭城)을 구축하기에 이르렀다.

고려의 북진정책은 자연 거란과의 충돌을 가져오게 하였다. 원래 거란의 공격 목표는 송(宋)에 있었지만, 한편 고려에 대한 의구심을 버리지 못했다. 압록강 중류 지역에는 발해의 유민들이 세운 정안국(定安國)이 있어서, 여진인(女眞人)을 사신으로 삼아 바다로 송과 통하여 거란과는 적대 관계를 취하고 있었다. 이것이 또한 거란을 자극하였다. 이러한 정세가 고려에 대한 거란의 침입으로 나타나게 하였던 것이다.

거란은 정안국을 멸망시킨 후 성종 10년(991)에 압록강 하류에 내원성(來遠城)을 쌓아 여진인의 송과의 교통을 끊더니, 성종 12년(993)에는 소손녕(蕭遜寧)으로 하여금 압록강을 넘어 제1차 침입을 해 오게 하였다. 그러나, 고려는 서희(徐熙)의 외교 활동으로 난국을 타개할 수가 있었다. 서희는 소손녕의 군대를 스스로 물러나게 할 뿐만 아니라, 거란의 승인하에 압록강까지를 영토화할 수 있는 권리를 획득한 것이다. 송과의 대립으로 인하여 고려에만 전력할 수 없는 거란은, 여진의 땅을 차지하여 통로가 열리게 되면 거란과 통하겠다는 고려의 약속에 만족할 수밖에 없었기 때문이다. 더구나 고려가 고구려의 후계자라는 서희의 주장을 부인할 수가 없었다. 서희의 눈부신 외교적 활약의 성공은 이러한 국제 정세와 고려의 위치에 대한 정당한 인식에서 나온 것이라 할 수 있다. 거란군이 퇴각한 후 고려는 압록강 이동의 땅에 새로 많은 성을 쌓게 되었는데, 후일에 문제화되는 강동(江東) 6주(州)는 이러한 과정에서 이루어졌던 것이다. 강동 6주는 곧 홍화진(興化鎭 ; 의주, 義州)·용주(龍州 ; 용천, 龍川)·통주(通州 ; 선천, 宣川)·철주(鐵州 ; 철산, 鐵山)·귀주(龜州 ; 귀성, 龜城)·곽주(郭州 ; 곽산, 郭山)를 말하는 것이다.

그 후 얼마 안 가서, 거란은 압록강 동쪽에 대한 고려의 지배에 불만을 표시하고 강동 6주를 넘겨줄 것을 요구하였다. 고려가 이들 여러 성에 군대를 주둔시켜 군사력을 강화하는 것에 놀란 때문이었다. 고려는 물론 이를 거절하였다. 이에 거란은, 강조(康兆)가 목종(穆宗)을 폐하고 김치양(金致陽) 일당을 멸한 뒤 현종(顯宗)을 옹립하는 정변을 일으킨 것을 계기로 성종(聖宗) 자신이 군대를 끌고 제2차 침입을 하여 왔다(현종 원년, 1010). 이때 강조는 적을 지나치게 경시한 나머지 패배하고 포로가 되어 피살되었다. 강조는 거란의 성종에게 끝내 신하라 청하길 거절하고 장렬한 죽음을 하였다. 이에 거란군은 개경(개성)을 점령하였고, 현종은 이를 피하여 멀리 나주(羅州)에까지 피난하였다. 그러나, 거란군은 보급로의 차단을 두려워하여 별다른 소득 없이 현종의 입조(入朝)를 조건으로 물러갔다. 현종의 입조는 물론 고려의 원하는 바가 아니었고, 따라서 실현되지도 않았다.

그 후에 거란은 현종의 입조와 강동 6주의 반환을 요구하며 누차 소규모적인 침입을 하여 오더니 현종 9년(1018)에 제3차의 침입을 하여 왔다. 이때 소배압(蕭排押)이 거느린 거란군은 도처에서 고려군의 공격에 시달리다가 퇴각하는 것을 강감찬(姜邯贊)이 귀주에서 크게 격파하여 거의 전멸시키다시피 하였다. 침략군 10만 중에 살아간 자는 겨우 수천 명밖에 안 되었다는 대 승리였던 것이다. 이리하여 거란의 고려에 대한 침략은 실패하고 말았다. 고려는 이민족의 침략에 대항하여 감연히 싸워서 이를 격퇴시켰던 것이다. 그 결과 현종 10년(1019)에 양국은 강화하고 평화적인 관계를 유지하게 되었다.

여진정벌 및 금과의 관계

거란과의 평화가 수립될 무렵 새로 고려를 괴롭히게 된 것은 여진(女眞)이었다. 고려가 덕종 2년(1033)부터 정종 10년(1044)에 이르는 12년의 세월을 소비하여 축조한 압록강 입구로부터 동해안의 도련포(都連浦 ; 광포, 廣浦)에 이르는 천리장성(千里長城)은, 거란뿐 아니라 여진에 대비하기 위한 목적도 있었던 것이다.

여진은 발해의 지배하에 있다가 발해가 망한 뒤에는 고려와 거란을 상국(上國)으로 섬기어 왔다. 그들은 아직 스스로 국가를 형성할 수 있을 정도로 문명사회를 이루고 있지 못하였다. 그렇기 때문에, 특히 문화적으로 선진인 고려를 부모의 나라라고 부르며 그를 통하여 문화적인 욕구를 만족시키려 하였다. 그들은 식량·포목·철제농구(農具)·철제무기 등의 수요를 고려를 통하여 충족시켜 왔던 것이다. 그 대신 그들은 마필(馬匹)이나 모피(毛皮)를 고려로 가져 오곤 하였다. 그들 중에는 원주지에 살면서 고려에 의탁하여 오는 향화인(向化人)이 많았고, 심지어는 고려로 이주하여 온 투화인(投化人)도 있었다. 고려는 이들에게 가옥과 토지를 주어 그들의 생활 근거를 마련하여 주었다.

그러나, 북만주(北滿洲)에 있는 완안부(完顔部)의 추장 오아속(烏雅束)에 의하여 여진족 전체가 통일되어 가는 새로운 기운이 일어남에 이르러 정세는 변하여졌다. 즉, 완안부의 세력은 고려에 복속하고 있는 여진인에게까지 미쳐 오고, 그 때문에 고려와의 관계는 험악한 공기를 띠게 되었다. 몇 차례의 군사적인 충돌까지 있었으나, 상비군인 6위(衛)가 약화되고 또 보병(步兵)부대가 주력인 고려군은 기병(騎兵)인 여진군에게 패배하는 것이 보통이었다. 숙종(肅宗)이 별무반(別武班)이라고 하는 새로운 군사조직을 편성한 것은 그 때문이었다. 별무반은 상비군인 6위 이외의 특수군단이란 뜻으로 이름지어진 듯하지만, 신기군(神騎軍)·신보군(神步軍)·항마군(降魔軍) 등으로 조직되어 있었다. 신기군과 신보군은 각기 귀족(貴族)과 양인농민(백정, 白丁)을 중심으로 구성된 기병과 보병이었고, 항마군은 승병(僧兵)으로 조직된 것으로, 이로써 여진에 대한 대규모의 정벌에 대비하였다.

이 정벌은 예종 2년(1107)에 윤관(尹瓘)에 의하여 단행되었다. 이에는 문벌귀족의 세력을 억제하려는 예종과 윤관의 의도도 숨어 있었다. 윤관은 정주관

(定州關 ; 정평, 定平)을 지나서 함흥평야(咸興平野) 일대를 점령하고 마운령(磨雲嶺)을 넘어 길주(吉州)에까지 이르렀던 것으로 보이는데, 그 점령지역에 대해서는 여러 학설이 있는 실정이다. 그는 이 지역에 함주(咸州)·영주(英州)·웅주(雄州)·길주(吉州)·복주(福州)·공험진(公嶮鎭)·통태진(通泰鎭)·진양진(眞陽鎭)·숭녕진(崇寧鎭)의 9성을 쌓아 군사를 주둔시켜 방비를 맡게 하였다. 그러나, 여진인의 끊임없는 침략과 애원 및 일부의 윤관에 대한 시기 등이 작용하여 9성은 도로 여진인에게 환부되고 말았다(예종 4년, 1109).

그 후 오아속의 아우 아골타(阿骨打)에 의하여 여진은 통일되어 건국하기에 이르니 이것이 금(金)이었다(예종 10년, 1115). 금은 거란(요, 遼)을 멸망시킬 뿐 아니라(인종 3년, 1125) 송(宋)의 서울 변경(汴京 ; 개봉, 開封)을 함락시키고 송의 두 황제를 포로로 잡아갔다(인종 5년, 1127). 이러한 과정에서 금은 고려에 대하여도 종종의 압력을 가하여 오더니, 드디어는 군주의 관계를 맺을 것을 강요하여 왔다. 고려에서는 이 요구를 무례한 짓이라 하여 분개하는 자가 많았다. 그러나 그때 정치의 실권을 쥐고 있던 이자겸(李資謙)은 자기의 정권을 유지하기 위하여는 대외적으로 평화 관계를 유지하는 것이 유리하다고 판단하고 금의 요구를 승낙하고 말았다(인종 4년, 1126). 이러한 결과 금의 고려에 대한 군사적인 침략은 없었다.

송과의 관계

원래 고려는 송(宋)을 문화적인 선진국으로 생각하고 그로부터 문화적 욕구를 만족시키려 하였다. 즉, 공적인 사신의 왕래나 사적인 상선의 내왕을 통해서 고려는 금·은·동·인삼·잣(송자, 松子) 등의 원료품과 종이·붓·먹·부채 등 송인(宋人)의 애호를 받는 수공품들을 수출하고, 그 대신 비단·책·자기·약재·향료·악기 등을 수입하였다. 이러한 수입품들은 고려의 문화에 적지 않은 영향을 주었던 것이다. 가령, 송판본(宋板本)은 고려 목판인쇄(木版印刷)의 발달에, 송자(宋磁)는 고려 청자(靑磁)의 발달에 각기 이바지하였다. 이같이 두 나라의 관계는 평화적인 토대 위에 선 문화적·경제적 교섭이었고, 이것은 고려 귀족들의 욕구를 만족시켜 주는 것이었다.

그러나, 거란(요) 및 금의 군사적인 압력이 미침에 이르러서 고려와 송의 관계는 미묘한 움직임을 보이게 되었다. 송은 고려와 동맹하여 거란이나 금을 협

공할 것을 바랐기 때문이다. 그러나, 고려는 필요 이상의 행동으로 거란이나
금을 자극하기를 원하지 않고 있었으므로, 송의 요구는 용납되지 않았다. 송의
두 황제가 금의 포로가 되고 양자강(揚子江) 남쪽으로 몰려간 뒤에는, 고려를
통하여 그들을 맞이하려고 한 일도 있었으나 고려는 이를 거절하였다. 국제정
세의 동향을 파악하고 있는 고려는 송과 금의 대립 관계에 개입하지 않으려고
한 것이다.

　이러한 관계로 해서 고려와 송의 사신 왕래가 일시 두절된 일도 있었다. 그
러나, 대체로 사신의 왕래와 더욱이 상인들의 내왕을 통한 무역 관계는 여전히
계속되었다. 게다가 송과 활발히 무역을 하고 있던 대식인(大食人 ; 아라비아인)
들의 상선까지 개경의 해상문호인 예성항(禮成港)에 출입하며, 수은·향료·약
품 등의 물품을 들여왔다. 이리하여 예성항은 당시에 국제적인 무역항으로서
크게 번창하였다.

제5절   문신귀족의 문화

유교와 사학

　유교적 정치이념에 입각한 문치주의(文治主義)의 사회에서 유교가 성할 것은
당연한 일이었다. 유교의 정치이념은 불교의 공덕사상(功德思想)을 배격하고
도덕적 합리주의에 입각한 중앙집권적 귀족정치를 실현하는 데 있었다. 그리
고 이러한 정치이념은 점차 고려 귀족의 넓은 지지를 받게 되었다. 그 결과 신
라 때에만 해도 불교와는 비교조차 안 되던 유교가 장차 불교를 억누를 수 있
을 정도로까지 성장하게 되었던 것이다.

　그런데, 고려의 귀족들이 문벌을 존중하는 풍조는 유교에까지 영향을 끼
쳐서 사학(私學)의 발달이라는 새로운 경향을 대두하게 하였다. 문종(文宗,
1046~1083) 때에 해동공자(海東孔子)라고 불리던 최충(崔冲)이 9개의 전문강좌
로 나누어 강의하는 9재학당(九齋學堂)을 만들었는데, 이를 최공도(崔公徒 ; 후
에 문헌공도, 文憲公徒)라고 하였다. 이것이 사학의 시초가 된 것이다. 당시에는
최공도를 비롯하여 12의 사학이 있었으므로 이를 12도(徒)라고 불렀다. 최충

이 문하시중(門下侍中)이라는 수상직에 있던 사람인 것과 같이 12도의 창설자
는 대부분이 전직 고관이었고, 또 당대의 대학자로서 과거(科擧)시험의 시험관
인 지공거(知貢擧)였던 경우가 많았다. 이러한 모든 조건은 문벌 존중의 경향과
함께 귀족의 자제들로 하여금 관학인 국자감(國子監)보다는 사학인 12도에 가
는 것을 영광으로 생각하는 풍조를 낳게 하였다. 이 결과로 학벌(學閥)이라는
새로운 파벌 관념을 귀족들이 가지게 되었던 것으로 생각된다.

　사학의 융성은 자연히 관학(官學)의 부진을 초래하였다. 이를 우려하여 관
학의 진흥을 꾀하고자 노력하는 시책들이 나오게 되었다. 우선 예종(睿宗,
1105~1122)은 최충의 9재를 모방하여 여택재(麗澤齋, 『주역(周易)』)·대빙재
(待聘齋, 『상서(尙書)』)·경덕재(經德齋, 『모시(毛詩)』)·구인재(求仁齋, 『주례(周
禮)』)·복응재(服膺齋, 『대례(戴禮)』)·양정재(養正齋, 『춘추(春秋)』)·강예재(講
藝齋; 무학, 武學)의 7재(七齋)라는 7종의 전문강좌를 설정하여 각기 전문 분야
의 탁월한 학자로 하여금 강좌를 담당케 하였다. 또 양현고(養賢庫)라 하여 일
종의 장학재단을 설치하기도 하고, 궁성 안에 청연각(淸讌閣)과 보문각(寶文閣)
이라는 학문연구소를 설치해서 경사(經史)를 연구케도 하였다. 예종의 뒤를 이
은 인종(仁宗, 1122~1146) 역시 그 뜻을 이어 경사(京師) 6학(學)의 제도를 세워
고려의 관학기관을 정비하였던 것이다. 이리하여 김인존(金仁存)·김부식(金富
軾)·윤언이(尹彦頤)·정지상(鄭知常) 등등 대학자가 배출되기에 이르렀다.

　유교의 발전은 합리적인 사고방식을 낳게 하였다. 유교는 국가를 다스리는
올바른 길로 생각되었으며, 국왕이나 귀족들은 정치가로서의 도덕적인 수양을
중요시하게 되었다. 이러한 입장에서 김부식의 『삼국사기(三國史記)』가 편찬
되었던 것이다. 현존하는 가장 오래된 우리나라 역사책인 『삼국사기』는 유교
적 입장에서 편찬된 기전체(紀傳體)의 정사(正史)이다. 그러나, 고려시대의 유
교적인 합리주의에는 한계가 있었다. 그들은 반드시 불교를 배척하는 것이 아
니었고, 이를 내세를 위한 가르침이라고 하여 서로 병존할 수 있는 것으로 생
각하였다. 따라서, 이 양자에 겸통하는 사람이 많았다. 이것이 고려 말기나 조
선시대 성리학자들과 다른 점이라고 하겠다.

대장경과 천태종

　고려의 불교는 『대장경(大藏經)』의 조판(彫板)에 이르러 하나의 정리를 이

록하게 되었다. 대장경의 조판은 현종(1009~1031) 초년에 착수되어 선종 4년
(1087)에 이르러 완성되었다. 대장경은 원래 거란의 침입을 막으려는 염원에
서 비롯된 것이었다. 그러나 그 목적을 위하여 하필이면 대장경의 조판을 하
게 된 것은 불교의 교리를 정리하려는 뜻도 있었다고 봐야겠다. 대구(大邱) 부
인사(符仁寺)에 소장되었던 이 경판(經板)은 몽고의 침입으로 인하여 소실되고,
현재 해인사(海印寺)에 있는 소위『고려대장경(高麗大藏經)』은 고종(高宗) 때에
강화(江華)의 피난처에서 다시 조판된 것이다.『고려대장경』은 전란의 사업으
로 이루어진 것임에도 불구하고 내용의 정확함과 글씨(자체, 字體)의 아름다움
과 목판(木板) 제작의 정교함이 동양에서 간행된 20여 종 대장경 중에서도 가
장 으뜸가는 것으로 일컬어지고 있다. 한편 의천(義天 ; 대각국사, 大覺國師)은 교
장도감(敎藏都監)을 설치하고 국내 것은 물론, 송(宋)·요(遼)·일본(日本) 등에
서 모아 온 논(論)·소(疏)들을 간행하였다. 이것이『속장경(續藏經)』인데,『속
장경』은 현재 그 모두가 전하지는 않으나, 그가 편찬한『신편제종교장총록(新
編諸宗敎藏總錄)』에 의하여 간행된 서적의 이름은 알 수가 있다.

　대장경은 말하자면 불경전집이며, 그를 간행한 것은 교종(敎宗)의 교리를 정
리하는 것이라고 할 수 있다. 교종과 선종(禪宗)의 일치를 주장한 의천조차도
『속장경』속에 한 권의 선종 관계 서적도 넣지 않았다. 이같이 고려의 귀족들
이 교종에 기울어 있었음에도 불구하고, 호족적 기반 위에서 성장한 고려에서
선종도 여전히 성하였다. 이리하여 고려의 불교계는 교종과 선종이 양립하는
형세에 놓여 있었으며, 그들의 편협된 주장에서 말미암는 분열과 대립이 있었
다. 이러한 분열과 대립을 정리하여 불교계를 혁신하려고 한 데에서 천태종(天
台宗)이 성립되게 되었던 것이다.

　천태종은 원래 광종(949~975) 때『천태사교의(天台四敎義)』를 지은 제관(諦
觀) 등에 의해서 주창되었다. 그러나, 그들은 고려에서보다 중국에서 주로 활
약하였고, 따라서 교파를 세우지도 못하였다. 그러다가 의천에 이르러 하나의
독립된 교파로 성립되어 그 세가 크게 떨치게 되었다. 의천은 문종(文宗)의 넷
째 아들로서 일찍부터 불교의 여러 경전과 주석서를 깊이 연구하고 유교와 도
교까지를 널리 배웠다. 그는 송으로 가서 화엄(華嚴)과 천태를 배우고 귀국한
뒤에는 교종(특히 화엄종)과 선종이 대립되어 있는 불교계의 혁신을 꾀하였다.
즉, 그는 교종과 선종의 통합을 주장하고, 마음의 동요를 멎게 하여 항상 진리
에 머물며, 이 부동심(不動心)이 지혜가 되어 사물을 밝히 관찰하는 지관(止觀)

즉 정혜(定慧)를 중요시하는 천태종을 폈던 것이다. 이에 이르러 비로소 고려의 불교는 새로운 경지를 개척하기에 이르렀다. 그는 천태종을 비롯함에 있어서 선종 9산(山)의 뛰어난 인재를 모집하여 가기도 하고, 또 그가 간행한『속장경』에 선종 계통의 서적을 넣지 않는 등 선종을 자극하여 그들을 자각 단결시켜 조계종(曹溪宗)을 성립시켰다. 이리하여 고려의 불교계는 새로운 편성을 보게 되는 것이다.

불교와 귀족사회

고려 불교는 교계(敎界)의 발전보다도 현실생활과의 접촉면에서 더 사회적인 중요성을 나타내고 있다. 고려의 귀족들도 여전히 불교를 국가나 개인의 현세에서의 행복을 좌우하는 현세이익(現世利益)의 종교로 생각하였다. 어떤 공덕을 쌓음으로써 행복을 누릴 수 있다는 공덕사상(功德思想)이 그 뒷받침이 되었다. 많은 사찰을 세우고 각종 불교행사를 게을리 하지 않는 것이 모두 그러한 때문이었다.

태조는 개경의 법왕(法王)·왕륜(王輪)·흥국(興國) 등 10사(寺)를 위시하여 많은 절을 세웠지만, 그의「십훈요」의 제1조에서도,

> 우리 국가의 대업(大業)은 정녕 여러 부처님의 호위하는 힘에 의지한 것이다. 그런 고로 선(禪)·교(敎)의 사원을 세워 주지(住持)를 차견하여 분수(焚修)케 하고 각기 그 업을 닦게 하라.

고 하였다. 사찰의 창건이 단순히 종교적인 의미만 갖고 있지 않음을 알 것이다. 문종 21년(1067)에 12년의 세월을 거쳐 완성된 2,800간이 넘는 흥왕사(興王寺)는 그러한 비보사찰(裨補寺刹)의 대표적인 것이다. 이리하여 개경에만도 70개에 이르는 사찰이 연립하는 성황을 이루어 불교국가의 면모를 보이게 되었다.

또, 국가적인 각종 불교행사가 행해졌다. 그중에서도 가장 큰 것이 상원(上元, 1월 15일)의 연등회(燃燈會)와 중동(仲冬, 11월 15일)의 팔관회(八關會)였다. 이 두 행사는 모두 고유한 습속과 결합된 불교행사로서, 군신(君臣)이 음악·가무와 각종 유희 등으로 제불(諸佛)과 천지신명(天地神明)을 즐겁게 하여 국가와 왕실의 태평을 비는 것이었다. 이 밖에도 항례적인 것으로 국왕의 생일에 실

시되는 기복도량(祈福道場), 국왕의 기일(忌日)에 행해지는 기신(忌辰)도량, 4
월 8일 석가탄일(釋迦誕日)의 법회(法會), 6월 15일 국왕이 보살계(菩薩戒)를 받
는 보살계도량, 7월 15일 돌아간 부모의 명복을 비는 우란분(盂蘭盆)도량, 12월
30일의 제야(除夜)도량 등이 있었다. 또, 국가의 평안을 비는 인왕회(仁王會),
인왕회와도 관련을 가지고 같은 목적으로 행해지는, 승도들에게 식사를 대접
하는 반승(飯僧)은 때로 그 수가 10만에까지 이르렀으며, 무차대회(無遮大會)라
하여 참석인원이 무제한인 경우도 있었다. 그리고 살생(殺生)하지 말라는 계율
에 따라 가축을 놓아주고 어망을 불사르는 방생회(放生會)를 비롯하여, 경전을
강의하거나 암송하는 법회가 수시로 행해졌다. 현종 때의 대장경 간행이 적의
침략을 물리치려는 목적으로 행해졌음은 널리 알려진 사실이지만, 짙은 남색
종이인 감지(紺紙) 등에다 금이나 은으로 정성껏 베껴 쓰는 사경(寫經)과 같은
것도 그들의 소원 성취를 기원하는 목적이 들어 있었다. 승려들이 불경을 읽으
며 시가를 돌아다니면서 국가의 이익과 백성의 행복을 비는 경행(經行)도 당시
에는 낯설지 않은 광경의 하나였다.

　불교의 숭상은 과거제도의 시행에 따라 승과(僧科)제도를 창설케 하였다. 승
과는 교종선(教宗選)과 선종선(禪宗選)의 두 가지로 나뉘어 있었는데, 이에 급제
한 승려에게는 법계(法階)를 주었다. 대선(大選)으로부터 시작하는 법계는 교종
의 최고가 승통(僧統)이고, 선종의 최고가 대선사(大禪師)였다. 승통과 대선사
의 위에는 왕사(王師)와 국사(國師)가 있어서 승려로서 받을 수 있는 최고의 영
예로 생각되었던 것이다. 승려들은 국가로부터 토지의 급여를 받았으며, 또 역
(役)의 의무에서 면제되었다. 이리하여 승려의 수는 늘어가는 추세였고, 왕자
들 중에도 승려가 되는 자가 많았다. 이렇게 왕족 등 귀족들이 승려가 되는 것
은 사원이 가지는 경제적인 재부와도 관계가 있는 것으로 생각된다.

　사원은 왕실과 귀족의 기부, 토지의 겸병 등의 방법으로 그 소유지를 확대하
여 갔다. 이 사원전(寺院田)은 면세의 특전을 누리고 있었기 때문에, 사원은 더
욱 경제적으로 부유하여졌다. 사원은 그 소유지로부터 들어오는 수입으로 불
보(佛寶)·장생고(長生庫) 등의 고리대자본을 형성하여 이자놀이를 하였다. 또,
상업·양주·목축 등의 방법으로 그 재부를 늘려 가기도 하였다.

　증가된 재부를 지키기 위하여 사원은 무력을 필요로 하게 되어 승병(僧兵)을
양성하기도 하였다. 소위 수원승도(隨院僧徒)는 사원의 토지를 경작하는 등의
잡역에 종사할 뿐 아니라 필요에 따라서는 무기를 들고 사원을 보호하는 승병

이 되기도 하였다. 이 승병은 그 수가 점점 많아져 간 듯하여 국가를 위한 군사력으로도 이용되었다. 여진 정벌에 출동하였던 항마군(降魔軍) 같은 것은 그 두드러진 예이다. 그러나, 승병은 귀족들의 세력 경쟁에도 관계를 가지고 정치 무대에까지 그 영향력을 미치게 되었다.

문학과 음악

고려 초기까지도 신라 향가(鄕歌)의 여맥이 아직 남아 있었다. 균여(均如)는 그 대표적 작가이며, 그가 지은 「보현십원가(普賢十願歌)」 11수가 전하고 있다. 그러나, 그의 작품은 예술적인 향기보다는 세련된 기교가 두드러진 작품들이며, 공식적인 찬송가가 된 느낌이다. 그 이후에도 약간의 향가가 지어졌으나 이어 소멸되고 말았다.

그 대신에 성행하게 된 것이 한문학이었다. 고려의 귀족들은 유교와 한문학을 즐기는 문신들이었다. 중국 고전의 문구를 외고 한시(漢詩)를 읊는 것을 자랑으로 여기는 사람들이었다. 문신월과법(文臣月課法)이라 하여 문신들은 왕명에 의하여 매달 시를 지어 바치는 것이 상례였고, 수학 도상의 학생들은 각촉부시(刻燭賦詩)라 하여 초를 잘라 붙인 뒤 그것이 다 타들어 가기 전에 시를 지어 문재(文才)를 겨루기도 하였다. 이리하여 한문학, 특히 한시는 점차로 귀족 사회의 필수적인 교양으로 되어 크게 발전하여 갔다. 한시는 원래 이를 낭송하였던 것인데, 뒤에는 향가를 대신하여 창(唱)하기도 하였다. 이리하여 향악(鄕樂)이건 당악(唐樂)이건 간에 한시가 가사로 많이 이용되기에 이르렀다.

고려의 음악으로는 통일신라 때부터 전해 내려온 향악과 당악, 그리고 송(宋)으로부터 새로이 수입된 아악(雅樂)이 그 주류를 이루고 있었다. 향악과 당악은 궁중의 연회에서 주로 연주되던 음악이며, 아악은 궁중의 제례(祭禮) 의식에서 주로 연주되던 음악이었다. 이 밖에 국왕의 행차나 군대의 행진에는 고취악(鼓吹樂)이 연주되었으며, 연등회나 팔관회 같은 때에는 창우(倡優)·재인(才人)들이 노래·춤·재주 등으로 구성된 백희가무(百戲歌舞)를 공연하였다. 이러한 음악들은 대개 궁중을 중심으로 한 귀족을 위하여 연주되는 음악이었다.

미술

고려 귀족들의 향락생활의 소산으로서 이루어진 대표적인 예술작품은 청자 (靑磁)일 것이다. 고려의 청자는 송자(宋磁)의 영향을 받아서 발달된 것이었으나, 송자보다 우수한 것으로 일컬어지고 있다. 그러므로, 중국인들도 고려의 자기를 천하 제일이라고 칭찬하였다. 고려 청자의 우수한 점은 첫째 그것이 지닌 아름다운 색깔에 있다. 황록색이나 황갈색의 것도 있으나, 비색(翡色)의 것이 특히 아름다운 것이었다. 둘째는 그 형태이다. 병·항아리·잔·주전자·접시·연적·필통·향로·다관·화병·화분 등 각종의 것들이, 여러가지 덧붙인 장식과 완전한 조화를 이루고 만들어졌다. 이러한 것들 중에서 향로·주전자·연적 같은 것은 국화·연꽃·석류·죽순·참외·앵무·원앙·봉황·토끼·원숭이·거북이·용·사자·물고기 등등 여러가지 동식물을 본떠 만들어서 탐스러움과 귀여움을 더하고 있다. 셋째는 문양의 아름다움이다. 처음은 양각(陽刻)이나 음각 (陰刻)으로 문양을 새기었으나, 뒤에는 상감법(象嵌法)을 이용하였는데 이것은 고려 청자만이 갖는 독특한 수법이었다. 이러한 문양에는 운학(雲鶴)·포류수금 (蒲柳水禽)·모란·국화·석류·조롱박(표, 瓢)·포도·연꽃·당초(唐草)·보상화 (寶相花) 등등이 있었다. 고려 청자는 형태와 색깔과 문양이 한데 어우러져서 세련된 미를 나타내고 있다. 그러나 이 청자는 실용품이기보다는 사치품이었다. 그러므로 건강한 미라기보다는 섬세한 미였다. 한편 이 청자에서는 귀족들의 무(無)와 정적(靜寂)에 대한 동경심을 엿볼 수가 있는데, 이는 현실의 세계를 넘어서 정신적 세계를 그리워하는 심정의 표현이라 할 수 있을 것이다.

청자 이외에도 은상감향로(銀象嵌香爐)·정병(淨甁)·촉대(燭臺)·거울 등 그들이 기물로 사용하던 청동제품(靑銅製品)에는 귀족 생활을 엿보게 하는 아름다운 미술품들이 많다. 이같이 청자로서 대표되는 공예품들이 아무래도 고려 미술의 왕좌를 차지한다고 하겠다. 화려하면서도 아담하고 귀여운 것을 즐겨 하는 귀족 취미의 소산이었다. 그러나 공예품 이외에도 고려의 귀족 취미를 나타내는 미술품들이 없지 않다. 가령, 정교함을 자랑하는 석부도(石浮屠) 같은 것이 그 예이다. 대표적인 것으로는 현종 8년(1017)경에 만들어진 충주(忠州) 정토사(淨土寺)의 홍법국사(弘法國師) 실상탑(實相塔 ; 경복궁 소재)이나, 선종 2년(1085)경에 만들어진 원주(原州) 법천사(法泉寺)의 지광국사(智光國師) 현묘탑

(玄妙塔 ; 경복궁 소재) 등을 들 수 있다.

이에 대해서 같은 건축물이나 조각이라도 큰 물건일수록 고려의 것은 서툴러진다. 고려 초기의 석탑(石塔)은 신라의 것을 계승한 것이지만 오히려 퇴화된 느낌이다. 그러나, 점차 고유한 발달을 하여 신라의 예리한 직선미보다는 둥근 맛이 나는 석탑이 나타났다. 현종 때 건조된 개풍(開豊)의 현화사(玄化寺) 7층탑(七層塔)과 같은 것은 그 대표적인 것이다. 또, 고구려의 전통을 이은 팔각(八角)의 오대산(五臺山) 월정사9층탑(月精寺九層塔), 백제의 전통을 이은 익산(益山) 왕궁리5층석탑(王宮里五層石塔) 같은 것이 생겼는데, 모두 아담한 귀족 취미의 산물이다. 그리고 불상으로는 영주(榮州) 부석사(浮石寺)의 아미타소상(阿彌陀塑像)과 같은 걸작이 있으나 대체로는 뛰어나지가 못하다.

회화도 상당히 성하여, 고려인은 중국의 그림을 오히려 대단하게 생각지 않았던 모양이나, 화가로 그 이름을 전하는 자는 적다. 다만, 인종 때의 이녕(李寧)이 화가로 유명하며, 그가 그린 「예성강도(禮成江圖)」는 송(宋) 휘종(徽宗)의 칭찬을 받았다 한다. 그의 아들 이광필(李光弼)도 이름이 높아, 그의 존재는 고려의 영광으로 생각되었다. 그러나 그들의 작품은 전하는 것이 없다. 서예로는 문종 때의 유신(柳伸), 인종 때의 탄연(坦然), 고종 때의 최이(崔怡 ; 우, 瑀)가 유명하여 신라의 김생(金生)과 함께 신품사현(神品四賢)이라 일컬어졌다. 대체로 이때에는 간결한 구양순체(歐陽詢體)가 귀족들에게 환영을 받았다.

제6절　귀족사회의 동요

이자겸의 난

고려의 문벌귀족들은 왕권의 전제화를 제약하고 귀족 전체의 특권을 공동으로 보장하기 위하여 과거나 전시과와 같은 제도를 마련하였다. 그러나 유력한 가문에서 음서의 제도를 남용하여 관직을 독점하고, 사전(賜田)을 받거나 개간·겸병 등의 방법으로 사유지(私有地)를 확대해 가면서, 문벌 사이의 균형이 깨어지게 되었다. 이러한 상황 속에서 귀족간에 상호 항쟁이 벌어지는 것은 오히려 당연하다고도 할 수가 있다. 그러한 항쟁은 몇 차례에 걸친 반란의 형태를 띠고 나타나게 되었다. 그리고 그러한 반란은 귀족문화의 극성기라고도 할 수 있는 인종(仁宗, 1122~1146), 의종(毅宗, 1146~1169) 시대에 연속하여 일어났다.

최초의 반란은 인주(仁州) 이씨(李氏) 세력의 절정기를 이룬 이자겸(李資謙)에 의한 것이었다. 이자겸은 그의 딸을 예종(睿宗)의 왕비로 들여서 그 소생인 인종으로 하여금 왕위를 계승케 하였다. 그리고 인종에게도 그의 두 딸을 들여서 중복되는 인척 관계를 맺고 권세를 독차지하였다. 그의 일족과 그의 일당은 모두 영달하였고, 그와 반대되는 입장에 있던 사람들은 쫓겨났다. 그의 일당으로서는 척준경(拓俊京) 같은 인물을 들 수가 있다. 척준경은 여진(女眞) 정벌에 공을 세워 출세한 무인(武人)으로서 이자겸의 군사적 배경이 되었다. 이같이, 권력을 독점한 이자겸과 그 일파는 남의 토지와 재물을 강탈하여 경제적으로 크게 재화를 축적하게 되었다.

교만하여진 이자겸은 '십팔자(十八子)'가 왕이 되리라는 도참설(圖讖說)을 믿고, 인종을 폐하고 스스로 왕이 되려는 야심을 품기에까지 이르렀다. 인종은 이러한 이자겸의 행동을 꺼려 측근의 신하와 꾀하여 그를 제거하려고 하였다. 그러나, 척준경의 민첩한 군사행동으로 일은 실패하여, 인종은 행동의 자유를 잃게 되고 측근의 여러 신하들은 해를 입었다(인종 4년, 1126). 이 변란이 있은 뒤 이자겸은 더욱 횡포해져 인종을 시해(弑害)하려고까지 하였으나, 도리어 일당인 척준경에게 쫓기어 귀양갔다(인종 5년, 1127). 하늘을 찌를 듯하던 인주 이씨의 세력은 이로써 몰락하고 말았다.

묘청의 난

이자겸의 반란은 왕권의 약화와 귀족세력의 강대함이 빚어낸 사건이었다. 그러므로, 인종은 이 정변이 진압되자 왕권의 부흥을 위한 정치의 혁신을 꿈꾸게 되었다. 인종 5년(1127)에 내린 15조의 개혁령(改革令)은 그러한 인종의 뜻을 나타낸 것이었다. 게다가 당시는 여진이 금을 건국하고 고려에 종종 압력을 가하여 오던 때였으므로, 대외문제에 있어서도 시련기에 속하고 있었다. 이러한 안팎의 정세를 정치적으로 이용하여 권력을 장악하려고 한 것이 묘청(妙淸)·백수한(白壽翰)·정지상(鄭知常) 등 서경인(西京人)이었다.

묘청은 이자겸의 반란에 궁성이 불탄 개경을 버리고 서경으로 천도할 것을 주장하였다. 그리하여 중흥의 공신으로 정권을 장악하려 한 것이다. 이 목적을 위하여 그는 풍수지리설(風水地理說)을 이용하였다. 개경의 땅기운은 쇠하고 서경의 땅기운은 왕성하므로 서경으로 천도하면 국가를 중흥시킬 수 있다는 것이다. 그 주장의 결과로 이룩된 것이 대화궁(大花宮)이었다. 이들은 또 칭제건원(稱帝建元)하여 송이나 금과 대등한 입장을 취할 뿐 아니라 금을 정벌할 것을 주장하였다. 만일 서경으로 천도를 하면 지덕(地德)의 소치로 이는 쉽사리 성공할 수 있다는 것이 그들의 주장이었다.

이상과 같이 서경파·풍수지리설파·배외파로 지목되는 묘청 일파의 주장은, 김부식을 그 대표로 하는 개경파·유학파·사대파의 공격의 대상이 되었다. 서경파의 비합리적 사고와 행위는 더욱 비난의 재료가 되었다. 묘청은 처음 이자겸의 난에 상심한 인종을 움직이는 데 성공하였다. 그러나 반대론이 심하여 뜻대로 주장을 관철할 수 없음이 분명하여지자, 묘청은 무력으로써 이를 해결하려고 하였다(인종 13년, 1135). 묘청은 서경에서 조광(趙匡) 등과 함께 군사를 일으키고, 국호를 대위(大爲), 연호를 천개(天開), 그 군대를 천견충의군(天遣忠義軍)이라 칭하였다. 그러나, 김부식의 지휘를 받은 관군에게 1년 만에 서경이 함락되고 난은 진압되었다.

제7장 무인정권

제1절 무인의 집권

무신의 반란

문치주의(文治主義)에 입각한 고려의 귀족정치는 무신(武臣)의 사회적 열세를 초래하였다. 무신들은 정치적으로 문신(文臣)보다 하위에 있었고, 경제적으로도 열세에 놓여 있었다. 마땅히 무신이 맡아야만 할 군사령관직도 문신이 맡는 임무가 되어 있었다. 유명한 강감찬(姜邯贊)은 명장으로 이름 높았지만 그의 출신이 무신인 것은 아니다. 윤관(尹瓘)이 그렇고, 김부식(金富軾)이 또한 그러했다. 결국 무신은 천대받는 존재였고, 문신에게 사역되는 존재였다. 그 때문에 일찍이 현종 5년(1014)에도 최질(崔質)·김훈(金訓) 등의 무신이 주동이 되어 쿠데타를 일으킨 일까지 있었다.

이러한 천대는 태평호문(太平好文)의 왕이라고 불리는 의종(毅宗, 1146~1170) 때에 극도에까지 달하게 되었다. 의종은 태평대(太平臺)·환희대(歡喜臺)·미성대(美成臺) 등의 많은 정자를 짓고, 여기에는 못을 파고 산을 만들어 환락을 즐겼다. 그리고는 거의 궁성에 발을 붙일 겨를이 없이 돌아다니며 향락생활에 도취하였다. 그를 따라다니는 문신들이 즐거움을 같이 나누었음은 물론이다. 그러나, 그를 호위하고 다니는 무신이나 군인들의 신세는 비참하였다. 병졸 아닌 당당한 장군들조차도 그들의 호위병의 구실밖에 못하였다. 일찍이 무신 정중부(鄭仲夫)가 문신 김돈중(金敦中)에게 촛불로 수염을 태운 일이 있었지만, 또 대장군 이소응(李紹膺)은 문신 한뢰(韓賴)에게 뺨을 맞는 사건이 발생하게까지 되었던 것이다. 무신의 난이 일어난다는 것은 단지 그 시기를 기다리고 있을 뿐이었다.

무신란의 또 하나의 원인은 군인(軍人)들의 불평에 있었다. 군인들은 군역(軍

役)의 담당자로서 군인전(軍人田)을 받아 그 생활이 보장되게 되어 있었음은 이미 설명한 바와 같다. 그러나, 이는 규정뿐이었고 사실에 있어서는 토지를 거의 갖고 있지 못했다. 오히려 갖고 있는 토지조차 관리들의 녹봉을 위해서 빼앗긴 일이 있었다. 전쟁뿐 아니라 평상시의 공역(工役)에도 흔히 동원되는 그들은 마치 천역의 담당자와 같이 천시되었다. 그러므로 일찍부터 군인들의 불평은 자라나고 있었고, 또 많은 도망자가 생겨났던 것이다. 그리고 그 불평은 거의 폭발할 지점에 이르고 있었다.

무신의 반란은 의종 24년(1170)에 일어났다. 국왕이 보현원(普賢院)에 갔을 때 호위하던 장군 정중부(鄭仲夫)·이의방(李義方)·이고(李高) 등은 군인들에게 "무릇 문관(文冠)을 쓴 자는 모조리 죽이라"고 선동하며 반란을 일으켰던 것이다(경인란, 庚寅亂). 무신과 군인들의 합류는 이 반란을 쉽사리 성공시켰다. 그들은 이어 의종을 폐하고 그 아우 명종(明宗)을 옹립하였다. 이 난에 김돈중·한뢰를 비롯한 수없는 문신이 살육됐음은 물론이다. 그 뒤 김보당(金甫當)이 의종의 복위운동을 일으켰다가 실패하였는데, 그가 죽음을 당할 때에 "문관은 모두 공모하였다"고 한 것이 빌미가 되어 앞서 화를 면한 문신들이 또다시 많이 죽음을 당하였다(계사란, 癸巳亂, 명종 3년, 1173). 그 후에 조위총(趙位寵) 등이 무신에 반항하여 군사를 일으켰으나 모두 실패하였다. 이리하여 정권은 문신으로부터 무신의 손으로 넘어간 것이다.

무인 사이의 정권쟁탈

정권을 쥔 이후 무인(武人)들은 중방(重房)을 중심으로 정치를 요리하고 문신을 대신하여 고위의 관직으로부터 하위의 말직에 이르기까지 관직을 독차지하려 하였다. 그리고는 그 지위를 이용하여 문신들과 마찬가지로 사유지를 확대하여 경제적인 재부까지도 차지하게 되었다. 이러한 정치적인 지위와 경제적인 재부를 배경으로 하고 문객(門客)·가동(家僮)을 무장(武裝)하였다. 군사적인 실력을 갖추고자 한 것이었다. 이제 실력의 세상이 되었다. 문벌을 존중하는 문신들이 지배하던 시대와는 그 성격이 달라졌다. 그러므로 왕실(王室)과의 인척 관계가 아니라 실력의 유무가 그들의 정권장악 여부를 결정하게 되었다. 이리하여 쉴 새 없이 같은 무인 사이에서 정권이 교체되곤 하였다.

처음 정권에 참여한 것은 정중부·이의방·이고 등 무신란의 3거두였다. 이들은 중방을 중심으로 공동으로 정권에 참여하였다. 그러나 이의방이 이고를 죽이고 자기 딸을 태자비(太子妃)로 삼아 권세를 부리더니 정중부 일파에 의하여 제거되었다. 이후 정중부는 홀로 득세하여 그 위세를 떨치다가 청년 장군 경대승(慶大升)에 의하여 살해되었다. 정중부의 피살은 무인들에게 자못 불안한 분위기를 조성하였다. 이에 무인들은 경대승을 무인 전체의 적으로 돌리려 하였던 것이다. 여기에 위험을 느낀 경대승은 용사 100여 명을 모집하여 도방(都房)이라 하고 신변의 안전을 도모하려 하였다. 그러나, 경대승은 얼마 안 가서 압박감을 느끼는 분위기 속에서 발병하여 죽었다. 경대승이 죽은 뒤에는 그를 꺼려 지방에 은신하고 있던 이의민(李義旼)이 상경하여 정권을 독차지하였다. 원래 천민의 신분에서 출세한 이의민은 횡포함이 심하더니, 이어 최충헌(崔忠獻)·최충수(崔忠粹) 형제에게 살해되었다(명종 26년, 1196). 이리하여 20여 년의 짧은 기간에 주마등같이 무인들의 군상이 나타났다가는 사라졌다. 그러나, 최충헌의 등장은 이러한 혼란에 종지부를 찍게 하였다.

최충헌의 집권

무신란은 고려의 역사에 커다란 변동을 가져왔다. 즉, 새로운 무인정권을 수립케 한 것이다. 그러나, 이 정권의 교체는 사회적인 혼란을 야기시켰다. 이러한 속에서 등장한 것이 최충헌이었다. 최충헌은 무인으로 출세하여 조위총의 토벌에 공을 세워서 두각을 나타내기 시작한 인물이었다. 그는 이의민을 제거하였고, 또 자기 파에 속하더라도 명령을 거역하는 자는 이를 제거하였다. 최충수나 박진재(朴晉材) 등은 그러한 희생이 된 자였다. 이같이 자기의 모든 적대세력을 차례로 억압하고 드디어 독재정권을 수립하기에 이르렀던 것이다.

그는 또 국왕의 권력을 무력하게 만들었다. 그는 일대 동안에 명종(明宗)과 희종(熙宗) 두 왕을 폐하고, 신종(神宗)·희종(熙宗)·강종(康宗) 및 고종(高宗)의 네 왕을 옹립하였다. 왕위는 완전히 그의 손아귀 안에 있었던 것이다.『고려사(高麗史)』가 신종을 평하여,

신종은 최충헌이 세운 바로서 생살(生殺) 치폐(置廢)가 모두 그의 손에서 나왔다. 신종은 다만 허기(虛器)를 붙들고 신민(臣民)의 위에 서서 목우인(木偶人)과 같을 뿐이니 가엾다.

고 한 것은 이러한 사정을 말하여 주고 있다. 다만, 그가 사실상 정권을 혼자서 요리하면서도 왕씨(王氏)의 왕권을 존속시킨 것은, 아직 문벌의 전통에 대한 강한 집착을 사회로부터 씻어 버릴 수가 없었던 때문이었을 것이다. 그러나, 그는 이의방이나 최충수와 같이 옛 문신들을 본떠서 왕실의 외척으로써 자기의 권위를 높이려는 생각은 하지 않았다. 그는 어디까지나 자기의 실력에 의존하려고 하였다.

최충헌은 그의 실력으로 또 사원의 세력을 억압하였다. 당시 사원은 국왕 및 문신의 세력과 연결되는 유일한 무력의 소유자였다. 수천의 승병(僧兵)들이 개경을 습격하여 무인정권을 타도하려고 꾀한 일까지도 있었다. 그러나 최충헌은 승려들, 특히 국왕의 서자(庶子)로서 승려가 된 소군(小君)들을 궁성으로부터 축출하였다. 또 무력으로 대항하여 승병을 격파하였다. 이리하여 결국 최충헌은 사원의 세력을 억압할 수 있었던 것이다.

최충헌은 또 정권의 안정을 위협하던 농민과 노비들의 봉기를 진압하였다. 그는 무력으로 이를 토벌하는 동시에 그들을 회유하였다. 혹은 관작을 주기도 하고, 혹은 부곡(部曲)·향(鄕)·소(所) 등을 현(縣)으로 승격시키기도 하였다. 결국 천민을 주동으로 하는 농민의 반란은 일단 진압되었다. 이같이 하여 최충헌 일대의 노력으로 이루어진 최씨정권의 기초는 그의 아들 최이(崔怡 ; 우, 瑀)에 이르러 더욱 굳어져서 무인정권의 기구가 정비되기에 이르렀다.

제2절 농민과 노비의 봉기

민란의 발생

농민이 토지에서 이탈하여 유민(流民)이 되는 경향은 12세기 초의 예종(1105 ~1122) 때부터 이미 나타나고 있었다. 개경에 가까운 경기(京畿)나 서해도(西海道 ; 황해도, 黃海道) 지방에서 특히 심한 것은 중앙귀족들을 위한 공물(貢物)의 징수나 역역(力役)의 동원이 심하였던 때문인 것 같다. 이 유민들은 때로 집단적인 도적이 되어 각지를 소란케 하고 있었다. 이렇게 동요하던 농민들이 무신란의 하극상(下剋上) 풍조에 자극을 받아 각지에서 대규모의 반란을 일으키게 되었던 것이다.

무인정권하에서 처음 일어난 민란은 명종 2년(1172) 서계(西界 ; 평안도, 平安道)의 창주(昌州 ; 창성, 昌城)·성주(成州 ; 성천, 成川)·철주(鐵州 ; 철산, 鐵山) 등지에서 일어난 것이었다. 이 서계는 군사지대로서 그 주민들은 모두가 군인과 같았으므로 무신란 이후 크게 기세를 떨쳤는데, 지방관의 횡포함에 분격하여 반란을 일으켰던 것이다. 그 뒤 조위총의 나머지 무리들이 농민의 호응을 받으며 묘향산(妙香山)을 근거로 몇 해 동안 반란을 계속하였다.

남도(南道)의 민란은 명종 6년(1176)에 공주(公州) 명학소(鳴鶴所)에서 망이(亡伊)·망소이(亡所伊)의 난이 일어남에 미처 크게 번져가게 되었다. 명학소의 반란군은 공주를 함락하고 개경을 향해 북진하여 청주(淸州)·아산(牙山) 일대까지 점령했으나 실패하고 말았다. 그 뒤 명종 12년(1182)에는 전주(全州)에서 군인과 관노(官奴)의 반란이 일어났다. 전주의 군인들은 배를 건조하는 노역에 동원되었다가 가혹하게 감독하는 관리들에게 반항하여 관노들과 함께 들고 일어나 전주를 40일 동안이나 점령하였다. 이 밖에도 사소한 반란들이 여기저기서 연이어 일어났다.

이들 초기의 민란은 대체로 자연발생적인 것이었다. 지방관이나 향리들의 억압에 반항하여 군인이나 농민 혹은 노비들이 일으킨 것이었다. 그들의 목적은 부당한 압박을 제거하는 데 있었다. 또 아직은 자기들과 같은 신분을 가진 다른 집단들과 연합하여 그 목적을 달성하려는 데까지 발전하지도 못하였다.

민란의 발전

명종 23년(1193)의 김사미(金沙彌) 및 효심(孝心)의 반란에 이르러 민란은 새로운 양상을 띠게 되었다. 반란군들은 연합하여 공동 전선을 펴려는 경향을 나타냈고, 또 반란이 지속적인 것으로 발전하게 되었다. 원래, 김사미는 운문(雲文 ; 청도)에서, 효심은 초전(草田 ; 울산?)에서 각기 반란을 일으켰던 것인데, 뒤에 합류하여 그 수가 몇 만을 헤아리도록 되었다. 이를 진압하러 나선 정부군의 사령관은 실패하여 자살할 지경이었다. 밀성(密城 ; 밀양)의 싸움에서 패하여 그 기세가 꺾이게 되었는데, 그때 죽은 반란군의 수가 7,000에 달하였다는 것으로도 반란군의 규모를 짐작하고 남음이 있다.

그 뒤 신종 2년(1199)에 일어난 명주(溟州 ; 강릉)의 농민반란군은 삼척(三

陟)·울진(蔚珍)을 함락하고 동경(東京 ; 경주)의 반란군과 합세하였다. 신종 3년 (1200)에 일어난 진주(晉州)의 노비반란군은 합주(陜州 ; 합천)의 부곡(部曲)반란 군과 연합하여 공동전선을 폈다. 또, 신종 5년(1202)에 동경에서 신라의 부흥 을 외치며 일어난 반란군은 운문·울진·초전 등 각지의 반란군과 연합전선을 폈다. 이리하여 경상도 일대에는 서로 밀접한 연락을 가진 반란군의 연합전선 이 이루어져서 그 세력이 10여 년을 지속하였다. 이제 반란은 고려의 신분질서 를 개혁하고, 나아가서는 정권을 탈취할 것을 목적으로 하는 대규모 반란으로 발전한 것을 알 수가 있다.

　이러한 반란은 지방에서뿐 아니라 개경에서도 일어났다. 신종 원년(1198)에 일어난 만적(萬積)의 반란이 그것이었다. 이 반란은 개경의 모든 노비들과 연 락하여 계획적으로 신분의 해방, 나아가서는 정권의 탈취를 꾀하였다는 데에 중요한 의미가 있다. 비록 사전에 발각이 되어 거사조차 하지 못하고 말았지 만, 개경 북산(北山)에서 공사노비(公私奴婢)를 모아 놓고 행한 다음과 같은 만 적의 선동적인 연설이 남아 있어서 유명하다.

　　경계(庚癸) 이래 공경대부(公卿大夫)는 천예(賤隷) 속에서 많이 일어났다. 장상(將 相)이 원래 씨가 따로 있겠는가. 때가 오면 누구든지 할 수 있는 것이다. 우리가 어찌 육체를 수고롭게 하고도 매질 밑에서 괴로워만 하겠는가. … 각기 그 주인을 죽이고 천적(賤籍)을 불살라서 삼한(三韓)으로 하여금 천인이 없게 하면 공경 장상은 우리들 이 모두 할 수 있다.

　이들 민란은 모두가 결국 진압되고 말았다. 그러나, 이 민란들이 지니는 의 의는 큰 것이었다. 그것은 고려 기층사회의 질서가 동요하고 있음을 말하여 주 는 것이기 때문이다. 직접 생산을 담당하고 있는 민중들은 그들의 지위를 향 상시키기 위한 주장을 표면화시켰던 것이다. 그리고 그것을 정치에 반영시키 기 위한 행동을 취하게 되었다. 이러한 주장 속에는 노비의 신분을 위시한 신 분질서의 전면적 개편이 포함되어 있었다. 이러한 움직임은 정부의 시책에 반 영되지 않을 수 없었다. 규모가 작아 지방관이 파견되지 않던 지방에까지 원활 한 통치를 위해 감무(監務)가 허다하게 설치되고 부곡(部曲)이나 소(所)가 폐지 되기도 하는 것은 그 결과였다. 무신란은 지배층의 교대를 가져왔을 뿐 아니라 사회의 기층에까지도 커다란 변화를 일으키고 있었던 것이다.

제3절 최씨 무인정권

사병의 양성

최씨의 무인정권을 뒷받침하여 준 것은 그의 사병(私兵)이었다. 처음 무신란 이후에 무인(武人)들은 저마다 문객(門客)과 가동(家僮)을 무장하여 이를 사병화하였었다. 문객은 권신(權臣)들에게 충성을 다하는 봉건적 가신(家臣)에 흡사한 무리들이며, 이들은 주인인 권신의 후원을 얻어서 관리로도 출세하였다. 이 문객을 상층으로 하고 가동을 하층으로 하는 사병 집단은, 경대승(慶大升)의 도방(都房)에 이르러 조직화되었고, 그것이 최충헌(崔忠獻)에 의하여 더욱 발전되었다. 최충헌은 이를 6번(番)으로 나누어 교대로 그의 개인집을 당직케 하였는데, 뒤에는 36번으로 확대되었다. 그러므로, 최씨의 도방은 경대승의 도방이 불과 100여 명이었던 것과는 비교가 안 될 정도로 많은 병력을 가졌던 것이다. 이 결과 관군은 쓸모없는 연약한 것이 되고, 용력이 있는 자는 모두 최씨의 사병이 되는 상태였다. 이 도방 이외에도 최이(崔怡 ; 우, 瑀)는 마별초(馬別抄)라는 기병부대를 조직하였다. 이 마별초도 최씨의 사병이었으나 특히 집권자의 위엄을 높이기 위한 의장병의 구실을 다한 것 같다.

도방과 아울러 최씨정권의 군사적 배경을 이룬 것은 삼별초(三別抄)였다. 삼별초의 시초는 최이가 무인들의 일당인 악소(惡少)의 무리들의 행패를 막기 위하여 설치한 야별초(夜別抄)에 있었다. 소속 군인의 수가 증가하였으므로 야별초를 나누어 좌별초(左別抄)·우별초(右別抄)로 삼더니, 몽고와의 항쟁 때에 포로가 되었다가 도망해 온 자들로 신의군(神義軍)을 조직함에 미쳐 이를 합하여 삼별초라고 부르게 된 것이다. 도방이 최씨의 신변 호위를 주된 목적으로 한 데 대해서, 삼별초는 경찰·전투 등의 공적인 임무를 띤 것이었다. 6위가 담당해야 할 것과 같은 임무를 맡은 삼별초라는 별개부대를 새로 조직해야 했던 것은 6위의 관군이 유명무실하게 된 증거이다. 그러므로, 비록 삼별초가 국가의 재정에 의하여 유지되고 또 공적인 임무를 맡았다고는 하나, 실제에 있어서는 최씨의 사병과 같았다. 무인정권의 몰락과 함께 삼별초가 해체되었다는 것은 이를 증명해 준다고 하겠다.

이러한 사병을 양성할 수 있는 경제적 기반은 그들의 사유지에 있었다. 귀족 정치의 융성기에 이미 확대되어 가기 시작하던 개인의 토지 사유는, 무신란 이후 무인들이 문신(文臣)들의 토지를 탈취하는 과정에서 더욱 조장되었다. 이들은 문객이나 가동을 동원하여 남의 토지를 약탈하고, 또 그 조(租)를 직접 거둬들였다. 특히 최씨는 진주(晉州) 지방을 식읍(食邑)으로 받아서 그 조를 모두 차지하였다. 이리하여 무인정권의 대표자인 최씨는 막대한 미곡을 저장하여 둘 수 있었다. 그는 국가에서 창고가 비어 지급할 수 없는 녹봉(祿俸)을 자기 개인의 소유미로써 대신 지급할 정도였다. 이 막대한 재부는 그의 사병 양성의 경제적 토대가 되었다.

최씨정권의 지배 기구

무신란 직후에 무인들이 정권을 행사한 기관은 중방(重房)이었다. 상(上)·대(大)장군(將軍)의 회의기관인 중방은 그들의 욕구에 응할 수 있는 적합한 기관이었음에 틀림이 없다. 그러나, 무인 상호간의 치열한 대립과 항쟁을 거쳐서 최씨의 독재정치로 옮아가는 동안에 무인들의 연합정권기구와도 같던 중방은 막후로 물러서게 되었다. 그 대신 최씨의 독재에 알맞은 새로운 지배기구가 갖추어지게 되었던 것이다.

최충헌은 국왕으로부터 진강후(晉康侯)에 봉함을 받고 흥녕부(興寧府 ; 진강부, 晉康府·진양부, 晉陽府)를 세웠다. 최씨의 개인집에 설치된 이 흥녕부는 최씨 무인정권의 중심기구로서 그 권력을 행사하는 막부(幕府)였다. 최씨는 이 흥녕부에 살면서, 도방(都房)·정방(政房)·서방(書房) 등의 기구를 그 밑에 거느리고 있었다. 그리고 이들 기구에 소속된 요좌(僚佐)들은 국왕 측근의 관직을 겸유함으로써 정부를 무력하게 하였다. 그리고 이러한 관계는 최충헌 이래 그 자손인 이(怡)·항(沆)·의(竩)에게 계승되어 대를 이어가며 최씨정권을 유지케 하였던 것이다. 이와는 별도로 교정도감(敎定都監)이 설치되어 반대세력을 수색하고 비위를 감찰하는 기능을 맡았는데, 그 장관인 교정별감(敎定別監)의 직위를 최씨가 맡기도 하였다. 그러므로 이것도 그들의 정권을 유지하는 데 필요한 기구이기는 하였다. 그러나, 최씨 무인정권의 중심기구는 흥녕부였다고 하겠다.

최씨는 군사력의 장악에만 만족하는 무인은 아니었다. 최씨는 정치의 실권자로서 인사(人事)의 처리를 위하여 그의 부중(府中)에 정방을 설치하였다. 정방을 설치한 것은 최이 때였다. 그 이전이라 하더라도 인사권이 최씨에게 있었음은 물론이지만, 이제 이를 제도상의 기구로 만든 것이다. 무인정권이 안정되어 간다는 증거였다. 이 정방에는 문인들을 속하게 하여 이를 정색승선(政色承宣)이라고 불렀다고 하는데, 여기에 무인정권 기구 중에서 정방이 가지는 특색이 있었다. 문인들의 세력이 점차로 대두할 수 있는 토대는 여기에 있었고, 무인정권이 몰락하더라도 정방만은 유지되어 나간 하나의 이유도 여기에 있었다.

　이와 관련해서 주목되는 것은 서방의 존재이다. 최이에 의하여 역시 부중에 설치된 서방은 그의 문객 중의 문인들로써 조직된 것이며, 3번으로 나누어 교대로 밤을 새면서 지키는 숙위를 하게 하였다. 정방의 정색승선은 이 서방 소속의 문인들 속에서 적당한 자를 뽑았을 것이다. 최씨는 도방이나 삼별초 같은 군대뿐 아니라 서방의 문인들도 함께 그를 좌우에서 호위하게 시켰다. 그가 단순한 무인의 대표가 아니라 문무의 실권을 장악한 자임을 과시하려는 것이었다. 이제 최씨는 사실상 문무 양반의 지배자로서 정치를 좌우할 수 있게 되었다.

제4절　몽고와의 항쟁

무인정권의 대몽항쟁

　북아시아 초원지대의 유목민족으로서 성장한 몽고(蒙古)의 가장 중요한 정복 대상은 남쪽 농경민족(農耕民族)이었다. 그것은 농경민족들이 지니는 풍부한 생산품이 그 구미를 돋우어 주었기 때문이었다. 이리하여 금(金)·송(宋)과 함께 고려도 몽고의 침략 대상의 하나가 되었던 것이다. 게다가 금을 치고 남송(南宋)과 일본(日本)을 정복하기 위한 기지를 구하려는 목적도 몽고가 고려에 침략의 손을 뻗친 하나의 이유였던 것으로 생각된다.

　고려가 몽고와 최초의 접촉을 가지게 된 것은 몽고에게 쫓겨오는 거란인을 협공하던 때부터였다. 거란인은 금이 망할 무렵 독립하였다가 다시 몽고에게 쫓기어 고려의 국경 안으로 들어왔던 것이다. 이들은 강동성(江東城)에 의거하였으나 고려는 몽고와 함께 이를 함락하여 버렸다(고종 6년, 1219). 이러한 일이 있은 이후 몽고는 고려에 대한 은인으로 자처하고 매년 고려로부터 공물(貢物)을 취하여 갔다. 그 요구가 지나치게 무거운 것이었기 때문에 고려는 이에 불응하는 일이 있었다. 이러한 사실을 계기로 고려와 몽고와의 사이는 벌어지기 시작하였다. 그러다가 몽고의 사신 저고여(著古輿)가 고려로부터 귀국 도중에 살해된 일을 구실로 드디어 고종 18년(1231)에 제1차 침입을 하여 오게 되었다.

살례탑(撒禮塔)이 거느린 몽고군은 구주(龜州)에서 박서(朴犀)의 완강한 저항에 부딪혔으나, 이를 버려 둔 채 수도 개경에 임박하였다. 이에 고려가 강화를 청하자 몽고는 다루가치(달로화적, 達魯花赤)를 서북면(西北面)에 두고 군사를 철퇴시켰다. 그러나, 최이는 몽고와의 항쟁을 결의하고 서울을 강화(江華)로 옮기었다(고종 19년, 1232). 이것은 바다를 두려워하는 몽고의 약점을 찌른 것이었다. 귀족들이 강화로 들어감과 동시에 일반 백성들에게도 산성(山城)이나 섬으로 피난케 하였다. 이러한 고려의 항몽정책은 몽고를 자극하여 재차의 침입을 보게 되었다. 비록 몽고의 장군 살례탑이 처인성(處仁城 ; 용인, 龍仁)에서 김윤후(金允侯)가 거느린 처인부곡민(處仁部曲民)에게 사살된 후 곧 물러갔으나, 뒤에도 몽고의 침략은 여전히 계속되었다. 이리하여 몽고는 전후 30년 간에 6차례의 침입을 해오기에 이르렀다.

이쪽 언덕에 서면 그 대안이 바로 눈앞에 바라다보이는 곳이 강화도이다. 그럼에도 불구하고, 그 좁은 강수(江水) 하나를 건너 빤히 바라보면서 몽고는 고려의 군신(君臣)을 향하여 육지로 나오라고 외칠 뿐이었다. 몽고는 고려정부가 육지로 나오면 군대를 철수시키겠노라고 했다. 공연히 입씨름을 되풀이할 뿐이었다. 문제는 최씨의 항전의욕의 강약 여부에 있었다. 이 항전의욕이 굽힐 수 없는 것인 이상 몽고의 강화 점령은 거의 불가능한 일이었다.

그 동안 강화로 들어간 최씨를 비롯한 귀족들은 안전한 환경 속에서 개경에서나 다름없는 호사스런 생활을 계속할 수가 있었다. 궁성·저택·사원·격구장 등등 모든 시설은 개경 그대로를 옮겨 놓은 듯하였다. 연등(燃燈)·팔관(八關) 등의 명절마다의 환락도 마찬가지였다. 물건을 배에 실어 나르는 조운(漕運)에 의하여 안전한 해상 통로를 거쳐 수송되어 오는 조세(租稅)의 수입이 여전하였기 때문이다.

농민의 항쟁

무인정권의 대몽항쟁은 처음 농민이나 천민들의 뒷받침을 받아서 수행되었
다. 몽고의 제1차 침입 때에는 관악산(冠岳山)의 초적(草賊)들이 스스로 항복하
여 몽고군과의 전투에 참가하였다. 지광수(池光守) 등이 지휘한 충주(忠州) 노
비군(奴婢軍)의 항쟁은 특히 유명하였다. 그들은 귀족관리들이 모두 도망치는
데도 끝까지 성을 지키며 용감히 싸웠다.

강화에 천도하면서 무인정권은 농민들로 하여금 섬이나 산성으로 피난하도
록 지시하였다. 이리하여 섬과 산성은 몽고군과 싸우는 기지가 되었다. 완강한
저항을 받아 이를 함락시키지 못한 몽고군은 평야의 곡식을 불태워 버리는 전
술을 쓰게 되었다. 그 때문에 식량이 부족하게 되고, 이로 인하여 농민들은 적
지 않은 곤란을 받았다. 힘이 다하여 산성이 함락되면 몽고군의 잔인한 살육을
당해야 했다. 고종 41년(1254)에 차라대(車羅大)가 침입했을 때에는 그 피해가
가장 심하여서, 포로로 잡혀간 자만도 20여 만이었고, 죽음을 당한 자는 수를
셀 수 없을 지경이었으며, 몽고군이 통과한 지방은 모두 재가 되었다고 한다.
이리하여 인구는 줄고 농촌은 황폐해 갔다. 이 동안에 다시 찾을 길 없는 귀중
한 문화재가 소실된 것도 한둘이 아니었다. 그중에서도 황룡사(皇龍寺)의 9층
탑이나 현종 때에 간행한 부인사(符仁寺) 소장의 『대장경(大藏經)』같은 것도
그 두드러진 예에 속한다.

농촌이 황폐해지면 농민들의 생활이 곤란해질 수밖에 없었다. 그러나 강도
(江都 ; 강화)의 정부는 농민에 대한 적극적인 보호 대책을 서둘기보다는 오히려
가혹한 수취로 그 생활을 더욱 곤란케 할 뿐이었다. 이러한 귀족들의 수취는
농민들의 정부에 대한 반항심을 조장시킬 뿐 아니라 몽고에 대한 항쟁 의욕을
꺾어 주었다. 그리고 이 민심의 이반은 강도정부(江都政府)에 대하여 커다란 위
협이 되지 않을 수 없었다.

무인정권의 몰락과 대몽강화

최씨 무인정권은 농민들에게 뒷받침되어서 몽고와의 항쟁을 수행하여 왔다.
그런데, 이제 농민들의 무인정권에 대한 지지가 줄어들면 이것은 무인정권의

위기가 아닐 수 없었다. 이 난국의 타개 여부는 곧 무인정권의 존속 여부를 결정할 것이었다. 부처의 힘에 의존하는 마음은 『대장경』을 재차 간행하게끔 하였다. 현재 해인사(海仁寺)에 남아 있는 정교하기로 유명한 소위 『고려대장경(高麗大藏經)』이 그것이다. 또 천지신명(天地神明)에 대한 안타까운 기원이 올려지기도 하였다. 이러한 속에서 국왕과 문신을 중심으로 하여 몽고에 대한 강화의 여론이 일어나게 된 것이다.

최씨의 문인 등용 이래로 한때 전혀 무시되던 문신의 존재가 점차 주목되어 갔다고 함은 이미 언급한 바 있다. 그들은 이미 강화(江華) 천도에 대하여도 반대의 의견을 가지고 있었지만, 천도 이후에도 기회 있을 때마다 강화(講和)를 주장하였다. 이러한 문신들의 강화정책은 그들의 정치세력의 신장과도 연결되는 것이었다. 즉, 문신들은 외세와 결탁하여 무인의 세력을 견제하려고 한 것이다. 그러므로, 강화의 실천은 주전파인 무인정권의 타도와 밀접한 관계를 가지고 있었다. 이리하여 문신들은 일부 무신과 결탁해서 최씨를 타도하고 강화에의 길을 열어 놓았던 것이다.

최씨의 마지막 집권자인 최의(崔竩)가 문신 유경(柳璥)과 무신 김준(金俊) 등에 의하여 살해된 것은 고종 45년(1258)의 일이었다. 이리하여 정권은 일단 국왕에게로 돌아가고 몽고에 대한 강화가 결정되기에 이르렀다. 그 결과 다음해인 46년(1259)에는 태자(太子) 전(倎 ; 뒤의 원종, 元宗)이 몽고로 가서 강화(講和)의 뜻을 표시하였다. 그리고는 항쟁을 단념한다는 표시로 강화(江華)의 성곽을 헐어버렸다.

그러나 무인들은 여전히 몽고와의 강화를 즐겨 하지 않고 있었다. 김준은 비록 대세에 끌려서 강화를 적극적으로 거부하지는 못하였으나, 또한 강화 정책에 불만이 없지도 않았다. 김준을 죽이고 대신 정권을 쥔 임연(林衍)에 이르러서는 강화에 대한 반대가 노골화하였다. 그리하여 드디어는 친몽정책을 수행하는 원종을 폐하기에까지 이르렀던 것이다. 무인정권의 유지와 항몽정책의 수행은 떠날 수 없는 관계에 놓여 있던 사실을 짐작할 수 있다. 그러나, 이미 몽고의 강력한 간섭을 받을 만큼 외교 관계가 진전되었고, 이에 따라 항몽정책의 추구를 위하여 결속할 수 없으리만큼 국내의 단결은 깨어지고 있었다. 몽고의 압력으로 원종은 복위되고, 또 원종의 요청으로 몽고의 군대가 출동하였다. 이러한 분위기 속에서 임연이 죽은 뒤, 그의 아들 임유무(林惟茂)는 원종에 의하여 살해되고, 최씨 타도 이후 그 여맥이나마 유지하여 오던 무인정권은 완전

히 몰락하고 말았다(원종 11년, 1270). 그리고 바로 이 해에 고려는 개경으로 환
도하여 이후 완전히 몽고에 대한 항쟁을 포기하고 말았다.

삼별초의 대몽항쟁

삼별초는 이미 말한 바와 같이 무인정권의 군사적 뒷받침이 되어 왔다. 이
삼별초는 또 몽고에 대한 항쟁의 선두에서 유격전술로 몽고의 침략군을 괴롭
혔다. 그들은 무인정권의 전위부대요, 몽고에 대한 항쟁세력의 중심 부대였
다. 그러므로 무인정권이 타도되고 몽고와 강화가 성립된 데 대하여 불만을 품
고 있었다. 이리하여 개경 환도가 발표되자 삼별초는 즉시 반란을 일으켰던 것
이다. 그들은 배중손(裵仲孫)의 지휘하에 우선 강화도와 육지와의 교통을 끊었
다. 그리고는 왕족 승화후(承化侯) 온(溫)을 국왕으로 추대하고 관부를 설치하
고 관리를 임명하여, 개경의 정부와 대립하는 새로운 항몽정권을 수립하였다.

물론, 강화도는 40년 동안이나 몽고와의 항쟁을 지탱해 온 근거지였다. 그러
나, 이미 원종의 개경정부가 몽고와 결탁하고 있는 지금은 정세가 달랐다. 보
다 항구적인 근거지를 개경과는 먼 곳에 마련할 필요가 있었다. 이리하여 진도
(珍島)로 남하한 것이다. 진도로 간 그들은 궁성을 크게 이룩하여 왕도(王都)로
서의 시설을 갖출 뿐 아니라, 부근의 여러 섬과 해안 일대를 지배하여 완연한
해상왕국을 이룩하였다.

그러나, 고려와 몽고의 연합군에게 진도가 함락되어 삼별초는 그 중심 인물
을 거의 잃고, 나머지 무리가 김통정(金通精)의 지휘하에 제주도(濟州島)로 들어
가서 저항을 꾀하였다. 하지만 원종 14년(1273)에 제주도도 함락되고, 전후 4
년에 걸친 반항은 끝나고 말았다. 이 삼별초의 항쟁은 고려 무인의 몽고에 대
한 항쟁 의식이 얼마나 강했던가를 잘 나타내 주고 있다.

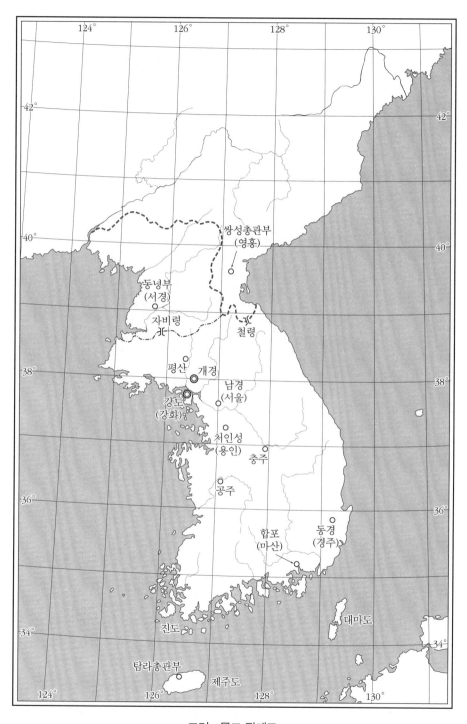

쌍성총관부
(영흥)

동녕부
(서경)

자비령

철령

평산　개경

남경
(서울)

강도
(강화)

처인성
(용인)

충주

공주

합포
(마산)

동경
(경주)

대마도

진도

탐라총관부

제주도

고려 · 몽고 관계도

제5절   무인정권시대의 문화

설화문학과 서사시

　무인들이 정권을 장악함에 이르러 일부 문인들은 어쩔 수 없이 출세를 단념
하고 산촌에 묻혀서 음주(飮酒)와 시가(詩歌)를 즐기는 경향을 나타내었다. 스스
로를 죽림칠현(竹林七賢)에 비기던 오세재(吳世材)·임춘(林椿)·이인로(李仁老)
등이 그 대표적 인물이었다. 하지만, 이 시대에는 최씨의 문객으로서 무인정권
하에서 새로운 출세의 길을 모색하는 문인들도 있었다. 이규보(李奎報)·최자
(崔滋) 같은 사람들이 그러하였다. 하지만 이들에게도 정치적 진출에 한계가 있
었고, 여기에서 이들도 또한 전자와 공통되는 일면을 지니게 되었던 것이다.
　이리하여 이들은 서로 얽혀서 하나의 문학적 세계를 이룩하였고, 그 속에
서 자라난 것이 설화문학(說話文學)이었다. 가령 돈을 의인화(擬人化)한 임춘
의「공방전(孔方傳)」, 술을 의인화한 이규보의「국선생전(麴先生傳)」, 침석에
서 쓰기 위하여 대나무로 만든 죽부인을 의인화한 이곡(李穀)의「죽부인전(竹
夫人傳)」등 물건을 의인화하여 쓴 것이 그 예이다. 또 이인로의『파한집(破閑
集)』, 이규보의『백운소설(白雲小說)』, 최자의『보한집(補閑集)』등 전설·일화
(逸話)·시화(詩話) 등을 소재로 한 글들도 그러하다. 이러한 경향은 문종 때 박
인량(朴寅亮)이 지은『수이전(殊異傳)』에서 그 선구적인 예를 찾을 수 있겠으
나, 무인정권 시대에 크게 유행하였으며, 그 영향은 뒤에 이제현(李齊賢)의『역
옹패설(櫟翁稗說)』등에 미치고 있다.
　이 시대의 긴장된 대외관계를 통한 민족적 의식의 앙양은 자연 이 시대의 문
학에도 반영되었다. 그리고 이 민족적 의식이 장편의 서사시로서 문학작품화
된 것이 이규보의「동명왕편(東明王篇)」이었다. 이규보는 이「동명왕편」을 지
은 목적을,

　천하로 하여금 우리나라가 본래 성인(聖人)의 도(都)임을 알게 하려고 할 따름이
니라.

고 선언하고 있다. 이것은 고려가 오랜 역사와 전통을 지닌 문화민족임을 널리 자랑하려고 한 것임을 말하여 준다.

조계종의 성립

무인 집권 이후 고려 불교에는 새로운 경향이 생겨났다. 그것은 선종에 있어서의 조계종(曹溪宗)의 확립이었다. 의천(義天)이 비록 교종과 선종의 통합을 주장하였지만, 그것은 교종을 주로 하는 것이었다. 그가 천태종(天台宗)을 열 때에는 선종 9산의 신진승려를 많이 흡수할 뿐더러,『신편제종교장총록(新編諸宗敎藏總錄)』에는 선종에 관한 서적을 한 권도 넣지를 않았다. 그러나, 무인정권 시대를 전후해서 선종의 9산은 종명(宗名)을 새로 조계종이라 하고 그 진흥을 꾀하게 되었던 것이다.

조계종의 세력을 크게 떨친 승려는 지눌(知訥 ; 보조국사, 普照國師)이었다. 무인정권 시대에 수선사(修禪社 ; 송광사, 松廣寺)를 근거로 하고 활약한 지눌이 정혜사(定慧社)라는 결사(結社)를 하며 중심 취지로 내세운 바는 돈오점수(頓悟漸修)였다. 돈오는 인간의 마음이 곧 부처님의 마음임을 깨닫는 것이지만, 그 뒤에도 이 깨달음을 꾸준히 실천하는 것이 점수였다. 이 돈오점수의 방법은 선정(참선)과 지혜(지식)를 아울러 닦는 정혜쌍수(定慧雙修)로서 좌선(坐禪)을 제일로 하나 또한 염불(念佛)이나 간경(看經)도 중요시하는 것이었다. 그러므로 그는 의천과는 달리 참선을 주로 하는 선종과 교리에 대한 지식을 중시하는 교종의 조화를 주장한 것이다. 이 지눌의 중심 취지를 받드는 해동(海東)조계종은 고려 불교의 특이한 존재이다. 지눌 이후 혜심(惠諶 ; 진각국사, 眞覺國師)·충지(冲止 ; 원감국사, 圓鑑國師) 등의 뛰어난 계승자들에 의하여 조계종은 계속 발전되었다. 한편 요세(了世 ; 원묘국사, 圓妙國師)에 의하여 결사된 백련사(白蓮社)는 천태종 계통으로서 지방의 호족 세력의 지지를 받고 있었는데, 정토신앙(淨土信仰)을 강조하여 일반 민중의 지지를 받기도 하였다. 그러다가 몽고의 침략에 강력한 항쟁을 표방한 관계로 최씨정권과도 연결되기에 이르렀다.

무인정권 시대 이후에 조계종이 크게 융성한 것은 고려 불교의 내적인 발전을 의미하는 것이다. 불경의 가르침에 의한 공덕을 쌓음으로써 현실 세계에서 이익을 추구하는 교종의 기성 권위에 대한 도전이었다. 이는 또 왕실 및 문신 귀족과 결탁한 세속적인 불교의 부인이었다. 이리하여 조계종은 무인정권의 일정한 옹호를 받으면서 독자적인 세계를 개척해 나갔던 것이다. 뿐만 아니라 조계종은 심성(心性)의 도야를 강조함으로 해서 장차 성리학(性理學)을 받아들일 수 있는 터전을 닦아 주는 구실도 하였다.

제8장 신흥사대부의 등장

제1절 친원정책과 권문세족

원에의 굴복

고려가 원(元, 몽고는 1271년에 원이라 칭했다)과 강화를 맺은 이후에 당한 첫 시련은 일본(日本) 원정(遠征)이었다. 일찍부터 원은 고려를 통하여 일본의 조공(朝貢)을 받기를 원하고 있었다. 한편 원은 남송(南宋) 공략에 대한 전략으로서 해상을 통하여 송과 교통이 빈번한 고려와 일본을 이용하려고 하였던 듯도 하다. 이러한 원의 요청으로 고려는 충렬왕(忠烈王) 즉위년(1274)과 충렬왕 7년(1281)의 두 차례에 걸쳐 원과 함께 일본 원정의 길에 나섰던 것이나 번번이 실패하고 말았다. 이렇게 실패한 것은 물론 바다의 기후에 대한 인식이 자세하지 못하였던 데에도 원인이 있었겠지만, 동시에 당시 일본의 정권을 쥐고 있던 가마쿠라막부(鎌倉幕府)의 완강한 저항과, 일본 정벌을 반가워하지 않는 고려의 저항도 한 원인이 되었다. 두 차례에 걸친 원정에서 고려는 함선의 건조와 군량의 공급을 담당하였는데, 30년에 걸친 몽고와의 항쟁에 지친 고려 농민들에게 이는 무거운 부담이 되었다.

비록 고통스러운 일이기는 하였으나 일본 원정은 한때의 태풍이었다. 보다 중요한 것은 원에 의하여 초래된 고려 자체의 변질이었다. 원종(元宗)은 국내에 있어서의 왕권의 강화를 위하여 세자(뒤의 충렬왕)와 원(元) 공주(公主)의 혼인을 청하였다. 이 요청은 세조(世祖)의 회유정책에 의하여 용납되었다. 이리하여 충렬왕이 세조의 딸을 왕비로 맞이한 이후 역대의 국왕은 원의 공주를 정비(正妃)로 삼았고, 그 몸에서 난 아들이 원칙적으로 왕이 되었다. 말하자면 고려는 원의 부마국(駙馬國) 즉 사위나라가 된 셈이다. 이후 역대의 국왕은 세자로 있을 때에는 독노화(禿魯花 ; 질자, 質子)로서 북경(北京)에 머물러 있다가 즉

위하는 것이 하나의 통례가 되었다. 국왕으로 즉위한 뒤에도 자주 북경에 드나들며 개경(開京)을 비우는 일이 많았다. 이러는 동안 국왕은 몽고식 성명을 갖게 되고, 몽고식으로 머리를 땋아 뒤로 늘어뜨리는 변발(辮髮)을 하고, 몽고식 의복을 입고, 또 몽고어를 사용하게 되었다. 고려와 원의 왕실은 한 집안과 같은 관계에 놓인 것이다.

이제, 고려의 국왕은 독립된 왕국의 통치자로서가 아니라 원 제실(帝室)의 부마로서 원제국 안에서 확고한 지위가 보장되었고, 이 지위를 이용하여 국내에 있어서의 왕권을 어느 정도 신장시킬 수 있었다. 그러나 이러한 약간의 이득은 결국 고려 왕실의 격하라는 절대적인 희생 위에서 얻어진 것에 지나지 않았다. 국왕은 죽은 뒤에 '조(祖)'나 '종(宗)'을 붙여서 묘호(廟號)를 짓는 대신 '왕(王)'자를 사용하게 되었고, 게다가 위에는 '충(忠)'자를 덧붙여서 원에 대한 충성심을 표시하는 뜻을 나타내었다. '짐(朕)'은 '고(孤)'로, '폐하(陛下)'는 '전하(殿下)'로, '태자(太子)'는 '세자(世子)'로, 국왕에 관련되는 용어가 모두 격하되었다. 또, 왕위의 폐립이 원에 의하여 좌우되는 일이 많았다. 때로는 고려의 귀족들 중에서 원과 결탁하여 국왕을 모략으로 축출하는 경우도 있었다. 이러한 현상은 결국 국내에서의 국왕의 지위조차 약화시키게 되었다.

고려는 그 정치제도도 옛날과 같을 수가 없었다. 즉, 3성(省)은 통합되어 첨의부(僉議部)가 되고, 중추원(中樞院 ; 추밀원, 樞密院)은 밀직사(密直司)가 되었다. 또, 6부(部)도 그 명칭이 변경될 뿐 아니라 폐합되었다. 즉, 이부(吏部)와 예부(禮部)는 합쳐서 전리사(典理司)로, 호부(戶部)는 판도사(版圖司), 병부(兵部)는 군부사(軍簿司), 형부(刑部)는 전법사(典法司)로 되었으며, 공부(工部)는 폐지되었다. 이 같은 관부명칭의 개폐는 국왕에 관련되는 용어의 격하와 마찬가지 현상이었던 것이다.

대원관계의 발전

몇 가지 변화에도 불구하고 고려 국왕은 독립왕국의 군주로서의 지위를 끝내 유지하였다. 이것은 무인정권에 의한 대몽항쟁의 산물이었다. 원은 30년 간이나 완강한 항쟁을 계속해 온 고려와 강화를 맺은 것을 무척 다행으로 생각했던 것이다. 그러므로 원은 고려를 견제하는 동시에 위무하는 데도 무척 노력하였다. 견제와 위무가 교차되는 원의 정책 속에서 고려의 원에 대한 관계가 발전되어 갔다.

원은 일본 원정을 위한 목적으로 고려에 정동행성(征東行省)을 설치하더니(충렬왕 6년, 1280), 일본 원정을 완전히 포기한 뒤에도 이를 여전히 존속시켰다. 그런데, 정동행성의 장관인 좌승상(左丞相)에는 자동적으로 고려의 국왕이 임명되었다. 그리고 그 밑의 관리들은 좌승상인 국왕이 임명하였다. 따라서, 이 정동행성은 원과의 공적 연락기관 정도일 뿐이었다. 그러나 원은 때로 정동행성을 통하여 고려의 정치에 간섭하려고 하였다. 충렬왕 때에 활리길사(闊里吉思)가 정동행중서평장사(征東行中書平章事)로 와 있던 때가 그러하다. 하지만 그의 간섭은 고려의 반대로 말미암아 실패하고 말았다. 또, 고려의 국호를 폐하고 원의 성(省)을 두어 직속령으로 만들려는 부역배들의 입성책동(立省策動)이 일어나기도 하였으나, 이것도 고려 군신(君臣)의 완강한 반대로 실패하고 말았다.

고려의 영토 일부가 원에게 빼앗긴 일도 있었다. 쌍성총관부(雙城摠管府)·동녕부(東寧府)·탐라총관부(耽羅摠管府)는 그러한 지역에 설치된 원의 관부였다. 쌍성총관부는 화주(和州 ; 영흥, 永興)에 설치된 것으로 철령(鐵嶺) 이북의 땅이 이에 속하였고, 동녕부는 서경(西京)에 설치된 것으로 자비령(慈悲嶺) 이북이 이에 속하였으며, 탐라총관부는 제주도(濟州道)에 목마장을 설치하고 이를 관장하기 위하여 설치됐던 것이다. 고려측의 요구로 동녕부와 탐라총관부는 곧 반환되었으나 쌍성총관부만은 공민왕(恭愍王)이 무력으로 수복할 때까지 존속되었고, 이것은 명(明)의 철령위(鐵嶺衛) 설치를 에워싼 시끄러운 문제의 씨를 뿌려 놓았다.

원의 고려에 대한 경제적인 요구도 오랫동안의 전란으로 황폐된 고려를 괴롭혔다. 원은 여러 명목을 붙여서 고려에 대하여 금·은·포백(布帛)·곡물·인삼·해동청(海東靑 ; 매) 등을 요구하였다. 심지어는 처녀(處女)·환관(宦官) 등까지도 요구하였다. 특히, 해동청의 요구에 응하여 응방(鷹坊)이 널리 설치되고, 이 응방은 원의 세력을 등지고 여러가지 특권을 행사하여서 폐해가 많았다. 이러한 원으로부터의 요구는 결국 농민들의 부담이 되었다. 이리하여 농민들은 고려와 원에 대한 이중적인 부담을 짊어지게 되었다. 그 결과 많은 농민이 유민(流民)이 되어 각지로 흘러 다니는 결과를 가져왔다. 이러한 가운데서 고려의 지배층은 막대한 사유지인 농장(農莊)을 소유하여 유민들을 모아다가 이를 경작케 하였다. 원은 점차로 무력한 왕실보다는 이 재부의 소유자인 지배층 귀족을 더 미덥게 생각하게 되었다.

원과의 사이에서 야기된 또 하나의 정치적 문제는 만주(滿洲) 일대에 거주하는 고려민을 관할하는 심양왕(瀋陽王)과의 관계였다. 충렬왕이 세자로 북경에 있을 때에 원은 그를 처음으로 심양왕으로 봉하였다. 뒤에는 충선왕(忠宣王)도 왕위에서 물러나 북경에 있을 때에 역시 심양왕으로 봉함을 받았다. 이러한 고려 왕족의 심양왕 임명은 그 지방에 거주하는 고려민을 통제하는 데 편할 뿐 아니라, 또한 고려를 견제하는 데에도 유리했던 때문이었다. 그 결과 심양왕과 고려왕과의 대립이 발생했다. 충선왕의 뒤를 이어 심양왕이 된 고(暠 ; 충선왕의 조카)와 충숙왕(忠肅王) 및 충혜왕(忠惠王)과의 사이에 벌어진 고려 왕위계승을 위한 맹렬한 싸움이 그 표본이었다. 이 고려왕과 심양왕과의 알력은 원의 분열정책이 그 목적을 달성한 것으로써 주목된다.

권문세족과 농장·노비

고려에 대한 원의 영향력이 증대해 감에 따라서, 원의 세력을 등에 업은 새로운 사회 세력이 성장하게 되었다. 가령 조인규(趙仁規)와 같이 몽고어(蒙古語)의 통역으로써 성장한 세력가가 있는가 하면, 원에 매(응, 鷹)를 바치기 위하여 설치된 응방(鷹坊)을 통하여 출세한 윤수(尹秀)와 같은 무리도 있었다. 또 원 황실과 혼인하여 그 일문(一門)이 세도를 누린 기철(奇轍)과 같은 경우도 있었다. 그런가 하면 원 공주의 신변을 보호하는 겁령구(怯怜口 ; 사속인, 私屬人)로 고려에 와서 출세하는 자도 있었고, 원으로부터 군사직인 만호(萬戶)의 직책을 얻어서 출세하는 경우도 있었다. 이러한 친원세력에 대항하여 국왕의 측근세력이 형성되기는 하였으나, 국왕 자신이 원에 의존하는 형편이었으므로 이들도 자연히 친원적일 수밖에 없었다. 물론 고려 전기로부터 그 세력을 이어 내려오거나 무인정권 시대에 등장한 가문도 있기는 하였다. 그러나 이들도 결국 위의 여러 세력과 타협하지 않을 수 없었다. 이렇게 여러 요소들이 결합하여 등장한 세력, 소위 권문세족(權門勢族)의 존재는 고려 후기의 사회에 하나의 새로운 양상을 낳게 하였다. 이들 권문세족은 개인의 이익을 확대시킴으로써 국가의 제도를 통한 지배층 전체의 공동 이익을 저버렸기 때문이다.

권문세족들은 재신(宰臣)이나 추신(樞臣)으로서뿐 아니라 상의(商議)라는 명목으로 국가의 최고 회의기관이 된 도평의사사(都評議使司) 회의에 참석하게 되었다. 그 결과 초기의 재(宰) 5·추(樞) 7에 지나지 않던 회의 참석자의 수는

70~80명에까지 이르게 되는 현상을 나타냈다. 뿐만 아니라 이들은 또 막대한 농장(農莊)과 노비(奴婢)를 소유하여 경제적인 재부를 축적하기도 하였다. 원래 전시과(田柴科)가 붕괴된 뒤에 고려는 녹과전(祿科田)을 새로 제정하여 이에 대치하였었다. 몽고와 강화를 맺고 개경으로 환도한 다음해인 원종 12년(1271)의 일이었다. 그러나 경기(京畿) 8현(縣)의 토지를 현직자에게 분배하여 주기로 한 녹과전제도는 사실상 권문세족에게는 큰 관심의 대상이 되지를 못했다. 그것보다는 국왕으로부터 토지를 하사받는 사전(賜田), 버려진 거친 땅을 일구어 논밭을 만드는 개간(開墾), 다른 사람 소유의 농토를 합치어 갖는 겸병(兼倂) 등의 방법으로 늘려간 농장이 권문세족의 보다 큰 경제적 관심의 대상이 되었다. 농장은 일찍부터 있었던 귀족들의 사유지에서 발견한 것이었으나, 무인정권이 타도된 뒤에는 면세(免稅)·면역(免役)의 특권을 누리는 등 사적인 지배력이 더욱 강화되기에 이르렀다. 국왕의 지배 밑에 놓여 있는 장(莊)·처(處)도 이와 마찬가지 성질의 것이었다. 고려 말기 권문세족들의 농장에는 산천(山川)을 경계로 하거나 온 주군(州郡)에 걸치는 광대한 것도 있었다. 또 국왕의 장·처의 수는 360에 달하였다 한다.

　농장의 소유주인 권문세족들은 개경에 살고 있는 부재지주(不在地主)였으며, 소유지를 전국 각처에 가지고 있었다. 따라서 농장 소유주들은 가신(家臣)이나 노비를 보내어 조(租)를 징수하여야 했다. 농장의 경작은 전호(佃戶)나 노비가 담당하였다. 이들은 토지와 함께 계승된 자도 있었으나, 유민들로부터 흡수된 자도 있었다. 토지의 겸병이 성행함에 따라 일정한 토지를 경작하는 전호가 몇 명의 소유주에게 조를 물어야 하는 현상도 일어났다. 그러므로 전호들은 차라리 노비가 되어 농장 소유주의 보호를 받기를 원하기도 하였다. 이런 경우에 토지를 경작하는 이들 노비는 보통 외거(外居)노비였으며, 그들 자신의 재산 축적이 허락된 전호적 성격의 존재였다.

　농장의 증대는 국유지를 침식하였고, 따라서 국가 재정의 궁핍을 초래하였다. 그 결과 새로 관리로 등용되는 자들은 그들이 조상으로부터 물려받은 농장이 없는 한, 그 직위의 고하를 막론하고 가난한 생활을 해야만 했다. 또, 노비의 증가는 국가에서 역역(力役)을 지울 수 있는 대상자를 감소시켰다. 그 결과 중앙관리들의 노비를 대신 동원시키지 않으면 안 되게 되었다. 말하자면 제도를 통한 지배세력의 공동이익의 보장은 기대할 수 없는 상황에 놓이게 되었다.

제2절   신흥사대부 세력의 성장

신흥사대부의 진출

무인정권에 의하여 귀족정치가 붕괴된 이후에 새로운 관료층이 등장하였다. 그들은 학문적 교양을 갖출 뿐만 아니라 정치의 실무에도 능한 사대부(士大夫) 곧 학자적 관료들이었다. 이러한 학자적 관료인 사대부는 무인정권이 타도된 이후에 더욱 활발히 정치적인 진출을 하였다. 이들은 문벌에 힘입어서 음서(蔭敍)를 통하여 진출하기보다는, 학문적 실력을 바탕으로 과거(科擧)를 통하여 정치적인 진출을 꾀하는 것이 보통이었다. 그러나 때로는 군공(軍功) 등으로 실직이 아닌 첨설직(添設職)을 받아 품계를 가진 품관(品官)이 됨으로 해서 신분적인 상승을 하는 자들도 있었는데, 이들은 보통 한량(閑良)이라고 불리었다.

사대부들은 중앙관부의 이직자(吏職者)들 중에서도 나왔지만 지방의 향리(鄕吏)들 중에서 많이 나왔다. 향리 출신의 사대부는 자기의 출신지에 소규모의 농장을 가지고 있는 중소지주(中小地主)거나 자영농민(自營農民)이었다. 이들은 자기의 성실한 노력으로써 토지를 개간하거나 혹은 매입하여 농장을 가지게 된 자들이었다. 이들은 수리(水利)시설을 발달시켜 연해안의 저습지를 개발하였고, 또한 환경 적응력이 강한 새 벼종자(도종, 稻種)를 들여와서 산간의 척박지나 북부지역으로 농경지를 확대시켰으며, 또 시비술(施肥術)을 발달시켜 휴한법(休閑法)을 극복하고 연작법(連作法)을 함으로써 농업생산력을 크게 발전시키었다. 그리고 그 농장은 재향지주(在鄕地主)인 그들이 직접 경영하였다는 점에서 부재지주인 권문세족의 것과는 성격이 달랐다. 이러한 사대부들은, 권력을 등에 업고 불법수단으로 막대한 농장을 소유하게 된 권문세족을 경멸하였다. 그들은 대체로 청렴결백한 생활 태도를 지니고 있었다.

이렇게 토착하는 향리 출신의 재향지주인 사대부들은 비록 중앙의 정치무대로 진출하였다 하더라도, 또한 물러나서 자기의 출신지에서의 생활을 즐기기도 하였다. 개경에서 고향인 출신지로 돌려보내는 귀향죄(歸鄕罪)가 이들에게는 두려울 것이 없었다. 이들은 오히려 자진해서 고향에 가 있기를 희망하기도 하였고, 그러한 자의 수가 너무나 많아서 국가에서는 그들로부터 직세(職稅)라 하여 일정한 세금을 징수할 지경이었다. 이같이 지방에 직접 경영하는 농장을 가진 재향지주 출신 사대부의 진출은 드디어 고려의 정치적 대세를 점점 변화시켜 나갔던 것이다.

공민왕의 개혁

권문세족들이 강대한 원의 세력과 결탁하고 있는 동안은 이들로 말미암은 폐단들을 개혁하려는 운동은 성공하기가 힘들었다. 충선왕(忠宣王)이 즉위하던 해(충렬왕 24년, 1298)에 사림원(詞林院)의 신진학자들과 더불어 일으킨 개혁운동이나 충목왕(忠穆王) 3년(1347)에 설치된 정치도감(整治都監)의 개혁운동이 실패한 것은 그러한 예인 것이다. 그러므로, 원(元)이 한족(漢族)인 명(明)의 홍기로 인하여 북방으로 쫓겨가는 원·명 교체기에 즉위한 공민왕(恭愍王, 1351~1374)에 의하여 개혁이 어느 정도나마 성공을 거두었던 것은 이러한 시대적 배경의 차이에서 이해될 수 있다. 또, 공민왕의 개혁이 대외적으로는 반원정책, 대내적으로는 권문세족의 억압이라는 양면성을 띠고 있는 까닭도 이같은 사정에 말미암은 것이었다.

즉, 공민왕은 원의 연락기관인 정동행성(征東行省)을 철폐하고, 기철(奇轍)을 위시한 친원파를 일소하고, 옛 관제를 복구시켰으며, 또 쌍성총관부(雙城摠管府)를 무력으로 철폐하고 그 지역을 다시 회복하였다. 후년에는 압록강을 넘어 동녕부(東寧府 ; 홍경, 興京)를 공격하기도 하였다. 이러한 반원정치는 원과 친원파의 반발을 사서 김용(金鏞) 등이 공민왕을 해하려는 홍왕사(興王寺)의 변(變)이 있었고(공민왕 12년, 1363), 원은 일방적으로 공민왕을 폐한다고 선언한 일도 있었다. 그러나, 공민왕의 강경책은 이를 모두 극복할 수 있었다. 그리고는 명과 서로 사신을 교환하여 친명정책을 추진하였다.

이같이 대외적으로 친명반원정책을 쓰는 한편, 대내적으로는 각종 개혁으로 권문세족의 세력을 억압하려고 하였다. 그는 우선 정방(政房)을 폐지하였다. 무인정권 시대에 최씨의 독재기관의 하나이던 정방은, 무인정권이 몰락한 후에도 여전히 남아 있어서 인사권을 장악하고 왕권을 견제하며, 또 신흥사대부의 진출을 억제하고 있었던 것인데, 공민왕이 이를 폐지한 것이다. 공민왕은 후일 신돈(辛旽 ; 편조, 遍照)을 사랑하여 그를 국사(國師)로 임명하고, 또 삼중대광령도첨의(三重大匡領都僉議)란 직을 띠게 하여 국가의 정치를 총재케 하였다. 이같이 무명의 승려인 신돈을 중히 쓴 것도, 개혁정치의 실시가 권문세족과는 인연이 없는 인물을 등용해야만 비로소 가능했던 것이기 때문이다. 그는 우선 이공수(李公遂) 등의 권문세족 출신을 축출하고, 문벌이 한미한 자들을 등용하였다. 또, 국왕에게 청하여 전민변정도감(田民辨整都監)을 설치하고(공민왕 15년, 1366), 자신이 그 판사(判事)가 되어 권문세족들이 빼앗은 토지와 노비를 그 원 소유주에게 반환하거나 해방하여 주게 하였다.

이러한 일은 일반 백성의 환영을 받아 신돈은 성인(聖人)이라는 칭호까지 듣게 되었다. 그러나 권문세족들로부터는 비난을 받았고, 드디어 그들에 의하여 죽음을 당하였다. 이어 공민왕도 죽음을 당하였는데, 아직도 공고한 기반을 가지고 있는 권문세족의 세력을 억압할 수 있으리만큼 신세력의 힘이 크지 못했던 듯하다.

제3절   조선왕조의 성립

이성계의 집권

공민왕대(恭愍王代)에 8년(1359)과 10년(1361)의 두 차례에 걸쳐 홍건적(紅巾賊)의 침입이 있었다. 한때 개경이 점령되고 공민왕은 안동(安東)까지 피난을 가지 않으면 안 되는 곤경에 놓여 있었다. 그러나, 이것은 일시적인 침략에 불과하였다. 왜구(倭寇)와 같이 전국적이고 장기간에 걸친 것이 못 되었다. 일본(日本)의 해적인 왜구의 침입이 시작된 것은 이미 고종(高宗, 1213~1250) 때부터였으나, 심하게 창궐하게 된 것은 충정왕(忠定王) 2년(1350) 이후였다. 왜구는 간단한 무장밖에 갖고 있지를 않았으나, 배를 타고 다니며 각지의 해안에 상륙하여 촌락을 습격하였다. 이 때문에 농민들은 내륙으로 이주하여 해안지대의 기름진 농토는 황폐하여 갔다. 왜구는 또 개경 바로 앞인 강화도(江華島)에까지 습격하여 왔고, 이 때문에 개경이 소란하게 되었다. 왜구의 횡행은 또 해상교통을 두절시켜 조운(漕運)을 불가능하게 하였으므로 지방으로부터 조세(租稅)를 운반할 수가 없었다. 이리하여 귀족의 집중적 거주지인 개경은 경제적인 곤경에 직면하게 되었다.

왜구를 막기 위하여 수차에 걸친 외교적 교섭이 일본과 행하여졌으나 효과가 없었다. 일본 정부 자체가 그를 억제할 능력이 없었기 때문이었다. 그러나 최영(崔瑩)·이성계(李成桂)·정지(鄭地) 등 여러 장군의 활동은 왜구의 세력을 약화시키는 데 성공하였다. 또, 최무선(崔茂宣)이 화통도감(火熥都監)에서 만든 각종 화포(火砲)로써 왜구의 배를 무찔러 공을 세웠다. 특히 박위(朴葳)가 그 소굴인 대마도(對馬島)를 직접 정벌한 창왕(昌王) 원년(1389) 이후 왜구는 그 세가 크게 꺾이었다. 이 왜구의 격퇴과정에서 최영·이성계 등 무장(武將)의 세력이 등장하였다.

그러나 최영과 이성계의 사이에는 외교정책의 문제를 중심으로 날카로운 대립이 생기게 되었다. 원래 외교정책의 문제를 둘러싼 대립은 14세기 후반기의 고려가 당면한 하나의 큰 숙제였다. 공민왕이 죽은 뒤에는 신돈의 비(婢)의 몸에서 태어난 우왕(禑王)이 이인임(李仁任)의 추대를 받아서 즉위하였는데, 우왕이 즉위한 후 권세를 독차지한 이인임은 공민왕 시대의 친명책(親明策)을 버리고 친원책(親元策)으로 되돌아갔다. 이에 대하여 이성계·정몽주(鄭夢周) 등은 극력 반대하여 그것이 잘못임을 공격하여 마지않았다.

그러던 중 명은 철령위(鐵嶺衛)를 설치한다는 통고를 하여 왔다. 원의 쌍성총관부 관할 밑에 있던 지역을 명의 직속 영토로 한다는 것이다. 이때에는 이인임 일파가 몰려나고 최영·이성계 등이 권력을 쥐고 있던 때였다. 최영은 이 통고를 받고 분개하여 요동(遼東) 정벌을 꾀하고 우왕도 이에 동조하여 전국적인 징병을 실시하였다. 그리고는 최영이 팔도도통사(八道都統使)가 되고, 조민수(曺敏修)를 좌군도통사(左軍都統使), 이성계를 우군도통사(右軍都統使)로 삼아 군대를 동원하게 되었다(우왕 14년, 1388).

그러나, 원정을 반대하던 이성계에 의하여 일은 반전되고 말았다. 그가 위화도(威化島)에서 회군(回軍)하여 창끝을 우왕과 최영에게 겨누었기 때문이다. 결국 이성계는 우왕과 최영을 축출하고 정치의 실권을 장악하게 되었는데, 이로써 그가 장차 고려를 타도하고 새로운 왕조를 건설하게 되는 중요한 계기를 잡게 되었던 것이다.

전제개혁

정권을 장악한 이성계와 정도전(鄭道傳) · 조준(趙浚) 등 일파는 조민수의 주
장에 의하여 옹립된 우왕의 아들 창왕마저 신씨(辛氏)라 하여 축출하고 공양왕
(恭讓王)을 세웠다(1389). 이것이 왕실의 혈통이 아닌 가짜를 폐위시키고 진짜
를 왕위에 세워야 한다는 이른바 폐가입진(廢假立眞)이라는 것이다. 그리고, 지
금껏 신흥 사대부들에 의하여 주장되면서도 실천에 옮겨지지 못하던 전제개
혁(田制改革)을 단행하였다. 비록 이색(李穡) 등 온건한 개혁파의 반대가 있기
는 하였으나, 그들은 정권에서 축출되었다. 대체로 성리학(性理學)의 신봉자인
사대부 개혁론자들은, 권문세족과 마찬가지로 막대한 농장을 소유하고 국가의
경제를 좀먹는 불교의 사원 세력을 또한 배척하게 되었다. 요컨대 전제개혁은
신흥사대부에 의한 경제적인 면에서의 구질서의 파괴요 신질서의 수립이었다.
　전제개혁은 우선 전국의 토지에 대한 새로운 양전(量田) 작업으로부터 시작
되었다(창왕 원년, 1389). 그리고는 다음해(공양왕 2년, 1390)에 종래의 공사전적
(公私典籍)을 모두 불살라 버렸다. 그리고 드디어 공양왕 3년(1391)에는 새로운
전제의 기준이 되는 과전법(科田法)을 공포하였다. 이에 의하면 과전은 경기도
(京畿道)에 한하여 관료들에게 그 관직의 고하에 따라 분배하게 되어 있었다.
그 결과 이성계 · 정도전 · 조준 등의 일파가 다대한 과전을 받게 된 것은 물론
이었다. 경기도 이외의 전국의 토지는 모두 공전(公田)으로 편입시켰고, 이를
위하여 농장은 몰수되었다. 이리하여 권문세족의 경제적 토대는 무너지게 되
었고, 이것은 곧 그들의 몰락을 말하는 것이기도 하였다. 이것은 또 동시에 고
려왕조 자체의 몰락을 상징하는 것이었다. 한편, 공전의 증대는 국가의 수입을
증가시켰다. 새로운 왕조 조선(朝鮮)의 경제적 기초가 세워진 것이다.

조선왕조의 성립

위화도회군에 의하여 정치와 군사의 실권을 장악한 이성계는 우왕과 창왕을
신씨로 몰아 내쫓고 공양왕을 옹립하였다. 그리고는 전제개혁을 단행하여 경
제적인 실권까지도 그들의 손아귀에 넣어 버렸던 것이다. 이성계가 고려 대신
에 새 왕조를 건설하기 위하여 이제 남은 것은 절차뿐이었다. 이 절차의 수행

에도 약간의 곤란이 뒤따르기는 했다. 정몽주와 같이 유력한 반대자가 남아 있었기 때문이다. 그러나, 그는 이성계의 다섯째 아들 방원(芳遠)에 의하여 살해되었다. 최후의 적대세력을 쓰러뜨린 이성계의 일파는 공양왕의 양위(讓位)를 강요하고, 이성계를 추대하여 왕위에 오르게 하였다(공양왕 4년, 1392). 이씨(李氏)의 역성혁명(易姓革命)이 이로써 이루어지고 고려왕조는 멸망하였다.

이성계는 고려 말기에 새로 등장한 신진세력이었다. 『용비어천가(龍飛御天歌)』의 첫머리에는,

불휘 기픈 남ᄀᆞᆫ ᄇᆞᄅᆞ매 아니 뮐씨 곶 됴코 여름 하ᄂᆞ니
시미 기픈 므른 ᄀᆞᄆᆞ래 아니 그츨씨 내히 이러 바ᄅᆞ래 가ᄂᆞ니

라고 하여 이씨왕조(李氏王朝)의 조상의 덕을 찬양하여 뿌리가 깊은 나무와 샘이 깊은 물에 비유하고 있다. 그러나, 실상 태조(太祖) 이성계는 긴 역사를 가진 명문 출신은 아니었다. 그의 조상은 고향 전주(全州)로부터 전전하여 함흥(咸興)에 정착하여 살던 유이민이었다. 이씨는 점차 여진인 사이에 세력을 얻어 그 지방의 유력한 호족으로 등장하였다. 원의 쌍성총관부에서 그 관직을 받고 있던 이씨가 고려에서 출세하기는 이자춘(李子春)의 때였다. 이자춘은 공민왕의 쌍성총관부 정벌에 내응하여 세운 공으로 해서 동북면병마사(東北面兵馬使)에 임명되었다. 그의 둘째 아들이 바로 이성계였다.

이성계는 여러 번 전쟁에 공로를 세워 출세의 길을 닦았다. 그는 홍건적·왜구 등의 격퇴와 동녕부 정벌에 모두 공이 컸다. 그는 최영과 아울러 일컬어지는 명장으로서 이름을 날리었다. 위화도회군 이후는 최영을 축출하고 정도전 등 신흥사대부들의 영수로서 정치의 실권을 쥐었다. 그리고 드디어 사대부 관료들의 추대를 받아 새로운 왕조의 건설에 성공하였던 것이다.

그는 국호를 새로 조선(朝鮮)이라 하고 국도를 한양(漢陽 ; 서울)으로 옮기어 새 왕조의 면모를 표시하였다. 특히, 새로운 국도의 건설에 태조는 적잖이 마음을 괴롭혔다. 그는 풍수지리설에 비추어서나 혹은 그 규모에 있어서 새 왕조의 위신을 보장할 수 있도록 하려고 노력한 것이다. 한양(서울)은 이후 오늘에 이르기까지 한국의 정치·경제·문화의 중심도시가 되었다.

제4절　신흥사대부의 문화

성리학의 전파

충렬왕(1274~1308) 때에 안향(安珦 ; 유, 裕) 등의 노력으로 국학(國學)과 공자를 모시는 사당인 문묘(文廟)를 신축하고 양현고(養賢庫)를 충실히 하는 등 유교를 크게 장려하였다. 이때에 시가(詩歌)와 문장을 짓는 사장(詞章)과 경서(經書)의 고증·해석 등을 이르는 훈고(訓詁)를 주로 하던 종래의 학풍을 경학(經學)과 사학(史學) 방면으로 향하게 하려고 하여 경사교수도감(經史敎授都監)을 설치하기도 하였다. 충선왕(1308~1313)도 세자(世子)로 있을 때 백이정(白頤正)과 함께 원경(元京)에 가서 원의 학자들과 깊이 사귀었다. 또, 왕위에서 물러난 뒤에는 원경에 만권당(萬卷堂)을 짓고 이제현(李齊賢) 등을 거느리고 원의 학자들과 사귐이 재위시와 같았다. 이러한 사실도 고려 유교의 발전에 큰 자극을 주었다.

고려 후기 유교의 특징은 성리학(性理學)을 받아들였다는 데에 있다. 성리학은 처음 『소학(小學)』을 중심으로 일상 생활에 있어서의 실천적인 윤리를 중요시하는 면에서 수용되었다. 그러나 점차 인생(人生)과 우주(宇宙)의 근원을 형이상학적으로 해명하는 철학적인 국면이 발전되기에 이르렀다. 한편, 정치적인 도덕으로서는 군신(君臣)의 의(義)를 강조하고, 이단(異端)의 배척에 날카로운 면모를 보이기도 하였다. 공덕사상(功德思想) 중심의 불교에도, 사장·훈고 중심의 유교에도 만족할 수가 없는 당시의 신흥 사대부들은 이 같은 성리학을 그들의 정신적 지주로 삼게 되었던 것이다. 성리학을 처음으로 신봉한 이는 안향(유)이었다. 뒤에 백이정이 역시 성리학을 원에서 배워 왔으며, 그의 제자 이제현 등이 그 뒤를 이었다. 또, 고려 말기에는 이숭인(李崇仁)·이색·정몽주·길재(吉再) 등과 정도전·권근(權近) 등이 성리학자로서 유명했다.

이 성리학의 전파는 불교 배척의 기운을 조성하였다. 당시 불교계는 조계종(曹溪宗) 대신 일연(一然 ; 보각국사, 普覺國師)으로부터 보우(普愚 ; 태고화상, 太古和尙)에게로 이어지는 가지산파(迦智山派)가 그 세력을 떨치었고, 한편 사굴산파(闍崛山派)의 혜근(惠勤 ; 나옹화상, 懶翁和尙)이나 천태종(天台宗)의 정오(丁午 ; 무

외국사, 無畏國師)의 활약도 컸다. 그런데 당시의 불교는 대체로 왕권과 결탁하여 성장하였을 뿐 아니라, 때로는 친원적(親元的)인 경향도 나타내었고, 사상적으로는 신비적인 영험(靈驗)과 공덕(功德)을 강조하는 경향이 농후하였다. 이러한 불교에 대하여 처음 이제현·이색 등은 아직 불교 그 자체를 배격한다기보다는 사원의 폐해와 승려들의 비행을 공격하는 데 그쳤다. 그러나, 정도전 등은 불교 자체를 인간의 윤리를 무시하고 나라를 해치는 것이라 하여 이를 극력 배격하였다. 이들은 비단 불교뿐 아니라 친족혼(親族婚)이라든가 지나친 향락 등에 대하여도 공격하였다. 『주자가례(朱子家禮)』에 의하여 가묘(家廟)를 세우고 상장제례(喪葬祭禮)에서 불교의식을 폐하기 시작한 것도 이때부터의 일이었다.

사학

현종(1009~1031) 때에 편찬된 태조(太祖)부터 목종(穆宗)까지의 칠조실록(七朝實錄)을 위시해서 고려 역대의 실록이 편찬되었지만 지금은 전하지 않고, 인종 23년(1145)에 왕명으로 김부식(金富軾)이 편찬한 『삼국사기(三國史記)』가 우리나라에서 현존하는 가장 오래된 사서(史書)가 되었다. 『삼국사기』는 고려 초에 편찬되었던 『구삼국사(舊三國史)』 등의 고유한 사료와 중국의 사서 등을 참조하여 귀족의 입장에서 유교적 사관으로 엮은 기전체(紀傳體)의 정사(正史)였다. 이보다 조금 뒤인 의종(1146~1170) 때에 김관의(金寬毅)가 『편년통록(編年通錄)』을 편찬하였으나 현재는 전하지 않는다. 그리고 고종(1213~1257) 때에 역시 왕명으로 각훈(覺訓)에 의해서 『해동고승전(海東高僧傳)』이 편찬되어 그 일부가 지금 남아 있는데, 이는 귀족세력과 공존 관계에 있는 교종(敎宗)의 입장에서 불교사(佛敎史)를 정리한 것으로 생각된다.

이 이후에 역사의 편찬이 더욱 활발하게 되어 충렬왕(1274~1308) 때에 원부(元傅)가 편찬한 『고금록(古今錄)』, 정가신(鄭可臣)이 편찬한 『천추금경록(千秋金鏡錄)』, 충선왕(1308~1313) 때에 민지(閔漬)가 편찬한 『본조편년강목(本朝編年綱目)』, 공민왕(1351~1374) 때에 이제현(李齊賢)이 편찬한 『사략(史略)』 등이 나타났다. 그러나 현재 이들은 모두 전하지 않고 이제현이 『사략』에 실었던 사론(史論)들이 남아 있을 뿐이다. 이들 관찬사서(官撰史書)는 모두 유교의 도덕적 합리주의에 입각해서 역사를 정치의 거울로 보는 관점에 서 있는 것이며, 『삼국사기』의 전통을 이은 것이었다.

이에 대해서 충렬왕 때에 일연이 지은『삼국유사(三國遺事)』와 이승휴(李承休)
가 지은『제왕운기(帝王韻紀)』는 그 성격을 달리하고 있다. 이 둘은 모두 우리나
라의 역사를 단군(檀君)으로부터 시작하고 있는 것이 특색이다. 원과의 관계에
서 일어나는 민족적 고민이 단일 민족으로서의 자각과 민족의 시조(始祖)에 대
한 관념을 강하게 만든 것으로 생각된다. 다음으로는 고대의 전승을 존중하는
회고적 입장에서 쓴 것이 또 하나의 특색이다. 그 결과 이들은『삼국사기』가 버
린 사료들을 많이 수록하여 주어서 귀중히 여겨지고 있다. 특히 승려인 일연이
지은『삼국유사』는 풍부한 고대의 전승을 기록하여 일반사에 있어서는『삼국
사기』와, 불교사에 있어서는『해동고승전』과 대조적인 위치에 놓여 있다.

경기체가와 장가

이 시대에 사대부의 문학(文學)으로 등장한 것이 경기체가(景幾體歌)였다. 경
기체가는 한문을 사용하되 고유의 전통을 살려서 이루어진 새로운 형식의 시
가였다. 그 시초는 무인정권 시대에 한림제유(翰林諸儒)가 지은「한림별곡(翰
林別曲)」인데, 여기에는 최씨 무인정권 밑에서 새로이 정치적으로 등장하는 사
대부들의 의기에 찬 생활이 화려하게 그려져 있다. 그 뒤 안축(安軸)의「관동별
곡(關東別曲)」등 사대부 출신 관료들의 득의에 찬 풍모가 잘 풍겨나는 작품들
이 나타나게 되었다. 한편, 이 사대부들의 전원생활의 한적한 일면을 나타내는
「어부가(漁父歌)」가 또한 등장하였다.

경기체가나 어부가가 사대부들의 귀족문학이었다고 하면, 장가(長歌)는 대부
분 그 작가를 모르는 민중의 문학이었다.「청산별곡(青山別曲)」·「서경별곡(西
京別曲)」·「가시리」·「정읍사(井邑詞)」·「동동(動動)」등 신라의 향가(鄕歌)와
함께 그 문학적인 가치가 높이 평가되는 이들 장가는 민요를 바탕으로 하고 자
라난 가요들이었다. 그러므로, 이 장가에는 민중들의 숨김없는 감정이 잘 나타
나 있다. 심지어는「쌍화점(雙花店)」같이 노골적으로 음탕하게 보이는 것까지가
나타나는 것이다. 한편 당시 농민들의 생활상이 반영되기도 하였는데, 가령,

　　살어리 살어리랏다
　　청산에 살어리랏다
　　멀위랑 다래랑 먹고
　　청산에 살어리랏다

라고 시작되는「청산별곡」에는 농토를 버리고 흘러다니는 유민의 애상적인 기분이 풍기고 있다. 그러나 이들 장가는 그 가사가 다듬어져서 궁중의 연회 같은 데서 흔히 불리었으며, 그들 상류층의 향락을 위한 노래로 발전하여 갔다.

미술

　한국의 목조건물(木造建物)로서 실물을 대할 수 있는 것은 고려 중기 이후의 것인데, 주심포(柱心包) 양식을 그 특징으로 한다. 현존하는 가장 오래된 목조건물은 13세기의 건축으로 추정되는 안동(安東) 봉정사(鳳停寺)의 극락전(極樂殿)일 것으로 생각되고 있다. 그러나 가장 대표적인 것은 이와 거의 때를 같이하는 것으로 보이는 영주(榮州) 부석사(浮石寺) 무량수전(無量壽殿)이다. 무량수전은 엔타시스의 기둥, 3중으로 맵시 있게 겹쳐진 포작(包作), 2중연(二重椽)으로 인한 지붕의 가벼운 곡선, 대들보와 서까래가 훤히 보이게 하는 내부 천장(天障) 등이 그 특색이며, 전체적으로 장중한 외관을 갖고 있는 한국 목조건물의 대표적인 것이다. 이 밖에 고려 말기에 속하는 것으로는 부석사의 조사당(祖師堂), 덕산(德山) 수덕사(修德寺)의 대웅전(大雄殿) 등이 있으며, 조선 초기의 것으로는 서울의 남대문(南大門)이 대표적인 것이다.

　이 시대 회화(繪畵)의 특색은 그것이 점점 문학화하고 낭만적으로 되어 갔다는 데에 있다. 은일도(隱逸圖)·유연계회도(遊宴契會圖)·사군자도(四君子圖), 특히 묵죽(墨竹)이 유행한 것은 이 사실을 말하여 준다. 이규보(李奎報)나 이제현(李齊賢) 등이 시화일치론(詩畵一致論)을 들고 나온 것도 그러한 경향의 소산이라고 하겠다. 이러한 경향은 신흥사대부들의 풍류생활에서 우러나온 결과인 것이다. 그러나, 우리는 그러한 작품을 오늘날 대할 길이 없다. 희미하나마 작자의 이름을 전해 주는 것은 공민왕(恭愍王)이 그렸다는「천산수렵도(天山狩獵圖)」이다. 그러나 불화(佛畵)로서는 혜허(慧虛)가 그린「수월관음도(水月觀音圖；양류관음도, 楊柳觀音圖)」같은 섬세하고 화려한 작품이 전한다. 이 밖에 부석사 조사당 벽화(壁畵)의「천왕상도(天王像圖)」나 수덕사 벽화의「수화도(水花圖)」, 신광사(神光寺)의「오백나한도(五百羅漢圖)」등도 유명하다.

　석탑(石塔)으로는 충목왕(1344~1348) 때에 만들어진 개풍(開豊)의 경천사탑(敬天寺塔；현재 국립중앙박물관에 보존)이 있다. 이는 대리석(大理石)을 재료로 하여 사면두출성형(四面斗出星形)의 3층 위에 방형(方形) 7층의 탑신(塔身)을 올린 것으로 원으로부터 영향을 받은 것이다. 이것은 조선 세조 때에 만들어진 원각사탑(圓覺寺塔 ; 탑골공원탑)의 모범이 되었다. 석부도(石浮屠)는 화려하던 전기의 것으로부터 석종(石鐘) 형식의 소박한 것으로 변하였는데, 여주(驪州) 신륵사(神勒寺)의 보제사리석종(普濟舍利石鐘)은 그 대표적인 것이다. 이 석종 형식의 것은 조선시대 부도의 선구가 되었다. 한편 하회(河回)탈과 같은 우수한 목조공예품이 전하고 있는 것은 특기할 만한 사실이다.

서예(書藝)는 초기의 간결한 구양순체(歐陽詢體)로부터 조맹부(趙孟頫)의 우아한 송설체(松雪體)로 경향이 달라졌다. 충선왕 때의 이암(李嵒)은 그 대표적인 서예가이다. 이 송설체는 조선시대에 그대로 계승되어 대표적인 서체가 되었다.

과학과 기술

우선 고려 후기에 들어서 농업(農業) 기술면에 있어서 큰 발전이 있었다. 대체로 이 시기에 이르러서 비료를 주는 시비법(施肥法)과 냇물에 둑을 막아 저수지로 이용하는 수리(水利)시설(천방, 川防·보, 洑)이 발달함으로 해서, 휴한법(休閑法)이 극복되고 한 농토에서 해마다 이어서 경작하는 연작법(連作法)이 행해지게 되었다. 여기에는 중국의 강남농법(江南農法)의 우수성을 인식한 신진사대부들의 노력이 있었던 것으로 생각된다. 이암(李嵒)이 원의 『농상집요(農桑輯要)』를 간행하여 이를 보급케 한 것은 그러한 노력의 표현이었다.

이 시기에 우리나라의 의료(衣料)에 큰 발전이 있었던 것도 특기할 만한 일이다. 이때까지 일반의 의료는 삼베(마포, 麻布)가 주가 되어 왔고, 그 밖에 모시(저포, 苧布)·명주(明紬) 등이 있었으나 이것은 귀족들이 사용하는 고급 의료였다. 그러던 것이 이때에 목면(木綿)의 재배로 인하여 무명(면포, 綿布)이 중요한 의료로서 등장한 것이다. 목면의 재배는 공민왕(1351~1374) 때에 원에 사신으로 갔던 문익점(文益漸)이 면화(棉花) 씨를 가져온 데서부터 시작한다. 그는 그 씨를 장인 정천익(鄭天益)에게 주어 심게 하였던바, 정천익이 그 재배에 성공하고 아울러 씨아(취자차, 取子車)와 물레(소사차, 繅絲車)를 만들어 냈다. 이후 목면 재배의 가치가 널리 인식되기 시작하였다. 이것이 크게 보급되기는 조선시대의 일에 속하지만, 이는 한국 의생활(衣生活)에 있어 커다란 발전이었다.

의학(醫學)도 또한 이 시기에 크게 발전하였다. 의학은 송(宋)의 영향을 받기도 하였으나, 오히려 전통적인 향약(鄕藥)을 더욱 연구 개발하여 독자적인 의학

을 발전시킨 것이 주목된다. 『향약구급방(鄕藥救急方)』은 그러한 노력의 결과
로 편찬된 것인데, 고종 23년(1236)에 간행된 이 책은 우리나라에 현존하는 가
장 오래 된 의학서이기도 하다. 이 밖에도 13세기에는 임상서(臨床書)로서 널
리 쓰이던『삼화자향약방(三和子鄕藥方)』을 위시한 많은 향약서들이 편찬되어,
조선시대에 들어와『향약집성방(鄕藥集成方)』이 편찬되는 기초가 되었다.

화약(火藥)의 제조법도 이때에 비로소 발달하게 되었다. 화약은 송과 원에서
이미 사용하고 있었으나 그 제조방법을 비밀에 부쳐 고려에 알리지 않았었다.
그런데 왜구가 창궐함에 미쳐 이를 섬멸하는 데는 화약이 필요함을 깨닫고 그
제조에 노력한 것이 최무선(崔茂宣)이었다. 최무선은 중국으로부터 그 제조법
을 배워서 조정에 건의하여 우왕 3년(1377)에 화통도감(火㷁都監)을 설치하고
각종의 화포(火砲)를 만들어 화약을 무기로 사용하게 된 것이다. 그는 함선(艦
船)을 제조하여 해군(海軍)을 정비해서 화포를 가지고 왜구를 축출하는 데 큰
공을 세웠다.

고려에서는 초기부터 도서관(圖書館) 시설에 관심이 커서 허다한 서적을 수
집하여 보관할 뿐만이 아니라, 이를 등사하여 두게도 하였다. 따라서, 고려에
는 수만 권의 진기한 서적이 비장되고 이를 송에서조차 구하여 가는 형편이었
다. 이에 따라 인쇄(印刷)가 크게 성행하여 각종 서적들이 간행되었다. 인쇄는
처음 주로 목판인쇄(木版印刷)에 의존하였는데 그 대표적인 것이『대장경(大藏
經)』의 간행이었다. 그런데 목판인쇄는 동일 인쇄물의 수요가 많은 곳에서는
극히 편리한 인쇄 방법이었다. 판각(板刻)을 한번 하여 놓으면 인쇄에 편할 뿐
더러, 비교적 오랫동안 보존하여 얼마든지 다시 찍어낼 수가 있기 때문이다.
그러나, 여러 종류의 책을 적은 부수씩 인쇄하는 데는, 인쇄할 때의 불편은 있
으나 활판인쇄(活版印刷)가 보다 효과적이었다. 고려에서는 소수의 귀족 학자
들만이 서적을 필요로 하였고, 따라서 보통 적은 부수를 찍어 내는 것이 상례
였으므로, 자연히 활판인쇄에 큰 관심을 가지고 이를 발전시켜 나가게 되었다.

활판인쇄는 11세기에 북송(北宋)의 필승(畢昇)이 처음 발명하였다고 하나, 그
것은 토활자(土活字)로서 세상에서 널리 사용되지 못한 채 기억에서 사라지고
말았다. 고려에서 처음 활자를 사용한 기록은 고종 21년(1234)에『상정고금예
문(詳定古今禮文)』을 주자(鑄字)로써 인쇄했다는 것이다. 이때의 주자는 금속활
자일 것이 분명하다. 아마 이보다 그리 멀지 않은 시대에서부터 고려는 금속
활자를 사용하기 시작한 것 같다. 금속활자의 사용은 이것이 세계에서 최초의

일인 것이다. 불행히『상정고금예문』은 남아 있지 않으나, 우왕 3년(1377) 청주(淸州) 흥덕사(興德寺)에서 금속활자로 간행한『직지심체요절(直指心體要節)』은 현재 남아 있는데, 이것은 현존하는 세계에서 가장 오래된 금속활자본으로서 귀중하게 다루어지고 있다. 일정한 시험기를 거쳐 고려 말년의 공양왕 4년(1392)에는 국가에서 서적원(書籍院)을 설치하고 활자의 주조와 인쇄를 맡게 하였다. 이같이 조선시대 활판인쇄의 성황은 고려시대에 그 기초가 이루어졌던 것이다.

제9장 양반사회의 성립

제1절 조선 양반사회의 성립

사대부와 왕권

태조(太祖, 1392~1398)의 군사력은 그가 새로운 왕조를 건설하는 데 큰 힘이 되었다. 그러나, 태조를 뒷받침해 준 사대부(士大夫)들의 힘이 없었던들 그가 왕위를 차지할 수가 없었을 것이다. 그러한 연유로 해서 건국 초기에는 태조를 추대한 이들 사대부 출신의 개국공신(開國功臣)들이 도평의사사(都評議使司)라는 회의기관을 중심으로 정치의 실권을 쥐고 있었다. 태조는 다만 도평의사사의 결의를 재가하여 이를 시행케 할 따름이었다. 정치의 실권을 쥔 사대부들은 유교적인 이상정치를 표방하며 자신들의 권익을 도모하는 법전(法典)을 만들어서 이로써 정치의 기본으로 삼으려 하였다. 정도전(鄭道傳)이 편찬한『조선경국전(朝鮮經國典)』이라든가, 그가 조준(趙浚)과 함께 위화도회군(威化島回軍) 이후의 조례(條例)를 수집 편찬한『경제육전(經濟六典)』같은 것이 그것이었다.

이러한 개국공신들의 정치는 마치 고려 귀족정치의 재현과도 같은 양상을 자아내었다. 이에 위로는 국왕과 밑으로는 다른 많은 사대부들이 불만을 지니지 않을 수 없었다. 그 결과로 생겨난 것이 이방원(李芳遠 ; 태종, 太宗)의 정도전 숙청이었다. 태종(1400~1418)은 부왕 태조와 개국공신들에 의하여 세자로 책립된 동생 방석(芳碩)과 그의 스승인 정도전을 죽이고 스스로 왕위에 올랐던 것이다 (1400). 태종은 사병(私兵)을 혁파하여 병권을 집중시키었고, 나아가서 도평의사사를 의정부(議政府)로 고쳐 그 권한을 축소시키고, 정치의 실무를 대폭 6조(曹)에 맡기어 6조직계제(六曹直啓制)를 시행하였다. 그는 이러한 입장에서『경제육전』을 보완하는『원육전(元六典)』과『속육전(續六典)』을 만들게 하였다.

태종의 뒤를 이은 세종(世宗, 1418~1450)은 집현전(集賢殿)을 설치하고 여기에 우수한 학자들을 속하게 해서 중국의 고전(古典)과 고제(古制)를 연구케 하였다. 이 연구의 성과를 토대로 국가의 정치체제를 정비하려고 한 것이다. 『정전(正典)』6권은 그 산물의 하나였다. 이러한 과정에서 집현전 학자들의 정치적 발언이 커졌고, 정치의 실권은 다시 이들 관료에 의하여 좌우되는 느낌이었다. 세조(世祖, 1455~1468)의 반발은 이에 말미암은 것이라고 할 수 있다. 그는 일부 불평 많은 사대부들의 도움을 받아서 조카 단종(端宗, 1452~1455)을 폐위시키고 스스로 왕위를 계승하였다(1455). 이를 전후하여 정계의 원로인 황보인(皇甫仁)·김종서(金宗瑞) 등과 동생인 안평대군(安平大君), 그리고 후세에 사육신(死六臣)이라고 불리는 성삼문(成三問)·박팽년(朴彭年)·하위지(河緯地)·이개(李塏)·유응부(兪應孚)·유성원(柳誠源) 등을 살해하고, 뒤이어 폐위된 단종마저 살해하였다. 그리고는 다시금 정치의 기본이 되는 법전의 편찬에 착수하여 완성한 것이『경국대전(經國大典)』이었다. 이『경국대전』은 그 뒤에도 여러 차례의 수정을 거쳐 성종(成宗) 16년(1485)에야 반포·시행을 하게 되었다. 이리하여 회의기관에서보다는 국왕과 그 신료들에 의하여 국정이 운영되는 조선왕조(朝鮮王朝)의 통치체제가 일단락되었다.

양반사회

조선의 사회를 움직여 나간 지배적인 사회계층은 사대부였다. 사대부들은 결국 관직을 얻으면 문반(文班)이나 무반(武班)의 양반(兩班)에 속하게 되는 것이다. 이로 인해서 양반이란 말은 문무의 관직을 차지할 수 있는 사회적 신분층에 대한 칭호로 사용되기에 이르렀다. 그리고 조선사회의 정치·경제·문화를 움직여 나간 계층이 바로 이들이었던 까닭에, 이를 양반사회(兩班社會)라고 불러 마땅할 것이다. 최근 조선 초기의 신분제가 크게 양인(良人)과 천인(賤人)으로 갈라질 뿐이며, 양반과 상민(常民)은 모두 같은 양인으로서 그 사이에는 신분상 차이가 없었다고 주장하는 새로운 견해가 나타나고 있다. 그러나, 이러한 주장은 법조문(法條文)과 사회의 실제와를 구별하여 보지 않은 데서 일어난 잘못이다.

조선시대 사회의 지배적 신분층인 양반은 고려나 그 이전의 지배층에 비하여 그 사회적 기반이 크게 확대되었다. 신라시대의 진골귀족(眞骨貴族)이나 고려시대의 소수 문벌귀족(門閥貴族)보다 훨씬 많은 가문들이 양반으로서 사회적인 진출을 하였던 것이다. 이 같은 양반의 수적인 증가는 관리의 등용에 있어서 과거(科擧)의 중요성을 크게 증대시키었다. 양반 전체의 공동이익을 보장하기 위하여는 국가의 시험제도를 중요시하는 것이 바람직하였기 때문이다. 그러므로 음서(蔭敍)에 의한 등용은 많이 제한되었고, 이에 대신하여 실직(實職)이 아닌 품계(品階)만을 띤 산직(散職)을 주는 대가제(代加制)가 시행되기도 하였으나, 문벌만으로써는 출세하기가 힘들게 되었다. 과거를 통하여 출세하기 위하여는 유교에 대한 학문적 교양이 필수적 요건이었고, 이러한 교양을 갖추기 위하여 여러 교육기관이 그들에게 개방되었다. 양반은 또 사실상 역역(力役)이건 군역(軍役)이건 역의 의무에서 면제되었다. 수기치인(修己治人)의 학(學)을 닦아 관리가 될 수 있는 권리가 역의 의무에 대신하였던 것이다.

이렇게 여러가지 특권을 혼자 누리는 양반은 자연 배타적일 수밖에 없었다. 향리층(鄕里層)에까지 널리 열려졌던 사회적 진출의 문은 점점 닫혀지게 되었다. 결혼은 이들 양반 사이에서만 행해졌고, 따라서 물론 양반의 신분은 세습되었다. 그들은 양반이 아닌 자들과 섞여 살지를 않았다. 서울에 있어서는 북촌(北村)과 남촌(南村)이, 지방에 있어서는 성(城) 밖의 촌락이 그들의 거주구역이었다. 그러나 같은 양반 속에서도 또 차별이 있었다. 우선 무반은 문반보다 못하였다. 또, 서얼의 자손은 문관 채용의 과거시험인 문과(文科)에 응시할 수 없는 서얼금고법(庶孽禁錮法)의 적용을 받았다. 재삼가녀(再三嫁女)의 자손은 애초 벼슬을 할 수가 없었다. 또 지방적인 차별이 있어서 평안도(平安道)나 함경도(咸鏡道) 출신은 약간의 예외를 빼놓고는 높이 등용되지를 못했다. 이러한 사실들은 모두 양반사회의 자기도태 작용이라고 볼 수 있다. 수의 더 많은 증가로 인해서 그들의 특권이 침해되는 것을 두려워한 때문이었다.

이들 양반이 가질 수 있는 유일한 직업은 관리였다. 그러나 같은 관직이라도 기술관은 되지를 않았다. 의관(醫官)·역관(譯官)·관상감원(觀象監員)·계사(計士 ; 회계관, 會計官)·검률(檢律 ; 사법서기, 司法書記)·사자관(寫字官)·화원(畫員) 등은 중인(中人)의 세습직이었다. 또, 문관의 하급관리인 서리(胥吏 ; 아전, 衙前)나 무관의 하급관리인 군교(軍校 ; 군관, 軍官·교졸, 校卒)와 같은 실무적인 관직에도 양반은 나가지를 않았다. 이것은 서리나 군교의 세습직이었다. 물론, 기술관·서리·군교 등은 국가의 통치기구 속에서 적당한 지위가 약속되어 있는 넓은 의미의 지배계층을 이루고 있었으나 그들이 양반과 구별되어야 함은 물론이다. 양반은 또 농(農)·공(工)·상(商)에도 종사하지 않았다. 이것은 농민

(農民)·공장(工匠)·상인(商人) 등 상민들의 직업일 따름이었다. 비록 양반학자
들이 상민의 도덕적인 교화에 의한 이상국가의 실현을 꿈꾸었다 하더라도, 그
것이 실제로 신분적 차별을 없이하자는 뜻은 아니었다.

제2절   양반관료국가의 통치기구

정치기구

조선왕조 시대 정치의 최고 기관은 의정부(議政府)였다. 의정부는 고려의 도
평의사사(都評議使司 ; 도당, 都堂)의 계통을 이은 것으로서 그 수반(首班)인 3정
승(政丞) 즉 영의정(領議政)·좌의정(左議政)·우의정(右議政)의 회의기관이었
다. 이 3정승은 국가의 중요한 정사를 논의하여 그 합의사항을 국왕에게 알리
고, 이에 대한 국왕의 결재를 받으면, 이는 또한 의정부를 거쳐서 해당 관부에
전달되었다. 그러나, 고려의 도평의사사에 비하여 그 인원이 대폭 줄고, 또 중
요한 정무를 많이 6조(曹)에 이관하여 점점 실권을 잃고 말았다.

이에 대해서 6조는 담당 정무를 직접 국왕에게 직계하여 그 결재를 받아 시
행할 수 있는 6조직계제(六曹直啓制)가 성립되게 되었다. 이(吏)·호(戶)·예
(禮)·병(兵)·형(刑)·공(工)의 6조가 각기 맡은 임무는 고려의 6부(部)와 별 차
이가 없었으나, 조선의 6조는 고려의 6부보다 정치적 중요성이 훨씬 커졌던
것이다. 그러므로 조선의 정치기구는 차라리 6조체제(體制)였다고 할 수 있다.
이것은 조선의 정치기구가 고려의 그것보다 관료적이었다는 것을 말해 준다.
이 밖에 왕명(王命)의 출납을 맡은 승정원(承政院)은 국왕의 비서기관으로서 중
요한 구실을 했으며, 때로는 다른 기관을 무시하고 권력을 행사하는 경우도 있
었다.

이 행정 계통의 기관들을 견제하는 기구로서 홍문관(弘文館)·사헌부(司憲
府)·사간원(司諫院)의 소위 3사(司)가 있었다. 홍문관은 집현전의 후신으로서
경적(經籍)을 모아 옛 제도를 연구하고 문한(文翰)을 다스리며, 국왕에게 경서
를 강의하는 경연(經筵)을 관장함으로써 국왕의 고문 역할을 담당하는 기관이
었다. 사헌부는 감찰기관으로서 정치의 득실을 논하고 관리의 잘못을 규찰하

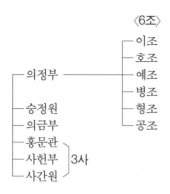

조선의 정치기구

고 풍기·습속을 교정하고 억울한 일을 풀어주는 등의 일을 담당하는 기관이
었다. 사간원은 국왕의 잘못을 간하고, 관리의 공정치 못한 임명을 논박·시정
하는 임무를 맡은 기관이었다. 사헌부와 사간원은 이를 합하여 대간(臺諫)이라
하고 그 관원을 언관(言官)이라고도 하였다. 이 대간은 서경(署經)이라 하여 임
명된 관리의 신분·경력 등을 조사하여 그 가부를 승인하는 임무도 맡고 있었
다. 따라서, 국왕의 전제적인 권리를 제약하는 역할을 담당하고 있었던 것이
다. 이상의 3사는 의정부 및 6조의 행정기관과 상호 견제하는 위치에 있어서
권력이 한쪽에 치우치는 것을 막았다. 3사의 존재는 사대부를 중심으로 하는
양반사회의 일면을 잘 나타내 주고 있다.

　지방은 경기(京畿)·충청(忠淸)·경상(慶尙)·전라(全羅)·황해(黃海)·강원(江
原)·영안(永安 ; 함경, 咸鏡)·평안(平安)의 8도(道)로 나누고, 그 밑에 부(府)·목
(牧)·군(郡)·현(縣) 등을 두었다. 도에는 관찰사(觀察使 ; 감사, 監司)가 임명되
었는데, 이는 방백(方伯)이라 하여 부윤(府尹 혹은 부사, 府使)·목사(牧使)·군수
(郡守)·현령(縣令 혹은 현감, 縣監) 등의 수령(守令)을 통할하고 감시하였다. 수
령은 일반 국민을 직접 다스리는 소위 목민관(牧民官)이었으며, 그 주된 임무는
공세(貢稅)·부역(賦役) 등을 중앙으로 조달하는 일이었다. 그러므로, 지방행정
이라는 것은 결국 양반을 부지하기 위한 행정적 보조기관에 지나지 않았다.

　지방관(地方官)은 행정(行政)·사법(司法) 등의 광범한 권한을 위임받고 있었
으나, 그들의 임기는 관찰사가 1년, 수령이 5년(뒤에 3년)으로 제한되어 있었
고, 또 자기 출신지에는 임명될 수가 없었다. 그들이 지방에 거주하는 양반들,
특히 그들의 동족과 결탁하여 양반 전체의 이익에 배반되는 일을 저지를까 두
려워한 것이다. 그러나, 군·현에는 각기 그 지방 양반들로써 조직된 향청(鄕

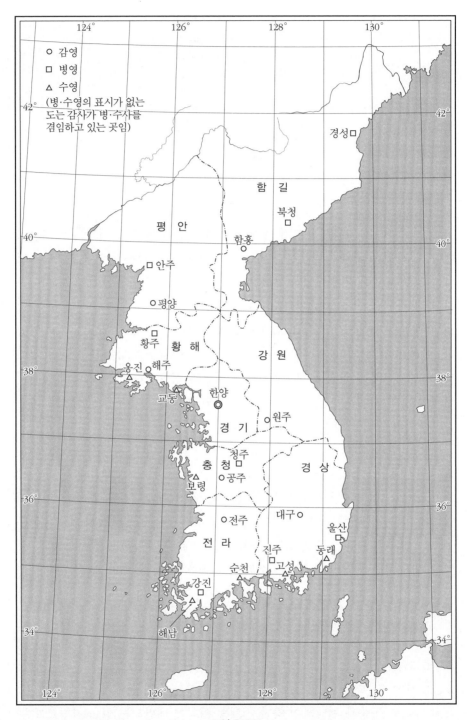

조선 8도도

廳)이란 것이 있어서 상당한 세력을 갖고 있었다. 향청은 고려 말의 유향소(留鄕所)의 후신으로서 좌수(座首)와 별감(別監)이 있어 수령을 보좌하고 풍속을 바로잡고 향리를 규찰하는 등의 임무를 맡았다. 그러므로 지방에 있어서의 양반세력의 본거와도 같은 구실을 하며 지방행정에 미치는 영향이 컸다. 한편 서울에는 경재소(京在所)가 있었는데, 여기에는 연고가 있는 지방 출신의 중앙관리를 그 좌수와 별감으로 임명하여 향청을 장악하게 하였다.

지방의 각 행정단위에는 모두 중앙의 6조를 모방한 이·호·예·병·형·공의 6방(房)이 있어서 사무를 나누어 맡았다. 이 6방의 일을 맡은 것은 지방 토착의 향리(鄕吏; 외아전, 外衙前)들이었다. 향리들은 향역(鄕役)이라 하여 세습적으로 그 의무를 맡고, 사무적인 연락을 위하여 서울에 경저리(京邸吏; 경주인, 京主人)를, 감영(監營; 도청소재지)에는 영저리(營邸吏; 영주인, 營主人)를 두고 있었다. 향리들은 토착세력이면서 지방관부의 행정실무자였기 때문에, 왕권을 대행하는 수령과 지방 양반세력을 대표하는 향청과의 중간에서 그 교량적 구실을 담당하였다. 향리는 고려시대에도 있었으나, 그들은 부단히 중앙의 귀족으로 상승하는 세력가였는 데 대해서, 조선시대 향리는 양반으로의 신분 상승에 제약을 받고 있었던 것이 시대적 차이를 나타내 주고 있다. 다만 평안·함경 양도(兩道)와 제주(濟州)에 설치된 토관(土官)은 향리에 해당하는 것이지만, 새로 개척된 영토의 보전을 위하여 지방민을 우대하려는 목적으로 설치된 것이었으므로, 향리보다는 그 지위가 높은 편이었다.

군사조직

고려 말 이래로 병제의 혼란이 심하였기 때문에 태조(太祖) 때부터 이의 정리에 적잖은 노력을 기울였다. 태조는 의흥삼군부(義興三軍府)를 두어 병권을 장악케 하였으나, 아직 종친(宗親)·훈신(勳臣)들은 사병(私兵)을 소유하고 있어서, 국가에 의한 병권의 집중은 이루어지지 못하였다. 이 사병을 혁파하여 병권의 집중을 위한 개혁을 단행한 것은 태종(太宗)이었다. 즉, 정종 2년(1400)에 당시 실권을 쥐고 있던 그는 일체의 사병을 없애고, 이를 3군부에 귀속시킨 것이다. 3군부는 그 후 세조 10년(1464)에 5위도총부(五衛都摠府)로 고쳐지고, 여기서 중앙군인 5위를 지휘케 하였다.

중앙의 여러 부대는 세조 3년(1457)에 5위로 정리되어 일단락을 짓게 되었

다. 5위는 즉 의흥위(義興衛 ; 중위, 中衛)·용양위(龍驤衛 ; 좌위, 左衛)·호분위
(虎賁衛 ; 우위, 右衛)·충좌위(忠佐衛 ; 전위, 前衛)·충무위(忠武衛 ; 후위, 後衛)를
말하는 것이며, 이들은 각기 그가 통할하는 지방이 지정되어 있었다. 이들 각
위는 또 5부(部)로 나뉘었고, 각 부는 4통(統)으로 구성되었으며, 그 밑에 여
(旅)·대 (隊)·오(伍)가 있었다. 5위는 갑사(甲士)와 같이 시험을 거쳐 편입되는
전문적 군인이 그 중심 병력을 이루고 있었다. 양인(良人) 중에서 의무적인 군
역으로 중앙에 교대로 올라와서 시위하는 정병(正兵)이 있기는 하였으나, 이 번
상시위가 규칙적으로 시행되지도 못할 뿐더러, 또 그것이 중요한 비중을 차지
하지도 못하였다.

　조선의 국방체제 전체에서 볼 때에는 5위의 중앙군보다는 도리어 지방군이
더 중요하였다. 지방에는 처음 남방에 영진군(營鎭軍)이 있고, 북방에는 익군
(翼軍)이 있어서 이원적인 군사조직을 갖고 있었다. 그러다가 전국을 익군체제
로 일원화하더니 이어 세조 3년(1457)에 이를 진관체제(鎭管體制)로 바꿈으로
써 지방군제의 기본체제가 완성되었다. 진관체제에 의하면 지방에는 도에 병
영(兵營)과 수영(水營)을 각기 하나씩 두어서 육군과 해군을 통할케 하였고, 그
밑에 여러 진(鎭)을 두었다. 단지 함경도와 경상도에는 여진(女眞)과 왜(倭)의
침입에 대비하기 위하여 병영과 수영이 둘씩 있었고, 전라도에는 수영이 둘 있
었다. 이러한 지방의 영진에 소속된 군인을 진수군(鎭守軍)이라고 하였다. 이
진수군은 정수부대인 영진군과 노동부대인 수성군(守城軍)과 해군인 선군(船
軍)으로 구별되어 있었는데, 그중에서 가장 중요한 것은 영진군이었다. 영진군
은 양인인 농민을 기간으로 한 군대였으며, 교대로 번을 서서 군무에 복무하지
만 번을 서지 않을 때에는 농업에 종사하는 병농일치(兵農一致)의 군대였다.

　이렇게 처음 다른 체계로 존재하던 중앙군과 지방군은 뒤에 일원화되기에
이르렀다. 즉, 진을 중심으로 한 진관체제가 성립되면서, 양인농민으로 구성된
중앙에 번상하는 시위군(侍衛軍)이나 지방 요새지에서 군무에 복무하는 영진군
이나를 합하여 모두 정병으로 삼아 통일적으로 파악한 것이다. 따라서 국방력
의 중심이 된 양인농민의 병사는 오직 정병이 되었을 뿐이며, 이들이 평상시에
농업에 종사하다가 징발되면 서울이나 지방의 요새지에 가서 군무에 복무하
였던 것이다. 다만 양인농민이라고 해서 그들 모두가 정병이 되는 것은 아니었
다. 즉, 군역을 부담하는 정병을 재정적으로 돕는 봉족(奉足)이 되기도 하였다.
이 봉족제도는 보법(保法)으로 낙착되었는데, 그것은 2정(丁)을 1보(保)로 삼아

정병 1정에 1보를 배당하는 것을 원칙으로 삼고, 번을 서는 정병에게 일정한 양의 면포(綿布)를 제공케 하는 것이었다.

　그리고, 지방에서 발생하는 군사적인 긴급 사태를 중앙에 급히 알리기 위하여 봉수제(烽燧制)가 있었고, 그 내용을 문서로 알리기 위하여는 역마제(驛馬制)가 있었다. 역마제는 일반적인 공문서의 전달, 관물의 수송, 관리의 왕래 등에도 이용되었다.

과거와 교육

　고려 이래로 실시된 관리의 등용을 위한 과거(科擧)시험은 조선에 이르러 그 중요성이 더하여 갔다. 음서(蔭敍)가 원칙적으로 공신(功臣) 및 3품(品) 이상 관리의 자손에게 한하고 있었으므로, 과거를 통하지 않고 영달할 길이 거의 없어진 셈이었다. 사실 양반에게 있어서 과거는 인생의 등용문이었다. 비록 양인신분이면 누구나 응시의 자격을 가지고 있었다고는 하지만, 조선의 양반사회에서 가장 중요시된 문관(文官)의 등용시험을 양반이 독점하였다고 해도 지나친 말은 아니다. 그것은 과거에 응시하기 위한 교육의 기회가 양반에게 거의 독점적으로 허락되고 있었기 때문이다.

　문관 채용을 위한 시험은 생진과(生進科 ; 소과, 小科)와 문과(文科 ; 대과, 大科)의 두 단계로 나뉘었다. 생진과에는 사서(四書)·오경(五經)으로써 시험하는 생원과(生員科)와 시(詩)·부(賦)·표(表)·책(策) 등 문장으로 시험하는 진사과(進士科)가 있었다. 양반의 자제들은 어릴 때 서당(書堂)에 가서 한문(漢文)의 초보를 배운 뒤, 8세가 되면 서울에서는 4개처에 있는 4학(四學)에, 지방에서는 향교(鄕校)에 진학하였다. 이 4학과 향교에서 수학한 유생(儒生)들이 생진과에 응시하게 되는데, 이들이 지방의 초시(初試)에 합격하면 다시 서울에 모여서 복시(覆試)를 치르고 최후의 합격자를 결정하였다. 그들 합격자는 과에 따라 생원 혹은 진사라고 불리었다. 생원과 진사가 되면 서울의 최고학부인 성균관(成均館)에 진학을 하였고, 이 성균관의 유생들이 문과에 응시하였던 것이다. 여기서도 초시를 거쳐 복시에서 합격자를 결정하고(33명), 그리고 궁궐 안에서 전시(殿試)를 시행하여 갑(甲)·을(乙)·병(丙) 3과로 나누어 그 등급을 결정하였다. 갑과의 제1인 장원급제자(壯元及第者)는 특별한 대우를 받아 6품 이상의 참상관(參上官)으로 임명되곤 하였다.

그러나 위와 같은 출세의 길은 제도적으로 예정된 가장 전형적인 경우를 말하는 것이고, 반드시 이와 같은 길을 밟아야 하는 것은 아니었다. 가령 교육에 있어서 관학(官學)인 4학이나 향교보다는 오히려 사학(私學)인 서재(書齋)가 양반사회에서는 더 환영되어 사실상 과거 준비교육의 역할을 대행하였다. 그리고 과거는 3년마다 정기적으로 실시되는 식년과거(式年科擧)가 원칙적인 것이었으나, 그 밖에 수시로 시행되는 부정기적인 과거가 있었다. 국가에 크게 경사로운 일이 있을 때 행하는 증광시(增廣試), 보통 경사 때 행하는 별시(別試), 국왕이 성균관에 가서 문묘(文廟) 즉 공자의 초상을 배알하는 것을 기념하기 위해 시험하는 알성시(謁聖試) 등이 그것이었다. 이러한 부정기의 과거가 증설되면 식년과거는 해이해지게 되는데, 이것은 또 양반 사대부 사회의 변화를 말해 주는 것이다.

무과(武科)는 원래 고려의 말기에 비로소 실시되어 조선에 계승되었던 것이다. 무과는 궁술(弓術)·기창(騎槍)·격구(擊毬) 등의 무예와 경서(經書)·병서(兵書) 등의 학술로써 시험을 부과하였다. 여기에도 초시·복시·전시의 세 단계의 시험이 있었음은 문과와 같고, 그 합격자(28명)를 선달(先達)이라고 불렀다. 무과의 중요성은 문과에 비할 바가 못 되지만, 무과가 정식으로 설치되었다는 것은 조선시대에 이르러 무관(武官)을 등용하는 정로(正路)가 열리고 양반관료제도가 더욱 갖추어졌음을 뜻하는 것이다. 그러나 이 무과도 뒤에는 점차 해이해져서 천민들의 진출로가 되는 구실을 하게 되었다.

기술관(技術官) 채용을 위한 잡과(雜科)에는 역과(譯科)·의과(醫科)·음양과(陰陽科)·율과(律科)의 4과가 있었다. 이것은 사역원(司譯院)·전의감(典醫監)·관상감(觀象監)·형조(刑曹) 등 관서의 기술관을 채용하기 위한 것으로, 이들 기술학의 교육은 각기 위의 해당 관부에서 맡고 있었다. 이들 기술학은 당시 잡학(雜學)이라 하여 천시되었으며, 중인(中人)의 자제가 이를 세습적으로 배워 응시하는 것이 보통이었다.

제3절 양반관료국가의 사회경제적 구조

양반의 토지소유 형태

조선의 토지제도는 고려 말기의 전제개혁에 그 기초를 두고 있다. 이때 실시된 과전법(科田法)에 의하면, 실직(實職) 관리나 실직은 없고 품계만 있는 산관(散官)이나를 막론하고 관리들은 18과(科)로 나뉘어서 응분의 과전을 받게 되어 있었다. 다만 고려 때와는 달리 시지(柴地)는 이에 포함되어 있지 않았다. 이 과전은 경기(京畿) 지방의 토지에 한해서 주도록 규정되었는데, 이것은 양반 관리들의 세력이 지방에서 성장하는 것을 방지하려는 것이었다. 이 과전은 일대에 한하는 것이 원칙이었다. 그러나, 그가 사망한 뒤 그 아내가 수절을 하면 수신전(守信田)이라 하여 전수가 허락되었고, 또 부모가 다 사망한 어린 자녀들도 휼양전(恤養田)이라 하여 전수가 허락되었다. 그러므로, 과전은 실질적으로 세습되어 가는 경향이 많았던 것이다.

경기 지방에 한하여 주기로 된 과전이 대개 세습된 결과로 과전으로 줄 토지가 곧 부족하게 되었다. 게다가 역시 대체로 경기 지방에 한하여 주어진 공신전(功臣田)이 늘어갔다. 조선의 공신전은 공신에게 준 것으로 고려의 공음전(功蔭田)과는 달랐으나, 세습이 허락된 것은 마찬가지였다. 건국 이래 몇 차례의 공신이 설정되고, 이로 인해서 공신전은 점점 증대해 갔다. 이에 더욱 경기 지방의 토지가 부족하게 되어 세조 12년(1466)에는 과전법을 폐지하고 직전법(職田法)을 실시하게 되었다. 이 직전은 전임자를 제외하고 현직 관리에게만 주었던 것이다. 그러나, 이것조차 오래 실시되지 못하고 명종 11년(1556)경에는 직전법마저 폐지되기에 이르렀다. 이에 관리들은 오직 녹봉(祿俸)만을 받게 되었던 것이다.

과전(뒤의 직전, 職田)과 공신전 이외에 군전(軍田)이란 것이 있었는데, 이것은 지방의 유력자인 한량(閑良)에게 지급된 것이며 고려의 군인전(軍人田)과는 달랐다. 이 군전도 과전과 마찬가지로 수신전·휼양전의 명목으로 세습되어 갔다. 그리고 왕궁(王宮) 소속의 토지인 내수사전(內需司田)은 고려의 내장전(內

莊田)과 같았다. 중앙관부의 비용을 위하여 지급된 공해전(公廨田)은 곧 없어져
버리고, 관부의 경비는 조세(租稅)와 공물(貢物)로 충당되었다. 이 밖에 지방 관
아(官衙)에는 늠전(廩田)이, 외역(外役)을 담당하는 자에게는 구분전(口分田)이
지급되었다. 그리고 성균관·4학·향교 소속의 학전(學田), 사찰 소속의 사원
전(寺院田), 지방 관아 소속의 관둔전(官屯田), 진수군(鎭戍軍)으로 경작케 하여
군자(軍資)에 충당하는 국둔전(國屯田) 등이 설정되어 있었다.

　　조선의 토지제도도 형식적으로는 왕토사상(王土思想)의 정신에 입각하여 국
가에서 직접 조(租)를 거두는 공전(公田)을 제외하고는 이를 적절히 분배해서
수조권을 위임한 것으로 되어 있다. 그러나, 사실은 원칙으로 세습이 허락되
거나 또 실질적으로 세습된 많은 토지들이 결국 사유지가 되었으므로, 표면에
내세운 원칙과는 다른 것이었다. 이들은 수급자가 직접 조를 거둘 수 있는 것
들이었으므로 더욱 그러하였다. 이러한 것이 장차 농장(農莊)으로 발전해 갔던
것이다.

농민의 생활

　　토지를 경작하는 것은 농민이었다. 이 시대의 농민은 과거보다 훨씬 발달된
농업기술을 습득하고 있었다. 이들은 이미 토지를 기름지게 하기 위하여 각종
비료(肥料)를 사용하였다. 그 결과로 해를 건너 휴경(休耕)하는 휴한법(休閑法)
단계를 벗어나 매년 토지를 경작할 수 있는 연작법(連作法)의 단계로 옮아가 있
었음을 나타내 주고 있었다. 또, 논에서는 보통 볍씨를 직접 심는 직파법(直播
法)이 행해지고 있었으나 모내기를 하는 이앙법(移秧法)도 생겨나고 있었다. 가
뭄에 대비하여 많은 저수지(貯水池)도 만들어졌는데, 그 수는 경상도에서만도
600을 넘었다. 그리고 우리나라의 기후에 알맞도록 품종을 개량하는 데도 힘
을 기울였다. 또 밭은 이를 밭고랑(견, 畎)과 밭이랑(무, 畝)으로 다스리고 씨를
밭고랑에다 뿌리는 견종법(畎種法)이 보급되었다. 이러한 농업기술의 향상은
자연히 농업생산량을 늘게 하였다.

　　농민의 사회적인 지위도 향상되었다. 이 시기에는 사유지를 스스로 경작하
는 자영농민(自營農民)이 적지 않았던 것으로 보인다. 그러나 농민은 대개 양반
의 각종 형태의 소유지를 경작하는 전호(佃戶)였고, 이들은 신분적으로 양인(良
人)인 상민(常民)이었다. 그 밖에 외거노비(外居奴婢)가 있었는데 이들은 신분적

으로 천민(賤民)이었으나 사회적으로는 독립된 호(戶)를 이루고 독립된 가계를 유지하고 있어 전호나 그리 다를 바가 없었다.

그러나, 농민은 흙에 매여 이주(移住)의 자유가 없는 사람들이었다. 이들이 농토로부터 이탈하는 것을 막기 위하여 호패법(號牌法)이 제정되었다. 호패는 성명·출생·신분·거주지 등을 기록한 일종의 신분증명서인데, 이를 항상 소지케 한 것이다. 이징옥(李澄玉)의 난(단종 원년, 1453)과 이시애(李施愛)의 난(세조 13년, 1467)이 함경도로 흘러간 농민들의 뒷받침을 받아서 일어난 뒤에 호패법은 더욱 강화되었다. 또 5가작통(五家作統)의 법에 의해서 그들의 이탈이 서로 감시되었다. 그러므로 농민들은 대를 이어가며 일정한 지역에서 대체로 의식주(衣食住)를 자급자족하며 살았다.

농민은 토지를 경작하는 데 대한 대가로서 전조(田租)를 내어야 했다. 전조는 과전법에 있어서는 수확량의 10분의 1로 되어 있었으나, 세종 26년(1444)에 새로 제정된 공법(貢法)에 있어서는 수확량의 20분의 1로 되었다. 국가에서 거둬들이는 공전(公田)의 전조는 각지의 조창(漕倉)을 거쳐서 조운(漕運)에 의하여 서울로 운반되었다. 그런데, 종래 실시되어 온 가을의 수확기에 실제 수확량을 조사하는 답험손실법(踏驗損實法)에는 여러 폐단이 있었기 때문에, 이를 시정하여 고정된 양의 전조를 거두는 정액수조법(定額收租法)으로 고친 것이 위의 공법에서 규정된 전분(田分) 6등(等)과 연분(年分) 9등의 법이었다. 전분 6등이라 함은 토지의 등급에 따라 자(척)의 크기를 달리하는 수등이척(隨等異尺)의 법에 의하여 토지의 비옥하고 척박함에 따라 면적을 1등전에서 6등전까지 6등분한 것이며, 연분 9등이라 함은 해의 풍흉에 따라 상상년(上上年)으로부터 하하년(下下年)까지 이를 9등분한 것을 말하는데, 이에 따라서 조액(租額)이 차등 있게 결정되어 있었던 것이다. 이렇게 보면 농민들은 적은 전조를 합리적인 방법으로 낸 것 같다. 그러나, 이것으로써 농민의 부담이 가벼웠다고 생각하면 잘못이다. 그것은 농민과 전주(田主) 사이에는 지주와 소작인 관계가 설정되어 소출을 똑같이 나누어 가지는 병작제(並作制)가 널리 행해져 있었고, 이 병작제는 가장 보편적인 전주와 농민과의 관계였기 때문이다. 그러므로 농민의 사실상의 부담은 대체로 2분의 1이었던 셈이다.

농민의 부담으로는 또 공납(貢納)이 있었다. 공납은 각지의 토산물(土産物)을 바치는 것이기 때문에 토공(土貢)이라고도 하지만, 이는 관부의 여러가지 용도에 충당키 위한 것이었다. 공물(貢物)에는 수공품으로서 각종의 그릇(기물,

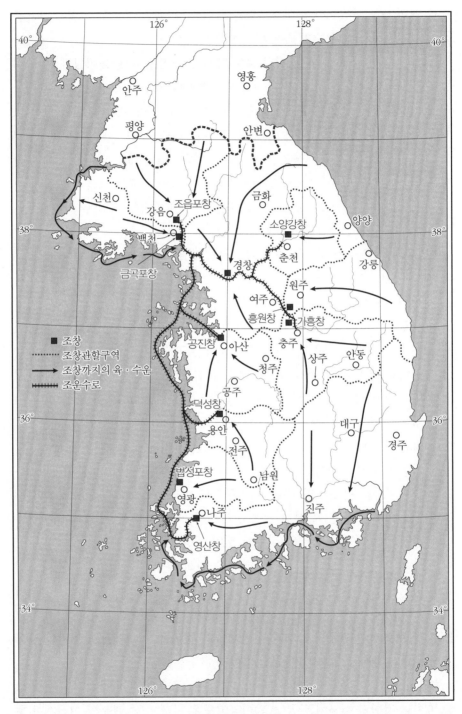

조운도(조선초기)

器物)·피륙(직물, 織物)·종이(지류, 紙類)·돗자리(석자, 席子) 등과 각종의 철물·수산물·모피·과실·목재 등이 있었다. 공납은 전조보다도 더 괴로운 농민들의 부담이었다. 또, 원래는 지방장관들의 부담이던 진상(進上) 같은 것도 결국은 농민의 부담이 되었다.

다음 장정(壯丁)들에게는 역(役)의 의무가 있었다. 역에는 교대로 번상(番上)해야 하는 군역(軍役)과 1년에 일정한 기간 노동에 종사해야 하는 요역(徭役)이 있었다. 요역에는 적전(籍田)의 경작, 궁궐(宮闕)·산능(山陵)·성곽(城郭) 등의 토목공사, 그리고 광산노동 등이 있었다. 요역은 경작하는 토지 8결(結)마다 1부(夫)를 차출하며, 1년에 있어서의 동원 일수는 6일 이내로 규정되어 있었으나, 실제에 있어서는 관아의 임의대로 징발할 수가 있었다. 토지의 경작뿐 아니라 역의 징발을 위하여도, 호패법으로 장정들을 일정한 지방에 정착시킬 필요가 있었음은 물론이다.

수공업과 공장

농민들의 자급자족을 목적으로 한 가내수공업(家內手工業)은 무명을 짜는 면직업(綿織業)이 주가 되고 있었다. 물론 비단을 짜는 견직업(絹織業)이나 삼베를 짜는 마직업(麻織業), 모시를 짜는 저직업(苧織業)과 같은 종래의 직포업(織布業)도 행해지기는 하였으나, 이 시대에는 목면(木綿)의 재배가 성하여서 면직업이 널리 행해졌던 것이다. 면직물은 농민들의 옷감이 되었을 뿐만 아니라 군복(軍服)의 재료나 무역품으로서 정부의 중요한 수요품이 되기도 하였기 때문에 세(稅)로써 면포(綿布)를 대신 납부케 하기도 하였다. 한편 농촌에서는 농구제조업(農具製造業)도 행해졌으며 야장(冶匠)들이 이를 담당하였다. 아마 이들 야장은 농업도 겸하였을 것으로 생각된다.

조선 전기 수공업에서 가장 큰 비중을 차지하고 있던 것은 고려 때와 마찬가지로 관영수공업(官營手工業)이었다. 원칙적으로 공장(工匠)은 모두 공장안(工匠案)에 등록된 관장(官匠)이었는데 이들은 서울의 여러 관서(官署)와 지방의 감영(監營)·병영(兵營)·수영(水營) 등에 배속되었다. 가령 군기감(軍器監)에는 640여 명의 공장이 소속되어 무기를 제조하였으며, 상의원(尙衣院)에는 590여 명의 공장이 소속되어 의류를 제조하였고, 또 사옹원(司饔院)에는 380명의 공장이 소속되어 자기를 제조하였고, 조지서(造紙署)에는 91명의 공장이 소속

되어 종이를 제조하였다. 이 같은 관장의 수는 서울의 경공장(京工匠)이 2,800
명, 지방의 외공장(外工匠)이 3,500여 명이었다. 공장안에 등록된 관장이라 해
서 모두가 이에 전속해 있는 공장인 것은 아니었고, 1년 중 일정한 기간 관역
(官役)에 동원되고 보통은 개별적인 사영수공업(私營手工業)에 종사하며 장세
(匠稅)를 바치는 공장도 있었다. 이들 관장은 관노(官奴)인 경우가 많아서 신분
상으로는 천민이었지만, 실제에 있어서는 독립된 세대를 이루고 독립된 가계
를 유지하고 있었다. 그러므로 그들은 노예노동자는 아니었다. 뿐만 아니라 점
차 양인공장(良人工匠)이 차지하는 비중이 커가고 있었다.

　이같이 조선 전기의 수공업에서 관영수공업이 가장 무거운 비중을 차지하고
있었지만, 한편 도시에서는 전업적인 사영수공업도 성장해 가고 있었다. 원래
공장은 공장안에 등록되었다 하더라도 관역에 동원되는 때 이외에는 민수품
(民需品)의 제조가 가능하였던 것이지만, 순전히 사영수공업자인 사장(私匠)도
등장하고 있었다. 이들은 양반들의 사치품을 주문받아 생산하기도 하였지만,
주로 일반의 생활필수품을 생산하여 시장(市場)에 팔았던 것이다. 그러한 물품
중에는 놋그릇(유기, 鍮器)·갓·가죽신 따위가 있었다.

상업과 화폐

　서울에는 일찍부터 종로(鐘路)를 중심으로 한 도로변에 시전(市廛)이 있었는
데, 이것은 관설(官設) 점포를 상인들에게 임대한 것이었다. 이 시전은 뒤에 비
단을 파는 선전(線廛), 무명을 파는 면포전(綿布廛), 명주를 파는 면주전(綿紬
廛), 모시를 파는 저포전(苧布廛), 종이를 파는 지전(紙廛), 어물을 파는 어물전
(魚物廛) 등 육의전(六矣廛)이 그 대표적인 것이 되었다. 이들은 특정된 상품을
독점해서 팔 수 있는 특권을 얻은 대신에 관부의 수요품을 바치는 납세의 의무
를 갖는 어용상(御用商)이었다. 그러나 아무런 부담이 없는 영세한 시전도 있었
고, 또 몇 군데 장시(場市)가 열리기도 하였다.

　지방에는 장문(場門)이라고 부르는 상설시(常設市)가 조선 초기부터 발달하
기 시작했다. 이것은 기근 때문이라든가 군역(軍役)이나 조부(租賦)를 피한
다든가 하여 도망한 농민들이 모여서 이룬 것이었다. 그러나, 이 장문은 국가
의 존립을 위협하는 것으로 생각되었기 때문에 금압을 받아 상설시로서의 상
업도시로 발달하지 못한 채 정기적인 장시만이 성하였다. 대개 5일마다 열리

는 장시에는 보부상(褓負商)이라는 행상들이 있어서 농산물·수공업제품·수산물·약재 같은 것들을 유통시키고 있었다. 대체로 말하면 봇짐 장수인 보상(褓商)은 세공품(細工品) 위주의 사치품을 주로 팔았고, 등짐 장수인 부상(負商)은 농수산물 같은 비교적 조잡한 생활필수품을 많이 다루었다. 그리고 이들 보부상은 합법적인 단체권을 가진 부상청(負商廳)을 조직하기까지 하였다. 육로의 행상인 보부상에 해당하는 것이 수로의 행상인 선상(船商)이었으나, 그 활동은 그리 활발하지가 못하였다.

상업이 이러하였으므로 화폐경제(貨幣經濟)는 그리 발달하지 못하였다. 태종(太宗) 원년(1401)에는 저화(楮貨)가 만들어졌고, 세종(世宗) 5년(1423)에는 조선통보(朝鮮通寶)라는 동전(銅錢)이, 그리고 세조(世祖) 10년(1464)에는 전폐(箭幣)가 만들어졌다. 그러나, 이들은 대개 국가에서 세를 거두는 데에 이용하려는 목적으로 만든 것이었다. 그러므로, 국가의 정책적인 면에서는 의의가 있었으나 사회적인 요구에 부응하는 것은 못 되었다. 따라서, 널리 유통되지 못하고 말았다. 여전히 중요한 물품 거래의 매개물은 포백(布帛)이었다. 단지, 면직업의 발달은 정포(正布 ; 마포, 麻布)로부터 면포로 변화를 가져오게 하였다.

천민의 상태

조선시대에 있어서도 천민(賤民)의 가장 대표적인 것은 노비(奴婢)였다. 노비에는 국가에 속해 있는 공노비(公奴婢)와 개인에 속해 있는 사노비(私奴婢)가 있었다. 공노비는 또한 입역노비(立役奴婢)와 납공노비(納貢奴婢)로 구분되었는데, 입역노비는 일정한 기간 동안 관부의 노역(勞役)에 종사해야 하며, 납공노비는 일정한 신공(身貢)을 바칠 의무가 있었다. 이러한 구분은 사노비의 경우에도 해당되어서, 솔거노비(率居奴婢)는 주인집의 잡역이나 농경을 하는 입역노비였고, 외거노비(外居奴婢)는 일정한 신공을 바치는 납공노비였다. 노비의 신분은 부모의 어느 한쪽이 노비이든지 자식에게 세습되었는데, 자식은 종모법(從母法)에 따라서 어머니 편에 소속되었다. 그리고 노비는 물건과 같이 일정한 가격으로 매매되기도 하였는데, 대체로 그 값은 말 1필보다 싼 것이었다. 그러나 공노비나 외거노비는 독립된 세대를 이루고 독립된 가계를 유지하고 있으면서, 평상시에는 농업에 종사하는 농민이었다. 그러므로 그 경제적 지위는 전호(佃戶)와 별로 다를 바가 없었다.

　　노비 이외에 도살(屠殺)과 제혁(製革) 및 유기(柳器) 제조 등을 세습적인 업으로 하며 특수부락을 이루고 사는 백정(白丁)도 천민신분의 소유자였다. 백정은 고려 때에 양수척(楊水尺)·화척(禾尺) 등으로 불리어 오던 사람들이다. 세종(世宗) 때에 그들을 일반 농민으로 동화시키기 위하여 농토를 주어 농경하는 법을 가르쳐 주었는데, 이로 인하여 일반 농민을 부르던 백정이란 칭호를 얻게 된 것이다. 그러므로 이들은 법제적으로는 양인(良人)의 대우를 받는 셈이지만, 좀처럼 일반 농민으로 전환되지 못하고 특수 부락에서 특정 직업을 세습하며 천민의 대우를 받아 왔다. 이 밖에 순회극단(巡廻劇團)인 광대(廣大)나 사당(社堂)도 역시 천민의 대우를 받았다.

　　조선시대에도 상당한 수의 천민이 있었으나, 노비의 경제적 지위는 향상되었다. 그리고 백정도 법제상으로는 양인 대우를 받게 되었다. 또 무슨 간(干)이니 무슨 척(尺)이라 불리던 사람(칭간칭척자, 稱干稱尺者)들도 비록 그들이 맡은 일은 천역(賤役)이었으나 신분은 양인으로 처리되어 봉화간(烽火干)이 봉군(烽軍)으로 일컬어지는 등 간·척이란 용어도 점점 사용하지 않게 되었다. 그리고 군(郡)·현(縣)과는 차별대우를 받던 향(鄕)·소(所)·부곡(部曲) 같은 것도 완전히 없어져 버리고 말았다. 이것은 일반적으로 천민 신분이 양인 신분으로 향상하는 경향을 나타내는 것으로서 주목을 요하는 점이다.

제4절   조선 초의 대외정책

대명외교

　　조선은 명(明)과의 외교관계를 '사대(事大)'라 하여 친선을 유지하기에 노력하였다. 고려의 권문세족과의 투쟁과정에서 태조(太祖) 이성계(李成桂)가 내세웠던 친명정책(親明政策)이 건국 뒤에는 조선왕조의 권위를 보장하기 위하여 필요하게 된 것이다. 이씨왕권(李氏王權)이 약체였기 때문에 이는 더욱 필요하였다. 보잘것없는 가문 출신인 태조는 그에게 섬기기를 깨끗이 생각하지 않는 구귀족들의 질시 속에서 그를 뒷받침해 주는 권위를 필요로 하였다. 그 권위로서 명이 정치적으로 이용되었던 것이다.

조선에서는 명에 대하여 1년에 세 번 정기적인 사절을 파견하였다. 정월 1일의 하정사(賀正使), 명 황제(皇帝) 생일의 성절사(聖節使), 황태자(皇太子) 생일의 천추사(千秋使)가 그것이었다. 뒤에 정기적인 것으로는 동지사(冬至使)가 추가되었고, 또 조선이나 명에 군주의 훙거(薨去)·사위(嗣位)·책비(册妃) 등이 있을 때에도 사절이 파견되었다. 이러한 사절의 파견은 그 목적이 주로 정치적인 것이었다. 그러나, 한편 문화의 수입과 물품의 교역도 이를 통하여 행하여졌다. 이 사절의 내왕을 통하여 수출되는 물건은 말·인삼·모피·모시·화문석 등이었고, 수입되는 물건은 견직물·약재·서적·도자기 등이었다.

이리하여 명과의 관계는 대체로 원만하였으나 때로는 분규가 없지도 않았다. 가령 조선으로 도망해 온 여진인(女眞人)의 송환문제 같은 것이 그러하였다. 이 문제는 몇 차례 여진인을 송환함으로써 해결되었다. 또 소위 종계변무(宗系辨誣) 문제 같은 것도 그러하다. 이것은 태조가 이인임(李仁任)의 아들이었다는 명나라 법전인『대명회전(大明會典)』의 기록을 수정하려는 것이었다. 그러나, 조선측의 요구는 번번이 명에 의하여 무시되어 버려서 말썽이 되었던 것인데, 끝내는 이 사실을 주기(註記)함으로써 낙착되기에 이르렀다.

북방개척과 야인

동북면(東北面)을 근거로 하고 일어난 태조는 일찍부터 이 방면의 경략에 착수하여 두만강(豆滿江)까지의 지역을 영토로 편입하기에 이르렀다. 그러나 야인(野人 ; 여진)들의 침입이 자주 행하여져 일시 경성(鏡城)까지 후퇴하게 되었다. 그러다가 세종(1418~1450) 때에 다시 적극적인 정책을 채용하여 김종서(金宗瑞)로 하여금 이 방면의 경략에 종사케 하였다. 그 결과 종성(鐘城)·온성(穩城)·회령(會寧)·경원(慶源)·경흥(慶興)·부령(富寧)의 6진(鎭)이 설치되어 두만강의 국경선은 확고하여졌다. 한편, 압록강(鴨綠江) 방면의 야인에 대한 정벌도 세종 때에 최윤덕(崔潤德)·이천(李蕆) 등에 의하여 행해졌는데, 그 결과 여연(閭延)·자성(慈城)·무창(茂昌)·우예(虞芮)의 4군(郡)이 설치되었다. 이리하여 압록강의 상류 지역까지가 조선의 영토로 편입되었던 것이다. 후일 한때 4군이 철폐되기는 하였으나, 압록강은 여전히 국경선으로 유지되어 왔다. 이러한 북방개척은 농토의 확장과 아울러 천연의 요새를 국경선으로 삼으려는 데에도 그 목적이 있었던 것이며, 이를 위하여 몇 차례의 이민(移民)을 행하기도

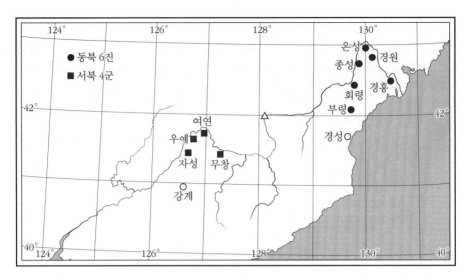

6진 · 4군도

하였다. 이에 오늘날의 한국의 국토가 완성된 것이다.

원래, 야인들은 반농(半農) · 반수렵(半狩獵)의 상태에 있었으므로, 식량 · 의류 같은 생활필수품이나 농구(農具) 같은 생산도구를 조선에서 가져갈 필요가 있었다. 그들의 침입은 이를 얻기 위한 목적이 있었던 것이다. 이에 그들을 회유하기 위하여 경성과 경원에 무역소(貿易所)를 두고 그들이 필요로 하는 포목 · 농구 · 곡물 등을 말 · 모피 등과 바꿔가게 하였다. 또, 조공(朝貢)과 귀화(歸化)를 장려하여 그들에게 관직 · 의복 · 식량 · 가옥 등을 주었다. 그러나, 그들의 약탈행위가 완전히 그치지를 않았다. 선조(宣祖) 16년(1583)의 니탕개(尼蕩介)의 난은 그 대표적인 것으로, 경원을 비롯한 여러 진을 속속 함락시키고 그 기세가 자못 심하였으나, 신립(申砬)의 분투로 이를 진압할 수 있었다.

대왜정책

고려 말에 왜구(倭寇)가 점차 진정되었다고는 하지만 완전히 멸절된 것은 아니어서, 조선 초기에도 그들의 약탈행위는 가끔 일어났다. 산악이 많아 자신의 농산물만으로써는 식생활을 충족시킬 수 없는 대마도(對馬島)의 왜인(倭人)은 조선이 교역을 거절할 때 해적과 같은 습성을 발휘할 수밖에 없었다. 세종이 이종무(李從茂)로 하여금 대마도를 정벌케 한 것은 이 왜구의 근거지를 소탕하려고 한 것이었다(세종 원년, 1419).

조선의 왜에 대한 강경정책의 결과 손해를 입은 것은 물론 왜인이었다. 이에 대마도의 종씨(宗氏)는 누차 사신을 보내어 사죄의 뜻을 표하였으므로, 조정에서는 제한된 교역을 허락함으로써 그들을 회유하려고 하였다. 그래서 내이포(乃而浦 ; 웅천, 熊川)·부산포(富山浦 ; 동래, 東萊)·염포(鹽浦 ; 울산, 蔚山) 등 3포를 열어 무역할 것을 허락하고, 3포에는 왜관(倭館)을 두어 교역에 편케 하였다. 그 결과 왜선(倭船)이 3포에 빈번히 내왕하면서 많은 미곡과 면포를 수출해 갔다. 이에 이를 제한하려고 한 것이 세종 25년(1443)의 계해약조(癸亥約條)였다. 이 약조에 의하여 대마도주(對馬島主)는 1년에 50척의 세견선(歲遣船)을 파견할 수 있을 뿐이며, 그것도 도주(島主)의 도서(圖書 ; 증인, 證印)가 찍힌 증명서가 있어야만 입항할 수 있게 하였다. 그리고, 그들에게 주는 세사미두(歲賜米豆)도 1년에 200섬(석, 石)으로 제한하였다.

그 후 중종 5년(1510)에 3포에 거주하는 왜인들이 진장(鎭將)과의 충돌로 난을 일으켜 소란을 피웠다. 난이 진정된 후 3포를 폐쇄하고 교역을 끊었으나, 대마도주의 애걸로 다시 중종 7년(1512)에 임신약조(壬申約條)를 맺고, 계해약조에 규정된 세견선과 세사미두를 반으로 감하여 각기 25척·100섬으로 제한하고 교역을 허락하였다.

당시 일본이 필요로 하여 가져가는 물건은 미곡·면포·마포·저포 등의 생활필수품과 나전·도자기·화문석 등의 공예품, 그리고 대장경·유교서적·범종·불상 등의 문화재였는데, 이러한 것들은 일본의 문화에 많은 공헌을 하였다. 이에 대해서 그들이 가져오는 물건은 동(銅)·석(錫)·유황(硫黃) 등 우리나라에서 나지 않는 광산물과 약재·향료 등 양반들의 사치품이었다.

제5절 양반관료의 문화

한글의 창제

조선 초기의 문화로서 특기해야 할 사실은 민족의 문자인 한글의 창제이다. 일상 쓰는 말에 부합하는 민족의 문자가 있어야겠다는 민족의식과 누구나 쉽게 문자를 배워 쓰게 해야겠다는 민중의식이 세종으로 하여금 이 한글을 만들

게 한 것이다. 당시『훈민정음(訓民正音)』이라 이름붙인 것이 그것이며, 그 서
문에는 이를 창제한 뜻이 다음과 같이 밝히 적혀 있다.

    우리나라 말이 중국과 달라 한자와 서로 통하지 않으므로 어리석은 백성이 말하고
자 하는 바가 있어도 마침내 그 뜻을 펴지 못하는 것이 많다. 내 이를 위하여 딱하게
여겨 새로 스물 여덟 글자를 만드노니 사람마다 쉬이 익혀서 날로 씀에 편하게 하고
자 할 따름이니라.

이 같은 취지에서 세종은 일부 유학자들의 반대를 물리치고 민족 최대의 문
화적 창조물이고 언어학적으로 세계에서 가장 우수한 문자로 평가받고 있는
한글을 창제 반포하였다(세종 28년, 1446).

    그러나 이 민족적 걸작은 불행히도 당시의 양반귀족들에게 환영을 받지 못
하였다. 그것은 어려운 한문을 사용함으로써 그들의 학문적인 독점욕을 만족
시킬 수가 있었던 것이기 때문이다. 그러나, 세종은 일반 상민을 도덕적으로
교화시켜 양반사회의 체제에 보다 잘 순응할 수 있도록 하기를 원하는 마음이
있어서 이 한글의 창제를 적극 추진하였던 것이다.

    한글을 창제한 후 세종은 정음청(正音廳 ; 언문청, 諺文廳)을 설치하고 왕실 조
상의 덕을 찬양하는『용비어천가(龍飛御天歌)』라든가, 부처님의 덕을 찬양하는
『월인천강지곡(月印千江之曲)』과『석보상절(釋譜詳節)』(합하여『월인석보(月印
釋譜)』) 등 시가와『동국정운(東國正韻)』과 같은 한자음 연구의 책을 이로써 편
찬하였다. 또, 세조(世祖)는 간경도감(刊經都監)을 설치하여 많은 불교 경전들
을 번역 출판하였는데, 소위 불경언해(佛經諺解)라는 것이 그것이다. 또한『삼
강행실도(三綱行實圖)』와 같은 유교도덕을 강조하는 책이 그림을 곁들여 한글
로 저술되어 일반 상민에게 널리 보급되었다. 그리고 농민에게 읽히기 위한 농
서(農書)라든가, 대외적인 비밀 유지가 필요한 병서(兵書) 등도 한글로 지어졌
다. 한편 궁중의 비빈이나 양반 가정의 부녀자들이 한글을 많이 썼는데, 언간
(諺簡) 같은 것이 그 예이다. 그러나 관찬사업(官撰事業)에 의하여 이루어진 허
다한 중요 서적들은 대개 한문으로 편찬되었고, 따라서 아직은 한글 이용의 한
계성이 드러나 있었다.

실용적 학문

조선 초기에는 각 방면의 학문이 크게 발달하여 그 업적이 많이 간행되었다. 국가는 큰 열성을 가지고 각종 서적의 편찬 간행에 힘을 기울였다. 특히 세종(1418~1450)에서 성종(1469~1494)에 이르는 시기에 집현전이나 홍문관의 학자들을 동원하여 편찬한 것이 많았다. 이들 각종 서적은 대체로 유교의 입장에서 실제 사회에 유용하다고 생각되는 것들이었다. 그러므로 당시의 학문은 유교국가인 조선왕조의 현실과 깊은 연관을 가진 실용적 성격의 것이었다.

국가에서 편찬한 서적으로는 먼저 사서(史書)를 들어야 하겠다. 역사는 정치의 거울이라는 관념이 이에 대한 국가의 관심을 크게 하였다. 우선『조선왕조실록(朝鮮王朝實錄)』은 태종 13년(1413)에『태조실록(太祖實錄)』이 편찬된 이래로 역대 국왕의 실록이 차례로 이루어졌다. 춘추관(春秋館)에서 사관(史官)들이 편찬하는 이 실록은 그 보전에 만전을 기하기 위하여 서울(춘추관) 및 성주(星州)·전주(全州)·충주(忠州)의 4개처에 있는 사고(史庫)에 보관되었다. 실록에서 역대 국왕의 훌륭한 언행으로 후대의 모범이 될 만한 것을 뽑아 기록한 것이『국조보감(國朝寶鑑)』이었는데, 이것은 세조 4년(1458)에 처음 이루어져서 그 뒤 계속되었다. 또, 태조 이래로 고려 왕조의 역사 편찬에 관심을 가져 여러 차례 개수한 끝에 세종 때에 시작하여 문종 원년(1451)에 완성된 것이『고려사(高麗史)』였다. 전 왕조인 고려의 역사를 정리하여 새 왕조 건설의 정당성을 드러낸 것이다. 이『고려사』가 기전체(紀傳體)인 데 대해서, 편년체(編年體)를 가지고 거의 동시에 이루어진 것이『고려사절요(高麗史節要)』(문종 2년, 1452)였다. 이 밖에 성종 16년(1485)에는 단군조선(檀君朝鮮)으로부터 고려 말까지의 역사를 편년체로 적은 우리나라 최초의 통사(通史)『동국통감(東國通鑑)』이 편찬되었다. 이 시대에는 민족의식이 강하게 일어나서 단군을 민족의 시조로 받들어 평양(平壤)에 사당을 세워 국가에서 제사를 지내기도 하던 때였으므로, 통사에서는 으레 단군조선을 민족사의 기원으로 서술하였던 것이다.

다음은 지리서(地理書)를 들어야 하겠다. 지리서로서는 세종 14년(1432)에 편찬된『팔도지리지(八道地理志)』가 있는데, 이것이『세종실록(世宗實錄)』에 수록되어 있다.『팔도지리지』는 각 지방의 연혁(沿革)·산천(山川)·관방(關防)·산성(山城)·토지(土地)·호구(戶口)·토산(土産)·교통(交通)·영진(營鎭)·군정(軍

丁)·봉수(燧燧)·능묘(陵墓)·토성(土姓)·인물(人物) 등 정치에 필요한 지식을 담은 것이었다. 그런데 성종 12년(1481)에는 새로운 편찬 방침에 의하여『동국여지승람(東國輿地勝覽)』이 편찬되었다. 즉, 누정(樓亭)·학교(學校)·불우(佛宇)·사묘(祠廟)·고분(古墳)·명환(名宦)·인물(人物)·제영(題詠) 등 인문(人文)에 관한 항목을 많이 늘리고, 관련이 있는 시문(詩文)들을 이에 첨가하였다. 그러므로『동국여지승람』은 사대부들의 생활감정에 어울리는 지리서가 된 것이다. 이것은 중종 26년(1531)에 증보되어『신증동국여지승람(新增東國輿地勝覽)』이 되었는데, 이것이 오늘에까지 전해지고 있다.

다음으로는 정치에 관한『치평요람(治平要覽)』이 있다. 이것은 세종 23년(1441)에 편찬된 것으로 과거의 정치적 사적과 성쇠를 적어서 정치의 참고로 제공하려고 한 것이다. 또,『국조오례의(國朝五禮儀)』는 길(吉)·흉(凶)·가(嘉)·빈(賓)·군(軍)의 5례(禮)에 관하여 기록한 국가의식의 기준이 되는 서적인데, 세종 때에 착수되어 성종 5년(1474)에 완성되었다. 그리고, 세종 14년(1432)에 편찬된『삼강행실(三綱行實)』은 군신(君臣)·부자(父子)·부부(夫婦) 3륜(三倫)의 모범이 되는 충신(忠臣)·효자(孝子)·열녀(烈女)들의 행실을 그림으로 그리고, 이에 설명을 붙인 것이다. 말할 것도 없이 유교도덕의 기본이 되는 덕목들을 일반 백성에게 장려하여 양반사회의 질서를 옹호하자는 것이었다. 이것이 뒤에 한글로 번역 출판되어 더욱 잘 그 목적을 이룰 수가 있게 되었다.

과학과 기술

조선시대 초기에는 또 각 방면의 과학기술이 발달하여 여러가지 발명과 저술이 나타났다. 우선, 농업에 관해서는 세종 12년(1430)에 정초(鄭招)에 의하여 편찬된『농사직설(農事直說)』을 기억해야 하겠다. 이 책은 한국의 지리적 조건이 중국과는 달라서 중국 농서(農書)의 것을 그대로 실시하기가 곤란하므로 한국에 맞는 농서로서 편찬된 것이었다. 즉, 세종이 각도(各道)에 명하여 지방의 노농(老農)으로부터 그 방법을 물어서 보고케 하여, 씨앗의 저장법, 토질의 개량법, 모내기하는 법 등을 적은 것이었다. 그리고, 성종(1469~1494) 때의 강희맹(姜希孟)이 지은『금양잡록(衿陽雜錄)』은 금양(시흥, 始興) 지방에서 저자가 직접 경험하고 들은 농경방법을 통해서 자신의 견해를 적어 놓은 것이다. 이 책은 특정 지방에서의 농경기술에 대하여 개인이 저술한 것이긴 하지만, 그 내용이 뛰어나기 때문에 성종 23년(1492)에는『농사직설』과 합본 간행되어 널리 보급되기에 이르렀다.

한편, 농업과 깊은 관계를 가지는 천문기상학이 크게 발달하였는데 특히 세종 때에 그러하였다. 우선, 세종 24년(1442)에 만든 측우기(測雨器)는 서양의 그것보다도 200년이나 앞선 것으로, 당시의 과학기술 응용의 대표적 예가 되고 있다. 이때에 만든 측우기는 깊이 2척(尺), 직경 8촌(寸)의 철로 만든 원통형(圓筒形) 용기였는데, 지방에는 이를 본떠 자기(磁器)로 만든 것을 설치하여 강우량을 측정 보고케 하였다. 비뿐만이 아니라 바람이 농업에 끼치는 영향에도 주목하여, 풍기죽(風旗竹)이라는 풍향관측기(風向觀測器)를 설치하여 깃발이 날리는 것을 보고 바람의 방향과 속도의 대체를 측정하였다. 이 밖에 세종 16년(1434)에는 경복궁(景福宮)에 간의대(簡儀臺)를 축조하고 대간의(大簡儀)를 설치하여 천문 관측을 하였다. 또 일종의 천구의(天球儀)인 혼천의(渾天儀), 해시계인 앙부일구(仰釜日晷), 물시계인 자격루(自擊漏) 같은 것들이 장영실(蔣英實) 등의 노력으로 만들어졌다. 천문학이 발달함에 따라서 역법(曆法)도 발달하여 이순지(李純之)의『칠정산(七政算)』내(內)·외편(外篇)이 저술되기에 이르렀는데, 이것은 중국과 아라비아의 역법을 참조하여 우리나라 실정에 맞도록 한 새로운 역법이었다. 또 세조 때에는 토지의 높고 낮은 것과 가깝고 먼 것 등을 측량하는 규형(窺衡)과 인지의(印地儀)를 제작하여 양전사업(量田事業)에 이용하였다.

의학(醫學)에 있어서는 세종 15년(1433)에『향약집성방(鄕藥集成方)』이 편찬되었다. 이 책은 한국인의 경험을 기초로 하여 독자적 의학을 수립하려는 고려 이래의 전통을 이어받아 이를 집대성한 것이었다. 여기에는 내과(內科)·외과(外科)·안과(眼科) 등 여러 부문으로 나누어 병론(病論)과 처방(處方) 등을 적고 있다. 한편, 중국 역대의 의서(醫書)를 널리 수집 참조하여 편찬한 의약백과서(醫藥百科書)인『의방유취(醫方類聚)』도 편찬되었는데(세종 27년, 1445), 그 체제는『향약집성방』과 비슷하였다. 뒤에 광해군 2년(1610)에 완성된『동의보감(東醫寶鑑)』은 이러한 노력의 기초 위에 이루어진 것이었다.

국가의 편찬사업의 추진은 자연 인쇄술(印刷術)의 발달을 초래하였다. 특히 금속활자(金屬活字)가 대량으로 주조되어 이것이 서적간행에 널리 이용된 것이다. 우선 태종 3년(1403 ; 계미, 癸未)에는 활자를 주조하는 주자소(鑄字所)를 설치하고 동활자(銅活字)를 만들어 썼는데 이것이 계미자(癸未字)라는 것이다. 이로써 조선시대에 있어서의 금속활자에 의한 인쇄술의 발전에 길이 열리게 되었다. 그러나 이때에는 활자를 동판(銅板) 위에 놓고 납(蠟)으로 안정시켰으므로, 활자가 쉬이 움직여서 인쇄에 불편하였다. 세종은 이를 개량하여 동판과 활자가 서로 들어맞도록 하였는데, 이에 식자(植字)도 바르고 또 많은 서적을 찍어 낼 수가 있었다. 그리고 세종 16년(1434 ; 갑인, 甲寅)에는 활자를 개주(改鑄)하여 자체가 정교하기로 유명한 갑인자(甲寅字)를 만들었다. 그 후 인쇄는 더욱 발달하여 각종 활자체(活字體)가 생겨나게 되었다.

　군사기술에 있어서는, 화포(火砲)가 북방 개척에 따른 야인(野人)과의 전투에 효력이 컸기 때문에 더욱 발달하여, 종래의 방어용으로부터 공격용으로 발전하였다. 이러한 화포의 제작법과 사용법은 세종 30년(1448)에 편찬된 『총통등록(銃筒謄錄)』에 그림과 함께 한글로 자세히 기록되었다. 나아가서 문종 원년(1451)에는 화차(火車)가 제조되었는데, 이것은 수레 위에 신기전(神機箭) 100개를 설치하고 심지에 불을 질러 쏘게 하는 로켓포(砲)였다. 한편 병선(兵船)으로는 고려 때의 충파용(衝破用) 전함(戰艦)이던 과선(戈船)에 덮개를 씌워서 만든 돌격 전함인 거북선(龜船)이 태종 13년(1413)에 만들어졌다.

미술

　조선시대의 양반들은 미술을 장인(匠人)들이 하는 일이지 양반이 할 일이 아니라고 생각했다. 양반으로서 이를 즐긴다면 전문으로 하는 게 아니라 취미 즉 여기(餘技)로 하는 것이다. 이것이 회화(繪畫)에서 문인화(文人畫)라 불리는 수묵화(水墨畫)를 유행하게 하였다. 조선 초기의 화가(畫家)로서 이름있는 세종 때의 강희안(姜希顔)은 이러한 화가였다. 그의 타고난 천품이 훌륭한 그림들을 오늘에 전하게 하였으나, 여기로 그린 그의 그림은 웅혼한 필세에 비하여는 너무나 폭이 작은 것이었다. 이에 대해서 조선 초기 최대의 화가라고 지칭을 받는 세종 때의 안견(安堅)이나 그와 함께 이름이 높은 최경(崔涇) 및 중종 때의 이상좌(李上佐)는 모두 국가기관인 도화서(圖畫署) 소속의 화원(畫員)이었다. 안견은 여러 대가의 화법(畫法)을 종합하여 대성한 화가로서 「몽유도원도(夢遊桃園圖)」 같은 유명한 산수화(山水畫)를 남기었다. 이것은 안평대군(安平大君)의 꿈을 그림으로 재현시킨 것이라고 한다. 최경은 산수와 인물에 능하였고, 이상좌는 노비의 신분으로 태어났으나 그림의 재주가 뛰어났기 때문에 화원으로

뽑힌 사람으로 역시 산수와 인물에 능하였다.

화원들은 대개 양반들의 요구에 의하여 그들의 취미에 맞는 산수화를 많이 그렸다. 이러한 산수화는 현실에 존재하지 않는 이상적인 자연을 나타낸 것이었는데, 대체로 북송(北宋)의 곽희(郭熙) 화풍(畵風)을 많이 따르고 있었다. 그러나, 그 구도를 화면 한쪽에 편중되게 하는 등 그들 자신의 특색을 나타내고 있음도 또한 주목된다. 산수화 다음으로는 인물화가 많았는데, 이것은 양반들이 자신들의 영달을 기념하기 위하여 초상화(肖像畵)를 필요로 했기 때문이었다. 초상화는 용모를 사실대로 그릴 뿐만이 아니라 그 사람의 정채(精彩)가 나타나 보이게 하는 생기 있는 작품들이 존중되었다.

서예(書藝)에 있어서는, 고려 말기 이래의 경향으로 송설체(松雪體 ; 조맹부체, 趙孟頫體)가 유행하였는데, 그 대가가 안평대군이었다. 안평대군은 세종의 셋째아들로 풍류를 즐기던 인물이지만, 송설체를 잘 터득하여 부드럽고 아름다운 글씨를 썼다. 그리고 초서(草書)에 능한 양사언(楊士彦)과 해서(楷書)로 유명한 한호(韓濩)도 명필로 이름이 높았다. 서예는 회화와 달리 양반이면 누구나 갖추어야 하는 하나의 교양이었으나, 새로운 경지를 개척하는 기개가 있는 작품은 많지 않았다.

조선시대 미술의 특이한 일면을 담당하고 있는 것은 자기(磁器)였다. 조선 초기에 분청(粉靑)이라고 하여 회청색(灰靑色)이 도는 퇴화한 고려 청자(靑磁)와 같은 것이 생산되었다. 그러던 것이 백자(白磁)가 만들어지면서 고려자기의 곡선적인 형태를 벗어나서 소박하고 순후한 직선적인 형태로 변하였다. 또 밑바닥이 넓어져서 보기에 안정감이 있는 실용적인 것이 되었다. 같은 백자라도 순백(純白)·유백(乳白)·회백(灰白) 등 약간씩 다른 백색을 지니는 이들 조선시대 자기는 양반 사대부의 성격을 잘 나타내 주는 것으로 일컬어지고 있다.

문학과 음악

유교국가에서 음악은 중요한 치국(治國)의 도(道)였다. 이리하여 음악의 정리는 조선 초기에 있어서의 큰 과제가 되었는데, 음악의 정리에 공로가 많은 이는 세종 때의 박연(朴堧)이었다. 그 뒤 성종 24년(1493)에 아악(雅樂)·당악(唐樂)·향악(鄕樂)의 3부로 나누어서 악률(樂律)로부터 그 실제의 응용에 이르기까지를 그림과 함께 설명한 『악학궤범(樂學軌範)』이 나와 조선시대 궁정(宮廷)

음악이 집대성되었다.

음악에 맞추어 부를 노래로서는 박연의 주장에 따라 민간의 속요(俗謠)들이 널리 수집되기에 이르렀다. 그러나, 이는 유학자들에게 그리 환영받지 못하고, 대신 많은 새로운 악장(樂章)이 지어졌다. 이 악장들은 새 왕조를 창건한 사대부들의 승리를 축하하는 정중하고 엄숙한 것들이었다. 정도전(鄭道傳)이 지은 「신도가(新都歌)」나 정인지(鄭麟趾) 등이 지은 『용비어천가(龍飛御天歌)』 같은 것이 그것이다. 이 속에는 고려 말기 이래 사대부들 사이에서 유행해 오던 경기체가(景幾體歌)가 포함되며, 그런 작품으로서 권근(權近)의 「상대별곡(霜臺別曲)」 등이 전한다.

성종 9년(1478)에 서거정(徐居正)이 과거의 우리나라 시문(詩文)을 뽑아 『동문선(東文選)』을 편집하여 한국의 한문학(漢文學)을 정리하였다. 한편, 이 시대에는 사대부 문인들의 유한적(遊閑的)인 생활 속에서 설화문학(說話文學)이 크게 유행하였는데, 서거정의 『필원잡기(筆苑雜記)』, 성현(成俔)의 『용재총화(慵齋叢話)』, 어숙권(魚叔權)의 『패관잡기(稗官雜記)』 등이 그러한 것이다. 이들 속에는 입으로 전해 오던 우리나라의 역사와 문화에 대한 풍부한 자료들이 포함되어 있어서 귀중하게 여겨지고 있다. 그리고 이러한 것들이 훗날 『대동야승(大東野乘)』과 같은 총서로 모아지기도 하였다. 한편, 권력을 배경으로 한 예교(禮敎)의 권위에 저항하는 정신을 나타낸 김시습(金時習)의 『금오신화(金鰲新話)』는 소설의 선구로서 중요시되고 있다.

불교의 쇠퇴

유교지상주의의 사회에서 불교가 위축될 수밖에 없는 것은 물론이다. 태조는 승려들의 신분증명서인 도첩을 국가에서 발행하는 도첩제(度牒制)를 실시하여 승려가 증가하는 것을 방지하고 사원을 함부로 짓는 것을 금했다. 즉, 기존의 불교세력은 승인하되 그 이상의 확대를 금했던 것이다. 그러나, 태종은 가혹한 탄압을 가하여 전국에 242개 사원만을 남겨 두고 그 이외의 사원을 폐지하였으며, 동시에 거기에 소속된 토지와 노비를 관청에 몰수하였다(태종 6년, 1406). 이것은 불교계의 재기를 불가능하게 할 정도로 큰 타격을 가한 것이었다.

태종의 강압 이래로 기를 펴지 못하던 불교는 세종과 세조의 개인적 신앙을 얻게 되었다. 세종은 유신(儒臣)들의 반대를 무릅쓰고 궁성 안에 내불당(內佛堂)을 짓기도 하였다. 또 세조는 원각사(圓覺寺 ; 탑골공원)를 지었고, 간경도감(刊經都監)을 두어 여러 불경(佛經)의 언해(諺解)를 간행하였다. 이러한 결과 불교는 다시 활기를 띠어 사찰의 재흥과 승려의 증가도 상당히 있었던 것 같다.

그러나, 성종은 또다시 강력한 억불책(抑佛策)을 써서 도첩제를 전폐하고 출가(出家)를 일절 금하였다. 더욱이 중종 2년(1507)에는 승과(僧科)를 폐지하였으니, 이것은 불교와 국가와의 공적인 관계를 끊어버렸다는 것을 의미하는 것이다. 그러다가 명종 때에 문정왕후(文定王后)가 섭정을 하면서 명승 보우(普雨)를 중용하여 불교를 장려하였으므로 불교계는 일시 생기를 띠게 되었다. 이때 봉은사(奉恩寺)를 선종(禪宗)의 본산(本山), 봉선사(奉先寺)를 교종(教宗)의 본산으로 삼아 선교양종(禪教兩宗)을 두고, 이어 승과를 다시 설치했던 것이다(명종 7년, 1552). 그러나, 문정왕후의 죽음으로써 불교는 다시 탄압을 받아 주로 부녀자의 신앙 대상이 되기에 이르렀다.

제10장 사림세력의 등장

제1절 훈구세력 지배하의 사회적 변화

훈구세력의 지배

조선왕조의 초기에 정치·경제·사회·문화를 지배하여 온 것이 양반사대부(兩班士大夫)였음은 이미 언급한 바와 같다. 그러나 그중에서도 특히 훈구세력(勳舊勢力)이라고 부를 수 있는 사람들이 실질적으로 조선 사회를 움직여 왔다.

훈구세력은 이성계(李成桂)를 도와 건국에 공로가 큰 정도전(鄭道傳)·조준(趙浚) 등을 비롯해서, 역대의 국왕을 보좌하여 조선의 제도를 정비하는 데 참여한 인물들이었다. 그러나 세조에 의하여 성삼문(成三問) 등 사육신(死六臣)을 비롯한 많은 학자들이 죽음을 당한 뒤에는, 세조를 도와 그를 왕위에 추대한 인물들인 정인지(鄭麟趾)·최항(崔恒)·양성지(梁誠之)·신숙주(申叔舟)·서거정(徐居正) 등의 계열이 주로 훈구세력을 형성하게 되었다. 이들은 높은 관직을 차지하고 많은 토지와 노비를 소유한 집권세력이었다. 이들은 또 실용적인 학문에 능하여 많은 관찬사업(官撰事業)에 참여한 관학자였다. 그리고 이들은 대개 서울에서 가까운 지역에 거주하고 있었으므로 근기파(近畿派)라고 불러도 좋은 그러한 세력이었다.

이 훈구세력에 대하여는 비판적인 인물들도 있었다. 우선 세조의 찬탈을 의롭지 못한 행위로 단정하고, 불사이군(不事二君)의 원칙에 따라 두문(杜門) 혹은 방랑으로 일생을 보낸 사람들이 그러하다. 김시습(金時習)을 비롯한 생육신(生六臣)은 그 대표적인 존재였다. 김시습은 당대의 재사(才士)로 일컬어졌지만, 승려의 행색을 하고 방랑으로 일생을 마쳤으며, 울적한 심정을 시나 소설로써 풀 뿐이었다.

그런가 하면 세상을 비웃고 청담(淸談)을 즐기는 일파가 있었다. 이러한 사람들 중에는 남효온(南孝溫) 등 죽림칠현(竹林七賢)으로 일컬어지는 사람들도 있었다. 죽림칠현이라고 불린 인물들 중에는 국가의 법에 의하여 출세의 길이 제한당한 종실(宗室)이나, 또 신분적인 차별 때문에 출세를 제약받은 향리(鄕吏) 출신의 인물도 섞여 있었다. 이러한 데서 오는 울분을 그들은 시가(詩歌)나 고담준론(高談峻論)으로 토로하였던 것이다.

이러한 비판 세력이 그들의 주변에 있기는 하였지만, 훈구세력은 확고한 정치적 지위를 누리고 있었으며, 또 많은 농장(農莊)을 차지하여 경제적 뒷받침을 얻고 있었다.

농장의 확대와 공부의 증가

이미 언급한 바와 같이 훈구세력에 속하는 양반관리들은 많은 농장을 소유하고 있었다. 그들은 국가로부터 우선 과전(科田)을 받은 데다가 또 허다한 공신전(功臣田)을 받았다. 태조의 건국, 태종의 계위, 단종의 폐위와 세조의 즉위 같은 국가의 중대사가 있을 때마다 공신전의 급여는 증가하여 갔다. 이에 더하여 국왕이 특별한 명목을 붙여서 급여하는 별사전(別賜田)이 있었다. 이러한 것들은 이미 말한 바와 같이 결국 모두 세습되었다. 그러고도 양반관리들은 또 매입·겸병·개간 등의 각종 방법으로 그들의 소유지를 확대시켰다. 그들은 특히 비옥한 삼남(三南) 지방의 넓은 공전(公田)에 착안하여 이를 침식하여 갔던 것이다. 직전법(職田法)조차 폐지되자 그들의 토지에 대한 욕구는 더욱 커 갔으며, 이렇게 해서 확대된 농장이 그들의 생활 근거가 될 수밖에 없었다.

농장의 확대는 국가의 공적인 수입을 줄이기도 했지만, 한편으로는 농민의 생활을 곤궁하게도 하였다. 농장의 전호(佃戶)로서 농민들은 병작제(並作制)에 의하여 수확량의 2분의 1을 전주(田主)에게 바쳐야 했기 때문이다. 농민들의 고통은 양반관리들의 사치를 위한 지방특산물과 수공업제품의 공납(貢納)으로 말미암아 더욱 커졌다. 공납의 양이 무거운 데다가, 그 수납 과정에 따르는 여러 절차가 또한 까다로웠기 때문이다. 그 때문에 중간에서 대신 물품을 납입하고 농민으로부터 대가를 받아 내는 방납(防納)제도가 생기었는데, 이로 인하여 농민의 부담이 가중되어 그 피해가 또한 컸던 것이다. 이에 공납을 내지 못하고 도망하는 무리들이 늘어갔으며, 그러면 그 대신 일가친족에게 받아 내는 족징(族徵)이나, 혹은 이웃에 부과하는 인징(隣徵)이 행하여져서 괴로움은 더하여

갔다. 이러한 폐단을 개혁하기 위하여 이이(李珥)와 같이 공납을 쌀로 내게 하
는 수미법(收米法)을 주장하는 사람도 나타나게 되었다.

농민의 괴로움은 군역(軍役)이 요역화(徭役化)하면서 더욱 가중되었다. 원래
개인에게 부과되는 신역(身役)으로서의 군역과 1호마다 책정되는 호역(戶役)으
로서의 요역은 그 체계를 달리하는 성질의 것이었다. 그러나 보법(保法)의 성
립으로 인하여 군사 수가 크게 늘어나자 요역의 담당자를 찾을 수 없게 되었
다. 이에 군사를 바로 요역에 동원하게 되었는데, 이렇게 이중의 부담을 지게
된 군사들은 보인(保人)으로부터 받은 조역가(助役價)로 고인(雇人)을 사서 대신
군역을 부담하게 하는 대립(代立)의 현상이 일어나게 되었다. 그러나 실제에
있어서는 대립가(代立價)를 배속된 역처(役處)에 납부하면, 담당관은 그것으로
노비나 유민을 사서 대립케 하는 수포대역(收布代役)의 제도가 행해지고 있었
다. 그런데 대립가가 가혹한 것이어서, 이에 견디지 못하고 도망하는 보인 및
정병(正兵)의 수가 늘어나서 군적(軍籍)은 공허한 것이 되어 버렸다.

그런가 하면, 환곡(還穀)제도가 농민을 상대로 하는 일종의 고리대(高利貸)로
화하여 농민을 또한 괴롭혔다. 환곡은 춘궁기에 곡식을 빌려 주었다가 추수기
에 받아들이는 제도였다. 원래 이는 의창(義倉)이 맡은 일이었으나 의창은 이
미 원곡(元穀)이 부족하여 그 구실을 다하지 못하고, 대신 물가의 조절을 맡은
상평창(常平倉)에서 이를 맡게 되었다. 받아들일 때에는 보관이나 운반과정에
서 소모된 것을 보충한다는 명목으로 모곡(耗穀)이라 하여 약간의 이자가 붙는
데, 1할이 원칙인 이 이자가 다른 여러 명목으로 점점 증가하여서, 농민들에게
무거운 부담의 하나가 되었다.

이러한 결과로 농민들의 생활은 지극히 불안정하게 되었다. 많은 농민들이
유민(流民)이 된 관계로 농촌은 황폐하여 갔으며, 각지에는 도적의 무리가 횡행
하게 되었다. 그중에서도 명종 14년(1559)에서 17년(1562)까지 황해도 일대를
무대로 활약하던 임꺽정(林巨正)의 경우는 그 대표적인 것이었다.

제2절 사림세력의 등장

사림의 진출

훈구(勳舊)세력 지배하의 조선사회는 성종(1469~1494) 때에 지방의 사림(士林)들이 대거 중앙의 정치 무대에 등장함으로써 진통을 겪어야 했다. 사림이란 지방에 근거지를 가지고 있는 재야(在野)의 독서인군(讀書人群)을 일컫는 말이다. 이들은 경제적으로는 중·소지주층(中·小地主層)에 속하며, 중앙의 정계에 진출하기보다는 향촌에서 유향소(留鄕所)나 향청(鄕廳)을 통하여 그들의 영향력을 행사해 오던 세력이었다. 이들은 학문적으로 사장(詞章)보다 경학(經學)을 중시하였고, 경학의 기본 정신을 수기치인(修己治人)에 있다고 생각하였다. 이같이 자기 자신의 도덕적 수양을 중요시하는 입장에 서고 보면, 자연히 훈구세력의 비리(非理)에 대한 현실비판적 경향을 나타내게 되었다. 이 같은 사림의 세력이 크게 떨치게 된 것은 길재(吉再)의 학통을 이은 김종직(金宗直)이 김굉필(金宏弼)·정여창(鄭汝昌)·김일손(金馹孫) 등의 많은 제자를 배출함에 이르러서였다. 처음 지방에서 자제들의 교육에 전념하던 이들은 성종이 훈구세력의 일방적인 비대를 막기 위하여 등용함에 미쳐 중앙으로 진출하였다. 그리고, 주로 3사(司) 계통에 자리를 차지하고 언론문필(言論文筆)을 담당하였다. 이리하여 정계에는 훈구세력과 사림세력 사이의 대립이 조성되었고, 이것이 드디어는 사화(士禍)를 낳게 하였던 것이다. 그러므로 사화는 사림의 비판에 대한 훈구세력의 정치적 보복과 같은 성격을 지니고 있었다.

첫 사화는 연산군(燕山君) 4년(1498)에 있은 무오사화(戊午史禍)였다. 이를 특히 사화(史禍)라고 적는 것은 그것이 사관(史官)들이 적어 둔 초벌원고인 사초(史草)에 기인하는 것이었기 때문이다. 김종직(金宗直)의 제자인 김일손(金馹孫)은 사관으로 있으면서 김종직이 지은 「조의제문(弔義帝文)」을 사초에 올렸다. 김종직이 단종(端宗)을 항우(項羽)에게 죽음을 당한 의제(義帝)에 비기어 그 죽음을 슬퍼하고 세조(世祖)의 찬탈을 비난한 것이 「조의제문」이었다. 연산군 초에 『성종실록(成宗實錄)』의 편찬을 위한 실록청을 구성하여 사국(史局)을 열었

을 때 위의 사초가 발견되자, 훈구세력은 연산군을 충동하여 김일손 등의 사림
학자를 혹은 죽이고 혹은 귀양보내었다. 이 결과로 사림들의 세력은 크게 꺾이
게 되었다.

그 뒤 연산군은 사치와 향락에 취해서 그로 인하여 재정의 낭비가 많았다.
연산군은 재정이 곤란하게 되자 훈구공신들의 토지와 노비를 몰수하려고까지
하였다. 훈구세력이 연산군의 이러한 행동을 억제하려고 한 것은 물론이다. 그
러므로 연산군은 그들의 간섭을 억압할 기회를 노리게 되었다. 이때 궁중(宮中)
과 깊은 인연을 가진 무리들이 연산군의 생모인 윤씨(尹氏)의 폐출사사사건(廢
黜賜死事件)을 들추어서 그를 충동하여, 훈구 및 사림의 잔존 세력을 혹은 죽이
고 혹은 귀양보내었다. 이것이 연산군 10년(1504)의 갑자사화(甲子士禍)였다.

그 뒤 방탕한 생활이 도를 지나친 연산군은 쫓겨나고 중종(中宗)이 즉위하였
는데, 중종은 연산군과는 달리 자기의 전제적인 힘을 억제하고 유학자들의 의
견을 존중할 줄 아는 임금이었다. 사림의 소장학자 조광조(趙光祖)가 등용된 것
은 이러한 중종에 의해서였다. 조광조는 유교적인 도덕국가의 건설을 그의 정
치적 목표로 삼고 있었다. 그는 유교적인 미풍양속에 어긋나는 미신을 타파하
고, 권선징악(勸善懲惡)과 상호부조(相互扶助)를 그 정신으로 하는 향약(鄕約)
을 실시하여 유교적 도덕을 향촌(鄕村)에 확립시키려 하였다. 그는 또 여러가
지 서적을 번역 간행하여 일반 국민이 유교적인 교양을 갖게 하도록 노력하였
다. 그리고, 내외 요직자로 하여금 덕행(德行)이 있는 인물을 천거케 하여 그들
을 국왕이 친시(親試)로써 채용하는 현량과(賢良科)를 설치케 하였다. 그 결과
로 사림들이 많이 등용되게 되었다. 이렇게 그의 세력이 커지자 자연 훈구세력
의 미움을 받게 되었는데, 이러한 훈구세력의 반발은 위훈삭제사건(僞勳削除事
件)을 계기로 폭발하게 되었다. 위훈삭제란 중종반정공신(中宗反正功臣) 중에서
실제로 공이 없이 공신으로 책봉된 76명의 훈(勳)을 깎은 것이었다. 이에 분격
한 훈구세력은 모략으로 중종을 움직여서 조광조 일파를 제거하였던 것이다.
이것이 기묘사화(己卯士禍)이며(중종 14년, 1519), 이로 인하여 사림세력은 또
한번 크게 꺾이었다.

그 뒤 중종의 배다른 두 아들의 왕위 계승을 에워싼 싸움의 결과로 일어난
것이 을사사화(乙巳士禍)였다. 인종(仁宗)과 명종(明宗)의 왕위계승 문제는 그
들 외척의 대립으로 나타났고, 이 양자에는 당시의 양반관리들이 또한 편을 모
아 붙어서 파를 이루었다. 인종이 먼저 즉위하였다가 곧 죽은 뒤를 이어 명종

이 즉위하면서 집권한 그의 외척세력이 반대파를 처치한 것이 바로 명종 즉위
년(1545)의 을사사화인 것이다.

위에서 설명한 네 번의 사화는 그 경우가 모두 달랐다. 그러나 사림세력이
중앙의 정치 무대에 등장함으로 해서 빚어진 훈구세력과의 대립 투쟁이 그 주
류를 이루고 있었다. 그리고 몇 차례의 사화에 의해 타격을 받으면서도 사림의
세력은 점점 서원(書院)과 향약(鄕約)을 토대로 지지 기반을 넓혀 갔으며 드디
어는 정치의 주도권을 잡기에 이르렀다.

서원과 향약

되풀이되는 사화 속에서 사림들은 거듭 심한 타격을 받았다. 그러나 향촌에
확고한 사회적 기반을 갖고 있는 이들의 세력은 서원과 향약과 농장을 토대로
발전하여 갔으며, 드디어 선조(1567~1608) 때에는 재차 정치 무대에 등장하여
결국 정계를 지배하기에 이르렀다.

단순한 교육만을 맡은 사학(私學)의 서재(書齋)는 고려 말부터 있었으나, 선
현(先賢)을 봉사하는 사묘(祠廟)를 겸한 서원(書院)은 이때에 비롯된 것이다. 선
현의 봉사는 정신적으로 그들의 권위를 뒷받침해 주는 것이었다. 초기에 여러
서원들 중에서 가장 유명한 것은 중종 38년(1543)에 풍기군수(豊基郡守)로 있던
주세붕(周世鵬)이 세운 백운동서원(白雲洞書院)이었다. 그는 안향(安珦;유, 裕)
을 봉사하는 서원을 세우고, 주자(朱子)의 백록동학규(白鹿洞學規)를 채용해서
이름을 백운동서원이라고 하였던 것이다. 이 서원은 뒤에 이황(李滉)이 풍기군
수로 부임하여 조정에 건의해서 국왕의 친필로 소수서원(紹修書院)이라는 현판
(액, 額)을 하사받으니 소위 사액서원(賜額書院)의 시초였다.

이즈음 각지에 서원이 증가하여 그 수는 이미 선조 때만 하더라도 100을 넘
었다. 이와 함께 사액서원의 수도 증가하여 갔다. 사액서원에는 국가에서 서
적, 토지, 노비 등을 주는 것이 하나의 상례와 같이 되어 있었다. 이리하여 서
원은 고려시대의 사원(寺院)이 가지는 것과 마찬가지의 위치를 차지하게 되었
는데, 그 주인공은 다름아닌 사림이었던 것이다. 사화에 의하여 탄압을 받은
사림들에게 그들의 활로를 개척해 주고 성장의 터전을 마련해 준 것이 서원이
었다.

서원과 함께 지방에 있어서의 사림들의 지위를 굳게 하여 준 것이 향약(鄕約)

이었다. 향약은 좋은 일을 서로 권하고 잘못을 서로 규제하는 것을 주된 정신
으로 하는 것이었다. 이것은 사회적으로 유교도덕이 행해지는 이상국가의 건
설을 목표로 하는 것이며, 같은 목적으로 편찬된『소학(小學)』의 정신을 실현
하려는 것이기도 하였다. 향약은 처음 중종 14년(1519)에 조광조(趙光祖)가 널
리 실시하려 하였으나 그의 실각으로 성공하지 못하였다. 그 뒤 향약은 개별
적으로 각지에서 시행되더니, 선조 때에는 전국적으로 널리 시행되기에 이르
렀다. 이 향약의 간부인 약정(約正) 등에는 대개 지방의 유력한 사림이 임명되
었고, 일반 농민들은 이에 자동적으로 포함되었다. 그 결과로 사림들은 농민에
대하여 중앙에서 임명된 지방관들보다도 오히려 더 강한 지배력을 가지고 그
들의 사회적 기반을 굳게 하였다.

　사림들의 생활기반은 중앙의 관직에 있다기보다는 오히려 지방의 농장(農莊)
에 있었다. 그들은 관직을 얻어 중앙으로 간다 하더라도 완전히 지방의 농장에
서 철수하는 것이 아니었다. 거기에는 여전히 동족(同族)이 살고 있었다. 그리
고 이 농장과 동족이 서원을 건립하고 향약을 운영해 가는 토대가 되었던 것이
다. 사림의 승리는 이러한 사회적 여건을 배경으로 하고 이루어졌던 것이다.

사림정치

　사림의 세력이 중앙의 정계에 등장하여 지배세력으로 성장함에 따라서, 정
치의 운영방식도 달라지게 되었다. 성종 때에 완성되어『경국대전(經國大典)』
에 기록된 정치기구 자체에는 변동이 없었다. 그러나 그 기구를 통해서 이루어
지는 정치의 실제는 달라진 것이다. 이미 설명한 바와 같이 조선 초기의 정치
는 6조(曹)가 정책을 입안하고 국왕의 결재를 맡아 이를 집행하는 것으로서, 6
조체제라고 할 수 있는 것이었다. 그런데 사림이 조광조의 등장 이래로 3사를
중심으로 정치적 발언권을 확대시켜 감에 따라서 정치를 이끌어 가는 방법이
달라지게 되었다. 3사가 사림의 의견을 집약하여 이를 공론(公論)으로 제시하
게 됨에 이르러, 3사의 정치적 발언이 막강한 힘을 발휘하게 된 것이다.

　그런데 3사는 각기 독자성이 있는 것이어서 그 의견을 모으기가 힘들었다.
이러한 속에서 3사의 의견을 통일하는 데 중요한 역할을 한 것이 이조(吏曹)의
전랑(銓郎 ; 정랑, 正郎·좌랑, 佐郎)이었던 것이다. 이조전랑은 그 관등이 5품·6
품에 해당하는 낮은 관직에 지나지 않았다. 그러나 전랑은 3사의 하나인 홍문

관(弘文館)의 신진기예(新進氣銳)한 유신(儒臣) 중에서 임명되는 것이 관례였다. 또 그가 전랑에서 물러날 때에 그 후임의 임명은 이조판서라도 간여하지 못하고 물러나는 전랑 자신이 추천하도록 되어 있었다. 그리고 일단 전랑을 거치면 대개는 재상(宰相)으로까지 쉽게 오를 수 있는 요직이었다. 이러한 지위의 전랑이 3사의 의견을 실질적으로 주도해 나갔던 것이다. 그러므로 신진기예한 전랑을 통하여 집약된 3사의 의견은 곧 사림 전체의 의견을 대변하는 것으로서 정치에 막중한 영향력을 발휘하였던 것이다.

전랑을 거친 신진 유신들은 결국 재상으로 진출하게 마련이지만, 그들도 전랑을 통하여 조정된 3사의 의견을 존중하지 않을 수 없었다. 그것이 사림이 지배하는 사회에서 조성된 정치풍토였다. 그러므로 사림의 의견이 정치에 그대로 반영되었고, 어떠한 행정부의 고위관직자도 그 의견을 무시하고 독자적으로 정치를 운영할 수가 없게 되었다. 한편 학문이 높고 행실이 바른 것으로 사림 사회에서 존경받는 인물이 산림(山林)이라 불리며 우러름을 받았다. 그러므로 대체로 서원에 근거를 둔 사림의 공론이 산림을 통하여 정치에 수렴되기도 하였다.

붕당의 발생

사림은 훈구세력을 대신하여 중앙의 정치 무대에서 주도권을 장악하게 되었다. 그러나, 그들 사이에서도 강경파와 온건파의 대립이 생기게 되었고, 이 대립이 드디어는 붕당(朋黨)을 낳게 하기에 이르렀다. 처음 명종비(明宗妃)의 동생인 심의겸(沈義謙)을 김효원(金孝元) 중심의 신진기예한 사림들이 척신(戚臣)으로 몰아 배척하였다. 그런데 심의겸은 평소 사림을 옹호하여 왔으므로, 그의 후원을 받은 사림들은 김효원을 지나치게 과격한 것으로 보고 심의겸을 두둔하는 입장을 취하였다. 이러한 두 파의 대립이 전랑 임명을 에워싼 대립으로 표면화하여, 김효원 등 신진관료는 동인(東人), 심의겸을 중심으로 한 기성관료는 서인(西人)이라 하여 동·서의 분당(分黨)이 생기게 되었다(선조 8년, 1575).

동·서의 분당이 생긴 초기에는 동인이 득세하여 서인을 압도하였다. 동인에는 대체로 이황(李滉)과 조식(曹植)의 문인(門人)이 많고, 서인에는 이이(李珥)와 성혼(成渾)의 계통이 많아서, 붕당은 학파의 대립과 밀접한 관계가 있었다. 이황은 주리파(主理派)로서 도덕적 신념을 중요시하였으므로, 훈구세력의 비리를 비판하는 데 엄격한 동인의 생리와 일치하였고, 이이는 주기파(主氣派)로서 현실문제의 해결에 더 많은 관심을 가졌던 것이므로 서인과 서로 맥이 통할 수 있었기 때문이었다. 이렇게 붕당이 학파의 대립과 밀접한 관계를 가지고 있었으므로, 자연히 서원이 붕당의 근거지가 되는 경향을 나타내기에 이르렀다. 같은 서원에서 수학한 사람들이 동문계(同門契)를 조직하여 그들의 우의와 결속을 다지는 현상도 이런 속에서 생겨나게 되었다.

동인인 정여립(鄭汝立)의 모반사건(선조 22년, 1589)으로 말미암아 동인으로서 정계에서 제거된 사람도 있었지만, 여전히 동인의 세력은 유지되어 갔다. 그러다가 서인 정철(鄭澈)이 광해군을 세자(世子)로 책봉하기를 건의한 건저의 사건(建儲議事件)을 전후하여 동인 중에는 서인에 대한 온건파와 강경파로 갈리어 남인(南人)과 북인(北人)의 대립이 생기었다. 이 남·북인의 분열도 학파로 보면 이황의 문인과 조식의 문인 사이의 대립이었다. 그 뒤 북인이 광해군(光海君, 1608~1623)을 추대하였기 때문에 광해군 일대는 북인이 정권을 전담하였다. 그러나 야(野)에 눌려 있던 서인은 광해군을 죄로 몰아 폐하고 인조를 옹립하였다(인조반정, 仁祖反正, 1623). 이 이후에는 오랫동안 서인이 정권을 담당하게 되었다.

제3절 왜·호와의 항쟁

임진왜란

남쪽으로부터 왜(倭)의 간헐적인 침략을 받게 되자 조정에서는 군국기무(軍國機務)를 장악하는 비변사(備邊司)라는 회의기관을 설치하여 이에 대비코자 하였다. 그러나, 태평에 젖은 양반관리들은 안일 속에서 고식적인 대책에 만족할 뿐이었다. 이러한 때에 일본에서는 새로운 형세가 전개되었다. 전국시대(戰國時代)라는 혼란기를 도요토미 히데요시(豊臣秀吉)가 수습하였기 때문이다. 국내 통일에 성공한 그는 많은 무장들의 힘을 해외로 방출시킴으로써 국내적인 통일과 안전을 더욱 공고히 하려고 하였다. 게다가 넓어진 해외 견문이 한 자극이 되어서 도요토미의 가슴 속에는 대륙에 대한 침략적 야욕이 싹트게 되었던 것이다.

왜군이 부산에 상륙한 것은 선조 25년(1592)이었다. 부산첨사(釜山僉使) 정발(鄭撥)과 동래부사(東萊府使) 송상현(宋象賢)이 각기 죽음으로써 부산과 동래를 지키었으나, 끝내 이를 함락시킨 왜 육군은 서울을 향하여 북상하였다. 조정에서는 야인(野人)의 침략을 진압하여 이름을 떨친 도순변사(都巡邊使) 신립(申砬)에게 한 가닥의 희망을 붙이었다. 그러나, 그가 충주(忠州)에서 패하자 선조는 의주(義州)로 향하여 피난하고, 두 왕자를 함경도(咸鏡道)와 강원도(江原道)로 보내어 근왕병(勤王兵)을 모집케 하였다. 그렇지만 두 왕자의 모병에 응하는 자도 없었고, 게다가 그들은 왜병의 포로가 되고 말았다. 이와 같은 암담한 현상은 백성들을 돌보지 않고 농촌을 황폐케 한 위정자들의 책임이었다. 거의 무방비 상태인 전국이 왜군에게 짓밟히게 되었다. 전국시대의 전란기에 처하여 많은 전투의 경험을 가지고 있으며, 또 조총(鳥銃)을 사용하고 있는 왜군을, 훈련이 없는 적은 수의 군대를 가지고 당해 낼 도리가 없었다.

그러나 이러한 왜병의 활동은 처음 2개월 동안의 일에 지나지 않았다. 그것은 바다에서 왜의 해군 활동이 저지되고, 육지에서는 각지에서 의병(義兵)이 봉기하여 왜병을 괴롭혔기 때문이다. 우선 바다에서는 전라좌수사(全羅左水使) 이순신(李舜臣)의 활동이 주목된다. 임진왜란(壬辰倭亂)이 일어나기 전년에 부임한 그는 해군이 필요함을 통감하고 함선을 건조하였을 뿐만 아니라 군사의 훈련도 게을리 하지 않았다. 특히, 그가 만든 거북선은 과거의 것을 모범으로 하여 배 위에 뚜껑을 덮어 적의 화살이나 총탄을 막을 수 있도록 하고, 게다가 송곳을 꽂아서 적의 접근을 방지하도록 한 것이었다. 한편, 선체 주위에는 포구(砲口)를 만들어 놓아 이편에서 자유로이 공격할 수 있도록 하였다. 이러한 전비를 갖춘 이순신은 왜의 함대가 다가온다는 보고를 받고 곧 출동하여 각처에서 적선을 격파하였다. 옥포(玉浦)에서의 첫 해전에서 승리를 거둔 후, 이어 당포(唐浦)·당항포(唐項浦)·한산도(閑山島)·부산(釜山) 등에서 계속 큰 전과를 거두었는데, 특히 한산도 앞바다에서의 해전은 가장 유명한 것으로 임진왜란의 3대첩(大捷)의 하나로 꼽히고 있다. 이러한 이순신의 활약은 해상권을 완전히 조선군의 수중에 있게 하였고, 그 결과 해상으로 북진하여 육군과 합세하려던 왜군의 작전은 분쇄되고 말았다. 또 곡창지대인 전라도 지역이 안전할 수 있었던 것도 이러한 이순신의 공로에 의한 것이었다. 뿐만 아니라 적의 보급로를 위협하여 왜 육군의 작전을 뜻대로 하지 못하게 하였다.

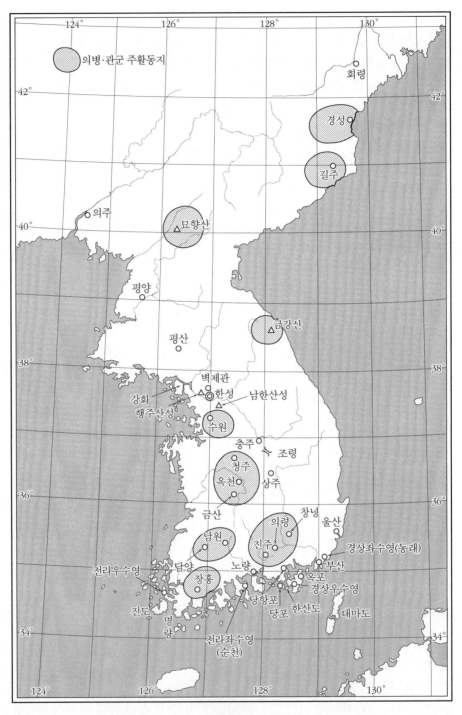

임진왜란도

한편, 육지에서는 사방에서 의병이 일어났다. 정부의 모병에는 소극적이던 국민들이 스스로 향토의 방위를 위하여 무기를 들고 일어났던 것이다. 대개 같은 지방에 사는 양반·농민·노비 등이 모여서 의병장(義兵將)을 중심으로 부대를 편성하였고, 병력이 늘어나자 그 작전 지역을 점점 확대시켜 갔다. 의병장은 대체로 그 지방에서 명망이 높은 사람들이었는데, 그중에서도 조헌(趙憲)·곽재우(郭再祐)·고경명(高敬命)·김천일(金千鎰)·정문부(鄭文孚) 같은 이는 그 대표적인 인물들이었다. 조헌은 충청도 옥천(沃川)에서 일어나 청주(淸州)의 왜병을 축출하고 금산(錦山)의 왜병을 공격하다가 전사하였다. 곽재우는 경상도 의령(宜寧)에서 거병하여 의령·창녕(昌寧) 등지에서 적을 물리치고 나아가 진주(晋州)에서 김시민(金時敏)과 함께 적병을 격퇴하였다. 고경명은 전라도 광주(光州)에서 거병하고 금산을 공격하다가 전사하였다. 김천일은 수원(水原)에서 자주 적병을 괴롭히다가 뒤에 제2차 진주전(晋州戰)에 참가하여 전사하였다. 그리고, 정문부는 함경도에서 활약하여 경성(鏡城)·길주(吉州) 등을 확보하고 또 관동(關東) 지방의 적도 축출하였다. 이들 이외에도 각지에서 허다한 의병이 일어났으며, 그중에는 묘향산(妙香山)의 휴정(休靜 ; 서산대사), 그 제자인 금강산(金剛山)의 유정(惟政 ; 사명대사)과 같은 승려들이 승병(僧兵)을 거느리고 활약한 사실도 있었다. 이 같은 의병의 유격활동이 왜군의 군사행동에 주는 타격은 심대한 바가 있었다.

또, 명(明)의 원군(援軍)이 도착하였다. 이여송(李如松)이 거느린 5만의 명군(明軍)은 평양(平壤)의 탈환에 성공하고 남으로 왜군을 추격하였다. 그러나 벽제관(碧蹄館)에서 패하여 평양으로 돌아가 움직이지 않았다. 이때 권율(權慄)은 행주산성(幸州山城)에 웅거하여 명군과 합세해서 서울을 탈환하려다가 명군의 패퇴로 고립 상태에 빠졌다. 이러한 상황 속에서 그는 몇 배나 되는 대병으로 계속적인 공격을 감행하여 온 왜군을 역전분투하여 모두 격퇴하였다. 이 피나는 방어전의 승리는 임진왜란의 3대첩의 하나로 기억되고 있다.

이때 화의가 진행되어 왜군은 경남의 해안 일대로 물러나게 되었다. 이즈음 왜군은 앞서 제1차 전투에서 김시민에게 패퇴한 진주를 재차 공격하여 왔는데, 김천일·황진(黃進) 등이 역전하였으나 함락되고 말았다. 두 차례에 걸친 진주전(晋州戰)은 행주전(幸州戰)에 못지않은 치열한 방어전이었으며, 특히 제1차의 진주성 고수(固守)는 3대첩의 하나로 꼽히고 있다.

화의의 교섭이 결렬되자 왜군은 다시 출동하였으나(정유재란, 丁酉再亂, 선조

30년, 1597), 그 활동은 경상도를 중심으로 맴도는 데 그쳤다. 비록 해군의 활동
이 일시 활발하였으나, 이순신에게 명량(鳴梁)에서 격파된 뒤에는, 왜군은 경상
도와 전라도의 해안지대에 봉쇄되어 있었다. 그러다가 도요토미가 죽자 그를
핑계로 모두 철퇴해 버리고 말았다. 이 철퇴하는 왜군은 노량(露梁)에서 이순
신이 거느린 해군에 의해서 크게 격파되었는데, 이 전투에서 이순신은 전사하
였다.

왜군의 침략으로 인하여 우리나라는 인적·물적인 피해를 많이 입었다. 인
구는 줄고, 토지대장(土地臺帳)과 호적(戶籍)이 불타 버려 조세와 요역의 징발이
곤란하여졌다. 또 불국사(佛國寺)와 경복궁(景福宮) 같은 건물이나 사고(史庫)
의 서적들이 왜군의 방화로 불타 버려 귀중한 문화재가 많이 없어졌다. 이러한
피해를 입었으나, 각지에서 일어난 의병의 활동과 해군의 활약으로 인하여 왜
군은 결국 패배하여 철퇴해 버렸다. 그 때문에 도요토미 가문은 몰락하고 대신
도쿠가와(德川) 가문이 대두하여 새로운 무인정권을 건설하게 된 것이다. 이
도쿠가와 막부(幕府)와의 사이에는 그들의 요청으로 수호가 맺어졌으나, 민족
적인 증오심은 길이 남아 있었다. 한편, 일본은 조선에서 도자기 기술자를 포
로로 데려갔는데, 그들에 의하여 일본의 도자기는 큰 발달을 하게 되었다. 또,
약탈하여 간 많은 서적은 일본에서 성리학(性理學)을 비롯한 학문의 발전에 이
바지하였다.

병자호란

임진왜란을 겪은 선조(宣祖)의 뒤를 이어 즉위한 광해군(光海君, 1608~1623)
은 내정과 외교에 그의 비범한 정치적 역량을 발휘하였다. 그는 사고(史庫)의
정비, 서적의 간행, 호패(號牌)의 실시 등 그 치적에 볼 만한 것이 많았다. 한편,
밖으로는 여진(女眞)의 후금(後金)이 만주에서 일어나는 새로운 국제 정세에 처
하여 현명한 외교정책을 써서 국제적인 전란에 빠져 들어가는 것을 피하였다.
명(明)이 후금을 치기 위하여 만주로 출병하였을 때에 그 요청에 못 이기어 강
홍립(姜弘立)으로 하여금 1만여의 군대를 거느리고 원조케 하였다. 그러나, 광
해군은 강홍립에게 형세를 보아 향배를 정하라는 비밀 지시를 했던 것이다. 이
에 명군(明軍)이 불리하게 되자 강홍립은 후금에 항복하고 말았다. 이 때문에
후금의 조선에 대한 보복적 행동은 없이 지났다. 한편, 광해군은 군비도 게을

리 하지 않아 성지(城池)와 병기(兵器)를 수리하고 군사 훈련을 실시하는 등 국
방에 유의하였다. 이러한 광해군이 서인(西人)에 의하여 물러나고 인조가 즉위
하였다(인조반정, 仁祖反正, 1623).

　인조를 옹립한 서인은 광해군의 대외적인 관망 태도를 버리고 향명배금(向明
排金)의 정책을 뚜렷이 하였다. 이러한 정책의 변화는 후금의 신경을 날카롭게
하였다. 게다가 명장(明將) 모문룡(毛文龍)이 철산(鐵山)의 가도(椵島)에 주둔하
고 요동(遼東)의 회복을 획책하였으므로 이것이 또 후금을 불안케 하였다. 이
에 후금은 명을 치기 위하여는 먼저 배후를 위협하고 있는 조선과 모문룡을 정
벌해야 할 필요를 느끼게 되었다.

　이러한 때에 이괄(李适)의 난이 일어났다. 이괄은 반정공신(反正功臣)의 한 사
람이었으나, 2등공신으로밖에 참여하지 못한 것에 불만을 품고 반란을 일으켜
일시 서울을 점령하기까지 하였다. 그러나 관군에게 패하자 그 일당이 후금으
로 도망하여 광해군 폐위와 인조 즉위의 부당성을 호소하고 후금의 침략을 종
용하였다 한다. 이에 후금은 광해군을 위하여 보복한다는 구실을 내세우고 인
조 5년(1627)에 제1차로 침입하여 와서(정묘호란, 丁卯胡亂), 일부는 가도의 모
문룡을 치고 주력부대는 평산(平山)으로 닥쳐 왔다. 이에 조정에서는 강화를
청하고 형제의 맹약을 맺을 것을 약속하여 후금의 군대를 철퇴케 하였다.

　그 후 후금의 태종(太宗)은 황제라 칭하고 국호를 청(淸)이라 고치고는(인조
14년, 1636) 사신을 보내어 조선과 군신(君臣)의 관계를 맺을 것을 요구하였다.
이에 조정은 크게 반발하여 인조는 청의 사신을 만나지도 않고 그 국서도 받
지 않았다. 그리고는 선전(宣戰)의 교서를 내렸는데, 이에 청 태종은 인조 14년
(1636)에 대군을 거느리고 침략하여 오게 되었다(병자호란, 丙子胡亂). 이때 왕
자와 비빈을 먼저 강화(江華)로 피난시켰으나 인조는 길이 막혀 남한산성(南漢
山城)으로 들어갔다. 산성에는 군량이 적은데다 기다리는 구원병도 도착하지
를 않았다. 게다가 강화가 함락되어 왕자·비빈은 포로가 되었다. 이에 인조는
최명길(崔鳴吉) 등 주화파(主和派)의 주장을 좇아서 항복을 결심하고 삼전도(三
田渡 ; 송파, 松坡)의 청 태종 진영에 나아가 항복하고 말았던 것이다. 이 결과 조
선은 명과 단교하고, 왕자를 볼모로 보내고, 청에 대하여 신하로서의 예를 지
키고, 청이 명을 공격할 때에 원병을 파견할 것 등을 약속하였다. 이리하여 소
현세자(昭顯世子)와 봉림대군(鳳林大君)의 두 왕자가 볼모로 가고, 척화파의 강
경론자인 홍익한(洪翼漢)·윤집(尹集)·오달제(吳達濟)의 3학사는 잡혀가 죽음

을 당하고, 김상헌(金尙憲)도 뒤에 잡혀가서 오랜 옥중생활을 하였다.

청군의 침입은 왜군의 침입에 비하여 기간도 짧았고, 또 국토의 적은 일부만
이 전쟁터로 변하였기 때문에 피해가 적은 편이었으나, 청군이 거쳐간 서북 지
방은 약탈과 살육에 의하여 황폐하여졌다. 이로 말미암은 적개심에다가 문화
적인 우월감이 겹쳐서 청에 대한 반감이 크게 일어났다. 그리하여 임경업(林慶
業)이 명과 연결하여 청을 치려고 한 일이 있으며, 또 인조의 뒤를 이은 효종(孝
宗 ; 봉림대군, 鳳林大君)이 북벌(北伐)을 계획한 일도 있었다. 한편, 북한산성과
남한산성을 수리하여 국방을 엄히 하기도 하였다.

제4절 사림의 문화

성리학의 융성

지방에 근거를 가지고 있는 사림학자들은 서원을 중심으로 학문의 연구와
후진의 교육에 많은 노력을 기울이는 경향을 나타냈다. 이렇게 정계와 등진 학
자들이 실제적인 학문보다는 사색적이고 이론적인 것을 즐겨할 것은 당연했
다. 성리학은 원래 인간의 근본이 선(善)하다는 것을 탐구함으로써 유교적 교
화정치(敎化政治)의 이론적 근거를 찾아보려는 학문이었지만, 이를 위하여 우
주만물의 근본을 구명해 보려는 형이상학적인 경향을 지니고 있었다. 이러한
성리학이 지방에 안주하는 사림학자들에게 심리적으로 영합된 것이었다. 이리
하여 많은 성리학의 대가들이 나와서 그 융성을 극하게 되었던 것이다.

그런데 같은 성리학이라도 여기에는 두 가지 계통이 있었다. 그 하나는 주리
파(主理派)요, 다른 하나는 주기파(主氣派)였다. 주리파의 선구자는 이언적(李彦
迪)이며, 그의 뒤를 이어 이를 대성한 이는 이황(李滉)이었다. 이황은 동방의 주
자(朱子)라고 불리는 대학자이지만, 주자의 설을 계승하여 이를 마음의 학문으
로 심화시켜 체험주의 · 수양주의의 입장을 내세웠다. 그는 주자와 마찬가지로
우주의 근원을 이루는 이와 기는 서로 떠날 수 없는 관계에 있다는 이기이원
론(理氣二元論)의 입장에 서 있었다. 그러나 그에 의하면, 이는 기의 활동의 근
저가 되고 기를 주재하고 통제하는 실제였다. 그러므로 결국 주리적인 입장에

서 있었던 셈이다. 이 주리설에서 보면 개개의 사물의 법칙을 인식하는 것보다는 우주의 근원이 되는 생명력에 대한 인식이 더 중요했다. 나아가서는 그 생명력에 근본을 둔 인간의 도덕적 의욕이 중요시되었던 것이다. 따라서, 내향적인 경향이 있으며 내적인 경험을 존중하게 되었던 것이다. 그들이 도덕적 신념과 이를 실천함에 있어서 절조(節操)와 기백(氣魄)을 중히 여김은 그 때문이었다. 이황 이후 주리파는 유성룡(柳成龍)·김성일(金誠一) 등 제자에 의하여 영남학파(嶺南學派)로서 계통이 이어져 내려왔다. 뿐만 아니라, 일본의 학계에도 큰 영향을 주어 근세 일본 유학의 주류를 형성케 하였다.

주리설과 대립되는 입장에 서 있던 것이 주기설이었다. 주기설의 선구적 존재는 일생을 은거하며 학문에 전념한 서경덕(徐敬德)이었다. 그 뒤 기대승(奇大升)이 나서 이황과 논쟁을 폄에 이르러 주기설이 점점 세를 떨치었는데, 이 주기설을 대성한 이가 이이(李珥)였다. 본래 주기설은 우주의 근원적 존재를 신비적인 이보다는 물질적인 기에서 구하는 입장이었다. 이 주장에 의하면 이는 기가 움직이는 법칙을 말하는 것이다. 그러므로 주기설에서는 사물의 법칙성을 객관적으로 파악하려는 입장에 서는 것이다. 그들도 주자의 학설을 이은 만큼 도덕법칙의 탐구를 중요시하였지만, 그 방법이 외향적이요 지식주의적인 입장에 서 있어서 외적 경험과 박학을 존중하였던 것이다. 따라서, 같은 성리학이라도 그 경향에 상당한 차이가 있음을 알 수 있다. 이이는 비단 철학자로서뿐 아니라, 정치·경제·국방 등 현실 문제에 대하여도 여러가지 개혁론을 주장하여 유명하다. 이 주기파는 이이의 학우인 성혼(成渾), 제자인 김장생(金長生) 등 소위 기호학파(畿湖學派)에 의하여 계승되었다.

보학과 예학

사림 중심의 양반사회에서 동성동본(同姓同本)의 혈족집단인 종족(宗族)이나 혹은 그 분파인 가계(家系)는 중요한 사회적 세력의 단위였다. 이 종족이나 가계 안에서 유대 관계를 밝혀 놓은 것이 족보(族譜)였던 것이다. 즉, 족보는 종으로는 혈통 관계를 밝히고, 횡으로는 동족 관계를 기록한 것이었다. 이 족보가 이때에 널리 만들어지게 된 것은 그것이 여러가지 사회적 특권을 누리는 양반의 신분을 밝혀 줄 뿐만 아니라, 또 동족 인사와의 관계를 나타내 주는 것이기 때문이었다. 그들은 족보에 의해서 자기 동족 중의 유명 인사를 알아두는 것을 필요로 했다. 즉, 족보를 외는 소위 보학(譜學)은 양반이 지녀야 할 하나의 필수적 지식이었던 것이다.

동족 관계에 대한 지식이 보학이라면, 동족 관계에 따르는 상장제례(喪葬祭禮)에 관한 지식이 예학(禮學)이었다. 가례는 성리학이 들어온 이래『주자가례(朱子家禮)』에 의하여 행하여지고 있었으며, 양반들에게 일종의 강제성을 띠고 무의식적으로 행해져 왔다. 그러다가 김장생(金長生)이 『가례집람(家禮輯覽)』 등을 저술함에 미쳐 예학은 이론적인 학문으로 성립하게 되어, 그는 조선 예학의 최고 권위자로 존경을 받게 되었다. 김장생은 무의식적으로 규정된 절차에 따르는 것이 아니라 의식적인 노력으로 몸소 실천하는 데에 예학의 근본 취지가 있다고 생각하였다. 그의 학문은 아들 김집(金集)에게 계승되었는데, 이 이후 예학은 하나의 학문으로서 성립하였고, 이에 관한 많은 저술들이 나타났다. 한 집안이나 한 나라에 있어서의 계통과 질서를 바로하기를 원하는 것이 예학인 만큼, 결국 이것은 양반사회의 질서를 옹호·유지하는 구실을 담당하였던 것이다.

가사와 시조

한문학적(漢文學的)인 경향이 짙은 경기체가(景幾體歌)나 악장(樂章)을 대신하여 조선 중기에 크게 발달한 것이 가사(歌辭)였다. 가사는 4·4조(調)의 산문으로서 한국적인 시가의 특징을 나타내는 형식의 것이며, 사림들의 생활의 일면인 자연의 아름다움에 대한 동경이 잘 표현되어 있다. 가사를 대성한 이는 정철(鄭澈)이며, 「관동별곡(關東別曲)」을 비롯하여 「사미인곡(思美人曲)」·「속미인곡(續美人曲)」 등의 작품을 남기었다. 이들 작품은 아름다운 자연이나 미인을 통하여 국왕에 대한 연모의 정을 읊은 것들이었다.

고려 말기 이래로 시조(時調)라는 새로운 시가 형식이 발생하더니, 조선시대에 들어와서는 더욱 발전하여 조선시대 국문학의 대표적인 한 분야가 되었다. 비록 때로는 시여(詩餘)라는 말로 표현되어 경시하는 듯한 경향을 나타내기는 하였으나, 시조는 양반사대부들이 인생을 살아가는 올바른 자세를 나타낸 것으로서, 그들이 지녀야 할 교양의 하나가 되었으며, 정치가·학자·무인 할 것 없이 그 작품을 남기었다. 그랬던 만큼 그들 양반사회의 생활 감정은 이 시조를 통하여 잘 표현되었다고 하겠다.

시조문학은 박인로(朴仁老)·신흠(申欽) 등을 거쳐 윤선도(尹善道)에 이르러 대성되었다. 물론, 이 밖에도 사대부 출신의 많은 시조작가들이 있었고, 그들이 읊은 제재(題材)도 갖가지였다. 국왕에 대한 충성심을 토로한 것이 있는가 하면, 도덕적인 교훈을 읊은 것도 있었다. 또 무인의 호방한 기분을 노래한 것이 있는가 하면, 임진왜란이나 병자호란을 겪은 비분 강개한 심정을 읊은 것도 있었다. 그리고 자연으로 도피하여 거기서 인생의 즐거움을 맛보는 내용을 담은 것도 있었다. 그런 중에서 최대의 시조작가 윤선도의 작품에는 「산중신곡(山中新曲)」이니 하여 자연에 대한 동경이 농후하게 나타나 있다. 그의 「산중신곡」 중의 오우가(五友歌)는,

> 내 버디 몃치나 ᄒ니 수석(水石)과 송죽(松竹)이라
> 동산(東山)의 ᄃᆞᆯ 오르니 긔 더욱 반갑고야
> 두어라 이 다숫 밧긔 ᄯᅩ 더ᄒᆞ야 무엇ᄒᆞ리

라 하여 물·돌·소나무·대나무·달의 다섯 친구를 벗삼아 인생의 고요한 즐거움을 맛보자는 내용의 것이었다. 정계를 떠나서 청빈한 생활에 자위하려는 것이었다. 시조문학의 최고 작품들이 이러한 제재의 것이었다는 사실을 주목하지 않을 수 없다.

제11장 광작농민과 도고상인의 성장

제1절 벌열정치

벌열정치

　동인(東人)과 서인(西人)으로 갈라져 붕당이 생긴 초기에는 동인이 득세하여 서인을 압도하였다. 동인에는 대체로 이황(李滉)과 조식(曺植)의 문인이 많고 서인에는 이이(李珥)와 성혼(成渾)의 계통이 많아서 붕당은 학파(學派)의 대립과 밀접한 관계가 있었다. 그러나, 서인 정철(鄭澈)의 건저의사건(建儲議事件)을 전후하여, 동인 중에는 서인에 대한 강경파와 온건파로 갈리어 남인(南人)과 북인(北人)의 대립이 생기었다. 이 남·북인의 분열도 학파로 보면 이황의 문인과 조식의 문인 간의 대립이었다. 임진왜란 이후 세력이 강하여진 북인이 광해군(1608~1623)을 추대하였기 때문에 광해군 재위 동안은 북인이 정권을 전담하였다. 그러나, 북인에게 눌려 있던 서인은 광해군을 죄로 몰아 폐하고 인조를 옹립하였다(인조반정, 仁祖反正, 1623). 이 이후 오랫동안 서인이 정권을 담당하게 되었다. 특히 효종(1649~1659) 때에 송시열(宋時烈)이 등용되면서 서인은 그 정치적 기반을 굳게 하기에 이르렀다.

　그러나, 서인은 가끔 남인의 도전을 받기도 하였다. 가령, 효종의 모후(母后) 조대비(趙大妃)의 상복(喪服) 문제를 에워싼 예송(禮訟)논쟁에서 서인을 물리치고 남인이 등용된 일이 있었으며(숙종 즉위년, 1674), 또 장희빈(張禧嬪)의 몸에서 난 왕자의 세자 책봉 문제 때문에 역시 서인 대신에 남인이 등용된 일이 있었다(숙종 15년, 1689). 그러나 남인의 정권은 몇 년 안 되는 짧은 기간 유지되었을 뿐이었다. 따라서 숙종 20년(1694)에 서인이 다시 집권한(갑술환국, 甲戌換局) 이후로는 오랫동안 서인이 홀로 정치의 실권을 쥐게 되었던 것이다. 그리고 서인이 송시열 계열의 노론(老論)과 윤증(尹拯)을 중심으로 한 소론(少論)으로 갈린 뒤에는 노론이 주로 정치의 권좌에 눌러앉아 있었다.

이같이 하여 서인, 특히 노론을 중심으로 한 장기 집권 가문 즉 벌열(閥閱)이 성립되기에 이르렀다. 이들은 정치의 실권을 독점하고 부정수단으로 자제들을 과거(科擧)에 합격시켜 그 지위를 세습시켰다. 사림세력이 중앙의 정치 무대에 등장하여 권력투쟁을 벌인 끝에, 드디어는 노론의 소수 가문에 의하여 정권이 독차지되는 벌열정치(閥閱政治)로 굳어져 버렸던 것이다.

정권에 참여하는 것이 배제된 많은 사림 출신 유학자들은 옛날 사림의 원상으로 되돌아가게 되었다. 그들은 동족이나 동학의 인연을 찾아 지방으로 낙향하여 서원을 세워 그들의 근거지로 삼게 되었다. 이러한 결과로 숙종(1674~1720) 때에는 300에 가까운 서원이 세워지기에 이르렀다. 이 같은 상황 속에서 과거를 외면하는 유교의 경전에 밝고 행실이 뛰어난 재야 학자가 유림(儒林)을 대변하는 존재로서 산림(山林)이라 불리며 존대되었다. 이들은 그러나 국가의 회유정책에 의하여 성균관(成均館)의 특수 관직을 받고 벌열과 타협하여 어용화의 길을 밟기도 하였다. 한편 오랫동안 관직에 나아가지 못한 양반 중에는 그 체모를 유지할 수 없으리만큼 경제적으로 몰락하여 농업에 종사하는 소위 잔반(殘班)들이 생겨났다.

탕평책

서인, 그중에서도 노론이 정치계를 지배하여 벌열정치가 행하여지게 되자, 자연히 정치적으로 패퇴하여 뜻을 잃고 나라를 원망하는 무리들이 생기게 되었다. 이들은 성리학지상주의(性理學至上主義)를 비판하고 자유로운 사상을 품을 수 있는 정신적 여유를 가지게 되었다. 이들 속에서 당시의 현실을 개혁하려는 실학사상(實學思想)이 일어나기도 하고, 또 주자의 주장에 반대하는 양명학(陽明學)이 행해지기도 하고, 현실을 부정하는 『정감록(鄭鑑錄)』이나 서학(西學 ; 천주교)의 사상이 싹트기도 하는 것이다. 한편 일당의 오랜 집권에 의하여, 지금껏 여러 붕당의 균형 속에서 유지되어 오던 왕권이 그 권위를 지켜 나갈 수 없게도 되었다. 이러한 여러 사태를 시정하기 위하여 취해진 것이 탕평책(蕩平策)이었다.

영조(英祖, 1724~1776)에 의하여 처음 표방되고 정조(正祖, 1776~1800)에 의하여 계승된 탕평책은 노론과 소론을 비롯하여 남인과 북인의 네 붕당의 인물을 고루 등용하자는 것이었다. 이 결과로 붕당간의 대립항쟁은 비교적 잠잠하여지고, 양반들 사이의 균형이 이루어져서 왕권도 크게 신장하게 되었다. 이것은 동시에 성리학지상주의의 사회질서를 유지하는 데도 기여하였다. 영조·정조 시대의 정치적 안정은 그 결과였던 것이다.

그러나, 탕평책은 붕당 대립을 근본적으로 없애지는 못하였다. 어느 면에서는 오히려 이를 조장한 느낌이었다. 그것은 관직을 바라는 양반의 수를 더욱 증가시킨 결과가 되었기 때문이다. 이런 속에서 시파(時派)와 벽파(僻派)의 새로운 대립이 생겨나게 되었다. 영조는 그의 아들 장헌세자(莊獻世子)를 죽인 사실이 있었는데, 이 사건을 계기로 장헌세자의 죽음을 동정하는 시파와, 그의 죽음의 정당성을 주장하는 벽파가 생겨났던 것이다. 이 시파와 벽파의 분립은 파 안에 파를 낳게 하여 붕당의 양상을 더욱 복잡하게 만들게 되었다. 다만 이인좌(李麟佐)의 난(영조 4년, 1728)을 계기로 노론이 우세한 편으로 기울긴 하였으나, 탕평책의 추진에 힘입어 붕당간의 날카로운 대립 항쟁은 잠잠하여졌다. 그 반면에 양반 사이에는 적당주의·무사안일주의가 널리 퍼지게 되었다. 이런 속에서 옳고 그른 것을 가리기보다는 개인의 이익만을 도모하려는 공리적인 경향이 일어나서 드디어는 세도정치(勢道政治)로까지 치달아 가게 되었다.

제2절   수취제도의 변화

대동법의 실시

소수의 벌열을 중심으로 한 지배체제가 굳어져 갈 무렵, 국가적으로 심각하게 문제된 것은 재정적 궁핍이었다. 전란에 의하여 농토가 황폐하여져서 경작면적이 줄어들었고, 게다가 양안(量案 ; 토지대장, 土地臺帳)이 많이 없어져서 양안에서 빠진 토지 즉 은결(隱結)이 늘어났기 때문이다. 그 결과 임진왜란 이전에는 170만 결에 달하던 토지면적이 전란 이후 광해군(光海君, 1608~1623) 시대에는 불과 54만 결밖에 안 되었다. 3분의 1 이하로 줄어든 것이다. 이에 토지의 개간을 장려하고 양전(量田)을 실시한 결과 숙종(肅宗, 1674~1720) 때에는 토지면적이 140만 결로 증대하기에 이르렀다. 그러나, 국가의 조세 수입이 이에 상응하여 증대하지는 못하였다. 그것은 왕자(王子)·옹주(翁主) 등에게 준 궁방전(宮房田)이나 관청·군영 소속의 둔전(屯田)과 같은 면세지(免稅地)가 증가하였기 때문이다. 중앙의 권신이나 지방의 세력가들의 토지 점유가 확대되어 간 것도 같은 결과를 가져왔다. 이 조세액의 감소를 무엇으로 보충하느냐 하는 것은 국가의 경제를 위하여 지극히 중요한 문제가 아닐 수 없었다.

여기서 이미 임진왜란 이전부터 일부에서 주장되어 오던 공납(貢納)을 미곡(米穀)으로 바치게 하는 수미법(收米法)이 다시 논의되기에 이른 것이다. 원래, 공납제도는 여러가지 불편을 수반하고 있어서 방납(防納)이 행해지게 되었던 것인데, 이에 따라서 공납자들의 부담이 더욱 무거워졌음은 앞서 이야기한 바와 같다. 이에 공납자인 농민들은 이 괴로움으로부터 벗어나기 위하여 유망(流亡)하는 등 소극적이나마 반항을 계속해 왔다. 이에 공물을 미곡으로 대신 납부시킴으로써 방납에 따르는 납공자들의 피해를 덜자는 것이 수미법을 주장하는 이유였다.

이 주장은 임진왜란 이전에는 결국 받아들여지지 않고 말았다. 그러다가 임진왜란 후에 조세의 감소로 인하여 재정의 곤란을 당하고서야 비로소 그 보충을 목적으로 실시되게 되었다. 즉, 광해군 즉위년(1608)에 이원익(李元翼)의 주장에 따라서 우선 경기도에 시행되었고, 인조 원년(1623)에는 강원도에 실시되었다. 그리고 효종(1649~1659) 때에는 김육(金堉)의 주장으로 충청도와 전라도에 실시되더니, 숙종 34년(1708)에는 드디어 전국에 실시되기에 이르렀다.

이리하여 대동미(大同米)라는 명칭 아래 전(田) 1결(結)에 대하여 쌀 12두(斗)씩을 징수하게 되었는데, 이를 혹 포(布;대동포, 大同布)나 전(錢;대동전, 大同錢)으로 납부하게도 하였다. 그리고 이를 관할하는 관청을 선혜청(宣惠廳)이라고 하였다. 이 대동법이 실시된 뒤에도 필요에 따라 농민들로부터 공물을 받아들이기는 하였으나, 원칙적으로 공납제도는 폐지되었다. 이렇게 공납이 전세(田稅)와 같이 됨으로써 사회적으로 적지 않은 영향을 끼치었다. 우선 농민들의 경제적인 부담이 가벼워지게 되었다. 뿐만 아니라, 공인(貢人)이라는 어용상인을 중심으로 한 상업자본을 발전시켰고, 아울러 공인으로부터 주문을 받아 생산하는 독립적인 수공업을 일으켰다. 이러한 현상은 사회적인 커다란 전환을 초래하게 하였던 것이다.

역법의 변화와 균역법

임진왜란이 일어날 당시에는 조선왕조 초기의 5위(衛)가 사실상 유명무실한 것이 되어서 각지에서 일어나는 의병(義兵) 이외에는 이렇다 할 군사력이 없었다. 이에 임진왜란 중에 훈련도감(訓鍊都監)을 설치해서 군사를 양성하게 되었는데, 여기서는 포수(砲手 ; 총병, 銃兵)·사수(射手 ; 궁병, 弓兵)·살수(殺手 ; 창검병, 槍劍兵)의 삼수병(三手兵)을 훈련하였다. 왜구(倭寇)를 방어하기 위하여 발전시킨 중국의 절강병법(浙江兵法)의 권위자 척계광(戚繼光)의 『기효신서(紀效新書)』에 의한 것이었다. 이 훈련도감을 위시해서 점차로 총융청(摠戎廳)·수어청(守禦廳)·금위영(禁衛營)·어영청(御營廳) 등이 숙종(1674~1720) 때까지 설치되어 소위 5군영(軍營)이 성립하였는데, 이후 이 5군영이 국군의 중심 부대가 되었던 것이다.

5위에서 5군영으로의 개편은 일관된 계획과 방침에 의한 것이 아니고 그때그때의 편의와 필요에 의한 것이었다. 그러므로 그 성격도 반드시 일관된 것은 아니었다. 그중에는 반농반병(半農半兵)의 향군(鄕軍)이 교대로 서울로 올라가서 숙위하게 되어 있는 것도 있었다. 그러나, 이러한 원칙은 얼마 안 가서 곧 무너지고 결국은 지원자를 모집하는 모병제(募兵制)가 사실상 지배적인 것이 되고 말았다. 그렇다고 일반 장정들이 지니고 있는 군역의 의무 자체가 면제된 것은 물론 아니었다. 그들은 실제의 군역을 짊어지지 않는 대신에 1년에 2필의 군포(軍布)를 바쳤고(수포대역, 收布代役), 이 군포가 군사를 훈련하는 군비에 충당되었던 것이다. 그러므로 이 군포의 납부는 일종의 조세와 같이 되었던 셈이다.

1년에 2필의 군포라는 것은 결코 가벼운 부담이 아니었다. 그중에는 관리와 결탁하여 군포의 납부를 면제당한 사람들이 있었다. 그러므로, 결국 이를 납부하는 것은 옹호자가 없는 가난한 사람들뿐이었다. 이들에게 1년에 2필의 군포는 무거운 부담이었다. 그러나 2필뿐이 아니었다. 어린애를 정(丁)으로 편입시켜서 군포를 징수하는 황구첨정(黃口簽丁), 죽은 자에게 대하여도 여전히 군포를 징수하는 백골징포(白骨徵布) 등의 부정수단이 행하여진 때문이었다. 이 무거운 부담에 못 견디어 도망하는 자가 속출하였다. 그러면 도망한 자의 몫은 그 이웃집에서 받는 인징(隣徵)을 하거나 그 일족에게서 받는 족징(族徵)을 하였다. 이 결과 도망하는 자의 수는 더욱 증가하여 갔다. 따라서 농촌은 더욱 피폐하여 갈 뿐이었다.

토지경제에 기초를 두고 있는 국가가 농촌의 황폐 위에 설 수 없음은 분명하다. 여기서 군포의 징수를 개혁할 필요를 느끼게 된 것이다. 그러나 정부의 가장 중요한 재원의 하나요, 또 양반관리들의 협잡에 의한 사적 재원의 하나인 군포 자체의 폐기는 기대할 수가 없었다. 근본적인 경제적 개혁에 의한 재원의 획득에 정부는 아무런 대책도 자신도 없었기 때문이다. 그러다가 영조 26년(1750)에 와서 국왕의 엄명을 받고 비로소 2필의 군포를 1필로 감하여 받도록 결정하게 되었다. 이러한 필 수의 반감으로 인하여 생기는 부족액은 지금까지 왕실에 속해 있던 어세(漁稅)·염세(鹽稅)·선세(船稅)를 정부의 수입으로 돌리고, 양반도 상민도 아니라고 자칭하며 군포를 부담하지 않는 한유자(閑遊者)를 선무군관(選武軍官)이라 하여 포(선무군관포)를 받고, 또 양반의 소유토지를 포함한 모든 전결(田結 ; 단 평안도·함경도 제외)에서, 1결당 쌀 2두(斗)를 결작(結作)이란 이름으로 징수하는 등의 방법으로 이를 보충하였다. 이 새 법을 균역법(均役法)이라고 부른 것은 이같이 왕실·양반·한유자 등으로부터 거둔 수입으로 일반 농민의 군포 부담을 덞으로써 역을 균등히 한다는 뜻에서였다.

소극적인 것이나마 유망(流亡) 등의 반항에 몰리어 실시하지 않을 수 없었던 이 균역법은 농민들의 부담을 우선 가볍게 해 줄 수 있었다. 그러나 군포를 납부하는 군인 수를 30만에서 50여 만으로 증가시켜 정부의 수입 증가를 도모함에 따라서 농민의 부담이 증대하였다. 그것은 유망 등의 사유로 군인 수가 줄어들 가능성이 더 커졌고, 그렇게 되면 그가 낼 군포를 그가 속한 지방행정단위 내의 장정들이 공동 부담하게 되어 있기 때문이다. 그러므로 인징·족징·황구첨정·백골징포 등의 악습은 여전히 남아 있게 되었고, 따라서 실제로는 1필 이상을 내게 되었다. 균역법의 실시에도 불구하고 농민들은 여전히 군포의 납부로 말미암는 괴로움을 당하고 있었다.

제3절   경제적 성장

광작농민과 농촌분화

17세기로 들어서면서 농업은 기술적으로 크게 발전하였다. 우선 벼의 이앙법(移秧法)이 발달하였다. 이앙법은 못자리(묘판, 苗板)에서 모(苗)를 길러 적당히 자란 뒤에 이를 뽑아 논에 옮겨서 기르는 것을 말하는데, 모를 기르는 동안 논은 물을 빼고 밭과 같이 만들어 보리를 기를 수가 있어서 벼와 보리의 이모작(二毛作)이 가능하게 되었다. 이 이모작이 가능하게 된 것에는, 소의 힘으로 경작하는 우경(牛耕)이 보편화되고 쟁기의 구조가 볏이 없는 것에서 볏이 있는 것으로 발전하여 땅을 깊이 갈 수 있게 되어 이랑을 높게 하는 고휴경법(高畦耕法)이 생겨난 데에도 그 원인이 있었다. 벼의 이앙은 모를 기르는 데 있어서나 옮겨 심는 데 있어서 물이 절대로 필요하므로, 과거보다 수리(水利) 문제가 더 절실해졌다. 그러므로, 제언(堤堰)·보(洑) 등 저수지가 새로 많이 만들어지고 또 수리되게 되었다. 저수지 시설은 현종 3년(1662)에 제언사(堤堰司)가 설치되고, 정조 2년(1778)에 「제언절목(堤堰節目)」이 반포되어 국가적인 뒷받침을 받게 되었다. 이리하여 18세기 말에는 저수지의 총수가 약 6,000에 달하기에 이르렀다. 이같이 벼와 보리의 이모작에 의한 농토의 집약적 이용으로 말미암아 토지의 수확고가 크게 증대하게 되었다.

볏을 가진 쟁기가 갈아넘기는 흙, 즉 볏밥의 반전을 쉽게 하여 농토를 더욱 기름지게 하였고, 모를 길러서 옮겨 심는 이앙법은 논에 직접 씨를 뿌리는 직파법(直播法)보다 토지를 경작하는 노동력을 감소시키게 했다. 이 결과 농민 한 사람이 경작할 수 있는 토지의 면적은 2배 이상 늘어나게 되었다. 이에 따라서 상당히 넓은 면적의 토지라도 이를 혼자서 경작하는 소위 광작(廣作)이 크게 보급되었다. 대체로 광작하는 농민들은 부농(富農)이었으며, 이들은 이미 자신의 소비를 위해서가 아니라 상품으로 팔기 위하여 생산하는 기업농(企業農)이었다. 이렇게 넓은 토지를 광작하는 부농층은 가족의 노동력만으로는 이앙기나 추수기의 많은 일을 감당하기 어려우므로 두레를 조직하여 이에 대응하기도 하고, 또 임노동자(賃勞動者)의 힘을 빌리기도 하였다. 이앙법이 보급되면서 농촌에서 많은 노동력이 불필요하게 되었고, 이들은 자연히 이동을 하게 되었으므로 임노동자를 구하기란 힘든 일이 아니었다. 말하자면 쟁기질의 개량이나 이앙법의 보급으로 인하여 농촌사회는 광작을 하는 부농과 토지를 떠나는 이농자의 양자로 분화하는 현상을 나타냈다고 하겠다. 대부분 영세소농(零細小農) 출신인 이농자들은 농촌에서 임노동도 하고, 도시로 가서 남의 집에 기거하면서 일을 해주는 고공(雇工)이 되기도 하였지만, 때로는 유민이 되어 걸식하거나 작당하여 도적이 되기도 하였다.

　광작은 지주층이나 자작농뿐만 아니라 소작농들도 하였다. 즉, 소작농들은 많은 남의 토지를 빌려서 광작을 하였던 것이다. 이렇게 광작을 하는 소작농들도 점차 부를 축적하게 되었고, 이러한 소작농의 성장은 지대(地代 ; 소작료, 小作料)를 도조법(賭租法)에 의하여 물게 하는 결과를 가져왔다. 원래 지금까지 행해지던 타조법(打租法)은 소작료를 수확량의 2분의 1의 비율에 따라 지주에게 내는 것이었다. 이 경우에 지주는 경비와 흉작의 위험을 소작농과 공동으로 부담하는 대신 경영에도 관여하였다. 대개 지주의 신분이 높고 소작농의 신분이 낮았으므로 소작농의 자유로운 농업경영이 불가능하였다. 그러나 도조법은 정해진 양의 소작료를 내는 대신, 소작농 자신이 생산의 경비와 흉작의 위험을 단독으로 부담하였다. 따라서 지주의 감독권을 배제하고 자유로운 농업경영을 할 수가 있었다. 이러한 능력은 광작을 하는 소작농에게서 비로소 가능한 일이었으며, 또 지주와의 사이에 신분적인 차별이 요구될 필요도 없었다. 이리하여 지대의 지불은 타조법으로부터 도조법으로 발전하기 시작하였고, 이것은 장차 화폐로 지불하는 도전법(賭錢法)으로 발전하는 터전이 되었다.

　한편, 농촌사회에서는 특수 재배물에 대한 상업적 생산이 발달하였다. 인삼·담배·목면 등의 재배가 그것이었다. 인삼은 특히 개성(開城)이 재배지로 유명하였는데, 재배된 인삼은 거의 전부가 상품시장을 상대로 한 것이었고, 청이나 일본으로 수출되기도 하였다. 담배도 17세기 초에 전래된 이래 널리 재배되기에 이르렀다. 이 역시 국내에서 상품으로 소비될 뿐 아니라 청으로도 많이 수출되었기 때문에 재배의 범위는 점점 확대되어 갔다. 곡식을 심는 것보다는 이익이 커서 기름진 농토에서 담배를 재배하는 경우도 있었다. 목면도 이즈음에는 점차 자가소비의 범위를 넘어 상업적인 목적으로 재배하는 경향이 늘어가게 되었다.

이와 같이, 이때의 농민들은 농업기술의 향상으로 인한 생산고의 증대, 농업
경영 방식의 발전, 상업적 농업생산의 발달 등에 따르는 부의 축적으로 인하여
부농으로 발전하여 새로운 평민지주(平民地主)가 탄생하게 되었다. 이들은 심
지어 일정한 양의 곡식을 바치고 성명이 기재되지 않은 관직수여증인 공명첩
(空名帖)을 사서 신분 상승의 노력을 하기도 하였다. 그 반면에 정권에서 소외
된 양반으로서 소작농으로 전락하는 소위 잔반(殘班)도 생기었다. 이리하여 양
반과 상민의 관계는, 비록 그 구분 자체가 없어진 것은 아니지만, 현실적인 재
부에 토대를 두고 크게 변질되어 가고 있었다. 물론 농민들 중에서는 더욱 영
세소농으로 전락하거나 혹은 임노동자나 유민이 되는 자도 많았다. 이러한 모
든 현상은 양반사회의 신분질서에 변화가 일어나고 있다는 사실을 증명해 주
는 것이다.

도고상업의 발달

이 시대의 상업에 있어서는 우선 공인(貢人)의 활동을 주목해야 하겠다. 대동
법이 실시된 이후 공납(貢納)이 없어졌으므로 관부에서 필요로 하는 물품은 공
인을 통하여 조달되었다. 공인은 자연히 과거에 공납과 관계를 맺고 있던 시전
상인(市廛商人)·경주인(京主人)·공장(工匠)들이 되게 마련이었다. 이들 공인은
농민들로부터 받아들인 대동미(大同米)를 대가로 미리 받고 물품을 조달하는
경우도 있었으나, 자기의 자본을 가지고 공물을 사서 납부한 뒤에 대가를 받기
도 하였다. 이리하여 점차 공인자본이 성장하게 되었다. 그러므로 공인은 비록
관부와 밀접한 관계를 가진 어용적 성격을 띠고 있었으나, 과거의 방납자(防納
者)와는 다른 상인이었다. 이들은 서울에서는 육의전(六矣廛), 지방에서는 장시
(場市)의 객주(客主)나 여각(旅閣)과 관계를 갖고 상거래를 하였으며, 혹은 직접
수공업자들과 거래하기도 하였다. 이들은 한 가지 물품을 대량으로 취급하는
관계상 독점적 도매상인 도고(都賈)로 성장하여 가게 되었다.

한편, 서울을 비롯한 전국 각지에서 사상(私商)들의 활동이 활발하여 갔다.
이들의 상업 활동은 자기들의 근거지에 한정되지 않고 중요한 교역로를 따라
전국의 시장에 뻗쳐 있었다. 가령, 서울의 강상(江商)은 한강(漢江)을 따라 경
기·충청 일대에서 미곡·소금·어물 등의 판매에 종사하고 있었다. 이들은 선
박에 의한 운수에 종사하던 관계로, 나아가서 조선업(造船業)에도 투자를 하여

이를 지배하였다. 또 개성(開城) 송상(松商)의 활동은 경기를 중심으로 육로를 따라 북쪽으로는 황해·평안지방, 남쪽으로는 충청·경상 지방에 미치고 있었으며, 이들 각지에 송방(松房)이라는 지점을 설치하고 있었다. 이들 송상은 그들의 중요 상품인 인삼을 직접 재배하고, 이를 홍삼(紅蔘)으로 가공하는 데도 손을 대었다. 이러한 사상들과 마찬가지로 서울의 시전상인들도 난전(亂廛)을 금할 수 있는 권리를 이용하여 수공업을 지배하고 특정 상품들을 독점판매하였다. 그러므로 이 시대의 상인은 사상이건 시전상인이건 간에 수공업을 지배하여 상품을 독점판매하는 도고상인이 지배적이었으며, 따라서 도고상업이 이 시대의 지배적인 상업형태였다.

당시의 상인들은 국내상업에 그치지 않고 국제무역도 활발하게 하였다. 특히 의주(義州)의 만상(灣商)은 중강후시(中江後市)니 혹은 책문후시(柵門後市)니 하여 의주의 중강이나 봉황시(鳳凰市)의 책문(柵門)에서 청과의 사이에 사무역을 하였다. 또 동래(東萊)의 내상(萊商)은 일본과의 사무역을 하고 있었다. 뒤에는 송상이 만상과 내상을 끼고 인삼과 은을 매개로 청과 일본 사이의 중개무역을 전개하기도 하였다. 이리하여 국제무역을 통하여 거부로 성장하는 사상이 많이 있었다. 이렇게 국제무역에서 자본을 축적한 사람들 중에는 서울의 중인(中人) 계층의 역관(譯官)들도 있었다.

이러한 사상들의 활약이 커짐에 따라 서울 상가의 모습도 점점 변해 갔다. 시전들이 가지고 있던 난전을 금하는 권리는 육의전을 제외하고는 모두 철폐되기에 이르렀다. 이것이 소위 신해통공(辛亥通共)이라고 부르는 것이다(정조 15년, 1791). 이러한 추세에 따라서 서울에서는 사상들의 상가인 이현(梨峴 ; 동대문 안)·종루(鐘樓 ; 종로 근방)·칠패(七牌 ; 남대문 밖의 청파동)의 3대시(三大市)가 번창하게 되었다. 이 3대시는 시민들의 일상적인 구매장이었으며, 여기서는 국내의 각종 산물들뿐만 아니라 중국·일본 등의 외국상품도 판매되었다.

이 시기에 지방의 일반 장시도 크게 발달하였다. 이리하여 18세기에는 전국에 1,000여 개소의 장시가 서고 있었는데, 이들은 대개 5일마다 정기적으로 개설되는 5일장이었다. 그러나 대구의 약령시(藥令市)와 같이 봄·가을에 열리는 경우도 있었다. 그중에 규모가 큰 것은 이미 상설시장으로 발전해 가고 있었다. 그리고 여기에는 보부상(褓負商)을 상대로 하는 도고인 객주나 여각이 발달하게 되었다. 객주나 여각은 도고뿐 아니라 창고업·위탁판매업·운송업·여관업을 위시해서 대부·어음 발행·예금 등의 은행업도 겸하여 지방의 상업에서 중요한 구실을 하게 되었다. 이같이 상업이 발달함에 따라서 운수업(運輸業)도 발전하게 되었다. 지금까지 조운(漕運)은 관선(官船)에 의한 것이었으나 이제는 사선(私船)에 의하여 행해지게 되었다. 이에 따라 선박의 크기도 커지고 항로도 새로 개척되기에 이르렀다.

위와 같은 상업의 발전으로 말미암아 각종 상인단체의 조직을 보게 되었다. 우선 공인들은 그들의 이권을 독점하기 위하여 공인계(貢人契)라는 조합조직을 가지고 있었으며, 육의전을 중심으로 한 시전상인도 그들의 판매독점권을 지켜 나가기 위하여 도중(都中)이라는 조합조직을 가지고 있었다. 한편 지방의 장시에서 활동하는 보부상들도 그들의 단결과 이익을 옹호하기 위하여 보부상단(褓負商團)이라는 조합조직을 가지고 있었다.

상업의 발달에 따라 금속화폐가 필요하게 되었다. 숙종 4년(1678)에 상평통보(常平通寶)라는 동전을 주조한 이후 계속하여 막대한 화폐를 주조하였는데, 17세기 말경에는 이미 화폐가 전국적으로 유통되기에 이르렀다. 그러나 초기에는 금속화폐가 유통의 수단으로서만이 아니라 오히려 퇴장화폐(退藏貨幣)로 이용되어 부의 척도가 되는 경우가 많았다. 상인들은 토지 대신 화폐로서 부를 축적하고, 이를 고리대의 방식에 의하여 불려 갔던 것이다. 이렇게 퇴장화폐가 늘어가면서 화폐의 부족현상인 전황(錢荒 혹은 전귀, 錢貴)의 현상이 나타나게 되었다. 이 같은 현상이 일어났음에도 불구하고 화폐는 전국 각지에 침투하여 생산물의 상품화를 촉진시켜 나갔다. 이리하여 상품의 매매, 임금의 지불, 세금의 납부 등이 점점 화폐로 행해지게 되고, 소작료도 화폐로 지불하는 도전법(賭錢法)이 발생하기에 이르렀다.

수공업과 광업의 새 양상

이 시기에 공장(工匠)들이 관영수공업체(官營手工業體)로부터 이탈하면서 관영수공업은 점점 쇠퇴해 가고 있었다. 비록 무기나 왕실용 자기(磁器)의 제조는 늦게까지 관영수공업으로 남아 있었으나, 이 분야에 있어서조차도 민영화(民營化)의 경향은 막을 수 없었다. 그러므로 종래 기술자의 징발명부이던 국가의 공장안(工匠案)은 다만 장인세(匠人稅)를 징수하는 대상자의 명부였을 뿐인 경우가 많았다. 그나마 정조(正祖, 1776~1800) 때인 18세기 말경에는 공장안 자체가 폐지되고 말았다. 이것은 공장들이 관부로부터의 독립된 사영수공업자

(私營手工業者)가 되었다는 것을 의미하는 것이다.

이러한 수공업의 새 양상은 대동법(大同法)의 실시와 밀접한 관계를 가지고
있었다. 관부에서 필요로 하는 물품을 충분히 생산할 정도로 수공업이 발달하
지 않고서는 실시되기가 힘든 것이다. 그리고, 대동법이 실시된 뒤에는 이에
자극되어서 더욱 수공업이 성장하게 되었다. 즉, 수공업자들은 공인으로부터
주문을 받아 그들에게 판매할 물품을 생산 제공하고, 그 대가로 화폐를 지불받
았던 것이다.

그러나 이 시기의 수공업자들은 아직 독자적인 생산을 할 만한 자신의 자본
을 갖추지 못하고 있었다. 그러므로 대개는 상업자본에 의지하고 있었다. 수공
업자들은 상인으로부터 주문을 받는 동시에 원료를 공급받고 대금을 미리 대
부받았으며, 생산된 제품은 그들 상인에게만 판매하였던 것이다. 이리하여 상
인은 물주(物主)로서 수공업을 지배하고, 수공업자는 공전만을 받는 처지로 되
어 버렸다. 가령 지전상인(紙廛商人)은 조지서(造紙署)의 지장(紙匠)을, 잡철전
인(雜鐵廛人)은 야장(冶匠)을 지배하였고, 광주분원(廣州分院)의 장인도 상인물
주에 예속되어 가고 있었다. 또 강상(江商)들은 선박을 제조·판매하였고, 송
상(松商)들은 인삼가공업을 사역원(司譯院) 역관(譯官)들로부터 인수·운영하였
다. 이것은 17·18세기 수공업에 있어서 가장 보편적인 양상이었다.

그러나 한편 수공업자들 중에는 상인들의 통제를 받지 않고 스스로 물주가
되어 독립된 자기의 자본으로 장인을 고용하여 생산하고 또·판매를 하는 경우
도 있었다. 가령 모의장(毛衣匠)은 머리에 쓰는 방한구인 목도리(휘항, 揮項)를,
도자장(刀子匠)은 장도(粧刀)를 스스로 제조 판매하여 선전(線廛)이나 도자전(刀
子廛)의 상인과 경쟁하였다. 특히 철기(鐵器)와 유기(鍮器)의 제조업에서 더욱
그러하였다. 가령 무쇠장(수철장, 水鐵匠)은 솥(부정, 釜鼎)의 생산이나 판매에
있어서 모두 자신이 독점권을 향유하고 있었다. 그리고 유기는 안성(安城)이나
납청(納靑;정주, 定州) 같은 곳에서 많이 생산되었는데, 여기의 수공업자들은
자기의 자본으로 임노동자를 고용하여 생산하였고, 생산품은 장시(場市)가 서
는 날 상인들에게 판매하였다. 그리고 계약에 의해 임노동자를 고용하여 임금
을 화폐로 지불하고 있었다. 한편 농촌에서는 종래 농가의 부업으로 행해지던
수공업이 점차 전업화(專業化)하는 경향을 나타냈다. 가령 자가(自家) 수요나
세금 납부를 위하여 생산하던 직물을 상품으로 판매하기 위하여 생산하게 된
것이다. 이러한 경향에 따라서 비록 많은 성과를 거두지는 못하였으나 방직기

술의 개량이 논의되기도 하였다.

　광업(鑛業)도 처음에는 주로 관영의 형태를 띠고 있었다. 왜란과 호란 이후 각종 무기와 화약·탄환을 제조하기 위한 철(鐵)·유황(硫黃)·연(鉛) 등의 군수(軍需)광업이 성하였는데, 이들은 군영문(軍營門)이 관장하고 있었다. 그러다가 군수광업이 쇠퇴하면서 청과의 공무역에 필요한 은을 조달하기 위하여 은광(銀鑛)을 호조(戶曹)에서 관장하게 되었다. 그러나 17세기에 이르러서 광업은 점점 민영화의 경향을 띠게 되었다. 즉, 정부는 광산의 채굴제련장과 그 부대시설을 포함한 점(店)을 설치하고, 여기에 참여한 민간 광업자들에게서 세를 거두는 설점수세법(設店收稅法)을 실시한 것이다. 설점수세의 업무는 서울의 부상(富商)이나 권세가의 사인(私人)으로서 호조가 점을 주어 파견한 별장(別將)에 의하여 대행되었다. 그러다가 18세기에 별장제를 폐지하고 수령수세제(守令收稅制)를 실시하였는데, 이에 이르러서 상업자본가인 물주에 의한 광산운영이 크게 발달하였다. 즉, 물주는 호조의 허가를 받아 자기 자본으로 점을 설치 운영하고, 호조가 정한 세금을 수령에게 바쳤던 것이다. 그런데 이 제도하에서 실질적인 광산경영자는 혈주(穴主)나 덕대(德大)였다. 이들은 직업적 광산노동자인 광군(鑛軍)을 임금노동자로 고용해서 광산을 경영하고, 물주에게 일정한 몫의 분배금을 제공하였던 것이다. 광군은 농촌으로부터 유리된 빈민들이었지만, 광산의 규모에 따라 백여 명 혹은 수천 명에 이르기도 하였다.

제4절　실학의 발달

실학의 발생

　17·18세기에 벌열정치(閥閱政治)가 행해지면서 소수 양반가문이 정권을 독점함으로 말미암아 많은 몰락양반들이 발생하였다. 그런가 하면 농촌에서는 광작(廣作)에 의한 부농이 생기는 한편 영세농들은 이농을 강요당하여 유민의 수가 늘어났다. 도시에서는 도고상인(都賈商人)들이 상공업을 지배하여 부를 축적하자 영세상인은 몰락하고 물가가 앙등하는 등의 변화를 일으키고 있었다. 그리고 이러한 현상에 따르는 갖가지 사회적 모순이 나타나고 있었다. 당

시의 조선사회가 당면한 이 같은 사회적 현실은 이에 대응하기 위한 학문적 반성을 촉구하였다. 이러한 반성 속에서 새로이 일어난 학문이 실학(實學)이었다.

그러므로 실학의 탄생은 정치와 사회의 현실을 개혁하기 위한 정권 담당자들에 대한 비판을 내포하고 있는 것이다. 물론 정권 담당자의 일부에서도 현실을 개혁하려는 노력이 있기는 하였으나, 대체로 말한다면 정권에 참여하지 못한 측에서 그러한 노력이 더 많이 일어났다. 이리하여 오랫동안 정권에서 축출되어 있던 남인(南人)들 중에서 실학자가 많이 나게 되었다.

실학자들은 주로 정치·경제·사회 등의 역사와 현실을 밝히는 데 큰 관심을 가지고 있었다. 그들은 그러한 학문적 연구를 토대로 하고 이상적 사회를 실현하기 위한 구상을 펴 나갔던 것이다. 그러나 실학의 연구대상은 반드시 정치·경제 등 사회과학의 분야에만 국한된 것은 아니었다. 그들은 경학(經學)·역사학·지리학·자연과학·농학 등 여러 방면에 걸친 광범한 연구를 하였다. 그들의 학문적 관심은 거의 모든 분야에 걸쳐 있었다고 해도 지나친 말은 아니다.

이렇게 그들의 연구대상은 다양하였지만 실학자들이 디디고 서는 공통적인 기반이 있었다. 그것은 그들의 학문이 현실에서부터 출발한다는 것이었다. 그러므로, 자연히 그들 학문의 중심은 이기설(理氣說)에 있는 것이 아니라 사회과학이나 자연과학이나 기술학의 부문에 있었다. 이렇게 학문의 대상이 현실적인 것으로 되면 그 방법도 변할 수밖에 없었다. 즉, 실학자들의 연구방법은 실증적이었다. 모든 결론을 확실한 전거에 의하여 내리려고 했던 것이다. 그러므로, 반드시 과거의 전통이나 스승의 주장에 맹종하려고 하지를 않았다. 그들 스스로 연구성과와 어긋나는 것이 있으면 선학의 학설이라도 거리낌없이 비판하였다. 말하자면 그들의 학문은 독창적이었던 것이다. 그리고 그들이 관심을 가진 현실이 바로 조선의 현실이었기 때문에, 그들의 학문은 민족적 성격을 띤 것일 수밖에 없었다. 이리하여 조선의 학문은 새로운 비약을 하게 되었다.

농업 중심의 이상국가론

실학이 현실로부터 출발하였다고 하였지만, 우선 농촌을 토대로 한 조선의 현실을 개혁하려는 주장이 먼저 일어났다. 이들의 학문은 자영농민의 건전한 발전을 토대로 한 토지제도나 행정기구·군사조직과 같은 제도상의 개혁에 치중하는 이른바 경세치용(經世致用)의 학문이었다.

경세치용의 학문을 체계화한 학자는 효종·현종 때의 유형원(柳馨遠)이었다. 그는 일생 동안 농촌에 묻혀서 농촌사회의 현실을 스스로 체험해 가면서 학문의 연구에 전념하였다. 그 성과로서 이루어진 것이 현종 11년(1670)에 완성된『반계수록(磻溪隨錄)』이었다. 그는 여기서 전제(田制)·교선(敎選)·임관(任官)·직관(職官)·녹제(祿制)·병제(兵制) 등에 관하여 그 역사와 현실을 상세히 검토하고 비판하였다.

유형원의 학문을 이어 그 깊이와 넓이를 더하여 경세치용의 학문을 하나의 학파로서 이룩한 학자는 숙종~영조 때의 이익(李瀷)이었다. 그의 대표적 저서『성호사설(星湖僿說)』은 천지(天地)·만물(萬物)·인사(人事)·경사(經史)·시문(詩文)의 5개 부문으로 나누인 정치·경제·가족 등에 관한 것인데, 넓은 식견과 명확한 고증으로써 사회 현실의 각 부문에 대한 개혁안을 제시하고 있다. 그러나 그의 개혁사상이 요령 있게 제시되어 있는 것은『곽우록(藿憂錄)』이다. 이『곽우록』에는 국가의 제도 전반에 관한 의견의 요점이 서술되어 있다. 이익의 문하에서는 많은 제자가 배출하여 실학은 점점 학계의 주도적인 학문으로 성장하게 되었다.

경세치용의 학문을 집대성한 학자는 정조·순조 때의 정약용(丁若鏞)이었다. 그는 순조 원년(1801) 신유사옥(辛酉邪獄)으로 인하여 18년간 강진(康津)에서 유배생활을 하는 동안에 당시 조선사회의 현실에 대하여 직접적인 분석과 비판을 가하는 많은 저서를 남기어 실학 최대의 학자로 불리고 있다. 그는『경세유표(經世遺表)』에서 중앙의 정치조직에 관한 의견을,『목민심서(牧民心書)』에서는 지방행정에 대한 개혁을,『흠흠신서(欽欽新書)』에서는 형정(刑政)에 대한 견해를 발표하였다. 이 3부작 이외에도「탕론(湯論)」·「전론(田論)」 등에서 그의 사회개혁사상을 발표하였다.

유형원·이익·정약용 등으로 대표되는 경세치용의 실학은 농촌 문제의 해결을 지주층을 중심으로가 아니라 토지의 경작자인 농민을 중심으로 생각하였다. 유형원이 국가에서 토지를 공유하여 농민에게 일정한 토지를 나누어 주는 공전제(公田制)를, 이익이 농가의 생활을 유지하는 데 필요한 최소한도의 영업전(永業田)의 소유를 확보하도록 하는 균전제(均田制)를, 그리고 정약용이 한 마을(여, 閭)을 단위로 토지를 공동경작하여 노동량을 기준으로 수확을 분배하는 여전제(閭田制)를, 뒤에는 가족의 노동력을 기준으로 농업 종사자에게 '정(井)'

자로 구분한 토지의 8구를 분배하고 1구의 수확을 세금에 충당하는 정전제(井田制)를 주장한 것 등이 모두 그러하다.

이들은 자신이 토지를 소유하고 경작하는 독립된 자영농민을 기본으로 하는 이상국가의 건설을 목표로 하였다. 즉, 사농일치(士農一致)의 원칙에서 신분적인 차별을 없이하고, 교육의 기회를 균등히 하여 능력 위주로 관리를 등용하며, 상공업의 발전이나 화폐의 유통에 의한 농촌경제의 침식을 방지할 것을 주장하였다. 이같이 이들이 농업을 중심으로 한 이상국가를 구상하였으나, 그렇다고 인위적인 질서를 배격하고 자연질서를 존중하여 경제분야에서 농업을 중요시하는 중농주의(重農主義)라고 하는 것은 잘못이다.

상공업 중심의 부국안민론

농촌의 건전한 발전을 토대로 한 사회의 개혁을 주장한 경세치용학파와는 달리, 서울의 도시적 분위기 속에서 자란 실학의 일파가 새로이 성장하였다. 이들의 학문은 점차로 활발하여진 상공업과 깊은 관계를 가지고 있었으며, 상공업의 발전을 통하여 사회의 번영을 이룩하여 보자는 이른바 이용후생(利用厚生)의 학문이었다. 이것은 실학의 새로운 발전이라고 하겠는데, 종래 이들의 학문을 흔히 북학(北學)이라고 불러 왔다. 때로는 이를 중상주의(重商主義)라고 부르는 경우도 있으나 이는 잘못이다. 나라의 부를 증대하기 위하여는 금·은을 많이 소유해야 하며, 그 목적을 위하여 수입을 억제하고 수출을 늘려야 한다는 중상주의를 북학과 같다고 할 수가 없다.

이용후생의 학문을 대표하는 학자로는 우선 영조 때의 유수원(柳壽垣)이 있다. 유수원의 대표적 저술인 『우서(迂書)』는 영조 5년(1729)에서 13년(1737) 사이에 쓰여진 것인데, 문답의 형식으로 정치·경제·사회·문화 전반에 대한 개혁안이 체계적으로 제시되고 있다. 다음으로는 영조·정조 때에 활약하던 『열하일기(熱河日記)』의 저자 박지원(朴趾源)을 들 수 있다. 『열하일기』는 정조 4년(1780)에 청에 가는 사신을 수행했을 때의 여행기로서 그 문물의 소개를 통하여 자기의 의견을 제시하였다. 그리고 홍대용(洪大容)도 『연기(燕記)』라는 청에 갔던 기행문을 썼지만, 특히 그의 『의산문답(毉山問答)』은 실옹(實翁)과 허자(虛子)의 문답 형식으로 우주와 인간의 문제 등을 논한 책으로 주목을 끌고 있다. 이들과 거의 같은 시대에 활약하던 박제가(朴齊家)와 이덕무(李德懋)에게도 각

기 청에 갔던 때의 견문을 쓴『북학의(北學議)』와『연기(燕記)』가 있는데, 특히
『북학의』는 단순한 기행문이 아니라 항목별로 그 시대가 당면한 제반 문제의
개혁에 언급하여 그들의 학문을 북학(北學)이라 부르게까지 만든 명저이다.

이들은 대체로 청의 서울인 연경(燕京)에 다녀온 일이 있어 그 기행문들을 남
기고 있다. 그들은 스스로 보고 들은 청 문화의 우수성을 인식하고 조선의 현
실을 개혁하기 위하여는 청의 문화를 먼저 배워야 한다고 주장하였다. 그러나,
이 북학론자들의 주장에서 중요한 것은 청 문화의 예찬에 있는 것이 아니라,
현실의 개혁에 대한 강한 의욕에 있었다. 그러므로, 그들의 저서에는 당시의
양반사회에 대한 통렬한 비판이 있었다. 그들은 노동하지 않고 무위도식하는
양반유학자를 비판하였고, 반면에 상공업이나 농업을 높이 평가하였다. 특히
상공업의 발전에 큰 관심을 가지고, 기술적인 발전으로 생산을 촉진시키고 수
레나 배와 같은 교통수단을 발전시켜 국내외에 있어서의 상품을 원활하게 함
으로써, 국가의 경제력을 증강시킬 수 있다고 주장하였다. 상공업은 신분적 차
별 없이 이에 종사할 수 있어야 하며, 균등한 교육에 의하여 직업적 관리를 양
성하여 그들을 중심으로 한 새로운 이상적 관료기구를 짜야 한다고 주장하였
다. 즉, 신분제를 완전히 폐지하고 개인의 능력에 따른 분업을 실시하여 국민
의 생활을 안정시킬 것을 주장한 것이다.

국학의 발전

실학자들이 개혁하기를 원한 현실은 바로 그들이 생을 누리고 있던 현실이
었지만, 그것은 과거와 연결된 역사적 현실이었다. 이러한 관계로, 비록 중국
의 고전(古典)에서 이상사회의 모범을 찾아보려는 노력이 있기는 하였지만, 한
편 한국의 역사·지리·문화 등에 대한 그들 실학자의 관심도 대단히 컸다.

한국의 역사에 대한 관심을 나타낸 실학자로는 우선 이수광(李晬光)을 꼽아
야 하겠다. 이수광은 광해군 6년(1614)에 그의 대표작『지봉유설(芝峰類說)』이
란 백과사전적인 저서를 지어, 천문·지리·유교·식물 등에 관한 것과 함께
한국의 옛 사회나 정치에 대한 그의 해석을 피력하였다. 이수광과 비슷한 백과
사전적 저술인 이익(李瀷)의『성호사설(星湖僿說)』에도 한국사에 관한 부분이
많이 있다. 이러한 한국사에 관한 백과사전적 지식을 집대성한 것은『동국문
헌비고(東國文獻備考)』였다. 영조 46년(1770)에 왕명으로 편찬된『동국문헌비

고』는 한국의 지리·정치·경제·문화 등에 관하여 역사적으로 개관한 한국학 백과사전이었다.

역사의 전문적 저술로는 우선 우수한 개설서인 안정복(安鼎福)의 『동사강목(東史綱目)』이 있다. 이익의 제자인 안정복은 정조 2년(1778)에 완성된 이 책에서 단군조선(檀君朝鮮)으로부터 고려(高麗) 말기에 이르기까지 우리나라 역사를 치밀한 고증에 입각해서 통사로 엮었는데, 그에게는 또 조선시대를 다룬 『열조통기(列朝統紀)』가 있었다. 안정복과 쌍벽을 이루는 역사가는 정조 때에 활약하던 한치윤(韓致奫)이었다. 그가 지은 『해동역사(海東繹史)』는 중국을 비롯한 외국의 사서들을 두루 섭렵해서 그 속에서 한국의 역사에 관한 기록을 뽑아 기전체(紀傳體)의 형식을 빌려 엮어 놓은 특이한 역사책이다. 영조 때의 이긍익(李肯翊)이 지은 『연려실기술(燃藜室記述)』은 조선시대의 역사를 각종 서적을 참조하여 사건 중심의 기사본말체(紀事本末體)로 엮은 것이다.

한편 이 시대에 만주사(滿洲史)에 대한 관심이 컸다는 사실을 기억해야 하겠다. 가령 이종휘(李種徽)는 『동사(東史)』의 지(志)에서 고구려(高句麗)에 대하여 큰 비중을 두고 있다. 그러나 이 방면의 대표적 저작은 아무래도 유득공(柳得恭)이 정조 8년(1784)에 지은 『발해고(渤海考)』일 것이다. 여기서 그는 신라의 통일이 불완전한 것이고 북쪽에 발해가 있었으므로 이는 응당 남북국(南北國)이라 불러야 할 것임을 강조하였다. 이같이 한국사의 무대가 반도와 만주에 걸치는 것이었다는 생각은 실학자들의 공통된 의견이었으며, 고조선(古朝鮮)이 요동에 있었다든가 하는 의견도 종종 나타나 있다. 이러한 사실과 관련해서 홍양호(洪良浩)가 정조 18년(1794)에 저술한 『해동명장전(海東名將傳)』이 주목된다. 이 책에는 외국의 침략에 대항하여 싸운 명장들의 전기가 실려 있다.

역사지리(歷史地理)에 대한 연구가 이 시대에 특히 왕성했다는 점은 특기할 만한 일이다. 역사지리서의 선구는 선조 때의 한백겸(韓百謙)이 지은 『동국지리지(東國地理誌)』이다. 그 이후 많은 역사지리서가 나온 중에서 뛰어난 것은, 영조 때의 신경준(申景濬)이 지은 『강계고(疆界考)』, 순조 때의 한진서(韓鎭書)가 지은 『해동역사지리고(海東繹史地理考)』, 정약용(丁若鏞)이 지은 『강역고(疆域考)』 등이다.

이 밖에 인문지리서로서 이채를 띠고 있는 것은 영조 때의 이중환(李重煥)이 지은 『택리지(擇里志)』(팔역지, 八域志)이다. 『택리지』는 사람이 살 만한 곳이 어딘가 하는 관점에서 각지의 정치·경제·풍속·인심 등을 적은 책이다. 이

외에도 같은 영조 때의 신경준이 지은 『도로고(道路考)』・『산수고(山水考)』등
지리서가 많이 나왔다. 한편 지도(地圖)로는 영조 때의 정상기(鄭尙驥)가 그린
「동국지도(東國地圖)」가 있다. 실학자들 사이에서는 현실이 말미암아 있게 된
역사에 대한 관심과 함께, 현실이 디디고 서 있는 국토에 대한 관심이 또한 컸
고, 더구나 전국적인 상업망이 펼쳐지면서 교통로 등에 대한 관심도 점점 커져
갔던 것이다.

국어(國語)에 대한 연구도 활발하여서 한글에 대한 음운연구서(音韻硏究書)인
신경준의 『훈민정음운해(訓民正音韻解)』와 유희(柳僖)의 『언문지(諺文志)』가 나
타났다.

이같이 자기 자신을 재인식하려는 실학자들의 노력은 정권 담당자들에게도
영향을 미치었다. 특히 실학이 가장 융성하던 영조・정조 시대에 그러하였다.
정조는 규장각(奎章閣)이라는 학문연구소에 실학자들을 등용하기조차 하였던
것이다. 이리하여 유용한 많은 서적이 편찬되었다. 가령, 영조 때에는 『경국대
전(經國大典)』 이후의 교령(教令)을 편찬한 『속대전(續大典)』, 『오례의』에 수정
을 가한 『속오례의(續五禮儀)』, 옛 『병장도설』을 개편한 『속병장도설(續兵將圖
說)』, 그리고 앞서 언급한 『동국문헌비고』 등이 있었다. 또 정조 때에는 『경국
대전』・『속대전』 및 그 후의 교령을 합쳐서 편찬한 『대전통편(大典通編)』, 반
교문(頒教文)・위유문(慰諭文)・제문(祭文)・교서(教書)・국서(國書) 등 관각(館
閣) 제신(諸臣)의 문장을 수록한 『문원보불(文苑黼黻)』, 외교 관계의 문헌을 수
집한 『동문휘고(同文彙攷)』, 형법(刑法)에 관한 역사와 내용을 기록한 『추관지
(秋官志)』, 호조(戶曹)의 사례를 편집한 『탁지지(度支志)』, 무예에 관하여 그림
과 설명을 가한 『무예도보통지(武藝圖譜通志)』 등 여러가지가 있었다. 이러한
관찬사업의 성행에 따라 한구자(韓構字)・정리자(整理字) 등 여러가지 활자가
새로이 주조되기도 하였다.

서학의 전파

서학(西學 ; 천주교)이 들어온 것은 서양문화가 전래된 초기부터였다. 그것은
명(明)에 와 있던 선교사들을 통해서 서양문화가 전해졌기 때문이었다. 이 새
로운 종교에 대해서 처음으로 관심을 가진 것은 실학자들이었다. 광해군 때의
이수광은 『지봉유설』 속에서 마테오 리치(Matteo Ricci)가 지은 『천주실의(天

主實義)』를 소개한 바 있었다. 뒤에는 이익·안정복 같은 실학자들도 역시 서학에 호기심을 가지고 논의한 바가 있었다. 그러나 이들은 단순한 호기심을 가졌을 뿐으로서, 사상적으로는 오히려 비판적이었으며, 아직 서학에 대한 신앙심을 가진 것은 아니었다.

그러던 것이 정조 때에 남인(南人) 학자들을 중심으로 신앙운동이 점차 열을 띠게 되었다. 더욱이 정조 7년(1783)에 이승훈(李承薰)이 자기 부친을 따라 북경(北京)에 갔다가 서양인 신부에게서 세례를 받고 온 뒤에 그러하였다. 당시 신자들의 그룹에는 이승훈·이벽(李蘗)·이가환(李家煥)·정약전(丁若銓)·정약종(丁若鍾)·정약용(丁若鏞)·권철신(權哲身)·권일신(權日身) 등 남인의 명사가 많았는데, 이들은 대개 이익의 문인들이었다. 그리고 김범우(金範禹) 같은 중인(中人) 계급의 인물이 섞여서 중요한 역할을 하였다. 즉, 양반 중에서는 정권에 참여하지 못한 남인의 학자, 신분적으로 양반보다 지위가 떨어지는 중인들이 서학을 많이 믿었다.

이들 서학 신봉자들은 서양 선교사들의 전도에 의해서보다도 중국으로부터 전래된 『천학초함(天學初函)』 등의 천주교 서적들을 읽고 자발적으로 이에 깊은 관심을 가지게 되었다. 그 까닭은 소수 벌열(閥閱)의 집권으로 말미암은 사회적·정치적 모순을 극복하는 길을 서학에서 찾으려고 했기 때문이다. 인간의 본성이 선하다고 하는 성리학(性理學)과는 반대로 서학은 인간이 태어나면서부터 악하다고 하는 인간원죄설(人間原罪說)을 주장하는 것이었다. 약한 자를 억누르고 개인의 이익을 추구하는 데 골몰하는 벌열들이나 부농·거상들로 말미암아 빚어진 모순에 가득 찬 현실 속에서, 이에 비판적인 재야학자들이 이 서학에 매력을 느끼게 되었던 것이다. 그러니까 암담한 현실 속에서 몸부림치던 일부 경세치용의 실학자들은 종교적 신앙을 통하여 지상에 천국을 건설하는 데 새로운 희망을 느끼게 되었던 것으로 보인다. 그러므로 서학이 유행한다는 것은 벌열 중심의 양반사회, 성리학지상주의의 사상적 질곡에 대한 일종의 도전이었다. 이러한 초기 서학 신봉자들의 사상은 이벽에 의하여 잘 대표되고 있다.

벌열 중심의 양반사회에 대한 서학의 도전이 표면화하여 사회의 논란거리가 된 것은 유교적인 의식을 거부함으로 말미암아 야기된 전례(典禮) 문제에서였다. 국가에서는 드디어 정조 9년(1785)에 서학을 사교(邪敎)로 규정하여 금지령을 내리고, 다음해에는 북경으로부터의 서적 수입을 금하였다. 정조 15년

(1791)에는 전북 진산(珍山)에서 모상(母喪)에 신주(神主)를 없앤 윤지충(尹持忠)
을 사형에 처하였다. 이같이 서학은 전례 문제를 계기로 점차 탄압을 받기에
이르렀다. 그러나, 정조 19년(1795)에 중국인 신부 주문모(周文謨)가 입국하여
활약함에 따라 교세는 더욱 떨치게 되고 약 4천 명의 신자를 얻을 정도에 이르
렀다.

  정조가 왕위에 있는 동안 남인인 채제공(蔡濟恭)이 정부의 요직을 차지하
고 서학을 묵인하는 방향으로 이끌었기 때문에 서학에 대한 큰 박해는 없었
다. 그러다가 정조가 죽고 순조(1800~1834)가 즉위하면서 대왕대비인 김씨(영
조비, 英祖妃)가 후견(後見)을 하자 서학에 대한 혹독한 박해가 가해졌다. 이것
이 신유사옥(辛酉邪獄)이었다(순조 원년, 1801). 이때에 이승훈을 비롯하여 이가
환·정약종 등과 주문모가 사형을 당하고, 정약전·정약용은 유형을 당하였다.
이 신유사옥은 대왕대비 김씨와 연결되는 노론(老論) 벽파(僻派)가 남인 시파
(時派)를 타도하기 위한 의도도 숨어 있었다. 이때에 황사영(黃嗣永)이 몰래 비
단에 자신의 견해를 적은 백서(帛書)를 북경의 서양인 주교에게 보내려다가 발
각되어 사형을 당한 사건이 발생했다. 백서에는 해군 병력을 파견하여 정부를
위협해서 신앙의 자유를 얻을 수 있도록 꾀하여 달라는 요청이 적혀 있었다.
이 같은 천주교도의 극단적인 행위로 말미암아 천주교에 대한 탄압정책은 더
욱 심하여졌다.

과학과 기술

  17·18세기에는 무엇보다도 농업기술의 향상에 대한 관심이 커서 많은 농서
(農書)가 저술된 것이 하나의 특색이다. 일찍이 신속(申洬)이 『농사직설(農事直
說)』·『금양잡록(衿陽雜錄)』 등을 합하고 거기에 자기의 견해를 보태서 효종 6
년(1655)에 『농가집성(農家集成)』을 펴내었는데, 이것이 조선후기 농서의 효시
였다. 그 뒤 숙종(1674~1720) 때 박세당(朴世堂)의 『색경(穡經)』이 나왔는데, 이
는 과수·축산·원예·수리·기후 등에 중점을 둔 농서였다. 같은 시대의 홍
만선(洪萬選)이 지은 『산림경제(山林經濟)』는 농업·임업·축산·양잠·식품가
공·저장 등 농업에 종사하는 사람들이 일상생활에서 알아두어야 할 사항들을
기록한 것이었다. 그 뒤 정조(1776~1800) 때에 왕명으로 서호수(徐浩修)가 편
찬한 『해동농서(海東農書)』는 한국의 농학을 종합하여 새로운 체계화를 꾀한

것이었다.

한편, 구황식물(救荒食物)로서 고구마에 대한 관심이 커져서 그 재배법에 대한 저서가 많이 나왔다. 영조(1724~1776) 때에 강필리(姜必履)가 지은『감저보(甘藷譜)』, 김장순(金長淳)이 지은『감저신보(甘藷新譜)』가 있고, 뒤에는 순조 34년(1834)에 서유구(徐有榘)가 지은『종저보(種藷譜)』가 있다.

위의『색경』이나『산림경제』등에도 동식물학에 대한 언급이 많이 있지만, 정약전이 순조 15년(1815)에 지은『자산어보(玆山魚譜)』는 물고기에 대한 책으로서 특이하다. 이 책은 정약전이 흑산도(黑山島)에 유배되었을 때 그 근해에서 직접 채집 조사한 155종의 어류에 대한 명칭·분포·형태·습성·이용 등을 기록한 것이다. 그리고 의학서(醫學書)로는 정약용이 정조 22년(1798)에 지은『마과회통(麻科會通)』이 있다. 이것은 중국의 마진서(麻疹書)들을 두루 참고하여 마진(홍역)의 병증과 그 치료 방법을 기술한 것으로서, 여기서 종두법(種痘法)이 처음 소개되었다.

이 시대에는 서양의 새로운 과학과 기술이 들어와서 이 방면에도 새로운 발전을 이룩하였다. 서양에 관한 지식과 그 문화가 처음으로 조선에 들어온 것은 명을 통하여서였다. 선조(1567~1608) 말년에 명에 갔던 사신이 유럽지도를 가져온 것이 서양에 대한 정확한 지식을 가지게 된 시초였다. 그 뒤 인조 9년(1631)에는 정두원(鄭斗源)이 명에 사신으로 갔다가 오는 길에 천주교 서적과 함께 화포(火砲)·천리경(千里鏡)·자명종(自鳴鐘)·만국지도·천문서·서양풍속기 등을 가져온 일이 있었다. 또, 소현세자(昭顯世子)가 청에 인질로 갔을 때에 아담 샬(Adam Schall, 탕약망, 湯若望)과 사귀고, 돌아오는 길에는 과학서적 등을 가지고 왔다. 그리고 인조 6년(1628)에는 네덜란드인 웰테브레(Weltevree)가 표착하여 왔는데, 그는 이름을 박연(朴淵 혹은 朴燕)이라 고치고 일생을 조선에서 살았다. 그는 대포(大砲)를 만드는 기술이 있었기 때문에 훈련도감(訓鍊都監)에 속해서 그 방면에 공헌하였다. 그 뒤 효종 4년(1653)에는 역시 네덜란드인인 하멜(Hamel) 일행이 표착하여 서울까지 왔다가 탈출하여 돌아간 일이 있는데, 그는 뒤에『표류기(漂流記)』를 지어 처음으로 한국을 서양에 소개하였다.

이리하여 인조(1623~1649) 때쯤부터는 서양의 과학에 대한 관심이 점점 높아지게 되었다. 그러다가 효종 4년(1653)에는 김육(金堉)의 노력에 의하여 새로운 역법(曆法)이 연구되고 이어 개량력(改良曆)이 시행되게 되었다. 또 정약용은 청으로부터 구입한『고금도서집성(古今圖書集成)』에 실린 장 테렝즈(Jean Terrenz, 등옥함, 鄧玉函)의『기기도설(奇器圖說)』에서 얻은 지식을 기본으로 연구를 더하여 기중기(起重機)를 고안하여 화성(華城 ; 수원성) 축조에 이용하기도 하였다. 그런가 하면 김석문(金錫文)·이익·홍대용(洪大容) 등이 지동설(地動說)을 내세울 수도 있게 되었다. 이리하여 동양을 세계의 전부로 알고 이를 중심으로 생각해 오던 세계관·우주관은 새로운 변혁을 맞이하게 된 것이다.

성리학에 대한 비판

성리학에 있어서도 주자(朱子)의 설에 만족하지 않고 독자적인 견해를 표명하는 학자들이 나타났다. 그 대표적인 학자로서는 숙종 때의 윤휴(尹鑴)와 박세당(朴世堂)을 들 수 있다. 윤휴는『중용주해(中庸註解)』에서 주자의 주해에 불만을 품고 자기의 설로써 대치하여 주자를 업신여긴 사문난적(斯文亂賊)으로 지목되었다. 그러다가 송시열(宋時烈)과의 예송(禮訟)에서 패하여 사형을 당하고『중용주해』도 전하지 못하였다. 박세당은 그의 대표적 저작인『사변록(思辨錄)』에서 사서(四書) 및『상서(尙書)』·『모시(毛詩)』에 대한 주해를 하고 있는데, 여기서 그도 주자의 주해에 따르지 않을 뿐 아니라, 한편『노자(老子)』·『장자(莊子)』에 대한 주해를 통하여 도가사상(道家思想)에 접근하는 면을 드러내었다. 그 때문에 그도 사문난적으로 몰리게 되었다. 이들은 요컨대 실증적인 태도로 유교의 경전들에 접근하여 주자가 아닌 공자(孔子)의 본뜻을 찾으려고 노력하였다. 공자의 본뜻을 실증적으로 찾아보자는 입장에서 경서를 독자적으로 해석한 학자로는 또 정약용이 있었다.

한편 양명학(陽明學)이 수용된 사실도 주목할 만하다. 양명학의 수용자는 대체로 정권에서 배제되었던 사림들, 특히 남인과 소론 계통의 학자들이었다. 그리고 정치적 진출에 제약을 받는 종실(宗室)이나 서얼(庶孽) 출신이 많이 관심을 가졌다. 이들은 대개 양명학을 성리학과 대립되는 것으로 파악한다기보다는 이를 보강하는 것으로 생각하여 양자 사이의 조화를 꾀하려는 경향이 있었다.

그러나 조선 양명학을 대표하는 정제두(鄭齊斗)는 주자로부터 손을 끊고 양명학에 몰두하였다. 이것은 그가 강화(江華)로 옮겨 살며 반관적(反官的)인 일민(逸民)으로서의 생활로 일생을 관철할 수 있었던 때문에 가능하였던 것 같다. 정제두의 대표적 저서인『존언(存言)』은 그의 양명학 체계를 나타내 주는 것인데, 그도 주자의 해석이 아닌 경전의 본뜻을 존중하는 복고적 경향을 나타내고 있다. 비록 주자의 성리학 일변도의 조선사회에서 이단시되기를 꺼리는 관계로 겉으로는 주자를 표방하면서 속으로는 왕양명을 따르는(양주음왕, 陽朱陰王) 경향이 있기는 하였으나, 주자의 주해에만 따르지 않으려는 이들의 학문은 새로운 것이었다.

제5절 예술의 새 양상

한문학의 변화

실학의 정신은 학문적인 저술로서뿐만이 아니라 문학의 형태로서도 나타났다. 박지원(朴趾源)의 소설들은 그 대표적인 것이다. 박지원은 『열하일기(熱河日記)』 속에 실린 「허생전(許生傳)」·「호질(虎叱)」 등이나 『방경각외전(放璚閣外傳)』이란 소설집에 실린 「양반전(兩班傳)」·「민옹전(閔翁傳)」 등에서, 일하지 않는 양반 유학자들을 신랄하게 비판하는 풍자소설들을 썼다. 이에 자연히 그 문장도 종래의 꾸밈이 많은 문체를 벗어난 자유로운 것이 되었다.

이 시기에는 민간에서 전승되어 오던 이야기들을 한문으로 옮겨 놓은 단편소설들이 많이 나타난 것도 주목된다. 이들 소설은 하급신분층의 화제를 옮겨 놓은 것이었기 때문에 우선 표현이 소박한 것이 특색이었다. 이들 소설 속에는 광작농민·도고상인 등의 대두로 말미암아 일어나는 신분 문제나, 혹은 애정 문제에 대한 전통적인 관념의 동요가 생생하게 묘사되고 있다. 이러한 단편소설집으로는 『동패락송(東稗洛誦)』·『청구야담(靑邱野談)』이 있다.

이와 함께 서얼(庶孽)·중인(中人)·서리(胥吏) 신분 출신의 문인들이 나와서 시사(詩社)를 조직하고 활발한 문학활동을 전개하여, 그들의 시를 모아 시집을 편찬한 사실이 또한 주목된다. 일찍이 숙종(1674~1720) 때에 서리 출신의 홍세태(洪世泰)가 『해동유주(海東遺珠)』를 편찬하였는데, 영조 13년(1737)에는 역관 출신의 고시언(高時彦)이 이를 증보하여 『소대풍요(昭代風謠)』를 편찬하였다. 풍요라 함은 양반사대부의 문학인 아(雅)에 대조되는 하급신분층의 시라는 뜻이었다. 그 이후 매60년마다 이러한 시집이 간행되었는데, 정조 21년(1797)에는 역관 출신인 천수경(千壽慶)의 『풍요속선(風謠續選)』이, 또 철종 8년(1857)에는 서리 출신인 유재건(劉在建) 등의『풍요삼선(風謠三選)』이 편찬되었다.

고소설과 사설시조

17·18세기의 문학에서 일어난 가장 큰 변화는 한글로 된 문학작품이 쏟아
져 나온 사실이다. 용어가 한글로 되었을 뿐만 아니라 작품의 형식도 소설이
나 사설시조와 같은 것으로 바뀌었다. 그리고 작가도 양반으로부터 서리와 같
은 하급신분 출신으로 변하였다. 이 같은 변화는 요컨대 이들 문학작품이 양반
이 아닌 새로운 독자층을 위한 문학이었기 때문이다. 물론 숙종 15년(1689)경
에 양반 출신인 김만중(金萬重)이 지은『구운몽(九雲夢)』같은 것은, 김만중 자
신이 한글로 쓴 문학의 가치를 높이 평가하였음에도 불구하고, 그 작품의 바탕
에 흐르는 기조는 부귀영화에 도취된 양반문학의 성격을 지닌 것이었다. 그러
나 이야기꾼과 연결된 대부분의 한글로 된 소설은 새로운 성격의 문학이었다.
한글소설은 그 내용이 가지가지였다. 광해군(1608~1623) 때에 허균(許筠)이
지은 것으로 알려진 최초의 한글소설『홍길동전(洪吉童傳)』은 서얼차대를 비
롯하여 빈부차별 등 사회적 모순을 통렬히 비판한 사회소설이었다.『장화홍련
전(薔花紅蓮傳)』·『창선감의록(昌善感義錄)』·『심청전(沈淸傳)』·『흥부전(興夫
傳)』등은 권선징악(勸善懲惡)의 소설이라고 할 수 있는 성격의 것이었다. 또,
『임진록(壬辰錄)』이나『임경업전(林慶業傳)』같은 군담소설(軍談小說)도 있었
다. 그러나 가장 널리 읽혀진 것은『옥루몽(玉樓夢)』·『숙향전(淑香傳)』·『춘향
전(春香傳)』등의 애정소설이었다. 이러한 소설들의 내용에는 유교도덕을 강조
하는 것들도 있었다. 그러나, 거의 작가의 이름이 알려져 있지 않은 이들 소설
은 하급신분층의 숨김없는 감정이나 사회적인 불만을 노골적으로 드러낸 것이
많았다. 당시의 소설 중에서 최고봉으로 불리는『춘향전』은 상민이나 천민도
양반과 동등한 인격의 소유자임을 주장하고 있다. 그리하여 춘향으로 하여금,

충효열녀(忠孝烈女) 상하(上下) 있소

라고 외치게 하였던 것이다. 소설뿐 아니라 시조에서도 같은 경향이 나타났
다. 초기의 시조는 단가(短歌)의 형식을 취하고 유교도덕이나 도피사상이나 무
인의 호기를 읊은 양반문학이었다. 그러나, 이제 시조는 하급신분층의 것이 되
었다. 이에 그들은 단순한 감상적 기분이 아니라 구체적인 내용을 시조에 담

고 싶어하였다. 이에 따라 비록 세 부분으로 나뉘는 것은 옛 평시조(平時調)와 같으나, 그 형식은 장시(長詩)로 변하고, 묘사는 사실성을 띠게 되었다. 제재도 변하여서 남녀간의 애정, 가정생활의 고민, 때로는 노골적으로 음란한 것까지가 다루어졌다. 이러한 시조의 작가로는 영조 때의 김천택(金天澤)·김수장(金壽長) 등 서리 출신의 인물을 비롯하여, 몰락한 양반이나 기녀와 같은 하급신분 출신이 더 큰 비중을 차지하게 되었다. 이러한 작품들 중에는 때로 작가의 감정을 솔직하게 표현하기 위하여 이름을 숨기는 경우가 많았다. 과거의 인습의 제약을 받고 싶지 않았기 때문이다.

> 바룸도 쉬여넘는 고기 구름이라도 쉬여넘는 고기
> 산지니 수지니 해동청 보라미라도 쉬여넘는 고봉(高峰) 장성령(長城嶺) 고기
> 그너머 님이 왔다ᄒ면 나는 아니ᄒ번도 쉬여넘으리라.

이 새로운 시조, 즉 사설시조(辭說時調)의 출현은 소설문학과 아울러 새로운 문학이 대두했다는 증거이다.

그리고 그들 서리 출신 가객(歌客)인 김천택과 김수장에 의하여 각기 『청구영언(靑丘永言)』(영조 4년, 1728)과 『해동가요(海東歌謠)』(영조 39년, 1763)의 시조집이 편찬되었다. 여기에는 과거의 양반작가의 것 이외에 유명·무명의 하급신분 작가들의 것들이 많이 수록되어 있다.

미술의 새 풍조

회화(繪畫)에 있어서도 새로운 경향이 뚜렷하였다. 우선 이 시대에 진경산수화(眞景山水畫)가 출현하였다. 중국 화보(畫譜)를 모범으로 하여 이상향을 나타내려는 것이 아니라 눈으로 직접 보는 한국의 자연을 그림으로 나타내게 된 것이다. 이러한 진경산수화를 개척한 화가는 숙종~영조(18세기) 때의 정선(鄭敾)이었다. 그는 진경산수화를 그림에 따라서 독자적으로 구도를 해결하지 않으면 안 되게 되었고, 또 바위산이 많은 한국의 자연을 강렬한 묵색(墨色)으로 표현하지 않으면 안 되었다. 이러한 특징을 잘 나타낸 걸작으로는 「인왕제색도(仁王霽色圖)」·「금강전도(金剛全圖)」 등이 있다. 이에 대해서 같은 진경산수화라도 영조·정조(18세기) 때의 화가 김홍도(金弘道)는 나무·산·물 등을 필선(筆線)으로 그려서 정선과는 대조적인 특색을 보여 주고 있다. 이러한 김홍도

의 대표작으로는 「총석정도(叢石亭圖)」가 있다.

이 시대 회화의 또 하나의 중요한 경향은 속화(俗畵)의 유행이었다. 시정(市井)의 일상생활을 그린 속화의 대가로는 김홍도와 신윤복(申潤福)이 가장 유명한데 이들은 모두 화원(畵員)임이 주목된다. 김홍도는 산수(山水)·신선(神仙)·화훼(花卉) 등을 다 잘 그렸으나 특히 속화로 보다 이름을 떨치고 있다. 그의 속화 중 대표작인 「풍속화첩(風俗畵帖)」에는 밭 가는 광경, 추수하는 모습, 대장간의 풍경 등 노동하는 사람들의 일상풍속이 주로 화제가 되었는데, 특히 「무악(舞樂)」과 「씨름」이 명품으로 알려지고 있다. 김홍도와 같은 경향을 지닌 속화를 그린 화가로는 김득신(金得臣)이 있다. 신윤복은 같은 속화라도 부녀자를 중심으로 한 인물속화를 주로 그렸다. 그의 대표작은 「여인도(女人圖)」와 「풍속화첩(風俗畵帖)」인데, 화첩 속에는 그네 뛰는 아낙네, 빨래하는 부인들, 술 파는 여자, 희롱하는 난봉장이 등 색정적인 장면들이 많이 그려져 있다. 이같은 속화의 유행은 양반의 유교주의에 대한 예술면에서의 항의였고 인간주의의 표방이었다.

자기(磁器)에 있어서는 청화백자(靑華白磁)가 발달한 것이 주목된다. 조선 초기에는 회회청(回回靑)이란 청색안료를 중국에서 수입해 온 관계로 청화백자는 극히 귀하였고, 민간에서 사용하는 것은 금지되었다. 그러다가 정조(1776~1800) 때에 국산의 안료가 쓰여지기 시작하면서부터 청화백자가 크게 발달하여 민간에서도 널리 사용하게 되었다. 푸른 색만을 써서 산수·화조·초목 등을 붓으로 슬쩍 그려서 구운 이 청화백자는 청색·홍색·녹색·자색 등 여러 색깔을 사용한 당시의 중국이나 일본의 색채 도자기와는 판이한 아름다움을 지니고 있다. 그 속에는 한국적인 소박한 시적 감각이 깃들여 있다.

제12장 중인층의 대두와 농민의 반란

제1절 세도정치

세도정치

영조와 정조가 탕평책을 쓰고 있는 동안 정계는 대체로 안정되어 있었다. 영조 말년부터 정조 초년에 걸쳐서는 정조를 구출한 공이 있는 홍국영(洪國榮)이 도승지(都承旨)로 있으면서 정권을 농단한 일이 있었으나, 그는 곧 축출되고 말았으므로, 대체로 이 시대에는 왕권이 어느 정도의 안정을 얻었던 셈이다.

그러나 정조가 죽고 순조(純祖, 1800~1834)가 겨우 11세의 어린 나이로 즉위하자 외척세력은 왕권을 완전히 압도하고, 소위 세도정치(勢道政治)가 시작되었다. 즉, 순조 초에 안동(安東) 김씨(金氏)인 김조순(金祖淳)이 왕비의 아버지로서 정치를 전담하다시피 하였는데, 이에 따라 그의 일족이 크게 영달하여 많은 고위관직을 차지하게 되었다. 이렇게 천하를 독점하던 안동 김씨의 세력은 풍양(豊壤) 조씨(趙氏)의 등장에 따라 일시 정권을 이양하지 않으면 안 되었다. 그것은 헌종(憲宗, 1834~1849)의 어머니가 조만영(趙萬永)의 딸이었기 때문이었다. 이리하여 헌종 때에 들어서는 조씨의 세도가 행해져서, 조인영(趙寅永 ; 조만영의 동생)이 영의정이 되고 그 밖의 여러 조씨가 많은 고위관직을 차지하였던 것이다. 그러나, 철종(哲宗, 1849~1863)이 즉위하면서는 왕비가 김문근(金汶根)의 딸이었으므로 다시 세도가 안동 김씨로 돌아갔다. 이리하여 김흥근(金興根)·김좌근(金左根) 등이 전후하여 영의정이 되었다.

이러한 형세였으므로 이씨(李氏)의 왕조라고는 하지만, 종실(宗室)이라 하더라도 김씨의 세력에 눌려서 살아야 했다. 종실 중에서 김씨를 공격하다가 유배를 당하거나 혹은 모반에 연좌되어 죽음을 당한 일 등은 이러한 사실을 말하여 준다. 하물며, 다른 양반 가문의 세력은 더 말할 나위도 없었다. 안동 김씨에 적대하는 어떠한 세력도 용납되지가 않았다. 이에 따라 과거(科擧)가 더욱 문란해져 간 것은 당연한 일이었다.

　이제 정치는 양반들 전체 혹은 노론(老論)들 전체의 공존이나 혹은 그들 상호간의 투쟁에 의해서가 아니라 척족(戚族)의 농단에 의해서 좌우되는 시대로 변화한 것이다.

삼정의 문란

　세도정치에 의한 권력의 집중은 정치의 문란을 가져왔으며, 그로 말미암은 피해는 농민의 어깨 위로 떨어졌다. 많은 뇌물을 바치고 관직을 얻은 관리들은 그 대가를 농민에게서 염출해야 했기 때문이다. 그 결과 국가의 재정기구는 마치 관리들의 사재를 불리기 위한 협잡기관으로 변하여 버린 느낌이었다. 이리하여 당시 국가의 가장 중요한 재정수입원인 전정(田政)·군정(軍政)·환곡(還穀)의 소위 삼정(三政)은 극도의 문란에 빠지게 되었다.

　전정은 토지의 결수(結數)를 기준으로 하여 받는 각종의 세(稅)였다. 이 토지세는 1결에 대하여 인조 12년(1634)에 결정된 전세(田稅) 4두(斗)(영정법, 永定法)에다가, 삼수미(三手米)라 하여 훈련도감 소속 삼수병(三手兵)의 급료를 위한 1두 2승(升), 대동법 실시 이후 공물 대신으로 받는 대동미(大同米) 12두, 또 균역법 실시 이후에 받게 된 결작(結作) 2두가 있었다. 이렇게 여러 종류의 토지세가 있었으나 그 총계는 20두에 미치지 못하여서 총수확량의 10분의 1도 안 되었고, 이것은 결코 많은 양이 아니었다. 그럼에도 불구하고 토지세가 사실상 무거웠던 것은 각종 부가세와 수수료 때문이었다. 대개 지방의 관례에 따르는 이러한 부가세와 수수료를 합치면, 1결에 100두 즉 수확고의 2분의 1이 될 정도로 많은 양을 징수하는 경우도 있었다. 게다가 관리들은 황폐한 진전(陳田)에서도 세를 징수하였는데 이를 백지징세(白地徵稅)라고들 하였다. 또, 사적으로 소비한 공금을 보충하기 위하여 도결(都結)이라 하여 정액 이상의 세를 흔히 징수하였다.

　다음의 군정은 정(丁) 1인에 대하여 군포(軍布) 1필씩을 징수하는 것이었다. 비록 균역법에 의하여 반감되었다고는 하지만, 포 1필은 미(米) 6두에 해당하는 것이어서 1결에 대하여 부과하는 전세 4두보다 많은 양의 것이었다. 게다가 여기에는 황구첨정(黃口簽丁)·백골징포(白骨徵布)·족징(族徵)·인징(隣徵)

등의 각종 협잡이 있어서 농민을 괴롭혔음은 이미 설명한 바와 같다. 농민들이 곤란을 받기는 전정에 있어서보다도 이 군정의 경우가 더 심하였다.

끝으로, 환곡은 춘궁기에 가난한 농민에게 국가의 미곡을 빌려 주었다가 추수기에 1석(石)에 대하여 1두 5승(10분의 1)의 모곡(耗穀)을 가산하여 받아들이는 것이었다. 모곡은 원래 여러가지 원인으로 인한 손실을 보충하는 뜻이 있었으나, 실제로는 이자의 구실을 하였다. 이리하여 빈민의 구제를 위한 환곡이 일종의 고리대로 변하여 그 폐해가 삼정 중에서도 가장 심하였다. 관리들은 필요 이상의 양을 강제로 늑대(勒貸)하기도 하고, 반작(反作)이라 하여 출납 관계에 대한 허위의 보고를 작성하기도 하고, 허류(虛留)라 하여 창고에는 하나도 없으면서도 장부에는 있는 것같이 꾸미기도 하고, 반백(半白)이니 분백(分白)이니 하여 반은 겨를 섞어서 1석을 2석으로 만들기도 하는 여러가지 방법으로 농민을 괴롭혔던 것이다.

이리하여 지방관리들은 농민으로부터 부당하게 거둬들인 것으로써 점점 살쪄 갔다. 비단 지방관뿐이 아니라 그 밑에서 행정을 담당하는 향리(鄕吏)들도 또한 그러하였다. 향리들이 그 직책을 맡기 위하여는 임채(任債)라 하여 그 대가를 미리 지방관에게 바쳐야 했는데, 이를 보충하기 위하여 그들은 적당한 방법으로 수입을 강구해야 했던 것이다. 즉, 그들은 행정의 실제를 도맡아 가지고 있는 유리한 입장을 이용해서 협잡을 마음대로 하였다. 관권을 업은 그들의 명령을 농민은 거역할 길이 없었다. 그러므로, 그들에 의하여 농민의 부담이 가중될 것은 당연한 이치였다.

이러한 지방행정의 문란은 농민에게 과중한 부담을 짊어 지울 뿐 아니라 국가의 재정까지도 위협하였다. 이에 그들의 악행을 규찰하기 위한 암행어사(暗行御史)가 파견되었다. 그들은 변장을 하고 각지로 다니면서 관리들의 부정 행위를 조사하여 보고하는 것이 임무였다. 그러나, 이러한 방법으로써 지방행정의 잘못을 제거할 수는 없었다. 비록 비교적 청백한 관리가 암행어사에 임명되었다 하더라도 도도한 시세를 거역할 수가 없는 노릇이었다.

제2절   신분체제의 변화

잔반과 중인층

　조선의 양반사회는 크게 볼 때에 양반을 지배계층으로 하는 신분제사회였다. 그런데 이 양반 중심의 신분체제가 17세기 이후 점점 흔들리기 시작했다. 그리하여 19세기에 이르면 신분의 상승과 하강 현상으로 인하여 양반이라고 불리어지는 신분층의 사회적 존재 의의가 흐려져 가는 추세를 나타내었다.

　이러한 결과를 가져오게 된 것은 우선 몰락하는 양반의 수가 늘어난 때문이었다. 벌열정치(閥閱政治)가 행해지면서 소수의 노론(老論) 가문만이 정권을 독점하였고, 세도정치(勢道政治)가 행해지면서 척족(戚族)에 의한 정권의 독점이 이루어졌음은 이미 언급한 바와 같다. 그 결과 정권에서 소외된 많은 양반들은 지방으로 낙향하여 향족(鄕族)으로 전락하게 되었다. 뿐만 아니라 몇 대를 이어내려오면서 관직을 얻지 못한 양반 중에는 소작농이 되는 사람도 있었다. 이들은 양반으로서의 권위를 유지할 수 없을 정도로 몰락한 소위 잔반(殘班)이었다. 비록 그들이 신분적으로는 아직 양반임을 주장한다 하더라도 그들의 계급적인 성격은 하락하는 현상을 나타내고 있었던 셈이다. 그리고 이 잔반의 수는 점점 늘어나고 있었다.

　한편, 적서(嫡庶)의 차별이 타파되어 가고 있었다. 서얼(庶孽) 출신으로서는 일찍이 정조(正祖)에 의하여 규장각(奎章閣)에 검서관(檢書官)으로 임명된 예가 있었던 것과 같이, 그들의 사회적 차별대우가 점차적으로 약해져 가고 있었다. 또 중인(中人)들도 그들의 사회적 지위를 향상시켜 갔다. 역관(譯官)들은 청에 왕래하는 동안에 새로운 문물에 접하여 견문을 넓힐 뿐 아니라 사무역으로 재부를 축적하여 그 사회적 영향력을 확대해 갔다. 그리고 의관(醫官)이나 관상감원(觀象監員) 혹은 화원(畵員)들은 높은 전문적 식견을 통하여, 서리(胥吏)들은 행정능력이나 문학적 소양을 통하여, 그들이 차지해야 할 정당한 위치에 대한 새로운 주장을 하고 나섰다. 그들은 몰락한 양반인 잔반과도 쉽게 동지적인 유대감을 가질 수 있는 처지에 놓여 있었다. 그리고 부농이나 거상들이 또한 사회적인 상승 작용을 하고 있었음은 이미 언급한 바와 같다.

또 지금까지 차별대우를 받던 지방의 세력도 점점 커져 가는 추세에 놓여 있었다. 예컨대 평안도(平安道) 출신의 과거합격자(科擧合格者)의 수가 급격히 증가되어 정주(定州)는 서울을 제외하고는 전국에서 가장 많은 합격자를 내는 고을이 되었다. 비록 그들이 중앙관직에 등용되기는 힘들었다 하더라도 이 경향은 하나의 큰 변화라고 할 수밖에 없다. 그리고 이러한 사실은 소수 가문에 의한 지배체제에 위협이 되지 않을 수 없었다.

농민의 변화와 노비의 해방

양반지배체제의 동요는 사회의 기층에서도 일어나고 있었다. 양인농민(良人農民)들 중에는 부농으로 성장하여 사회적 지위가 상승하는 경우도 있기는 하였으나, 궁가(宮家)나 세도가(勢道家)의 대토지소유가 확대됨에 따라서 영세소작농으로 전락하는 수도 또한 많았다. 그런가 하면 농민들 중에는 토지를 잃고 임노동자로 전락하는 자도 많았다. 그것은 이미 설명한 바와 같이 광작(廣作)이 행해짐에 따라서 농촌에서 노동력이 남게 되었기 때문이다. 이렇게 토지를 잃은 농촌의 남은 노동력은 이앙기(移秧期)나 추수기(秋收期) 같은 농번기에 농촌에서 임노동을 하기도 하였으나 한편 수공업(手工業)이나 광산(鑛山)채굴에서 임노동을 하는 경우도 있었다. 이러한 임노동자 중에는 농한기를 이용하여 돈벌이를 하려는 일시적인 성격의 임노동자가 있는가 하면, 또 아예 농촌을 떠나서 수공업노동자나 광산노동자가 되는 수도 있었다. 때로는 그들로 인하여 하나의 촌락이 이루어지고 장시(場市)가 설 정도였다.

그러나 이들 양인농민이 옛날과 같이 노비(奴婢)로 전락하는 일은 없었다. 이미 노비는 점점 자취를 감추어 가고 있었기 때문이다. 조선 전기의 15세기에 35만 명에까지 이르던 공노비(公奴婢)의 수는 조선 후기의 17세기에 이르면 20만에도 미치지 못하는 수로 줄어들었다. 이렇게 공노비의 수가 줄어든 것은 임진왜란 때 노비 문서인 노비안(奴婢案)이 불타 버려서 이산해 버린 때문도 있었다. 그러나 반드시 그 때문만은 아니었다. 노비로서 양역(良役)인 군역(軍役)에 종사하는 신천역양(身賤役良)의 현상이 나타났으며, 그들 양역에 종사하는 노비들은 2대에 걸쳐 양역에 종사한 때문에 양인이 되기도 하였다. 그런가 하면 군공(軍功)과 같은 어떤 공로를 세우거나 혹은 납속(納粟)을 하거나 하여 양인신분을 취득하는 경우도 있었다. 또 비록 신분이 해방되지 않은 채 노비안에 기재되어 있는 공노비라 하더라도, 실제로 노비로서 바쳐야 할 대가인 신공(身貢)을 내지 않고 있었으므로 사실상 양인이나 다름이 없었다. 이러한 경우는 사노비(私奴婢)의 경우에도 마찬가지였다. 몰락해 가는 양반들이 그들의 사노비를 유지하기가 어려워졌기 때문이다.

이러한 경향은 결국 공노비를 국가 자신이 해방시켜 주는 결과를 가져오게 하였다. 즉, 순조 원년(1801)에 노비안을 국가 스스로 불살라 버림으로써, 특수한 경우를 제외하고는 공노비가 천민의 신분을 벗어나서 양인이 되었다. 비록 공노비라 하더라도 지방관아 등 일부에는 아직 남아 있었고, 또 사노비 제도까지 폐기된 것은 아니었다. 그러나, 노비안을 없앤 일은 역시 커다란 사회적 변화를 말하여 주는 것이다. 노(奴)와 주(主)의 분수를 엄격히 지켜 오던 과거의 신분체제는 무너져 가고 있었기 때문이다.

제3절   농민의 항거

계의 유행

양반 관리들의 압박 속에서 자신들의 사회적 위치에 눈뜨기 시작한 농민들이 활로를 개척하려는 노력은 여러가지 형태로 나타났다. 가령 양반을 중심으로 운영되던 향회(鄕會)에 농민들이 참여하여 이를 그들의 자치적 조직으로 변모시켜 간 것이 그 하나이다. 또 계(契)의 발달이라는 현상을 들 수가 있다. 계는 양반에 의하여 지도되는 유교적인 향약(鄕約)과는 다른 것이었다. 향약은 위로부터 유교적인 도덕 규정을 강요하는 것이었다. 그러나 계는 현실적인 이익을 목적으로 하고 자발적으로 이루어진 것이었다. 그러므로, 향약이 양반사회의 붕괴현상과 함께 그 의의를 잃은 데 대해서 계는 반대로 성해 갔던 것이다.

계는 처음 친목과 공제(共濟)를 목적으로 한 것이 많았다. 종계(宗契)·동갑계(同甲契)·동계(洞契) 등은 그러한 것이었다. 이들 친목과 공제를 위한 것에는 양반들이 많이 관여하고 있는 경향이 엿보이고 있다. 그러나 뒤에는 점차로 농민들이 자신의 경제적 곤란을 공동의 힘으로 타개하려는 계가 지배적으로 되어 갔다. 여기에는 자연히 가난한 농민들이 많이 가담하였다. 가령, 농업에 불가결한 제언의 공동수리를 목적으로 하는 제언계(堤堰契), 군포의 공동 납부를 목적으로 하는 군포계(軍布契), 소나 농구의 공동 구입을 목적으로 하는 우계(牛契)나 농구계(農具契) 등이 성행하게 된 것이다. 이러한 변화는 그대로 농촌 생활상의 반영이라고 할 수밖에 없다.

이즈음 기근을 피할 수 있는 구황식물(救荒食物)로서 감자와 고구마의 재배에 큰 관심이 쏟아졌다는 것도 농촌생활과 밀접한 관련을 가진 현상의 하나였다. 고구마는 영조 39년(1763)에 일본에 통신사로 갔던 조엄(趙曮)이 그 종자를 얻어 가지고 온 후, 여러 사람의 노력과 장려의 결과로 그 재배가 전파되어 농민의 식생활에 도움이 되었다. 그러나 한국의 기후에 알맞고 또 재배 방법이 용이하여 고구마보다도 더 널리 퍼진 것은 감자였다. 이것은 헌종(1834~1849) 때에 청으로부터 이식된 이래 널리 보급되어, 고구마의 남저(南藷)에 대해 북저(北藷)라고 불리었다.

유민과 도적

여러가지 노력에도 불구하고 영세소작농(零細小作農)으로 몰락한 농민들의 생활은 가난에 쪼들린 것이었다. 더구나 흉년이 되면 각지에 굶주린 사람의 수가 늘고 아사자가 속출하였다. 자연히 농민들은 고향을 버리고 다른 곳으로 유랑하는 유민이 되었다. 그 결과 농촌은 비게 되고 한 면에 10호도 못 되는 곳조차 생기게 되었다. 때로는 산속으로 들어가서 화전민(火田民)이 되었다. 일정한 주소를 가지지 않고 여기저기로 옮아 가며 임시적인 개간지에서 농업을 경영하는 것이었다. 수확은 적었고 따라서 생활은 가난하였다. 다만, 관리들의 압박을 벗어날 수 있다는 것으로써 낙을 삼는 형편이었다. 한편, 화전은 양반들이 사유토지를 늘리는 방편으로서 확대되어 가는 경향도 나타내었다. 그런데, 이 화전민에게도 관리들의 손이 뻗쳐서 세를 받아갔다. 농민들 중 국경을 넘어 간도(間島)나 연해주(沿海州) 등으로 이민 가는 유민이 증가한 것은 이러한 때문이었다.

농민들의 불만과 불평은 사회 내부에서 음성적인 형태를 띠고 나타나기도 하였다. 각지에서 오늘날의 벽보와 같은 괘서(掛書)·방서(榜書) 등의 사건이 연거푸 일어나서 인심을 소란케 한 것은 그 하나의 표현이었다. 순조 4년

(1804)에는 서울의 도성(都城) 4문(門)에 「관서비기(關西秘記)」란 것을 내붙인 사건이 있었다. 같은 해에는 안악(安岳)에서도 이상한 가사를 가지고 조정을 비방하는 사건이 있었다. 또, 순조 26년(1826)에는 청주(淸州)에서 정부를 저주하는 괘서가 나붙은 사건이 있었다. 그 내용이 매우 불온한 것이었기 때문에 조정에서는 청주목(牧)을 서원현(西原縣)으로 격을 떨어뜨리기까지 하였다. 이밖에도 이와 비슷한 사건은 허다하게 일어났다. 당시에 있어서의 민심의 동향을 엿볼 수가 있다.

농민들의 불만은 그러나 이러한 음성적인 것에만 그치지를 않았다. 우선 도적의 무리가 되어 사방을 소란케 하였다. 각지에서 화적(火賊 ; 명화적, 明火賊)이니 수적(水賊)이니 하는 것이 횡행하였다. 화적은 횃불을 들고 다니며 화공(火攻)을 하는 도적의 무리를 말하지만, 때로는 말을 타고 총을 들고 다니기도 하였으며, 수적은 배를 타고 바다나 강을 오르내리는 도적의 무리를 말하는 것이었다. 이러한 것은 점차 조직적인 것으로 변하여서, 출신지에 의하여 결합된 서울의 서강단(西江團), 평양의 폐사군단(廢四郡團), 재인(才人)들에 의하여 조직된 채단(彩團), 유민들에 의하여 조직된 유단(流團) 등 단호(團號)를 가진 도적들이 나타나기도 하였다.

민란의 빈발

민란(民亂)이 또 빈발하였다. 그 주체는 물론 농민이었다. 그러나, 대개는 경제적으로 몰락한 잔반(殘班)들에 의하여 지도되어 대규모적인 반란으로 확대되는 경우가 많았다. 순조 11년(1811)에 일어난 홍경래(洪景來)의 난은 그러한 대표적인 것이었다. 홍경래는 평안도(平安島) 지방의 몰락한 양반으로서 과거(科擧)에 실패하여 출세하지 못한 데 불만을 품고, 자기와 처지가 같은 우군칙(禹君則)·김사용(金士用) 등과 일을 모의하였다. 이들은, 평안도에 대한 차별대우를 내세워, 평안도 지방의 좌수(座首) 등 향임(鄕任)이나 별장(別將) 등 무임(武任) 중 새로이 부농으로 성장한 계층 및 송상(松商)을 비롯한 많은 사상(私商)과 결합하여, 반란을 계획하였다. 때마침 굶주린 사람과 유민이 넘쳐서 민심이 흉흉하여지자 광산을 채굴한다 하여 그들을 긁어모아 훈련을 시켜 난을 일으키기에 이르렀다. 난이 일어남과 함께 청천강(淸川江) 이북은 거의 모두가 그의 지배 밑에 들어갔다. 그러나 박천(博川) 송림리(松林里)에서 관군에게 패배하자

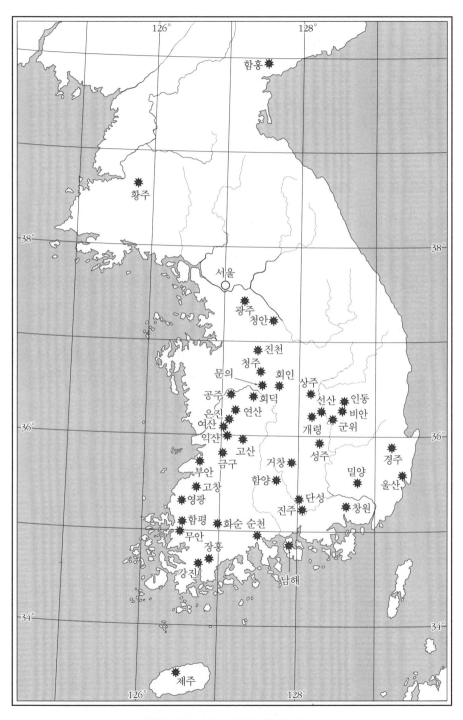

철종 13년(1862)의 민란 발생지 분포

정주성(定州城)에 웅거하여 대항하게 되었는데, 결국 성이 함락하고 홍경래는
전사하여 난은 평정되었다.

비록 홍경래난은 평정되었으나, 이로 말미암아 민심은 더욱 동요되었다. 홍
경래가 살아 있다는 풍문이 여기저기 퍼져 있었고, 그 잔당을 자처하고 난을
일으키는 무리도 또한 있었다. 이리하여 소규모의 민란은 거의 쉴 새 없이 전
국적으로 일어났다. 철종 13년(1862)의 진주민란(晉州民亂)은 그중에서도 가장
두드러진 것이었다. 병사(兵使) 백낙신(白樂莘)의 악행을 참을 수 없어 잔반 출
신 농민인 유계춘(柳繼春)을 중심으로 농민들은 죽창을 들고 일어나 관리를 쫓
고 죽이고, 또 방화와 파괴를 감행하였다. 결국은 진압되고 말았으나 그 영향
은 커서 연속적으로 민란을 유발시켰던 것이다. 가령 진주민란이 일어난 지 40
여 일 만에 익산(益山)에서 농민들의 반란이 일어났으며, 이와 때를 같이해서
개령(開寧) · 함평(咸平) 등 삼남(三南)의 거의 전역인 70여 개처에서 농민들의
반란이 일어났다. 그러나 이에 그치지 않고 반란의 물결은 전국으로 번져 갔으
며, 심지어는 제주도(濟州道) 어민(漁民)들의 반란도 일어났다.

이러한 민란들은 대개가 포악한 관리의 제거를 목적으로 하는 자연발생적인
성격의 것이었다. 그러나, 그것은 나아가서 벌열정치 및 세도정치에 의하여 병
든 양반사회 자체에 대한 반항으로 진전되어 갔던 것이다.

제4절   중인층 및 평민의 문화

학문과 사상

17 · 18세기 실학(實學)의 전통을 이어서 19세기에는 새로운 학문적 발전이
이룩되었다. 당시의 현실이 직면한 문제들을 역사적 연구의 성과에 비추어서
해결해 보려는 기본적인 방향은 같았지만, 그 구체적 성과는 17 · 18세기의 그
것과는 다른 면을 보였으며, 이것이 개화사상(開化思想)에 이어져 내려갔던 것
이다.

이 시기의 학문에서 우선 주목되는 것은 학문의 종합적 정리에 대한 노력이
두드러진다는 점이다. 다방면에 걸친 실학사상의 집대성자라고 할 정약용(丁

若鏞)의 사상이 무르익은 것은 이때였다. 백과전서적(百科全書的)인 경향은 이미 『지봉유설(芝峰類說)』·『성호사설(星湖僿說)』이래로 있어 왔지만, 이 방면을 집대성한 것은 순조 때 학자인 서유구(徐有榘)의 『임원경제지(林園經濟志)』와 이규경(李圭景)의 『오주연문장전산고(五洲衍文長箋散稿)』이다. 『임원경제지』는 일상생활로부터 산업(産業)·육예(六藝) 등 사회생활 전반에 걸쳐 언급한 것이며, 『오주연문장전산고』는 천문·지리를 비롯하여 정치·경제·사회·역사 등 학문의 전분야에 걸친 방대한 사실들에 대한 변증(辨證 ; 고증)을 실은 것이다. 그리고 융희 2년(1908)에는 박용대(朴容大) 등이 영조 때의 『동국문헌비고(東國文獻備考)』를 증보한 『증보문헌비고(增補文獻備考)』를 완성했는데, 이것은 한국학 백과전서라고 할 성격의 것이었다. 또 조선왕조 법전(法典)의 종합서라고 할 『대전회통(大典會通)』이 고종 2년(1865)에 조두순(趙斗淳) 등에 의하여 편찬되었다. 이러한 학문적인 종합과 정리에 대한 노력이 이 시대 학문의 하나의 특색이었다.

다음으로 이 시대의 특징으로는 고증학적(考證學的) 방법을 들 수 있다. 이규경이 고증에 각별한 관심을 가지고 변증을 시도했음은 이미 언급하였지만, 고증학의 대표적인 학자는 김정희(金正喜)였다. 그는 청의 고증학을 받아들여 특히 금석문(金石文)을 깊이 연구한 것으로 유명하다. 그의 진흥왕순수비(眞興王巡狩碑)에 대한 연구인 『금석과안록(金石過眼錄)』은 그러한 고증학풍을 나타내는 대표적 저술이다. 김정호(金正浩)도 거의 일생에 걸쳐 스스로 각지를 실지답사한 지식을 토대로 철종 12년(1861)에 정밀한 『대동여지도(大東輿地圖)』를, 또 해박한 고증에 뒷받침된 지리서인 『대동지지(大東地誌)』를 고종 원년(1864)에 완성하였다.

다음으로 주목되는 것은 몰락한 양반이나 중인 출신의 학자들이 크게 진출하여 그들의 사회적 처지를 반영하는 이론을 전개하였다는 점이다. 우선 몰락한 양반 출신의 학자인 최한기(崔漢綺)는 철종 11년(1860)에 완성된 그의 대표적 저술인 『인정(人政)』 속에서 정치를 바로잡기 위하여는 인재를 옳게 등용해야 한다고 말하고, 사(士)·농(農)·공(工)·상(商)의 구별 없이 인재를 뽑아 교육할 것을 주장하였다. 그는 또 역사는 앞으로 진보한다는 생각에서 장차 인류가 문명세계 속에서 생활할 수 있으리라는 밝은 전망을 가지고, 쇄국정책을 버리고 문호를 열어 세계의 여러 나라와 호흡을 같이할 것을 주장하였다. 또 중인 출신의 최성환(崔瑆煥)은 『고문비략(顧問備略)』에서 행정적인 실무를 합리

적으로 개혁할 것을 주장하였다. 가령 양인(良人)에 대한 강제 노력 동원인 역
역(力役)을 임금제로 고친다든가, 혹은 세금을 금납화(金納化)한다든가 하는 주
장을 내세웠다. 이러한 주장들은 도시 상공업자나 행정실무 담당자의 입장을
대변하는 견해로 받아들일 수 있다.

한편 서얼(庶孽) 출신들은 서얼의 역사인『규사(葵史)』(철종 10년, 1859)를 편
찬하여 서얼에 대한 차별 대우의 철폐를 주장하였다. 또 향리(鄕吏) 출신의 이
진흥(李震興)은 향리의 역사인『연조구감(掾曹龜鑑)』(헌종 12년, 1846)을 편찬하
여 향리가 양반과 그 혈통을 같이하며, 따라서 같은 대우를 받아야 한다는 것
을 주장하였다. 또 중인 출신으로 죄를 얻어 귀양살이를 한 조희룡(趙熙龍)의
『호산외기(壺山外記)』(헌종 10년, 1844), 서리(胥吏) 출신인 유재건(劉在建)의『이
향견문록(里鄕見聞錄)』(철종 13년, 1862), 가난한 중인 출신인 이경민(李慶民)의
『희조일사(熙朝軼事)』(고종 3년, 1866) 등, 미천한 신분이기 때문에 정사(正史)에
오르지 못했지만 기예나 덕행이 뛰어난 인물들의 전기가 여러 책 편찬되었다.
이러한 사실은 사학사(史學史)에서의 새로운 현상으로서 당시의 사회적 변화를
반영해 주는 것이다.

천주교의 전파

순조(1800~1834) 때에 안동(安東) 김씨(金氏)가 세도(勢道)를 하면서는 김조
순(金祖淳)이 시파(時派)였기 때문에 천주교(天主敎)에 대한 탄압이 심하지 않았
다. 그 동안 조선교구(朝鮮敎區)가 독립을 하였고(순조 31년, 1831), 서양인 신부
(神父)로 헌종 2년(1836)에 입국한 모방(Maubant)의 뒤를 이어, 다음해에는 샤
스탕(Chastan)·앙베르(Imbert) 등이 들어왔다. 이리하여 천주교의 교세가 적
이 떨치려는 기세를 보이었다. 그러나 헌종 5년(1839)에 당시 세도정치를 하고
있던 풍양(豊壤) 조씨(趙氏)의 벽파(僻派)에 의하여 탄압이 내려지고, 그 결과 세
서양인 신부와 많은 신도가 죽음을 당했다. 이것을 기해사옥(己亥邪獄)이라고
한다. 이 이후는 마카오에 가서 신학교(神學校)를 졸업하고 최초의 신부가 된
김대건(金大建)의 귀국 활동이 있었다(헌종 11년, 1845). 그는 육로보다도 해로
를 통하여 청국의 선교사들과 연락을 하려고 노력하다가 붙잡혀 순교하였다.
철종(1849~1863)이 즉위하면서는 다시 안동 김씨가 집권하여 천주교에 대한
금압이 심하지 않았다. 이에 많은 서양인 선교사가 들어오고, 신도도 늘어 2만

명에 이르고 여러가지 천주교 서적들도 출판되었다.

종래 천주교는 양반 중에서 정권에 참여하지 못한 남인(南人)의 시파 학자들이 많이 믿었다. 그러나 이들의 수는 박해와 더불어 점점 줄어들고, 19세기에 이르면 대체로 신분이 낮은 사람들이 많이 믿었다. 의업(醫業)에 종사하는 사람 같은 중인층도 있었으나, 농(農)·공(工)·상(商)에 종사하는 사람이 단연 많은 비중을 차지하게 되었다. 뿐만 아니라 임노동자들도 적지 않게 믿었다. 그리고 여성 신자가 또한 현저히 증가하였다. 요컨대 신분이 높은 사람보다 낮은 사람, 유식한 사람보다 무식한 사람, 부유한 사람보다 가난한 사람들이 천주교의 신자가 되었다. 그러나 주로 서울과 그 부근에 신자가 집중되어 있어서, 천주교가 농촌의 종교이기보다는 도시 중심의 종교였음을 나타내고 있다.

이들이 천주교에 이끌린 것은 우선 모든 인간은 한결같이 천주의 자녀라는 평등사상(平等思想)에 공명한 때문이었음이 분명하다. 중인이나 상민(常民)들이 천주의 자녀로서 양반들과 동등한 자격으로 천주를 예배할 수 있었다는 것은 감격적인 일이었을 것이다. 이것은 부녀자들에 있어서도 마찬가지였다고 생각된다. 또 현실에 낙망한 그들에게 천국에 대한 설교는 그대로 복된 소식이었을 것이다. 내세신앙(來世信仰)은 그들이 천주교에 귀의한 또 하나의 중요한 이유였을 것으로 믿어진다. 천주교의 양반사회에 대한 비판이 더욱 심각해져 가는 경향을 엿보게 된다.

동학의 발생

천주교가 서울을 중심으로 퍼져 갔다고 하면, 동학(東學)은 농촌 속에서 자라났다. 농민들의 사회적 불만이 동학이라는 종교운동으로 나타났던 것이다. 동학은 철종(1849~1863) 때에 최제우(崔濟愚)가 제창하기 시작한 것이었다. 유(儒)·불(佛)·선(仙) 3교의 장점을 취하여 서학(西學 ; 천주교)에 대항한다고 하였으나, 그 교리 속에는 천주교에서 취한 것도 있으며, 또 민간의 무술신앙(巫術信仰)에서 받아들인 것도 있었다. 이리하여 이루어진 그의 사상은 『동경대전(東經大全)』·『용담유사(龍潭遺詞)』 등에 나타나 있다.

그는 인내천(人乃天), 즉 사람은 곧 하늘(신, 神)이라 하여 이 둘을 한가지로 생각하였다. 그에 의하면 인심은 곧 천심이요, 사람을 섬기는 것은 곧 하늘을 섬기는 것과 같았다. 이러한 사상은 사회적인 신분이나 계급을 초월한 모든 인간의 평등을 부르짖은 것이었다. 사회적으로 압박받는 농민들에게 환영을 받은 까닭이 주로 여기에 있었던 것이다. 동학이 농민들에게 환영받은 또 하나의 이유는 주문(呪文)을 외고 산제(山祭)를 지내는 등 농민들의 전통적인 무술신앙과 서로 통하는 점이 있어서 쉽사리 이해되었기 때문이기도 하였다.

동학은 단순한 종교운동에 그치는 것이 아니라 농민을 중심으로 하여 현실을 개혁하려는 사회운동을 일으키기도 하였다. 동학은 보국안민(輔國安民)을 부르짖으며, 부패한 정치를 개혁할 것을 주장하였다. 그리고 시운(時運)에 따라서 때가 오면 이는 가능해질 것이라고 주장하였다. 이에 조정에서는 동학의 유행을 위험시하게 되었다. 이리하여 철종 14년(1863)에 최제우는 사람을 미혹하여 세상을 어지럽히는 자라 하여 체포되어서 그 다음해에 사형을 받았다. 최제우가 갑자년(甲子年)에 좋은 소식이 있을 것이라고 주장하였으므로, 이것이 소요로 발전할 것을 두려워한 조정에서는 갑자 전해에 그를 체포했던 것이다. 이 때문에 교도들은 많이 산속으로 숨어 그 교세가 일시 약하여졌다. 그러나, 제2세 교주인 최시형(崔時亨)이 고난 속에서『동경대전』·『용담유사』등을 편찬하여 교리를 정리하는 한편, 각지에 포(包)·접(接)이라고 일컫는 교도의 조직망을 설치하는 데 성공하였다. 동학이 자라는 온상이 된 농민들의 불안이 여전하였으므로, 곧 다시 교세를 회복하게 되었던 것이다.

문예의 양상

한문학(漢文學)에 있어서는 이미 대두하기 시작한 서얼·중인·서리들의 문학이 크게 일어나서 철종 8년(1857)에는 서리 출신인 유재건(劉在建) 등에 의해서『풍요삼선(風謠三選)』이 편집되었다. 여기에는 승려나 부녀자의 시도 채집되어 있어서 더욱 풍요로서의 특징을 나타내고 있다. 여기에 포함된 작가가 305명에 달하고 있는 것을 보면 얼마나 많은 하류신분층의 문학자가 배출하였는가를 알 수 있다. 그들은 여러 시사(詩社)를 맺고 있었는데,『풍요속선(風謠續選)』을 편찬한 역관 출신인 천수경(千壽慶) 등의 송석원시사(松石園詩社 ; 옥계시사, 玉溪詩社) 같은 것이 그것이다. 그리고 역관 가계의 정수동(鄭壽銅 ; 정지윤, 鄭芝潤), 나라에 죄를 지어 사형당한 사람의 자손인 김립(金笠 ; 김병연, 金炳淵) 등과 같은 풍자시인의 존재도 이 시대 한문학의 성격을 잘 나타내 주고 있다. 이들은 모두 전통적인 성리학적 문학관으로부터 벗어나서, 인간의 천부적인 영감을 존중하는 성령론(性靈論)에 입각한 시를 썼다. 그러므로 그들의 시는 각자의 개성을 존중하고 자율적인 자유를 추구하는 성격의 것이 되었다.

국문학에 있어서는 가객(歌客)인 박효관(朴孝寬)·안민영(安玟英)이 고종 13년(1876)에 편집한 『가곡원류(歌曲源流)』가 나왔다. 이 『가곡원류』는 시조(時調)의 집대성이라고 할 수 있는 책이다. 그러나 이 시대의 국문학으로서 가장 주목되는 것은 판소리이다. 판소리는 광대가 청중을 상대로 장편의 줄거리를 창(唱)으로 부르는 것이었다. 판소리가 발생한 것은 약간 위로 거슬러 올라가지만, 이것이 성하기는 19세기의 일이었으며, 송흥록(宋興祿)·모흥갑(牟興甲) 등 명창이 나서 판소리의 전성시대를 이루었다. 이렇게 판소리로 연출되는 판소리 사설은 고소설(古小說)들을 창곡화(唱曲化)하여 썼으며, 12마당으로 정리되기에 이르렀다. 이 판소리 사설의 정리에 공이 큰 것은 신재효(申在孝)인데, 그는 말귀를 실감이 나도록 고쳐서 독자적인 창의를 나타냈다. 그러나 그러는 과정에서 원래 판소리가 가지는 소박함과 발랄함이 상실되는 국면도 있었다. 이 판소리 사설에는 양반에 대한 풍자가 들어 있어서, 창하는 광대나 듣는 상민들로 하여금 사회적 모순에 대한 울분을 토로케 하였다.

또 평민대중을 상대로 하는 연예로서는 탈춤(가면극)이 있었다. 춤과 노래와 사설이 섞여 진행되는 탈춤은 향리 집단의 주도하에 읍(邑)의 제의(祭儀)를 배경으로 발전한 것이다. 그러나 그 청중은 평민대중이었으므로 이것은 대중적인 성격을 갖고 있었다. 따라서 극중의 사설에는 대개 양반을 희롱하고 풍자하는 대목들이 끼여 있었다. 가령 『수영야유(水營野遊)』에 나오는 뱀의 형상을 한 영노라는 동물의 사설에,

> 내가 날물에 날잡아먹고, 들물에 들잡아먹고, 양반 아흔아홉 잡아먹고, 하나만 더 잡아먹으면 득천(得天)한다.

고 하는 대목에는 양반에 대한 적대 감정이 노골적으로 나타나 있다. 탈춤이 평민들에게 인기를 얻은 것은 이러한 풍자 때문이었을 것이다. 탈춤은 대개 비직업적인 연예자들에 의해 전승되어 왔으나, 한편 남사당(男寺黨)이라는 직업적인 유랑 연예인들에 의해 전승되기도 하였다. 남사당은 탈춤 이외에 농악·꼭두각시놀음·줄타기·땅재주·대접돌리기 등의 놀음을 하기도 하였다.

미술계의 변화

이 시대의 회화(繪畵)에 있어서는 김정희(金正喜)를 대표로 하는 문인화(文人畵)가 당대를 휩쓸게 되었다. 그의 대표작인 「세한도(歲寒圖)」에 나타난 것은 우리나라의 진경산수(眞景山水)가 아니라 고차원의 이념적 세계를 나타낸 것이었다. 흥선대원군(興宣大院君)의 난초(蘭草)도 문인화로서 그 경향을 같이한다. 이러한 문인화의 경향은 양반문인들뿐 아니라 화원(畵員)들의 세계에까지 번져 가서 일세를 풍미하게 되었다. 세도정치하의 혼탁한 풍조에 대한 문인으로서의 반항이 이러한 경향을 낳게 한 것으로 생각된다. 그러나 이로 인하여 17·18세기에 유행하던 진경산수화와 속화는 그 발전이 저지되고 만 셈이다. 19세기 말에는 흔히 안견(安堅)·김홍도(金弘道)와 함께 조선의 3대 화가의 한 사람으로 꼽는 장승업(張承業)이 유명하였다. 그는 고아로서 어깨 너머로 배운 화재(畵才)가 인정되어 화원으로 발탁된 천재화가였다. 마음에 맞지 않으면 누구의 명이라도 붓을 들지 않았다는 그는 「홍백매병(紅白梅屛)」 등 신운(神韻)이 생동하는 그림을 그린 것으로 유명하다.

서예(書藝)에 있어서는 종래의 고루한 경향을 일소하고 새로운 서풍(書風)이 생기었다. 그 대표적 인물은 금석학(金石學)의 대가인 김정희였다. 그는 옛 명필(名筆)들의 필적을 연구하여 이를 종합해서 패기에 넘치는 서체를 이룩하였던 것인데, 이를 보통 추사체(秋史體)라고 부르고 있다. 또, 신위(申緯)·조광진(曹匡振) 등도 김정희에 못지않은 대가로 모두 서예의 혁신에 이바지한 바가 컸다.

목공예(木工藝)도 또한 크게 발달하였다. 장롱·궤·경대·문갑·탁자·책상·소반 등의 여러가지 가구(家具)를 나무 무늬의 아름다움을 살려서 만든 이 목공품들은 소박하고 아담한 미를 나타내 주는 것으로 유명하다. 한편, 죽공품(竹工品)·화각공예품(華角工藝品)·나전칠기(螺鈿漆器) 등에도 훌륭한 것들이 많았다.

제5절 대원군의 개혁과 쇄국정책

대원군의 개혁

철종(哲宗)의 뒤를 이어 고종(高宗)이 12세의 어린 나이로 즉위하게 되었다 (1863). 이때 흥선대원군(興宣大院君 ; 이하응, 李昰應)은 국왕의 부친으로서 정치의 실권을 장악하고 외척의 전횡을 억압하며 왕권을 강화하기 위한 과단성 있는 개혁을 단행하였다. 이 목적을 위하여 안동(安東) 김씨(金氏)를 정권에서 축출하고, 그 대신 노(老)·소(少)·남(南)·북(北)의 사색(四色)을 고루 등용하여 썼으며, 또 지방이나 신분의 차별도 배제하려 하였다. 대원군은 벌열정치나 세도정치를 타도하기 위하여 이러한 과감한 인재등용책을 썼던 것이다.

이러한 기본 정책은 경제적인 시책에도 그대로 반영되었다. 즉, 대원군은 종래 일반 상민에게만 부과되던 군포(軍布)를 호포(戶布)라 개칭하여 양반이나 상민을 불구하고 모두 바치도록 하였다. 또, 종래의 환곡(還穀) 제도를 사창(社倉) 제도로 고치고, 창고 안의 실재를 조사하여 사리를 도모한 자는 사형 혹은 유배에 처하는 등 관기의 숙정에 노력하였다.

그는 또 왕실의 위엄을 높이기 위하여 경복궁(景福宮)을 재건하였다. 경복궁은 임진왜란 때에 불탄 이후 국가의 재정이 곤궁하여서 이를 재건치 못하고 있었던 것이다. 대원군은 재정상태의 곤궁을 무릅쓰고 고종 2년(1865)에 재건에 착수하여 고종 4년(1867)에 준공하였다. 그러나, 그 경비를 조달하기 위하여 농민에게 1결에 1백 문(文)의 결두전(結頭錢)이라는 특별세를 부과하였고, 도성문(都城門)을 통과하는 물품에서 문세(門稅)를 징수하기까지 하였다. 또, 원납전(願納錢)이라는 명목으로 강제로 금전을 바치게 하기도 하였다. 많은 사람이 공사를 위하여 징발되었으므로 그들의 원망을 또한 면할 길이 없었다. 당백전(當百錢)이라는 악화를 주조하여 경제에 적지 않은 혼란을 초래한 것도 이때의 일이었다. 이렇게 해서 근정전(勤政殿)·경회루(慶會樓)·광화문(光化門) 등의 건물을 포함하는 굉장한 규모를 가진 경복궁이 재건되었다.

그리고는 서원(書院)의 철폐를 단행하였다. 당시의 서원은 막대한 농장과 노비를 소유하고 면세와 면역의 특권을 누리며 국가의 경제를 침식하고 있었다. 그런데, 서원은 경제적으로뿐 아니라, 정치적으로도 국가의 통제를 벗어난 존재로서 지방에서 권세를 부리고 있었다. 심지어 송시열(宋時烈)을 모시는 화양동서원(華陽洞書院)이 발하는 서간은 정부의 명령보다도 더 위력을 발휘하였다. 그러므로, 이러한 서원의 존재를 용인하고서는 집권적인 지배체제를 강화할 수가 없었다. 이에 대원군은 고종 2년(1865)에 송시열의 유명(遺命)으로 명(明)의 임금을 모시기 위하여 세운 만동묘(萬東廟)를 철폐하였고, 고종 5년(1868)에는 서원에서도 납세하도록 하였다. 그리고 고종 8년(1871)에는 드디어 전국의 서원을 크게 정리하여 47개소 이외의 모든 서원은 철폐시키고 말았다. 이러한 서원 탄압은 당시 유학자들의 맹렬한 반대를 받았고, 이러한 사정이 드디어는 대원군 하야의 한 원인이 되었다.

쇄국정책

19세기에 이르러서 서양인들의 조선에 대한 통상 요구가 빈번하여졌다. 인도양을 거쳐 동진하여 북상하는 영국과 프랑스, 태평양을 건너서 서진하여 오는 미국, 시베리아를 거쳐 남하하여 오는 러시아 등의 여러 나라가 전후하여 조선의 문을 두드렸던 것이다. 즉, 순조 32년(1832)에는 영국 상선 1척이 충청도 해안에 나타나서 무역을 요청하였고, 헌종 11년(1845)에는 영국 군함 1척이 다도해(多島海) 수역(水域)을 측량하는 동시에 또 통상을 요구하였다. 이듬해(1846)에는 프랑스의 군함 3척이 충청도 해안에 출현하였고, 철종 5년(1854)에는 러시아의 군함 2척이 함경도 해안에 와서 각지를 조사 측량하고 갔다. 고종 3년(1866)에는 독일 상인 오페르트(Oppert)가 두 차례나 와서 통상을 요구하고 갔다. 그가 후일(고종 5년, 1868) 충남 덕산(德山)에 있는 대원군의 아버지 남연군(南延君)의 무덤을 도굴한 사건은 두 차례에 걸친 통상 요구가 실패한 뒤의 일이었다. 또 고종 3년(1866)에는 미국 상선 제너럴 셔먼(General Sherman)호가 대동강(大同江)을 거슬러 올라와 평양(平壤)에 이르러 통상을 요구하였으나, 평양 군민(軍民)으로부터 화공(火攻)을 당하여 강에서 불타 버리고 말았다.

이렇게 거듭되는 이양선(異樣船 ; 외국선, 外國船)의 출몰은 국내적으로 불안한 상태에 놓여 있던 조선에게 또 하나의 위협이 아닐 수 없었다. 게다가 청(淸)이 아편전쟁(阿片戰爭)·애로우호사건(Arrow號事件) 등 연거푸 일어난 서양인과의 충돌로 인하여 곤경에 빠져 있는 사실을 아는 조선은, 그들의 통상 요구를 거절하는 것이 그러한 곤경을 미연에 방지할 수 있는 방법이라고 생각하였던 것이다.

그러나, 서양 여러 나라의 통상 요구를 거절한 데에는 또 하나의 이유가 있었다. 그것은 천주교의 만연에 대한 공포였다. 천주교는 처음 남인 학자들에 의하여 주로 믿어졌으나, 후에는 중인·상민·부녀자 등 압박받는 계층에 속하는 사람들 사이에 점차로 확대되어 갔음은 이미 설명한 바와 같다. 이러한 천주교는 유교적 전통에 반항하는 사교(邪敎)로 규정되어 이미 몇 차례의 탄압을 받았다. 그러나, 철종 때에 베르누(Berneux)·리델(Ridel) 등 12명의 프랑스 신부가 들어와 전도함에 미처서 천주교는 다시 활기를 회복하여 갔다. 그 결과 고종 초년에는 2만 명이 넘는 신도를 획득할 수가 있었다.

대원군은 처음 천주교에 대하여 비교적 관대하였다. 러시아가 남하하려는 기세를 살핀 대원군은 신자 남종삼(南鍾三)의 건의에 의하여 프랑스의 세력을 끌어들여 이에 대비할 것을 꾀하기까지 하였다. 그러나, 그 교섭이 잘 진척되지 않을 뿐더러 청에서의 천주교 탄압에 대한 보도가 전하여 오고 하자, 조두순(趙斗淳) 등의 배외정책에 끌리어 대원군은 천주교에 대한 대탄압을 하게 되었다. 이리하여 9명의 프랑스 선교사를 비롯해서 남종삼 등 수천 명의 신도가 처형되었던 것이다(고종 3년, 1866). 천주교의 전파를 두려워하는 조선이 서양 여러 나라와의 통상을 금한 것은 당연한 귀결이었다.

양요

조선의 문호는 이제 굳게 닫혀졌다. 서양인들과의 교섭은 일체 위험한 것으로 여겨졌다. 서양 여러 나라와 통상관계를 맺고 있는 일본과의 교섭도 위험시되었다. 오직 청과의 교섭만이 허락되었다. 이렇게 철저한 쇄국정책을 표방하는 대원군 치하의 조선과 평화적인 교섭에 의하여 통상관계를 맺는다는 것은 도저히 바랄 수 없는 사실이었다. 이에 서양 여러 나라는 무력적인 위협에 의해서라도 통상 관계를 맺으려고 하였다. 그 결과 발생한 것이 양요(洋擾)였다.

첫 양요인 병인양요(丙寅洋擾)는 고종 3년(1866)에 있었다. 천주교에 대한 탄압이 그 도화선이 되었다. 당시 조선에 와 있던 12명의 프랑스 선교사 중에서

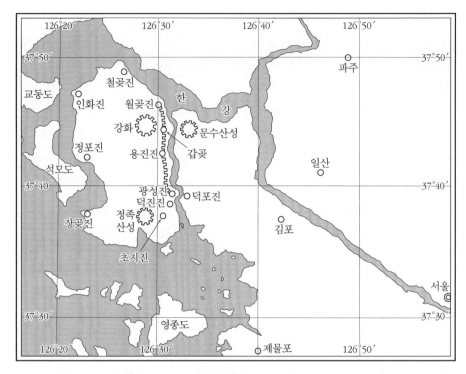

양요도

9명은 체포되어 순교하였다. 체포되지 않고 숨어 있던 3명의 신부 중에서 중국으로 탈출한 리델 신부의 보고에 접한 프랑스 해군제독 로즈(Roze)는 우선 군함 3척을 거느리고 와서 힘의 시위를 하게 되었다. 프랑스 군함은 한강을 거슬러 올라와 양화진(楊花津)에까지 이르러 정찰을 하고 일단 돌아갔다. 그러나 곧 다시 군함 7척을 거느리고 침략하여 와서 서울의 입구인 한강을 봉쇄하는 한편, 그중 한 부대는 강화읍(江華邑)을 점령하고 군기·서적 등을 약탈하였다. 그러나 서울을 향하여 진군하던 다른 부대는 문수산성(文殊山城)에서 한성근(韓聖根)이 거느린 군대에게 패퇴하였다. 또 정족산성(鼎足山城)을 공격하던 프랑스 군대도 양헌수(梁憲洙)가 거느린 군대에게 격퇴되었다. 이리하여 프랑스 함대는 모두 퇴각하여 버리고 말았다.

　병인양요보다 5년 후인 고종 8년(1871)에 신미양요(辛未洋擾)가 있었다. 미국 상선 제너럴 셔먼호가 평양에서 소각되어 그 종적을 감춘 사실은 이미 이야기하였지만, 미국은 이 사건을 조선을 개항시킬 수 있는 계기로 이용하려 하였다. 그리하여 드디어는 고종 8년에 북경(北京)에 주재하는 미국 공사 로우

(Low)와 미국의 아세아함대사령관 로저스(Rodgers)로 하여금 군함 5척을 거느리고 침략해 오게 하였다. 이때 대원군은 병인양요 이래로 성곽을 수리하고 포대를 축조하고 대포를 주조하는 등 국방을 게을리 하지 않던 때였다. 수비병은 강화해협(江華海峽)을 통과하여 침입해 오던 미국 군함에 대하여 공격을 개시하였다. 미국 군대는 초지진(草芝鎭)·광성진(廣城鎭) 등을 점령하였으나 광성진의 전투에서 어재연(魚在淵)이 거느린 수비병의 완강한 저항을 받았다. 또, 갑곶(甲串)에 상륙한 미국 군대도 강화 수비병의 공격을 받아 패퇴하였다. 이에 그들은 물러서서 청으로 돌아가 버리고 말았다.

프랑스와 미국 군함의 침략을 격퇴시킨 대원군은 의기 양양하였다. 그의 쇄국정책은 더욱 굳어졌다. 그는 척양(斥洋)의 결의를 표시하기 위하여 서울 종로와 지방 각처에 척화비(斥和碑)를 세웠는데, 거기에는,

　　양이가 침범함에, 싸우지 않으면 곧 화의인데, 화의를 주장함은 매국이다(洋夷侵犯 非戰則和 主和賣國).

라고 쓰게 하였던 것이다. 그의 결의가 얼마나 굳었는가를 짐작할 수가 있다. 어쨌든 대원군의 쇄국정책은 두 차례의 침략을 당하였음에도 불구하고 건재할 수가 있었다.

두 차례에 걸친 양요의 격퇴는 조선의 반항이 완강했기 때문이기도 하였지만, 한편 프랑스나 미국이 소극적이었기 때문이기도 하였다. 그들은 시위행동만으로 통상의 목적을 달성할 수 있으리라고 믿었다. 그러나, 대원군은 그러한 시위 행동 정도의 침략에는 굴하지 않을 강력한 의지와 실력의 소유자였다. 당시 프랑스는 월남(越南)의 경영에 바빴고, 미국은 남북전쟁(南北戰爭) 후의 서부 개척에 여념이 없을 때였다. 그러므로, 뜻밖의 완강한 저항을 받고는 그것을 물리칠 만한 강경한 태도를 취할 수가 없었다. 프랑스나 미국뿐 아니라 영국은 인도(印度)의 내란 수습에, 러시아는 연해주(沿海州)의 개척에 바빴다. 그러므로 이들도 모두 조선의 문호를 개방시킬 적극적 의도를 가지고 있지 못하였다.

그런데 서양 여러 나라와는 달리 일본은 당시 조선에 대하여 적극적인 태도를 취할 수 있는 나라였다. 일본은 1854년(철종 5년)에 미국과 화친조약을 맺은 이후 서양의 여러 나라와도 차례로 통상조약을 체결하였다. 이어 1867년(고종 4년) 도쿠가와막부(德川幕府)를 타도하고 왕정복고(王政復古)를 이룩한 메이지 정부(明治政府)는 서양의 근대문명을 적극적으로 받아들여 부국강병책을 썼다.

그리고는 드디어 조선에 대한 침략의 야심을 드러내고 그 실천의 시기를 기다
리게 되었다. 그러므로 대원군은 개화한 일본에 대한 위구심을 서양 여러 나라
에 대해서와 마찬가지로 가지고 있어서 척왜(斥倭)를 척양(斥洋)과 꼭 같이 생
각하였다.

제13장 개화세력의 성장

제1절 개화정책과 그에 대한 반발

통상개화론의 대두

이미 북학론자(北學論者)인 박제가(朴齊家)는 단지 청뿐만이 아니라 일본이나 서양과도 장차 통상의 길을 터야 국가가 부강해질 것이라고 주장하였다. 이규경(李圭景)도 순조 32년(1832)에 영국 상선이 통상을 요구하여 왔을 때에 이를 허락할 것을 주장한 바 있었다. 그리고 최한기(崔漢綺) 또한 『해국도지(海國圖志)』・『영환지략(瀛環志略)』 등을 읽고 서양 여러 나라에 관한 지식을 얻어 『지구전요(地球典要)』를 저술해서 소개할 뿐 아니라 문호를 여는 것이 필요하다는 것을 주장하였다. 그런데 이러한 통상론은 단순히 무역에 의한 재부를 얻자는 데 있는 것이 아니라 나아가서 서양의 기술을 도입하자는 데에도 있었다.

이러한 통상론은 박규수(朴珪壽)・오경석(吳慶錫)・유홍기(劉鴻基) 등에 의하여 더욱 추진되었다. 박규수는 박지원(朴趾源)의 손자로서 그 조부의 사상을 이어받고 또 서양의 신문물에 대한 서적을 읽어 문호를 개방하여 서양문화를 수입할 것을 주장하였다. 오경석은 중인(中人) 출신의 역관(譯官)으로 청에 왕래하며 『해국도지』 등의 서적을 구입하여 이를 널리 권장하였다. 유홍기(대치, 大致)도 역시 중인 출신으로서 의(醫)를 업(業)으로 하고 있었는데, 그는 오경석과 가까워 그로부터 서양문물에 관한 책을 얻어 읽고 통상과 개화를 주장하였다. 이 같은 통상과 개화를 주장하는 세력이 커감에 따라서 대외통상을 위한 조건이 국내적으로 성숙해 가고 있었던 셈이다.

한편, 강경한 쇄국주의자인 대원군(大院君)이 고종 10년(1873)에 드디어 정권에서 물러난 것도 대외통상을 위한 하나의 조건을 제공한 셈이 되었다. 이 때 대원군은 그의 적대세력인 유학자들과 새로 등장한 민씨(閔氏)의 세력에 의하여 축출된 것이다. 김씨(金氏) 세도(勢道)의 폐해를 알고 있는 대원군은 고종의 비(妃)를 한미한 민씨의 집에서 맞이하였다. 그러나, 명성황후(明成皇后) 민비(閔妃)는 고종을 조종하여 최익현(崔益鉉)의 대원군 탄핵에 대한 상소(上疏)가 올라온 것을 계기로 그를 정권에서 물러나게 하는 데 성공하였다. 이것도 대외통상을 위한 하나의 기회를 제공해 주게 되었다.

개항

  이러한 국내 사정을 안 일본은 이것을 그들의 침략적 의도에 입각한 통상조약을 강요할 수 있는 기회로 생각하였다. 이리하여 운양호사건(雲揚號事件)을 일으켰던 것이다. 운양호사건은 고종 12년(1875)에 일본 군함 운양호가 강화(江華) 앞바다에 나타나자 초지진(草芝鎭)의 수비병이 발포한 사건이었다. 일본은 이것을 침략적 의도가 없는 일본 군함에 대한 불법발포라고 주장하였다. 그러나, 운양호는 이미 일본을 떠날 때에 조선과의 사이에 어떤 사건을 일으키도록 명령을 받고 있었다. 즉, 운양호는 초지진으로부터의 발포를 예기하고 이에 접근하여 오는 불법행위를 감행했던 것이다. 그러므로, 운양호사건은 바로 일본이 꾸며 놓은 각본대로 연출된 연극과 같은 것이었다.

  일본은 이 사건을 구실로 삼아서 다음해에 구로다(黑田淸隆)를 특명전권대신으로 임명하여 군함 3척, 운송선 4척에다가 약 800명의 육군을 거느리고 강화의 갑곶(甲串)에 상륙하여 협상을 강요하였다. 정부의 당국자들이 대부분 척왜(斥倭)로 일관하는 중에 역관 오경석이 우의정(右議政) 박규수를 움직여 통상수교로 방침을 결정케 하였다. 정부는 신헌(申櫶)을 파견하여 구로다와 협상케 한 결과 드디어 수호조약이 체결되기에 이르렀다. 이것이 조일수호조규(朝日修好條規)로서 흔히 병자수호조약(丙子修好條約) 혹은 강화도조약이라고 하는 것이다(고종 13년, 1876). 모두 12조로 되어 있는 이 조약의 중요한 내용은 조선이 자주(自主)의 국가로서 일본과 평등한 권리를 가진다는 것과, 20개월을 기하여 부산(釜山)과 그 밖에 2개의 항구를 개항한다는 것이었다. 또, 일본은 수시로 조선의 해안을 측량할 수 있게 하였고, 개항장(開港場)에는 일본인의 조차지(租借地)를 설정할 수 있게 하였다. 그리고 또 개항장에 거주하는 일본인은 일본인에 의하여 일본법으로 재판할 것을 규정한 치외법권(治外法權)의 조항도 들어 있었다.

일본은 조선을 자주의 나라로 규정한 사실을 들어 그들이 침략적 의도가 없었다는 증거라고 하였다. 그러나, 그 참 목적은 청(淸)의 종주권(宗主權)을 배격함으로써 청의 간섭을 받음이 없이 조선에 대한 침략을 행할 수 있는 길을 트자는 데에 있었다. 게다가 그것은 불평등조약(不平等條約)이었다. 그들은 치외법권을 획득하였다. 국제법에 어두운 조선에 일본은 자신이 서양 여러 나라로부터 강요당한 불평등조약을 강요한 것이다. 통상조약의 체결을 위하여 허다한 함선과 군대를 거느리고 와서 위협하던 한 가지 사실만으로도 이 조약의 성격이 일방적인 것임을 알게 한다.

그러나, 이 조약에서 중요한 내용을 이루는 것은 개항 문제였다. 과거에 대마도의 종씨(宗氏)와 무역을 하던 부산항을 일본은 기득권으로 규정하고 그 이외에 2개 항구를 더 개방시키려고 하였다. 다른 2개 항구의 선정은 일본의 임의에 맡겨졌다. 일본은 해군을 파견하여 해안의 각지를 측량 조사하였다. 일본이 선정하려는 개항장은 단순한 무역항이 아니라, 러시아의 남하에 대비할 수 있는 항구이기를 기대하였다. 이리하여 많은 논쟁 끝에 동해안에서는 원산만(元山灣)이 선정되었다. 한편, 서해안에서는 서울의 입구인 인천(仁川)을 개항시킴으로써 정치적으로 이용하려 하였다. 단지 인천으로부터의 쌀의 수출은 금지되었다. 이리하여 곡창지대인 전라도의 쌀을 일본으로 운반할 때에는 먼 육로를 거쳐 수송한 뒤에야 출항하는 불편을 초래케 하였다. 이들 개항장에는 일본의 조차지가 생기었는데, 거기에 거주하는 일본인은 치외법권을 누리고 있었기 때문에, 그것은 조선의 영토이면서도 조선의 지배를 받지 않는 특수 지역이었다.

이같이 일본은 강화도조약 당시부터 조선에 대한 정치적·군사적 및 경제적인 침략을 위한 계획으로 모든 일을 처리하여 갔던 것이다. 일본의 이러한 일방적 의도에도 불구하고 강화도조약이 지니는 역사적인 의의는 컸다. 그것은 조선이 국제적인 무대에 등장하게 되는 첫 출발이 되었기 때문이다. 이를 계기로 점차 서양 여러 나라와의 통상도 시작되고 문호가 세계를 향하여 개방되게 되었던 것이다. 이에 따라 서양 신문명의 수입은 필지의 사실로 되었다. 그러나, 신문명의 수입은 동시에 일본을 위시한 열강의 침략을 수반하는 것이었다. 그러므로, 개항은 개화와 자주의 양자를 어떻게 하면 동시에 만족시킬 수 있는가 하는 커다란 역사적 시련을 한국민족에게 안겨 준 셈이었다.

개화정책의 추진

강화도조약이 체결된 그 해(고종 13년, 1876)에 조선은 김기수(金綺秀)를 수신사(修信使)로 임명하여 일본으로 파견하였다. 김기수는 그 당시의 견문을 적은 『일동기유(日東紀遊)』를 고종에게 바치었다. 그러나, 이것은 신문명에 대한 조심스런 비판이 담겨 있는 내용의 것이었다. 이 동안 일본은 하나후사(花房義質)를 공사(公使)로 파견하여 몇 차례의 교섭 끝에 서대문(西大門) 밖의 청수관(淸水館 ; 천연정, 天然亭)을 가공사관(假公使館)으로 삼고 머물게 되었다.

조선이 세계의 사정을 좀더 상세히 알게 된 것은 고종 17년(1880)에 김굉집(金宏集 ; 후의 김홍집, 金弘集)이 수신사로 일본에 갔다 온 뒤였다. 김굉집은 일본의 놀라운 발전상과 세계 정세의 동향을 살피고 개화에 대한 의욕을 깊이하게 되었다. 김굉집은 귀국할 때에 청국 참찬관(參贊官) 황준헌(黃遵憲)으로부터 『조선책략(朝鮮策略)』과 『이언(易言)』을 얻어 가지고 왔다. 『조선책략』은 황준헌이 지은 것으로서 나라가 부강하려면 서양의 제도와 기술을 배워야 한다는 것과 러시아의 남침을 막으려면 친중국(親中國)·결일본(結日本)·연미방(聯美邦)하여 자강(自强)을 꾀해야 한다는 내용의 것이었다. 『이언』은 청의 정관응(鄭觀應)이 지은 것인데, 국가를 부강하게 하려면 기술만 중요시해서는 안 되며, 기술 뒤에 있는 정치제도 등도 받아들여야 한다는 내용의 것이었다. 이러한 영향과 자극 속에서 정부의 당국자들은 점점 개화의 방향으로 정책을 이끌어 가게 되었다.

즉, 김굉집이 귀국한 다음해인 고종 18년(1881)에는 조준영(趙準永)·박정양(朴定陽)·어윤중(魚允中)·홍영식(洪英植) 등 조사시찰단(朝士視察團 ; 신사유람단, 紳士遊覽團)을 일본에 파견하였다. 각종의 시설을 시찰하기 위한 전문위원의 파견이라 하겠다. 그들은 70여 일 동안 일본의 각지를 다니면서 행정기관을 비롯하여 군사·교육·공업 등등의 상황을 상세히 시찰하였다. 한편, 청의 권고에 따라서 김윤식(金允植)을 영선사(領選使)로 삼아 양반 출신의 학도와 그리고 공장(工匠) 수십 명을 거느리고 청의 천진기기국(天津機器局)에 가서 신식무기의 제조법과 군사 관계의 기초과학을 배우게 하였다. 이리하여 세계의 대세에 따라가려는 의식적인 노력이 표면화하게 되었다.

이렇게 얻은 신지식을 토대로 해서 개화의 노선에 따라 정치개혁이 실시되었다. 정치개혁에 있어서 고종이 가장 관심을 기울인 것은 군사제도였다. 즉 고종 18년(1881)에 과거의 구식군대인 5군영(軍營)은 이를 무위영(武衛營)과 장어영(壯禦營)의 양영(兩營)으로 개편 정리하고, 그 장(長)을 대장(大將)이라 하여 국왕의 친근자로 임명하였다. 그리고는 새로이 일본의 장교를 초빙하여다가 신식군사훈련을 가하여 별기군(別技軍)을 조직하였는데, 이 별기군은 국왕의 근위병과 같은 존재여서 특별한 후대를 받고 있었다. 또, 양반 자제 중 빼어난 자 100여 명을 뽑아서 사관생도(士官生徒)라 이름하고 신식무예를 배우게 하였다. 이리하여 장차로는 구식군대를 모두 없애려는 계획이었다. 고종은 왕권의 강화를 위하여 군대를 강화할 필요를 무엇보다도 절실히 느꼈던 것 같다.

한편, 행정기구의 개혁에 착수하였다. 행정기구는 대체로 청의 제도를 참작하여 통리기무아문(統理機務衙門)을 두고, 그 밑에 사대(事大)·교린(交隣)·군무(軍務)·변정(邊政)·통상(通商)·군물(軍物)·기계(機械)·선함(船艦)·기연(譏沿)·어학(語學)·전선(典選)·이용(理用)의 12사(司)를 두어 각기 해당 사무를 장악하게 하였다. 이러한 새로운 행정기구는 통상이니 군물이니 기계니 선함이니 하는 명칭에서도 알 수 있는 바와 같이 새 정세에 대처하여 부국강병을 이루려는 의도에서 나온 것이었다.

위정척사운동

개화의 조류에 정면으로 반대하고 나선 것이 유학자들의 위정척사사상(衛正斥邪思想)이었다. 위정척사사상은 성리학(性理學)에 근본을 두고 그 밖의 다른 이질적 문화를 배척하는 사상이었다. 재야의 유학자들을 중심으로 성장한 이 위정척사사상은 그러므로 서양 및 일본의 새로운 문화를 받아들이는 데 대하여 비판적이었다. 따라서 개화사상과는 대립되는 위치에 서 있었다.

두 차례의 양요(洋擾)나 강화도조약은 모두 프랑스·미국 및 일본의 침략적인 행위로 인하여 생긴 결과였으므로, 위정척사사상은 우선 척화론(斥和論)의 형태를 띠고 나타났다. 이러한 척화론자의 대표적 존재는 이항로(李恒老)였는데, 그는 고종 3년(1866)에 올린 「동부승지(同副承旨)를 사직하고 겸하여 소회(所懷)를 진언(陳言)한 소(疏)」를 통해서 화의를 하면 사람이 짐승과 같은 상태로 빠지게 될 것이라고 하며 주전론(主戰論)을 내세웠다. 고종 4년(1867)에 편찬된 그의 언행록인 『화서아언(華西雅言)』 속에서도 양화(洋禍)에 언급한 대목

에서 서양인이 사람을 무부무군(無父無君)의 짐승의 길로 타락하게 할 것임을
지적하고 있다. 그러나 그는 이같이 침략을 배격하는 외양(外攘)만을 주장한
것이 아니라 외양을 위하여 내수(內修)가 필요함을 강조하고 있다. 즉, 언로(言
路)를 넓게 한다든가 무비(武備)를 닦는다든가 덕(德)이 있는 사람을 쓴다든가
하는 내수가 있은 연후에 외양이 가능하다고 생각했다. 나아가서 지방에서 인
망 있는 사람을 뽑아 의병(義兵)을 조직해서 관군(官軍)과 호응하여 외적과 싸
울 것을 주장하기도 하였다. 훗날 의병운동(義兵運動)이 크게 일어나게 된 것은
이러한 그의 주장을 따른 것이었다.

이항로는 비단 무력적인 침략에 대해서뿐만 아니라 자본주의 열강의 경제적
침략이 가져올 결과에 대해서도 경고하였다. 그는 산업 발전의 단계에 차이가
있는 서양과의 통상이 한국의 기본적 생산자원을 고갈시킬 뿐이라고 생각하였
다. 그러므로 서양 물품을 사용하지 말 것을 주장하고, 그렇게 되면 자연히 통
상도 불필요하게 될 것이라고 하였다.

강화도조약에 의하여 일본과의 통상이 이루어질 무렵부터, 위정척사사상은
서양에 대해서뿐만이 아니라 일본에 대해서도 적용되었다. 이 왜양일체론(倭
洋一體論)은 고종 13년(1876)에 일본과의 통상을 반대하여 올린 최익현(崔益鉉)
의 「오불가소(五不可疏)」 속에 잘 나타나 있다. 그는 일본을 서양과 다름이 없
다고 하고, 일본과 통함으로써 경제적인 침략을 받을 뿐 아니라 천주교의 만연
을 초래하게 될 것임을 지적하였다.

그 뒤 김굉집이 일본에 수신사로 갔다 돌아온 뒤에 『조선책략』을 가져다가
고종에게 바치었음은 이미 언급한 바와 같다. 고종은 대신들로 하여금 이를 검
토케 하였는데, 대신들은 개화에 반대하는 유학자들을 계몽할 요량으로 이를
복사하여 배포하였다. 그러나 유학자들은 도리어 크게 이에 반발하여 반대하
는 상소가 답지하였다. 그중에는 영남(嶺南) 유학자들이 이만손(李晩孫)을 소두
(疏頭)로 하고 낸 「영남만인소(嶺南萬人疏)」도 있었다. 이같이 유학자들은 위정
척사론을 펴서 개화정책을 맹렬히 비판하였다. 이러한 정세 속에서 과거에 그
들의 적으로 간주되어 정권에서 축출되었던 대원군이 도리어 추앙을 받게까지
되었다.

임오군란

이러한 정세를 이용하여 대원군은 정권을 되찾기 위한 운동을 전개하였다. 즉, 고종 18년(1881)에 서장자(庶長子) 이재선(李載先)을 국왕으로 추대하고 고종을 폐하는 동시에, 서양 및 일본과 통하는 개화론자들을 제거하려고 하였다. 그러나, 밀고로 인하여 일은 실패하고 이재선 이하 30여 명이 처형되었다. 대원군이 이 사건의 장본인임은 널리 알려져 있었지만, 국왕의 부친임으로 하여 그만은 불문에 부쳤다. 이같이 개화와 수구의 두 세력은 대원군과 민비의 대립과 얽혀서 정계에 혼란을 빚어내게 되었다. 게다가 일본 세력의 침투에 대한 민족적 반항심이 이에 작용하였다. 이 결과 폭발한 것이 고종 19년(1882)의 임오군란(壬午軍亂)이었다.

앞서 실시한 군제개혁에 의하여 창설된 별기군(別技軍)이 고종의 특별한 후대를 받았고, 장차로는 구식군대를 전폐할 예정이었음은 이미 이야기한 바와 같다. 그 결과 구식군대에 대한 처우가 나빠졌고, 심지어 그들에게 정해진 급료를 지급하지 못한 지가 13개월이나 되었다. 그때 마침 호남 지방에서 세선(稅船)이 몇 척 도착하여 우선적으로 그들에 대한 급료를 지불하기로 하였다. 그러나 선혜청(宣惠廳) 고리(庫吏)들은 벼에다 겨를 섞어서 지불하여 그들의 사리(私利)를 꾀하였다. 이에 군졸들이 분개하여 고리와 싸웠는데, 선혜청의 당상(堂上)인 민겸호(閔謙鎬)는 그 주동자를 잡아 가두고 사형을 선언하였다. 더욱 격분한 군졸들은 드디어 민겸호의 집을 습격하기에 이르렀고 그는 도망하여 궁궐로 들어갔다. 군졸들이 대원군에게 달려가 진퇴를 묻자, 대원군은 겉으로는 달래어 놓고서 뒤로는 군졸의 주동자들을 비밀히 만나 보고, 또 심복부하로 하여금 군졸의 행동을 지휘하게 하였다. 이에 군졸들은 무기를 탈취한 뒤에 포도청(捕盜廳)을 습격하여 갇혀 있던 자들을 석방하고, 별기군을 훈련하던 일본인 장교를 죽이고, 또 일본공사관을 습격하였다. 일본공사 하나후사는 겨우 탈출하여 인천으로 가서 귀국하였는데, 이때 공사관은 불타 버렸다. 그리고는 다음날 궁성으로 달려들어가 민겸호를 죽이고 민비를 찾았으나, 민비는 겨우 몸을 숨겨 탈출하였다.

고종은 이 사태를 수습하기 위하여는 군졸을 배후에서 책동하고 있는 대원군을 입궐시키는 길밖에 없다고 하여 그를 불러들였다. 그리고는 금후 모든 정사는 대원군의 결재를 받아 시행하도록 명을 내리었다. 이에 대원군은 재차 정권을 장악하여 일단 그 소망을 달성할 수가 있었다. 이와 동시에 군란은 진정되었다. 집권한 대원군은 군졸들의 요청으로 양영(兩營)과 별기군을 폐하고 5군영을 부활시켰고, 또 통리기무아문을 폐지하였다. 이리하여 개화정책 이전의 옛날로 다시 돌아가게 되었다.

청·일의 침략행위와 열강과의 통상

대원군의 재집권은 곧 보수주의와 배외정책의 승리였다. 그러나 이 승리는 오래 계속되지 못하였다. 그것은 청·일 양국의 간섭을 받았기 때문이다. 일본 공사 하나후사는 본국으로부터 훈령을 받고 유력한 육·해군의 호위를 받으며 와서 정부와의 교섭에 임하였다. 일본은 만일의 경우에는 전투도 사양치 않는다는 태도를 가지고, 규슈(九州) 후쿠오카(福岡)에는 혼성여단(混成旅團)을 편성하고 운송선을 대기시켜 언제든지 출동할 수 있는 태세를 갖추고 있었다. 그리고는 심지어 거제도(巨濟島)나 울릉도(鬱陵島)의 영토 할양까지 고려에 넣고 있었다. 조급하게 서두르는 하나후사와의 교섭은 정돈되었다. 최후통첩을 발한 하나후사는 인천으로 철수하였으나 예정한 군사행동을 취할 수는 없었다. 그것은 당시 이미 우세한 청군이 도착하고 있었기 때문이다.

일본의 출병 소동에 가장 신경을 날카로이 한 것은 청국이었다. 청은 영선사 김윤식의 의견에 따라 일본과 대항하기 위하여는 군대를 파견할 필요가 있음을 느끼고 오장경(吳長慶) 등으로 하여금 3,000명의 군대를 거느리고 곧 출동하게 하였다. 종주국으로서 속방을 보호한다는 것이 청의 주장이었다. 종주국으로서 내정간섭의 권리가 없다고 스스로 선언하였던 청의 과거 주장과는 판이한 것이었다. 청은 이 기회에 일본에게 빼앗겼던 조선에 대한 우월한 지위를 회복하려고 했던 것이다. 군사를 거느리고 입경한 오장경은 서울 요소에 청병을 배치한 후 군영으로 찾아온 대원군을 군란의 책임자로 납치하여 천진(天津)으로 호송하였다. 이리하여 대원군은 다시 정권에서 축출되고 말았다.

대원군이 납치된 후 일본의 태도는 수그러지게 되었다. 청의 신속한 군사행동에 대항할 용기를 갖지 못한 데다가 군란의 책임자요 반일의 영수인 대원군이 제거되었기 때문이다. 이에 조선과 일본과의 교섭이 다시 진행되어 소위 제물포조약(濟物浦條約)이 맺어졌다. 군란의 주모자를 처단하며, 일본인 피살자유족에게 위문금을 지불하며, 일본정부에 손해배상금 50만원(圓)을 지불하며, 일본공사관에 경비병을 주둔시킨다는 것이 그 내용이었다.

제물포조약의 체결에도 불구하고 임오군란을 계기로 조선에 있어서의 세력을 더욱 강화하려고 하던 일본의 의도는 이루어지지 못하였다. 그 대신 청은 종주국으로서의 주장을 내세워 조선에 대한 권한을 확대하였다. 정권을 담당한 민씨는 청에 의지하는 사대당(事大黨)으로 변하였다. 그리고 외교문제에 고민하던 정부의 요청을 받아 청은 묄렌도르프(Möllendorff)와 마건상(馬建常)을 외교고문으로 추천하였다. 두 고문을 맞은 정부는 대원군에 의하여 신식관제가 폐지되었으므로 다시 개편작업에 착수하였다. 즉 고종 19년(1882)에 통리교섭통상사무아문(統理交涉通商事務衙門 ; 외아문, 外衙門)과 통리군국사무아문(統理軍國事務衙門 ; 내아문, 內衙門)의 양자를 설치하고, 전자에서는 외교와 통상 관계를 취급하고, 후자에서는 군국의 기무와 내정의 일체를 장악하게 하였다. 군사제도는 친군영(親軍營)을 세우고 그 밑에 좌(左)·우(右)·전(前)·후(後)의 4영을 두게 하였으며, 군대는 원세개(袁世凱)에 의하여 청국식으로 훈련되었다.

이때의 정치는 청에 의하여 많은 영향을 입게 되었다. 특히 경제와 외교에 있어서 그러하였다. 즉, 청은 상민수륙무역장정(商民水陸貿易章程)을 체결하여 청국인은 종주국민으로서 조선 안에서의 거주·영업·여행의 자유를 획득하였다. 이 때문에 청국 상인의 수가 급격하게 증가하여 조선 상인에게 주는 타격이 컸다. 이러한 사태는 자연 국민의 반청 감정을 자극시켰던 것이다.

청은 또 정부에 권고하여 미국·프랑스 등 서양의 여러 나라와 통상조약(通商條約)을 맺게 하였는데, 이는 일본의 진출을 막으려는 하나의 방법이었다. 그 결과 고종 19년(1882)에는 미국과의 사이에 통상조약이 맺어져 그 다음해에 비준되었다. 이에 이어서 영국과도 같은 해에 조약이 의정되었으나 영국이 비준하지 않은 관계로 익년(1883)에 새로 작성되어 그 다음해(1884)에 비준되었다. 독일과의 조약도 고종 19년에 의정되었다가 익년에 새로 작성되어 그 다음해(1884)에 비준되었다. 이탈리아 및 러시아와의 조약도 같은 고종 21년(1884)에 조인되었고, 프랑스와의 조약은 고종 23년(1886)에 성립되었다. 그 후 오스트리아·벨기에·덴마크 등 여러 나라와도 차례로 통상조약이 맺어졌다.

제2절　개화당의 개혁운동

개화당의 탄생

심한 반발을 받으면서도 세계의 정세에 대한 지식이 넓어짐에 따라 개화사상(開化思想)은 양반관리들에게 큰 영향을 주게 되었다. 당시의 대표적 정치가들이라고 할 만한 김홍집(金弘集) · 김윤식(金允植) · 어윤중(魚允中) 등을 비롯하여 민씨 중에서도 민영익(閔泳翊) 같은 사람들이 개화에 찬성하고 있었다. 그러나 이들은 점진적인 방법을 주장하였고, 더구나 청의 원조에 의하여 이를 실시할 것을 생각하고 있었다.

이에 대해서 민씨에게 압박받는 양반층에 속하는 김옥균(金玉均) · 박영효(朴泳孝) · 서광범(徐光範) · 홍영식(洪英植) 등의 청년들을 중심으로 급진적인 개화정책을 주장하는 일파가 생겨났다. 이들은 모두 당시 개화사상의 대표적인 존재인 유홍기(劉鴻基 ; 대치, 大致)의 영향을 받았는데, 유홍기는 의(醫)를 업으로 하는 중인이었으나 또 불교신자이기도 하였으며, 이동인(李東仁) 같은 승려가 또한 이에 가담하기도 하였다. 그리고 변수(邊樹)와 같은 중인이나 유상오(柳相五) 부자와 같은 무인, 이창규(李昌奎) 같은 상인들도 이에 참여하였다. 이같이 신분을 초월하여 개화사상을 가진 많은 인물들이 서로 접촉하며 개혁의 방안을 모색하였다.

이들은 평등사상의 소유자들로서 신분의 차별을 없이하고 일본의 메이지유신(明治維新)을 본떠 정치를 쇄신하는 한편 청의 간섭을 배격하여 참된 독립국가가 되려고 하였다. 그 방법으로서 어떤 비상 수단을 쓸 것을 생각하고 있었으며, 이를 위하여 일본의 원조를 얻을 것을 희망하고 있었다. 이들의 모임은 비록 비밀단체적인 성격을 띠고 있었고, 따라서 그 수가 제한된 것이기는 하였으나 그 당시의 정계에서는 공공연히 드러난 존재여서, 보통 개화당(開化黨) 혹은 독립당(獨立黨)이라 불리었다.

이들의 활동이 보다 활발하여지기는 임오군란(壬午軍亂) 후에 박영효가 수신사로 일본에 갔을 때부터였는데(고종 19년, 1882), 김옥균 · 서광범 등이 그와 동행하였었다. 이들은 해외 견문이 넓었기 때문에 고종의 사랑을 받게 되었고, 이로 인하여 그 세력이 커져서 여러가지 개화정책을 건의하고 실천하였다. 즉, 그들은 『한성순보(漢城旬報)』를 간행하였고, 군사·학술 등을 배우기 위하여 일본에 유학생을 파견하였으며, 근대적인 우편사업을 위한 우정국(郵政局), 새로운 화폐의 주조를 위한 전환국(典圜局), 무기의 제작을 위한 기기국(機器局)을 설치하였고, 또 비록 민씨세력의 반대로 말미암아 곧 중지되기는 하였으나 광주(廣州)에서는 신식군대를 양성하였다. 그리고 대외적으로 국가의 독립을 유지하기 위하여는 외교활동이 중요함을 인식하고 열강의 외교사절과 빈번히 접촉하였다.

　그러나, 그들의 성급한 의욕에도 불구하고 이런 정도에 그칠 수밖에 없었던 것은, 민씨 일파의 미움을 받아 그들이 요직에 임명되지 않았기 때문이다. 뿐만 아니라 일본의 태도가 냉담하여서, 군대를 양성하는 등 비상수단을 실천하기 위한 자금을 얻으려는 차관 요구가 거절되었기 때문이다. 그러므로 그들의 계획을 뜻대로 밀고 나갈 수가 없었던 것이다.

갑신정변

　개화당은 그들의 정책을 추진하기 위하여 정치적 비상수단을 꿈꾸고 있었다. 아마도 김옥균이 300만원의 차관을 얻으러 일본으로 가 있던 고종 20년(1883)경부터 이러한 계획은 준비되고 있었던 게 아닌가 한다. 이때에 그는 화약을 구입해 가지고 귀국하였다. 그러나, 그 실천을 위한 자금을 얻으려는 차관 운동이 일본의 거절로 실패로 돌아가자 일단 후퇴하지 않을 수 없었다.

　그런데, 고종 21년(1884)에 청불사변(淸佛事變)이 발생하자, 이를 청의 간섭을 배격할 절호의 기회로 생각하고, 개화당의 인사들은 정변을 일으킬 구체적인 모의를 서두르게 되었다. 이러한 과정에서 일본의 육군학교(陸軍學校)에서 훈련을 받고 귀국한 서재필(徐載弼) 등을 행동대로 포섭하는 데 성공하였다. 한편 일본도 태도를 바꾸었는데, 일본공사 다케소에(竹添進一郎)는 김옥균 등에게 정변이 발생하는 경우 서울에 주둔하고 있는 일본군을 동원하여 적극적으로 원조할 것을 약속하였다. 이로써 개화당의 정변계획은 무르익게 되었다. 다케소에 공사의 장담에도 불구하고, 일부가 철퇴는 하였을망정 아직도 1,500명이나 서울에 주둔하고 있는 청군을 두고, 약 200명의 일본군을 믿고 일을 시작한 것은 애초부터 오산이라고 해야 할 것이다.

정변은 고종 21년(1884)에 단행되었다. 홍영식이 총판(總辦)으로 있는 우정국의 개국 축하연을 이용한 것이다. 그날의 주빈은 외국사신 등이었으나 배빈으로 군대의 실권자인 4영사(營使)를 초청하여 안국동(安國洞) 별궁(別宮)에 방화한 뒤 그들을 처치하고 궁성으로 들어갈 예정이었다. 비록 연회에서의 일은 예정대로 진행되지 못하였으나, 김옥균 등은 궁궐로 들어가서 청군이 변을 일으켰다고 고종에게 거짓 고하여 일본군의 호위를 청하였다. 그리고는 공격에 대한 방위에 적합한 경우궁(景佑宮)으로 국왕을 모시고 가서 여러 영사를 위시한 수구파 대신들을 불러들여 이들을 살해하였다. 그리고는 다시 창덕궁(昌德宮)으로 돌아와서 정치의 혁신을 논의하게 되었는데, 김옥균의 수기인 「갑신일록(甲申日錄)」은 다음과 같은 사항들이 결정되었음을 알려주고 있다.

1. 대원군을 곧 모셔오도록 할 것.
2. 문벌을 폐지하여 인민평등(人民平等)의 권을 제정하고, 사람으로써 관을 택하게 하고 관으로써 사람을 택하게 하지 말 것.
3. 전국의 지조(地租)의 법을 개혁하여 관리의 농간을 막고 백성의 괴로움을 펴게 하며 겸하여 국용을 유족하게 할 것.
4. 내시부(內侍府)를 혁파하고, 그중에 뛰어난 재능이 있는 자는 등용할 것.
5. 간악하고 탐욕하여 나라를 병들게 함이 가장 현저한 자는 벌하도록 할 것.
6. 각도의 환상(還上)은 영영 정지할 것.
7. 규장각(奎章閣)을 혁파할 것.
8. 급히 순사(巡査)를 두어 절도를 막을 것.
9. 혜상공국(惠商公局)을 혁파할 것.
10. 유배(流配)·금고(禁錮)된 사람은 헤아려서 방출(放出)할 것.
11. 4영(營)을 합하여 1영으로 하고, 영중(營中)에서 선발하여 급히 근위대(近衛隊)를 설치할 것.
12. 무릇 국내 재정은 모두 호조(戶曹)에서 관할케 하고, 그 밖에 모든 재정 관계 관부는 혁파할 것.
13. 대신(大臣)과 참찬(參贊)은 매일 합문(閤門) 안의 의정소(議政所)에서 회의하여 의논 결정해서 정령(政令)을 포행(布行)할 것.
14. 정부 육조(六曹) 이외의 무릇 용관(冗官)에 속하는 것은 모두 혁파하고, 대신과 참찬으로 하여금 작의(酌議)하여 품계(稟啓)케 할 것.

즉, 첫째로 대원군을 청으로부터 귀국하게 할 것을 규정하였다. 이것은 청에 대한 항의이기도 하지만, 또 비록 대원군과 영구히 결탁할 수는 없을망정 일시 민씨 일파를 압도하기 위하여 대원군을 이용할 필요가 있었기 때문이었던 것 같다. 다음으로는 문벌을 폐지하여 인민 평등의 권리를 제정해서 국민의 신분상의 평등을 이룩하도록 규정하였다. 한편 민씨 일파의 척족세력을 제거하기 위하여 간탐하여 국가에 해를 끼친 자는 처벌한다고 하였다. 행정기구상의 개혁으로는 재정을 호조로 단일화하고, 지조법을 개혁하여 국가의 수입확대를 꾀하도록 하였다. 또한 불필요한 관직을 혁파하고 관제를 개혁하여 회의로써 중요한 정책을 결정할 것을 규정하고 있다. 이것은 국왕의 전제적인 권한을 폐지하고 내각회의의 권한을 확대하려는 것이며, 장차 개화당이 내각을 장악하여 그들의 개혁을 단행하려고 한 것으로 생각된다.

그러나, 이러한 개혁이 공포도 되기 전에 그들의 운명은 결정되어 버리고 말았다. 그것은 청군이 출동하였기 때문이다. 일본군이 물러나자 김옥균·박영효 등은 그를 따라 일본으로 망명하였다. 그리고 다케소에 공사는 공사관에 방화한 뒤에 일본으로 귀국해 버렸다. 이때 일본 경비대 본부와 일본인 거류지가 군중의 습격을 받아 죽음을 당한 일본인들도 있었다.

열강세력의 침투

정변은 끝났으나 국제간의 복잡한 문제는 더욱 엉클어졌다. 정부는 물론 일본의 부당한 군사적인 내정간섭을 비난하고 그 책임을 물었다. 일본은 다케소에 공사의 행동이 부당하다는 것을 인정하면서도 공사의 행동을 시인하는 입장에서 교섭에 임하여 왔다. 이리하여 외무경(外務卿) 이노우에(井上馨)가 대표로 와서 책임문제보다도 선후책의 강구를 위주로 하는 해결을 꾀하였다. 그 결과 일본 피살자에 대한 위자금의 지불, 공사관 건축비의 배상 등을 내용으로 하는 한성조약(漢城條約)이 체결되었다(고종 21년, 1884).

일본은 나아가서 이 정변을 계기로 청의 조선에 대한 지배권을 약화시키려고 하였다. 그 방법으로서 일본은 청·일 양군이 조선으로부터 공동철병할 것을 희망하였다. 이리하여 일본의 이토(伊藤博文)는 청국을 방문하고 이홍장(李鴻章)과 회담하게 된 것이다. 그 결과 맺어진 천진조약(天津條約)에 의하여 이 문제는 결정되었다(고종 22년, 1885). 즉, 조약 체결 후 4개월을 기한으로 하고 청·일 양군이 철퇴할 것과 금후 양국은 교련을 위한 인원을 파견하지 말 것, 그리고 장차 파병할 때에는 사전에 서로 통고할 것을 약정한 것이다.

이 조약에 의하여 양군은 철수하였다. 그러나, 이로써 조선이 자유로운 입장

에 서게 된 것은 아니었다. 청의 원세개(袁世凱)는 주차조선총리교섭통상사의
(駐箚朝鮮總理交涉通商事宜 ; 주차관, 駐箚官)란 명목으로 여전히 서울에 남아 있
어서 그 간섭이 심하였다. 그의 비호 아래 청의 상인들은 서울에서는 물론 지
방까지 휩쓸며 상리를 취하여, 일본 상인뿐 아니라 국내 상인들에게도 타격을
주었다. 이때 원세개는 청 상인들을 집단적으로 거주케 하여 서울에 중국인가
(中國人街)가 이루어지게 되었다. 이와 같았으므로 청의 입장은 조금도 후퇴되
지가 않았다. 반면에 일본의 입장은 여전히 약하였으며, 뿐만 아니라 정부의
증오의 대상이 되었다.

　그런데 청에게는 새로운 적대세력이 등장하였다. 그것이 러시아였다. 러시
아가 조선과 통상조약을 맺은 것은 고종 21년(1884)의 일이었다. 이에 의하여
서울에 온 러시아 대표 웨베르(Weber)는 외교수완이 능란하여 궁궐에 자주 드
나들면서 친러적인 세력을 키우기에 노력하였다. 이리하여 청의 지나친 간섭
에 염증을 느끼던 정부에서는 친러적 경향이 점차로 대두하게 되었다. 친러적
경향은 묄렌도르프의 협력을 얻어서 더욱 촉진되었다. 묄렌도르프는 청·일의
두 세력을 제어하기 위하여는 제3세력을 끌어들일 필요가 있다고 느끼고 러시
아 세력을 유치하도록 알선한 것이다. 이리하여 고종과 민비는 친러항청책으
로 기울어지고 러시아와의 비밀협정설(秘密協定說)이 나오기에까지 이르렀다.

　이러한 친러 경향은 청이 경계하던 바였고, 이에 대항하기 위하여 대원군을
귀국시키기도 하였다. 또 원세개는 러시아와의 비밀협정설을 트집삼아 고종
을 폐하여 국면을 타개하려고까지 하였다. 그리고, 청은 묄렌도르프 대신에 새
로 미국인 데니(Denny)를 외교고문으로 추천하고(1886), 동시에 묄렌도르프
에 의해서 처음 개설된 조선해관(朝鮮海關)의 사무를 청의 해관에 예속시키도
록 하였다. 그러나, 데니도 역시 원세개를 통한 청의 간섭을 배제하기 위하여
러시아와 연결할 것을 주장하였다.

　그 동안에 러시아와의 사이에 조로육로통상장정(朝露陸路通商章程)이 맺어졌
다. 이에 의하여 경흥(慶興)이 러시아와의 무역에 개방되고 여기에 러시아인
의 조차지가 허용되었으며, 또 러시아인이 두만강(豆滿江)을 자유로이 항행하
는 것이 인정되었다. 나아가서 러시아는 원산(元山)과 절영도(絶影島)에 저탄소
(貯炭所)를 설치하려고까지 하였다. 그러나, 이번에는 청의 간섭으로 그 목적을
이루지 못하고 말았다.

　이러한 러시아 세력의 침투에 대하여 경계를 게을리하지 않은 나라로는 청

이외에 영국이 있었다. 세계의 각지에서 러시아와 대립하고 있던 영국은 조선에 있어서의 러시아의 진출에 대하여도 방관만은 하지 않았다. 즉, 영국은 청의 양해하에 고종 22년(1885) 함대를 파견하여 전라도의 거문도(巨文島)를 불법으로 점령하고, 러시아 세력의 진출에 대비하려고 하였다. 점령한 뒤에는 병영을 세우고 포대를 쌓는 등 영구적인 주둔을 꾀하려는 듯한 징조까지 보였다.

거문도는 대한해협(大韓海峽)의 문호에 해당하는 곳이며, 러시아 동양함대의 요로에 위치하고 있는 것이다. 그러므로, 이것은 러시아를 견제하려는 명백한 의도에서 나온 것이었다. 따라서, 이 사실에 가장 놀란 것은 러시아였다. 러시아는 조선정부를 통하여 항의를 제출하는 한편, 청에 대하여는 러시아도 조선의 영토를 점령할 것이라고 위협하였다. 이에 청이 개입하여 2년 동안이나 교섭을 벌인 결과 영국 함대는 조선에서 물러났다(고종 24년, 1887). 그러나, 어떠한 나라도 조선의 영토를 점령하지 못한다는 러시아의 다짐을 받고서야 철퇴한 것이다. 이러한 영국의 행동은 러시아 세력의 진출에 커다란 제약이 되었다. 어쨌든 조선의 문제가 조선이 아닌 다른 여러 나라에 의해서 자기네의 이익만을 위하여 흥정되고 있음을 알 수 있다.

이렇게 청·러·영 여러 나라의 야욕 속에 둘러싸인 조선은 커다란 국제적인 위험 속에 묻힌 셈이었다. 박정양(朴定陽)을 주미전권공사(駐美全權公使)로 미국에 파견하여(고종 24년, 1887) 이와 접근할 것을 꾀한 것은 이 위기의 타개를 위한 하나의 방책에서였다. 또, 독일 영사 부들러(Budler)가 영세국외중립국(永世局外中立國)으로 만들도록 운동할 것을 정부에 건의하고 유길준(兪吉濬)이 「중립론(中立論)」을 쓴 것도 마찬가지 이유에서였다(고종 22년, 1885). 부들러의 제안은 묵살되고 유길준의 「중립론」은 발표도 못 되고 말았지만, 당시의 국제 정국의 긴박한 사정을 말하여 주는 하나의 증거이다.

제3절 동학농민군의 항쟁

농민의 동요

조선은 긴박한 국제정세에 처하여 있었건만 이렇다 할 정부의 대책은 없었

다. 고종과 민씨 지배하에 정부는 외국세력에 의존함으로써 그 존립을 꾀하려
는 의타적인 태도를 취하고 있을 뿐이었다. 게다가 국가의 재정적인 궁핍은 더
욱 심하여 갔다. 면세(免稅)·진황(陳荒)·은결(隱結) 등에 의하여 수입이 감소
된 데다가 개항 이후에 내외국 사절의 영송, 배상금의 지불, 새로운 문명시설
의 도입 등 여러 항목의 지출이 증가한 때문이었다. 이러한 지출의 일부는 관
세의 수입이나 외국으로부터의 차관에 의하여 메워졌다. 그러나 대부분의 수
입은 농촌에서 거둬들이는 것이었다. 이리하여 농민에게는 이중 삼중의 부담
이 겹치게 되었다. 각종의 명목을 가진 세금이 증가하였고, 이를 징수하러 오
는 향리들의 행패도 막심하였다. 그러므로 농민들 속에서 양반관리들에 대한
불평은 금방 폭발할 것 같은 기세를 나타내고 있었다. 이리하여 각지에서 민란
이 자주 일어나게 되었고, 물화가 집산하는 장시(場市) 같은 데는 화적(火賊)들
이 흔히 출몰하게 되었다.

　한편 일본의 경제적 침투가 조선의 농촌 경제를 더욱 좀먹어 들어갔다. 일본
은 조선에 가장 먼저 침략의 손을 뻗쳤음에도 불구하고 갑신정변(甲申政變) 이
후 그 세력은 후퇴하지 않을 수 없었다. 그러나, 일본의 경제적인 침투는 다른
어느 나라도 추종할 수 없을 정도로 놀랄 만한 것이었다. 일본의 상관(商館)은
인천·부산·원산의 각 개항장에 허다하게 설치되었다. 건양 원년(1896)의 통
계에 의하면 258의 상관 중에서 210이 일본의 것이었다. 조선에 들어오는 상
선의 수에 있어서도 일본이 차지하는 비중은 절대적인 것이었다. 즉, 고종 30
년(1893)에 조선에 들어온 상선의 총 척수는 1,322, 총 톤수는 387,507이었는
데, 그중에서 일본 상선의 척수가 956, 톤수가 304,224였다. 일본 상선이 총
척수의 72%, 총 톤수의 78%를 차지하고 있는 것이다. 그러므로 무역의 액수
도 일본이 절대적인 비중을 차지하였다. 즉, 일본과의 무역액은 수출이 전 수
출액의 90% 이상, 수입은 50% 이상이었다.

　그런데 수입하는 주요 물품인 면포는 청과 일본으로부터 들어오는 것이었
다. 그중에서 청 상인은 영국 제품을 수입하여 오는 데 대하여 일본 상인은 점
차 자기 나라의 제품을 수입하여 왔다. 또, 조선에서 수출하는 물품 중 중요
한 것은 쌀·콩(대두, 大斗) 등의 곡물과 금(金)·우피(牛皮) 등이었는데, 그 거
의 전부가 일본으로 갔다. 그런데 수단과 방법을 가리지 않고 일확천금의 기회
를 노리는 무뢰배나 낭인(浪人) 출신의 일본 상인들은 농민들을 상대로 폭리를
남기는 약탈적인 무역을 하고 있었다. 그들은 농민들이 면제품·솥·냄비·농

구·석유·염료·소금 등 각종 수입품을 사들이기 위하여 쌀을 팔 수밖에 없는 사정을 교묘히 이용하였다. 즉, 농민의 생활이 곤궁하다는 약점을 노려서 미리 금전을 빌려 주었다가 추수기에 그들의 수확의 일부 혹은 전부를 인수하여 가는 방법을 썼다. 이것은 고리대금의 방법으로 가난한 농민들로부터 이중의 이득을 취하는 상행위였다.

이러한 일본의 경제적 침략에 대한 반항으로 곡물의 수출을 금하는 방곡령 (防穀令)이 내려지기도 했다. 가령 고종 26년(1889)에는 함경도에서, 다음해에는 황해도에서 방곡령이 내려졌다. 그러나 이것도 일본의 항의로 효과를 거두지는 못하였다. 이리하여 농민은 더욱 헐벗어 가고 농민들의 일본 상인들에 대한 적개심도 점점 커져 갔던 것이다.

동학농민군의 봉기

교조 최제우(崔濟愚)가 사형을 당한 후 동학은 한때 표면적인 활동을 할 수가 없었으나, 제2세 교주 최시형(崔時亨)은 여러가지 난관을 극복하고 각지에 포 (包)·접(接)이라고 일컫는 교도의 조직망을 설치하는 데 성공하였다. 이것은 농민의 양반들에 대한 반항과 외국세력에 대한 저항이 그들로 하여금 동학에 가담케 하였기 때문이었다.

동학이 커다란 사회적인 세력으로 확대되자 그 힘은 교조신원운동(教祖伸冤 運動)이라는 시위운동으로 발전하였다. 신원운동이 표면화한 것은 고종 29년 (1892)의 일이었다. 이 해에 수천의 교도가 전라도 삼례(參禮)에 모여서 충청 및 전라의 양도 감사(監司)에게 교조의 억울한 누명을 풀어 줄 것과 교도에 대한 탄압을 금지할 것을 요구하였다. 교조신원은 그들의 권한이 아니라 하여 기각되었으나, 향리들의 교도 탄압에 대하여는 이를 금지하도록 할 것을 약속받기에 이르렀다. 그러나 이에 만족하지 않고 교도들은 상경하여 궁궐 앞에 꿇어 엎드려 복합상소(伏閣上疏)로써 목적을 달성할 것을 결의하고 고종 30년(1893)에 박광호(朴光浩)를 소두(疏頭)로 삼아 이를 단행하였다. 이 복합상소도 탄압을 받아 실패하자, 그들은 다시 교도들에게 충청도 보은(報恩)에 모이도록 지령하였다. 이에 모여든 교도의 수는 2만여 명에 달하였는데, 그들은 돌담을 쌓고 깃발을 세우고 '척왜양창의(斥倭洋倡義)'의 구호를 내세웠다. 당황한 정부는 무력동원의 기세를 보이는 한편, 탐학한 향리를 징벌할 것을 약속하여 회유함으로써 겨우 해산시킬 수 있었다. 이같이 그 힘이 커 감에 따라서 동학에 대한 금지령은 사실상 무력해졌으며, 이에 따라서 동학세력은 확대되어 갔다.

이렇게 확대되고 조직화된 동학에 가담한 농민들이 대규모적인 군사행동을 일으킨 것은 고종 31년(1894)의 일이었다. 고부(古阜) 군수 조병갑(趙秉甲)은 원래 탐학하여 부임 이래 갖은 수단으로 농민들을 괴롭혀 왔다. 그는 자기 아버지의 비각(碑閣)을 세운다고 농민들로부터 1,000여 량을 징수하는 등 불법으로 많은 금전을 거두어 착복하였는데, 그중에서도 가장 농민들의 원성을 들은 것은 만석보(萬石洑) 수세(水稅)의 강제 징수였다. 즉, 만석보 구보(舊洑) 밑에 신보(新洑)를 축조할 때 이 공사에 농민들을 동원하고는, 땀 흘려 축조한 농민들로부터 수세를 징수하여 착복한 것이 700석이나 되었다. 이러한 조병갑의 처사에 분격한 고부 농민들은 수차 진정하였으나 효과가 없었다. 이에 동학교인 전봉준(全琫準)의 지휘 아래 농민들은 고부군청을 점령하여 무기를 탈취하고, 불법으로 징수한 곡식을 빼앗아 빈민들에게 분배하고, 그리고는 만석보를 파괴하였다. 이 소식에 접한 정부에서는 안핵사(按覈使)를 파견하여 조사케 하였던바, 안핵사는 전기 민란의 책임을 동학교도에게 돌려서 교도의 명부를 작성하여 혹은 체포 혹은 살해하고 그들의 가옥을 불사르는 등 폭행을 자행하였다. 이에 더욱 분격한 전봉준·김개남(金開男)·손화중(孫化中) 등 동학교도를 중심으로 한 농민들은 재차 봉기하였다. 그들은 농민에게 창의문(倡義文)을 산포하여 보국안민(輔國安民)을 위하여 궐기할 것을 호소하였는데, 그 마지막 대목은 다음과 같았다.

민(民)은 국가의 근본이다. 근본이 약해지면 국가도 잔약해지는 것이다. 보국안민의 방책을 생각하지 아니하고 밖으로 향제(鄕第)를 베풀어 오직 홀로 온전할 방책만 꾀하고 헛되이 국록과 관직을 탐하는 것이 어찌 이치에 닿겠는가. 우리들은 비록 초야의 유민(遺民)이나 군토(君土)를 먹고 군의(君衣)를 입고 있으니, 국가의 위망을 앉아서 볼 수는 없다. 팔로(八路)가 마음을 같이하고 억조(億兆)가 묻고 의논하여 이제 의기(義旗)를 들어 보국안민으로써 죽고 삶을 같이할 맹서로 삼는다. 오늘의 광경이 비록 놀라운 일에 속하나 결코 두려워하여 동요하지 말라. 각기 민업(民業)을 평안히 하고 태평한 세월을 함께 빌며 임금의 덕화(德化)를 모두 누리게 되면 천만다행일까 한다.

이에 태인(泰仁)·금구(金溝)·부안(扶安) 등 각처의 농민들이 합세하여 와서 동학농민군의 세력은 수천에 달하게 되었다. 동학농민군은 머리와 허리에 갖가지 색깔의 띠를 둘렀으며, 무기로는 탈취한 약간의 총기와 창·칼 이외에 대부분이 죽창이나 곤봉을 가졌을 뿐이었다. 그러나 황색기를 표지로 내건 동학농민군은 몸에 부적을 지니면 탄환에 맞아도 상하지 않는다 하여 사기가 대단히 왕성하였다. 이들은 고부를 점령한 뒤에 백산(白山)에 진을 옮겨 대오를 정비하였다. 이때 전봉준이 대장(大將)이 되어 총지휘를 하였는데, 대장의 기폭에는 크게 '보국안민(輔國安民)'이라고 썼다.

폐정개혁 요구와 항일전

백산에서 대오를 정비한 동학농민군은 제1차로 전주(全州)에서 출동한 관군을 황토현(黃土峴)의 싸움에서 쳐부순 뒤, 정읍(井邑)·고창(高敞)을 거쳐 무장(茂長)을 점령하고, 다시 영광(靈光)을 거쳐 함평(咸平)에 도착하였다. 이때 동학농민군은 1만여 명의 다수에 도달하게 되었다. 이미 정부에서는 홍계훈(洪啓薰)을 양호초토사(兩湖招討使)에 임명하여 중앙군의 정예부대 약 800명을 거느리고 이를 토벌케 하였다. 그러나 전주에 도착하였을 때에는 도망자가 속출하여 그 병력은 반감하였다. 그러므로 아무리 우수한 무기를 가졌더라도 사기가 왕성한 동학농민군을 이겨낼 수가 없었다. 동학농민군은 홍계훈이 거느린 관군을 장성(長城)에서 패배시켰다. 그리고는 재빨리 북상하여 거의 관군의 저항을 받음이 없이 전주를 점령하고 말았다.

동학농민군이 전주를 점령할 즈음 청군이 오고 뒤이어 일본군도 출동하여 양국 사이에는 점차 험악한 정세가 벌어졌다. 이에 정부는 하루 속히 동학농민군을 회유하여 해산시킬 필요를 느끼고 휴전교섭을 제의하였다. 전봉준은 동학농민군의 요구를 들어주겠다는 정부군의 제의를 받고 이를 소청에 의하여 본래의 목적을 달성할 수 있는 기회라고 생각하였다. 그 결과 폐정개혁(弊政改革)을 조건으로 휴전이 성립되었다. 폐정개혁안은 여러 차례 제시되었지만, 비교적 내용이 포괄적인, 장성에서 전라감사에게 제시된 것을 인용하면 다음과 같다.

1. 전운사(轉運司)는 혁파하고 (공물을) 이전대로 읍에서 상납케 할 것.
2. 균전어사(均田御史)는 혁파할 것.
3. 탐관오리를 징계하고 축출할 것.
4. 각 읍에서 공금을 포탈한 이속(吏屬) 중 포탈액이 천 냥인 자는 죽이되, 그 가족

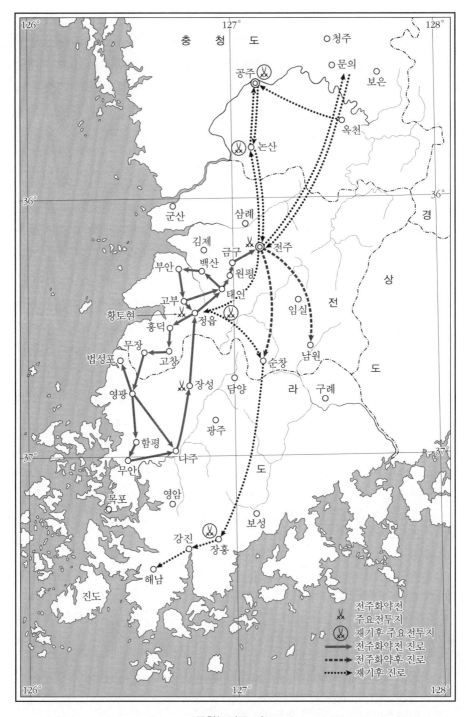

동학농민군 진로

은 징계치 말 것.

5. 봄·가을 두 차례에 부과하는 호역전(戶役錢)은 과거의 예에 따라 매호 한 냥씩 배당할 것.

6. 각종의 결전(結錢)으로 거두는 돈은 공평·균등하게 분배하고 함부로 많이 거두지 못하게 할 것.

7. 각 포구에서 사사로이 쌀을 사고 파는 것을 엄금할 것.

8. 각 읍의 수령들이 자기 임지에 있는 산에다 묘를 쓰거나 전장을 사는 것을 엄금할 것.

9. 외국 상인들은 각 항구에서 매매를 하되, 도성에 들어가서 상점을 설치하거나 각처에 임의로 다니며 상업을 하지 못하게 할 것.

10. 행상·보부상들은 폐단이 많으니 혁파할 것.

11. 각 읍에서 이속들의 부서 배치를 할 때 뇌물을 받지 말고, 쓸 만한 사람을 택하여 임용할 것.

12. 간신(奸臣)이 권세를 농간하여 나라의 일이 나날이 잘못되고 있으니, 그들의 매관(賣官)하는 일을 징치할 것.

13. 대원군(大院君)이 국정에 간여하는 것이 민심의 바라는 것임.

여기서 동학농민군이 요구한 폐정개혁 내용을 보면, 첫째로는 무엇보다도 경제적으로 농민의 고통을 제거하는 것이었고, 둘째로는 외국 상인의 침투에 따르는 폐해를 없이하는 것이었으며, 셋째로는 정치적으로 간신과 탐관오리를 몰아내고 대원군을 받들어 내정을 바로잡는 것이었다.

전주화약의 결과 동학농민군은 전주에서 철퇴하여 각자 출신지로 돌아갔다. 그러나, 동학농민군은 촌촌설포(村村設包)를 구호로 그들의 조직을 각지에 침투시켰다. 더욱이 전라도 53군에는 집강소(執綱所)를 설치하여 지방의 치안유지에 힘쓰는 한편, 동학농민군의 폐정개혁 요구를 행정에 반영시키도록 노력하였다. 전주에는 집강소의 총본부인 대도소(大都所)를 두어 송희옥(宋熹玉)이 그 도집강(都執綱)으로서 이를 총지휘하게 되었다.

그러나 휴전은 동학농민군에게 불리하였다. 청의 후원군은 물론이요 이에 대항하는 일본군도 와서 일촉즉발의 위험한 정세가 조성되었기 때문이다. 이에 동학농민군은 재기하여 척왜(斥倭)를 구호삼아 북진을 시작하였다. 그러나, 공주(公州)에서 일본군과 합세한 관군에게 패하였고, 계속하여 태인에서 또 패하였다. 전봉준 이하 많은 동학농민군의 지도자들이 체포 혹은 피살되어, 동학농민군은 드디어 해산되고 말았다.

동학농민군의 봉기는 양반사회의 부정부패에 항거하여 일어난 농민들의 반항운동이었다. 동학은 농민을 결집시킬 수 있는 조직을 제공하여 주었다. 한편 동학농민군의 봉기는 일본 상인의 경제적 침략에 대한 항쟁이기도 하였다. 처음 척왜는 정책으로서 정부에 제시되었으나 일본군이 개입함에 미쳐서는 이와 직접 싸웠던 것이다. 일단 정부군과 휴전했던 남접(南接)의 동학농민군 재봉기는 이에 말미암은 것이었다. 그리고 이 항일전에는 지금까지 소극적이었던 북접(北接)도 가담하여 통일전선을 폈다. 그러나 근대적인 무기와 훈련을 받은 일본군을 당해낼 만큼 동학농민군은 강하지가 못하였다. 이리하여 안으로는 양반 중심의 부정부패에 항거하고, 밖으로는 외국의 자본주의 침략에 대항하여 싸운 동학농민군은 결국 양자의 연합세력에 의하여 실패하고 말았던 것이다.

청·일의 침략 경쟁

동학농민군의 항쟁을 스스로의 힘으로 진압할 수 없는 정부는 전투가 확대되어 가자 청에 구원병을 청하였다. 청은 이것을 약해져 가던 자기의 세력을 다시 강화하기 위한 좋은 기회라고 생각하였다. 이리하여 청은 엽지초(葉志超)로 하여금 3,000의 병력을 거느리고 아산만(牙山灣)에 상륙하게 하였다. 천진조약(天津條約)에 의하여 이 사실은 일본에 통고되었다.

일본은 청에 못지않게 조선에 있어서의 세력 확장을 위한 기회를 노리고 있었다. 후퇴한 정치적 지위를 회복하기 위해서만이 아니라, 경제적으로 일본 상인들의 약탈적인 무역에서 얻는 폭리를 보장해 줄 필요가 있었다. 그리고 이러한 목적들을 위하여 일본은 정치적·군사적으로 조선을 제압할 필요가 있었다. 일본이 청의 행동에 신경을 날카로이 하게 된 이유였다. 청군이 출동하자 일본도 거류민 보호라는 명목으로 군함 7척과 육군 7,000이라는 대병력을 파견하여 인천에 상륙시키었다. 그러나, 이때에는 동학농민군이 이미 전주에서 물러난 때였으므로, 청·일 양군의 주둔은 무의미하게 되었다. 따라서 청은 일본에 대하여 공동 철병을 제안하였고, 이 제안은 조선정부와 열국에 의하여 지지를 받았다. 그러나, 이 기회에 조선으로부터 청의 세력을 철저하게 축출하여 버리려는 일본은 청의 제안을 거부하였다. 그리고는 공동으로 내정개혁(內政改革)을 추진할 것을 제의하였다. 일본의 표면적 이유는 내정개혁에 의하여 정치가 혁신되지 않는 한 또 동란이 일어날지 모르므로, 이를 미연에 방지해야만 동양의 평화를 유지할 수 있다는 것이었다. 그러나, 이것은 구실에 불과하였고, 사실은 청이 받아들일 수 없는 난문제를 제기하여 전쟁을 일으킬 트집을 잡자는 데 목적이 있었다. 물론, 청은 이러한 제안을 외국에 대한 내정간섭이라고 하여 거절하였다. 이리하여 회담은 결렬되고 청·일의 충돌은 피할 길이 없게 되었다.

아산만에서의 일본 군함의 선제공격으로 시작된 청일전쟁(淸日戰爭)은 일본의 승리로 종결되었다. 그 결과 일본과 청 사이에 하관조약(下關條約)이 맺어지게 되었다. 이 하관조약에는 조선을 완전한 자주독립국가로 확인한다는 것이 제1조에 들어 있었다. 그러나, 이것이 조선의 실질적인 독립을 위한 것이 아니라 청의 종주권을 부인하기 위한 것임은 누누이 설명한 바로써 알 수 있다. 그리고는 청이 요동반도(遼東半島)와 대만(臺灣)을 일본에게 할양한다는 조문이 있었다. 이로써 일본은 만주에까지 그 영토적인 침략의 야심을 뻗치고 있음을 드러내었다. 물론 일본은 그렇게 함으로써 조선을 완전히 자기의 손아귀에 넣을 수 있다고 믿었던 것이다.

제4절 갑오경장

개혁의 실시

청과의 전쟁을 서두르던 일본은 앞서부터 주장하여 오던 내정개혁의 실시를 정부에 요구하였다. 노인정회담(老人亭會談)에서 일본측이 제출한 개혁안에 대하여 정부는 우선 개혁 전에 일본군이 철퇴할 것을 요구하였다. 동시에 일본측의 개혁안은 대개가 이미 조선의 헌장(憲章)과 같을 뿐더러 몇 가지 새로운 사항은 교정청(校正廳)에서 독자적으로 개혁을 실시하고 있다는 것을 이유로 이를 거절하였다. 일본은 원래 내정개혁을 구실로 청과 개전하기를 바라고 있었고, 또 이권에 더 관심이 쏠려 있었다. 그리고 이 목적을 위하여 정부를 일본의 권력 밑에 놓아 둘 필요가 있었다. 이리하여 군대를 출동시켜 경복궁(景福宮)을 점령함과 동시에 대원군(大院君)을 입궐시켜 집정토록 하고 김홍집(金弘集)을 수반으로 하여 친일계와 중립계로 정부를 개편하였다. 갑오경장(甲午更張)은 이 새 정부에 의해서 거의 독자적으로 추진되었던 것이다.

갑오경장은 새 정부가 설치한 군국기무처(軍國機務處)라는 회의기관에 의해서 담당 실시되었다. 김홍집을 총재관으로 한 군국기무처는 17명의 회의원으로 구성되고 이들에 의해 개혁의 안건이 심의 결정되었다. 회의원은 유길준(兪吉濬) 등 온건개화파 계열의 인사들이 핵심을 차지하였다. 이 군국기무처는 초정부적 존재였다. 따라서, 국왕이나 왕비의 존재는 무시당하였고, 뿐만 아니라 왕명에 의하여 모든 정치를 대행하기로 된 대원군의 지위도 위협을 받았다. 사실 군국기무처를 설치한 직접적인 목적은 오히려 이러한 데에 있었던 것 같다. 따라서 그들의 힘이 실질적으로 정치권 밖으로 밀려나가게 되자 개혁은 진행하되 군국기무처는 폐지하였던 것이다. 이 군국기무처를 중심으로 해서 실시된 개혁의 내용은 대체로 다음과 같은 것이었다.

먼저 정치상의 개혁을 살펴보면 개국기원(開國紀元)을 사용함으로써 청과의 종속관계에서 벗어났음을 나타냈다. 그리고 의정부(議政府)와 궁내부(宮內府)를 구별하였다. 궁내부는 과거의 왕실 관계 여러 관부를 정리하고 간소화한 것이었다. 의정부는 총리대신(總理大臣)을 최고로 하여 과거의 6조(曹)에다가 외무(外務)와 농상(農商)을 더한 8개 아문(衙門)으로 하고, 각 아문에는 국(局)을 두어 소관사항과 행정 계통을 확립하였다. 그러나 이어 의정부를 내각(內閣)이라 고치고, 그 밑에 외부(外部)·내부(內部)·탁지부(度支部)·법부(法部)·학부(學部)·농상공부(農商工部)·군부(軍部)의 7부를 두었으며, 부 밑으로 국·과(課)를 설치하였다. 이와 아울러 관리의 품급(品級)을 개정하고, 품에 따르는 월봉(月俸)제도를 수립하였다. 또, 과거제도를 없애고 새로운 관리임용법을 채용하였고 종래의 양반·상민이나 문반·무반의 차별 등을 없애게 하였다.

중앙관제뿐 아니라 지방관제도 개혁하였다. 우선 과거의 8도(道)를 23부(府)로 개편하였다. 이것은 대지역주의에서 소지역주의로 변화한 것을 말한다. 그리고 부 밑에는 한결같이 군(郡)을 두어서 지금까지의 복잡하던 체계를 간소화하였다. 그러나 이어 23부는 13도로 고치었다. 한편 지방관으로부터는 사법권(司法權)과 군사권(軍事權)을 박탈하였다. 이리하여 지방관의 권한은 제도상 약화되어 근대관료적 색채를 농후히 하였다.

사법권은 행정기구에서 분리 독립시키었다. 즉, 재판소구성법(裁判所構成法)을 공포하여 재판에 관한 일체의 사무는 재판소의 기능으로 만든 것이다. 이리하여 제1심재판소로서 지방재판소와 개항장재판소를 두고, 제2심으로 고등재판소와 순회재판소를 두었다. 이와 함께 경찰권(警察權)도 일원화시켰다. 서울에는 경무청(警務廳)을 두어 수도의 치안을 담당하게 하고 지방에는 각도 관찰사의 지휘하에 경무관을 두어 지방의 치안을 담당케 하여 군수의 행정과는 분리시켰다.

경제적 개혁에 있어서는 우선 재정의 일원화가 행해졌다. 즉 회계·출납·조세·국채·화폐·은행 등 일체의 재정에 관한 사무를 탁지부(度支部)에서 관장하도록 하였다. 이 방침에 따라 탁지부 관하에 220개처의 징세서(徵稅署)와 9개처의 관세사(管稅司)를 설치하여 조세 등 세입사무를 맡게 하였다. 그리고는 화폐제도를 정리하였다. 즉, 신식화폐장정(新式貨幣章程)에 의하여 은본위제(銀本位制)를 채택하고 몇 종의 동화(銅貨)로써 보조화폐를 삼았으며, 당오전(當五錢) 등 구화폐는 당분간 사용할 수도 있게 하였으나 점차 신화폐로 대치케 하기로 하였다. 이에 따라서 조세도 금납제(金納制)로 고쳐지게 되었다. 그리고 여러가지 기준에 의해서 행해지던 도량형(度量衡)을 개정 통일하였다.

갑오경장에서 중요한 내용의 하나를 이루는 것은 사회적인 개혁이었다. 여기에는 우선 신분제도의 철폐가 포함되고 있다. 즉, 양반과 상민의 계급을 타파하여 귀천을 불구하고 인재를 등용케 한다든가, 같은 양반에서도 문무존비(文武尊卑)의 제도를 없앤다든가, 공사노비(公私奴婢)의 법전(法典)을 혁파하고 인신의 매매를 금한다든가, 역정(驛丁)·광대(廣大)·백정(白丁) 등은 모두 면천케 한다든가 하는 것이었다. 이것은 양반체제하의 신분제도의 붕괴를 의미하는 것으로 사회적인 대개혁이었다. 이외에도 사회적인 허다한 구습이 혁파되었다. 죄인 처벌에 있어서 고문이나 연좌법(緣坐法)을 폐지한 것, 남녀의 조혼(早婚)을 금하여 남자는 20세, 여자는 16세 이후에 결혼하도록 규정한 것, 과부의 재가(再嫁)는 귀천을 막론하고 그 자유에 맡긴 것, 관인은 비록 고등관을 지낸 자라도 관직에서 물러난 후에는 자유로이 상업을 경영할 수 있게 한 것 등이 모두 그러하다. 이 이외에도 양자(養子)제도의 개정, 의복제도의 간소화 등이 규정되어 있었다.

개혁의 파문

갑오경장은 위에서 그 내용을 살펴본 바와 같이 한국근대화 과정에서 중요한 의의를 지니는 정치·경제·사회 등 실로 다방면에 걸친 대개혁이었다. 그러나 이 개혁은 일본의 성장하는 자본주의가 침투할 수 있는 평탄한 길을 닦아놓는 구실도 하였다. 가령 신화폐를 일본의 화폐와 동질의 것으로 하고, 일본

의 화폐도 혼용할 수 있게 함으로써 일본의 상품시장으로서 중요한 위치에 있
는 조선에서 일본 상인의 경제적 침투를 유리하게 하였다. 또 도량형의 개정
통일이 일본 상인들의 편의를 도와준 것임도 기억해 두어야 하겠다. 한편 군사
제도의 개혁 같은 것은 거의 고려되지 않는 결함을 드러내기도 하였다. 이리하
여 근대적 국가가 갖추어야 할 충분한 병력과 이에 따르는 신무기의 공급은 계
획되지 않았다. 군부(軍部)의 소속하에 겨우 수천에 지나지 않는 적은 수의 군
대를 일원화하였을 뿐이었다.

  또 조세의 금납제는 아직 화폐가 농촌에까지 광범하게 유통되지 않고 있던
당시로서는 농민에게 커다란 고통이 되었다. 그들은 미곡을 화폐로 교환해서
납세를 하는 이중의 절차를 거쳐야 했기 때문이다. 더욱이 은행도 설립되지 않
은 당시로서는 곤란이 더하였다. 이에 정부에서는 경험이 많은 곡물상으로 하
여금 미상회사(米商會社)를 설립케 하여 세곡(稅穀)의 환금을 담당하는 금융기
관으로 행사케 하였으나, 경비를 지출할 길이 없어 좌절되고 말았다.

  게다가 이 개혁에 대한 대원군의 불만이 컸다. 대원군은 심지어 정변을 일
으켜 고종을 폐하고 대신 그의 손자인 이준용(李埈鎔)을 왕위에 오르게 하려고
까지 하였다. 이 목적을 위하여 일본과 항쟁 중인 동학농민군 및 청군과 연결
하여 일본군을 국내에서 축출하려고 하였다. 이 계획은 탄로되어 실패로 돌아
갔으나 일본의 신경은 극도로 날카로워졌다. 이리하여 일본은 오도리(大鳥圭
介)를 통제력이 약하다는 이유로 소환하고 대신에 거물급인 이노우에(井上馨)
를 공사로 파견하였다. 이노우에는 일본군이 평양성(平壤城)을 함락시켰을 때
에 압수한 대원군의 비밀서한을 제시하여 그를 정권에서 물러나게 하는 데 성
공하였다. 그리고는 일본에 망명하였다가 돌아온 박영효(朴泳孝) 등을 내각
에 등용하여 김홍집·박영효의 연립내각을 성립케 하였다. 고종이 대원군·세
자·종실 및 백관을 거느리고 종묘(宗廟)에 나아가 홍범(洪範) 14조(條)를 들어
개혁의 추진을 서약한 것은 이때의 일이었다. 이 홍범 14조는 한국 최초의 헌
법(憲法)이라고 일컬어지기도 하지만, 갑오경장의 기본 방향을 요약해서 나타
내 주고 있기 때문에 주목을 받고 있다.

  이노우에가 공사로 옴에 미쳐 일본의 간섭은 강화되었던 셈이다. 그러나 러
시아를 중심으로 프랑스와 독일의 세 나라가 일본이 청일전쟁의 결과로 얻은
요동반도(遼東半島)를 청에게 반환하게 하는 사건 이른바 삼국간섭이 일어나면
서 사태는 변하였다. 즉, 일본의 약점이 폭로되자 정부 안에는 일본에 대한 배

척의 기운이 싹트기 시작했던 것이다. 그리고 이를 위하여 러시아의 세력에 의지하려고 하였다. 이러한 배일·친러의 정책을 배후에서 조정한 것은 일본의 압력 밑에서 그 세력이 약화되었던 명성황후(明成皇后) 민비(閔妃)와 그 일족이었다. 민비는 드디어 박영효 등 친일세력을 정부로부터 몰아내는 데 성공하였다. 박영효가 민비를 폐비시키려고 음모했다는 밀고가 있었기 때문이었다. 이에 박영효는 재차 일본으로 망명하여 버리고, 이범진(李範晋)·이완용(李完用) 등 친러파가 기용되게 되었다. 그 결과 친러적 경향은 더욱 정부를 지배하게 되었다.

조선에 있어서 친러세력이 대두하는 것을 일본은 물론 싫어하였다. 일본은 민비를 중심으로 한 궁중의 세력과 친러파를 축출하고 친일세력을 다시 부활시키려고 노력하게 되었다. 그 방법으로서 일본은 비상수단에 호소하려 한 것이다. 그 결과 이노우에의 뒤를 이어 부임한 일본 공사 미우라(三浦梧樓)가 명성황후 민비를 살해한 소위 을미사변(乙未事變)이 일어나게 되었던 것이다(고종 32년, 1895). 이리하여 일국의 왕후가 외국인 자객의 손에 비참한 최후를 당하게 되었다. 열국의 비난을 두려워한 일본은 미우라를 재판에 회부하였다. 그러나, 증거 불충분이란 이유로 무죄의 판결을 내려 버리고 말았다.

이 을미사변에 뒤이어 다시 김홍집을 수반으로 한 새 내각이 조직되었다. 이 새 내각은 지금까지의 개혁의 선에 따라 더욱 급진적인 개혁을 추진시키었다. 즉, 태양력(太陽曆)을 채용하고, 어린애에 대한 종두(種痘) 규칙을 발표하고, 서울에 소학교(小學校)를 설치하고, 충주(忠州)·안동(安東)·대구(大邱)·동래(東萊)에서 우체(郵遞) 사무를 개시하고, 일세일원(一世一元)의 연호를 세우되 이듬해부터 건양(建陽)이라 하기로 하고, 군제를 변경하여 중앙에 친위대(親衛隊), 지방에 진위대(鎭衛隊)를 두며, 단발령(斷髮令)을 내리어 이를 강행하는 등의 일이 그것이었다.

그러나, 을미사변으로 민심이 흉흉한 가운데 행해진 개혁은 일본의 침략행위에 분격하는 일반 국민들로부터는 맹렬한 반대를 받았다. 특히, 단발령에 대하여는 "목을 자를 수 있으나 머리털은 자를 수 없다"라는 강경한 반대에 부딪혔다. 이러한 반일의 분위기 속에 각지에서 의병(義兵)이 일어나 무력항쟁이 전개되었다. 그 대표적인 인물이 유인석(柳麟錫)·이소응(李昭應)·이춘영(李春永) 등이었다. 이들 의병의 진압을 위하여 정부는 친위대(親衛隊)의 태반을 지방으로 파견하지 않으면 안 되는 곤경에 빠졌다.

제5절 개화기의 상공업과 사회사상

개항 후 상공업의 변화

개항 이후 개항장에 외국상인들이 상륙하고 이들을 통하여 대외무역량이 증대하여지자, 이에 제일 민감한 반응을 나타낸 것은 객주(客主)와 여각(旅閣)이었다. 서울의 한강(漢江)과 지방의 포구(浦口)에 자리잡고 물화를 매점함으로써 재화를 축적한 이들 도고상인(都賈商人)은, 정부의 권력과 밀착한 육의전(六矣廛)과는 달리 진취적이었기 때문에, 외국상인과 접촉하며 새로운 상업 활동을 전개하였던 것이다. 개항 초기에 외국상인의 활동 범위는 개항장으로부터 그리 멀지 않은 지역 안에 한정되어 있었으므로 외국상인들의 상업행위는 객주나 여각을 통할 수밖에 없었다. 그리고 객주와 여각은 보부상(褓負商)을 통하여 수입품의 판매나 수출품의 매입을 하여 재부를 축적하여 갔다.

그러나 외국상인이 내륙에서도 상업활동을 할 수 있게 되면서부터 이들 객주·여각 및 보부상은 큰 타격을 받게 되었다. 이에 따라서 객주·여각의 진취적 상인들은 상사회사(商事會社)를 조직하여 외국상인과 대항하게 되었다. 이리하여 평안도인(平安道人)이 처음 평양(平壤)에 설립한 대동상회(大同商會)를 위시해서 많은 상사회사가 설립되어 갑오경장(甲午更張)이 있을 당시에는 문헌상에 알려진 상사회사만도 40여에 이르게 되었다. 이들 중에는 서적 출판을 목적으로 한 광인사(廣印社), 술을 양조 판매하던 장춘사(長春社)와 같은 민간의 합자회사도 있었다. 그런가 하면 농민들의 세곡(稅穀) 환금을 담당하게 한 미상회사(米商會社)와 같은 관설회사도 있었는데, 오히려 이러한 관설회사의 수가 더 많았다. 따라서 이들은 종래 육의전이 그러했듯이 정부로부터 일정한 특권을 인정받고 있었으며, 상업의 자유를 저해하는 경향이 있었다.

한편 상인단체들도 조직되었다. 개항 이후 상업의 자유화에 밀려 위협을 받게 된 보부상을 보호할 목적으로 정부는 고종 20년(1883)에 혜상공국(惠商公局)을 설치하였다. 혜상공국은 외국상인의 불법행위를 막고 불량행상을 단속하여 보부상의 권익을 보호하였다. 이러한 정부의 보호 속에서 보부상의 조합인 보부상단(褓負商團)은 종래의 특권의식으로부터 탈피하지 못했고, 따라서 근대적 상인단체로 성장하지도 못하였다. 이에 대해서 개항장의 객주들은 객주상회 (客主商會)를 조직하여 점점 근대적인 상인단체로 성장하여 갔다. 이러한 상인 단체로는 고종 20년(1883)에 설립된 원산의 상회소(商會所), 고종 22년(1885)에 설립된 부산의 상법회사(商法會社)와 인천의 객주상회(신상협회, 紳商協會) 등이 있었다. 이들 상인단체는 개항장에서의 일본상인의 불법행위를 규탄 고발하는 등 외국상인의 경제적 침략에 대항하며 점점 서구적인 상거래 방법에 적응해 가고 있었다.

　공업에 있어서는 정부가 고종 20년(1883)에 근대적인 무기를 제조하는 기기 국(機器局), 화폐를 주조하는 전환국(典圜局), 출판물을 인쇄하는 박문국(博文 局)을 설치하였고, 고종 22년(1885)에는 방직을 위한 직조국(織造局)을, 고종 24 년(1887)에는 제지를 위한 조지국(造紙局)과 근대식 채광법(採鑛法)에 의한 광 산 개발을 위한 광무국(鑛務局)을 설치하였다. 이같이 개항 초기의 근대식 공장 은 민간에 의해서가 아니라 정부에 의해서 운영되는 것이 그 특색이었다.

　해운(海運)에 있어서도 일본 상선(商船)의 지배권이 확대되어 가자, 정부는 처음 구미 계통의 상사와 합작하여 이에 대항하려 하였다. 그러나 정부는 투 자를 하지 못하고 있었기 때문에 운영권을 장악하지 못하여 실패하고 말았다. 이에 고종 23년(1886)에 해운사무를 전담하는 전운국(轉運局)을 설치하여 근대 식 기선(汽船)을 구입하여 해운업 경영을 담당하게 하였다. 그러다가 고종 29 년(1892)에 관민합판회사(官民合辦會社)인 이운사(利運社)를 설립하여 전운국의 기선을 인수받아 세곡 운반 등에 종사케 하였다. 그러나 조세의 금납제가 실 시되어 세곡 운반이 줄어들고, 또 청일전쟁 때 일본군에 징발되기도 하여 점점 기울어지게 되었다.

개화사상의 전개

　개화사상(開化思想)은 실학에 있어서의 북학론의 전통을 이어받은 것이었다. 그러므로 새로운 기술을 도입하여 상공업을 발전시킴으로써 부국강병의 실을 거두려는 근본 뜻은 마찬가지였다. 다만 개화사상에 있어서의 새로운 기술이 란 서양의 기술을 말하는 것이며, 따라서 개화사상가들은 개항을 하여 서양의 여러 나라와 통상의 길을 틈으로써 이를 더욱 촉진시킬 수 있다고 믿었다.

서양의 기술 중에서 먼저 관심의 대상이 된 것은 무기였다. 두 차례의 양요를 거치는 동안 『해국도지(海國圖志)』의 설명에 따라서 신식 전함(戰艦)을 제조 시험하고 대포(大砲)를 제작하여 이를 강화도(江華島)에 배치하기도 하였다. 그런데 개항 뒤에는 더욱 신식무기의 도입을 서두르고 또 신식 군사훈련을 실시하기도 하였다. 강병(强兵)을 위한 무기와 함께 부국(富國)을 위한 농업기술의 도입에도 큰 관심을 표시하였다. 이리하여 최경석(崔景錫)은 농무목축시험장(農務牧畜試驗場)에서 미국으로부터 도입한 종자를 재배하기도 하고 또 가축을 기르기도 하였다. 또 새로 설치된 잠상공사(蠶桑公司)에서는 독일인 기사를 초빙해다 새 양잠법을 시도하기도 하였다. 뿐만 아니라 안종수(安宗洙)는 고종 18년(1881)에 『농정신편(農政新編)』을 짓고, 정병하(鄭秉夏)는 고종 23년(1886)에 『농정촬요(農政撮要)』를 지어 서양의 근대농법을 도입 소개하였다.

이같이 처음 기술의 도입에 중점을 두던 개화사상은 점차 정치와 사회의 개혁을 보다 중요시하는 급진적인 개화사상으로 발전하여 갔다. 그러한 사상의 선구자는 김옥균(金玉均)이었다. 김옥균은 정치적으로 전제군주제(專制君主制)를 입헌군주제(立憲君主制)로 개혁하려고 하였다. 군사적으로는 서구식 무기로 무장한 신식군대를 양성하여 나라의 독립을 굳게 지키려고 하였다. 또 경제적으로는 자본주의적 경제조직과 근대적인 산업을 건설하려고 하였으며, 사회적으로는 양반 중심의 신분제도를 폐지하고 만민의 평등권을 확립하여 근대적인 시민사회를 추구하려고 하였다. 그리고 문화적으로는 학교를 널리 설립하여 국민에게 서구의 과학기술과 학문을 교육하려고 하였으며, 모든 종교의 자유를 허락하기를 주장하였다. 요컨대 그는 정치·경제·군사·사회·문화의 모든 면에서 근대국가를 건설하려고 하였던 것이다.

개화에 대한 의견을 광범하게 체계적으로 정리해서 제시한 것은 유길준(兪吉濬)이었다. 유길준은 고종 26년(1889)에 쓴 『서유견문(西遊見聞)』에서 서양 여러 나라의 지리·역사·정치·경제·사회·학문 등을 소개하였는데, 그중에서 한국이 서양의 근대문명을 모범으로 하여 개화에 노력하기를 주장하고 있다. 유길준에 의하면 개화에는 허명개화(虛名開化)와 실상개화(實狀開化)가 있었다. 허명개화는 남의 것을 보고 앞뒤를 헤아릴 능력도 없이 무조건 이에 따라서 재물만 소비하는 것이고, 실상개화는 사물의 이치와 근본을 살펴서 자기 나라의 실정에 합당하도록 하는 것이라고 하였다. 이러한 입장에서 그는 당시의 한국의 정치나 경제의 개혁을 구상하였다. 이리하여 그가 구상한 개혁의 목표는 정치적으로는 법치주의적 민주주의, 경제적으로는 자유주의적 자본주의를 수립하는 데 있었으나, 당시의 한국에서는 군민(君民)이 함께 다스리는 정치체제가 적절한 것이라고 하였다.

한편 고종 20년(1883) 『한성순보(漢城旬報)』에 발표된 「회사설(會社說)」에서는 상업하는 방법으로서 여러 사람이 자본을 모아 서양식 회사를 설립하는 것이 필요함을 말하고 있다. 여기서는 또 주식(株式)의 발행과 출자, 사장(社長)의 선출 방법 등에 관한 규칙을 소개하여 근대적 상업체제로의 전환이 필요함을 강조하고 있다.

제14장 민족국가의 태동과 제국주의의 침략

제1절 독립협회의 활동

대한제국의 성립

을미사변(乙未事變)으로 인하여 국민의 대일감정이 극단적으로 악화되고 각지에서 의병(義兵)이 일어나 전국이 소란한 기회를 이용하여, 러시아 대표 웨베르(위패, 韋貝)는 공사관 보호라는 명목 아래 수병(水兵) 100명을 서울로 데려왔다. 이에 친러파인 이범진(李範晉) 등은 웨베르와 공모하여 건양 원년(1896)에 국왕을 궁궐로부터 러시아 공사관으로 데려갔다(아관파천, 俄館播遷). 이것은 정국을 완전히 번복시켰다. 친일내각의 김홍집(金弘集) · 어윤중(魚允中) 등은 살해되고, 유길준(兪吉濬) 등은 일본으로 망명하였다. 그리고는 이범진 · 이완용(李完用) 등을 등용한 친러내각이 성립하게 되었다.

국왕이 러시아 공사관에 있는 1년 동안, 정치는 러시아의 강한 영향력 밑에 놓였다. 각 부(部)의 일본인 고문과 병사를 훈련하던 일본인 무관은 모두 파면되고, 새로 러시아인 고문과 사관이 초빙되었고, 러시아의 무기가 구입되었으며, 아어학교(俄語學校)가 설립되었다. 이때 탁지부(度支部)의 러시아인 고문인 알렉세이에프(Alexeieff)는 마치 재무장관과 같은 느낌을 줄 정도였다. 한편, 각종의 이권이 러시아로 넘어갔다. 러시아의 이권 획득은 열강을 자극하여 이익의 평등을 요구하게 되었고, 이에 따라서 아관파천 이후 많은 이권이 외국인의 손으로 넘겨졌다.

국왕이 외국 공사관에 가 있고 이권이 속속 외국인의 손으로 넘어가는 상태에 대하여 국민의 비난이 집중되었다. 특히 독립협회(獨立協會)를 중심으로 한 운동이 그러하였다. 이에 고종은 경운궁(慶運宮 ; 덕수궁, 德壽宮)으로 거처를 옮김과 함께 국호를 대한(大韓), 연호를 광무(光武)라 고치고, 왕을 황제(皇帝)라

열강의 이권 쟁탈(아관파천 전후)

고종 20년(1883)	일 본—부산·나가사키간 해저전선 부설권
고종 22년(1885)	청 —인천·의주간 전선 부설권 일 본—부산·인천간 전선 부설권
고종 23년(1886)	일 본—부산 절영도저탄소 설치권
고종 25년(1888)	일 본—연안 어획권
고종 28년(1891)	일 본┌인천 월미도저탄소 설치권 └경상도 연안 어획권
고종 31년(1894)	일 본—경부철도 부설권
고종 32년(1895)	미 국—평안도 운산금광 채굴권

건양 원년(1896)	미 국—경인철도 부설권
	러시아┌경원·종성광산 채굴권
	     │인천 월미도저탄소 설치권
	     └압록강 유역·울릉도 삼림 채벌권
	프랑스—경의철도 부설권

광무 원년(1897)	독 일—강원도 금성 당현금광 채굴권 러시아—부산 절영도저탄소 설치권 미 국—서울 전기·수도 시설권
광무 2년(1898)	러시아 —한아은행 설치권 영 국 —평안도 은산금광 채굴권 일 본┌평양탄광 석탄 전매권 └경인철도 부설권(미국으로부터 매수)

칭하여, 국내외에 독립 제국임을 선포하였다(광무 원년, 1897). 독립 제국으로서의 새 체제를 갖추게 된 것이다. 이것은 국민 여론의 승리였다고 할 수가 있다. 다만 그러한 외형의 체제와는 달리 실제에 있어서는 여러가지 약점을 나타내고 있었다. 고종이 경복궁(景福宮) 아닌 경운궁에 있은 것은 러시아를 위시하여 미국·영국 등 경운궁을 에워싼 외국 공사관의 보호에 의지하려고 함이었다. 자기 나라의 수도에 있으면서도 외국인 일본이 무서워 황제가 행동의 자유를 잃고 있었다. 그러므로, 이권은 계속해서 빼앗기고 있었던 것이다. 당시의 국정을 가히 짐작할 수 있는 일이다.

독립협회의 창립과 발전

　황제와 대신들이 외세에 의존하여 국가를 보전하려는 고식적인 길을 취하고 있을 때에, 정부의 무능한 시책을 비판하고 민족의 독립과 자유를 위하여 감연히 싸운 것은 일반 국민이었다. 특히, 서양의 자유주의 사상을 배운 신지식층이 그러하였다. 이들은 각종 정치단체를 조직하여 민족의 독립과 민권의 확립을 위하여 투쟁하였다. 그러한 여러 정치단체들의 시초를 이루고 또 활동이 가장 맹렬하였던 것이 독립협회(獨立協會)였다.

　독립협회는 갑신정변에 실패한 뒤에 미국으로 망명하였던 서재필(徐載弼)이 귀국하여 조직한 것이었다(건양 원년, 1896). 처음 이 독립협회에는 윤치호(尹致昊)·이상재(李商在) 등 외교계 인사들로써 조직된 정동구락부(貞洞俱樂部)와 남궁억(南宮檍) 등 중견 실무관료 계열의 인사들이 주로 참여하였다. 그러므로 독립협회는 정부의 관료들을 중심으로 한 클럽과 같은 성격을 지니고 출발하였다.

　그러나 독립협회의 회원 가입은 전적으로 개방되어 있어서, 누구의 추천이나 보증이 필요 없이 자유로이 가입할 수 있게 되어 있었다. 또 임원의 선출이나 사무의 운영이 민주적이어서, 협회의 일들은 회원 과반수 이상의 다수결로 결정되었다. 그러므로 독립협회는 점점 서울의 일반 시민을 중심으로 한 협회로 성격의 변화를 초래하였다. 뿐만 아니라 독립협회의 조직망은 지방으로까지 확대되었다. 광무 2년(1898)에 조직된 공주지회(公州支會)를 필두로 하여 평양(平壤)·대구(大邱) 등지에 차례로 지회가 설치되었다. 여러 지방도시들에 지회가 설치되자, 이를 도별로 묶기 위하여 도지회가 설치되어 중앙 본회와의 연락이 체계화되었다. 이들 지회는 서울의 본회가 해산된 뒤에까지도 남아서 그 활동을 계속하였다.

　정부의 고급관리들이 탈락한 뒤의 독립협회는 첫째로 서재필·윤치호·이상재 등 서양의 시민사상에 영향을 받은 신지식층이 주도적인 역할을 담당하였다. 다음으로는 남궁억·정교(鄭喬) 등 동도서기파(東道西器派)로부터 발전한 유교의 혁신파라고 할 수 있는 세력이 참여하고 있었다. 이 두 세력 외에도 한규설(韓圭卨) 등의 개화파 무관, 각종 상회나 근대식 주식회사를 경영하는 자본가들도 참여하였고, 또 백정 등의 천민신분으로부터 해방된 일반 시민들도 가담하였다. 그 밖에 동학농민군의 활동을 통해 성장한 농민층, 새로 대두한 광산노동자나 개항장의 부두노동자, 선각적 여성층 및 학생층의 참여와 지지를 받았다. 그러므로 독립협회는 신지식층을 선두로 하고, 새로이 성장한 시민의 광범한 지지를 받으면서 발전해 갔던 셈이다.

독립협회의 활동

독립협회는 우선 청의 사신을 맞이하던 영은문(迎恩門)을 헐어 버린 자리에 독립문(獨立門)을 세우고, 모화관(慕華館)을 개수하여 독립관(獨立館)과 독립공원(獨立公園)을 만드는 일에 착수하였다. 당시 한국이 직면하고 있던 국제적인 현실 속에서 이러한 사업은 국민의 공감을 불러일으켰고, 일반 시민은 물론 왕실과 정부 대신들로부터도 호응을 받아 많은 헌금을 받기에 이르렀다. 그리하여 독립협회가 창립된 해인 건양 원년(1896) 11월에는 독립문의 정초식이 성대하게 거행되고, 다음해 5월에는 독립관이 완성되어 그 현판식이 거행되기에 이르렀다.

그러나 독립협회가 시민 중심의 협회로 전환하면서는 이러한 상징적인 사업에 그치지 않고 직접적인 사회운동·정치운동을 전개하기에 이르렀다. 독립협회는 우선 민중의 계몽운동을 전개하였다. 그 하나가 토론회(討論會)의 개최이고, 다른 하나가 기관지(機關紙)의 간행이었다. 토론회는 일요일마다 독립관에서 개최되었다. 여기에는 회원과 방청인이 수백 명씩 참석하여 열띤 토론에 참여함으로써 하나의 여론을 형성하여 갔다. 공식 기관지로서는 반월간인 『대조선독립협회회보(大朝鮮獨立協會會報)』가 있었으나, 그 밖에 비공식 기관지인 일간신문으로서 『독립신문(獨立新聞)』이 있었다. 『독립신문』은 서재필이 유길준 등 갑오경장을 담당한 개화파 인사들을 통하여 정부의 후원을 얻어 독립협회를 창립하기 이전인 건양 원년(1896) 4월에 이미 창간되었다. 그리고 일반 국민에게 널리 읽히기 위하여 순한글로 신문을 펴내었다. 그러다가 독립협회가 창립된 이후에는 독립협회, 특히 서양의 시민사상에 영향을 받은 신지식층의 견해를 대변하는 신문으로서 큰 계몽적 역할을 하였다. 한편 독립협회에 참여한 유교의 혁신파에게는 『황성신문(皇城新聞)』이 그들의 대변지로서의 구실을 하였다.

이러한 독립협회의 활동은 대체로 다음의 세 가지 목표를 위하여 전개되었다. 첫째는 밖으로부터의 침략에 대하여 자주독립을 옹호하는 것이었다. 외국의 정치적 간섭을 배격하는 것은 물론, 이권의 양여에 반대하고, 이미 침탈당한 이권도 되찾을 것을 주장하였다. 그리고 열강의 세력 균형을 유지시켜 자주적인 중립외교를 펴도록 주장하였다. 둘째로는 일반 국민을 정치에 참여할 수 있게 하기 위하여 민권의 신장을 주장하였다. 개인의 생명과 재산의 보호권, 언론과 집회의 자유권, 만민의 평등권, 국민주권론 등을 이론적인 토대로 하여 국민참정권을 주장하였다. 그러므로 독립협회는 한국에서 최초로 민주주의정치의 실현을 위한 운동을 전개한 셈이다. 그리고 그 구체적 방법으로 중추원(中樞院)을 개편하여 의회(議會)를 설립할 것을 제의하여 한때 고종의 승낙을 받기도 하였다. 셋째로는 국가의 자강(自强)을 이룩하는 것이었다. 그 방안으로서 촌마다 학교를 세워 신교육을 실시하고, 방직·제지·철공업 등의 공장을 건설하여 상공업국가로 발전시키고, 자위를 위해 근대적인 국방력을 양성할 것 등을 주장하였다. 이러한 독립협회의 활동 방향은 한국 근대화의 기본적인 과제들을 해결하려는 것으로서 역사적으로 높이 평가되어야 할 것이다. 최근 독립협회의 운동을 낮추어 평가하고, 이에 대하여 정부에 의한 소위 광무개혁(光武改革)을 높이 평가하려는 주장이 대두되고 있다. 그러나 소위 광무개혁이란 것은 과장이며, 그것이 우리나라 근대사 발전의 주류가 될 수는 없다.

위와 같은 독립협회의 활동으로 인하여 러시아의 군사교관과 재정고문(알렉세이에프)은 소환되고, 한로은행(韓露銀行)은 폐쇄되고, 고종은 러시아 공사관으로부터 경운궁으로 돌아오게 되었다. 그러나 독립협회의 운동이 그 절정에 달한 것은 광무 2년(1898) 10월에 종로광장(鐘路廣場)에서 관민공동회(官民共同會)를 개최했을 때였다. 정부의 미움을 사서 서재필은 미국으로 다시 갔으나 윤치호·이상재 등을 중심으로 한 독립협회의 의기는 꺾이지 않았다. 정부의 대신들도 참석한 이 대회에 운집한 서울 시민의 열렬한 찬동 속에서 고종에게 건의하도록 결의한 헌의 6조(獻議 6條)는 곧 다음의 여섯 항목이었다.

1. 외국인에게 의부 아니하고 관민이 동심 합력하여 전제황권(專制皇權)을 견고케 할 것.
2. 광산·철도·탄광과 삼림 및 차관·차병과 정부와 외국과의 조약에 관한 일을 각 부 대신과 중추원 의장이 합동하여 서명 날인한 것이 아니면 시행할 수 없게 할 것.
3. 전국 재정은 어떠한 세(稅)이든지 탁지부가 관장하게 하되 다른 부(府)·부(部)와

사회사(私會社)는 간섭함을 얻지 못하며 예산과 결산을 인민에게 공포할 것.
4. 지금으로부터 중대한 범죄인은 공판에 붙이되 피고가 끝내 자복한 후에 시행할 것.
5. 칙임관(勅任官)은 황제폐하가 정부에 자문하여 과반수의 찬성을 얻어 임명할 것.
6. 장정(章程)을 실천할 것.

제6조의 장정이란 홍범 14조와 각 부처가 갖추고 있는 장정을 말하는 것으로서 결국 입헌정치와 법치행정을 요구한 것이었다. 이 관민공동회의 헌의 6조는 고종에게 주청되었고, 고종도 그 실시를 약속한 바 있었다. 그리고 중추원의 직제를 개정하여 의관(議官)의 반을 민선으로 하기로 하고, 민선의관의 선출을 독립협회에 의뢰까지 하였다. 그러나, 그것은 민중의 기세를 늦추어 탄압의 방책을 준비하려는 수단에 지나지 않았다.

정부는 독립협회가 황제 대신 대통령을 옹립하여 공화정치를 하려고 한다 하여 독립협회에 해산 명령을 내리는 동시에 이상재 등 17명의 중심인물을 체포하였다. 이에 독립협회 회원들은 밤낮을 이어 만민공동회(萬民共同會)를 열고 피검자의 석방운동을 일으켜 그 기세가 험악하였다. 이에 정부는 황국협회(皇國協會)로 하여금 보부상의 무리를 끌어다가 시위 군중에게 테러를 감행케 하였다. 그리고는 병력으로 시위 군중을 해산시키고 만민공동회의 해산 명령을 내리니, 독립협회 활동은 사실상 끝나고 말았다.

제2절   일제의 정치적 침략과 의병의 항쟁

러·일의 침략 경쟁

대한제국(大韓帝國)을 가운데 놓고 가장 날카로운 대립을 하고 있던 것은 물론 러시아와 일본이었다. 특히 이즈음 러시아는 극동에 있어서 현저하게 그 세력을 확장시키고 있었다. 일본으로 하여금 요동반도를 청에 다시 반환시킨 뒤에, 러시아는 청과 군사비밀협정을 맺고 시베리아 철도가 만주를 통과하는 권리를 획득하였다. 이어 여순(旅順)과 대련(大連)을 25개년 조차(租借)하고 이와 연결하는 철도를 만주에 부설할 권리를 얻었다. 이렇게 만주에 대한 지배력을 강화하게 된 러시아는 한국에 대하여도 강력한 침투를 해 오게 되었던 것이다.

러시아 세력의 침투에 가장 불안을 느낀 것은 말할 것도 없이 일본이었다. 그러나, 일본은 아직 러시아와 실력으로 대항할 자신이 없었다. 그러므로, 우선 타협적인 길을 통해서 경제적인 침투를 꾀하고 정치적 침략의 기회를 뒷날에 기대하려고 하였다. 당시 러시아도 만주의 경영에 바빴기 때문에 일시적인 타협을 원하고 있었다. 이리하여 러시아와 일본 사이에는 수차에 걸친 협상이 행해졌다. 그 결과 양국은 모두 한국의 내정에 간섭하지 않으며, 연병교관(鍊兵敎官)과 재무고문(財務顧問)의 파견은 서로 사전에 협의하며, 러시아는 한국에 대한 일본의 상업 및 공업상의 침투를 방해하지 않겠다는 것을 약속하게 되었다(니시·로젠협정, 광무 2년, 1898). 이렇게 러시아와 일본 사이에 협상이 이루어진 것은 물론 러시아가 한국을 포기한 때문이 아니었다. 그러므로, 여전히 러시아의 침투 공작은 진행되었다. 블라디보스톡과 여순을 해상으로 연결하는 지점에 해군 근거지를 설치하기 위하여 마산(馬山)의 토지를 조차하려고 하였던 것은 그 예이다(광무 4년, 1900). 이 계획은 일본의 방해로 실패했으나 무척 일본의 신경을 날카롭게 하였다.

이럴 즈음 광무 4년(1900)에 청에서 의화단(義和團)의 난이 일어났다. 외국 세력의 침략에 대한 민족적인 반항운동이었다. 이 반란을 진압하기 위하여 열국은 공동으로 출병하여 드디어 반란은 가라앉기에 이르렀다. 이 기회를 이용하여 만주에 대군을 파견한 러시아는 반란이 진압된 뒤에도 군대를 철수시키지 않고 만주를 영구히 점령하려는 듯한 태세를 보였다. 이것은 일본에 대한 큰 위협이었다. 뿐만 아니라, 세계 각지에서 러시아와 대항하고 있는 영국의 위협이기도 하였다. 이에 영국과 일본은 러시아를 가상적으로 하는 동맹을 체결하기에 이르렀다(영·일동맹, 광무 6년, 1902, 1월). 이때에 영국은 청에 있어서의 이권을 일본으로부터 승인받고, 그 대신에 일본의 한국에 있어서의 특수이익을 승인하였다. 그리고 양국은 어느 한 나라가 제3국과 교전하는 경우에 이를 원조할 것을 약속하였던 것이다.

이제 일본의 입장은 강화되었다. 일본은 영·미 양국과 함께 러시아군이 만주로부터 철퇴할 것을 요구하였다. 이에 대하여 러시아는 3기로 나누어서 철병할 것을 약속하였다(광무 6년, 1902, 4월). 그러나 제1기만이 약속대로 시행되었을 뿐, 러시아군의 만주 점령 상태는 여전히 계속되었다. 뿐만 아니라, 러시아군은 압록강을 넘어 용암포(龍岩浦)에 들어와서 토지를 매수하고 막사를 건축하더니 드디어 정식으로 그 조차를 요구하여 왔다(광무 7년, 1903, 7월). 그러나, 일본의 항의로 인하여 좌절되고 용암포를 개항시키는 정도로 그치게 되었다.

　이제 한국과 만주를 가운데 놓고 일본과 러시아의 두 제국주의 국가는 그들의 침략적 야욕을 노골적으로 나타내었다. 어느 한쪽이 양보하지 않는 이상 전쟁이 일어나리라는 것은 기정의 사실과도 같이 명백하였다. 그리고, 두 나라는 어느 측에서도 양보하려 하지 않았다. 일본은 러시아가 만주철병의 약속을 이행하지 않자 러시아에 대해서 협상을 제기하였다. 일본의 제안은 일본이 한국에 있어서 최우등의 이익을 점유함을 러시아가 승인할 것을 요구하는 것이었다. 동시에 만주에 있어서의 러시아의 철도경영에 대한 특수이익을 인정하지만 일본의 상업상의 진출은 허용하라는 것이었다. 그러나, 러시아는 일본이 한국을 군략상의 목적으로 사용하지 않는다는 보장하에서 정치적·경제적 우월권을 인정하나, 만주는 전혀 일본의 이익 범위 밖일 것을 주장하였다. 동시에, 북위 39도선 이북의 한국 영토를 중립지대로 정하여 양국의 군대가 진입하는 것을 금지하도록 제의하였다. 교섭은 수차에 걸쳐 행해졌으나 이 정치적 흥정은 타협점을 발견하지 못하였다. 협상에 실패한 일본은 무력으로 문제를 해결할 것을 결정하고 광무 8년(1904) 2월 여순에 대한 기습공격을 단행하였다. 이로써 양국은 전쟁상태로 들어가게 된 것이다.

일제 침략의 국제적 승인

　한국은 러시아와 일본 사이에 전쟁의 위험이 높아지자 국외중립(局外中立)을 선언하였다(광무 8년, 1904, 1월). 그럼에도 불구하고 일본군은 서울로 침입하여 각종 건물을 점유하고 군사적 위세를 떨쳤다. 그리고는 무력으로 위협하여 한일의정서(韓日議定書)를 성립시켰다(광무 8년, 1904, 2월). 이 의정서에는 관례에 따라 일본이 한국의 독립과 영토의 보전을 확보할 것이 규정되었다. 그러나, 일본의 시정(施政) 개선에 관한 충고를 한국이 받아들여야 한다거나, 제3국이나 내란에 의하여 한국 황제의 안녕 보전이 위험해질 경우에 일본은 이에 필요한 조치를 취한다거나, 이 목적을 위하여 군략상 필요한 지점을 사용할 수 있다거나 하는 것이 규정되었다. 이 의정서는 그러므로 일본의 정치적·군사적 간섭을 합리화한 것이었다. 이와 아울러 한국과 러시아 사이의 모든 조약이 폐

기되었다. 일본은 전쟁을 위한 필요에서 경의(京義) · 경부(京釜) 두 철도를 착
공하고, 통신망을 강점하였고, 한국의 해안과 하천의 항행권도 획득하였다. 뿐
만 아니라 토지의 강탈을 위한 황무지개척권(荒蕪地開拓權)을 요구하여 왔다.
그러나, 이 요구는 심한 여론의 반대에 부딪혀 철회되었다.

황무지 개척안을 철회한 일본은 그 대신에 일본인 고문관(顧問官)의 초빙을
강요하였다. 이를 통하여 한국의 내정에 속속들이 간섭하려는 것이었다. 그 결
과 체결된 것이 한일협정서(韓日協定書 ; 제1차 한일협약)라는 것이었다(광무 8
년, 1904, 8월). 이에 의하면 한국은 일본이 추천하는 일본인 1명을 재정고문으
로 초빙하여 재정에 관한 일체의 사항을 그에게 자문한 후에 시행한다는 것
이었다. 또 일본이 추천하는 외국인 1명을 외교고문으로 초빙하며, 외국과의
조약체결이나 그 밖의 중요한 외교안건은 사전에 일본과 협의하여 시행한다
는 것이었다. 이 결과 재정고문으로 메가다(目賀田種太郞)가 오고, 외교고문으
로는 미국인 스티븐스(Stevens)가 왔다. 이 스티븐스는 훗날 미국으로 돌아가
서 일본의 통감정치를 찬양하다가 재미동포인 전명운(田明雲) · 장인환(張仁煥)
에게 암살되었다(융희 2년, 1908). 이어 협약에는 규정이 없는 군부고문(軍部顧
問) · 경무고문(警務顧問) · 궁내부고문(宮內府顧問) · 학정참여관(學政參與官) 등
이 왔다. 이리하여 소위 고문정치(顧問政治)가 시행된 것이다. 한국 정치의 실
권이 일본인의 손으로 넘어간 것이나 다름없는 상태가 되어 버렸다. 더욱이 외
교 관계가 그러하여 독일 · 프랑스 · 일본 · 청 등 여러 나라에 파견되었던 한국
공사(韓國公使)는 소환되었다.

러일전쟁은 세계 여러 나라의 예상을 뒤엎고 일본의 연승으로 시종하였다.
이때에 미국 대통령 루스벨트가 강화의 알선에 나선 것이다. 알렌(Allen) 주한
미공사(駐韓美公使)는 일본의 침략을 막기 위하여 미국이 보다 적극적으로 한
국 사태에 간여할 것을 주장하였다. 그러나, 루스벨트는 러시아 세력의 침투를
막기 위하여 일본이 한국을 지배하는 것이 오히려 적절하다고 생각하고 있었
다. 뿐만 아니라, 미국의 필리핀에 대한 지배를 승인하는 대가로 일본의 한국
에 대한 지배를 인정할 필요를 느끼고 있었다. 이러한 흥정은 미국과 일본 사
이에 소위 태프트 · 가쯔라 비밀협약으로 나타났다(광무 9년, 1905, 7월). 또, 영
국도 영일동맹(英日同盟)을 개정하여 일본이 한국에 대한 보호조치를 취하는
것을 승인하였다(광무 9년, 1905, 8월). 이런 상황 속에서 맺어진 것이 포츠머스
강화조약(講和條約)이었다(광무 9년, 1905, 9월).

　이 강화조약의 가장 중요한 내용은 일본이 한국에 있어서 정치·군사·경제 등에 관한 특수이익을 가짐을 러시아가 인정하고, 일본이 한국에서 필요하다고 인정하는 지도·보호·감리 등의 모든 행동을 러시아가 방해하지 않는다는 것이었다. 그리고 여순·대련에 대하여 러시아가 가지고 있던 모든 권리를 일본이 이어받고, 또 만주에서 러시아와 일본의 양국은 동등한 권리로 상업상의 발달을 도모할 수 있음이 규정되었다. 요컨대 앞서 러시아에 협상을 제기하던 때의 요구조건 이상의 것을 일본은 이제 누릴 수 있게 된 셈이다. 이것은 일본이 한국에 있어서 최후의 적대세력을 축출하는 데 성공했다는 것을 의미한다. 일본은 이제 아무런 거리낌없이 한국을 식민지화하기 위한 작업에 착수하게 되었다.

을사조약

　러시아·영국·미국 등 여러 나라로부터 한국에 있어서의 특수이익을 인정받은 일본은 곧 한국을 그 보호국으로 만들려 하였다. 이 목적을 위하여 일본은 송병준(宋秉畯)·이용구(李容九) 등으로 하여금 일진회(一進會)라는 친일단체를 조직케 하여 보호조약의 필요를 선전케 하였다. 그것은 보호조약이 일본의 강요가 아니라 한국인의 요청에 의한 것이라는 인상을 주기 위해서였다. 그러나, 일본군사령부(日本軍司令部)의 통역인 송병준과 동학(東學)의 이단인 이용구 등이 일본인의 재정적 보조와 일본인 고문의 지휘를 받고 조직한 일진회는, 곧 일본인의 의사를 대표하는 기관이었지 한국인의 의사를 대표하는 기관이 아니었다. 이 일진회와 맞서서 일본군 점령하에서도 국민을 대변하여 그 매국적 주장을 공격하며 싸운 단체가 이준(李儁)·양한묵(梁漢黙) 등이 조직한 헌정연구회(憲政硏究會)였다.

　그러나, 한국인의 의사 여하를 넘어서 일본의 방침은 이미 세워진 것이었다. 보호조약의 체결을 위하여 일본은 정치계의 원로 이토(伊藤博文)를 파견하였다. 이토는 주한일본공사(駐韓日本公使) 하야시(林權助)와 함께 일본 군대를 거느리고 궁궐에 들어가서 황제와 대신들을 위협하여 일본측의 보호조약안을 승인할 것을 강요하였다. 그러나 듣지 아니하자, 가장 반대가 심하던 참정(參政 ; 수상, 首相) 한규설(韓圭卨)을 일본 헌병이 회의실에서 끌어내고 말았다. 그 뒤에 일본 군인이 외부(外部)로 가서 외부대신인(外部大臣印)을 가져다가 조약에 날인하여 버렸다. 말하자면 불법적인 절차를 밟아 조약을 성립시킨 것이었다. 이것이 광무 9년(1905) 11월에 체결된 한일협약(韓日協約)이란 것으로서, 보통 을사조약(乙巳條約)이라 부르고 있다. 이같이 한국의 침략에 앞장섰던 이토는 결국 안중근(安重根)에 의해서 살해되고 말았다(융희 3년, 1909).

을사조약의 내용은, 첫째로 일본 외무성(外務省)이 한국의 외국에 대한 관계 및 사무를 통리·지휘한다는 것이요, 둘째로 금후 한국정부는 일본정부를 거치지 않고 국제적 성질을 띤 어떠한 조약이나 약속도 하지 못한다는 것이요, 셋째로 일본이 한국의 외교에 관한 사항을 관리하기 위하여 한국황제 밑에 1명의 통감(統監)을 둔다는 것이었다. 요컨대, 한국의 외교권을 완전히 박탈하여 버린다는 것이었다.

이리하여 독립국가로서의 국제적인 지위는 말살되다시피 하였다. 일본이 만주에서 안봉선(安奉線 ; 안동, 安東과 봉천, 奉天을 연결하는 철도) 개축 등의 이권을 얻는 대가로 간도(間島)를 청에 넘겨준 것(융희 3년, 1909)은 이 일방적인 외교권 박탈의 결과였다. 앞서 러일전쟁 당시인 광무 9년(1905)에 울릉도(鬱陵島)의 속도인 독도(獨島)를 강제로 약탈한 바 있는 일본이 또다시 자의로 한국 영토에 대한 결정을 지었던 것이다. 그러나, 그뿐이 아니었다. 이 조약에 의하여 설치된 통감은 조약의 규정만에 의한다면 외교에 관한 사항을 관리하기로 되어 있었다. 하지만, 실제에 있어서는 한국의 모든 내정을 관장하고 있었던 것이며, 따라서 한국의 주권은 실질상 빼앗긴 것이나 다름이 없었다.

을사조약의 체결은 온 국민의 맹렬한 분격과 반대에 부딪혔다. 이때 언론기관은 엄격한 일본의 검열에 의하여 그 보도와 주장이 통제되어 있었음에도 불구하고 반대의 선봉에 나서서 국민의 여론을 환기시켰다. 이에 자극되어 국민은 분격의 도가니 속에서 끓어올랐다. 상소문(上疏文)과 연설이 끊이지 않았고, 시위가 행해지고 철시가 행해졌다. 한편, 시종무관(侍從武官) 민영환(閔泳煥)은 분함을 참을 길 없어 국민에게 고하는 유서를 남기고 스스로 목숨을 끊었다. 이를 전후하여 조병세(趙秉世)·홍만식(洪萬植)·송병선(宋秉璿)·이상철(李相哲) 등 울분을 토하며 죽은 이들이 많이 나왔다. 한편, 무력으로 반항을 꾀하는 의병(義兵)이 각처에서 봉기하였다. 민종식(閔宗植)은 홍성(洪城)을 점령하여 그 기세를 떨쳤으며, 최익현(崔益鉉)·임병찬(林炳瓚)은 순창(淳昌)에서 일어났고, 경상도에서는 신돌석(申乭石)이 활약하였다. 이러한 국민적인 반항에도 불구하고 일본의 정책에는 변함이 없었다. 일본은 한국을 명실공히 말살시키기 위하여 국제적인 체면을 세울 수 있는 적당한 시기만을 노리고 있었다.

헤이그밀사사건과 한일신협약

을사조약의 체결이 고종의 뜻이 아님은 물론이었다. 이것이 『대한매일신보
(大韓每日申報)』에 을사조약은 자신이 승인한 바가 아니니 열국의 공동보호를
구한다는 고종의 친서(親書) 발표로 나타나게 되었다. 마침 광무 11년(1907) 6
월에 네덜란드의 헤이그에서 만국평화회의(萬國平和會議)가 열리게 되자, 고종
은 이상설(李相卨)·이준(李儁)·이위종(李瑋鍾) 등 3인에게 신임장을 주어서 회
의에 참석하여 한국의 억울한 사정을 호소케 하였다. 그러나, 의장은 한국이
일본의 보호국으로서 외교권을 상실하고 있으므로 회의에 참석할 자격이 없다
하여 이를 거절하였다. 밀사들은 고종의 조인 없는 조약은 무효라고 주장하며
참석을 요구하였으나 끝내 용납되지 못하였다. 이에 신문을 통하여 일본의 침
략행위를 공격하고, 이위종은 만국기자협회(萬國記者協會)에서 실정을 폭로하
여 열국의 동정을 얻어서 국권을 회복하려 하였으나 모두 실패로 돌아가고, 대
표의 한 사람인 이준은 울분한 나머지 객지에서 목숨을 잃었다.

이 헤이그밀사사건은 비록 성공하지는 못하였으나 국제적으로 일으킨 영향
은 컸다. 그러나, 일본은 오히려 이 기회를 이용하여 지배의 강화를 꾀하려 하
여, 고종은 책임을 지고 퇴위하고 황태자(皇太子)가 그 뒤를 이을 것을 강요하
였다. 고종의 반대를 받은 일본은 황태자로 하여금 대리로 섭정케 한다고 하였
으나, 중간에서 농락하여 양위케 하고 순종(純宗)이 황제로 즉위하였으며(광무
11년, 1907, 7월) 연호를 융희(隆熙)라고 고쳤다(8월). 양위의 조서가 내려지매
흉흉하던 민심은 극도로 흥분하여 시위운동이 연이어 일어났고, 일진회의 기
관지인 『국민신보(國民新報)』의 사옥이 파괴되고 일본인이 도처에서 습격당하
였다.

그러나, 무력으로 이를 진압한 일본은 고종의 양위에만 만족하지 않고 더욱
가혹한 속박의 손을 뻗쳤다. 그 결과 한일신협약(韓日新協約 ; 정미 7조약, 丁未
七條約)이 맺어지게 되었는데, 이로써 통감은 한국의 내정에 일일이 간섭할 수
있는 권한을 정식으로 가지게 되었다. 즉, 시정(施政) 개선에 관하여 통감의 지
도를 받아야 하며, 법령의 제정과 중요한 행정상의 처분에 있어서 통감의 사전
승인을 받아야 하며, 고등관리의 임면도 통감의 동의를 얻어야 하며, 외국인의

초빙에 또한 통감의 동의를 얻어야 하게 되었다. 뿐만 아니라, 통감이 추천한
일본인을 관리로 임명해야 하도록 되었다. 이리하여 일본은 고문을 없애고 대
신 각 부의 차관 이하 다수의 일본인 관리를 임명하니 소위 차관정치(次官政治)
가 실시된 것이다.

한일신협약이 맺어진 직후(융희 원년, 1907, 8월)에 일본은 드디어 얼마 남
지 않은 한국의 군대를 아주 해산하여 버렸다. 당시 서울에는 시위보병(侍衛步
兵) 2개연대 약 3,600명, 시위기병(騎兵)·포병(砲兵)·치중병(輜重兵) 합하여 약
400명, 지방에 진위보병(鎭衛步兵) 8개연대 약 4,800명, 합하여 겨우 8,800명의
군대가 있었다. 이 적은 군대나마 일본의 자의로운 행동을 제약하는 존재였다.
그러므로, 재정의 곤란과 징병제도가 실시될 때까지의 잠정적 조치라는 것을
표면상의 이유로 삼아 해산케 하였다. 이에 방위력 없는 허수아비 나라가 되어
버리고 말았다. 군대가 해산되는 날 시위보병 제1대대장 박성환(朴性煥)이 분하
여 자살하자 제1대대의 장병이 무기를 들고 일어났고, 제2대대가 이에 호응하
여 일본 군대와 시가전을 전개하였다. 그러나, 탄약이 떨어져 패배하고 지방으
로 내려갔는데, 이렇게 해산되어 지방으로 내려간 군대들은 각지의 의병과 합
류하였고, 지방의 진위대들도 또한 의병에 참가하여 무력항쟁을 계속하였다.

일제의 식민지화

이미 오래 전에 예정되었고, 단지 그 시일의 결정만이 남아 있던 일제의 한국
병합 계획은 드디어 실천의 날이 왔다. 융희 4년(1910) 5월에 일본은 육군대신
데라우치(寺內正毅)를 새 통감으로 임명하였다. 이 새 통감에게 지워진 임무가
바로 병합의 실천이었다. 그는 부임하기 전 도쿄(東京)에서 경찰권을 위양받는
조약을 맺어 가지고 한국으로 왔다. 그리고는 일본 헌병 2,000여 명을 증원시
켜 경찰 업무를 담당시켰다. 그는 부임 즉시로 『황성신문(皇城新聞)』·『대한민
보(大韓民報)』·『대한매일신보(大韓每日申報)』등 언론기관을 정간시켜 국민의
눈을 가리도록 하였다. 그런 뒤에 총리 이완용(李完用)과 더불어 병합안을 꾸미
어 8월 22일에 드디어 조약에 조인하였다. 이완용은 앞서 노한 국민들로부터
그 집이 불타고 또 이재명(李在明)의 습격을 받아 자상을 입기도 하였으나 끝내
깨우침이 없이 매국의 원흉이 되었다. 조약안을 꾸미는 데 문제된 것은 황족
(皇族)과 매국분자들의 신분보장에 관한 것뿐이었다. 조약은 체결되었으나 국

민의 여론이 두려워 감히 곧 발표를 못하였다. 그들은 애국단체를 해산시키며 애국지사들을 무단히 검거하는 등 발표를 위한 사전의 태세를 갖추고, 드디어 8월 29일 순종으로 하여금 양국(讓國)의 조서(詔書)를 내리게 하였다. 이에 몇몇 매국분자들에 의하여 국민 전체의 의사에 배반하여 민족은 일본의 가혹한 식민통치 밑에 놓이게 되었다.

조약의 서문에는 양국의 상호 행복을 증진하며 동양의 평화를 영구히 확보하기 위하여 일본이 한국을 병합한다고 선언하고 있다. 그러나, 당시 일본은 한국의 우방이 아니라 적국이었다. 또, 일본은 한국인을 희생시키고 일본인을 행복하게 하기 위하여 한국을 병합한 것이었다. 그리고 일본의 한국 병합은 장차 일본으로 하여금 중국을 침략하는 기지를 제공케 하였고, 때문에 동양의 평화는 더욱 교란되었다. 일본은 그의 침략행위를 허위에 가득찬 문구로써 은폐하고 있음을 알 수 있다.

한국을 식민지로 만들자 일본은 한국에 통감부 대신 총독부(總督府)를 설치하여 통치하였다. 총독은 육·해군대장 중에서 임명되고, 한국에서의 입법권·행정권·사법권 및 군사통수권을 한손에 쥐고 있었다. 초대 총독인 데라우치의 통치 방법은 철저하게 강압적인 것이었다. 그는 우선하는 통치방침으로서 질서의 유지를 언명하고 이를 위하여 헌병경찰제도(憲兵警察制度)를 실시하였다. 이에 의하면 중앙의 경무총감(警務總監)에는 주한헌병사령관(駐韓憲兵司令官)이, 지방 각 도의 경무부장(警務部長)에는 각 도의 헌병대장(憲兵隊長)이 임명되었다. 그 밑에 헌병기관이 640개소, 경찰기관이 480개소, 헌병은 2,019명, 경찰관은 5,693명이 있었다. 그리고 그 수는 해를 거듭하면서 증가되어 갔다.

이러한 헌병경찰 조직에 의하여 한국인의 하찮은 언동도 단속의 대상이 되었다. 그 결과 1912년에는 5만 명 이상, 1918년에는 14만 명 이상이라는 엄청난 수의 사람이 검거되었다. 1910년 안명근(安明根)의 데라우치 총독 암살미수사건을 계기로 그 이듬해에 신민회(新民會)의 윤치호(尹致昊)·양기탁(梁起鐸)·이승훈(李昇薰) 등 저명 인사 600여 명을 무조건 검거하기도 하였다. 600여 명 중 105명이 기소되었기 때문에 이를 105인사건이라 부르고 있지만, 이 사건은 범죄를 거짓 날조하고 악독한 고문을 가한 것으로 유명하였다.

일본은 요컨대, 총독의 통치에 비타협적인 모든 사람들을 검거의 대상에 넣었던 것이다. 정당한 재판의 수속을 거치지 않고 태형(笞刑)·과료(科料) 등의 즉결처분을 받은 경우는 셀 수 없이 많았다. 또, 민족적인 주장을 내세우는 모든 신문을 폐간하여 언론기관을 봉쇄하였다. 일본은 한국인을 위압하기 위하여 일반 관리나 교원에게까지도 제복을 입히고 칼을 차게 하였다. 한국인의 모든 정치적 활동도 금지될 수밖에 없었다. 정치에 관한 집회나 옥외의 다중집회를 금지하고 이를 어기면 단속한다는 소위 집회취체령(集會取締令)을 비롯한 많은 사상 관계의 법령이 제정되었다.

일본은 총독부의 부속 관청으로서 중추원(中樞院)이라는 것을 만들었다. 한국인으로 구성되는 중추원은 총독이 자문하는 사항을 협의하여 건의하는 기관이었다. 그러나, 중추원의 의장은 정무총감(政務總監 ; 총독 다음가는 일본인 관리)이었으며, 의원은 일본이 임명하는 것이었다. 이리하여 부의장에는 처음 이완용이 임명되었고, 그 밖에 매국의 공로자들이 얼굴을 나란히 하였다. 우선, 인원구성으로 보아서도 이것이 한국민족의 의사를 대변할 수 없을 것임을 알 수 있다. 더구나 총독이 중추원에 자문한 사항을 보면 이것이 더욱 허수아비의 기관임을 알 수 있다. 즉, 총독이 자문한 사항이란 것은 한국의 정치나 경제와 같은 중요 시책과는 아무런 상관없는 옛 관습의 조사와 같은 것이었다. 일본이 한국인으로부터 기대하는 것은 한국인을 다루기에 필요한 지식뿐이었기 때문이다. 그러므로, 중추원이 마치 한국인이 정치에 참여하여 그 의사를 대변한 기관인 것같이 말하는 것은 거짓말이다. 요컨대, 일본은 한국인의 정치적 발언을 원하지 않았다. 일본은 정치적 관심을 가진 모든 한국인을 불온분자나 폭도로 취급하였을 뿐이었다.

의병항쟁의 격화

일본의 침략에 대한 반항은 여러가지 형태를 띠고 나타났다. 우선 몰락하는 왕권을 회복하기 위한 왕실의 반항이 있었다. 헤이그밀사사건 같은 것이 그것이었다. 이에 보조를 같이한 것에 양반 출신의 관료들이 있었다. 그런데, 국왕과 대신들은 일본의 침략을 막기 위하여 러시아를 위시한 외국의 힘을 빌리려는 외세의존적인 태도를 취하였는데 그것은 결국 또 다른 침략자들의 야욕을 만족시켜 줄 뿐이었다. 그러므로, 러시아가 전쟁에 패배하자 일본의 강압적 태도를 막을 길이 없었다. 일본의 강압을 반대한다 하더라도 그것은 개인적인 것에 불과하였다. 국민과 힘을 뭉쳐서 반대하려는 생각은 하지를 못하였다. 고종이나 정부는 일본인의 위협보다도 국민의 비난을 오히려 더 두려워할 지경이었다. 독립협회(獨立協會)를 탄압한다든가 을사조약(乙巳條約)이나 병합조약(倂合條約)을 국민이 알지 못하는 비밀리에 논의한 것도 그러한 이유에서였다. 그러므로, 이미 친일적인 매국분자가 입각하여 일본 통감부의 지시대로 움직이고 있는 현실 속에서는 국왕이나 몇 개인의 개별적 반항으로써 침략에 대항할 수는 없었던 것이다.

양반 유학자들 중에는 전통적인 방법을 따라 국왕에게 상소를 올려 항일정책을 쓰게 함으로써 일본에 반항하려는 사람들이 있었다. 때로는 수백 명이 궁궐 앞에 함께 모여서 국왕에게 항일정책을 호소하기도 하였다. 그러나, 이미 일본의 감시를 받는 국왕이나 정부가 이를 받아들일 수는 없었다. 이에 실망하여 자살의 길을 택하는 사람이 많았다. 그러나, 한편 적극적으로 의병(義兵)을 일으켜 무력항쟁을 하는 사람들도 있었다.

유학자들의 지휘 밑에서 의병을 구성한 주요 병력은 농민이었다. 그런데 이 농민 의병에 일본에 의해 강제 해산된 구군인(舊軍人)들이 합류함으로써 의병 활동은 더욱 열기를 띠게 되었다. 이미 언급한 바와 같이 융희 원년(1907)에 군대가 해산되자 서울의 시위대(侍衛隊)는 이에 항거하여 일본군과 항전하였다. 그러나 탄약이 떨어져 퇴각한 이들 군대는 지방으로 내려가 의병과 합류하였던 것이다. 지방의 진위대(鎭衛隊) 중에서도 원주(原州)의 진위대는 민긍호(閔肯鎬)의 지휘하에 전원이 무장하고 원주·충주(忠州)·여주(驪州)·춘천(春川) 등 강원·경기·충북 지방에서 여러 차례 왜병을 격파하였다. 또, 강화(江華)의 진위대도 유명규(劉明奎)의 지휘하에 일본군을 격파하고 황해도로 가서 의병과 합류하였다. 또 허위(許蔿)는 을사조약 당시 배일격문(排日檄文)을 돌렸다가 면직되어 은거하고 있었는데, 해산병과 동지를 거느리고 적성(積城) 등 임진강 일대를 중심으로 활약하였다. 그리고 이인영(李麟榮)은 강원도에서, 이강년(李康年)은 안동(安東) 진위대의 군대와 함께 경북·강원 일대에서, 신돌석(申乭石)은 경상도에서 활약하였다. 특히 신돌석은 평민출신 의병장으로서 그의 특이한 성격을 드러내고 있다.

의병의 활동은 이미 언급한 바와 같이 을미사변(乙未事變, 고종 32년, 1895) 때부터 있었다. 그러나, 항일한다는 정신만으로 일어선 것이지, 군기도 서지 않고 무기도 보잘것없는 집단에 지나지 않았다. 그러다가 해산된 군대가 이에 합류함에 미쳐서 군대다운 조직과 무기로써 반항할 수가 있었다. 이리하여 민긍호의 부하는 수천에 달하였고, 허위·이강년 등의 의병도 천여 명에 이르렀다.

그러나 그 밖의 많은 의병부대는 수백 명 혹은 수십 명 정도였다. 그들은 산악 지대에 근거를 두고 일본군 수비부대를 습격하고 철도나 전신시설을 파괴하였다. 국민의 지지를 받고 지리에 밝은 의병부대는 병력과 무기의 열세를 덮을 수가 있었다.

의병의 활동은 경상·강원·경기·황해의 여러 도에서 특히 심하였으나 거의 전국적이었다. 의병이 출몰하지 않은 군은 하나도 없을 지경이었다. 심지어 간도(間島)에서 군대를 이끌고 들어와 일본인 수비대를 습격하기도 하였다. 융희 원년(1907)에는 이인영·허위 등이 전국의 의병 약 1만으로 전국적 의병 연합군인 13도창의군(十三道倡義軍)을 결성하고, 통감부를 격파하려고 그 선발대가 서울 동대문(東大門) 밖 30리 지점에까지 진격했던 사실만 보더라도 의병 활동이 얼마나 왕성했던가를 짐작할 수가 있다. 융희 2년(1908)을 고비로 의병의 활동은 점차로 약화되었으나 병합이 된 후에는 만주·연해주로 무대를 옮기어 독립군으로 전환하여 꾸준히 항일전을 계속하여 나갔다. 그 동안 민긍호·허위·이강년 등 의병대장을 비롯하여 17,600여 명의 의병이 희생을 당하였다. 이제 비록 일본측의 것이지만 의병의 활동상황에 대한 통계를 제시하면 별표와 같다. 그러나 근래의 조사에 의하면 1908년의 일본군과의 교전 횟수는 1,976, 교전 의병수는 82,767명으로 나타나 있다. 그러므로 실제에 있어서는 그보다 훨씬 그 규모가 컸을 것이다.

한말 의병의 활동상황(일본측 통계)

연 도	교전 횟수	교전 의병수
1907(8~12월)	323	44,116
1908	1,451	69,832
1909	898	25,763
1910	147	1,891
1911(1~6월)	33	216
합 계	2,852	141,818

제3절   일제의 경제적 침략과 민족자본

토지의 약탈

개항 후 일본 상인이 농촌에 침투하면서 여러가지 방법으로 토지의 약탈이 진행되었다. 그러다가 뒤에 일본인 대자본가들이 토지에 대한 투자를 적극화하면서부터 토지의 약탈은 더욱 촉진되었다. 심지어 그들은 황무지 개척이라는 구실을 붙여 토지의 약탈을 강행하려 하였다(광무 8년, 1904, 6월). 그러나, 이 어처구니없는 요구는 심한 여론의 반대에 부딪히게 되었다. 이도재(李道宰) 등의 민간실업가와 관리 중의 유력자를 중심으로 조직된 농광회사(農鑛會社)가 황무지 개척은 일본인에게 맡길 것이 아니라 우리 손으로 해야 한다고 주장하여 정부의 승인을 얻기에 이르렀다. 또, 보안회(保安會)가 연설과 격문 등으로 대중적인 반대운동을 일으켰다. 이 결과 일본의 소위 황무지 개척안은 철회되었다. 그러나 일본은 그 뒤에 국유미간지이용법(國有未墾地利用法)을 제정하게 하여(광무 11년, 1907) 끝내 그 목적을 달성하고야 말았다.

이리하여 일본인 자본가들은 다투어 농업회사를 설립해서 국유 미개간지뿐 아니라 역둔전(驛屯田) 등까지를 침탈해서 대규모의 농장들을 소유하게 되었다. 광무 8년(1904)에 설립된 한국농업주식회사(韓國農業株式會社)를 비롯해서 한국흥업(韓國興業)·한국실업(韓國實業)·산음도산업(山陰道產業) 등 여러 농업회사가 곡창지대인 삼남 지방을 위시한 전국 각지에 많은 농장을 소유했고, 그 추세는 더욱 증대되어 갔다. 특히 융희 2년(1908)에 설립된 동양척식주식회사(東洋拓殖株式會社)는 1년 6개월 사이에 약 3만 정보의 토지를 소유하게 되는 상황이었다. 이렇게 토지의 약탈이 진행됨과 함께 일본 농민의 이주가 급격하게 증대되어 갔다. 이들은 처음 자작농(自作農)으로 온 자들도 있었으나 대개는 지주(地主)가 되어 토지 소유를 확대시켜 나갔다.

일본의 토지약탈은 철도용지(鐵道用地) 및 군용지(軍用地)를 빙자한 토지수용의 방법으로도 진행되었다. 이러한 경우 국유지는 무상으로 약탈되었고, 사유지는 한국정부가 이를 사서 제공하였으므로, 정부는 이를 위하여 일본으로부터 차관을 얻어야 할 지경이었다. 심지어 일본인 투기업자들은 철도를 건설할 예정지를 미리 탐지하여 한국민으로부터 헐값으로 사서, 나중에 한국정부에 부당한 고가를 요구하여 재산을 불리기도 하였다.

1910년에 일본의 식민지로 전락한 이후 헌병경찰제도하에서 실시된 소위 토지조사사업(土地調査事業)을 통해서 일본의 토지약탈은 더욱 진전되었다. 소위 토지조사사업은 1910년 토지조사국이 설치되면서 본격적으로 착수되었다. 1912년에 반포된 토지조사령에 의하면 토지의 소유주는 일정한 기간 안에 그의 주소·성명 또는 명칭과 아울러 소유지의 소재지·지목(地目 ; 논·밭·대지)·면적 등을 토지조사국에 신고함으로써 그 사유권이 인정받기로 되어 있었다.

그러나 한국인은 민족적인 감정으로 말미암아 총독부에 신고하기를 즐겨 하지 않았다. 또 일반 농민들에게는 이 사실이 철저하게 알려지지 않아서 신고가 소홀히 되었다. 그리고 동중(洞中)이나 문중(門中)의 공유지도 개인의 이름으로 신고하기가 어려워 신고가 소홀히 되었다. 이같이 사유지이면서도 신고를 하지 않은 토지는 모두 총독부에 몰수당하였다. 그리고 과거에 궁내부(宮內府)나 관청 등 공공 기관에 속해 있던 궁장전(宮庄田)이나 역둔전(驛屯田) 같은 토지도 총독부의 소유가 되었다. 이들 토지에 있어서는 이를 관리하고 있는 관청에게 소유권이 있는 것으로 간주하여 일을 진행시켰기 때문이다. 이리하여 총독부는 한국 최대의 지주가 된 것이다. 게다가 1911년의 삼림령(森林令)과 1918년의 임야조사령(林野調査令)에 의하여 국유산림(國有山林)과 소유주가 명확하지 않은 산림이 모두 총독부의 소유가 되었다. 그 결과 1930년의 통계에 의하면, 총독부가 소유한 전답과 임야를 합한 토지면적은 888만 정보로서 이것은 전 국토의 40%에 해당하는 것이었다.

총독부가 점유한 토지의 일부는 동양척식회사를 비롯한 일본인이 경영하는 토지회사나 이민들에게 헐값으로 불하되었다. 그중에서도 동양척식회사는 가장 큰 회사여서 그 소유 면적은 11만 정보에 달하고 있었다. 여기서 받아들이는 소작료는 미곡만도 1년에 50만 석에 이르는 다량의 것이었고, 잡곡은 그 2배 가량이 되었을 것으로 추측되고 있다. 이렇게 해서 소위 토지조사사업의 결과로 총독부를 위시한 일본인 회사나 개인은 대지주가 되었던 것이다.

자원의 독점

일본은 토지뿐 아니라 각종 자원에 대하여도 큰 관심을 가지고 있었다. 특히 일본의 자본주의가 발전하는 과정에서 금본위제(金本位制)로 전환하기 위한 금의 확보를 한국에 의존하고 있었다. 일본은 약탈적인 방법으로 한국으로부터 금을 가져갔고, 그것은 금본위제로의 전환에 결정적인 구실을 하였다. 병합 이후 총독부는 각지의 광물자원을 조사하여 이를 일본인 재벌들에게 넘겨주었다. 그 결과 일본인이 소유하는 광산에서의 광산액(鑛産額)이 급격히 증가하였다. 이러한 증가는 특히 제1차 세계대전 기간 중에 심하였는데, 그것은 일본이 연합국측에 전쟁 물자를 제공하고 있었기 때문이었다. 다음 일람표가 그 대세를 말하여 주고 있다.

민족별 광산액

(단위 : 원)

연 도	한 국 인	일 본 인	기타국인	합 계
1909	325,979	1,297,074	2,964,562	4,587,615
1910	331,248	1,968,034	3,768,670	6,067,952
1911	296,019	1,401,569	4,488,370	6,185,958
1912	181,769	1,683,931	4,949,418	6,815,118
1913	276,359	1,934,072	5,987,095	8,197,526
1914	313,335	1,783,577	6,425,506	8,522,418
1915	384,010	2,820,682	7,311,274	10,515,966
1916	1,042,284	3,622,695	9,413,209	14,078,188
1917	857,839	7,615,982	8,584,281	17,058,102
1918	299,110	24,673,745	5,865,219	30,838,074

일본은 또 표면으로는 삼림(森林) 보호의 구호를 내세워서 식목(植木)을 장려하였으나 그들이 식목한 것보다 훨씬 많은 삼림을 채벌하였다. 즉, 도시 주변의 산에 식목을 하는 대신에 깊은 산속의 울창한 큰 나무들을 채벌하였던 것이다. 이러한 경향은 1920년 이후에 더욱 심하였다.

일본은 또 일찍부터 일본인 어부를 보호하기 위한 조처를 취하여 왔다. 독도(獨島)를 불법적으로 일본 영토로 편입시킨 것도 그러한 이유에서였다. 그러더니, 병합 뒤에는 많은 일본인 어업자들의 한국 이주를 장려하였다. 그 결과 한국에 내주하는 일본인 어업자의 수가 급속히 증가하였고, 이들은 한국 어부들

보다 우수한 선박과 기구로써 많은 어획고를 올리고 있었다. 이 사정은 다음
통계표에 의하여 짐작할 수 있다.

민족별 어업상황

연 도	한 국 인			일 본 인		
	출어선수(척)	승선인원(인)	어획고(원)	출어선수(척)	승선인원(인)	어획고(원)
1912	10,502	160,809	5,989,375	5,653	22,488	6,629,981
1913	18,570	114,160	5,055,051	12,059	49,646	6,001,232
1914	22,158	177,791	5,615,459	11,135	48,451	6,449,226
1915	30,187	261,213	6,365,669	11,995	54,772	6,869,272
1916	34,627	216,295	7,960,982	10,621	63,186	7,994,940
1917	45,892	247,139	9,760,592	11,897	70,184	11,152,700
1918	39,000	272,077	14,670,068	14,118	74,349	18,193,334

이러한 산업들은 총독부의 보호하에서 대부분 일본인 회사가 경영하는 것이
었다. 사실 총독부 자체가 한국에서 가장 큰 기업체와 같은 것이었다. 총독부
는 철도·항만·통신·항공 등의 시설을 운영하고 인삼·소금·담배·아편 등
을 전매하였는데 여기서 나오는 이익은 굉장한 것이었다. 요컨대 총독부를 필
두로 하는 일본인의 회사들은 유리한 조건 밑에서 많은 자원을 독점하다시피
하여 점점 살쪄 갔던 것이다.

공공사업의 지배

일본은 교통·통신 등의 여러 공공사업에 있어서도 그들의 독점적인 의도를
명백히 드러내었다. 총독부시대에 이는 특히 두드러지게 나타났다. 일본은 그
들이 공공사업을 독점하는 목적이 외국자본의 침투를 방지하는 데 있다고 하
였다. 그러나, 일본도 한국에게는 역시 외국이라는 사실을 그들은 일부러 은폐
하고 있었다. 이리하여 공공사업은 많이 통감부의 지배 밑에 놓이게 되었고,
이는 총독부로 인계되었다.

전신시설(電信施設)이 처음 가설된 것은 고종 22년(1885)의 일로서 서울과 인
천(仁川) 및 의주(義州)와를 연락하기 위한 것이었다. 의주에서부터는 청의 봉
황성(鳳凰城)으로 연결되었는데, 이것은 임오군란과 갑신정변을 치르면서 청
과의 급속한 연락이 필요한 때문에 가설한 것이었다. 그러나, 이들은 처음 청

의 전보총국(電報總局) 관리하에 놓여 있었다. 결국 이러한 문명시설이 청의 침략적 의도와 짝하여 설치된 것임을 알 수 있다. 그 뒤 고종 25년(1888)에는 서울과 부산(釜山) 사이에 전신선(電信線)이 가설되어 부산에서 해저선(海底線)을 통하여 일본으로 연결되었는데, 이것은 한국정부가 경영하는 전신시설이었다. 그러나, 러일전쟁을 계기로 모두 일본의 수중으로 넘어가 버렸고, 통감부의 설치와 함께 그 밑의 통신관서에서 관장하게 되었는데, 뒤에 모두 그대로 총독부로 인계되었다.

우편(郵便) 사무는 고종 21년(1884)에 우정국(郵政局)을 설치하고 이를 시작하려고 하였으나, 갑신정변으로 인하여 좌절되고 말았다. 그러다가 고종 32년(1895)에 우체사(郵遞司)를 두고 우편 사무를 시작하였으며, 광무 4년(1900)에는 외국과의 우편물 교환도 실시하였다. 그러나, 이도 전신시설과 함께 러일전쟁을 계기로 일본의 관리에 위임되었고, 이어 통감부를 거쳐 총독부의 통신관서의 관리하에 들어갔다.

철도의 가설은 처음부터 일본의 침략적 의도하에서 시작되었다. 일본은 그들의 군사적 침략의 문호로 사용하고 있던 인천으로부터 서울에 이르는 철도를 가설할 필요를 느껴 이에 대한 양해를 얻었다. 그러나, 이것이 구체화하기 전인 건양 원년(1896) 미국에게 경인철도(京仁鐵道) 부설권이 넘어갔다. 이리하여 다음해에 공사가 시작되었으나 일본측의 항의로 완성되지 못한 채 일본에게 인계되어 광무 4년(1900)에 완성되었다. 그 후 한국의 간선철도인 경부선(京釜線)과 경의선(京義線)은 러일전쟁을 수행하기 위한 군사상의 필요에서 일본이 급작스레 부설한 것이었다. 말하자면 군사적인 목적을 위하여 부설한 것이었다. 그러던 것이 을사조약(乙巳條約) 이후 통감부 철도관리국(鐵道管理局)의 관장하에 놓였고, 이어 총독부의 관하로 들어갔다. 다만, 전기시설만은 광무 2년(1898)에 한국과 미국의 합자로 한성전기회사(漢城電氣會社)가 설립되어 전차·전등 등이 가설되었기 때문에 통감부의 관리를 받지 않았다. 그러나, 병합 후 이들도 모두 총독부의 지배를 받게 되었다.

이와 같이 대개의 새로운 문명시설은 일본의 독점적인 사업이 되었다. 그러므로, 이것은 한국의 이익이 되는 것이 아니라 침략자 일본의 이익이 되는 것이었다. 가령, 한국인을 강제로 동원하여 토지를 헐값으로 사들여서 가설한 철도를 한국인은 거의 이용하지 않았고 주로 일본인이 이용했을 뿐이었다. 그러므로, 이러한 문명시설은 환영되기보다는 오히려 저주의 대상이 되기도 하였다.

금융의 지배

광무 8년(1904)에 성립된 한일협정서(韓日協定書)에 의하여 재정고문으로 온 메가다(目賀田種太郞)는 한국의 재정에 관한 광범한 권한을 갖고 이를 실질적으로 지배하고 있었다. 그리고, 그가 실시한 첫 일이 화폐(貨幣)의 정리였다(광무 9년, 1905). 당시 한국에는 엽전(葉錢 ; 상평통보, 常平通寶)과 백동화(白銅貨)가 주로 유통되고 있었다. 이들 화폐에 악화가 섞여 있다는 것을 이유로 제일은행(第一銀行)으로 하여금 새 화폐를 만들어 교환시켜 정리케 한 것이다. 교환함에 있어서 백동화는 그 질에 따라 갑(甲)·을(乙)·병(丙)의 3종으로 구분하여, 갑종은 한 개당 2전(錢) 5리(厘), 을종은 1전으로 교환하되, 병종은 이를 무효로 하여 교환해 주지 않았다. 그런데 당시 병종이 전 백동화의 3분의 2나 되었으므로 이를 소유한 한국 상공업자는 막대한 손해를 보게 된 것이다. 게다가 한국 상인들은 새 화폐를 신용하지 않아 이를 교환하지 않고 토지나 가옥 등에 투자하여 버렸으므로, 그들의 자본이 고갈하여 큰 곤란을 겪게 되었다. 그 대신 일본인들은 새 화폐의 가치가 등귀함에 따라 이득을 보게 된 것이다. 결국, 이 화폐의 정리는 일본 상인에게 경제적인 진출을 위한 길을 더욱 넓혀 주는 결과를 가져다 주었다. 뿐만 아니라 일본의 은행이 한국의 금융업계를 지배하는 결정적인 계기를 마련하여 주기도 하였다.

일본의 금융기관이 한국에 상륙한 것은 개항 직후부터였다. 그리하여 1900년경에는 제일은행을 위시해서 제18은행·제58은행·일본흥업은행 등 여러 일본 은행의 지점과 출장소가 설치되어서 이들이 한국의 금융계를 좌우하고 있었다. 그중에서도 제일은행의 한국 지점은 광무 9년(1905) 3월 이래 통화(通貨) 발행권을 가져 한국의 중앙은행으로서의 구실을 담당하였고, 그 밖에도 지금은(地金銀)의 매입, 정부에 대한 대부, 개항장의 관세징수 등의 광범한 일을 맡고 있었다. 그러므로, 제일은행은 한국의 금융계를 지배하고 있었던 것이다. 융희 3년(1909)에 한국은행(韓國銀行)이 설치됨에 이르러 그 업무는 이에 계승되었으나, 한국은행의 총재에는 제일은행 한국 총지점 지배인이 취임하였다. 그리고 한국을 병합한 뒤인 1911년에 한국은행을 조선은행(朝鮮銀行)으로 만들어 이로 하여금 중앙은행의 구실을 담당하게 하였다. 그리고 한국의 산업 발전을 지원할 목적으로 광무 10년(1906)에 설립된 농공은행(農工銀行 ; 식산은행,

殖産銀行)은 식민지가 된 뒤에 주로 일본인 상공업자나 농민을 지원하는 은행이 되었다.

이러한 상태하에서 정부는 일본으로부터 적지 않은 차관을 하게 되었다. 통감부는 금융기관의 구제, 도로의 개수, 일본인 관리의 고용 등 일본인을 위하여 필요한 사업에 그 자금을 정부로 하여금 지출케 하였고, 정부는 통감부 주선으로 이를 일본정부 및 일본인 은행에서 차관을 한 것이다. 제일은행은 화폐정리의 기금으로 300만원(圓)의 차관을 제공하고, 스스로 그 업무를 담당하여 막대한 이익을 내기도 하였다. 특히 통감부시대에 일본의 차관공세는 치열하여서, 1910년에는 4,500만원을 넘는 막대한 액수에 달하였다.

이러한 국채의 부담은 정부로 하여금 더욱 일본에 의존하지 않을 수 없게 하였다. 전국민적인 국채보상운동(國債報償運動)이 전개된 것은 이 때문이었다. 그리고 일제에 병합된 뒤에 총독부는 한국 국민으로부터 받은 세금으로 이를 모두 상환하였다.

민족산업의 수난

민족자본에 의한 근대적 기업활동이 활발하여진 것은 광무년간(1897~1907)에 들어서서의 일이므로 독립협회가 활발한 사회활동을 전개하고 대한제국이 성립되던 무렵 이후의 일이다. 이 시기에는 정부에 의하여서가 아니라 민간의 기업회사들에 의하여 상공업의 여러 분야에 걸쳐서 근대적 기업활동이 행해지게 되었다.

이 시기에 개항장(開港場)에서 근대적 상인단체로 성장한 객주조합(客主組合)은 고종 32년(1895)에 「상무회의소규례(商務會議所規例)」가 발표되면서 상무회의소로 변하게 되었다. 이 규정에 따라 광무 9년(1905)에 서울에 설치된 상무회의소가 한성상업회의소(漢城商業會議所)였다. 이 당시 러일전쟁이 일어나자 일본의 정치적 간섭이 심하여지고, 일본인 재정고문 메가다(目賀田)에 의하여 실시된 화폐개혁으로 인하여 상가는 심한 금융공황 속에 허덕이고 있었다. 이러한 속에서 서울의 상인들은 자구책을 강구하기 위하여 한성상업회의소를 창립하게 되었던 것이다. 이들의 당면 목적은 금융공황의 구제책을 강구하는 것이었는데, 정부에 대한 건의가 일본의 방해로 이루어지지 못하자, 상업은행의 설립을 계획하여 광무 10년(1906)에 한일은행(韓一銀行)을 창립하기에 이르렀다. 한편 본관과 함께 상품진열관을 건축하고, 기관지『상공월보(商工月報)』를 간행하여 상인들에게 국내외의 경제동향에 대한 갖가지 정보를 제공하였다. 그러나 이 한성상업회의소는 일본의 식민지가 된 뒤 해산되고, 한국 상업인들도 일본인 주도하의 경성상업회의소(京城商業會議所)에 흡수되고 말았다.

근대공업에 대한 민간기업인들의 관심이 쏠리기 시작한 것도 역시 광무년간부터였다. 이들은 일본 제품 못지않게 좋은 제품을 생산해야 일본 상인과 경쟁해서 이길 수 있다는 생각에서 근대적 공장을 건설하게 되었다. 이들이 가장 관심을 가진 부문은 방직공업(紡織工業)이었는데, 광무 원년(1897)에 안경수(安駉壽)가 주동이 되어 설립한 대한직조공장(大韓織造工場), 종로(鐘路)의 백목전(白木廛)이 주동이 되어 광무 4년(1900)에 건설한 종로직조사(鐘路織造社), 광무 6년(1902)에 김덕창(金德昌)이 구식 공장을 근대식으로 개조한 김덕창직조공장 등이 유명하였다. 이 밖에 요업(窯業)·정미업(精米業)·담배제조업(製造業)·제분업(製粉業) 등의 공장도 점점 늘어났다.

열강이 다투어 철도 부설의 이권을 얻어내자, 철도를 민족자본으로 건설해야 한다는 주장이 일어났다. 이러한 목적으로 광무 2년(1898)에 부산(釜山)과 하단(下端)을 연결하는 철도를 가설하기 위하여 박기종(朴琪淙) 등이 설립한 부하철도회사(釜下鐵道會社)를 위시한 여러 철도회사가 설립되었다. 특히 광무 3년(1899)에 설립된 대한철도회사(大韓鐵道會社)는 경의선·경원선·함경선 등의 간선철도의 건설을 계획했다. 그러나 자본이 충분치 못하여 공사를 시작하지 못하자, 정부는 광무 4년(1900)에 철도원(鐵道院)을 두고 이를 감독하는 한편 직접 건설계획을 세우기에 이르렀다. 그중에서도 경의선 건설을 위하여는 서북철도국(西北鐵道局)을 신설하고 이용익(李容翊)을 총재에 임명하여 광무 6년(1902)에 기공식까지 올렸으나 지연되던 중, 러일전쟁이 일어나자 일본에게 그 부설권을 강탈당하였다. 그리고 광무 8년(1904)에는 서오순(徐午淳) 등이 설립한 호남철도주식회사(湖南鐵道株式會社)가 직산(稷山)과 강경(江景)·군산(群山) 사이 및 공주(公州)와 목포(木浦) 사이의 철도부설을 꾀하였으나 이 또한 일본의 방해로 실현되지 못하였다.

해운(海運)에 있어서는 관민합판회사인 이운사(利運社)가 몰락한 뒤, 광무년간에 이르러 비로소 순전한 민간해운업이 점차 설립되게 되었다. 이리하여 광무 4년(1900)에는 대한협동우선주식회사(大韓協同郵船株式會社)·인천우선회사(仁川郵船會社)·인한윤선주식회사(仁漢輪船株式會社) 등이 서고, 이어 통운사(通運社)

민족별 · 업종별 공업실태 일람표 (1917년 현재)

업 종	민 족 별	공 장 수	자본금(원)	생산액(원)
제면(製綿) · 염직업	한국인	70	236,390	612,073
	일본인	36	6,894,989	6,230,739
펄프 · 제지업	한국인	51	15,886	58,022
	일본인	4	15,000	144,116
피 혁 업	한국인	37	52,900	229,139
	일본인	8	1,991,036	3,531,663
요 업	한국인	115	137,720	169,350
	일본인	67	506,500	631,944
비누 · 비료제조업	일본인	20	474,200	763,627
금속세공업	한국인	106	202,250	378,695
	일본인	57	279,270	1,590,729
제재 · 목공업	한국인	22	33,917	80,529
	일본인	43	544,010	1,344,906
제분 · 정미업	한국인	154	546,420	5,855,153
	일본인	152	3,682,906	41,685,923
	기타국인	1	500	4,500
제면(製麵) · 제과업	일본인	36	170,250	350,974
담배제조업	한국인	5	211,880	539,627
	일본인	21	2,214,413	6,016,332
양 조 업	한국인	6	101,000	97,216
	일본인	108	1,968,485	1,835,318
	기타국인	3	23,000	53,363
제빙 · 제염 · 음료제조업	일본인	47	786,281	1,321,951
인 쇄 업	한국인	11	103,110	65,546
	일본인	59	617,965	1,400,014
제 련 업	한국인	2	15,000	10,330
	일본인	26	8,832,555	14,801,381
	기타국인	7	2,207,582	5,975,230
전기 · 가스업	한일합작	3	384,733	134,769
	일본인	17	4,402,548	2,176,297
	기타국인	1	850,000	14,442
기타 공업	한국인	26	226,320	268,073
	한일합작	1	25,000	22,000
	일본인	35	279,950	575,671
	기타국인	1	5,000	2,545
총 계	한국인	605	1,882,793	8,363,753
	한일합작	4	409,733	156,769
	일본인	736	33,660,358	84,401,585
	기타국인	13	3,086,082	6,050,080

등이 설립되기에 이르렀다.

그러나, 이러한 민족자본에 의한 상공업 활동은 일본인의 그것에 비교하면 미약한 것이었다. 1910년 일본의 식민지가 된 이후 민족자본은 그 발전의 길이 더욱 막히게 되었다. 이미 통감부시대에 제정되었다가 1911년 총독부에 의하여 더욱 강화된 회사령(會社令)은 총독에게 회사의 설립과 해산에 대한 절대적인 권한을 부여한 것이었다. 따라서, 일본인 회사도 자유로운 발전이 저지되는 지경이었다. 그러므로 한국인의 자본에 의하여 경영되는 회사가 겪는 곤란은 더 말할 나위도 없었다. 이러한 사정은 1917년에 있어서의 민족별·업종별 공업실태에 대한 앞의 일람표가 이를 여실히 말하여 주고 있다. 이에 의하면 공장수는 한국인 것이 일본인 것보다 크게 떨어지지를 않으나, 자본금은 18분의 1, 생산액은 10분의 1에 지나지 않고 있다. 이것은 결국 한국인의 민족산업은 소규모의 영세공장이 그 대부분을 차지하고 있다는 이야기가 된다.

이렇게 민족산업이 부진하게 된 중요한 이유는 무력을 수반한 일본의 정치적 침략을 배경으로 한국의 금융계를 일본인의 은행이 지배하고 있었기 때문이었다. 게다가 화폐개혁으로 인한 금융공황도 겹치어 한국인의 민족기업은 심한 자금난에 허덕이지 않으면 안 되었다. 한국인이 세운 최초의 금융기관은 건양 원년(1896)에 김종한(金宗漢) 등이 설립한 조선은행(朝鮮銀行)이었는데, 이어 한성은행(韓城銀行)·대한천일은행(大韓天一銀行)·한일은행(韓一銀行) 등이 설립되었다. 이들 은행은 서울의 거상들이 관료 출신의 인사들의 협력을 얻어 설립한 것이었다. 그리고 광무 7년(1903)에는 중앙은행을 설립하기 위한 조례를 반포하기도 하였다. 그러나 이들 은행은 일본인의 은행과 비교가 안 되는 작은 규모의 것이었고, 한국정부에 의한 중앙은행은 그나마 실현되지도 못하였다.

제4절 애국계몽운동

정치사회단체의 활동

독립협회(獨立協會) 이후 많은 정치사회단체가 조직되어 도시 중심의 지식층에게 정치의식과 사회의식을 크게 고조시켰다. 이들 단체는 당시의 한국이 당면한 정치적·사회적 문제들을 해결하는 방법을 국민 스스로가 이를 모색해야 한다고 생각하여 대중적인 계몽운동을 활발히 전개하였다.

이러한 단체로서는 우선 광무 8년(1904)에 조직된 보안회(保安會)가 있었다. 일본이 황무지개척권(荒蕪地開拓權)을 요구하여 토지를 강탈하려 하자, 송수만(宋秀萬) 등이 보안회를 조직하여 연설과 격문 등으로 대중적인 반대 운동을 일으켜, 드디어 일본으로 하여금 이를 철회케 하는 데 성공하였다. 이 보안회는 이상설(李相卨)을 회장으로 하는 협동회(協同會)로 발전했으나 일본의 탄압으로 해산되었다.

정치사회운동은 일본의 침략에 대항하여 싸울 뿐 아니라 정치의 개혁을 위하여도 투쟁하였다. 가령 광무 8년(1904)에 독립협회 계통의 인사들로써 조직된 공진회(共進會)가 그러하였다. 공진회는 다음해(1905)에 헌정연구회(憲政硏究會)로 발전하였는데, 헌정연구회는 제왕이나 정부라도 헌법과 법률에 따라야 하고 국민은 법률에 규정된 권리를 자유로이 누려야 할 것을 주장하였다. 이즈음 헌정연구회 외에도 인민대의회(人民代議會) 등 많은 정치사회단체가 생겨났다.

이러한 정치사회단체의 활동은 정부나 일본이나가 모두 꺼리는 것이어서, 드디어 서울에서의 대중적 정치집회를 금지시키기에 이르렀다. 이리하여 합법적 정치운동은 불가능하게 되었다. 이에 국권을 회복하기 위한 토대로서 산업을 진흥시키고 교육을 보급시키는 사회문화운동을 전개하게 되었다. 헌정연구회의 후신으로 광무 10년(1906)에 조직된 대한자강회(大韓自强會)는 그러한 단체였다. 헤이그밀사사건 때 일본이 고종의 퇴위를 강요하자 대한자강회는 이에 반대하는 운동을 전개하였는데, 이로 인하여 통감부에 의해서 강제로 해산되었다. 그러나 다시 대한협회(大韓協會)로 이름을 바꾸고 계몽운동을 계속하였다.

광무 11년(1907)에는 국채보상기성회(國債報償期成會)가 조직되어 대대적인 국채보상운동을 전개하였다. 일본에 의하여 교묘한 수단으로 빌리게 된 국채는 상당한 액수였고, 이것이 국가의 독립을 위협한다 하여 국민의 힘으로 이를 갚자는 운동이 국채보상운동이었다. 이를 처음 발기하기는 대구(大邱)의 서상돈(徐相敦)·김광제(金光濟) 등이었다. 그러나, 곧 서울을 비롯한 전국 각지로 번져 갔다. 특히, 『대한매일신보(大韓每日申報)』·『제국신문』·『황성신문(皇城新聞)』·『만세보(萬歲報)』 등 여러 언론기관이 의연금 모집에 적극적으로 나섰다. 담배를 끊고 돈을 절약하여 이를 의연금으로 내기 위한 금연운동이 전개되었고, 부녀자들은 비녀와 가락지를 팔아서 이에 호응하였다. 통감부는 이 운동이 배일운동(排日運動)이라 하여 탄압수단을 쓰게 되었다. 그들은 국채보상기성회의 간사인 양기탁(梁起鐸)을 보상금 횡령이란 누명을 씌워 구속한 것이다. 결국 무죄로 석방되었지만, 국채보상운동은 그 이상 진전이 없이 좌절되고 말았다.

통감부의 감시 속에서 정치사회운동이 많은 제약을 받게 되자 드디어 비밀 단체를 조직하기에 이르렀다. 광무 11년(1907)에 조직된 신민회(新民會)가 그러하였다. 신민회는 안창호(安昌浩)·양기탁·전덕기(全德基)·이동휘(李東輝)·이갑(李甲)·이승훈(李昇薰) 등 언론인·군인·산업인 등이 중심이 되어 조직한 것으로, 산업을 위하여 자기회사(磁器會社)를 세우고, 교육을 위하여 학교를 설립하며, 출판활동을 위하여 서점을 경영하는 등의 표면적인 사업 이외에 무장활동(武裝活動)을 목표로 한 준비도 하고 있었다. 그러나 이 신민회는 1911년에 소위 105인사건으로 인하여 간부들이 모두 검거된 결과 그 활동이 중지되고 말았다.

언론기관의 발달

일반 국민, 특히 산업인·지식인의 정치의식·사회의식이 크게 고조된 결과 그들의 대변기관으로서 근대적 언론기관인 신문의 간행이 필요하게 되었다. 한국 최초의 신문은 정부의 박문국(博文局)에서 고종 20년(1883)에 발행한 『한성순보(漢城旬報)』라 할 수 있는데, 이것은 김옥균(金玉均) 등 개화당(開化黨)의 노력에 의한 것이었다. 비록 그것이 관보(官報)를 주로 하는 정부의 간행물이었으나, 내외의 시사를 위시하여 서양의 신문화를 소개하는 데 큰 구실을 하였다. 그러나, 다음해의 갑신정변으로 1년 만에 폐간되고 말았다.

그러다가 건양 원년(1896)에 서재필(徐載弼)이 『독립신문』을 창간함에 이르러 본격적인 근대적 신문이 시작되게 되었다. 처음에는 1주일에 3회 간행하다가 뒤에 일간(日刊)으로 발전한 『독립신문』은 한글을 전용하여 일반 대중에게 공정한 보도를 함과 함께 민족의 독립 수호와 민권 신장을 위하여 투쟁하였다. 『독립신문』은 독립협회에서도 서구문화를 흡수한 신지식층의 견해를 대변하는 신문이었다.

이에 대해 광무 2년(1898)에 남궁억(南宮檍) 등이 창간한 『황성신문』도 독립협회의 기관지 구실을 하였으나 유교의 혁신파라고 할 수 있는 세력의 대변지였다. 대체로 한자에 조예가 있는 중류계층 이상을 독자로 하여 국한문(國漢文) 혼용으로 간행하였다. 그러므로, 『독립신문』에서와 같은 근대적인 정신은 뚜렷하지 못하였다. 그러나, 일본의 침략에 대한 반항에 있어서는 선봉에 서 있었다. 광무 9년(1905)에 을사조약(乙巳條約)이 체결되자 「오건조약체결전말(五件條約締結顚末 ; 5조약이 체결된 시말)」이라 하여 그 경과를 상세히 보도함과 함께, 주필 장지연(張志淵)의 「시일야방성대곡(是日也放聲大哭 ; 오늘 목놓아 크게 곡하노라)」이라는 논설을 실어 일본인의 검열을 받지 않고 무료로 집집마다 배달해서 국민의 여론을 환기시켰음은 유명한 사실이다. 「시일야방성대곡」은 일본의 사기적인 침략행위와 정부의 무능을 지탄한 뒤에, 다음과 같은 비분강개한 말로써 끝맺고 있다.

　오호, 애통하도다. 우리 2천만 남의 노예가 된 동포여. 살았느냐, 죽었느냐. 단기(檀箕) 이래 4천 년, 국민정신이 하룻밤 사이에 졸연히 멸망하고 말았는가. 애통하도다, 동포여.

『황성신문』이 간행된 같은 해에는 이종일(李鍾一) 등이 또 『제국신문』을 발행하였다. 『제국신문』은 중류 이하의 대중과 부녀자를 상대로 하는 순한글로 된 신문이었다. 그러므로 정치적인 색채는 적었고, 사회적인 계몽에 오히려 주력하였다.

일본의 검열이 심하여 신문이 일본의 침략정책을 자유로이 비판할 자유를 빼앗기고 있을 때 영국인 베델(Bethell)이 양기탁과 함께 『대한매일신보』를 창간하였다(광무 8년, 1904). 『대한매일신보』는 일본과 동맹을 맺고 있는 영국인의 경영이라 일본인의 검열을 받지 않아도 좋았다. 신문사 정문에는 '일인불가입(日人不可入 ; 일본인은 들어올 수 없다)'이라는 방을 내걸고 자유로이 일본의 침략 행위를 공격하였다. 『대한매일신보』는 처음 국한문 혼용으로 간행하였으나, 뒤에는 일반 대중을 위해 한글판도 발간하였고, 외국인을 위한 영문판 The Korea Daily News도 간행하였다. 일본은 이에 대항하기 위하여 일본인이 경영하는 몇 종류의 신문을 발간하였으나 『대한매일신보』 하나를 당해 내지 못하였다. 고종이 일본과의 을사조약은 자신이 승인한 바 아니니, 열국의 보호를 바란다는 친서를 발표하여 일본인을 놀라게 한 것도 이 『대한매일신보』였다. 이에 일본은 영국에 연락하여 베델을 소환토록 하였으나 여전히 신문은 계속 발행되었다.

다음해인 광무 10년(1906)에는 손병희(孫秉熙)·오세창(吳世昌) 등이 천도교 (天道教) 계통의 『만세보(萬歲報)』를 발간하고, 특히 일진회(一進會)에 대한 비 난을 퍼부었다. 융희 3년(1909)에는 또 대한협회(大韓協會)가 『대한민보(大韓民 報)』를 발간하여 일진회 등과 맞서 싸웠다.

이러한 언론기관들이 국민의 정치의식을 계몽 앙양시키는 데 이바지한 공은 큰 바가 있었다. 당시의 신문들은 일본이 폭도(暴徒)라고 부르는 무장투쟁을 이미 '의병(義兵)'이라고 대서하였던 것이다. 그러므로 초대통감(初代統監)인 이토(伊藤博文)는 자기의 백 마디 말보다 신문의 한 마디가 한국인을 감동케 하 는 힘이 크다고까지 말하였다. 이에 일본의 통감부는 광무 11년(1907)에 신문 지법(新聞紙法)을 제정하여 언론을 탄압케 하였다. 이러한 탄압에 경영난이 겹 쳐 1910년경에는 『대한매일신보』만이 겨우 민족의 대변지 구실을 하다가 병 합 뒤에 총독부에 매수되어 『매일신보(毎日申報)』로 개제되기에 이르렀다. 이 때 해외에서는 미국에서 『신한민보(新韓民報)』가, 연해주(沿海州)에서는 『해조 신문』이 간행되어 국내로도 배달되었으나, 융희 2년(1908)에는 이것마저 금지 되어 대변하는 언론기관이 없는 민족이 되고 말았다.

교육열의 팽창

정부는 고종 23년(1886)에 육영공원(育英公院)을 설립하여 서양의 새 학문에 대한 교육을 실시하더니, 갑오경장 이후 새로운 교육제도를 실시하면서 신교 육을 실시하는 소학교·중학교·사범학교·외국어학교 등 각급 관립학교(官立 學校)를 설치하게 되었다. 그리고, 고종 32년(1895)에는 교육입국(教育立國)의 조서(詔書)를 내리었는데, 그 속에서,

우내(宇內)의 형세를 보건대 부하고 강하며 독립하여 웅시하는 모든 나라는 다 인 민의 지식이 개명(開明)하였다. 지식의 개명은 교육의 선미(善美)로 되었으니, 교육은 실로 국가를 보전하는 데 근본이다.

라고 하여 교육의 중요성을 강조하였다. 그러나, 관립학교는 대개 관리 양성을 위하는 경향이 있어서 양반 출신 고관들의 자제가 주로 다녔고, 따라서 시대적 인 요구에 부응하지를 못하였다.

이 시대의 교육열은 민간에서 더 불꽃을 튀기듯이 성하였다. 많은 사립학교

(私立學校)가 세워져 젊은 세대의 교육에 열을 올렸다. '배우는 것이 힘이다' 하는 것이 당시 일반 지식층의 일치된 견해였다. 그 결과 정치운동을 하던 많은 애국지사들이 직접 교육사업에 종사하여 이로써 독립의 기초를 닦고자 하였다. 이러한 경향은 을사조약 이후에 더 뚜렷하여졌는데, 그것은 표면적인 정치활동이 거의 불가능하였기 때문에 생긴 현상이기도 하였다.

근대적 사립학교의 시초는 고종 20년(1883) 원산에 세워진 원산학사(元山學舍)였다. 원산상회소(元山商會所) 회원들을 위시한 지방민들의 요청으로 개화

한말의 사립학교

연 대	학 교 명	설 립 자	지 명
고종 20(1883)	원 산 학 사	정현석(鄭顯奭)	원 산
고종 23(1886)	배 재 학 당	미 북 감 리 회	서 울
	이 화 여 학 교	미 북 감 리 회	서 울
	경 신 학 교	미 북 장 로 회	서 울
고종 27(1890)	정 신 여 학 교	미 북 장 로 회	서 울
고종 34(1897)	숭 실 학 교	미 북 장 로 회	평 양
광무 2(1898)	배 화 여 학 교	미 남 감 리 회	서 울
광무 7(1903)	숭 의 여 학 교	미 북 장 로 회	평 양
광무 8(1904)	호 수 돈 여 숙	미 남 감 리 회	개 성
	청 년 학 원	전덕기(全德基)	서 울
광무 9(1905)	보 성 학 교	이용익(李容翊)	서 울
	양 정 의 숙	엄주익(嚴柱益)	서 울
	휘 문 의 숙	민영휘(閔泳徽)	서 울
광무 10(1906)	신성·보성여학교	미 북 장 로 회	선 천
	진 명 여 학 교	엄귀비(嚴貴妃)	서 울
	숙 명 여 학 교	엄귀비(嚴貴妃)	서 울
	보 인 학 교	보 인 학 회	서 울
	양 규 의 숙	진학신(秦學新)	서 울
	중 동 학 교	신규식(申圭植)	서 울
	서 전 서 숙	이상설(李相卨)	간 도
광무 11(1907)	신흥·기전여학교	미 남 장 로 회	전 주
	대 성 학 교	안창호(安昌浩)	평 양
	오 산 학 교	이승훈(李昇薰)	정 주
	오 성 학 교	서 북 학 회	서 울
	봉 명 학 교	이봉래(李鳳來)	서 울
융희 2(1908)	기 호 학 교	기 호 흥 학 회	서 울
	동 덕 여 자 의 숙	이재극(李載克)	서 울
	대 동 전 수 학 교	대 동 학 회	서 울
융희 3(1909)	소 의 학 교	장지영(張志暎)	서 울

파 관료인 덕원부사(德源府使) 정현석(鄭顯奭)이 설립한 것이다. 개항장(開港場)
의 주민들이 외세의 도전에 대응하기 위하여 자력으로 최초의 근대적 학교를
세운 것은 의미가 크다. 그 뒤 고종 23년(1886)에 배재학당(培材學堂) 등 미국
선교회(宣敎會) 계통의 사립학교가 여럿 세워졌다. 그러나 광무 9년(1905) 을
사조약이 체결된 뒤에는 한국인 스스로에 의하여 사립학교가 수없이 세워졌
다. 또, 고종 23년(1886)에 선교회 계통에서 세운 이화여학교(梨花女學校)는 여
성교육기관의 시초였는데, 그 후 한국인 경영의 여학교들도 여럿 세워졌다. 이
들 여학교는 양반사회에서의 예속적 지위로부터 여성을 해방시키는 데 커다란
구실을 하였다. 이리하여 1910년 일본의 완전한 식민지로 전락할 때까지 불과
몇 해 사이에 전국에는 무려 3,000에 달하는 사립학교가 세워졌는데, 특히 북
쪽 지방에 많았다. 이제 수많은 사립학교들 중에서도 두드러진 것을 추려 대세
를 파악하기 위한 자료로 제시하면 앞의 일람표와 같다.

　이러한 사립학교의 설립에 열성인 것은 양반 출신이 아니라 평민 출신이었
다. 또 피교육자도 평민 출신이 많았다. 교육의 내용은 주로 서양의 새로운 학
문과 사상이었다. 역사·지리·정치학·법학 등을 비롯해서 산술·대수 등의
여러 과목이 교수되었다. 그러나, 당시의 사립학교들은 새로운 지식의 전달장
일 뿐 아니라, 민족운동의 근거지로서 또한 유명하였다. 교내에서 토론회·웅
변회·운동회를 개최하여 청년의 의기를 북돋워주었다. 나이 많은 사람이 학
생으로 입학하는가 하면, 고급학교 학생이 하급학교의 교사로 활약하기도 하
였다. 보수적인 층으로부터는 신교육이 못마땅하게 생각되기도 하였으나, 사
립학교는 애국열과 함께 성해 갈 뿐이었다.

　일본은 이러한 사립학교의 존재를 달가워하지 않았다. 그리하여 통감부시대
에 사립학교령(私立學校令)을 제정하여(1908) 사립학교 존속을 인가제로 하고
교과서도 인가된 것만 사용하게 하였다. 그 결과 많은 사립학교가 폐교케 되었
다. 병합 후에 총독부는 교육의 방향을 바꾸어 한국인에게 실업(實業)상의 지
식을 가르쳐야 한다는 실용주의(實用主義) 교육을 내세웠다. 이것은 한국인의
지식이 향상하여 일본의 식민정책을 비판하고 독립사상을 주장하게 될 것을
두려워한 때문이었다. 일본은 지도적인 인물보다도 행정·기술 등 면에서 심
부름을 잘하는 정도의 인물을 필요로 하였을 뿐이었다. 그 결과 일본은 보통교
육과 실업교육에 주력하게 된 것이다. 보통교육에서는 일본의 통치에 토대가
되는 일본어를, 그리고 실업교육에서는 정신력 함양을 배제한 기술만을 교육

하였다. 그러나 이러한 탄압 속에서도 존속한 사립학교들은 여전히 민족교육의 중심지로서 민족운동의 터전이 되었다.

이 시기 을사조약 이후에 노동야학(勞動夜學)이 크게 성행한 것도 주목할 만하다. 노동야학은 노동자나 농민을 대상으로 한 것이었으며, 그 설립자는 지방의 유력자가 많았으나 때로는 노동자나 농민 자신인 경우도 있었다. 교육의 내용은 국문을 중심으로 역사·지리 등이었고, 이에 더하여 노동의 가치나 그들 스스로에 대한 이해를 증진시키는 내용도 포함되어 있었다. 이 노동야학은 전국적으로 번지어서 신문지상에 보도된 것만도 200을 훨씬 넘는 것이었으므로, 그 총수는 아마 수천에 달했을 것으로 생각된다. 이 같은 노동야학운동은 애국계몽운동이 일부 지식층에 한정된 것이 아니고 하층민까지를 포함한 온 국민의 운동이었음을 나타내 주는 것이다.

종교운동

지식층의 정치운동이나 교육운동에 커다란 영향을 끼친 것은 기독교였는데, 특히 신교(新敎)가 그러하였다. 고종 21년(1884)에 미국 북장로회(北長老會)의 알렌(Allen)이 오고, 다음해에 같은 계통의 언더우드(Underwood)와 미국 북감리회(北監理會)의 아펜젤러(Appenzeller)가 온 이후 신교의 각파가 계속해서 선교사업을 활발히 전개하였다. 이들은 전도의 한 수단으로서 의료(醫療) 등의 사회사업을 경영하여 사회적으로 이바지한 바도 컸거니와, 사상적으로 자유주의를 고취하고 민족의식을 앙양하는 데도 커다란 구실을 하였다. 신교 계통의 서재필(徐載弼)·이상재(李商在)·윤치호(尹致昊) 등이 모두 독립협회의 중심인물로서 정치운동에 투신하였다. 신교 계통의 사립학교는 한국인이 경영하는 것은 물론이지만 선교사가 경영하는 것도 마치 민족사상을 고취하는 기관과도 같은 인상을 주기에 이르렀다. 그리고 광무 7년(1903)에 설립된 황성기독교청년회(皇城基督敎靑年會)와 같은 기독교단체가 정치적·사회적으로 활발한 운동을 전개하였고, 이에 자극되어 많은 청년단체가 조직되었다. 비단 정치나 교육뿐 아니라, 금주·단연(斷煙)·미신타파·남녀평등·일부일처·생활간소화 등 여러 방면에 걸쳐 새로운 풍조를 일으켰다.

신교는 주로 신흥하는 지식층이나 상공업자들로부터 크게 환영받았는데, 특히 평안도 지방과 같은 신흥 상공업지대에서 그러하였다. 이렇게 활기에 넘친

신교는 광무 9년(1905)경에 『성경(聖經)』을 읽으며 자기반성을 하여 신앙심을
돋우는 사경회(査經會)를 대대적으로 개최하였고, 융희 3년(1909)에는 100만
명의 신자를 얻으려는 백만구령운동(百萬救靈運動)이 벌어지기도 하였다. 이같
이 신교가 비단 종교적 신앙에 있어서만이 아니라 정치·사회·교육·문화의
각 방면에서 크게 환영받은 것은 기독교의 신앙이 민족의 죄악을 속죄해 주기
를 바라는 절박한 심정 때문에서였다.

기독교 이외에도 민족의식을 고취하는 종교운동은 적이 활발하였다. 동학
계통의 일부가 일진회로 흡수되자, 제3세 교주 손병희(孫秉熙)는 천도교(天道
教)란 이름을 내세우고 동학의 전통을 계승하여 민족운동에 가담하였다. 천도
교도 『만세보(萬歲報)』같은 신문을 발간하는 등 사회적인 활동이 컸다.

유교는 그 전통을 고수하여 보수적인 입장에 서 있었고, 따라서 근대화의 방
향과는 반대인 경우가 많았다. 그러나 강한 척왜사상(斥倭思想)을 갖고 상소문
을 올리기도 하고 의병을 일으켜 싸우기도 하였다. 그러한 한편으로는 유교를
혁신하여 시대의 발전에 적응하려는 노력도 나타났다. 이 혁신파는 기독교 계
통의 신지식층과 합류하여 독립협회 활동에 참여하였다. 그리고 불교에 있어
서도 이를 혁신하려는 운동이 전개되어 한용운(韓龍雲)의 『조선불교유신론(朝
鮮佛教維新論)』(1913)이 간행되기도 하였다.

또, 나철(羅喆)·오혁(吳赫) 등이 단군신앙(檀君信仰)을 부활시켜서 대종교(大
倧教)라 일컬었다. 이 역시 보수적이나마 민족적인 입장을 강조하는 종교운동
이었다.

계몽적 학문

정치적으로 다사다난한 시절이었던 만큼 학문적인 연구는 크게 발전하지를
못하였다. 그러나, 학자들의 국민 계몽을 위한 활동은 과거의 어느 시대보다도
컸다. 그들은 애국적인 입장에 서서 독립적인 정신을 불러일으키고 새로운 지
식을 널리 전하고자 노력하였던 것이다.

이리하여 많은 학문적인 계몽단체들이 조직되게 되었다. 그러한 단체로서는
이갑(李甲) 등의 서북학회(西北學會 ; 서우학회, 西友學會와 한북흥학회, 漢北興學會가
통합한 것), 이광종(李光鍾) 등의 기호흥학회(畿湖興學會), 장지연(張志淵) 등의 영
남학회(嶺南學會), 이채(李採) 등의 호남학회(湖南學會), 남궁억(南宮檍) 등의 관동

학회(關東學會)와 같은 지방별 출신 인사들로 구성된 학회가 있었고, 또 유길준 (兪吉濬) 등의 흥사단(興士團), 김윤식(金允植) 등의 대동학회(大東學會), 진학신 (秦學新) 등의 여자교육회(女子敎育會) 등이 있었다. 이러한 여러 학회들은 대 개 학보(學報)를 발간하여 지식열을 북돋우어 주었는데『서북학회월보(西北 學會月報)』·『기호학회월보(畿湖學會月報)』·『호남학보(湖南學報)』 등은 그러 한 학회의 기관지들이었다. 이 밖에도『대조선독립협회회보(大朝鮮獨立協會會 報)』·『대한자강회월보(大韓自强會月報)』·『소년(少年)』 등 많은 계몽적인 잡지 가 간행되었다. 한편 여성 계몽을 위하여 신민회(新民會)의『가정잡지(家庭雜 誌)』, 여자교육회의『여자지남(女子指南)』 등 여성지가 간행되기도 하였다. 그 리고 광학서포(廣學書舖)·회동서관(滙東書館) 등 기업적인 출판사가 설립되어 많은 책을 출판하기도 하였다.

국어(國語) 연구에 있어서는 19세기 말에 저술된 유길준의『조선문전(朝鮮文 典)』(1909년『대한문전(大韓文典)』으로 간행)이 최초의 문법서였다. 그 뒤 주시 경(周時經)이 국문동식회(國文同式會)를, 지석영(池錫永)이 국문연구회(國文硏究 會)를 조직하여 각기 국어의 연구에 노력하였는데, 광무 11년(1907)에 학부(學 部)에서 국문연구소(國文硏究所)를 설치함에 미처 국어의 정리에 대한 본격적 인 작업이 착수되었다. 여기에 참여한 학자들 중에서 가장 두드러진 업적을 남 긴 것은 주시경이었는데, 그는『국어문법(國語文法)』·『말의 소리』 등을 저술 하였다. 주시경에게는 많은 제자들이 배출하여 이들이 훗날 조선어학회(朝鮮 語學會 ; 한글학회)를 결성하기에 이르렀다.

국사(國史) 연구에는 장지연·박은식(朴殷植)·신채호(申采浩) 등이 있었다. 이들은 국사 연구를 통하여 무엇보다도 민족적인 기개와 자존심을 앙양하려고 노력하였다. 그들의 저서 속에는『을지문덕전(乙支文德傳)』·『강감찬전(姜邯贊 傳)』·『최도통전(崔道統傳)』·『이순신전(李舜臣傳)』 등 외국의 침략에 대항하 여 싸운 인물들의 전기가 상당한 비중을 차지하고 있는 것으로도 이를 알 수가 있다. 또 역사지리(歷史地理)에도 많은 관심을 가지고 국토에 대한 애호를 강조 하고 있는 것도 주목된다. 그리고 한국의 고전을 발굴하고 그 가치를 재인식하 려는 노력도 행해졌는데, 최남선(崔南善)이 조선광문회(朝鮮光文會)를 조직하여 『조선총서(朝鮮叢書)』를 간행한 것은 그 두드러진 예이다.

한국사뿐 아니라, 세계의 역사에 대해서도 관심이 컸다. 당시의 한국이 당면 한 현실에 비추어서 모범이 될 건국사(建國史)나 반성의 자료가 될 망국사(亡

國史) 같은 것에는 특히 그러하였다. 이리하여 『서사건국지(瑞士建國誌)』·『미국독립사(美國獨立史)』·『의대리독립사(意大利獨立史)』·『월남망국사(越南亡國史)』·『파란말년전사(波蘭末年戰史)』 등이 나오게 되었던 것이다. 한편 『이태리건국삼걸전(伊太利建國三傑傳)』·『비사맥전(比斯麥傳)』·『피득대제(彼得大帝)』·『애국부인전』 등 영웅들의 전기가 환영된 것도 같은 뜻에서였다.

소설과 가사

이 시기의 소설을 보통 신소설(新小說)이라고 하는데, 신소설은 구소설(舊小說)로부터 신문학(新文學)으로의 다리를 놓는 역할을 하였다. 순한글로 누구나가 재미있게 읽을 수 있는 신소설은 장차 신문학이 형성하려는 하나의 과도적인 것이었으므로, 아직 구태를 면하지 못한 점이 많이 있었다. 권선징악적(勸善懲惡的)인 주제라든가, 인물이 틀에 박힌 듯한 유형을 갖고 있다든가 하는 점 등이 그것이다. 그러나, 등장인물이나 사건을 현대에 취하고, 언문일치(言文一致)의 문장을 사용한 것은 이 신소설이 신문학에 가까워지고 있는 표시였다. 더구나 신소설은 주인공들의 행동과 입을 통하여 민족의 자주독립을 부르짖었으며, 신교육의 필요성을 역설하였으며, 남녀평등을 기반으로 하는 새로운 가족윤리를 외쳤고, 또 미신의 타파와 과학문명의 필요성을 내세웠다.

요컨대 새로운 사조를 열정적으로 받아들인 이 신소설은 새로운 개화사상의 반영이었으며 한국문학의 일단의 발전이었다. 이러한 신소설의 개척자는 이인직(李人植)이며, 그의 대표적 소설로는 『혈(血)의 누(淚)』·『치악산(雉岳山)』·『귀(鬼)의 성(聲)』 등이 있었다. 그와 같은 시기의 이해조(李海朝)는 『자유종(自由鐘)』·『모란병(牡丹屛)』, 최찬식(崔瓚植)은 『추월색(秋月色)』, 안국선(安國善)은 『금수회의록(禽獸會議錄)』 등을 썼다. 이러한 신소설은 1917년에 이광수(李光洙)가 『무정(無情)』을 발표할 때까지 소설의 주류를 이루고 있었다.

한편, 새로운 형태의 가사(歌辭)가 크게 유행하였다. 이 시기의 가사에는 옛 가사나 민요에 의거하여 지은 것도 있고, 기독교의 찬송가가 들어오면서 서양식 악곡에 맞추어서 부르는 신식 것도 있었다. 노래로 가창되었기 때문에 때로는 창가(唱歌)라고 불리기도 한 이들 가사는 신문·잡지를 통하여 전국으로 퍼져서 널리 불리었다. 특히 학생들이나 독립군들이 그들의 의기를 드높이기 위하여도 즐겨 불렀다. 그 속에는 애국·독립·신교육·신문화 등을 고무하고 예찬하는 것들이 많아서 당시의 시대상을 잘 나타내 주고 있다. 그렇기 때문에 기울어 가는 국가의 운명을 슬퍼하고 독립을 열망하는 격렬한 민족적 감정을 담은 것들도 허다하게 있었다. 『대한매일신보』에 실린 「지팡이를 짚고 새소리를 듣는다」의 다음 일절은 그러한 사정을 잘 나타내 주고 있다.

> 새가 새가 날아든다. 복국조(復國鳥)가 날아든다. 이 산으로 가며 복국(復國), 저 산으로 가며 복국, 청산(靑山) 진일(盡日) 피나도록 복국 복국 슬피우니, 지사혼(志士魂)이 네 아니냐.

뻐꾸기의 뻐꾹뻐꾹 하는 울음소리를 나라를 회복한다는 뜻의 복국(復國)이란 말로 표현하여, 그 울음소리를 애국지사의 혼이 새가 되어 피나게 우는 걸로 이해한 것이다.

이와 전후하여 외국문학(外國文學)의 소개도 늘어갔다. 여기에는 『성경』을 위시하여 『천로역정(天路歷程)』과 같은 기독교물도 많이 있었다. 또, 『이솝 이야기』·『로빈손 표류기』·『걸리버 여행기』 등의 아동문학도 상당히 있었다.

제5절 3·1운동

망명과 비밀결사

일제의 식민지가 된 이후 국내에서의 공공연한 독립운동이 불가능하게 되자 많은 민족운동자들이 해외로 망명하게 되었다. 해외 망명인사들의 독립운동은 대개 두 가지 경향으로 나누어졌다. 하나는 해외에 독립운동의 기지를 설치하고 군사적인 활동을 광범하게 전개하여 무력으로 독립을 쟁취하자는 것이었다. 본국과 강 하나를 사이에 두고 있는 만주의 서간도(西間島)와 북간도(北間島) 및 연해주(沿海州)로 망명한 독립운동자들은 주로 이러한 활동을 전개하고 있었다. 이들이 설치한 독립운동기지로서 유명한 것은 이시영(李始榮)·이동녕(李東寧)·이상용(李相龍) 등이 중심이 되어 설치한 서간도의 삼원보(三源堡)이며, 여기에는 1911년에 군사훈련을 위한 신흥무관학교(新興武官學校)가 세워졌다. 또 연해주에 건설한 신한촌(新韓村) 등 여러 한국인 거주지를 토대로, 1914

년 블라디보스톡(해삼위, 海蔘威)에 이상설(李相卨)·이동휘(李東輝) 등이 대한광
복군정부(大韓光復軍政府)를 세우고 독립군을 조직하여 무력항쟁을 계획하였
다. 그리고 미국에서는 박용만(朴容萬)이 1909년 헤스팅스에 한인소년병학교
(韓人少年兵學校)를 설립하였는데, 1914년에는 하와이에 대조선국민군단(大朝
鮮國民軍團)을 편성하고, 그 사관(士官)을 양성하기 위한 대조선국민군단사관학
교(大朝鮮國民軍團士官學校)를 설립하였다. 이러한 독립군 양성에 의한 무력항
쟁은 의병항쟁의 전통을 이은 것이지만, 애국계몽운동의 이념과 결합하여 독
립전쟁론(獨立戰爭論)으로 발전하여 그 이론적인 뒷받침을 하게 되었다. 독립
전쟁론이란 독립을 쟁취하는 가장 확실하고 바른 길은 적절한 시기에 일제와
전쟁을 하는 것이라는 주장이었다.

한편, 외교적인 수단에 의하여 독립을 쟁취하려는 인사들이 있었다. 상해(上
海)를 무대로 활약하던 인사들은 중국과 밀접한 관계를 맺고 있었다. 신규식
(申圭植)은 그 대표적 인물로서 1912년에 동제사(同濟社)를 조직하여 중국의 혁
명가들과 연결하고 있었다. 그리고 미국으로 간 이승만(李承晩)은 1909년 대한
인국민회(大韓人國民會 ; 국민회, 國民會)를 조직하여 미국을 중심으로 그의 국제
적인 활동을 전개하였다. 또 안창호(安昌浩)는 국내에서 강제로 해산당한 신민
회(新民會)의 후신으로 흥사단(興士團)을 조직하였다. 이러한 속에서 1917년에
스톡홀름에서 만국사회당대회(萬國社會黨大會)가 열렸을 때에는 중국에 망명한
독립운동자들이 대표를 파견하여 한국의 독립을 요청하였다. 또 같은 해에 뉴
욕에서 세계약소민족회의(世界弱小民族會議)가 열렸을 때에도 대표를 파견하여
한국의 독립을 국제여론에 호소하였다.

국내의 민족운동자들도 갖은 악조건을 무릅쓰고 망명인사들과 연결하여 독
립운동을 전개하였다. 이들의 독립운동은 자연히 비밀결사를 통한 것일 수밖
에 없었다. 이러한 비밀결사로서 안창호가 1907년에 독립협회의 전통을 이
은 기독교계 인사들을 중심으로 조직한 신민회가 있었다. 안창호 자신은 미국
에 망명하고 있었으나, 그는 교육의 진흥과 산업의 부흥을 통하여 국민의 지
적·도덕적 수준을 향상시키고 경제적 부강을 이룩함으로써 독립을 쟁취할 수
있다고 주장하였다. 따라서, 국내에 있어서의 국민의 계발에 보다 더 주력하고
있었다. 그러나 한편 국외에 독립운동의 기지를 설치하는 데도 힘을 기울였다.
신민회는 105인사건에 의하여 큰 탄압을 받아 해체되었으나, 그 계통 인사들
이 경영하는 교육기관 등을 통하여 그 정신이 널리 퍼져 갔다. 그리고 장일환

(張日煥)이 중심이 되어 1917년에 조직한 조선국민회(朝鮮國民會)도 기독교 계통으로서 애국계몽운동의 전통을 이은 것이었다. 한편 의병운동의 전통을 이은 것으로서 1912년에 임병찬(林炳瓚)이 중심이 되어 조직한 대한독립의군부(大韓獨立義軍府), 1915년에 서상일(徐相日) 등이 조직한 조선국권회복단(朝鮮國權恢復團), 1913년에 채기중(蔡祺中) 등이 조직하였고 뒤에 박상진(朴尙鎭) 등이 강화한 대한광복회(大韓光復會) 등이 있었다. 이들은 만주에서 독립군을 양성하여 무력으로 국권을 회복하는 데 그 목적을 두고 있었다.

해외에 있어서의 독립군의 무력항쟁이나 망명지사들의 외교활동, 그리고 국내에 있어서의 비밀결사나 교육기관들의 활동은, 모두 국민의 항일 의식에 뒷받침되어 이루어졌고, 또 더욱 국민의 항쟁심을 북돋워 주었다. 이리하여 각지에서 민요(民擾)가 연속하여 일어났다. 일제의 가혹한 식민통치하에서 사회 전체에 팽창되어 가던 민족적 항쟁의식은 거의 폭발점에 다달아 가고 있었으며, 다만 그 계기를 찾고 있는 상태에 놓여 있었다. 그리고 그 계기가 국제적으로 조성되어 가고 있었다.

3·1운동의 발발

망명활동과 비밀결사에 의지하거나 혹은 교육활동이나 종교운동에 의지하던 민족운동을 전국적인 대규모 독립운동으로 표면화시키는 계기를 마련해 준 것은 민족자결주의(民族自決主義)였다. 민족자결주의는 제1차 세계대전의 뒷처리를 위하여 팽창하여 가는 약소민족들의 민족운동에 호응하여, 미국 대통령 윌슨(Wilson)이 제창한 것이었다. 베르사이유조약을 지배한 복수의 정신은 민족자결의 원칙을 관철시켜 주지는 못하였다. 그러나, 이 원칙은 어느 정도 적용될 수가 있어서, 오스트리아제국(帝國) 안에서 체코슬로바키아·유고슬라비아·루마니아 등 독립국이 생겨났고, 러시아의 지배하에서 폴란드·핀란드·에스토니아·리투아니아·라트비아 등이 또한 독립하였다.

이러한 민족자결의 원칙은 일제의 식민통치하에서 신음하던 한국민족에게 열광적 환영을 받았음은 물론이었다. 이제 세계는 바야흐로 '위력(威力)의 시대'가 끝나고 '도의(道義)의 시대'가 온 것으로 믿게 하였다. 민족자결의 원칙에 의하여 한국도 독립할 수 있다는 희망이 민족운동을 일대독립운동의 전개로 몰아갔던 것이다.

1919년 1월에 상해에 모인 망명지사들은 신한청년당(新韓靑年黨)을 조직하여 2월에는 파리의 평화회의에 김규식(金奎植)을 대표로 파견하여 독립을 호소케 하였다. 뿐만 아니라 국내와 일본·만주·시베리아 등 각지에 대표를 보내어 구체적인 독립운동을 모색하기도 하였다. 한편, 일본 동경의 유학생인 최팔용(崔八鏞) 등은 조선청년독립단(朝鮮靑年獨立團)을 조직하고 독립운동을 계획하게 되었다. 즉, 이들 유학생 600여 명은 1919년 2월 8일 도쿄(東京)의 기독교청년회관(基督敎靑年會館)에 모여서 독립을 요구하는 선언서와 결의문을 발표하기에 이르렀다(2·8독립선언). 이 사건은 국내에서 독립운동을 모색하던 인사들에게 커다란 자극이 되었다. 이리하여 드디어 전국적인 독립운동으로 발전하게 되었던 것이다.

국내에 있어서의 독립운동은 천도교·기독교·불교 등 종교단체를 중심으로 계획되었으며, 천도교의 손병희(孫秉熙), 기독교의 이승훈(李昇薰), 불교의 한용운(韓龍雲) 등 33인이 민족대표로서 독립선언서(獨立宣言書)에 서명하였다. 이들은 고종의 장례일인 3월 3일을 앞두고 전국 각지로부터 군중들이 서울로 모여들고 있는 기회를 이용하였다. 그리하여 고종의 장례일을 2일 앞둔 3월 1일에 단행한 것이다. 민족대표들은 이날 태화관(泰和館)에 모여 독립선언서를 발표하여 한국이 독립국임을 선언하였고, 학생들은 탑골공원(파고다공원)에 모여 독립선언서를 낭독한 뒤 독립만세를 부르며 시위행진을 하였다. 이리하여 한국역사상 최대의 독립운동인 3·1운동은 시작되었던 것이다.

3·1운동의 전개

3·1운동은 민족대표 33인에 의하여 작성된 독립선언서의 발표와 더불어 시작되었다. 일부에서 독립청원서(獨立請願書)로 하자는 의견이 있었음에도 불구하고 독립선언서가 작성 발표된 것은 3·1운동이 거족적 독립운동으로 전개되는 데 큰 힘을 발휘하였다. 이제 그 처음 부분을 옮겨 실으면 다음과 같다.

우리는 이에 우리 조선의 독립국임과 조선인의 자주민임을 선언하노라. 이로써 세계 만방에 알려 인류가 평등하다는 큰 뜻을 밝히며, 이로써 자손 만대에 일러 민족이 스스로 생존하는 바른 권리를 영원히 누리게 하노라. 반만년 역사의 권위를 의지하여 이를 선언함이며, 2천만 민중의 충성을 합하여 이를 선명함이며, 민족의 한결같은 자유 발전을 위하여 이를 주장함이며, 인류 양심의 발로에 기인한 세계 개조의 큰 기운에 순응해 나가기 위하여 이를 제기함이니, 이는 하늘의 밝은 명령이며, 시대의 큰 흐름이며, 온 인류가 더불어 같이 살아갈 권리의 정당한 발동이라, 하늘 아래 그 무엇도 이를 막고 억누르지 못할지니라.

인류가 평등하다는 큰 뜻과 민족이 스스로 생존하는 바른 권리를 가졌음을 선명한 이 독립선언서는 일본의 가혹한 식민통치에 대한 보복적인 행위를 선동하는 것은 아니었다. 그러므로, 공약3장(公約三章)에 나타나 있는 바와 같이 자주적 정신을 발휘하되 배타적 감정에 흐르지 말며, 최후의 한 사람 최후의 한 순간까지 민족의 의사를 쾌히 발표하며, 질서를 존중하여 공명정대하기를 기하였다. 즉, 평화적인 운동을 계획하였던 것이다.

태화관에 모인 민족대표들은 선언을 끝마치자 스스로 일본 관헌에게 자기들의 행동을 알려주어 체포되었다. 그러나, 민족대표자들은 이 독립운동이 학생을 비롯한 온 국민의 운동이 되도록 계획하고 있었다. 이 계획에 따라 예정했던 탑골공원에 모여든 학생들은 독립선언서를 낭독한 뒤 태극기를 들고 독립만세를 부르며 시위행진을 시작하였다. 이 학생들의 시위로 말미암아 3·1운동은 열기를 띠기 시작하였다. 학생만이 아니라 상인·농민·노동자들도 가담하였으며, 관리들도 이에 동조하여 퇴직을 하였다. 시위운동은 점점 지방으로 파급되었고, 방방곡곡에서 독립만세를 부르짖는 소리가 일어났다. 남녀노소나 직업을 가리지 않은 온 민족의 부르짖음은 '독립'이었다. 독립운동의 유일한 무기는 '독립만세'를 부르는 것이었다. 이 엄청난 규모의 민족적인 시위운동은 일본 관헌을 놀라게 하였다. 시위운동이 너무나 광범한 것이었기 때문이다. 운동에 참가한 인원은 200만을 넘었고, 참집 횟수는 1,500여 회에 달했으며, 전국 218개 군 중에서 211개 군이 이에 가담하였다. 그리고 만주·연해주 등 해외로도 번져 갔다.

이 평화적인 시위운동을 일본은 무력으로써 탄압하였다. 일본은 헌병과 경찰뿐 아니라, 육·해군까지도 동원하였다. 맨주먹의 평화적인 시위군중을 향하여 총탄을 쏘아댔으며, 학교·교회·민가 등 많은 건물에 방화를 자행하였다. 이리하여 일본 관헌에 의하여 체포된 자는 46,948명, 피살자는 7,509명, 피상자는 15,961명이었고, 또 일본 관헌에 의하면 헐리고 불살라진 민가가 715, 교회당이 47, 학교가 2에 이르렀다고 전한다. 그러나 실제는 이 통계 숫자를 훨씬 넘는 것이었다. 심지어 수원 제암리(堤岩里)에서와 같이 교회 안에 수십 명을 감금하여 놓고 거기에 불을 질러 태워 죽이는 참혹한 사건까지 있었다. 당

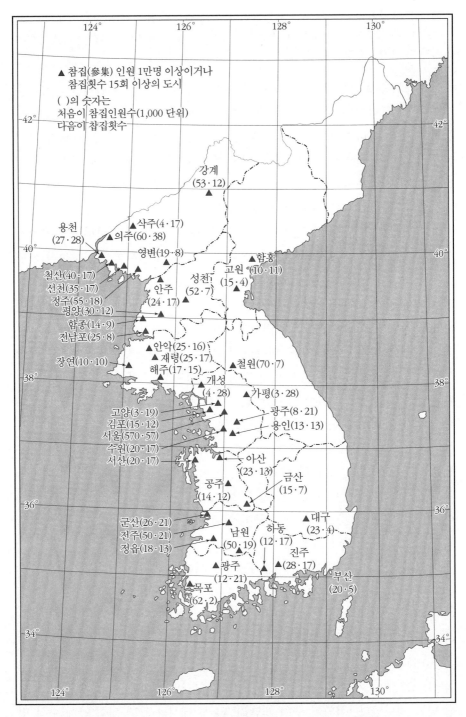

3 · 1운동도

시 전승국의 하나인 일본이 차지하는 국제적인 지위가 높았기 때문에 이러한
비인도적 탄압정책에 대한 맨주먹 투쟁에도 불구하고 한국인의 주장은 열강의
지원을 받지 못하는 형편이었다.

임시정부의 수립

3·1운동은 종교 단체와 교육기관을 통하여 행하여졌다. 그러나, 이들은 중
개의 역할을 하였을 뿐이며 강력한 통일된 조직을 가진 것이 못 되었다. 그리
고 해외의 독립운동도 여러 인사들에 의하여 개별적으로 진행되고 있었다.
3·1운동 직후에 수립된 임시정부(臨時政府)도 국내외에 여럿이 있을 정도였
다. 그러므로, 독립운동을 추진하는 데는 이를 총지휘할 수 있는 본거를 필요
로 하였고, 이러한 요구에 응하여 통합된 임시정부의 수립이 모색되기에 이르
렀다.

통합된 대한민국임시정부(大韓民國臨時政府)는 상해(上海)에 수립되었으며
(1919년 4월), 여기에는 해외에서 활약하던 인사들과 3·1운동 이후 새로 망명
한 인사들이 모두 포함되었다. 임시정부는 입법을 담당하는 의정원(議政院)과
행정을 담당하는 국무원(國務院), 그리고 재판을 담당하는 법원(法院)으로 구성
되어 있었다. 이것은 비록 망명정부일망정 한국에서는 처음으로 민주주의(民
主主義)의 원칙에 입각한 정치형태가 나타났다는 것을 의미한다. 제국(帝國)의
복구가 아니라 민주정부(民主政府)의 수립으로 된 것은 3·1운동에 나타난 국
민의 힘의 반영이며, 또한 한국 국민의 정치의식이 이미 새로운 단계에 도달하
고 있음을 나타내 주는 것이다.

임시정부와 국민과의 연결은 연통제(聯通制)를 통하여 이루어졌다. 연통제는
도(道)·군(郡)·면(面)마다에 그 책임자를 임명하고 이를 통하여 국민과 임시
정부와를 연결하는 제도였다. 이 제도는 모든 한국 국민으로 하여금 독립운동
에 가담할 수 있는 길을 마련해 주었다. 가령, 국민들은 이 길을 통하여 독립운
동에 필요한 자금을 모아 보냈던 것이다.

임시정부는 1919년 5월 김규식을 전권대사로 임명하여 파리강화회의에서
독립을 주장케 하고, 같은 해 8월 스위스에서 열린 만국사회당대회(萬國社會黨
大會)에 대표를 파견하여 한국의 독립을 결의케 하는 등 외교활동을 전개하였
다. 또 한편으로는 만주와 연해주 지방의 독립군을 일원적으로 재편성하고 안

동현(安東縣)에 광복군총영(光復軍總營)을 두어 무력에 의한 독립전쟁을 준비
하였다. 그리고 임시정부 기관지로서『독립신문(獨立新聞)』을 간행하여 독립
운동의 상황을 내외에 널리 알리고, 국민의 독립사상을 고취하는 데 큰 공헌을
하였다.

제15장 민족운동의 발전

제1절 일제 식민정책의 전환

문화정치의 표방

3·1운동은 일본으로 하여금 형식적이나마 그들의 정책을 변화시키지 않을
수 없게 하였다. 그것은 한국 국민이 일본의 식민정책에 기꺼이 따르고 있다고
선전하던 일본의 주장이 전혀 거짓임이 밝혀졌고, 따라서 세계의 여론이 극히
비판적이었기 때문이다. 일본은 이에 헌병경찰정치(憲兵警察政治)를 버리고 소
위 문화정치(文化政治)를 실시한다고 하여 그들의 식민정책의 일부를 수정하였
던 것이다. 새 총독 사이토(齋藤實)의 부임과 함께 표방된 소위 문화정치란 대
략 다음과 같은 것이었다.

우선 지금까지 육·해군대장(陸·海軍大將)이 임명되어 오던 총독에는 문관
(文官)도 임명될 수 있게 한다는 것이었다. 다음은 헌병경찰제도 대신에 보통
경찰제도(普通警察制度)를 채용한다는 것이었다. 그리고 교육을 보급시켜 일본
인과 같은 수준으로 올리고, 언론의 통제를 완화하여 한국인이 경영하는 한글
로 된 신문의 간행을 허락한다는 것이었다.

그러나, 이것은 지금까지와 꼭 같은 목적을 추구하기 위하여 그 방법을 달리
한 것뿐이었다. 그러므로, 허위와 기만에 가득 찬 것이었다. 우선 일본은 1945
년에 한국에서 축출될 때까지 단 한 명의 문관도 총독으로 임명한 일이 없었
다. 또, 비록 보통경찰제도가 되었으나 반면에 경찰기관은 오히려 확대되었
고, 따라서 경찰인원도 증가하였다. 1918년에는 헌병을 포함한 경찰의 수가
14,358명이었는데, 1930년에는 18,811명으로 되었다. 한편, 감옥은 증설되고
사상범도 증가하였다. 그리고, 그들이 선전하는 교육의 보급은 뒤에 상세히 설
명하겠지만 겉치레뿐이었고 그 차별 교육도 여전히 심하였다. 또, 과연『동아

일보(東亞日報)』·『조선일보(朝鮮日報)』·『시대일보(時代日報)』등 한국인이 경영하는 한글로 된 신문이 창간되었다. 그러나, 이것은 한국인의 언론을 통제하기 위한 하나의 수단에 지나지 않았다. 그러므로 그들의 검열은 엄격하였고, 삭제·압수·벌금·정간·폐간 등이 연속적으로 일어나서 매월 평균 5·6건에 이르렀다. 한편, 일본 본국에서는 관동대진재(關東大震災) 때(1923) 아무런 정당한 이유 없이 많은 한국인을 학살하는 비인도적 행위가 감행되기도 하였다.

결국 일본이 표방한 소위 문화정치란 세계의 여론에 눌려서 시행된 기만적인 표면적 완화에 불과하였다. 그러므로 그들의 식민정책의 근본에는 조금도 변화가 없었다. 있은 것은 일본인의 국내적인 모순이거나 대외적인 침략과정에 따라 한국에 대한 요구가 변화됨으로 말미암은 정책의 전환뿐이었다.

식량의 약탈

1920년대로 들어서면서 일본은 일본 내부에서 일어난 새로운 사태 때문에 식민정책의 전환을 강요당하였다. 그 첫째가 자본주의의 발전에 따르는 식량문제의 긴급성에 말미암은 식량의 약탈이었다. 특히, 1918년에는 일본에서 쌀값이 급등하고 그 때문에 일본 각처에서 소위 쌀소동(米騷動)이 일어났다. 이로 인하여 한국의 쌀에 대한 요구가 크게 증대하였던 것이다.

한국의 쌀은 강화도조약(江華島條約) 이후 계속해서 일본으로 수출되고 있었으며, 일본의 식민지가 된 이후 이는 한층 촉진되었다. 그러나, 국내적으로 심각한 식량위기에 부딪힌 일본은 한국의 쌀을 더욱더 필요로 하게 되었고, 이 필요에 응하기 위하여 산미증식계획(産米增殖計劃)을 세웠던 것이다. 이 계획은 1910년대에 이미 시작된 미작개량(米作改良) 정책이 더욱 강력하게 추진된 것이었다. 최초의 계획에 의하면 1920년으로부터 시작하여 15개년 동안 16,800만원(圓)의 비용을 들여, 427,500정보(町步)의 토지를 개량하고 경종법(耕種法)을 개량함으로써 920여 만석의 쌀을 증산할 예정이었다. 그렇게 되면 1년에 500만석의 쌀을 일본으로 더 수출할 작정이었다. 그렇더라도 결과적으로 한국에는 420만석의 쌀이 증가하는 셈이므로 한국도 이익을 얻는다는 것이다.

그러나, 계획은 예정된 성과를 거두지 못하였다. 1926년에 계획이 갱신되었으나 그것도 결과는 마찬가지였다. 즉, 1912~1916년의 연평균 생산량은 1,230만 석 이었는 데, 1922~1926년 에는 1,450만 석밖 에 안 되었고,

1932~1936년에는 1,700만석으로 증가하였을 뿐이었다. 그러나, 수출량을 살펴보면 1912 ~1916년에는 연평균 106만석밖에 안 되었는데, 1922~1926년에는 434만석으로 증가하였고, 1932~1936년에는 876만석으로 급증하였다. 이것은 같은 해의 연평균 생산량 1,700만석의 반 이상에 달하는 양이었다. 그러므로 대체로 계획 실시 후 쌀의 증산은 1.5배도 못 되었는데, 수출량은 8배 이상으로 증가한 것이다.

미곡의 생산량과 수출량
(단위 : 만석)

연 도	생 산 량(지수)	수 출 량(지수)	국내소비량(1인당소비량)
1912~1916 평균	1,230(100)	106(100)	1,124(0.72석)
1917~1921 평균	1,410(115)	220(208)	1,190(0.69석)
1922~1926 평균	1,450(118)	434(409)	1,016(0.59석)
1927~1931 평균	1,580(128)	661(624)	919(0.50석)
1932~1936 평균	1,700(138)	876(826)	824(0.40석)

증산은 예정대로 안 되었는데 수출은 예정을 넘었으니 결국 해를 입은 것은 한국의 농민밖에 없었다. 이리하여 쌀은 증산되었으나 쌀의 국내 소비량은 줄어만 갔다. 그 결과 일본인은 1인당 쌀 소비량이 1년에 1석 2두인 데 대하여 한국인은 4두 정도로 그들의 3분의 1 가량을 먹고 있었다. 그러면, 그 나머지는 무엇으로 배를 채웠는가. 그것은 만주에서 들어오는 조·수수·콩 등의 잡곡이었다. 1912년에는 겨우 1.5만석밖에 수입하지 않던 만주의 조를 1930년에는 그 100배가 넘는 172만석이나 수입하게 된 이유가 여기에 있었다.

일본의 산미증식계획의 실시는 1934년에 중지되고 말았다. 그것은 세계적인 농업공황(農業恐慌)에 휩쓸려 들어간 일본이 한국의 쌀을 수입하는 것은 공황을 촉진시키는 것으로 여겨졌기 때문이다. 증식계획은 중지되었으나 이 계획의 수행 과정에서 토지의 개량이 행해지고, 토지개량의 중심사업인 수리시설이 증가하였다. 수리시설은 수리조합(水利組合)에 의하여 경영되는 것으로 전국에 약 150개가 있었고, 그 공사비는 1억원이 넘는 것이었다. 그러나, 공사비와 인건비가 지나치게 많아서 수리조합은 경영난에 빠졌고, 이에 따라 수리지역의 토지는 상당한 액수의 수리조합 공과금을 바쳐야 했다. 시공 전보다 올라야 할 땅값이 도리어 시공 후에 떨어지는 경향이 많았던 까닭은 이러한 데에 그 원인이 있었다. 결국 농민에게 이로워야 할 수리시설은 도리어 농민을 빈곤으로 몰아넣었다. 수리조합에 대한 반대운동이 각처에서 일어나게 되는 까닭도 여기에 있었다.

상품시장의 구실

일본은 한국을 식량공급지 이외에 또 상품시장으로 기대하고 있었다. 1920
년에 일본과 한국과의 관세제도(關稅制度)가 철폐됨으로써 일본의 독점시장으
로서의 성격은 더욱 강화되었다. 그 결과 1931년에 일본으로의 수출액은 그
해의 총수출액의 95%를, 일본으로부터의 수입액은 총수입액의 80%를 차지하
고 있는 형편이었다. 일본의 한국에 대한 수출액이 그 총수출액에서 차지하는
비중에서 보더라도 한국의 상품시장으로서의 중요성을 알 수 있다. 즉, 1939
년에 일본의 총수출액의 34%가 한국에 대한 수출액이었던 것이다.

그런데 일본으로부터 한국으로 수입되는 것은 완제품(完製品)이 그 대부분
을 차지하고 있었다. 가령, 1912년에는 수입액의 75.6%가 완제품이었다. 그
리고, 그 완제품이란 것은 의료·실·술·담배·종이·기계 등이었으므로 일용
품(日用品)이 그 대부분을 이루고 있는 셈이다. 그런데, 한국으로부터 일본에의
수출은 쌀을 그 중요 내용으로 하는 식료품이 대부분이었고, 그 다음이 원료와
원료제품이었다. 일본의 식민지로서의 성격은 이러한 데서도 충분히 엿볼 수
있다.

품목별 대일본 수출입액 (백분비)

품 목	수 입			수 출		
	1921	1931	1935	1921	1931	1935
식 료 품	9.9	12.4	12.5	69.9	70.1	59.7
원 료	4.8	7.6	10.4	13.4	9.5	16.5
원료제품	9.2	11.6	14.1	12.3	9.5	17.2
완 제 품	75.6	63.5	61.6	2.7	7.4	5.1
기 타	0.5	4.9	1.3	1.7	3.4	1.5
합 계	100.0	100.0	100.0	100.0	100.0	100.0

그러나, 1930년대에 들어서면서는 변화가 생겼다. 물론, 일본이 무역에서 차
지하는 지위는 더 확고하여졌지만, 수입품의 내용에서 완제품이 차지하는 비
중이 낮아진 것이다. 즉, 1931년에는 수입품의 63.5%, 1935년에는 61.6%가
완제품이었다. 1921년의 75.6%에 비하여 그 비율이 상당히 낮아졌다. 그 반

면에 원료와 원료제품 수입의 비율은 증가하였다. 그리고, 수출에 있어서도 식료품, 즉 쌀의 비중이 적어지고 있다. 그러나, 이것을 한국이 식민지적 성격에서 이탈하는 것이라고 생각한다면 이는 조급한 결론이다. 이러한 완제품 수입의 감소는 일본의 투자(投資)가 증가하였다는 것을 증명하는 것이기 때문이다. 여기서 우리는 일본의 정책에 또 한번의 전환이 일어났다는 사실을 알게 되는 것이다.

중공업 분야의 투자

1920년에 총독부는 회사령(會社令)을 철폐하였다. 이로 인하여 회사의 설립은 허가주의에서 신고주의로 변하였다. 이제 회사는 까다로운 절차를 거쳐서 허가를 받지 않아도 설립될 수 있게 되었다. 그러나, 이것이 한국의 민족자본을 육성하기 위한 것이라고 생각한다면 큰 오해이다. 그것은, 성장하는 일본의 자본주의가 제1차 세계대전의 전쟁경기를 지나고 난 뒤 유리한 투자시장을 한국에서 발견한 때문이었다. 한국을 단순한 제품의 판매시장이 아니라, 투자시장화하려는 목적에서였다. 한국인 노동자의 임금은 일본인 노동자 임금의 절반밖에 안 되는 싼 것이었다. 또 그들에게는 10시간 이상의 장시간 노동을 강요할 수 있었다. 이러한 유리한 노동조건이 풍부하고 값싼 수력전기의 개발 가능성과 아울러 일본 투자가들의 주목을 끌게 된 것이다. 이리하여 각종 산업에 일본인 자본의 투자가 이루어지게 되었는데, 특히 주목되는 것이 1926년에 조선수력전기회사(朝鮮水力電氣會社)가 설립되어 부전강(赴戰江)의 수력이 개발된 사실이다. 다음해에는 그 전력을 이용하는 조선질소비료회사(朝鮮窒素肥料會社)가 흥남(興南)에 건설되었다. 이 질소공장은 한국뿐 아니라 일본에서도 찾아볼 수 없는 대규모 화학공장이었다.

이렇게 투자되기 시작한 일본의 자본은 1931년에 만주사변(滿洲事變)을 일으켜 만주국(滿洲國)을 세우고 일본이 실질적으로 이를 지배함에 이르러 더욱 촉진되었다. 소위 국방국가(國防國家)의 건설이 한국이 가지고 있는 군수자원을 개발할 필요를 더욱 증대시켰기 때문이다. 이리하여 일본의 대재벌들은 다투어서 한국에 공장을 건설하였고, 이에 따라서 한국의 산업에서 차지하는 공업의 비중이 급속도로 커갔다. 즉, 1925년에 공산액(工產額)은 총생산액의 17.7%였는데, 1931년에는 22.7%로 증가하였고, 1936년에는 31.3%로 증가하

였으며, 1939년에는 또 39%로 증가하였다. 그 반면에 농산액(農産額)은 1925
년에 총생산액의 72.7%이던 것이, 1931년에는 63.1%로 감소하였고, 1936년
에는 51.8%로 더욱 감소하였으며, 1939년에는 42%로 또 감소하였다. 그 결과
1939년에 있어서 39%의 공산액에다 6%의 광산액을 더하면 광공업(鑛工業)은
한국 산업에서 제1위를 차지하게 되었고, 지금까지 수위를 차지하던 농업은
이보다 뒤떨어지게 되었다. 이리하여 각지에 공업지대가 건설되었는데, 그중
에서도 함경도(咸鏡道)는 중요한 지대가 되었다. 함경도는 또 만주와 연결하는
새로운 통로로서 전략적으로도 중요성을 가지게 되었다.

　더욱 우리의 주의를 끄는 것은 공업의 성격에 있다. 이를 살피기 위하여 부
문별 공산액의 백분비를 제시하면 다음 표와 같다. 즉, 처음 절대적인 우세를
나타내던 식료품공업은 점점 그 비중이 약하여지고, 그 대신 화학공업이 제1
위를 차지하는 데로 발전하였다. 1939년에 화학공업은 33.5%를 차지하고 있
는데, 여기에다가 금속공업의 9.1%와 기계기구공업의 3.6%를 합친 중공업(重
工業)은 46.2%에 달하게 되는 것이다. 이것은 정상적인 발전이라고 할 수가 없
다. 즉, 군수공업(軍需工業)의 일방적 발전을 의미하는 것이다. 다시 말하면, 한
국은 일본의 중국 침략을 위한 병참기지(兵站基地)로 화한 것이다.

부문별 공산액(工産額)　(백분비)

품 목	1930	1936	1939
방 직	12.8	12.7	13.4
금 속	5.8	4.0	9.1
기계기구	1.3	1.1	3.6
요 업	3.2	2.7	2.9
화 학	9.4	22.9	33.5
목 제	2.7	2.7	1.4
인 쇄	3.1	1.8	1.3
식 료 품	57.8	45.1	21.9
전 기	2.4	5.6	2.0
기 타	1.5	1.4	10.9
합 계	100.0	100.0	100.0

광산자원의 약탈

광업도 공업에 못지않은 속도로 발전하여 갔음은 다음과 같은 통계 숫자에

서 찾아볼 수 있다. 즉, 만주사변 직전인 1930년에는 광산액(鑛産額)이 2,465 만원(圓)이었는데 중일전쟁 직전인 1936년에는 11,043만원으로 4.5배의 격증을 하였다. 더욱이, 1942년에는 44,542만원으로 상승하였다. 이것은 1936년의 4배요, 1930년의 18배에 달하는 것이다. 12년 사이에 18배로 비약했다는 것은 놀라운 발전이 아닐 수 없다.

이렇게 개발된 광업의 중점은 금광(金鑛)에 놓여 있었다. 즉, 1936년의 금산액(金産額)은 17,490kg, 5,935만원으로서 그 해 광산액 전체의 반 이상을 차지하고 있었다. 이렇게 금광업이 일본정부의 장려를 받으면서 급격한 발전을 하게 된 것은, 일본이 중국 침략을 위한 전쟁에 필요로 하는 석유·고철(古鐵)·공작기계(工作機械) 등을 미국 등 여러 나라로부터 수입하는 데에 금이 있어야 했기 때문이다.

그러나, 1941년에 미일전쟁(美日戰爭)이 벌어지면서는 광산업의 중점이 금으로부터 철(鐵)·석탄(石炭)·중석(重石)·흑연(黑鉛)·수연(水鉛)·마그네사이트 등으로 옮겨졌다. 그것은 이러한 광산물이 군수공업에 직접 필요하였기 때문이다. 그 결과 1927년에서 1944년 사이에 금의 생산량은 격감한 데 반하여 철은 6.3배, 석탄은 10배, 중석은 무려 167배, 흑연은 5.8배, 수연은 26배, 그리고 마그네사이트는 1927년에 산출량이 전무였던 것이, 1940년에서 1944년 사이에는 2.1배로 증가하였다. 여기에도 한국이 일본의 병참기지화(兵站基地化)하는 성격이 나타나 있다.

중요 광산물 산출량
(단위 : 톤)

연 도	금	철	석 탄	중 석	흑 연	수 연	마그네사이트
1927	5.341	483,996	709,578	5	17,941	29	—
1940	22,060	1,185,426	5,740,941	4,218	94,581	195	73,540
1944	0.598	3,331,814	7,048,776	8,333	103,306	760	157,745

민족말살정책

일본은 1937년 중국에 대한 전면적인 침략을 개시하고, 1941년에는 미국에 대한 선전포고를 하였다. 이 희망 없는 전쟁의 수행에서 국가총동원을 실시하고 일본 자체에서도 여러가지 비상조치가 취해졌지만, 식민지인 한국에서 더욱 심했던 것은 물론이다. 일본은 이 시기에 소위 '내선일체(內鮮一體)'라는 표어를 내걸고 민족말살정책을 감행하였던 것이다.

일본은 우선 모든 민족적인 문화활동을 금지하였다.『동아일보(東亞日報)』·『조선일보(朝鮮日報)』등의 한글로 발행되는 신문과,『문장(文章)』등의 한글로 된 잡지가 모두 폐간되었다. 조선어학회(朝鮮語學會 ; 한글학회)의 간부들은 민족운동을 일으켰다는 죄목으로 검거되었다. 이때 일본 경찰의 심한 고문으로 이윤재(李允宰) 등이 옥사하기도 하였다. 문학자들은 일본어로 작품을 쓰도록 강요되었다. 심지어는 학교나 가정에서도 일본어를 상용하도록 강요되었다. 한국어뿐 아니라 한국사의 연구도 위험시되었고, 이에 따라 진단학회(震檀學會)도 활동이 정지되었다. 그리고 신사참배(神社參拜)가 강요되었는데, 주기철(朱基徹)과 같이 이를 거부하고 목숨을 빼앗긴 기독교인들도 있었다. 또『성서조선(聖書朝鮮)』을 발행하던 김교신(金敎臣)과 그의 동지들도 많이 옥고를 치르었다. 드디어는 창씨(創氏)라 하여 성명조차 일본식으로 고치도록 강요되었다. 요컨대, 일본은 한국민족이라는 의식을 뿌리째 뽑아버리고 한국민족의 존재를 지구 위에서 말살하려고 했던 것이다.

그리고는 식량·원료 및 노동력의 강제적인 동원이 실시되었다. 쌀이 강제로 공출되었고, 각종 금속기가 강제로 헌납되었다. 또 전선의 확대에 따르는 노동력의 부족으로 인하여 인적 동원이 강요되었다. 많은 한국인들이 탄광·군수공장·일선기지로 징용되어 강제노동에 종사하였다. 이 계획에 의하여 일본으로 연행된 수만 하더라도 70만을 넘었다. 심지어 처녀들이 정신대(挺身隊)라는 명목으로 동원되어 일선에서 위안부 노릇을 하도록 강요되기도 하였다. 또, 군대에도 동원되었다. 처음은 지원병(志願兵)제도를 실시하여 군대에 지원할 것이 강권되었고, 학병(學兵)이라 하여 대학생들이 강제로 동원되더니, 뒤에는 징병(徵兵)제도가 실시되었다. 그 동안 많은 희생자가 난 것은 물론이었다. 그러나, 학병이나 징병을 거부하고 탄광 기타에서 강제노동을 당하는 사람들이 많았다. 또, 비록 군대에 끌려가더라도 일선에서 탈출하여 연합군측으로 가는 사람들도 많았다.

제2절 민족자본과 농민 · 노동자의 상태

민족자본의 상태

일제의 정치적 보호를 받아가며 각종 산업에서 일본인의 자본이 성장 발전하여 갔다. 더구나 군수공업은 일본의 군부와 결탁한 미쯔이(三井) · 미쯔비시(三菱) · 노구찌(野口) 등의 대재벌에 의하여 추진된 것들이었다. 그러므로, 이러한 공업의 발전이 민족자본의 성장을 의미하는 것은 아니었다. 1938년에 있어서 공장에 투입된 자본은 다음 표에 나타난 바와 같이 한국인의 것이 12.3%를 차지하고 있는 데 대하여, 일본인의 것은 실로 87.7%를 차지하고 있는 현실이 이를 여실히 증명해 주고 있다. 여기에 만일 일본인이 독점하고 있는 전기공업(電氣工業)의 213,065천원(圓)을 가산한다면 한국인 자본의 비중은 더욱 가벼워진다. 그리고, 회사당 자본을 비교해 본다면 한국인의 공장이 소규모의 것인 데 대하여, 일본인의 것은 대규모의 공장이었다는 것을 알 수 있다. 이러한 상황 속에서 때로 민족자본 중에는 일본 자본에 예속된 것도 있었다.

민족별 공업자본(1938년)

(단위 : 천원)

구 분	불입자본(괄호 안은 백분비)		회사당 불입자본	
	한국인 회사	일본인 회사	한국인 회사	일본인 회사
방 직	6,075(20.8)	23,103(79.2)	164	593
금속기계	1,852(7.3)	23,654(92.7)	32	249
양 조	12,054(46.7)	13,772(53.3)	38	107
제 약	1,676(64.2)	934(35.8)	51	37
요 업	432(2.7)	15,791(97.3)	36	395
제분정미	2,526(20.4)	9,860(79.6)	27	141
식 료 품	217(2.2)	9,621(97.8)	13	128
목 제 품	· 594(5.3)	10,553(94.7)	31	129
인 쇄	625(30.0)	1,461(70.0)	14	35
화 학	2,954(2.8)	100,736(97.2)	80	1,340
기 타	1,193(18.6)	5,220(81.4)	18	39
합 계	30,198(12.3)	214,705(87.7)	41	267

광업에 있어서도 이 사정은 마찬가지였다. 즉, 광업의 경영주도 대부분이 일본인이었던 것이다. 석탄업(石炭業)에서 일본인의 자본은 94%요, 그 밖의 광업에서는 96%를 차지하고 있었다. 그러므로, 공업의 경우와 마찬가지로 광업의 발전이 한국인에 의해서 이룩된 것이 아니었음을 알 수 있다.

공업 발전의 상태를 가리켜 '약진하는 조선'이라고 일본은 선전하였다. 그러나, 그 약진은 한국인의 약진이 아니라 일본인의 약진이었다. 따라서 한국인의 행복을 위한 약진이 아니라 일본인의 행복을 위한 약진이었다. 아니, 한국인의 희생을 토대로 한 일본인의 행복의 건설이었다.

이러한 속에서나마 꾸준히 민족자본으로 성장해 나간 것도 있었다. 김성수(金性洙)의 경성방직(京城紡織)은 그 하나의 예이다. 1919년에 창립된 경성방직은 호남(湖南) 지방 지주(地主)를 중심으로 한 민간자본으로 창립된 민족기업으로서, 한국인의 기호에 맞는 질기고 무게 있는 제품을 만들어 농촌으로 시장을 개척해 나갔다. 그리고 특히 민족정신이 강한 서북(西北) 지방에서 환영받았다. 경성방직은 사원도 한국인에 국한한다는 것을 밝히어 민족기업으로서의 특징을 살려 가고 있었다. 한편 중앙중학(中央中學)과 보성전문(普成專門)을 맡아 민족교육을 담당하고, 『동아일보』를 운영하여 민족의 여론을 대변하기도 하였다. 경성방직 외에 안희제(安熙濟)에 의하여 영남(嶺南) 지방 지주들의 자본으로 창립된 부산(釜山)의 백산상회(白山商會)가 무역회사로서 유명하였다. 백산상회는 독립운동의 자금을 공급하는 한편 장학사업이나 협동조합(協同組合) 운동을 전개하기도 하였다.

평양(平壤)의 메리야스공업과 고무공업도 민족자본으로서 크게 주목되는 것이었다. 메리야스공업은 1920년 이후에 활기를 띠게 되었는데, 주로 양말을 생산하였다. 이들 공장의 경영주들은 공신(工信)양말의 이진순(李鎭淳)이나 삼공(三共)양말의 손창윤(孫昌潤)과 같이 가난한 소상인 출신이 많았다. 이들은 근검저축하여 자본을 모아 독립된 공장을 건설할 수 있었다. 고무공업은 고무신을 전래의 신발 양식의 것으로 개량한 이후에 일반 대중으로부터 환영받아 점차 융성하기 시작하였다. 이를 고안한 것은 이병두(李丙斗)이며, 그는 최규봉(崔奎鳳)이 운영하는 정창(正昌)고무공업사의 공장장이었다. 평양에서 발전한 메리야스공업이나 고무공업의 경영자들은 근검하고 신의 있고 진취적인 기업정신을 기독교로부터 받아들이고 있었음이 또한 특색이었다. 평양에서 발전하기 시작한 메리야스공업과 고무공업은 일본의 기업이 따르지 못하는 중요한 민족기업의 분야였다.

농민의 영락

일본은 소위 토지조사사업(土地調査事業)을 한국에 있어서의 토지소유의 근
대화작업이라고 하였다. 그러나 이것이 일본의 토지약탈이었음은 위에서 설명
한 바와 같다. 이로 인하여 일본인 대지주(大地主)가 증가하였고, 한편 지난날
의 양반 지주들도 과거의 특권을 물려받게 되었다. 그러나, 경작자인 많은 농
민은 영세소작농(零細小作農)으로 전락할 수밖에 없었다. 그들은 이제 계약에
의한 소작인이 되었기 때문에 점차 토지소유권으로 성장해 가던 경작권(도지
권, 賭地權)을 빼앗기는 보다 불리한 위치에 놓이게 되었다. 또 자작농(自作農)
이라 할지라도 지극히 적은 농토밖에 소유하지 못하는 영세농이 절대적인 비
중을 차지하였다. 그러므로 소작을 겸해야 하는 경우가 많았다.

따라서, 지주의 수는 물론 자작농이 차지하는 비중도 극히 적었던 것이다.
즉, 다음 표에 나타난 1916년의 통계에 의하면 전농가 호수 약 264만 중에서
지주가 불과 2.5%인 6.6만 가량, 자작농이 약 20%인 53만 가량인 데 대하여,
자작겸소작농은 40.6%인 107만 가량, 순소작농은 36.8%인 97만 가량이었다.
자작겸소작농과 순소작농의 합계는 204만으로 전농가의 77.4%를 차지하고
있는 것이다. 그리고 이들의 대부분, 즉 전농가 호수의 약 60%인 150만 가량
이 1정보 미만의 적은 토지를 경작하고 있었다.

계급별 농가 호수(1916년)

계 급	호 수	백 분 비
지 주	66,391	2.5
자 작 농	530,195	20.1
자작겸소작농	1,073,360	40.6
소 작 농	971,208	36.8
합 계	2,641,154	100.0

이렇게 전락한 영세농민들의 생활은 비참할 수밖에 없었다. 1924년의 총독
부 통계에 의하더라도 전농가 2,728,921호 중에서 1년의 수지가 적자인 호수
는 1,273,326호로서 백분비로 하면 44.6%였던 것이다. 즉, 한국 농가의 약 반

은 매년 빚을 져야만 살아갈 수 있었다. 그러나, 실제에 있어서는 이 공식통계 이상으로 그 수가 많았을 것임이 분명하다. 가난한 농민들은 식량이 부족하면 풀뿌리나 나무껍질을 벗겨 먹어야 했다. 그 수는 총독부 자신의 발표에 의하더라도 전농가의 반을 넘었다.

일제의 식민정책 밑에서 이러한 추세는 시간이 흐르면서 더욱 촉진되었다. 자작농과 자작겸소작농은 소작농으로 몰락하여 그 수가 부쩍 늘게 되었다. 그리고, 일본인 지주가 늘어갔다. 우리는 이를 다음과 같은 통계숫자에 의하여 알 수가 있다. 즉, 1916년에 지주는 전농가의 2.5%이던 것이 1930년에는 3.6%로 증가하였는데, 이것은 일본인 지주의 증가에 의한 것이었다. 자작농은 같은 기간에 20.1%로부터 17.6%로, 자작겸소작농은 40.6%로부터 31%로 각각 상당히 감소되었고, 반면에 소작농은 36.8%로부터 46.5%로 격증하였던 것이다.

소작농이 지주에게 내는 소작료는 생산량의 2분의 1이 평균으로 되어 있었다. 게다가 소작농들은 비료대, 수리조합세, 곡물운반비, 지세 등을 부담하였고, 또 지주에게 노동력을 제공하였다. 농민의 생활이 점점 곤란하여질 것은 당연한 일이었다. 이리하여 화전민(火田民)이 격증하여 갔다. 즉, 1916년에는 화전민의 수가 245,626이었는데, 1927년에는 697,088, 1936년에는 1,520,368로서, 각기 3배 및 6배가 증가하였다. 또, 만주나 일본으로 이민하는 사람의 수도 해를 따라 증가하였다. 1927년에는 56만 가량이던 만주의 이민자 수는 1936년에는 무려 89만으로 증가하였다. 또 1910년에는 250명에 지나지 않던 일본에 이민간 한국인의 수가 1930년에는 42만으로, 1941년에는 147만으로 증가하였던 것이다. 만주에 가서 농업을 하거나 일본에 가서 노동을 하거나 간에 그들의 생활은 한결같이 비참한 것이었다. 뿐만 아니라 원주민들과의 알력으로 인하여 만주에서는 만보산사건(萬寶山事件) 같은 불행한 일이 벌어졌고, 이러한 사건은 일본의 중국 침략에 악용되었다.

이러한 속에서 농민들의 반항운동이 격화되자 일본은 소위 농촌진흥운동(農村振興運動)을 일으켰다. 1933년에 시작된 이 운동은 자력갱생(自力更生)에 의하여 춘궁(春窮)을 퇴치하고 부채(負債)를 근절하여 농가의 경제를 갱신시킨다는 것이었다. 이를 위하여 농가의 식량증산과 부업이 장려되었다. 그러나 워낙 적은 농지를 소작하는 영세농민이 절대 다수를 차지하고 있는 상황 속에서 그 성과를 기대한다는 것은 바랄 수 없는 일이었다. 이것은 결국 농민의 반항

운동이 격화되었기 때문에 이를 완화시키려는 일본의 정책적 수단에 지나지
않았다.

노동자의 생활

광공업(鑛工業)의 발전에 따라 노동자의 수도 해를 따라 급격하게 증가하였
다. 즉, 만주사변이 일어나던 1931년에는 공장노동자와 광산노동자가 각기 11
만과 4만에 못 미치던 것이, 중일전쟁이 일어나기 전해인 1936년에는 각기 19
만과 14만에 육박하였으며, 미일전쟁이 일어난 다음해인 1942년에는 각기 52
만과 22만을 넘고 있었다. 여기에 자유노동자를 합하면 그 수는 훨씬 많아지게
된다. 그리고 노동자에 딸린 가족수를 생각할 때에 그것이 전인구의 상당수를
차지한다는 것을 말해 주는 것임을 알게 된다.

노동자수

연 도	공장노동자	광산노동자	합 계
1931	106,781	35,895	142,676
1936	188,250	139,934	328,184
1942	520,027	223,996	744,023

이러한 노동자들에게는 장시간 노동이 강요되었다. 12시간 이상의 경우는
공장노동자가 47%, 광산노동자가 34%를 각기 차지하고 있는 형편이었다. 이
렇게 장시간 노동을 한다고 임금이 많은 것도 아니었다. 별표에 나타나 있는
바와 같이 1929년에 있어서 한국 거주 일본인 공장노동자의 남자 성년공의 하
루 임금이 2원(圓) 32전(錢)이었는 데 대해서, 한국인의 그것은 그 반액도 안 되
는 1원에 지나지 않았고, 유년공에 있어서는 일본인이 71전인 데 대해서 한국
인은 44전이었다. 여공(女工)에 있어서는 일본인 성년공이 1원 1전이었는 데
대해서 한국인의 그것은 59전, 일본인 유년공이 61전이었는 데 대해서 한국인
의 그것은 32전에 지나지 않았다. 이러한 임금으로는 가족의 최저 생활도 유지
하기 힘든 것이었고, 따라서 문화생활이나 자녀교육을 위하여 지출할 여유는
없었다.

이러한 조건 밑에서 노동자들의 건강 유지가 만족스러울 수는 없었다. 많은
노동자들이 재해와 질병으로 고생하였지만 이에 대한 대책은 거의 없다시피

민족별 공장노동자 임금(1929년) (단위 : 1일)

한 국 인				일 본 인			
남		여		남		여	
성년공	유년공	성년공	유년공	성년공	유년공	성년공	유년공
1.00원	0.44원	0.59원	0.32원	2.32원	0.71원	1.01원	0.61원

하였던 것이다. 그러므로 노동자의 생활이 비참하지 않을 수 없었다. 그러나 그나마 일을 얻지 못하는 실업자가 상당한 수에 달하였다. 즉, 1931년의 통계에 의하면 실업자의 수는 대체로 조사인원의 15%에 달하는 형편이었다. 이것은 일본에 있어서의 6.7%에 비긴다면 2배 이상이나 더하는 숫자였다. 이러한 상황들은 노동 문제가 당시의 중요한 사회문제였다는 것을 말해 주고 있다.

제3절　민족운동의 새 양상

물산장려운동과 소작·노동쟁의

1920년대에 상인 및 지주들이 많이 기업(企業)으로 진출하면서 여러 기업체들이 발생하였다. 그러나 민족자본은 그 규모에 있어서 일본인의 그것에 대항할 수 없는 미약한 것이었고, 따라서 사회적 뒷받침이 없이는 성장할 수가 없었다. 이에 민족자본을 적극적으로 육성하려는 물산장려운동(物産奬勵運動)이 전개되기에 이르렀다. 즉, 1923년에 조직된 물산장려회는,

> 입자! 조선인이 짠 것을,
> 먹자! 조선인이 만든 것을,
> 쓰자! 조선인의 손으로 된 것을,

이라는 구호 아래 일제품을 배격하고 국산품을 애용하자는 운동을 폈던 것이다. 이 운동은 서울·평양 등의 도시로부터 시작하여 전국 각지로 번져 갔고, 청년회(靑年會)·부인회(婦人會)·소년단(少年團) 등이 호응하여 단시일에 전국적인 민족운동으로 발전하였다.

한편 농민들의 소작쟁의(小作爭議)도 점점 활발하여졌다. 특히 소작인조합

(小作人組合)·농민조합(農民組合)·농우회(農友會) 등의 소작인 단체가 조직되면서 더욱 심하여졌다. 이미 설명한 바와 같이 농민들은 가난에 시달릴 뿐 아니라, 또 지주로부터 소작권이 박탈될 위협을 받고 있었다. 이에 대한 항거가 소작쟁의로서 나타났다. 그리하여, 1922년에는 겨우 24건에 참가인원 2,539명에 지나지 않던 소작쟁의가, 1925년에는 204건에 참가인원 4,002명, 1930년에는 726건에 참가인원 13,012명으로 증가하였다. 그리고, 그 소작쟁의의 원인은 전 건수의 60%까지가 소작권 이동에 대한 반대였고, 다음으로 많은 것이 소작료를 낮추자는 요구로서 전 건수의 18%였다. 이 밖에 지조(地租) 및 수리조합비(水利組合費) 등 공과금에 대한 지주 부담 요구 등도 한 원인이 되었다. 이미 언급한 바와 같이 일본의 농업정책이 한국 농민에게 해를 끼쳐 주고 있던 점들이 이 소작쟁의의 원인에서도 엿볼 수 있다. 그리고 소작쟁의는 동척농장(東拓農場)이나 불이농장(不二農場) 등 일본인 지주의 농장에서 많이 일어났다. 가령 함남 고원(高原)의 동척농장쟁의, 평북 용천(龍川)의 불이농장쟁의 같은 것이 그러한 예였다. 소작쟁의가 단순한 경제투쟁만이 아니라, 일본에 대한 반항운동의 색채도 띠게 되는 이유를 알게 될 것이다.

한국의 값싼 노동력을 바라고 일본의 대기업들이 진출하여 광공업이 발전함에 따라서 노동쟁의(勞動爭議)도 또한 급격히 증가하게 되었다. 즉, 1912년에는 6건에 참가인원 1,573명이던 것이, 1921년에는 36건에 3,403명, 1926년에는 81건에 5,984명, 1931년에는 205건에 21,180명으로 격증하였다. 이러한 노동쟁의는 1920년에 조선노동공제회(朝鮮勞動共濟會), 1922년에 그 후신인 조선노동연맹회(朝鮮勞動聯盟會)가 조직되면서 적극성을 띠게 되었다. 그 예로는 1921년의 부산 부두노동자들의 파업, 1923년의 서울 고무여공들의 파업 등을 들 수가 있는데, 그 가장 대표적인 것이 1929년의 원산 노동자의 총파업이었다. 이것은 한 석유회사의 일본인 현장감독이 한국인 노동자를 구타한 사건을 계기로, 그 석유회사의 노동자들이 일본인 현장감독을 파면할 것을 요구하며 파업에 들어간 것이 시초였다. 여기에 원산노동연합회(元山勞動聯合會)가 개입함으로써 파업은 확대되어, 원산의 거의 모든 노동자가 이에 가담하게 되었다. 그리고 파업 중인 노동자의 생활을 위하여 전국 각지로부터 성금이 답지하기도 하였다. 일제 당국은 이에 어용노동단체를 조직하여 일을 해결하려 하였으나 이 계획은 실패로 돌아갔다. 이 파업은 결국 타협으로 매듭지어졌으나, 노동쟁의가 민족운동과 연결되는 양상을 뚜렷이 나타내 주었다. 노동쟁의는 임금인상을 요구하여 일어나는 경우가 제일 많았으나, 뒤로 가면서는 점점 단체교섭권의 부여, 8시간 노동제의 실시 등을 요구하는 경우가 늘어나고 있었다. 그리고 항일민족운동의 일부로서 점점 전국적으로 보편화되어 갔다.

대체로 1920년대에 크게 일어나던 물산장려운동이나 소작쟁의 및 노동쟁의는 일제의 식민정책에 대한 커다란 위협이었다. 그런 만큼 일제는 이에 대하여 탄압정책으로 일관하였다. 1930년대에 중국에 대한 침략을 강행하면서는 더욱 이에 대한 탄압이 심하여졌다.

신간회의 활동

3·1운동 이후 독립운동은 여러가지 방법으로 그 방향을 모색하게 되었는데, 그 하나가 사회주의(社會主義)와의 연결이었다. 마침 러시아혁명이 성공하고 레닌(Lenin)은 약소민족의 독립운동에 대한 원조를 주장하였다. 이에 자극을 받아서 1921년 상해에서 이동휘(李東輝)를 중심으로 고려공산당(高麗共産黨)이 세워졌고, 레닌으로부터 상당한 자금의 원조까지 받기에 이르렀다.

한편, 도쿄(東京)의 유학생들을 중심으로 무정부주의(無政府主義 ; 아나키즘)운동이 일어났다. 절대적인 자유를 내세워 일체의 권력을 부인하는 이 운동은 폭력항쟁의 과격한 방법을 취하였다. 1923년 박열(朴烈)의 일황암살계획(日皇暗殺計劃)은 그 구체적 표현이었다. 한편, 독립을 위하여는 일본의 자본주의를 타도해야 한다고 생각한 이론파들은 1925년에 조선공산당(朝鮮共産黨)을 조직하고 노동쟁의 등을 통한 조직적 항일운동을 일으켰다. 그러나 이 사회주의 운동에는 이 밖에도 다른 여러 갈래의 파가 있었다.

이러한 사회주의 운동의 대두에 대하여 민족주의 측에서도 그들 자신의 조직을 가지려고 하였으나 일제의 식민통치에 타협적인 합법적 조직을 가지려는데 대한 심한 반발에 부딪혀 좌절되고 말았다. 그러다가 6·10만세운동이 있은 다음해인 1927년에 민족주의자와 사회주의자가 공동전선을 펴서 민족단일조직으로서의 신간회(新幹會)를 조직하기에 이르렀다. 일본은 소위 문화정치를 표방한 까닭도 있었겠지만, 동시에 한국 민족운동의 내막을 손쉽게 파악하려는 저의도 숨어 있어서, 이 신간회를 합법적인 기관으로 인정하게 되었다.

신간회의 강령은 다음의 세 항목으로 되어 있었다.

1. 우리는 정치적 · 경제적 각성을 촉진함.
2. 우리는 단결을 공고히 함.
3. 우리는 기회주의를 일체 부인함.

이에 의하면 신간회가 비록 합법적인 기관이긴 하였으나, 민족의 단결과 정치적 · 경제적 각성을 촉구하고 기회주의를 배격하는 극히 투쟁적인 강령을 내세웠음을 알 수가 있다. 그 주장 속에는 한국인 착취기관의 철폐, 이민정책(移民政策)의 반대, 한국인 본위의 교육제 실시, 한국어 교수의 실시, 과학사상 연구의 자유, 한국인에 대한 특수취체법규(特殊取締法規)의 철폐 등이 들어 있었다. 즉, 당시의 한국이 당면한 모든 문제에 대하여 민족적 입장을 대변하였다.

신간회는 일본 경찰의 심한 감시로 표면적인 활동이 늘 억제를 당하였으나, 전국에 많은 지회(支會)가 설립되고 회원은 무려 3만에 이르렀다. 한편, 여성단체인 근우회(槿友會)가 방계단체로 신간회의 활동에 동조하였다. 민족운동에 대한 국민의 열의를 이러한 데서도 엿볼 수가 있다. 신간회는 광주학생운동(光州學生運動) 때 조사단을 파견하고 민중대회를 계획하는 등 학생들의 운동과 보조를 같이하였다. 그 때문에 많은 간부들이 일본 경찰에 검거되어 회의 운영조차 곤란한 지경에 이르렀다. 그러다가 만주사변이 일어나던 1931년에 사회주의 계열의 주장에 의하여 해산되고 항일운동은 지하로 숨어 들어가게 되었다.

6·10만세운동과 광주학생운동

일제 식민통치하에서의 한국 민족운동의 특이한 양상의 하나는 그것이 학생들을 중심으로 구체적인 독립시위운동으로 전개되었다는 점이다. 이미 3·1운동에 있어서도 학생들에 의하여 도쿄(東京)에서 첫 봉화가 올려졌고, 또, 3·1운동을 민족적인 운동으로 전개시킨 서울에서의 시위도 학생들에 의해서 행해졌다. 그리고 6·10만세운동과 광주학생운동이 또한 그러했다.

마침 1926년 4월에 조선왕조 최후의 국왕인 순종(純宗)이 사망했다. 민족의 비애와 일본에 대한 반항은 그의 죽음에 대한 애통으로 표현되었다. 이 기회를 이용하여 장례일인 6월 10일에 항일시위운동을 행할 계획이 진행되기에 이른 것이다. 그러나, 이 계획은 고종(高宗)이 사망했을 때 3·1운동이 일어난 경험에 비추어서 경계를 엄히 하고 있던 일본 경찰에 의하여 사전에 발각되었다.

경찰은 인쇄된 격문을 압수하고 전국적으로 사회적 명망이 있는 중요 인물들
을 검거하였다. 심지어는 장례에 참석하러 상경하는 것까지도 금지하고 삼엄
한 경계망을 폈다. 그러나, 두 갈래로 진행된 학생들의 계획은 탄로되지 않아
드디어 장례일인 6월 10일에 가두 시위를 벌이기에 이르렀던 것이다. 즉, 장례
행렬이 지나갈 때마다 곳곳에서 학생들은 독립만세를 부르고,

> 2천만 동포여! 원수를 구축하라.
> 피의 값은 자유이다. 대한독립만세.

라고 쓴 격문을 뿌렸다. 이로 인해서 200여 명의 학생이 검거되기에 이르렀다.
이를 보통 6·10만세운동이라 부른다.

　학생들의 민족운동은 시위운동으로서뿐만 아니라 동맹휴학(同盟休學)의 형
태로도 나타났다. 동맹휴학에는 한국인 본위의 교육을 실시하라든가, 식민지
차별의 교육을 타도하자든가, 한국어 교수를 철저히 해달라든가, 한국사를 한
국인 교사로 하여금 교수케 하라든가 하는 항일적 주장들이 나타나 있다. 이렇
게 전국 각지에서 번져가고 있던 동맹휴학이 그 절정에 도달한 것이 1929년의
광주학생운동이었다.

　광주학생운동은 기차통학을 하던 일본 학생이 한국 여학생에게 행한 모욕
적인 언동으로부터 발단하였다. 한국 학생들은 일본 학생들과 충돌을 일으키
게 되었고, 이 충돌은 11월 3일에 이르러 시가전과 같은 양상을 띠고 확대되었
다. 그런데 일본 경찰에서는 책임을 일방적으로 한국 학생에게 지워서 관련된
학생들을 검거하였다. 이에 광주의 학생들은 총궐기하여 검거된 학생들의 석
방과 아울러 민족차별의 철폐, 약소민족의 해방, 제국주의의 타도 등을 외치
며 시위운동을 전개하였다. 이러한 시위운동은 광주에 국한된 것이 아니었다.
1930년까지에 걸쳐서 국내 각지에 파급되어 시위운동에 참가한 학교가 194개
교, 참가한 학생은 54,000명에 달하였다. 이로 인하여 퇴학처분을 당한 학생은
582명, 무기정학을 당한 학생은 2,330명, 피검자는 1,642명에 이르렀다. 그리
고 신간회도 조사단을 파견하고 민중대회를 계획하는 등 학생들의 운동에 동
조하였다. 이 광주학생운동은 3·1운동 이후 최대의 민족운동이었던 것이다.

해외의 독립운동

해외에서의 독립운동으로는, 우선 만주를 무대로 한 독립군(獨立軍)의 활약이 있었다. 홍범도(洪範圖) 등 한말의 의병들이 그리로 간 이후 국경을 접한 만주는 줄곧 독립군이 활약하는 근거지가 되어 왔다. 100만에 이르는 한국인들의 부락이 그 근거지의 구실을 담당했다. 특히 3·1운동 이후에 고조된 독립의식을 장기적이고도 강인한 항일투쟁으로 이끌기 위하여 많은 독립군 부대가 편성되었다. 이들 독립군은 비록 무기면에서는 일본군에 뒤떨어졌을망정 철저한 민족교육에 의하여 훈련된 강력한 부대들이었다.

이들은 여러 차례에 걸쳐 만주에서, 혹은 국경을 넘어와서, 일본 군대와 경찰을 습격하였다. 이러한 여러 전투 중에서도 가장 빛나는 승리를 올린 것은 1920년의 봉오동전투(鳳梧洞戰鬪)와 청산리전투(靑山里戰鬪)였다. 봉오동전투는 홍범도가 거느린 대한독립군(大韓獨立軍)이 최진동(崔振東)의 군무도독부(軍務都督府)의 독립군과 합세하여 일본군을 포위 공격하여 160여 명의 전사자와 300여 명의 부상자를 내게 한 전투였다. 청산리전투는 김좌진(金佐鎭)이 거느린 북로군정서(北路軍政署)의 독립군이 그 수나 장비가 월등한 일본군을 격파하여 1,000여 명의 전사자를 내게 한 전투였다. 이에 일본군은 그 보복으로 만주의 한국인 부락들을 습격하게 되었다. 이 때문에 많은 집이 불살라지고 청년들이 학살되는 소위 경신참변(庚申慘變)을 당하였다.

경신참변 이후 독립군 부대들은 한때 러시아 등 각지로 흩어졌으나, 여러 애로를 극복하면서 재정비에 착수하였고, 이와 아울러 보다 효과적인 활동을 위하여 통합운동을 전개하였다. 이러한 결과로 집안현(集安縣)을 중심으로 한 압록강(鴨綠江) 연안 지방에는 임시정부(臨時政府)의 직할하에 참의부(參議府)가 설립되었다. 한편, 길림성(吉林省)과 봉천성(奉天省)을 중심으로 정의부(正義府)가 성립되어 남만주 지방에서의 한족행정부(韓族行政府)로 성장해 갔다. 그리고 북만주에서는 자유시사변(自由市事變) 이후 러시아로부터 되돌아온 독립군을 중심으로 여러 독립군을 통합하여 신민부(新民府)가 조직되었다. 이리하여 만주의 독립군은 참의부·정의부·신민부의 셋으로 정리되기에 이르렀다. 이들은 모두 한국인의 자치(自治)를 집행하는 민주적인 민정기관(民政機關)과 항일전을 수행하는 독립군의 훈련과 작전을 관장하는 군정기관(軍政機關)을 아울러 갖춘 것이었다. 비록 이들 셋의 통합은 끝내 이루어지지 못하고 말았으나 항일무력전은 꾸준히 계속되었다.

만주에 있어서의 독립군 활동이 확고한 기반을 갖고 끈질기게 계속되자, 일본은 이에 대한 대책을 서두르게 되었다. 이리하여 일본은 1925년에 총독부 경무국장(警務局長) 미쯔야(三矢宮松)를 보내어 만주의 군벌 장작림(張作霖)과 협약을 맺고 독립군을 탄압케 하였다. 이에 의하여 한국독립운동자들은 그들이 적대시하지 않는 중국 관리들의 손에 붙잡혀서 일본에 인도되기에 이르렀다. 그러므로 독립군의 활약은 적지 않은 타격을 받게 되었다. 그러다가 만주사변(1931) 이후 만주가 실질적으로 일본의 지배하에 들어가자, 독립군은 반만 중국군(反滿中國軍)과 연합하여 투쟁을 계속하였다. 그러나, 드디어는 중국 혹은 연해주로 흩어지게 되었다.

만주에서 주로 무력항쟁에 의한 독립운동이 벌어진 데 대하여, 중국의 망명지사들 중에는 공포수단에 의한 항일투쟁을 하는 사람들이 있었다. 김원봉(金元鳳)의 의열단(義烈團)과 김구(金九)의 애국단(愛國團)은 그 두드러진 것이었다. 이들에 의한 폭탄투척·암살 사건은 수없이 많았지만, 의열단원 나석주(羅錫疇)의 서울에서의 동척폭탄사건(東拓爆彈事件, 1926), 애국단원 이봉창(李奉昌)의 동경에서의 일왕(日王) 암살을 위한 수류탄투척사건(手榴彈投擲事件, 1932), 역시 애국단원인 윤봉길(尹奉吉)의 상해에서의 홍구공원사건(虹口公園事件, 1932) 등이 유명하였다.

임시정부에서는 국제연맹(國際聯盟)의 위임통치(委任統治)를 주장한 바 있는 이승만(李承晚)의 대통령 취임 반대 문제, 이동휘가 소련의 레닌으로부터 받은 자금의 사용 문제 등으로 분쟁이 일어나 분열이 생기었다. 이를 단합시켜 보려고 1923년에 국민대표회의(國民大表會議)가 소집되었으나 허사였다. 게다가 재정의 궁핍이 겹쳐서 임시정부는 명맥만을 유지할 뿐이었다. 그러다가 1937년에 중일전쟁이 일어남에 미쳐 점차 통일을 위한 움직임이 일어났고, 1941년 미일전쟁이 일어남을 계기로 드디어 임시정부를 중심으로 하여 다시 단결하게 되었다. 임시정부는 이때 중국정부와 함께 중경(重慶)으로 옮겨 있었으나 1941년 미일전쟁이 일어난 다음날 일본에 대하여 선전을 포고하고 대외적인 외교활동을 더욱 활발히 전개하였다.

외교활동과 함께 군사활동도 활발하여졌다. 정치단체의 통합과 함께 여러 독립군도 임시정부 밑에 있는 광복군(光復軍)으로 통합되었으며, 이 광복군이 연합군과 협동하여 대일항쟁을 수행한 것이다. 특히, 1942년에는 중국정부와의 사이에 광복군에 관한 협정을 맺고, 중국군과 긴밀한 협동작전을 펴게 되었다. 한편, 광복군의 일부는 버마(미얀마), 인도에 파견되어 영국군과도 협동작전을 하였다. 그리고, 광복군 이외에 중국군대에 소속된 한국인 병력이 상당히 있었고, 또 재미 교포들이 의용병으로서 활약하기도 하였다. 이같이 일본 제국주의의 압제로부터 민족을 해방시키기 위한 투쟁은 모든 악조건을 무릅쓰고 계속 수행되어 나갔다.

제4절   민족문화의 수호

민족교육의 저항

3·1운동 이후 소위 문화정치가 표방됨에 이르러 일본의 교육방침에도 표면상의 변화가 일어났다. 일본은 한국인의 교육 정도를 일본인과 같게 한다는 구

민족별 취학자수(1925년)

학 교	민 족 별	취학자수	인구 만명에 대한 비율	비율의 비교
초등학교	한국인 일본인	386,256 54,042	208.20 1,272.35	1 6
남자중등학교	한국인 일본인	9,292 4,532	5.01 106.70	1 21
여자중등학교	한국인 일본인	2,208 5,458	1.19 128.50	1 107
실업학교	한국인 일본인	5,491 2,663	2.96 62.70	1 21
사범학교	한국인 일본인	1,703 611	0.92 14.38	1 16
전문학교	한국인 일본인	1,020 605	0.55 14.24	1 26
대학예과	한국인 일본인	89 232	0.05 5.46	1 109

호를 내세웠던 것이다. 이리하여 학교도 부쩍 늘고 서울에 대학까지 설치되기
에 이르렀다. 그러나, 그들이 한국인의 교육에 무성의하였음은 역시 마찬가지
였다. 우리는 그것을 별표의 통계에서 찾아볼 수 있다. 즉, 한국인의 교육은 초
등학교에 있어서도 취학률이 일본인의 6분의 1에 지나지 않았다. 이러한 차이
는 고등교육 기관으로 올라갈수록 심하여졌다. 즉, 전문학교(專門學校)에 있어
서는 26분의 1, 대학예과(大學豫科)에 있어서는 실로 109분의 1이었다. 결국
그들이 교육기관을 확장시킨 것은 한국인의 교육을 위한 것이라기보다는 일본
인의 교육을 위한 것이었다. 이를 통하여서도 이른바 문화정치란 것의 기만성
을 알 수가 있다.

　1930년대에 들어서면서 일본의 교육방침에 새로운 변화가 일어났다. 즉, 일
본은 교육즉생활주의(敎育卽生活主義)를 표방하고 일본어와 실업의 교육에 치
중하였다. 이것은 군수공업의 발달에 따라 적어도 일본어를 해득하고, 또 어느
정도의 기술을 가지는 노동자가 많이 필요했기 때문이었다. 그러더니 전쟁 말
기에 이르러 민족말살정책(民族抹殺政策)을 쓰면서는 학교에서 한글의 교수를
폐지하고 일본어의 상용을 강요하기에 이르렀다. 요컨대, 일본의 교육방침은
철두철미 그들의 식민정책에 순응하는 것이었다.

　그러므로 한국인이 기대할 수 있는 교육기관은 역시 한국인이 경영하는 학
교들이었다. 한국인 전문학교 학생의 절반 이상이 사립학교에서 배우고 있었
다. 한편, 한국에서보다는 차별대우가 심하지 않은 일본이나 혹은 미국 등으로
유학을 갔다. 1931년에 일본 유학생은 3,639명, 미국 유학생은 493명의 다수
에 이르고 있었다. 이들이 대부분 대학생이었다는 것을 생각한다면 그 수의 많
음에 주목하지 않을 수 없다. 한국인이 근대적인 사상이나 학문을 발전시킨 것
은 결국 사립학교나 유학을 통한 교육에 힘입은 것임을 알 수가 있다. 경성제
국대학(京城帝國大學)에 대항하여 민립대학(民立大學)을 세우려는 운동이 전개
된 것은 이러한 민족적 요구에 부응하려는 운동이었다고 하겠다.

　그러나 고등교육기관인 대학이나 전문학교는 말할 것도 없고, 중등교육기관
이나 초등교육기관조차도 민족적인 요구에 부응할 수 있기에는 너무나 그 수
가 적었다. 그러므로 이에 대한 보조교육기관이 요청되었고, 이에 따라서 재래
의 서당이 개편되어 소위 개량서당(改良書堂)으로 발전하여 농촌 아동들의 초
등교육기관으로서 중요한 구실을 하였다. 이러한 개량서당 중에는 보통학교로
승격하는 경우도 있었다.

이러한 보조교육기관의 하나로서 노동야학(勞動夜學)이 있었다. 노동야학은
이미 대한제국 말년에 애국계몽운동의 일환으로 설립되었지만, 3·1운동 이후
에 또다시 크게 발전하게 되었다. 이 시기에 농민운동과 노동운동이 크게 일어
났음은 이미 설명한 바이지만, 이러한 현상이 교육면에서는 노동야학으로 나
타났던 것이다. 노동야학은 전국 각지의 도시나 농촌에 두루 퍼져 있었으나,
그중에서도 사립학교가 많지 않던 남쪽 지방에 특히 많았다. 노동야학은 주로
가난한 소작농민이나 노동자, 혹은 그 자제들을 상대로 한 것이었으며, 부녀자
만을 상대로 한 여자야학(女子夜學)도 상당히 있었다. 대개 1년 정도의 수학 연
한을 가진 노동야학은 한글과 산술을 주로 교육하는 곳이었다. 그러나 민족이
나 사회의 문제에도 관심을 나타내고 있었다. 수업료는 무료였으므로 경비는
유지의 도움이 필요했고, 때로는 경영난에 빠지기도 하였다. 게다가 1931년의
만주사변 이후 일제의 탄압이 강화되자 점점 그 수가 줄어들어 갔다. 한편, 하
기방학을 이용한 학생들의 농촌 계몽운동(브 나로드 운동)도 농민들의 문맹을
퇴치하고 생활을 개선해 나가는 데 도움을 주었다. 이에는『조선일보』·『동아
일보』등 신문사의 역할이 컸다.

국학 연구

국어(國語) 연구에 있어서는 주시경(周時經)의 제자들로써 조직된 조선어학
회(朝鮮語學會)가 그 중추적 역할을 담당하였다. 1921년에 조선어연구회(朝
鮮語硏究會)로 발족한 후 1931년에 조선어학회로 개칭된 현 한글학회는 국어
의 정리에 이바지한 공이 컸다. 이윤재(李允宰)·이극로(李克魯)·최현배(崔鉉
培)·김윤경(金允經) 등이 중심이 되어 움직인 이 학회는『한글』이란 잡지를 발
간하여 국어 보급에 힘쓰는 한편, 사전의 편찬에 착수하고, 이를 위한 준비작
업으로서 맞춤법의 제정, 표준어의 사정(査定), 외래어 표기법의 통일 등 국민
의 현실적인 요구에 응하는 허다한 업적을 남겼다. 한편, 한글을 창제한 날을
'한글날'이라 정하여 이를 기념하는 등 민족문화를 일반에게 널리 선양하는
데에도 공이 컸다.

국사(國史) 연구에 있어서는 애국적 계몽사학의 전통을 이은 민족주의사학
이 1920년대에 성하였다. 박은식(朴殷植)은 일본의 침략정책을 비판하는 한
편 독립운동의 정신적 지주를 제공하기 위한 노력으로서『한국통사(韓國痛

史)』·『한국독립운동지혈사(韓國獨立運動之血史)』등을 저술하여 민족의 혼(魂)
을 지키기를 역설하였다. 신채호(申采浩) 역시 독립정신을 고취하는 입장에서
고대사의 연구에 주력하였고, 특히 고유한 낭가사상(郞家思想)을 크게 강조하
였다. 그의 대표적 저술로는『조선사연구초(朝鮮史硏究艸)』·『조선상고사(朝鮮
上古史)』등이 있다. 한편 정인보(鄭寅普)는 민족의 '얼'을 지키기를 강조하는
입장에서『조선사연구(朝鮮史硏究)(오천년간 조선의 얼)』를 저술하였다. 또 최남
선(崔南善)은 조선정신(朝鮮精神)의 표현으로서의 단군신화(檀君神話)를 연구하
여 동북아시아문화권의 중심으로서의 한국사의 줄기를 세우는『아시조선(兒時
朝鮮)』을 저술하였다. 그리고 문일평(文一平)도 '조선심(朝鮮心)'의 발로로서의
한국사를 이해하려고 하였는데『한미오십년사(韓美五十年史)』의 저술이 있다.
이러한 연구의 대부분은 민족의 독립을 되찾고자 하는 노력과 연결된 것으로
서, 정신주의적 경향을 띠고 있었다. 이 민족주의사학은 일본의 탄압을 받았으
며, 박은식·신채호 등은 망명생활 속에서 연구를 해야 하는 고난을 겪었다.

이에 대하여 1930년대에 들어서면서 한국사에 있어서의 사회적 발전에 주
목하여 그 발전과정을 체계적으로 이해하려는 학풍이 나타났다.『조선문명
사(朝鮮文明史)』를 지은 안확(安廓)은 그러한 노력을 한 학자였다. 이러한 경
향을 지닌 학자 중에는 유물사관(唯物史觀)의 입장에서 한국사를 체계화하려
는 백남운(白南雲) 같은 학자도 있었는데, 그는『조선사회경제사(朝鮮社會經濟
史)』·『조선봉건사회경제사(朝鮮封建社會經濟史)』를 저술하였다. 한편 일정한
공식을 한국사에 적용하기보다는 개별적인 역사적 사실의 정확하고 충실한 이
해가 한국사를 보다 옳게 이해할 수 있는 방도라고 생각하는 실증사학(實證史
學)이 또한 일어났다. 1934년에 조직된 진단학회(震檀學會)를 중심으로 한 이
병도(李丙燾)·손진태(孫晋泰)·이상백(李相佰)·김상기(金庠基)·고유섭(高裕燮)
의 연구활동이 그러하였다. 이들은 일본학자들의 연구활동에 맞서서『진단학
보(震檀學報)』를 발행하였는데, 여기에는 정치사·사상사·미술사 등 각 방면
에 걸친 수준 높은 연구가 발표되었다.

현대문학의 성장

3·1운동 이후에 한국문학은 큰 전기를 맞이하게 되었다. 이광수(李光洙)에
이르러 그 절정에 달했던 계몽과 설교를 위한 문학의 테두리를 벗어나서, 문학

을 하나의 독립된 예술활동으로 인식하게 된 것이다. 그 결과 1919년에는『창조(創造)』, 1920년에는『폐허(廢墟)』, 1922년에는『백조(白潮)』등 문학동인지가 탄생하게 되었다. 이러한 문학지들을 무대로 하고 성장한 신문학(新文學)의 선구자는 김동인(金東仁)으로서, 그는「감자」등의 작품에서 굶주림이나 탐욕이나 성욕과 같은 본능적인 행위를 그대로 묘사하는 자연주의문학(自然主義文學)을 지향하였다. 한편 염상섭(廉想涉)은『삼대(三代)』같은 작품에서 당시의 현실을 충실하게 묘사하는 사실주의문학(寫實主義文學)을 이룩하였다. 그런가 하면 감상적인 탐미주의(眈美主義)로 흐른 문학이 일어나기도 하였다.

1920년대의 중엽에는 병약한 감상적 예술에 대한 반발로서 두 개의 새 경향이 일어났다. 그 하나는 민족의식을 고취하는 문학이었는데, 이를 대표하는 것이 한용운(韓龍雲)이었다. 그는『님의 침묵(沈默)』에서 민족에 대한 깊은 사랑을 시(詩)로써 표현하고 있다. 시조(時調)의 현대화에 대한 이병기(李秉岐) 등의 노력도 이 경향 속에 넣을 수가 있다. 다른 하나는 사회의식을 고취하는 문학이었는데, 그 대표적인 것이 소위 신경향파(新傾向派)의 문학이었다. 신경향파 문학은 당시에 일어나던 사회주의 운동의 영향을 받아서 가난에 허덕이는 인간들을 주로 묘사하였다. 이 신경향파의 문학은 뒤에 프로문학으로 진전되었는데 프로문학은 정치적 목적을 위한 문학활동을 주장하는 정치문학이었다.

1930년대에 들어서면 일본 군국주의의 발전에 따르는 위기의식이 휩쓸었다. 이 속에서 험악한 현실과의 직접적인 충돌을 피하려는 경향이 나타나게 되었다. 1939년에 이태준(李泰俊)·정지용(鄭芝溶) 등이 참여한『문장(文章)』이 발행되면서는 이를 중심으로 문학을 정치세계로부터 옹호하려는 경향이 더욱 뚜렷하여졌다. 그 결과 순수문학(純粹文學)이 주장되기까지 하였다. 이러한 문학 운동은 비록 현실로부터 도피하려는 경향을 갖고 있기는 하였으나, 언어를 다듬고 그 아름다움을 발견하여 민족문화의 향상에 이바지하였다

일제가 그 말기에 민족말살정책을 씀에 이르러서는 순수문학의 활동도 탄압되기에 이르렀다. 우리말로 된 문학작품의 발표 자체가 허락되지 않기에 이르렀다. 이에 한국의 문학 자체가 사활의 위기에 서게 되는 암흑의 시기로 접어들었던 것이다. 그리고 많은 작가들이 이 일제의 강압에 굴복하였다. 이러한 속에서 해방 직전에 옥사한 젊은 시인 윤동주(尹東柱)는『하늘과 바람과 별과 시(詩)』의「서시(序詩)」에서,

　　죽는 날까지 하늘을 우러러
　　한 점 부끄럼이 없기를,
　　잎새에 이는 바람에도
　　나는 괴로워했다.

라고 읊조리며, 민족의 한 구성원으로서의 인간의 양심을 지키려는 몸부림을
나타냈다.

제16장   민주주의의 성장

제1절   8·15 해방

해방

제2차 세계대전은 1943년 6월에 이탈리아가 항복함으로써 점차 연합군측에 승리의 서광이 나타나게 되었다. 이것은 또한 한국이 일본의 압제로부터 해방될 날이 가까워 오고 있음을 말하여 주는 것이었다. 사실, 같은 해인 1943년 12월에 미·영·중 3국의 거두(巨頭)들은 소위 카이로선언(宣言)을 발표하고, 그 속에서,

　　한국 인민의 노예 상태에 유의하여 적당한 시기에 한국을 자유·독립케 할 것을 결정한다.

고 하였다. 이것은 말할 것도 없이 꾸준한 민족독립운동에 대한 보답이었다. 이어 1945년 5월에 독일이 또 항복하고, 그 7월에 발표된 포츠담선언에서도 위의 3거두들은 전날의 카이로선언을 다시 확인하였다. 그리고, 이 해 8월에 소련도 포츠담선언에 참가하였다. 이리하여 한국의 독립은 연합국의 국제적인 공약으로써 일본의 패망과 함께 이루어질 것으로 믿어졌다.

1945년 8월 15일, 일본은 드디어 연합국에 무조건 항복을 하였다. 이로써 한국은 35년간의 일본 제국주의의 학정으로부터 해방된 것이다. 이 민족의 환희에 대한 서술은 다음의 시로써 대신하고자 한다.

　　해방의 날,
　　서울 장안에 태극기가 물결쳤다.

　　옥에 갇혔던 이들이
　　인력거로 츄럭으로 풀려나올 제

종로 인경은 목이 메어 울지를 못했다.

아이들은 새해 입을 때때옷을 꺼내 입고
어른들은 아무나 보고 인사를 하였다.

서울 장안을 뒤덮은
태극기 우리 기,
소경들이 구경을 나왔다가
서로 얼싸안고 울었다.
―― 윤석중(尹石重),「해방의 날」

한국민족은 이 해방이 곧 독립을 의미하는 것으로 믿어 의심하지 않았다. 그러나, 심한 압제로부터의 돌연한 해방은 일본의 외신통제로 인한 정보 입수의 곤란과 짝하여서 적절한 대책을 세우는 데 혼란을 가져왔다. 연합군이 즉시 진주하고 임시정부(臨時政府)가 곧 귀국하여 정권을 담당할 것을 기대하는 송진우(宋鎭禹) 계열과, 연합군이 진주할 때까지 민족대표기관을 설치할 필요가 있다고 생각하는 여운형(呂運亨) 계열과의 행동이 갈려진 것이다. 전자가 임시정부의 귀국까지 침묵을 지키고 있는 사이에, 후자에 의하여 조직된 것이 건국준비위원회(建國準備委員會)였다. 이 건준(建準)에는 일부 민족주의자도 가담하였으나 공산주의자가 상당한 영향력을 갖고 있었다. 그리하여 뒤에는 처음 가담했던 안재홍(安在鴻) 등 민족주의자들이 이로부터 탈퇴하기에 이르렀다. 이때 남아 있던 좌익세력(左翼勢力)은 인민공화국(人民共和國)이라는 일종의 정권조직을 서둘러 만들어서 중경(重慶)의 임시정부와 대립하려는 기세를 취하였다. 이에 민족주의자들은 임시정부를 지지하고 국민 총의의 집결을 위한 국민대회준비회(國民大會準備會)를 열어 이와 맞서게 되었다.

38선 획정과 군정

국내에서의 민족주의자와 공산주의자의 대립이 날카로워져 가고 있을 때에 미·소 양군이 각기 진주하였다. 먼저 진주한 것은 국경을 접하고 있는 소련군이었다. 소련은 일본의 패망이 거의 확실하여진 8월 8일에 일본에 선전을 포고하고 한·소 국경을 넘어오더니 일본이 항복한 뒤에 계속 진군하여 평양·함흥 등 북한의 주요 도시를 점령하였다. 한편, 미군은 9월 7일에야 비로소 인천에 상륙하여 서울에 들어오고 점차 남한 일대에 주둔하였다. 미·소 양군은 북위

38도선으로써 경계를 삼아 남북으로 갈라서 점령하였다. 이 부자연스러운 38
선은 장차 한국민족의 분열과 비극을 초래하는 요인이 된 것이다.

  남 · 북한을 나누어 점령한 미 · 소 양군은 점령지역에 군정(軍政)을 실시하였
다. 먼저, 북한에 진주한 소련군은 행정을 담당할 민정부(民政部)를 설치하고
북한에서의 정치 · 경제 · 언론 · 교육 등을 총지휘하였다. 비록 군정청(軍政廳)
을 설치하지는 않았다 하나, 실제에 있어서는 철저하게 북한의 행정을 통제 관
할하고 있었다. 그들은 처음 조만식(曺晚植) 등 민족주의자와 현준혁(玄俊赫)
등 공산주의자를 포함하는 5도임시인민위원회(五道臨時人民委員會)를 조직하
여 민정부 통제하에 행정을 담당케 하였다. 그러나, 이어 김일성(金日成)을 위
원장으로 하는 북조선임시인민위원회(北朝鮮臨時人民委員會)를 조직하여, 조만
식을 체포 · 구금하고, 그 밖의 많은 민족주의자들을 축출한 뒤, 공산주의 정치
체제의 정비를 서둘렀다. 이 공산주의 독재를 피하여 38선을 넘어 남한으로 이
주하는 사람의 수는 격증하였으며, 1947년 말까지에는 80만을 넘게 되었다.

  한편, 뒤늦게 남한으로 진주한 미군은 군정청을 설치하고 남한의 모든 행정
을 담당하였다. 미군정은 인민공화국은 물론, 중경의 임시정부까지도 한국에
서 주권을 행사하는 기관으로 인정하지를 않았다. 그러나, 행정을 담당한 미군
은 한국에 대한 이렇다 할 예비지식도 없었으므로 민족적인 요망에 부응하지
를 못하였다. 게다가 북한과는 달리 정치적 자유가 허락되었으므로, 송진우 등
의 한국민주당(韓國民主黨 ; 한민당), 안재홍 등의 국민당(國民黨), 여운형 등의
조선인민당(朝鮮人民黨), 박헌영(朴憲永) 등의 조선공산당(朝鮮共產黨)을 위시한
50여 개의 정당이 난립하여 정치적인 통일을 기하기가 힘들었다. 이승만(李承
晩)이 미국으로부터 귀국하고, 김구(金九)를 비롯한 임시정부의 요인들이 중국
으로부터 귀국하였으나 혼란은 여전하였다.

  이러한 정치적인 무질서에다가 경제적인 혼란이 겹치었다. 원래 군수공업
(軍需工業) 중심의 비정상적인 경제상태가 형성되고 있던 한국은 경제적으로
일본에 대한 의존도가 컸다. 그러므로, 해방 이후 일본과의 경제적인 단절은
커다란 타격이 아닐 수 없었다. 게다가 38선에 의한 국토의 분단은 남한의 경
공업 및 농업지대와 북한의 중공업지대를 분리시켰다. 그나마 현존하는 공장
시설조차도 기술자의 부족으로 인하여 운영이 곤란한 경우가 있었다. 또 일본
이 물러날 때 발행한 36억원(圓 ; 해방 당시의 총발행고는 약 50억원)이란 막대한
화폐는 인플레이션을 초래하였다. 그런가 하면 북한으로부터 이주하거나 혹은

일본·중국으로부터 귀국한 인구가 200만이나 되었다. 이러한 모든 악조건은
경제적인 혼란을 일으키게 하였던 것이다.

반탁운동과 미소공위

1945년 12월의 모스크바 3상회의(三相會議)에서 미국·영국·소련의 외상(外
相)들은 한국 문제를 해결하는 방안으로서 미·영·중·소의 4개국에 의한 최
고 5년의 신탁통치안(信託統治案)을 결정하였다. 그러나 이 안은 격렬한 국민
의 반대에 부닥치게 되었다. 이러한 국민의 반대에 호응하여 임정을 중심으로
한 신탁통치반대국민총동원위원회(信託統治反對國民總動員委員會)가 조직되어
반탁운동(反託運動)을 전개하였다. 서울에서는 철시(撤市)와 시위(示威)가 행해
지고, 군정의 한국인 직원들은 일제히 파업에 들어갔다. 이어 시위운동은 전국
적으로 번져갔다. 처음 공산당도 이 반탁운동에 가담하였으나 뒤에는 돌연 찬
탁(贊託)으로 그 태도를 바꾸었으며, 이리하여 좌우(左右)의 제휴에 의한 민족
통일공작(民族統一工作)은 큰 난관에 부닥치게 되었던 것이다. 이에 임정에서
는 비상국민회의(非常國民會議)를 소집하고 이를 통하여 정권을 수립해서 신탁
통치를 사실상 배격하려고 하였다.

이러한 속에서 1946년 1월에 모스크바 3상회의의 결정을 실천하기 위한 미
소공동위원회(美蘇共同委員會) 예비회담이 열렸고, 이어 3월에는 정식위원회가
개최되었다. 여기서 소련측은 장차 세워질 임시정부를 위한 협의 대상 속에서
신탁통치를 반대하는 정당이나 사회단체를 제외할 것을 주장하였다. 이것은
공산주의자만으로써 임시정부를 조직하고 민족주의자를 이로부터 제거하려는
의도를 표시한 것이었다. 이에 대해서 미국측은 의사 발표의 자유라는 입장에
서서 반탁운동자라 하더라도 협의 대상에 넣을 것을 주장하였다. 이 대립은 결
국 제1차 미소공위(美蘇共委)를 결렬시키고 말았다(1946년 5월).

미소공위의 결렬은 정계에 더욱 혼돈을 가져왔다. 이 혼돈 속에서 그 타개를
위한 몇 가지 방도가 모색되었다. 첫째는, 이승만을 중심으로 한민당이 호응하
여 조직한 민족통일총본부(民族統一總本部)의 자율정부운동(自律政府運動)이었
다. 얄타조약과 3상회의 결정을 취소하여 38선과 신탁통치를 없이 하고 즉시
독립과도정부를 수립하려는 것이었다. 이를 위하여 이승만은 직접 미국으로
가서 활동하기에까지 이르렀다. 한편, 김구를 중심으로 한 임정 계통의 한국독

립당(韓國獨立黨)은 국민의회(國民議會 ; 구 비상국민회의)를 구성하여 반탁운동을 근본으로 하되 좌우합작과 남북통일을 실현할 것을 주장하였다. 그런가 하면, 김규식(金奎植)을 중심으로 한 중간우파는 여운형을 중심으로 한 중간좌파와 함께 좌우합작운동을 적극 추진하였는데, 이들은 미군정의 지지를 받아 입법의원(立法議院)을 형성하기에 이르는 것이다.

한편, 좌익정당들은 민주주의민족전선(民主主義民族戰線)을 만들어서 행동을 통일하고, 찬탁의 입장에서 3상회의 결정의 지지와 미소공위 재개를 주장하였다. 이들은 미소공위를 적극 지지함으로써 이를 통하여 수립될 정권에서 그들의 지위를 유리하게 하려고 한 것이다. 동시에 이들은 남한의 정치 · 경제 · 사회를 교란하는 여러 수단을 사용하였다. 그러다가 위조지폐사건(僞造紙幣事件)을 계기로 공산당 간부들에 대한 체포령이 내려지고 공산당은 지하로 숨어들게 되었다. 지하로 숨어든 이들이 일으킨 대규모의 폭동이 철도파업(鐵道罷業)을 계기로 일어난 대구폭동(大邱暴動)이었다.

이 동안 미군정은 입법의원이라는 한국인으로 구성된 입법기관(의장 김규식)을 창설함과 동시에, 한국인의 대법원장(大法院長 ; 김용무, 金用茂), 한국인의 민정장관(民政長官 ; 안재홍, 安在鴻)을 임명하여 형식상 행정권을 이양하고 이를 과도정부(過渡政府)라고 칭하였다.

제2절　남북한의 독립정부와 6·25동란

대한민국의 성립

제1차 미소공위가 결렬한 지 1년 뒤인 1947년 5월에 제2차 미소공위가 열리었다. 한때는 공위(共委)의 요청에 의하여 여러 정당과 사회단체로부터 장차 수립될 임시정부의 각종 정책에 관한 답신서(答申書)가 제출되기도 하였다. 그러나, 소련은 신탁통치에 반대하는 정당과 사회단체를 협의 대상에서 제외하자는 종전의 주장을 되풀이하였고, 이것 때문에 결국 제2차 미소공위도 정돈 상태에 빠지고 말았다.

이에 미국은 한국 문제를 미 · 영 · 중 · 소의 4개국 외상회의(外相會議)에 회

부하자고 제안하였다. 소련이 이를 거절하자 미국은 1947년 9월에 한국 독립
의 문제를 국제연합(유엔)에 제출하였다. 미국은 유엔 감시하에 총선거를 실시
하고, 그 결과 정부가 수립되면 미·소 양군은 철퇴할 것이며, 이러한 모든 절
차를 감시 및 협의하기 위하여 유엔한국위원단(韓國委員團)을 설치할 것을 제
안한 것이다. 이 결의안은 약간의 수정을 거쳐 소련의 반대에도 불구하고 절대
다수로 유엔총회를 통과하였다. 이 결의에 의하여 유엔한국위원단은 1948년
1월에 활동을 개시하였다. 그러나, 소련은 이 유엔의 활동에 반대하였고, 이
에 따라 위원단의 북한에서의 활동은 좌절되었다. 위원단의 보고에 입각하여
1948년 2월 유엔소총회(小總會)에서는 가능한 지역에서만이라도 선거에 의한
독립정부를 수립할 것을 결의하였다. 이리하여 남한에서만의 독립정부 수립의
길로 들어서게 된 것이다.

    1948년 5월 10일 남한에서는 드디어 총선거가 실시되었다. 남북협상파(南北
協商派)가 불참하였고, 북한에 배정된 100석을 제외한 것이었으나, 198명이 국
민의 대표로 선출되었다. 이에 5월 31일에는 국회가 열리었는데, 이 제헌국회
(制憲國會)는 즉시 헌법의 제정에 착수하여 7월 12일에는 국회를 통과시켰고,
7월 17일에 드디어 이를 공포하였다. 이 헌법의 절차에 따라 7월 20일에는 대
통령선거가 실시되었는데(당시는 국회의 간접선거), 그 결과 이승만이 당선되었
다. 이어 행정부가 조직되고 8월 15일에는 대한민국정부(大韓民國政府)의 수립
이 국내외에 선포되었다. 그 해 12월에 대한민국은 유엔총회의 승인을 얻어 한
국을 대표하는 유일한 합법적 정부가 되었다. 뒤이어 미국을 위시한 50여 국의
개별적인 승인도 받게 되었다.

북한의 인민공화국

    1946년 2월에 북한에는 북조선임시인민위원회(北朝鮮臨時人民委員會)가 조
직되었다. 이것은 소련군 통제하에 북한에서 임시정부와 같은 구실을 담당하
며 공산정권의 기반을 굳히는 여러 개혁을 실시하였다. 우선 무상몰수·무상
분배의 원칙에 의하여 토지개혁(土地改革)을 실시하였는데(1946년 2월), 훗날
전국의 토지는 모두 국유 또는 협동조합(協同組合)의 소유가 되었다. 또 일본국
과 일본인 및 민족반역자가 소유한 모든 산업체를 국유화하였다(1946년 8월).
그리고 1946년 11월에는 도(道)·시(市)·군(郡)의 인민위원(人民委員) 선거를

실시하였다. 이 선거는 북조선노동당(北朝鮮勞動黨 ; 공산당과 독립동맹 후신인 신민당의 합당에 의한 개칭)이 실질적으로 추천한 단일후보의 가부를 묻는 것이었다. 그리고 찬성표는 흰 상자에, 반대표는 검은 상자에 넣도록 되어 있었다. 이 선거에서 유권자의 99.68%가 투표에 참가하여 그중 97%의 찬성으로써 그들 후보가 당선되었다. 이러한 투표절차와 그 결과는 그 선거가 정치권력에 의한 강제적인 것이었음을 말하여 주는 것이다. 이같이 하여 공산주의 정치체제는 강화되어 갔다.

1947년 2월에 도·시·군 인민위원회대회가 소집되었다. 이 대회에서 북한에서의 최고입법기관으로 북조선인민회의(北朝鮮人民會議)의 설치를 결정하였다(상임위원장 김두봉, 金枓奉). 곧이어 소집된 제1차 북조선인민회의는 행정기관으로서의 북조선인민위원회(北朝鮮人民委員會)의 조직을 결정하였는데(위원장 김일성), 이것은 북한에서의 독립정권이나 다름이 없는 것이었다. 1948년 1월에 유엔 감시하에 총선거를 실시하여 통일정부를 수립하자는 유엔의 결의에 반대한 북한은 남북정치협상(南北政治協商)을 제의하였다. 그 목적은 유엔한국위원단의 활동을 저지하고, 미·소 양군을 동시에 철수시킴으로써 군사력에 의하여 전국을 제압하려는 것이었다. 그러나 그것이 뜻대로 성과를 거두지 못하자, 그들은 8월 25일 총선거를 실시하여 최고인민회의(最高人民會議)를 구성하고(의장 허헌, 許憲), 이어 내각(수상 김일성)을 구성함으로써 조선민주주의인민공화국(朝鮮民主主義人民共和國)의 성립을 선포하였다(1948년 9월 9일). 이로써 실질적으로나 형식적으로나 남과 북에는 완전한 독립정부가 수립되기에 이른 것이다.

6·25동란

1950년 5월에는 제2차 총선거가 실시되었다. 이 선거에서 여당 계열은 56석, 민주국민당(民主國民黨)을 위시한 야당 계열이 26석, 그리고 128석의 무소속이 당선되었다. 이것은 정부나 정당에 대한 국민의 불신임의 표시라고 볼 수 있었다. 이와 때를 같이해서 한국은 미국의 군사적인 방위선 밖에 들었다는 설이 전해졌다. 여순반란(麗順叛亂) 등 무력봉기로 대한민국을 전복시키려던 북한은 이 시기를 침략의 좋은 기회로 생각하게 되었다.

이미 앞서 지적한 바와 같이 북한에서의 유엔한국위원단의 활동을 거절한 북한은 남북정치협상을 제의하였는데, 그 목적은 위원단의 활동을 저지하고 미·소 양군을 동시에 철수시킴으로써 군사력에 의한 전국의 제압을 꾀하려는 의도에서였다. 그러므로, 벌써부터 강력한 군대가 조직·훈련되고 있었다. 인민공화국을 세운 뒤에 군대는 더욱 강화되어서 6·25동란 직전의 북한의 병력은 보병(步兵) 10개 사단, 전차(戰車) 1개 사단, 비행대(飛行隊) 1개 사단에 이르고 있었다. 이에 대해서 이승만이 자주 힘에 의한 통일을 부르짖었음에도 불구하고, 대한민국 군대의 병력은 8개 사단에 지나지 않았다. 그나마 장비는 극히 빈약한 것이어서, 육군은 1대의 전차도 없었고 공군은 20여 대의 연습기뿐 1대의 전투기도 갖고 있지 못하였다. 이러한 상황 속에서 북한은 1950년 6월 25일에 불의의 남침(南侵)을 감행하였던 것이다. 이것을 흔히 6·25동란이라고 부르고 있다. 최근 이를 한국전쟁(韓國戰爭)이라고 부르는 경향이 있는데, 외국인이 그렇게 부를 수는 있겠으나, 한국인 자신이 이를 한국전쟁이라고 부르는 것은 자연스럽지가 못하다.

병력과 장비가 모자라는 대한민국 군대는 부득불 낙동강을 저항선으로 하는 지점까지 후퇴를 하였다. 그러나, 유엔은 자기가 산파가 되어 탄생한 대한민국을 군사적으로 원조할 것을 즉시로 결정하였다. 유엔군사령부가 설치되고, 미국·영국·프랑스·캐나다·호주·필리핀·터키 등 16개 국가의 군대가 내한하여 유엔의 깃발 아래 협동작전을 시작한 것이다.

인천상륙작전(仁川上陸作戰)의 성공에 뒤이어 9월 28일에는 서울을 탈환하였다. 10월 1일에는 38선을 넘어서 북진을 계속하였으나, 중공군(中共軍)의 개입으로 인하여 전투는 새로운 양상을 띠게 되었다. 이 새로운 전쟁에 의하여 한때 한강선(漢江線) 이남까지 후퇴하였으나 결국은 38선 이북으로까지 다시 진출하게 되었다. 이즈음 전선은 점차 교착상태에 빠졌고, 드디어 유엔군과 공산군 사이에 휴전이 성립되었다(1953년 7월 27일). 이리하여 전쟁상태는 일단 종결되었다.

6·25동란은 한국 역사상 가장 비참한 전쟁 중의 하나였다. 이로 말미암아 입은 피해란 말할 수 없이 가혹한 것이었다. 인명피해는 전투에 의한 것만도 사망자 15만, 행방불명 20만, 부상자 25만에 달했고, 전재민(戰災民)은 수백만에 달하는 것으로 추측되었다. 공산군이 받은 피해는 실로 그 몇 배가 되는 것이었다. 동란으로 인한 물질적인 피해도 정확을 기하기는 어려우나, 그 피해액은 모두 18억 달러에 달하는 것으로 추산되었는데, 이것은 1949~1950년도의

국민 총생산액에 해당하는 것이었다. 공업시설은 43%, 발전(發電)시설은 41%, 그리고 탄광(炭鑛)시설은 50% 가량이 피해를 입었다. 주택은 3분의 1이 파괴되었고, 공공건물·도로·교량·항만 등의 상당한 부분이 파괴되었다. 이에 따라서 별표에 나타나 있는 바와 같이 생산지수(生產指數)도 크게 감소하였다.

동란 전년비 생산지수

품 목	1949	1950	1951
곡 물	100	96	73
수 산 물	100	73	92
무 연 탄	100	53	10
중 석	100	60	86
면 포	100	85	47
고무화(靴)	100	(미상)	57
보통 연와(煉瓦)	100	74	58
양 회	100	48	30

그러나, 이 동란의 피해는 물질적인 손실만으로써는 잴 수 없는 것이었다. 통일된 민족으로서의 자각을 가진 한국인에게 민족의 분열에 대한 비애를 절감케 하였으며, 통일에 대한 희망을 더욱 어둡게 하였기 때문이다. 휴전 이후에도 통일에 대한 노력이 없었던 것은 아니다. 휴전협정(休戰協定)의 권고에 따라 1954년 4월에 열린 제네바정치회담이 그것이었다. 이 회담에서 한국대표는, 첫째로 유엔의 권능을 인정하고, 둘째로 통일되고 독립된 민주한국을 건설하기 위하여 유엔 감시하에 자유선거를 실시할 것을 제의하였다. 그러나, 북한이 이 원칙을 거절함으로써 회담은 결렬되었다. 그 후 민족의 통일을 위한 위의 제네바원칙은 여러 차례 유엔총회에서 재확인되어 왔다.

제3절 4월혁명

독재정권의 성장

6·25동란으로 인한 국가적인 위기 속에서 안으로는 또 정치적인 위기가 싹트고 있었다. 그것은 독재정치(獨裁政治)의 경향이 점차 표면화하였기 때문이었다. 이승만의 독재적 경향은 그가 고집하여 대통령중심제의 헌법을 제정할 당시부터 나타나고 있었다. 반민족행위자(反民族行爲者)를 처단하려는 반민특위법(反民特委法)의 시행은 그의 반대로 인하여 실시되지를 못한 채 좌절되어 버리는 일까지 있었다.

그러다가 동란 중인 1952년의 제2차 대통령선거를 앞두고 이승만은 자기가 국회에서 당선될 가능성이 희박함을 알자 독재적 경향을 노골화하였다. 즉, 대통령직선제로 헌법을 개정하려던 그의 의도가 국회에서 거절되자 그는 공공연한 국회 탄압을 시작한 것이다. 그는 계엄령을 선포하고 드디어 5월 26일에는 많은 반대파 국회의원들을 감금하였다. 이를 5·26정치파동이라고 한다. 결국 기립표결(起立票決)에 의하여 대통령직선제를 포함한 소위 발췌개헌안(拔萃改憲案)이 통과될 때까지 이 정치적 긴장상태는 계속되었다.

그 후 1954년 5월의 총선거에서 강압적인 수단으로 승리를 거둔 자유당(自由黨)은 이승만의 대통령 3선을 목적으로 현대통령에 한하여 중임제한(重任制限)을 폐지할 것을 내용으로 하는 개헌안을 제출하였다. 이 개헌안은 표결의 결과 일단 부결이 선포되었으나 사사오입(四捨五入)의 이론을 내세워 그 다음날 가결이 재선포되었던 것이다. 이에 야당인 민주국민당(民主國民黨)과 무소속 의원들은 호헌동지회(護憲同志會)를 구성하였고, 이것이 모체가 되어서 야당세력을 규합한 민주당(民主黨)이 결성되기에 이르렀다. 그 결과 1956년의 정·부통령선거에서는 민주당 부통령이 당선되었고, 1958년의 총선거에서는 자유당의 3분의 2 개헌선(改憲線)을 저지할 수 있었다. 이때 자유당은 도시에서 참패를 하였고, 위압에 의하여 쉽사리 표를 얻을 수 있는 농촌에서 승리하였을 뿐이었다. 이러한 사태에 직면한 자유당은 1958년 12월에 다음 번

정·부통령선거에 대비하기 위하여 국가보안법(國家保安法)과 지방자치법(地方自治法)의 개정을 꾀하였다. 야당의원들의 강력한 반대에 부딪힌 자유당은 12월 24일 무술경관을 동원하여 그들을 감금하고 자기네만이 출석한 국회에서 이를 통과시키는 소위 24파동(二四波動)을 일으키기에 이르렀다.

신흥재벌의 탄생

독재정권의 성장과 짝하여 경제계에서는 재벌(財閥)이 형성되는 새로운 변화가 일어났다. 6·25동란에 의한 혹심한 파괴는 생산력을 마비상태에 빠지게 하였고, 또 전쟁비용의 조달과 막대한 유엔군대여금(UN軍貸與金)의 원화지출(圓貨支出)은 인플레이션을 조장하였다. 이 결과 동란 중에 물가는 반년마다 2배로 오르는 지경이었다. 이 인플레이션은 일부 상인과 브로커를 제외한 일반 국민의 생활에 커다란 위협을 주었다. 이러한 상태에서 생산업자들은 과대한 이익을 노리고 정부에 의존하여 특별융자(特別融資), 특혜환율(特惠換率)에 의한 미화불하(美貨拂下), 특혜배급(特惠配給) 등을 받게 되었다. 또, 외국원조에 의한 외자도입(外資導入)도 정부를 통한 특혜조치로서 처리되었다. 그러므로, 외국원조 등에 의하여 산업이 동란 전보다 발전한 것은 사실이나, 그 이득을 본 것은 일반 국민이 아니라 소수의 특정기업체들이었다. 이들은 은행귀속주(銀行歸屬株)를 불하받아 금융기관마저 차지함으로써 그 토대를 더욱 확고하게 하였다. 그 결과 다음 표에 나타난 바와 같이 종업원 200명 이상을 가진 기업체들이 총출하액(總出荷額)에서 차지하는 비중은 엄청나게 큰 것이 되었다.

주요 업종의 생산 집중도(1962년) (백분비)

업 종	기 업 체 수		출하액(단위 : 100만원)	
	총 수	대기업체수(종업원 200명 이상)	총 액	대기업체출하액
방 적	174	33(18.9)	11,089	9,834(88.6)
제 분	58	2(3.4)	2,337	233(9.9)
제 당	44	2(4.5)	3,480	3,173(91.1)
타이어·튜브	10	2(20.0)	1,105	1,023(92.5)
고 무 신	48	9(18.7)	1,845	1,437(77.9)

이리하여 정부와 결탁한 신흥재벌들이 불과 몇 해 사이에 형성되었고, 이들은 상품시장을 독점하기에 이르렀다. 그 결과 경제적 불균형 상태가 확대되어

갔다. 우선, 충분한 융자를 받지 못하는 중소기업체들은 몰락하는 길을 걸을 수밖에 없었다. 그러나, 불균형 상태는 도시와 농촌 사이에서 더욱 심하였다. 농업은 점차 그 비중이 적어져서 동란 전에서 국민총생산(國民總生産)의 50%를 차지하던 것이 1958년에는 겨우 37%를 차지할 뿐이었다. 농민은 1950년의 농지개혁(農地改革)에 의하여 자신의 농토를 얻어 자작농으로 발전하게 되었다. 그러나 아직도 영세농(零細農)의 성격을 면하지 못한 데다가, 쌀 가격은 생산비보다도 낮아서 농민들의 생활은 여전히 가난한 것이었다. 정치적인 독재와 결탁한 소수 신흥재벌들의 경제적인 독점은 이렇게 사회적 불안을 키워 가고 있었다.

4월혁명

독재정치로 말미암은 사회적 불안은 1960년 3월의 정·부통령선거에 이르러 그 절정에 달하였다. 자유당 정부는 이 선거에서 공무원 특히 경찰을 동원하여 갖은 불법을 자행하였다. 이미 시험적으로 실시한 바 있는 3인조의 상호 감시적 투표, 사전투표, 환표(換票), 야당 선거운동의 방해, 폭력행사 등등의 방법을 사용한 것이다. 한편, 자유당 정권에 기생하여 성장한 재벌들로부터 막대한 선거자금을 긁어들였다.

이러한 노골적인 불법행동에 대한 반항은 선거 전인 2월 28일 대구에서의 학생 데모로부터 시작되었다. 그러나, 이 데모는 학원(學園)에 대한 정치적인 간섭을 배격하는 소극적인 것이었다. 그런데, 선거 당일인 3월 15일에 마산에서 일어난 학생들의 데모는 부정선거 자체에 대한 항의였다. 이 데모는 경찰의 실탄 발사에 의하여 약 100명의 사상자가 나자 일단 조용하게 되었다. 그러나, 4월에 들어서서 데모 학생에 대한 경찰의 비행이 드러나자 이에 자극된 마산의 학생과 시민들은 다시 데모를 일으키게 되었다.

마산의 데모는 서울로 비화(飛火)하였다. 4월 18일에 고려대학 학생의 데모가 있었고, 이들은 귀교하는 도중에 폭력배들의 습격을 받아 부상자가 났다. 그 다음날인 19일에는 시내의 거의 모든 대학의 학생들이 '부정선거 다시 하라', '민주주의 사수하자', '이승만정부 물러가라' 등의 구호를 외치며 데모에 돌입하였다. 국회의사당(國會議事堂) 앞을 거쳐 경무대(景武臺)로 향하던 학생들이 그 어귀에 이르렀을 때 경찰은 실탄을 발사하였다. 동료의 죽음을 본 학생들은 극도로 흥분하여 일부 건물을 불태우는 등의 험악한 사태를 빚어냈다. 당황한 정부는 계엄령(戒嚴令)을 선포하였고, 이에 따라 군대가 출동하여 사태는 일단 가라앉게 되었다.

그러나, 25일 대학교수단의 시국선언문(時局宣言文) 발표와 데모에 이어 학생과 시민의 데모는 밤을 세우며 진행되었고, 다음날에는 더욱 치열하여 갔다. 계엄군은 이에 발포하지 않았다. 궁지에 처한 이승만은 결국 대통령직을 물러나고 이로써 즉시 사태는 회복되었으며, 대학생들은 질서회복을 위하여 또한 앞장서 나섰던 것이다.

4월혁명은 맨주먹밖에 가지지 못한 민중이 강압적인 정권을 타도하는 데 성공한 한국사상 최초의 혁명이었다. 그 주동적 역할을 담당한 것은 학생이었다. 기성세대나 기성권위에 대하여 불신을 품고 있던 학생들이 4월혁명의 선두에 나섰던 것이다. 그러나, 이 혁명은 국민의 전폭적인 지지 속에서 이루어진 것이었다. 4월혁명은 독재정치와 부정축재에 반항하는 국민의 힘이 학생들의 젊은 의기를 통하여 발현된 것이었다. 그리고, 이것은 한국 민주주의의 발전에 밝은 전망을 던져 주었다.

민주와 독재의 갈등

4월혁명에 의하여 이승만의 독재가 타도되고, 내각책임제(內閣責任制)에 의하여 윤보선(尹潽善)을 대통령, 장면(張勉)을 국무총리로 하는 민주당정부가 수립되었다. 이 제2공화국에서 국민은 오랫동안 희망해 오던 민주정치의 혜택을 누리게 되었다. 민주정치하에서 여러 계층의 갖가지 욕구가 일시에 분출하여, 각종 시위가 연이어 일어났다. 이러한 상황은 당연히 국민 여론의 비판을 받았지만, 이는 민주정치가 행해지고 있다는 증거였던 것이다. 그런데 이 사실을 혼란으로 규정하고, 이 혼란을 수습해야겠다는 생각을 갖고 일어난 것이 1961년 5월에 있은 5·16군사쿠데타였다.

박정희(朴正熙)가 이끈 군인들에 의하여 이루어진 쿠데타의 결과는 군사력을 배경으로 하는 독재정치의 출현이었다. 특히 1972년에 국회를 해산한 뒤 국민투표로 결정한 유신헌법(維新憲法)에 의하여 구성된 통일주체국민회의(統一主體國民會議)에서 대통령을 선거하면서 독재정치는 더욱 심하여졌다(유신정치). 그 동안 막대한 외국자본(外國資本)을 도입하여 공업국으로 변신을 하게 되었

고, 이리하여 크게 경제적 성장을 이룩하여 세계적으로 유수한 대재벌(大財閥)
들이 탄생하게 되었다. 이들 대재벌은 정부의 비호 속에서 자랐으며, 따라서
정권과 밀착하고 있었다. 그러므로 경제성장은 더욱 독재정치를 강화시켜 주
는 결과를 가져온 것이다. 그리고는 독재정치를 정당화하기 위하여 한국적 민
주주의의 이론을 내세우기에 이르렀다. 이 독재정치는 1979년 박정희가 암살
됨으로써 막을 내리는가 싶었으나, 이어 성립된 제5공화국(第五共和國)에 그 유
산은 그대로 계승되었다.

　그러나 국민의 끈질긴 민주화에 대한 요구는 1987년의 대통령선거를 앞두
고 더욱 치열해 갔다. 이러한 요구에 따라서 새 헌법이 제정되어 직선제(直選
制)에 의한 대통령선거가 치르어졌다. 비록 많은 곡절이 있기는 하였으나 제6
공화국의 수립과 함께 민주정치의 길이 열리기 시작했다고 해야 할 것이다.

　한편 북한에서는 1945년 해방 이래 소련의 지지를 받아서 정권을 장악한 김
일성의 독재정치가 계속되어 왔다. 그 동안 민족주의자·민주주의자를 제거하
였을 뿐 아니라, 연안파(延安派)나 남로당파(南勞黨派) 등 여러 계열의 반대세력
을 차례로 숙청하고, 극단적인 개인숭배에 입각한 독재정치를 행해 왔다. 여기
서는 정치·경제·사상·학문의 자유가 일체 허용되지 않고 있는 상황이다. 그
리고 그의 아들에게 정권이 계승되는 부자 세습이 정당화되는 데까지 이르고
있다. 이러한 독재정치는 소위 주체사상(主體思想)에 의하여 사상적으로 뒷받
침되고 있는데, 이것은 마치 유신정치에서 한국적 민주주의가 제창된 것과 유
사한 현상이다. 그리고 아직도 그 속에서 민주화를 위한 싹이 나타나는 징조가
보이지 않고 있다. 이 북한에서 민주화의 서광이 비치게 되는 날이, 또한 통일
의 서광이 비치는 날이 되기도 할 것이다.

종장 한국사의 발전과 지배세력

제1절 한국사의 대세

지배세력의 변화

역사를 체계화하는 것은 결국 역사의 큰 흐름을 파악하는 일이다. 그러면 이 책에서 시도한 바와 같이 지배세력(주도세력)의 변천을 기준으로 할 때 한국사의 흐름은 어떻게 요약될 수 있는 것일까.

신석기시대의 씨족사회(氏族社會)는 아직 정치적 지배자가 탄생하지 않은 공동체적 사회였다. 이것은 바꾸어 말하면 씨족사회의 구성원 전체가 지배세력을 형성하고 있었다는 이야기가 된다. 그것이 성읍국가(城邑國家)가 형성되면서는 국가의 일반 구성원과는 구별되는 지배세력이 등장하게 되었다. 대개는 종래의 부족장(部族長)가족을 중심으로 하고 여기에 씨족장(氏族長)가족이 가담해서 성읍국가의 지배세력을 형성하였다고 믿어진다.

그런데 삼국시대가 되면 국가의 규모는 커졌지만 지배세력의 범위는 오히려 좁혀졌다. 왕족(王族)의 지배자적 지위가 강화되고, 거기에 왕비족(王妃族)이 참여하는 정도였다. 물론 왕족과 왕비족 외에도 넓은 의미의 지배세력에 들어갈 수 있는 신분층(身分層)이 없었던 것은 아니다. 그러나 정치나 군사나 경제의 실권을 쥘 수 있는 지위에 오를 권리는 대체로 왕족과 왕비족이 차지했다고 생각된다. 그러다가 통일신라기가 되면 왕권은 전제화(專制化)하여 권력이 군주 한 사람에게 집중되었다. 그리고 전제군주를 보좌하는 주요 행정직은 왕족인 김씨(金氏) 일족에게 한정되었다. 결혼도 김씨 일족 안에서만 하는 것이 원칙이었다.

이 통일신라기의 전제정치시대(專制政治時代)를 정점으로 하고, 그 이후로는 반대로 지배세력의 저변이 점차 확대되어 가는 경향을 나타냈다. 신라의 말기에 중앙에서는 육두품(六頭品)이, 지방에서는 호족(豪族)의 세력이 등장하더니 드디어는 이들이 신라의 김씨왕족 중심의 골품제(骨品制)를 무너뜨리고 고려를 건설한 것이다. 고려는 왕족만이 아니라 육두품과 호족 출신의 많은 문벌귀족 (門閥貴族)을 중심으로 한 귀족사회였다. 그러나 고려에서 정권에 참여한 귀족 은 개경(開京)에 가까운 근기 지방 출신을 중심으로 하고 있었으며, 거기에 경 주 출신이 참여하는 정도였다. 어떻든 이러한 지배세력의 수적인 증가가 과거 (科擧)와 같은 관리등용시험을 필요로 하게 하였다. 그런데 문신(文臣)을 중심 으로 짜여 있던 고려 귀족사회의 지배세력은 무인정권(武人政權) 시대에 무신 (武臣)에게로까지 확대되었다. 그리고 고려 후기에는 향리(鄕吏) 출신인 사대부 (士大夫)세력의 진출이 또한 눈에 띄게 되었다.

그러던 것이 조선의 양반사회(兩班社會)가 되면 그 주인공인 양반사대부의 사회적 기반은 전국적으로 확대되었다. 사림파(士林派)가 등장하면서 이 대세 는 더욱 굳어졌다. 다만 예외로서 평안도와 함경도가 제외될 뿐이었다. 고려시 대 귀족은 원칙적으로 개경인이었는 데 대하여, 조선의 양반 사대부는 거주지 를 지방에 가지고 있었다. 이에 따라서 고려시대와는 비길 수 없을 정도로 지 배세력의 수적인 증가를 가져왔다. 음서제도(蔭敍制度)의 혜택이 축소되고, 과 거제도가 거의 절대적인 관계(官界) 진출의 등용문이 된 것은 이러한 사정에 말미암은 것이다.

그러나 조선의 양반사대부도 신분적인 특권층이었다. 기술관(技術官)인 중 인(中人)이나 말단 행정 담당자인 서리(胥吏)나 혹은 또 상공업자나 농민의 정 치 참여를 허락하지 않는 배타적인 특권을 누리는 신분층이었다. 그러나 이 같 은 양반의 신분적인 특권은 점점 무너지고 중인이나 서리나 상공업자의 사회 적 참여가 증대되어 갔다. 서양의 새로운 지식에 흥미를 갖고 개항(開港)으로 정책을 이끌어 간 것은 이들이었다. 그리고 이들이 개화세력(開化勢力)으로 성 장하여 갔던 것이다. 한편 농민층도 점점 성장하여서 동학운동의 중심이 되었 다. 3·1운동과 같은 거족적인 민족운동은 이러한 기반 위에서 가능했던 것이 다. 이리하여 일부의 지배층이 아니라 온 국민을 정치에 참여시키는 민주국가 로 발전해 나갔던 것이다.

이와 같이 대체로 통일신라기를 분기점으로 하고 지배세력은 흥미 있는 변 화를 해 왔다. 즉 점점 축소되어 가던 지배세력의 사회적 기반이 통일신라기 이후에는 반대로 점점 확대되어 갔던 것이다. 그리고 오늘에 이르도록 이 확대되어 가는 추세는 그치지 않고 있다.

변화의 논리

그러면 이 같은 지배세력의 변천은 어떠한 방식으로 전개된 것인가. 거기에서 어떤 법칙성 같은 것을 발견할 수는 없는 것인가. 이 점에서는 다음과 같은 사실이 주목된다. 즉 대체로 말해서 처음에는 지배층을 형성한 여러 세력들 중에서 보다 유력한 세력이 독점적으로 권력을 향유하는 방향으로 좁혀 들어갔다. 그것이 통일신라기 이후에는 지배세력의 바로 밑 계층이 새로운 지배세력으로 등장하곤 하여 점점 지배세력의 사회적 기반이 확대되어 가는 결과를 초래하였다.

우선 성읍국가가 형성되는 과정에서는 부족사회의 대표자이던 부족장들이 지배세력으로 등장하여 이들이 연맹체를 조직하고 연맹왕국(聯盟王國)의 지배세력을 형성하였다. 그러다가 삼국시대가 되면 그중의 가장 유력한 맹주격(盟主格)인 국왕의 권력이 확대되고, 거기에 그 버금가는 왕비족이 가담하여 지배세력을 이루고 있었다. 통일신라기에는 다시 왕비족이 탈락하고 왕족이 최고 지배세력으로 등장하였던 것이다.

그런데 신라 말기에 가서 중앙에서는 육두품이 대두하고, 지방에서는 호족이 대두하였는데, 이들은 모두 왕족인 진골(眞骨) 다음가는 신분층이었다. 육두품과 호족 출신의 문신귀족으로 형성된 고려사회에서, 중앙에서는 무신들이, 지방에서는 향리들이 지배세력으로 상승작용을 하였는데, 이들도 문신귀족 다음가는 지배층들이었다. 무인정권을 세우고 조선왕조를 건설하고 한 것은 바로 이들이었다. 뒤에 향리의 전통을 이은 사람들의 등장으로 인하여 지배세력의 기반은 더욱 확대되어 갔다. 조선 후기에 등장한 중인도 양반 다음가는 신분층이었고, 상공업자와 농민은 또 그 다음가는 지위에 있었다. 그런데 그들이 차례로 사회적 지배세력으로 등장하였던 것이다. 이러한 절차는 노비(奴婢)와 같은 천민(賤民)의 신분이 해방되기에 이르기까지 계속되어 갔다.

이상과 같은 이해는 비록 세부에 있어서는 꼭 들어맞지 않는다 하더라도, 그 대세에 있어서는 어긋남이 없다고 믿는다. 이 사실을 곧 법칙과 같은 것으로 주장할 수 있는 것인지 어떤지 잘 모르겠다. 그리고 이러한 현상이 일어나게 되는 데는 어떤 보다 근본적인 이유가 개재해 있는지 어떤지도 잘 모르겠다.

그렇더라도 이러한 이해가 한국사의 큰 흐름을 더듬어보는 데 도움을 주는 것
만은 확실하다.

제2절　한국사에서의 집권자와 민중

지배세력과 집권자

지배세력을 중심으로 하여 한국사의 흐름을 파악하려고 하는 경우에 일어나
는 하나의 문제는, 사회적인 지배세력과 정치적인 집권자와의 관계이다. 크게
볼 때에 이 양자는 일치한다고 말할 수가 있다. 다만 정치적인 집권자는 그 수
가 소수에 국한된 것이므로 사회적인 지배세력 모두일 수가 없는 일이다. 그러
나 사회적인 지배세력 안에서 정치적인 집권자는 탄생했던 것이다. 즉 집권자
는 지배세력 안에서 선택된 지배세력의 대표자였다. 따라서 이 둘은 서로 떨어
질 수가 없는 관계에 있었다.

가령 예를 들자면 왕건(王建)의 고려 건국을 왕건의 권력을 중심으로 해명하
더라도 이는 완전한 것일 수가 없다. 왕건과 연합하여 그의 권력을 뒷받침해
준 호족들의 세력을 무시하고서는 설명이 되지 않는다. 즉 집권자 왕건은 호족
이라는 당시의 지배세력의 대표자에 지나지 않았다. 고려시대 무인정권을 수
립한 무신란(武臣亂)의 주동자들이 무신 계층의 대표자였던 것도 그 예이다. 또
조선을 세운 이성계(李成桂)가 사대부의 대표자 노릇을 했다든가, 조광조(趙光
祖)가 사림파의 기수(騎手)였다든가 하는 것도 그 예가 되겠다. 이와 같이 집권
자는 지배세력의 뒷받침 속에서 비로소 정권을 장악하고 그 안정을 얻을 수가
있었다.

한국사의 큰 흐름을 더듬어 볼 때에 이 결론은 객관적 사실과 일치한다. 그
렇다고 해서 집권자가 항상 지배세력의 대표자였느냐 하면 반드시 그런 것은
아니다. 때로 집권자들 중에는 역사의 대세를 거스르고 권좌에 올라앉아 있는
경우도 있었다. 보통 역사상에서 폭군이라고 불리는 군주들은 그러한 존재들
이었다. 이들은 그 뒷받침이 없이는 자신이 존립할 수 없는 사회세력을 무시하
고 권력을 남용한 자들이었다. 그리고 그들의 운명은 대개 궁예(弓裔)나 연산

군(燕山君)의 경우와 같이 비참한 것이었다. 조선 후기의 벌열정치(閥閱政治)나 세도정치(勢道政治)도 또한 시대의 대세와 어긋나는 예의 하나이다. 벌열정치나 세도정치의 실권자들은 비참한 최후를 당하지 않았다. 그렇더라도 지배세력의 사회적 기반이 더욱 확대되어 가는 당시의 대세를 거역하고, 그들 소수의 벌열 혹은 일족이 정치적 특권을 배타적으로 향유하였다는 점에서 후대 역사가의 비판을 면할 길이 없다.

그러므로 역사는 발전한다는 명목 아래 모든 집권자가 무조건 긍정적으로 평가될 수는 없다. 그들이 한국사의 큰 흐름을 앞으로 전진시키는 구실을 하였는가 혹은 후퇴시키는 구실을 하였는가에 따라서 그들의 역사적 위치가 평가되어야 할 것이다. 이런 의미에서 한국사의 대세를 이해한다는 것은 무엇보다도 중요한 일이 아닐 수 없다.

지배세력과 민중

지배세력을 중심으로 하고 한국사의 흐름을 파악하려고 할 때에 일어나는 또 하나의 문제는 지배세력과 민중과의 관계이다. 한국사의 오랜 기간 동안 민중은 지배세력의 지배 대상이 되었을 뿐이다. 따라서 역사의 표면에 그 모습을 나타내지 못하였고, 그 결과 기록을 통하여 그들의 과거를 더듬기도 어려운 형편이다. 그러면서도 이에 대한 이해 없이는 한국사 자체를 이해할 수가 없는 존재가 민중이다.

우선 이 문제에 있어서 기억해 두어야 할 것은 민중은 어느 시대에 있어서나 사회의 대다수를 차지하는 기층세력이었다는 점이다. 말하자면 민중 없이는 사회 자체의 존립조차가 불가능했던 것이다. 왜냐하면 민중은 직접 생산을 담당하는 자였기 때문이다. 이에 대해서 지배세력은 민중에 의지하여 그 존립을 유지할 수가 있을 뿐이었다.

그럼에도 불구하고 과거에 민중은 지배세력에 참여하지를 못하여 왔다. 사회의 기층세력이면서도 주인의 구실을 못하였고, 다만 때로 불만의 표시를 나타낼 수가 있을 뿐이었다. 그 불만이 나타난 구체적 표현은, 소극적으로는 지배기구의 테두리 밖으로 유망(流亡)하는 것이었고, 적극적으로는 반란을 일으키는 것이었다. 이러한 민중의 반항은 종종 지배세력의 재편성을 초래하는 직접적인 계기를 마련해 주곤 하였다. 즉 반항을 통하여 민중 자신이 지배세력으로 등장하기보다는, 역사의 전환을 가져오는 계기를 마련하곤 하였을 뿐이었다.

그러나, 이러한 과정을 통해서 민중은 한 발짝씩 지배세력으로 등장하는 길을 닦아가고 있었다. 민중이 직접 사회의 지배세력으로 등장하게 된 것은 19세기 말엽부터였다. 이 시기에 우선 주목해야 할 사건은 동학(東學)운동이었다. 농민을 중심으로 한 이 사회운동은 일시나마 집강소(執綱所)를 통한 정치 참여로까지 성장하였다. 다음으로는 독립협회(獨立協會)의 운동이었다. 이 운동은 대체로 도시의 지식층과 상공업자를 중심으로 한 민권운동(民權運動)이었고, 국회(國會)를 개설하여 그들의 정치 참여를 주장하는 민족국가의 건설운동이었다. 그리고 3·1운동은 위의 동학과 독립협회 두 계열의 합작운동이었다. 이리하여 임시정부(臨時政府)가 민주주의의 원칙 아래 구성되는 계기가 마련되었다. 이렇게 크게 성장한 민중은 항상 일제(日帝)의 식민통치(植民統治)에 항거하는 민족운동의 주동세력이 되어 왔다. 이러한 과정을 통하여 해방과 더불어 민중의 직접적인 정치 참여가 가능하게 되었고, 이 대세는 4월혁명에서 알 수 있듯이 더욱더 발전되어 가고 있다. 그리고 이러한 추세가 자유와 평등에 입각한 사회정의가 보장되는 민주국가의 건설로 이어질 것이 기대되고 있다.

역대 왕실 세계

고 조 선

단군왕검 ·························· 부왕 ——— 준왕
(檀君王儉)   (否王)   (準王)

위씨조선

위만왕 ——— ○○ ——— 우거왕 ——— 장
(衛滿王)   (右渠王)   (長)

부 여

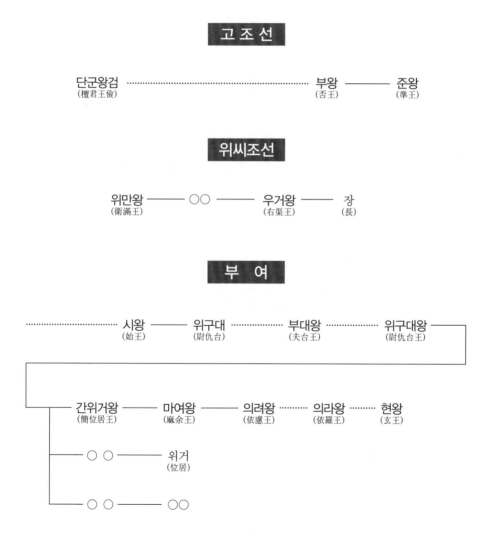

·················· 시왕 ——— 위구대 ·············· 부대왕 ·············· 위구대왕
(始王)   (尉仇台)   (夫台王)   (尉仇台王)

간위거왕 ——— 마여왕 ——— 의려왕 ········· 의라왕 ········· 현왕
(簡位居王)   (麻余王)   (依慮王)   (依羅王)   (玄王)

○ ○ ——— 위거
(位居)

○ ○ ——— ○○

고구려

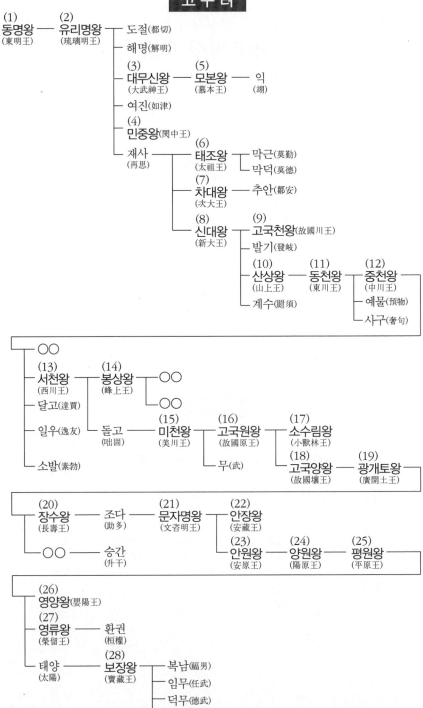

백 제

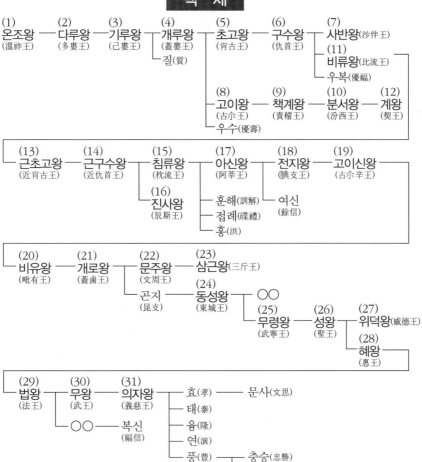

(1) 온조왕(溫祚王) — (2) 다루왕(多婁王) — (3) 기루왕(己婁王) — (4) 개루왕(蓋婁王) — (5) 초고왕(肖古王) — (6) 구수왕(仇首王) — (7) 사반왕(沙伴王)
질(質)

(11) 비류왕(比流王)
우복(優福)

(8) 고이왕(古尒王) — (9) 책계왕(責稽王) — (10) 분서왕(汾西王) — (12) 계왕(契王)
우수(優壽)

(13) 근초고왕(近肖古王) — (14) 근구수왕(近仇首王) — (15) 침류왕(枕流王) — (17) 아신왕(阿莘王) — (18) 전지왕(腆支王) — (19) 고이신왕(古尒辛王)
(16) 진사왕(辰斯王)
훈해(訓解) — 여신(餘信)
접례(碟禮)
홍(洪)

(20) 비유왕(毗有王) — (21) 개로왕(蓋鹵王) — (22) 문주왕(文周王) — (23) 삼근왕(三斤王)
곤지(昆支) — (24) 동성왕(東城王) — ○○
(25) 무령왕(武寧王) — (26) 성왕(聖王) — (27) 위덕왕(威德王)
(28) 혜왕(惠王)

(29) 법왕(法王) — (30) 무왕(武王) — (31) 의자왕(義慈王) — 효(孝) — 문사(文思)
태(泰)
융(隆)
연(演)
풍(豊) — 충승(忠勝)
충지(忠志)
○○ — 복신(福信)

본 가 야

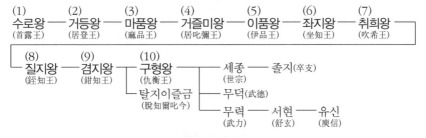

(1) 수로왕(首露王) — (2) 거등왕(居登王) — (3) 마품왕(麻品王) — (4) 거즐미왕(居叱彌王) — (5) 이품왕(伊品王) — (6) 좌지왕(坐知王) — (7) 취희왕(吹希王)

(8) 질지왕(銍知王) — (9) 겸지왕(鉗知王) — (10) 구형왕(仇衡王) — 세종(世宗) — 졸지(卒支)
탈지이즐금(脫知爾叱今)
무덕(武德)
무력(武力) — 서현(舒玄) — 유신(庾信)

대 가 야

(1) 이진아시왕(伊珍阿豉王) ·············· (9) 이뇌왕(異腦王) — 월광태자(月光太子) ·············· (16) 도설지왕(道設智王)

신 라

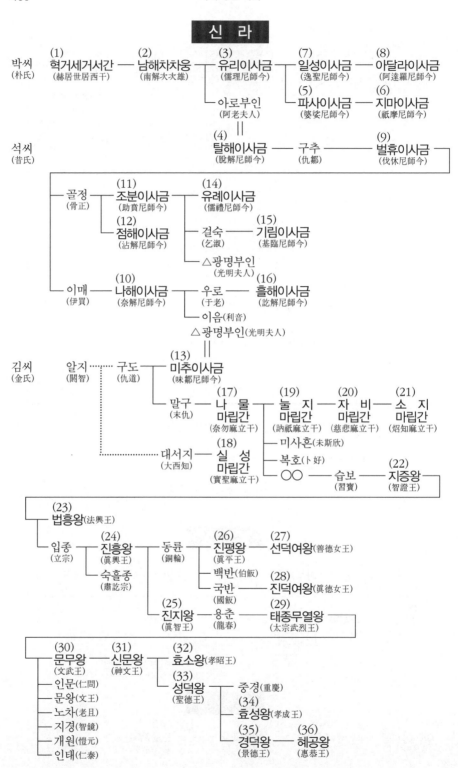

박씨
(朴氏)

(1) 혁거세거서간 (赫居世居西干) — (2) 남해차차웅 (南解次次雄) — (3) 유리이사금 (儒理尼師今) — (7) 일성이사금 (逸聖尼師今) — (8) 아달라이사금 (阿達羅尼師今)

(5) 파사이사금 (婆娑尼師今) — (6) 지마이사금 (祇摩尼師今)

아로부인 (阿老夫人)

석씨
(昔氏)

(4) 탈해이사금 (脫解尼師今) — 구추 (仇鄒) — (9) 벌휴이사금 (伐休尼師今)

골정 (骨正) — (11) 조분이사금 (助賁尼師今) — (14) 유례이사금 (儒禮尼師今)

(12) 점해이사금 (沾解尼師今) — 걸숙 (乞淑) — (15) 기림이사금 (基臨尼師今)

△광명부인 (光明夫人)

이매 (伊買) — (10) 나해이사금 (奈解尼師今) — 우로 (于老) — (16) 흘해이사금 (訖解尼師今)

이음 (利音)

△광명부인 (光明夫人)

김씨
(金氏)

알지 (閼智) ······ 구도 (仇道) — (13) 미추이사금 (味鄒尼師今)

말구 (末仇) — (17) 나물 마립간 (奈勿麻立干) — (19) 눌지 마립간 (訥祇麻立干) — (20) 자비 마립간 (慈悲麻立干) — (21) 소지 마립간 (炤知麻立干)

미사흔 (未斯欣)

복호 (卜好)

○○ — 습보 (習寶) — (22) 지증왕 (智證王)

대서지 (大西知) — (18) 실성 마립간 (實聖麻立干)

(23) 법흥왕 (法興王)

입종 (立宗) — (24) 진흥왕 (眞興王) — 동륜 (銅輪) — (26) 진평왕 (眞平王) — (27) 선덕여왕 (善德女王)

백반 (伯飯)

국반 (國飯) — (28) 진덕여왕 (眞德女王)

숙흘종 (肅訖宗)

(25) 진지왕 (眞智王) — 용춘 (龍春) — (29) 태종무열왕 (太宗武烈王)

(30) 문무왕 (文武王) — (31) 신문왕 (神文王) — (32) 효소왕 (孝昭王)

(33) 성덕왕 (聖德王) — 중경 (重慶)

(34) 효성왕 (孝成王)

(35) 경덕왕 (景德王) — (36) 혜공왕 (惠恭王)

인문 (仁問)
문왕 (文王)
노차 (老且)
지경 (智鏡)
개원 (愷元)
인태 (仁泰)

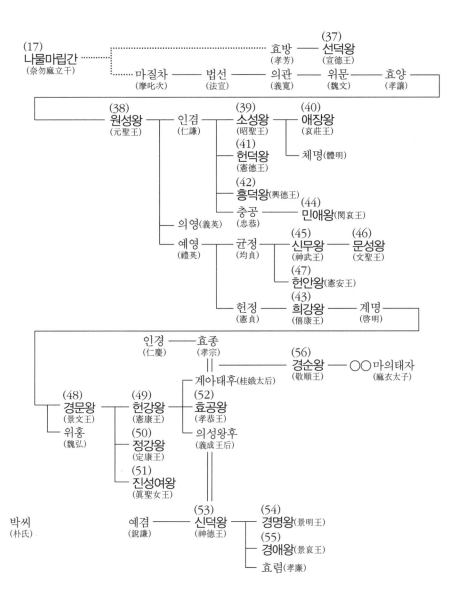

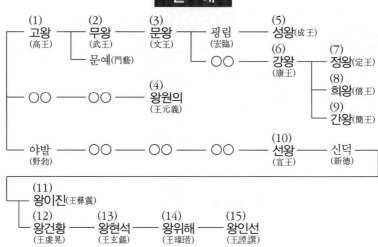

발 해

(1) 고왕(高王) — (2) 무왕(武王) — (3) 문왕(文王) — 굉림(宏臨) — (5) 성왕(成王)
　　　　　　　　└ 문예(門藝)　　　　　　└ ○○ — (6) 강왕(康王) ┬ (7) 정왕(定王)
　　　　　　　　　　　　　　　　　　　　　　　　　　　　　　　├ (8) 희왕(僖王)
　　　　　　　　　　　　　　　　　　　　　　　　　　　　　　　└ (9) 간왕(簡王)

├ ○○ — ○○ — (4) 왕원의(王元義)

└ 야발(野勃) — ○○ — ○○ — ○○ — (10) 선왕(宣王) — 신덕(新德)

├ (11) 왕이진(王彝震)
└ (12) 왕건황(王虔晃) — (13) 왕현석(王玄錫) — (14) 왕위해(王瑋瑎) — (15) 왕인선(王諲譔)

고 려

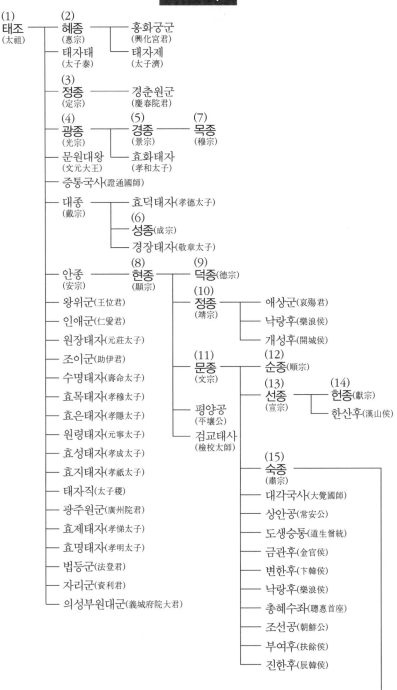

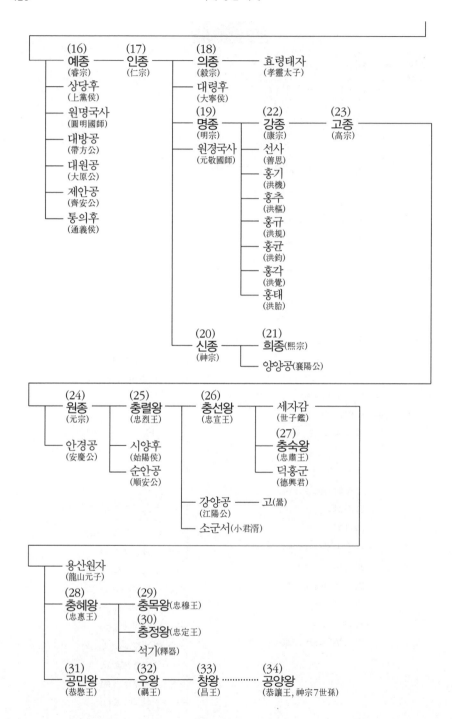

(16) 예종(睿宗) — (17) 인종(仁宗) — (18) 의종(毅宗) — 효령태자(孝靈太子)
상당후(上黨侯)
원명국사(圓明國師)
대방공(帶方公)
대원공(大原公)
제안공(齊安公)
통의후(通義侯)

대령후(大寧侯)
(19) 명종(明宗) — (22) 강종(康宗) — (23) 고종(高宗)
선사(善思)
홍기(洪機)
홍추(洪樞)
홍규(洪規)
홍균(洪鈞)
홍각(洪覺)
홍태(洪胎)
원경국사(元敬國師)

(20) 신종(神宗) — (21) 희종(熙宗)
양양공(襄陽公)

(24) 원종(元宗) — (25) 충렬왕(忠烈王) — (26) 충선왕(忠宣王) — 세자감(世子鑑)
(27) 충숙왕(忠肅王)
덕흥군(德興君)
안경공(安慶公)
시양후(始陽侯)
순안공(順安公)
강양공(江陽公) — 고(暠)
소군서(小君湑)

용산원자(龍山元子)
(28) 충혜왕(忠惠王) — (29) 충목왕(忠穆王)
(30) 충정왕(忠定王)
석기(釋器)
(31) 공민왕(恭愍王) — (32) 우왕(禑王) — (33) 창왕(昌王) ············ (34) 공양왕(恭讓王, 神宗7世孫)

조 선

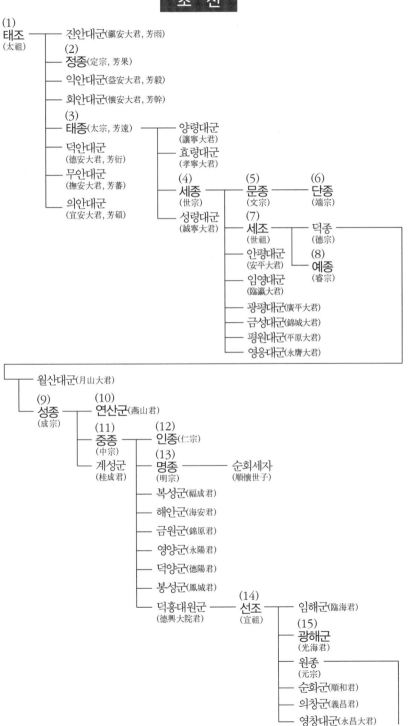

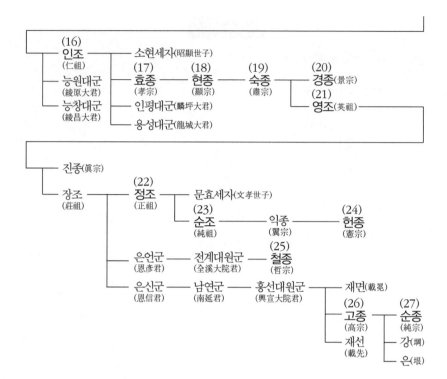

(16)
인조(仁祖) ── 소현세자(昭顯世子)

능원대군(綾原大君)

능창대군(綾昌大君)

(17)
효종(孝宗) ── (18)
현종(顯宗) ── (19)
숙종(肅宗) ── (20)
경종(景宗)

인평대군(麟坪大君)

용성대군(龍城大君)

(21)
영조(英祖) ──

진종(眞宗)

장조(莊祖)

(22)
정조(正祖) ── 문효세자(文孝世子)

(23)
순조(純祖) ── 익종(翼宗) ── (24)
헌종(憲宗)

은언군(恩彦君) ── 전계대원군(全溪大院君) ── (25)
철종(哲宗)

은신군(恩信君) ── 남연군(南延君) ── 흥선대원군(興宣大院君) ── 재면(載冕)

(26)
고종(高宗) ── (27)
순종(純宗)

재선(載先)

강(㙆)

은(垠)

색인

한글판 한국사신론

1판　1쇄　펴낸날　1999년 1월 10일
1판 29쇄　펴낸날　2023년 2월 25일

지은이 | 이기백
펴낸이 | 김시연

펴낸곳 | (주)일조각
등록 | 1953년 9월 3일 제300-1953-1호(구 : 제1-298호)
주소 | 03176 서울시 종로구 경희궁길 39
전화 | 02-734-3545 / 02-733-8811(편집부)
　　　　02-733-5430 / 02-733-5431(영업부)
팩스 | 02-735-9994(편집부) / 02-738-5857(영업부)
이메일 | ilchokak@hanmail.net
홈페이지 | www.ilchokak.co.kr

ISBN 978-89-337-0345-8   93910

값 20,000원